Besteuerung von Personengesellschaften im Verhältnis USA – Deutschland

Unternehmen und Steuern

Johannes E. Mittermaier

Besteuerung von Personengesellschaften im Verhältnis USA – Deutschland

Physica-Verlag

Ein Unternehmen
des Springer-Verlags

Reihenherausgeber
Prof. Dr. Jochen Sigloch, Universität Bayreuth

Autor
Dr. Johannes E. Mittermaier, LL. M. (New York Univ.)
Rechtsanwalt und Attorney-at-Law
11 Elm Place
Rye, New York 10580-2004, USA

ISBN 3-7908-1177-7 Physica-Verlag Heidelberg

Die Deutsche Bibliothek – CIP-Einheitsaufnahme
Mittermaier, Johannes E.: Besteuerung von Personengesellschaften im Verhältnis USA –
Deutschland / Johannes E. Mittermaier. – Heidelberg: Physica-Verl., 1999
(Unternehmen und Steuern; Bd. 9)
ISBN 3-7908-1177-7

Umschlaggestaltung: Erich Kirchner, Heidelberg

SPIN 10703503   88/2202-5 4 3 2 1 0 – Gedruckt auf säurefreiem Papier

Meinen Eltern
und
meiner Schwester

Vorwort

Personengesellschaften gelten in Deutschland traditionell als beliebte Rechtsformen. Im internationalen Bereich führen Personengesellschaften jedoch ein Schattendasein. Grund hierfür ist unter anderem, daß die Personengesellschaften in den einzelnen Rechts- und Steuerordnungen als mehr oder weniger von den Anteilseignern selbständige Rechtsgebilde betrachtet werden. Dies hat zur Folge, daß die beteiligten Staaten zuweilen unterschiedliche Auffassungen über die Art und den Umfang der Einkünfte einer Personengesellschaftsbeteiligung (z.B. Sondervergütungen) und ihrer daran anknüpfenden Besteuerungsrechte haben. Noch komplexer wird die Situation dadurch, daß verschiedentlich in den beteiligten Staaten keine Einigkeit darüber besteht, ob ein bestimmtes Rechtsgebilde eine Personengesellschaft oder eine Kapitalgesellschaft darstellt (transparente vs. intransparente Besteuerung). Die sich aus einer solchen Situation ergebenden steuerlichen Probleme sind grundlegend und erscheinen unlösbar.

Die vorliegende Arbeit untersucht die Besteuerung von Personengesellschaften beispielhaft am Verhältnis zwischen Deutschland und den USA. Dargestellt werden dabei zunächst die US-zivil- und -gesellschaftsrechtlichen Grundlagen sowie die rein innerstaatliche Besteuerung von Personengesellschaften in den USA. Aufgezeigt und untersucht werden sodann die Folgen, Schwierigkeiten und Probleme der Anwendung des bestehenden Abkommens zwischen den USA und Deutschland. Erörtert werden schließlich mögliche abkommensrechtliche Lösungsansätze für die Probleme der Besteuerung von Personengesellschaftsbeteiligungen im internationalen Zusammenhang. Ziel dieser Arbeit ist es ferner, zu weiteren Diskussionen über die transparente und intransparente Besteuerung von Rechtsformen im nationalen und abkommensrechtlichen Rahmen anzuregen und hierfür eine breite Grundlage zu schaffen.

Die Arbeit lag der Rechts- und Wirtschaftswissenschaftlichen Fakultät der Universität Bayreuth im Sommersemester 1997 als Dissertation vor.

Betreut wurde die Arbeit von meinem verehrten akademischen Lehrer Herrn Professor Dr. Jochen Sigloch, dem ich an dieser Stelle für seine Unterstützung und Förderung der Arbeit sowie für die Aufnahme in die Reihe „Unternehmen und Steuern" des Physica-Verlags herzlich danken möchte. Mein Dank gilt darüber hinaus Herrn Professor Dr. Dieter Fricke für die freundliche und bereitwillige Übernahme des Zeitgutachtens sowie Herrn Professor Dr. Dr. h.c. Peter R. Wossidlo für die freundliche und kurzfristige Übernahme des Amtes des Prüfungsvorsitzenden. Bedanken möchte ich mich auch bei Herrn Professor Dr. Arndt Raupach für das Initiieren der Arbeit sowie Herrn Professor Dr. Klaus Vogel für die Möglichkeit, die Bibliothek der Forschungsstelle für ausländisches und Internationales Finanz- und Steuerrecht der Universität München intensiv zu nutzen. Dank sagen möchte ich auch der Graduiertenförderung der Konrad-Adenauer-Stiftung für die Förderung der Arbeit sowie der International Fiscal Association, die mir die Teilnahme am IFA-Kongreß 1995 in Cannes ermöglicht hat. Dank gebührt schließlich auch Herrn Dr. Rainer Prokisch, Herrn Dr. Achim C. Pross, Herrn Dr. Frank Stockmann und Herrn Dr. Ernst August Schnieder für die vielen anregenden Gespräche, die Eingang in die Arbeit gefunden haben.

Rye/New York, Tüßling/Obb., im August 1998   Johannes E. Mittermaier

Inhaltsverzeichnis

Teil 4: Besteuerung von Personengesellschaften *(Partnerships)* in den USA 162

Kapitel 1: US-Besteuerung der Personengesellschaften *(Partnerships)* im rein nationalen Zusammenhang............. 162

Einleitung

A. Problemstellung

Die Besteuerung von Personengesellschaften stellt nach dem jeweiligen nationalen Steuerrecht der beiden Vertragsstaaten Deutschland und USA ein kompliziertes, problembeladenes Gebiet dar. Im internationalen Zusammenhang potenzieren sich die Schwierigkeiten[1]. Das OECD-MA und das US-MA, enthalten wie fast alle Doppelbesteuerungsabkommen kaum Regelungen über die Besteuerung von Personengesellschaften. Der Grund hierfür ist weniger darin zu suchen, daß es einer solchen Regelung nicht bedarf, sondern vielmehr darin, daß die Abkommen vor einer Regelung der Besteuerung der Personengesellschaften kapitulieren[2]. Das Doppelbesteuerungsabkommen zwischen den USA und Deutschland von 1989[3] ist das umfangreichste und detaillierteste, das Deutschland bisher geschlossen hat[4]. Doch auch in diesem Abkommen führen die Personengesellschaften ein Schattendasein.

Die Probleme der Besteuerung von Personengesellschaften im internationalen Zusammenhang werden im zunehmenden Maße im Schrifttum und von Praktikern thematisiert. So hat die International Fiscal Association "Internationale Einkommensteuerprobleme bei Personengesellschaften" zu einem Generalthema ihres 49. Kongresses 1995 in Cannes gemacht[5].

Durch die ständige Zunahme der internationalen Wirtschaftsbeziehungen gewinnen Personengesellschaften für grenzüberschreitende unternehmerische Betätigungen zunehmend an Bedeutung. Gegenüber Kapitalgesellschaften und Einzelunternehmen haben sie vielfältige Vorteile, die vor allem in der großen Flexibilität der Ausgestaltung der Rechtsbeziehungen der Gesellschafter unter-

---

[1] Vgl. z.B. nur *Schenk, D.*, Foreword, 47 Tax Law Review 1 (1991), für die USA und *Knobbe-Keuk, B.*, "Qualifikationskonflikte" im internationalen Steuerrecht der Personengesellschaften, RIW 1991, S. 306, für Deutschland.

[2] Vgl. hierzu die Abschnitte 2 bis 6 des Kommentars zu Art. 1 des OECD-MA.

[3] Die vollständige Bezeichnung des Abkommens lautet: "Abkommen zwischen der Bundesrepublik Deutschland und den Vereinigten Staaten von Amerika zur Vermeidung der Doppelbesteuerung und zur Verhinderung der Steuerverkürzung auf dem Gebiet der Steuern vom Einkommen und vom Vermögen und einiger anderer Steuern" vom 29. August 1989, BGBl. 1991 II, S. 354, BStBl. 1991 I, S. 94.

[4] *Jacob, F.*, Das deutsch-amerikanische Doppelbesteuerungsabkommen von 1989, DStZ 1992, S. 669 f.

[5] Siehe CDFI LXXXa (1995), Internationale Einkommensteuerprobleme bei Personengesellschaften.

einander liegen[6]. Die einkommensteuerliche Behandlung von Personengesellschaften in den beiden Vertragsstaaten ist jedoch sehr unterschiedlich.

Eine Schwierigkeit besteht bei der Besteuerung der Personengesellschaften im internationalen Bereich schon darin, festzustellen, ob es sich überhaupt um eine solche handelt. D.h. wird eine Gesellschaft als Personengesellschaft gewertet, mit der Folge, daß ihre Einkünfte anteilig bei den Gesellschaftern besteuert werden (transparente Besteuerung), oder wird sie als Kapitalgesellschaft gesehen, die selbst Steuersubjekt ist (intransparente Besteuerung). Diese Frage der Einordnung einer Gesellschaft (Subjektqualifikation, *"classification"*) stellt sich insbesondere im Verhältnis zwischen Deutschland und den USA. Während Deutschland in dieser Beziehung einen streng rechtsformorientierten Ansatz besitzt, gehen die USA vom Vorliegen oder Nichtvorliegen bestimmter körperschaftlicher Merkmale aus, die ausschlaggebend für eine Besteuerung als Personengesellschaft *(partnership)* oder als Kapitalgesellschaft *(corporation)* sind. Verstärkt werden diese Probleme noch durch die Einführung der neuen Gesellschaftsform der *limited liability company* in den USA, die sowohl Merkmale einer Personen- als auch einer Kapitalgesellschaft trägt. Auf diese Weise kommt es zu Einordnungskonflikten, d.h. ein Rechtsgebilde wird im einem Vertragsstaat als Personengesellschaft und im anderen als Kapitalgesellschaft behandelt und besteuert.

Ein weiteres Problemfeld stellt die Behandlung der Sondervergütungen *(guaranteed payments)* in beiden Vertragsstaaten dar. Während Deutschland davon ausgeht, daß es sich dabei um Teile des gewerblichen Gewinns eines Gesellschafters handelt, sehen die USA in solchen Vergütungen abzugsfähige Betriebsausgaben der Gesellschaft, die gewöhnliches Einkommen beim Gesellschafter darstellen.

Diese Untersuchung will u.a. die Besteuerungskonflikte auf diesem Gebiet aufzeigen. Ein wichtiger Aspekt dabei sind die unterschiedlichen Konzeptionen der "Transparenz" einer Gesellschaft in den Steuerrechtsordnungen beider Vertragsstaaten, die sich darin ausdrückt, daß eine Personengesellschaft für bestimmte Zwecke vom Steuerrecht als "Gesamtheit" ihrer Anteilseigner (Aggregattheorie, *aggregate approach)* und für andere Zwecke als selbständige Einheit (Einheitstheorie, *entity approach)* betrachtet wird.

Von der Verwendung deutscher Rechtsterminologie bei der Darstellung des US-Rechts wurde weitgehend Abstand genommen, da die Begriffe des US-amerikanischen und des deutschen Rechts stets vor dem Hintergrund der unterschiedlichen Rechtssysteme zu verstehen sind und sich trotz (scheinbarer) Ähnlichkeiten nur selten völlig entsprechen. Aus diesem Grunde wurden zum Teil amerikanische Rechtsbegriffe übernommen und zum Teil neue deutsche Bezeichnungen gefunden.

---

[6]   Vgl. z.B. nur *Piltz, D.J.*, Die Personengesellschaften im internationalen Steuerrecht der Bundesrepublik Deutschland, S. 19 f.

B.   Zielsetzung und Schwerpunkt der Untersuchung

Aus der skizzierten Problemstellung folgt die Aufgabe und das Ziel der Arbeit, die steuerliche Behandlung von Personengesellschaften nach dem deutsch-US-amerikanischen Doppelbesteuerungsabkommen darzustellen. Hierbei wird versucht für die dabei auftretenden Probleme abkommensrechtliche Lösungen zu finden, die auch die beteiligten wirtschaftlichen und fiskalischen Interessen und Notwendigkeiten berücksichtigen sollen.

Dabei wird sich die vor allem abkommensrechtlich konzipierte Arbeit auch mit den grundsätzlichen Fragen des nationalen und internationalen Gesellschafts- und Steuerrechts befassen, soweit diese für eine umfassende Erörterung der Problematik oder ihres Verständnisses notwendig oder bedeutsam sind.

Den Schwerpunkt der Arbeit bilden die Fragestellungen, die im Zusammenhang mit einer deutschen Beteiligung an einer US-amerikanischen Personengesellschaft aufgeworfen werden. Grund hierfür ist, daß das Abkommen, wie alle US-Doppelbesteuerungsabkommen, eine Saving Clause enthält, wonach die USA ihre Staatsbürger und in den USA ansässigen ausländischen Personen so besteuern können als gäbe es das Abkommen nicht. Zudem wenden die USA als Methode der Vermeidung der Doppelbesteuerung ausschließlich das Anrechnungsverfahren an, so daß sich die meisten der hier erörterten Probleme in den USA, anders als in Deutschland, nicht stellen. Gleichwohl wird in vielen Bereichen die Besteuerungssituation im umgekehrten Fall dargestellt. Soweit es sich um Feststellungen auf der Grundlage und aus dem Zusammenhang des Abkommens handelt, gelten diese ohnehin auch für diesen Fall. Für diese Untersuchung wurden auch umfangreich Schrifttum und Rechtsprechung der USA ausgewertet.

Gegenstand dieser Arbeit sind nur Personengesellschaften mit gewerblicher Betätigung. Grundsätzlich bezeichnet das deutsche Steuerrecht diese als "Mitunternehmerschaften"[7]. Da es sich bei dieser Untersuchung jedoch um internationale Zusammenhänge handelt und auch das Abkommen selbst von Personengesellschaften spricht, wird - auch aus Gründen der Vereinfachung - die Bezeichnung "Personengesellschaft" beibehalten.

C.   Gang der Untersuchung

Im Teil 1 werden die grundsätzlichen Vorfragen der Arbeit erörtert. Der 2. Teil stellt die Zivilrechtsformen der Personengesellschaften dar. Hierbei stehen die Personengesellschaften des US-amerikanischen Zivil- und Gesellschaftsrechts ganz eindeutig im Vordergrund.

Im 3. Teil wird das Verfahren der Einordnung (*classification*, Subjektqualifikation) in beiden Vertragsstaaten dargestellt. Dabei wird, nicht zuletzt wegen der

---

[7]   Gemeint sind Gesellschaften, deren Gesellschafter als Unternehmer (Mitunternehmer) anzusehen sind, vgl. z.B. § 97 Abs. 1 Nr. 5 lit. a BewG; § 15 Abs. 1 Nr. 2 EStG.

besonderen Aktualität, auf die Einordnung der US-Gesellschaftsform der *limited liability company* und der GmbH deutschen Rechts eingegangen. Besonderes Augenmerk wurde auch auf die speziellen Probleme bei der Einordnung ausländischer Rechtsgebilde zu US-Steuerzwecken gelegt. Dargestellt werden auch die kürzlich erfolgten Reformvorschläge für die Einordnung von Rechtsgebilden. Auf deutscher Seite wird ein Überblick über die Grundprinzipien der Einordnung ausländischer Rechtsgebilde zu Zwecken deutscher Besteuerung gegeben und ausführlich die Einordnung der *limited liability company* untersucht.

Teil 4 beinhaltet die Darstellung der Besteuerung von Personengesellschaften in den USA, wobei auch auf Fragen des US-Außensteuerrechts eingegangen wird, soweit sie im Zusammenhang mit Personengesellschaften von Bedeutung sind.

Nach den Teilen, die sich mit dem nationalen Recht der beiden Vertragsstaaten befassen, folgt im weiteren die Darstellung und Erörterung der abkommensrechtlichen Regelungen, die für die Besteuerung von Personengesellschaften maßgebend sind.

Im 5. Teil wird die Personeneigenschaft, die Ansässigkeit und die Abkommensberechtigung von Personengesellschaften nach dem Abkommen untersucht.

Teil 6 bildet einen besonderen Schwerpunkt dieser Arbeit und erörtert die abkommensrechtliche Behandlung der Einkünfte bei gemeinsamer transparenter Besteuerung der Personengesellschaft. Hierbei wird zunächst auf die abkommensrechtliche Behandlung des eigentlichen Gewinnanteils und sodann auf die Sondervergütungen *(guaranteed payments)* eingegangen. Im Rahmen der Behandlung der Sondervergütungen wird dabei untersucht, ob und inwieweit einige Sonderregelungen des Abkommens selbst einschlägig sind und eine Lösung der Problematik bieten können. Des weiteren wird auf die Rechtsprechung des Bundesfinanzhofs hierzu auf der Grundlage des Vorgängerabkommens eingegangen. Darüberhinaus werden allgemeine Lösungswege untersucht und schließlich ein eigener Lösungsansatz entwickelt, der für diese Problematik eine abkommensrechtliche Lösung bieten soll.

Teil 7 und 8 untersuchen die abkommensrechtliche Behandlung für die Fälle, in denen die Gesellschaft einem Einordnungskonflikt (subjektiven Qualifikationskonflikt) beiden Vertragsstaaten ausgesetzt ist. Teil 7 untersucht den Fall, in dem der Sitzstaat USA die Gesellschaft als Kapitalgesellschaft (intransparent) besteuert, während Deutschland von einer transparenten Besteuerung als Personengesellschaft ausgeht. Teil 8 erörtert die Besteuerungssituation für den Fall, daß die USA als Sitzstaat der Gesellschaft diese transparent als Personengesellschaft besteuern, Deutschland hingegen von einer Kapitalgesellschaft ausgeht. Auch hierbei wird jeweils zwischen dem eigentlichen Gewinnanteil und den Sondervergütungen unterschieden. Für diese Fälle eines Einordnungs- oder subjektiven Qualifikationskonflikts wird sodann versucht eine abkommensrechtliche Lösung zu finden, die solche Fälle konfligierender Besteuerungsregimes vermeiden soll.

Teil 1:   Vorfragen

Kapitel 1:   Juristischer und Finanzwissenschaftlicher Ansatz

A.   Ziele und Prinzipien der Besteuerung internationaler Sachverhalte

Eine Arbeit, die im Grenzbereich zwischen Rechts- und Wirtschaftswissenschaften angesiedelt ist und bestimmte Aspekte eines modernen Doppelbesteuerungsabkommens untersucht, sollte die darin sich manifestierenden (finanz-) wirtschaftlichen Interessen der Vertragsstaaten nicht außer acht lassen. Dies zum einen, um eine Auslegung der zum Teil immer komplizierteren (Sonder-) Regelungen zu erleichtern[1], aber zum anderen auch, um die jeweiligen Regelungen daraufhin zu untersuchen, welche finanz- und wirtschaftswissenschaftliche Prinzipien und Ziele sie verfolgen.

Zu nennen sind hier das Erfordernis der Gerechtigkeit zwischen Individuen[2], die Effizienz der Ressourcennutzung[3] und die Praktikabilität des Besteuerungssystems[4], die unter anderem Blickwinkel auch auf nationaler Ebene existieren, sowie das Erfordernis der Gerechtigkeit zwischen Nationen, das im zwischenstaatlichen und internationalen Zusammenhang hinzutritt[5].

---

[1] Daß eine Auslegung dann trotzdem nicht gelingen muß, zeigt z.B. die wohl einzigartige Regelung des Art. 4 Abs. 4 des DBA USA-China (1984), die die Abkommensberechtigung US-amerikanischer Gesellschaften, die noch in einem weiteren Staat ansässig sind (doppelt ansässige Gesellschaften) mit dem China ein DBA hat, auf das Abkommen zwischen China und dem jeweils anderen Staat beschränkt. Vgl. näher hierzu: *Cox, R.E.*, The United States - People's Republic of China Double Taxation Treaty, 5 International Tax & Business Lawyer 111 (1987), S. 122, sowie *Großmann, K.*, Doppelt ansässige Kapitalgesellschaften im internationalen Steuerrecht, S. 95 ff.

[2] Gemeint ist damit z.B. auch die Besteuerung nach der persönlichen Leistungsfähigkeit. Ein synonymer Ausdruck hierfür ist horizontale (Steuer-)gerechtigkeit.

[3] In diesem Zusammenhang ergeben sich Fragen der Lenkungswirkung und Allokation der Ressourcen sowie der Neutralität des Steuersystems im Hinblick auf die wirtschaftliche Betätigung.

[4] Hierunter ist die verwaltungstechnische und -mäßige Einfachheit und Effizienz der Besteuerung zu verstehen, die sich gegen die Überkompliziertheit, praktische Undurchführbarkeit und Unanwendbarkeit der Doppelbesteuerungsabkommen und Steuergesetze wendet.

[5] Vgl. auch *Musgrave, R.A./Musgrave, P.B./Kullmer, L.*, Die öffentlichen Finanzen in Theorie und Praxis, Band 3, S. 294. sowie *Doernberg, R.L.*, International Taxation, S. 2 ff.

Für die US-Sicht vgl. *Osgood, R.*, The Convergence of the Taxation Systems of the Developed Nations, 25 Cornell International Law Journal 339 (1992); *Slemrod, J.*, Competitive Advantage and the Optimal Tax Treatment of Foreign-Source Income of

Wie sich im folgenden zeigen wird, gibt es Konflikte zwischen diesen einzelnen Zielen und Prinzipien. Ziel dieser Arbeit ist es nicht, diese Konflikte zu lösen, sondern die Ziele und Prinzipien und ihre Konflikte untereinander zu erkennen, damit die Interessen und Wertungen der Vertragsstaaten im Abkommen deutlich werden und eine Auslegung und Anwendung des Abkommens erleichtert oder erst ermöglicht wird[6].

B. Gerechtigkeit zwischen Individuen

Diese Fragestellung ergibt sich aus dem international üblichen Nebeneinander des Wohnsitz- und des Quellenstaatsprinzips bei der Besteuerung internationaler Sachverhalte[7].

Bezieht eine Person, die in einem Staat ihren Wohnsitz hat, Einkommen aus verschiedenen Staaten, so wird sie in der Regel von den Fisci dieser Staaten besteuert. Erfordert nun die Steuergerechtigkeit, daß diese Person die gleiche Steuersumme (im In- und Ausland) zahlt, wie eine andere Person desselben Wohnsitzstaats, die ein Einkommen in gleicher Höhe nur aus diesem Wohnsitzstaat bezieht? Oder sollte der Wohnsitzstaat die Steuern, die in anderen Staaten gezahlt worden sind einfach vom steuerpflichtigen Einkommen abziehen und nur

---

Multinationals: The Case of the United States and Japan, 9 The American Journal of Tax Policy 113 (1991); *Wilensky, A.*, Future Directions of U.S. International Tax Policy, 70 Taxes 998 (1992); *Young, K.*, The Effects of Taxes and Rates of Return on Foreign Direct Investmen in the United States, 41 National Tax Journal 109 (1988); *Gravelle, J.*, International Tax Competition: Does it make a Difference for Tax Policy?, 39 National Tax Journal 375 (1986); *Bossons, J.*, Tax Reform and International Competitiveness, Report of the Procedings of the Thirty-Nine Tax Conference, S. 5:1; *Musgrave, P.*, United States Taxation of Foreign Investmen Income, *Morrison, Ph.*, Talking Past Each Other on Tax Treaty Policy and Subpart F, 69 Taxes 1001 (1991); *Kole, K.*, The Status of United States International Taxation: Another Fine Mess We've Gotten Ourselves Into, 9 Northwestern Journal of International Law & Business 49 (1988); *Hartman, D.*, Tax Policy and Foreign Direct Investment in the United States, 37 National Tax Journal 475 (1984); *Rosenbloom, D.*, Toward A New Tax Treaty Policy For a New Decade, 9 The American Journal of Tax Policy 77 (1991); *Moore, K.N.*, The Foreign Tax Credit for Foreign Taxes Paid in Lieu of Income Taxes: An Evaluation of the Rationale and a Reform Proposal, 7 The American Journal of Tax Policy 207 (1988); *Blum, C.*, How the United States Should Tax Foreign Shareholders, 7 Virginia Tax Review 583 (1988); *Kingson, Ch.*, The Foreign Tax Credit and Its Critics, 9 The American Journal of Tax Policy 1 (1991); *Raish, D./Stone, S.*, Issues Paper on the Tax Trreaty Making Process, 46 The Tax Lawyer 477 (1993); *Gann, P.*, The Concept of an Independent Treaty Foreign Tax Credit, 38 Tax Law Review 1 (1982).

[6]   Als Beispiel hierfür möge die kryptische Regelung in Abschnitt 21 des Protokolls zum DBA-USA dienen; siehe hierzu unten Teil 6 Kapitel 2 D. II. 6.

[7]   Internationaler Sachverhalt meint hier, daß die Möglichkeit der Besteuerung durch mindestens zwei Staaten gegeben ist, in der Regel aufgrund Wohnsitz- und Quellenstaatsprinzip.

die Steuerlast, die im Wohnsitzstaat anfällt, angleichen? Im ersten Fall ist Gerechtigkeit in einem internationalen Sinn interpretiert, im zweiten im nationalen Sinn[8]. Das Anrechnungs- und das Abzugsverfahren zur Vermeidung der Doppelbesteuerung spiegeln hier die unterschiedlichen Anschauungen wider.

C. Effizienz der Ressourcennutzung

Die Außenwirtschaftstheorie geht davon aus, daß internationaler Handel zu weltweit erhöhter Produktion und Wohlstandssteigerung durch optimale Ressourcenallokation führt[9]. Denn die Wirtschaftssubjekte eines jeden Staates üben nur wirtschaftliche Tätigkeiten aus, zu denen sie aufgrund der in ihrem Staat bestehenden Gegebenheiten besonders befähigt sind, während sie Güter und Leistungen, zu deren Herstellung oder Erbringung sie nicht so befähigt sind, von ihren Handelspartnern beziehen. Der Außenhandel beruht auf dem Prinzip absoluter und komparativer Kostendifferenzen zwischen den Staaten[10]. Die in einem Staat bestehenden Gegebenheiten[11], die in diesem Sinne die Gütererzeugung bestimmen, werden von der Außenwirtschaftslehre als "natürliche Produktionsbedingungen" bezeichnet[12]. Realiter werden sie von "künstlichen Produktionsbedingungen", die durch die Wirtschafts- und Steuerpolitik des jeweiligen Staates bestimmt werden, überlagert, die dann zu sog. Wettbewerbsverzerrungen führen können[13].

So können z.B. unterschiedliche Steuersätze in verschiedenen Staaten den Standort der wirtschaftlichen Aktivitäten beeinflussen und die effizienteste Verwendung der Ressourcen verhindern[14].

Vom Standpunkt der Effizienz der Ressourcennutzung ist ein steuerneutrales System der internationalen Besteuerung anzustreben, d.h. wirtschaftlichen Aktivitäten und Entscheidungen sollen nur aufgrund nicht-steuerlicher Erwägungen getroffen werden[15], und die Besteuerung darf den effizienten Einsatz der Produktionsfaktoren nicht beeinträchtigen[16].

---

[8] *Musgrave, R.A./Musgrave, P.B./Kullmer, L.*, Die öffentlichen Finanzen in Theorie und Praxis, Band 3, S. 294.

[9] So schon *Smith, A.*, An Inquiry into the Nature and Causes of the Wealth of Nations.

[10] Vgl. dazu *Rose, K.*, Theorie der Außenwirtschaft, S. 271 ff.

[11] Z.B. Klima, Boden, geographische Lage, personelle und technische Gegebenheiten.

[12] Vgl. *Mesenberg, H.*, Zur Frage des Abbaues von Wettbewerbsverfälschungen und -verzerrungen in den EWG-Staaten, BB 1961, S. 141 (142).

[13] So auch *Kluge, V.*, Das deutsche Internationale Steuerrecht, S. 8 f.

[14] *Musgrave, R.A./Musgrave, P.B./Kullmer, L.*, Die öffentlichen Finanzen in Theorie und Praxis, Band 3, S. 295.

[15] *Doernberg, R.L.*, International Taxation, S. 4.

[16] *Peffekoven, R.*, Probleme der internationalen Finanzordnung, in Neumark, F./Andel, N./Haller, H. (Hrsg.), Handbuch der Finanzwissenschaft, S. 244.

Für die im Zusammenhang mit dieser Arbeit zu untersuchende Besteuerung internationaler Faktoreinkommen[17] wird genauso, wie für die eben beschriebene Besteuerung des Außenhandels, ein wettbewerbsneutrales Verfahren verlangt. Denn der Einsatz der Produktionsfaktoren in anderen Staaten zielt ebenso wie der Außenhandel auf die Ausnutzung absoluter und komparativer Kostendifferenzen zwischen Staaten ab. Dabei weist der Begriff der "Wettbewerbsneutralität" (in diesem Zusammenhang auch Steuerneutralität genannt[18]) verschiedene, zum Teil konfligierende Elemente auf[19]:

I.   Kapitalexportneutralität

Kapitalexportneutralität bedeutet, daß der Produktionsfaktor Kapital unabhängig von seiner Verwendung im In- oder Ausland steuerlich gleich behandelt wird, weil nur so eine effiziente weltweite Allokation erreicht werden kann[20]. Dies heißt, eine weltweite effiziente Allokation wird dadurch ermöglicht, daß die Wettbewerbsneutralität auf den Wirtschaftsraum des Wohnsitzstaates bezogen wird, d.h. auf die Steuerverhältnisse des Landes, aus dem das Kapital stammt, das in die ausländischen Geschäftstätigkeiten investiert ist[21]. Die Kapitalexportneutralität verlangt, daß es für den inländischen Investor unter steuerlichen Gesichtspunkten gleichgültig sein muß, ob er sein Kapital im Inland oder im Ausland anlegt[22].

Die Kapitalexportneutralität kann in der Regel in einfacher Weise durch unilaterale Maßnahmen des kapitalexportierenden Staates (in der Regel des Wohnsitzstaates) z.B. durch das Anrechnungsverfahren[23] gewährleistet werden[24].

---

[17] Faktoreinkommen ist der wirtschaftwissenschaftliche Oberbegriff für das Einkommen, das aus den Produktionsfaktoren Arbeit, Boden und Kapital erwirtschaftet wird.

[18] *Doernberg, R.L.*, International Taxation, S. 4, spricht von *"tax neutrality"*.

[19] *Peffekoven, R.*, Probleme der internationalen Finanzordnung, in Neumark, F./Andel, N./Haller, H. (Hrsg.), Handbuch der Finanzwissenschaft, S. 244.

[20] Man spricht hier von *"world efficiency"*; zur Terminologie vgl. z.B. *Musgrave, R.A.*, Fiscal Systems, S. 248 ff., sowie *Sato, M./Bird, R.M.*, International Aspects of the Taxation of Corporations and Shareholders, S. 407 ff.

[21] *Jacobs, O.H.*, Internationale Unternehmensbesteuerung, S. 21.

[22] *Rädler, A.J.*, Vergleich der Besteuerung der Auslandsniederlassungen deutscher Personenunternehmen und deutscher Kapitalgesellschaften, in Festschrift für Barth, K., S. 143 (160).

[23] "(foreign) tax credit system".

[24] *Peffekoven, R.*, Probleme der internationalen Finanzordnung, in Neumark, F./Andel, N./Haller, H. (Hrsg.), Handbuch der Finanzwissenschaft, S. 244; vgl. auch *Jacobs, O.H.*, Internationale Unternehmensbesteuerung, S. 20 ff.

II. Kapitalimportneutralität

Kapitalimportneutralität meint genau die umgekehrte Situation[25]: Die Wettbewerbsneutralität wird auf den Wirtschaftsraum bezogen, in dem sich die ausländische Geschäftstätigkeit entfaltet, also das Ausland. Ausschlaggebend ist das Steuerniveau des Staates in dem das Kapital investiert wird (Quellenstaat)[26]. D.h. im Kapitalimportland unterliegt das Einkommen aus inländischem und importiertem Kapital der gleichen steuerlichen Belastung[27]. Es wird somit verlangt, daß die Geschäftstätigkeit auf Auslandsmärkten auch dem ausländischen Steuerniveau ausgesetzt wird[28]. Das Freistellungsverfahren[29] ist die Methode zur Schaffung der Kapitalimportneutralität[30]. Das Freistellungsverfahren und das Anrechungsverfahren, die sich gegenseitig, zumindest bzgl. der selben Einkunftsart[31], ausschließen, sind aufgrund ihrer Wirkungsweisen nicht nur Methoden zur Vermeidung der Doppelbesteuerung, sondern können auch gezielt zu wettbewerbspolitischen Gestaltungen eingesetzt werden[32].

Im Gegensatz zur Kapitalexportneutralität, die durch ein Anrechnungsverfahren vergleichsweise einfach zu erreichen ist, verlangt die Kapitalimportneutralität hingegen kompliziertere Maßnahmen des Kapitalimportlandes (Quellenstaat), da die Unterschiede in der Besteuerung in den verschiedenen Kapitalexportländern (Wohnsitzstaaten) ausgeglichen werden müssen. Deshalb wird Kapitalexportneutralität in der Regel eher verwirklicht als Kapitalimportneutralität[33].

---

[25] Für eine umfangreichere Darstellung der wettbewerbspolitischen Konsequenzen und der Vor- und Nachteile der Kapitalexport- und Kapitalimportneutralität, die den Rahmen dieser Arbeit sprengen würde, sei auf *Jacobs, O.H.*, Internationale Unternehmensbesteuerung, S. 20 ff. verwiesen.

[26] *Jacobs, O.H.*, Internationale Unternehmensbesteuerung, S. 23.

[27] *Peffekoven, R.*, Probleme der internationalen Finanzordnung, in Neumark, F./Andel, N./Haller, H. (Hrsg.), Handbuch der Finanzwissenschaft, S. 244.

[28] *Jacobs, O.H.*, Internationale Unternehmensbesteuerung, S. 23.

[29] "exemption method".

[30] Vgl. *Jacobs, O.H.*, Internationale Unternehmensbesteuerung, S. 20 ff. In der Abkommenspraxis der Doppelbesteuerungsabkommen favorisieren die kontinentaleuropäischen Staaten traditionell die Freistellungsmethode, während die Anrechnungsmethode bei den anglo-amerikanischen Staaten vorherrscht.

[31] Vgl. *Vogel, K.*, Doppelbesteuerungsabkommen, Einl. Rn. 23

[32] *Jacobs, O.H.*, Internationale Unternehmensbesteuerung, S. 21 f. Bezüglich der wettbewerbspolitischen Vor- und Nachteile des Freistellungs- und des Anrechnungsverfahrens siehe *a.a.O.*, S. 23 ff.

[33] *Peffekoven, R.*, Probleme der internationalen Finanzordnung, in Neumark, F./Andel, N./Haller, H. (Hrsg.), Handbuch der Finanzwissenschaft, S. 244. Die internationale Rechtspraxis zeigt aus diesem Grund denn auch, daß die Kapitalexportstaaten eher bereit sind, Anrechnungen für im Ausland gezahlte Steuern zu gewähren, während die

III. Nationale Neutralität[34]

Während die Kapitalexportneutralität verlangt, daß für einen Anleger die Nettoerträge (Erträge nach Steuern) bei Investitionen im In- und Ausland übereinstimmen, ergibt sich aus der Sicht des einzelnen Staates als Volkswirtschaft ein anderes Bild: Da die im Ausland erzielten Einkommen dort um die ausländische Steuerbelastung gekürzt werden, sind die Bruttoerträge (Erträge vor Steuern) inländischer Investitionen mit den Nettoerträgen ausländischer Investitionen zu vergleichen. Nur wenn beide übereinstimmen, ist die nationale Neutralität gegeben[35]. Dies bedeutet, daß die Gesamterträge einer Investition, die sich der Steuerzahler mit dem Fiskus seines Wohnsitzstaates teilen muß, in gleicher Höhe anfallen, ohne Rücksicht darauf, ob sie im Wohnsitzstaat (Inland) oder in einem anderen Staat (Ausland/Quellenstaat) getätigt wurde. Bei einem Steuersatz von 30 % im Wohnsitzstaat, erhält der Steuerzahler 70%, während der Fiskus des Wohnsitzstaates 30 % für sich fordert. Hierbei ändert sich diese Rate nicht deshalb, weil der ausländische Quellenstaat bereits eine Steuer erhoben hat[36]. Vielmehr sind diese ausländischen Steuern nur von der Bemessungsgrundlage der inländischen Steuern wie Betriebsausgaben abzuziehen (Steuerabzugsverfahren[37]). Dadurch wird die Doppelbelastung durch in- und ausländische Besteuerung nicht beseitigt, sondern lediglich abgeschwächt. Daraus folgt, daß ein Anleger ausländische Investitionen nur dann tätigen wird, wenn der Nettoertrag mindestens der gleiche ist wie bei inländischen Investitionen. Vom Standpunkt der nationalen Neutralität wird Kapital nur insoweit exportiert, als daß der Ertrag nach Besteuerung im Ausland mindestens gleich oder größer dem Ertrag vor Steuern bei inländischen Investitionen ist[38].

Kapitalimportländer nur selten Anrechnungen für die in den Kapitalexportländern zu zahlenden Steuern zulassen.

[34] Übersetzung des Begriffs *"national neutrality"*, z.B. in *Doernberg, R.L.*, International Taxation, S. 5 f. Die Bezeichung *"national efficiency"*, die zum Teil hierfür in der Literatur zu finden ist, vgl. z.B. *Sato, M./Bird, R.M.*, International Aspects of the Taxation of Corporations and Shareholders, S. 407, ist abzulehen, da es sich hierbei nicht um eine Frage der Effizienz, sondern der Verteilung des Steueraufkommens zwischen Staaten handelt.

[35] Vgl. *Sato, M./Bird, R.M.*, International Aspects of the Taxation of Corporations and Shareholders, S. 417 ff.

[36] S. *Doernberg, R.L.*, International Taxation, S. 5 f.

[37] "deduction system".

[38] Vgl. Mit Berechnungsformel für die Optimierung bei Anrechnungs- und Abzugsverfahren, *Musgrave, R.A./Musgrave, P.B./Kullmer, L.*, Die öffentlichen Finanzen in Theorie und Praxis, Band 3, S. 298 f.

D. Praktikabilität des Besteuerungsystems

Durch das Prinzip der Praktikabilität des Besteuerungssystems[39] soll die Überkompliziertheit, praktische Undurchführbarkeit und Unanwendbarkeit der Doppelbesteuerungsabkommen und Steuergesetze vermieden werden[40]. Denn gerade durch das notwendige Zusammenwirken des nationalen Steuerrechts mit dem Abkommensrecht können Probleme auftreten, die die Praktikabilität der Besteuerung erheblich beeinträchtigen[41]. In indirekter Weise dient das Prinzip der Praktikabilität der Besteuerung auch dem Gleichheitssatz[42], d.h. dem Prinzip der Gleichmäßigkeit der Besteuerung[43], denn Gesetze, die nicht praktikabel oder gar praktisch undurchführbar sind, können nicht gleichmäßig angewandt werden[44].

---

[39] Für eine eingehendere Darstellung der Problematik sei auf *Tipke, K./Lang, J.*, Steuerrecht, 12. Aufl., S. 33 verwiesen.

[40] Vgl. hierzu auch *Tipke, K./Lang, J.*, Steuerrecht, Steuerrecht, 12. Aufl., S. 33.

[41] Vgl. z.B. *Menck, Th.*, Grundlagen, in Mössner, J.M. et al., Steuerrecht international tätiger Unternehmen, Rn. A 43 ff. Dieser spricht in diesem Zusammenhang von "Asymmetrien", "Funktionsdefiziten" und "Funktionsstörungen". Zur Verdeutlichung mögen folgende Beispiele dienen: Unterschiede in der Gewinnermittlung in den beiden Abkommensstaaten; Rechtsverhältnisse und Rechtsinstitute werden in den beiden Staaten unterschiedlich qualifiziert; Zurechnungregeln unterscheiden sich.

[42] Art. 3 Abs. 1 GG.

[43] Vgl. *Tipke, K./Lang, J.*, Steuerrecht, 12. Aufl., S. 39 ff.

[44] *Tipke, K./Lang, J.*, Steuerrecht, 12. Aufl., S. 39.

Kapitel 2: Begriffsklärungen:
"Personengesellschaft" – "Partnership" – "Internationalität" der Personengesellschaft" – "Deutsche, US-amerikanische, internationale Personengesellschaften"

A. "Personengesellschaft" - "Partnership"

Wie schwierig es ist, den Begriff der "Personengesellschaft" oder der "Partnership" im internationalen Steuerrecht zu klären, zeigte jüngst der Generalbericht des 49. Kongresses der International Fiscal Association zum Thema der Internationalen Einkommensteuerprobleme bei Personengesellschaften[1]. Soweit ersichtlich, herrscht zumindest Einigkeit darüber, daß die Personengesellschaft - oder allgemeiner das zu beurteilende Rechtsgebilde - nicht selbst steuerpflichtig sein darf, sondern steuerlich transparent sein muß[2]. D.h. die Einkünfte werden steuerrechtlich den Gesellschaftern oder Anteilseignern zugerechnet. Unterliegt jedoch ein Rechtsgebilde für die Einkünfte, die es erwirtschaftet, selber der Steuerpflicht, so wird es als steuerlich intransparent bezeichnet und stellt damit keine Personengesellschaft dar[3]. Ob eine solche Steuerpflicht vorliegt oder nicht, beurteilt sich - sofern ein Doppelbesteuerungsabkommen nichts anderes bestimmt - nach dem nationalen Recht des Staates um dessen Steuerpflicht es sich handelt[4].

Hiermit enden jedoch die Gemeinsamkeiten. Die Ursachen für die Unterschiede der Ansichten der einzelnen Staaten, was eine Personengesellschaft ausmacht, liegen in den verschieden Konzeptionen und Abstufungen ihrer "Transparenz"

---

[1] *LeGall, J.-P.*, Internationale Einkommensteuerprobleme bei Personengesellschaften, Generalbericht, CDFI LXXXa (1995), S. 709 ff. Die Tatsache, daß selbst die französische Fassung des Berichts (S. 595 ff.) durchgängig den Bezeichnung *partnership* für die Personengesellschaft verwendet, ist bemerkenswert und zeigt deutlich die Probleme, die die Klärung des Begriffs der "Personengesellschaft" im internationalen Steuerrecht bereitet.

[2] In den USA spricht man daher auch von "pass-through entities" oder "conduits". Diese Ausdrücke sind aber auch mehrdeutig.

[3] Vgl. *Vogel, K.*, Doppelbesteuerungsabkommen, 3. Aufl., Art. 1 Rn. 19a; *van Raad, K.*, Anerkennung der steuerlichen Rechtsfähigkeit ausländischer Unternehmungen, Generalbericht, CDFI LXXIIIa (1988), S. 113 (116); *LeGall, J.-P.*, Internationale Einkommensteuerprobleme bei Personengesellschaften, Generalbericht, CDFI LXXXa (1995), S. 709 ff.; vgl. auch *Goldberg, S.*, The Nature of a Partnership, in Alpert, H./van Raad, K. (Hrsg.),Essays on International Taxation, To Sidney I. Roberts, S. 155 ff., zur US-Sichtweise dieser Problematik.

[4] *Vogel, K.*, Doppelbesteuerungsabkommen, 3. Aufl., Art. 1 Rn. 19a. Im Falle Deutschlands sind dies § 15 Abs. 1 Nr. 2 EStG, § 2 KStG, § 2 Abs. 1 Nr. 2 VermStG; im Falle der USA Sec. 1, 11, 701, 761 IRC.

begründet. Die Bandbreite der "Transparenz" liegt im Spannungsfeld zwischen Aggregattheorie einerseits und Einheitstheorie andererseits. Die Auswirkungen dieses Spannungsfelds zeigen sich darin, daß eine Personengesellschaft in den jeweiligen nationalen Steuerrechtsordnungen für bestimmte Zwecke des Steuerrechts als "Gesamtheit" ihrer Anteilseigner (Aggregattheorie) gewertet wird, mit der Folge, daß die steuerliche Behandlung der Gesellschafter durch die Existenz der Gesellschaft nicht berührt wird. Für andere Zwecke jedoch wird die Personengesellschaft als selbständige Einheit betrachtet (Einheitstheorie)[5]. Dies führt im nationalen Zusammenhang schon häufig zu Problemen, im internationalen Zusammenhang ist es noch um einiges schwieriger, da bei dem gleichen wirtschaftlichen Sachverhalt in einem Staate die Aggregattheorie und im anderen die Einheitstheorie anzuwenden ist.

Im Rahmen dieser Untersuchung werden nur solche Personengesellschaften behandelt, die ein gewerbliches Unternehmen betreiben. Nach den Wertungen des deutschen Steuerrechts handelt es sich folglich um Mitunternehmerschaften des § 15 Abs. 1 Nr. 2 EStG. Nach den Wertungen des US-amerikanischen Steuerrechts, für das der Begriff der Gewerblichkeit im Zusammenhang mit Personengesellschaften keine besondere Bedeutung hat[6], handelt es sich um eine Personengesellschaft (partnership) im Sinne der Sec. 761(a) IRC und der dazu ergangenen Regs. § 1.761-1. Weil der Begriff der Mitunternehmerschaft nur einen Begriff des deutschen Steuerrechts darstellt, wird der allgemeine Begriff der Personengesellschaft verwendet. Die Untersuchung schließt all diejenigen Rechtsgebilde ein, die zumindest von einem der beiden Vertragsstaaten Deutschland oder den USA als Personengesellschaft behandelt werden, d.h. transparent besteuert werden. Dabei ist es gleichgültig, ob es sich um den Sitz- und Gründungsstaat des Rechtsgebildes handelt oder um den Ansässigkeitsstaat

---

[5] Vgl. z.B. *LeGall, J.-P.*, Internationale Einkommensteuerprobleme bei Personengesellschaften, Generalbericht, CDFI LXXXa (1995), S. 709 ff.; *van Raad, K.*, Anerkennung der steuerlichen Rechtsfähigkeit ausländischer Unternehmungen, Generalbericht, CDFI LXXIIIa (1988), S. 113 (116); speziell zur Lage in den USA: *Youngwood, A./Weiss, D.*, Partners and Partnerships - Aggregate vs. Entity outside of Subchapter K, 48 The Tax Lawyer 39 (1994); *Goldberg, S.*, The Nature of a Partnership, in Alpert, H./van Raad, K. (Hrsg.),Essays on International Taxation, To Sidney I. Roberts, S. 155 ff.; *Wood, R.*, Cold Body - Hot Assets: Entity and Aggregate Partnership Theories in Conflict; Treatment of IRC § 751(c) Unrealized Receivables Upon the Death of a Partner, 31 Duquesne Law Review 1 (1992); *Gumpel, H.J.*, Die Grundprobleme der Personengesellschaft aus der Sicht des Steuerrechts der Vereinigten Staaten, in Kruse, H.W. (Hrsg.), Die Grundprobleme der Personengesellschaften im Steuerrecht, DStJG Bd. 2, S. 181 (183 ff.); *Walter, O.L.*, Randbemerkungen zur transnationalen Besteuerung der Personengesellschaften aus amerikanischer Sicht, in Kruse, H.W. (Hrsg.), Die Grundprobleme der Personengesellschaft im Steuerrecht, DStJG Band 2, S. 205 (206 ff.).

[6] Der deutsche Begriff der Gewerblichkeit ist ohnehin enger.

eines Anteilseigners, wenn das Rechtsgebilde in einem Vertragsstaat als transparent und im anderen als intransparent behandelt wird.

B.   "Internationalität" der Personengesellschaften

Die Anwendung eines Doppelbesteuerungsabkommens setzt internationale Sachverhalte voraus. Bei Personengesellschaften sind zwei internationale Bezüge denkbar, die sich im Hinblick auf das Thema dieser Arbeit wie folgt darstellen[7]:

- nach der Internationalität der Geschäftstätigkeit, d.h. eine deutsche Personengesellschaft, die geschäftlich im Ausland tätig ist, betätigt sich geschäftlich entweder ausschließlich oder zumindest auch in den USA; eine US-amerikanische Personengesellschaft, die geschäftlich im Ausland tätig ist, betätigt sich geschäftlich entweder ausschließlich oder zumindest auch in Deutschland;

- nach der Internationalität des Gesellschafterkreises, d.h. an einer US-amerikanischen Personengesellschaft sind deutsche Gesellschafter, an einer deutschen Personengesellschaft sind US-amerikanische Gesellschafter beteiligt.

Die verwendeten Begriffe "deutsche" und "US-amerikanische" sowie "inländische" und "ausländische" Personengesellschaft sind im folgenden genauer zu klären.

I.   Zivilrecht

1.   Deutschland

Es existiert keine gesetzliche Definition der Begriffe "deutsche" (oder "inländische") oder "US-amerikanische" (oder "ausländische") Personengesellschaft. Soweit ersichtlich, hat der deutsche Gesetzgeber im Zivilrecht diese Begriffe nicht verwendet, auch nicht im EGBGB[8] als einer Rechtsquelle des deutschen Internationalen Privatrechts[9].

---

[7]   So schon *Piltz, D.J.*, Die Personengesellschaften im internationalen Steuerrecht der Bundesrepublik Deutschland, S. 23.

[8]   Die Novellierung des EGBGB durch das Gesetz zur Neuregelung des Internationalen Privatrechts vom 25.07.1986 (BGBl. 1986 I, S. 1142) hat kollisionsrechtliche Fragen des Gesellschaftsrechts, des Vereinsrechts und des Rechts der juristischen Personen ausdrücklich von einer gesetzgeberischen Regelung ausgenommen, Art. 37 Nr. 2 und Nr. 3 EGBGB. Vgl. hierzu und insbesondere den Gründen dafür *Ebenroth, C. Th./Eyles, U*, Die Beteiligung ausländischer Gesellschaften an einer inländischen Kommanditgesellschaft, DB 1988, Beilage 2/88, S. 1 (4). Vgl. auch *Ulmer, M.*, Die Anerkennung US-amerikanischer Gesellschaften in Deutschland, IPRax 1996, S. 100.

[9]   *Piltz, D.J.*, Die Personengesellschaften im internationalen Steuerrecht der Bundesrepublik Deutschland, S. 23

Die Zivilgerichte[10] verwenden diese Begriffe genauso wie auch die meisten deutschen Staatsverträge[11], die sich mit der Frage befassen, wie eine nach einem bestimmten Recht gegründete Gesellschaft durch das Recht eines anderen Staates behandelt wird.

Im Schrifttum werden diese Begriffe jedoch häufig verwendet, meist als Kurzbezeichnung des Sachverhalts, daß eine Personengesellschaft nach deutschem oder ausländischem Recht gegründet ist und im Staat des Gründungsrechts ihren statuarischen Sitz hat[12].

Der Sache nach geht es hier um die Frage, wie die Rechtsverhältnisse einer nach deutschem Recht gegründeten Gesellschaft vom ausländischen Zivilrecht und wie die Rechtsverhältnisse einer nach ausländischem Recht gegründeten Gesellschaft vom deutschen Zivilrecht beurteilt werden. Dies schließt die Frage nach dem Gesellschaftsstatut[13], der Partei- und Prozeßfähigkeit, sowie der Anerkennung der Rechtsfähigkeit ausländischer Personengesellschaften, welche die Personengesellschaften nach deutschem Recht nur beschränkt besitzen, mit ein[14]. Diese Problematik wird im Internationalen Steuerrecht als Anerkennung bezeichnet.

Der Begriff der Anerkennung[15] wird im Internationalen Gesellschaftsrecht in mehrfacher Bedeutung verwandt[16]. Im Rahmen dieser Arbeit sind zwei Bedeu-

---

[10] Vgl. z.B. *RG* vom 19.02.1929, RGZ 124, S. 146; *RG* vom 29.10.1938, RGZ 159, S. 33 (47); *BGH* vom 17.12.1953, BB 1954, S. 242; *BGH* vom 13.07.1959, AWD 1959, S. 206; *BGH* vom 26.09.1966, NJW 1967, S. 36.

[11] So z.B. Handels- und Niederlassungsverträge, Kapitalschutzabkommen, s. dazu *Beitzke, G.*, Einige Bemerkungen zur Rechtsstellung ausländischer Gesellschaften in deutschen Staatsverträgen, in Festschrift für Martin Luther, S. 1 (4); vgl. auch Palandt/*Heldrich*, BGB, Anhang zu Art. 12 EGBGB Rn. 21.

[12] *Fischer* in Großkommentar HGB Vorbem. 5 vor § 105; *Kegel, G.*, Internationales Privatrecht, S. 428; Erman/*Arndt*, BGB, Art. 10 EGBGB Rz. 3.

[13] Personal- oder Organisationsstatut werden als Synonyme zu Gesellschaftsstatut verwandt. Da Gesellschaftsstatut die präzisere Bezeichnung ist, wird diese im weiteren verwendet; vgl. *Kaligin, Th.*, Das Internationale Gesellschaftsrecht der Bundesrepublik Deutschland, DB 1985, S. 1449.

[14] Vgl. *Fischer* in Großkommentar HBG Vorbem. 5 vor § 105.

[15] Zum Anerkennungsbegriff und bzgl. eines rechtsvergleichenden Überblicks über die Geschichte des Anerkennungsbegriffs im internationalen Gesellschaftsrecht vgl. *Großfeld, B.*, Zur Geschichte der Anerkennungsproblematik bei Aktiengesellschaften, RabelsZ 38 (1974), S. 344 ff.; *ders.*, Die Entwicklung der Anerkennungstheorien im internationalen Gesellschaftsrecht, in Festschrift für Harry Westermann, S. 199 ff.; *Schlosser, G.*, Gesellschaftliche Niederlassungen innerhalb der Europäischen Wirtschaftsgemeinschaft als Problem des internen und internationalen Privatrechts, S. 60 ff.; *Behrens, P.*, Der Anerkennungsbegriff des Internationalen Gesellschaftsrechts, ZGR 7 (1978), S. 499 f.

[16] Neben den hier ausgeführten Bedeutungsinhalten findet der Begriff Anerkennung noch Verwendung im Fremdenrecht für die Zulassung ausländischer Unternehmen im Inland.

tungsaspekte wichtig. Zum einen ist darunter die Anknüpfung des Gesellschaftsstatuts als Bestimmung der für die Rechtsverhältnisse einer Gesellschaft maßgeblichen Rechtsordnung zu verstehen, und zum anderen auch die Frage nach
Bestehen und Rechtsfähigkeit einer im Ausland gegründeten Gesellschaft im
Inland[17].

Bei der Beantwortung dieser Fragen wird nicht zwischen Personengesellschaften,
die keine eigene Rechtspersönlichkeit besitzen, und juristischen Personen unterschieden. Auch nichtrechtsfähige Personenvereinigungen, wie Personengesellschaften, unterliegen einem einheitlichen Gesellschaftsstatut, wenn sie eine
nach außen hervortretende eigene Organisation haben und sich nicht nur in einzelnen obligatorischen Rechten und Pflichten erschöpfen[18]. Ihr Gesellschaftsstatut wird in gleicher Weise bestimmt[19]. Umstritten ist allerdings sowohl national als auch international, was der maßgebende Anknüpfungspunkt des

---

Desweiteren wird in Staatsverträgen die Anerkennung ausländischer Gesellschaften im
Inland behandelt; Vgl. hierzu ausführlich Münchener Kommentar-*Ebenroth*, nach Art. 10
EGBGB, Rndr. 123.

[17] In diesen Zusammenhang gehört auch die Frage der "Anerkennung" ausländischer
Personengesellschaften mit Rechtspersönlichkeit, die nach deutschem Recht keine
juristische Personen wären als Rechtssubjekte; vgl.   hierzu *Beitzke, G.*, Juristische
Personen im Internationalprivatrecht und Fremdenrecht, S. 62; Erman/*Arndt*, BGB, Art.
10 EGBGB Rz. 16; Hachenburg/*Behrens*, GmbHG, Allg. Einl. Rz. 156;
Palandt/*Heldrich*, BGB, Anhang zu Art. 12 EGBGB Rn. 18; Kölner Kommentar-*Zöllner*,
Einl. AktG Rz. 188; *Kegel, G.*, Internationales Privatrecht, S. 417; *Rabel, E.*, The
Conflict of Laws, Vol. II, S. 125 ff.; *Bungert, H.*, Das Recht der ausländischen
Kapitalgesellschaften auf Gleichbehandlung im deutschen und US-amerikanischen Recht,
S. 38 ff.

[18] Bei dieser Beurteilung unterscheidet das deutsche Internationale Privatrecht wie folgt:
Für nichtrechtsfähige Personengesellschaften, die nach dem Gesellschaftsvertrag eine eigene Organisation haben (z.B. die deutsche OHG und KG), gilt das Recht des Verwal-
tungssitzes der Gesellschaft. Falls eine solche Organisation nicht vorhanden ist (wie
häufig bei der GbR), wird der Gesellschaftsvertrag wie ein Schuldvertrag behandelt. Das
hierauf anzuwendende Recht wird dann nach den Regeln für Schuldverträge im
Internationalen Privatrecht bestimmt.
Vgl. hierzu *Fischer* in Großkommentar HBG, Vorbem. 5 vor § 105; Staudinger/*Großfeld*,
Internationales Gesellschaftsrecht (Art. 10 EGBGB), Rdnr. 531; *Ferid, M.*, Zur
Behandlung von Anteilen an Personengesellschaften beim zwischenstaatlichen Erbgang,
Festschrift für Alfred Hueck, S. 343; *Kegel, G.*, Internationales Privatrecht, S. 428;
Soergel/*Kegel*, BGB, vor Art. 7 EGBGB Rz. 181; Erman/*Arndt*, BGB, Art. 10 EGBGB
Rn. 16; Palandt/*Heldrich*, BGB, Anhang zu Art. 12 EGBGB, Rn. 20; *Baumbach
A./Duden, K./Hopt, K.*, HGB, Einführung Buch II Anm. 6; jeweils mit Nachweisen aus
der Rechtsprechung.

[19] Vgl. hierzu ausführlich Münchener Kommentar-*Ebenroth*, nach Art. 10 EGBGB,
Rdnr. 86 ff.

Gesellschaftsstatutes sein soll[20]. Im wesentlichen stehen hier die sog. Gründungs- und die sog. Sitztheorie gegeneinander[21]. Daneben werden noch differenzierende Theorien vertreten[22], deren Erörterung aber für die vorliegende Untersuchung ohne Bedeutung ist.

a) Gründungstheorie

Die Rechtsverhältnisse einer Gesellschaft bestimmen sich nach der Gründungstheorie[23] gemäß dem Recht des Staates, in dem die Gründungs- oder Errichtungshandlungen der Gesellschaft stattfanden, und durch den, im Falle einer Kapitalgesellschaft, der Gesellschaft infolge der Gründungshandlungen die Rechtsfähigkeit verliehen wurde. Unerheblich ist hierbei, ob auch später die zunächst bestehende Verbindung zum Gründungsstaat weiterhin aufrechterhalten bleibt[24]. Wurde eine Gesellschaft nach dem Recht eines Staates einmal wirksam errichtet, so gelten die im dortigen Recht festgelegten Rechtsvorschriften und Rechtsfolgen gemäß der Gründungstheorie bis zu den Grenzen des ordre public in jedem anderen Staat[25].

Eine ursprünglich z.B. im Bundesstaat New York in den Vereinigten Staaten gegründete general partnership[26] wird danach bis zu ihrer Liquidation immer als Gesellschaft dieses Staates bzw. der USA behandelt werden, auch wenn ihre

---

[20] Staudinger-*Großfeld*, Internationales Gesellschaftsrecht (Art. 10 EGBGB), Rdnr. 12, nennt es die *questio famosa* des internationalen Steuerrechts. Ebenso *Großmann, K.*, Doppelt ansässige Kapitalgesellschaften im internationalen Steuerrecht, S. 7.

[21] Vgl. allgemein zu Gründungs- und Sitztheorie, sowie zu den vermittelnden Theorien Münchener Kommentar-*Ebenroth*, Nach Art. 10 EGBGB, Rdnr. 139 ff.; Staudinger-*Großfeld*, Einl. zu Art. 7 ff. und Art. 7-11 EGBGB; *ders.* Internationales Gesellschaftsrecht (1984), (Art. 10 EGBGB), Rdnr. 18 ff.; *Grasmann, G.*, System des Internationalen Gesellschaftsrechts, S. 214.

[22] Verwiesen sei hierzu auf die ausführliche Darstellung dieser Theorien in Münchener Kommentar-*Ebenroth*, nach Art. 10 EGBGB, Rdnr. 138 ff.

[23] Wegen der Verleihung der Rechtspersönlichkeit bei Kapitalgesellschaften auch Inkorporationstheorie genannt.

[24] *Ebenroth, C.Th./Eyles, U.*, Die Beteiligung ausländischer Gesellschaften an einer inländischen Kommanditgesellschaft, DB 1988, Beil. Nr. 2/88, S. 1 (4), *Runge, B.*, Die steuerliche Ansässigkeit von Personengesellschaften, S. 4, *Großmann, K.*, Doppelt ansässige Kapitalgesellschaften im internationalen Steuerrecht, S. 7.

[25] *Ebenroth, C.Th./Eyles, U.*, Die Beteiligung ausländischer Gesellschaften an einer inländischen Kommanditgesellschaft, DB 1988, Beil. Nr. 2/88, S. 1 (4); *Ulmer, M.*, Die Anerkennung US-amerikanischer Gesellschaften in Deutschland, IPRax 1996, S. 100 ff.

[26] Entspricht in etwa einer deutschen offenen Handelsgesellschaft.

Geschäftätigkeit und gar Geschäftsführung ausschließlich in einem anderen US-Bundesstaat oder gar außerhalb der Vereinigten Staaten stattfinden[27].

Die Gründungstheorie wurde in England entwickelt und ihr wird daher vor allem im anglo-amerikanischen Rechtskreis gefolgt[28], ist aber nicht auf ihn beschränkt[29].

b)   Sitztheorie

Die deutschen Gerichte[30] und die ganz überwiegende Literatur[31] folgen dagegen der Sitztheorie. Hiernach genügt es nicht, daß die Gesellschaft bloß in Überein-

---

[27]   *McDermott, R.T./Reemers, J.R.H./Turcon, R.J.*, Grundlagen des US-amerikanischen Gesellschaftsrechts, S. 25, in Turcon/Zimmer (Hrsg.), Grundlagen des US-amerikanischen Gesellschafts-, Wirtschafts-, Steuer- und Fremdenrechts; vgl. auch *Großmann, K.*, Doppelt ansässige Kapitalgesellschaften im internationalen Steuerrecht, S. 7.

[28]   Vgl. Münchener Kommentar-*Ebenroth*, nach Art. 10 EGBGB, Rdnr. 143 m.w.N. zur Entwicklungsgeschichte.

[29]   Auch Staaten wie Argentinien, Brasilien, Dänemark, Hongkong, Indien, Israel, Italien, Schweden, die Schweiz, Spanien und Südkorea folgen der Gründungstheorie. In den Niederlanden wird dann auf das Recht des (ausländischen) Gründungsstaates der Gesellschaft abgestellt, wenn dieser Staat ebenfalls die Gründungstheorie anwendet; vgl. *Rivier, J.-M.*, Die steuerliche Ansässigkeit von Kapitalgesellschaften, CDFI Vol. LXXIIa (1987), S. 77 (81) sowie die jeweiligen Nationalberichte.

[30]   Das Reichsgericht folgt der Sitztheorie seit Anfang diese Jahrhunderts; vgl. RG JW 1904, S. 231; RG JW 1934, S. 28 (45); RGZ 47, S. 19 (22); RGZ 117, S. 215 (217f.); RGZ 159, S. 33, (46). Der Bundesgerichtshof und andere Obergerichte haben sich dieser Rechtsprechung im wesentlichen angeschlossen; vgl. BGH DB 1966, S. 1882; 1970, S. 441; 1980, S. 1888; BGHZ 51, S. 27 (28); BGHZ 35, S. 181 (183); BGHZ 53, S. 383 (385); BGHZ 78, S. 318 (324); BGHZ 97, S. 269 (271 f.); BayObLG, Beschluß v. 18.07.1985, DB 1985, S. 2670 ("Landshuter Druckhaus Ltd. I"); OLG München RIW 1986, S. 820 (821); OLG Hamburg GmbHR 1986, S. 349; OLG Nürnberg IPRax 1985, S. 342; OLG Koblenz RIW 1986, S. 137; OLG Frankfurt IPRax 1986, S. 373 (374); OLG Celle ZIP 1984, S. 594; offengelasssen von BayObLG, Beschluß v. 21.03.1986, DB 1986, S. 1325 ("Landshuter Druckhaus Ltd. II") und BayObLG, Beschluß v. 18.09.1986, RIW 1987, S. 52 ff. ("Landshuter Druckhaus Ltd. III").

[31]   In der Literatur der Sitztheorie zustimmend Münchener Kommentar-*Ebenroth*, nach Art. 10 EGBGB, Rdnr. 164 ff.; Staudinger-*Großfeld*, Internationales Gesellschaftsrecht, Rdnr. 33 ff.; *von Godin, R./Wilhelmi, H.*, Aktiengesetz, § 45, Rdnr. 7; Palandt/*Heldrich*, BGB, Anhang zu Art. 12 EGBGB, Rn. 2 ff.; Kölner Kommentar-*Kraft*, AktG, Anh. § 5, Rdnr. 2; Scholz/*Westermann*, GmbHG Einl., Rdnr. 83 ff.; Rowedder/*Rittner*, GmbHG, Einl., Rdnr. 269 ff.; Rowedder/*Rasner*, GmbHG, § 60, Rdnr. 12; *Kegel, G.*, Internationales Privatrecht, S. 413 ff. in bezug auf juristische Personen, S. 428 ff. in bezug auf nicht rechtsfähige Personenverbindungen.

In neuerer Zeit mehren sich allerdings im Schrifttum Stimmen, die die Gründungtheorie vorziehen; vgl. *Eckardt* in Geßler/Hefermehl/Eckardt/Kropff,

stimmung mit den maßgebenden Vorschriften des Gründungsstaates errichtet wurde; vielmehr steht die Anerkennung der Gesellschaft und die Ermittlung ihres Gesellschaftsstatuts unter dem zusätzlichen Vorbehalt, daß die Gesellschaft auch ihren Verwaltungssitz im Gründungsstaat hat. Mit anderen Worten: Eine Gesellschaft, die nicht nach dem Recht des Staates gegründet wurde, in dem sich ihr auf diese Weise zu bestimmender Verwaltungssitz befindet, wird nicht als rechtsfähig anerkannt[32]. Damit wird eine Einschränkung der Rechtswahl zugunsten des Sitzstaates bezweckt, dessen Interessen durch die Gesellschaftsgründung oder einen Gesellschaftszuzug am meisten betroffen sind und so geschützt werden sollen.

Als Verwaltungssitz[33] gilt dabei der Ort, an dem sich die tatsächliche Hauptverwaltung der Gesellschaft befindet[34]. Hierbei ist auf den Tätigkeitsort der Geschäftsleitung und der nach Gesellschaftsvertrag oder -satzung zur Geschäftsführung berufenen Personen abzustellen[35], also dem Ort, an dem die grundlegenden Entscheidungen der Unternehmensleitung beschlossen und tatsächlich in Maßnahmen der Geschäftsführung umgesetzt werden[36]. Der Ort der rein internen Willensbildung ist dabei unerheblich[37]. Der so bestimmte Verwal-

---

Aktiengesetz, § 1, Rdnr. 123 ff.; *Beitzke, G.*, Juristische Personen im Internationalprivatrecht und im Fremdenrecht, S. 92 ff. Die Sitztheorie ablehnend auch *Knobbe-Keuk, B.*, Der Wechsel von der beschränkten zur unbeschränkten Körperschaftsteuerpflicht und vice versa, StuW 1990, S. 372 ff.

Im übrigen werden noch differenzierende Theorien vertreten, deren Erörterung aber für die vorliegende Untersuchung ohne weitere Bedeutung ist. Auf die ausführliche Darstellung dieser Theorien insbesondere der sog. Differenzierungs- und der sog. Überlagerungstheorie sei auf Münchener Kommentar-*Ebenroth*, nach Art. 10 EGBGB, Rdnr. 138 ff., verwiesen; vgl. auch *Buyer Ch.*, Die "Repatriierung" ausländischer beschränkt steuerpflichtiger Kapitalgesellschaften durch Sitzverlegung ins Inland, DB 1990, S. 1682 (1683) in Fn. 18 ff.

[32] *Ulmer, M.*, Die Anerkennung US-amerikanischer Gesellschaften in Deutschland, IPRax 1996, S. 100.

[33] Vgl. dazu BGH v. 30.01.1970, BGHZ 53, S. 181. Dieser Begriff ist synonym mit "Ort der Geschäftsleitung" im Steuerrecht, § 10 AO.

[34] Palandt/*Heldrich*, BGB, Anhang zu Art. 12 EGBGB, Rn. 3; *Kegel, G.*, Internationales Privatrecht, S. 416.

[35] *Runge, B./Schäfer, S.*, Die Bedeutung der Ansässigkeit von Kapitalgesellschaften für das Steuerrecht, IWB, Fach 10. International, Gruppe 2, S. 617.

[36] *Wiedemann, H.*, Gesellschaftsrecht I, S. 783 f.; Staudinger-*Großfeld*, Internationales Gesellschaftsrecht (Art. 10 EGBGB), Rn. 221.

[37] *Kaligin, Th.*, Das internationale Gesellschaftsrecht der Bundesrepublik Deutschland, DB 1985, S. 1449 (1450) m.w.N. Damit scheidet auch eine Anknüpfung an den Sitz bloßer Betriebs- oder sonstiger Produktionsstätten aus, weil unternehmerische Entscheidungen dort nicht getroffen, sondern lediglich ausgeführt werden; vgl.

tungssitz muß nicht mit dem in der Satzung oder im Gesellschaftsvertrag bestimmten zusammenfallen[38].

Welcher Theorie letztlich zu folgen ist, soll nicht Gegenstand dieser Untersuchung sein[39]. Für die Bundesrepublik Deutschland ist daher von der vom Bundesgerichtshof und Bundesfinanzhof in ständiger Rechtsprechung angewandten Sitztheorie auszugehen[40]. Eine "inländische" oder "deutsche" Personengesellschaft ist danach eine nach deutschem Recht in der Bundesrepublik Deutschland errichtete Personengesellschaft, die ihren tatsächlichen Verwaltungssitz ebenfalls dort hat. Alle anderen Personengesellschaften sind demnach "ausländische" Personengesellschaften.

2. USA

Das US-amerikanische interlokale[41] und internationale Privatrecht bzw. Gesellschaftsrecht ist Recht der einzelnen US-Bundesstaaten[42]. In den USA wird nach ständiger, von der Literatur gestützter Rechtsprechung die Gründungstheorie angewandt[43]. Daher unterscheidet das US-amerikanische Gesellschaftsrecht

---

Münchener Kommentar-*Ebenroth*, nach Art. 10 EGBGB, Rdnr. 158; Staudinger-*Großfeld*, Internationales Gesellschaftsrecht (Art. 10 EGBGB), Rdnr. 219 ff.

[38] BGHZ 53, 181 (183); BGHZ 97, 269; *Runge, B./Schäfer, S.*, Die Bedeutung der Ansässigkeit von Kapitalgesellschaften für das Steuerrecht, IWB, Fach 10, International, Gruppe 2, S. 617; *Buyer, Ch.*, Die "Repatriierung" ausländischer beschränkt steuerpflichtiger Kapitalgesellschaften durch Sitzverlegung ins Inland, DB 1990, S. 1682 (1683).

[39] Vgl. oben die Einleitung. Diese Untersuchung behandelt nur um die Auswirkungen auf die Besteuerung von (Personen-) gesellschaften im Verhältnis zwischen den Vereinigten Staaten von Amerika und der Bundesrepublik Deutschland.

[40] Vgl. hierzu das neuerliche *BFH*-Urteil vom 23.06.1992, BStBl. 1992 II, S. 972.

[41] Da der Ausdruck "interlokal" in Rechtsprechung, Literatur und Wissenschaft in diesem Zusammenhang verwendet wird, wird im Rahmen dieser Arbeit auf die Verwendung der genaueren Bezeichung "interbundesstaatlich" verzichtet.

[42] Siehe dazu auch *Merkt, H.*, US-amerikanisches Gesellschaftsrecht, Rz. 147 ff.; *Bungert, H.*, Deutsch-amerikanisches internationales Gesellschaftsrecht, ZVgl.RWiss 93 (1994), S. 117 (124 ff.); sowie *Korner, M.*, Das Kollisionsrecht der Kapitalgesellschaften in den Vereinigten Staaten von Amerika, S. 22 ff.

[43] Vgl. Teil I Kapitel 2 B. I. 1. a); sowie *Merkt, H.*, US-amerikanisches Gesellschaftsrecht, Rz. 149; *Scoles, E./Hay, P.*, Conflict of Laws, § 9.2, S. 325; *Bungert, H.*, Das Recht ausländischer Kapitalgesellschaften auf Gleichbehandlung im deutschen und US-amerikanischen Recht, S. 51 f.; *ders.*, Deutsch-amerikanisches internationales Gesellschaftsrecht - Staatsvertragliche Festschreibung der Überlagerungstheorie?, ZVglRWiss 93 (1994), S. 117 (124); Münchener Kommentar-*Ebenroth*, nach Art. 10 EGBGB, Rdnr. 119; *Ebenroth, C. Th.*, Verdeckte Vermögenszuwendungen im transnationalen Unternehmen, S. 345; Staudinger-*Großfeld*, Internationales Gesellschaftsrecht (Art. 10 EGBGB), Rdnr. 23.

zwischen domestic partnerships (einheimischen Personengesellschaften)[44], foreign partnerships (auswärtige Personengesellschaften)[45] und alien partnerships (ausländische Personengesellschaften)[46]. Wobei der Begriff der foreign partnerships meist im weiteren Sinne gebraucht wird und auswärtige und ausländische Personengesellschaften umfaßt. Der Grund dafür liegt in der Gleichbehandlung dieser beiden Gruppen in den einzelstaatlichen Kollisionsgesetzen[47].

3. Verhältnis Deutschland-USA

Im Verhältnis zwischen Deutschland und den USA bestimmt Art. XXV Abs. 5 des deutsch-amerikanischen Freundschafts-, Handels- und Schiffahrtsvertrags[48] das Gesellschaftsstatut und die gegenseitige Anerkennung von Gesellschaften. Hiernach gelten "Gesellschaften, die gemäß den Gesetzen und sonstigen Vorschriften des einen Vertragsteiles in dessen Gebiet errichtet sind, ... als Gesellschaften dieses Vertragsteils" und es wird "ihr rechtlicher Status ... in dem Gebiet des anderen Vetragsteils anerkannt"[49]. Der Begriff der Gesellschaft (company) ist, wie in den meisten US-amerikanischen Abkommen dieser Art, denkbar weit gezogen[50]. Er umfaßt sämtliche privatrechtlichen juristischen Personen sowie sämtliche Personenvereinigungen ohne (vollständig ausgeprägte) eigene Rechtspersönlichkeit und damit auch die Personengesellschaften[51]. Im

---

[44] D.h. *partnerships* aus einem bestimmten US-Bundesstaat, bezogen immer auf den gerade erörterten Zusammenhang.

[45] D.h. *partnerships* aus einem anderen US-Bundesstaat, deshalb zum Teil auch die Bezeichnung *out-of-state partnership*.

[46] D.h. *partnerships* aus einem anderen Staat als den USA, deshalb zum Teil auch die Bezeichnung *out-of-country partnership*.

[47] Vgl. *Korner, M.*, Das Kollisionsrecht der Kapitalgesellschaften in den Vereinigten Staaten von Amerika, S. 22.

[48] BGBl. 1956 II S. 487, in Kraft seit dem 14.07.1956, BGBl. 1956 II S. 763. Der deutsch-amerikanische Freundschafts-, Handels- und Schiffahrtsvertrag erstreckt sich nach der Wiedervereinigung Deutschlands gem. Art. 11 Einigungsvertrag auch auf das Beitrittsgebiet, siehe dazu auch *Streinz, R.*, Die völkerrechtliche Situation der DDR vor und nach der Wiedervereinigung, EWS 1990, S. 171 (175 f.).

[49] Englische Fassung: Companies constituted under the applicable laws and regulations within the territories of either Party shall be deemed companies thereof and shall have their juridical status recognized within the territories of the other party."

[50] *Bungert, H.*, Das Recht ausländischer Kapitalgesellschaften auf Gleichbehandlung im deutschen und US-amerikanischen Recht, S. 53 f.

[51] Der Wortlaut des Art. XXV Abs. 5 des deutsch-amerikanischen Freundschafts-, Handels- und Schiffahrtsvertrages von 1954: "As used in the present Treaty, the term 'companies' means corporations, partnerships, companies and other associations, whether or not with limited liability and whether or not for pecuniary profit." bzw. "Der Ausdruck 'Gesellschaften' in diesem Vertrag bedeutet Handelsgesellschaften, Teilhaberschaften sowie sonstige Gesellschaften, Vereinigungen und juristische Personen;

Gegensatz zu den meisten deutschen Freundschafts-, Handels- und Schiffahrts-
verträgen, die auf die Sitzanknüpfung abstellen, knüpft der deutsch-
amerikanische Freundschafts-, Handels- und Schiffahrtsvertrag am Gründungsrecht an. Da das staatsvertragliche Kollisionsrecht als lex specialis vorgeht, gilt
im deutsch-amerikanischen Verhältnis daher ausschließlich die Gründungstheorie[52]. Art. XXV Abs. 5 des Deutsch-Amerikanischen Freundschafts-, Han-
dels- und Schiffahrtsvertrages hat konstitutive Bedeutung[53], da er die sonst geltende Sitztheorie abbedingt und es auf die Identität von Gründungsrecht und
Verwaltungssitz nicht mehr ankommt[54]. Unumstritten gilt die Gründungstheorie
im deutsch-amerikanischen Verhältnis für die Frage der Anerkennung, also der
Frage der Rechtsfähigkeit einer Gesellschaft[55]. Umstritten sind jedoch die
übrigen Fragen des Gesellschaftsstatuts, insbesondere die Innenbeziehungen der
Gesellschaft[56]. Wird hierauf die durch das autonome Recht berufene Sitzanknüpfung angewandt[57] oder ist nach der herrschenden Meinung die Vertragsbe-
stimmung als umfassende ausschließliche Regelung des Gesellschaftsstatuts

---

dabei ist unerheblich, ob ihre Haftung beschränkt oder nicht beschränkt und ob ihre
Tätigkeit auf Gewinn oder nicht auf Gewinn gerichtet ist."

[52] *Ulmer, M.*, Die Anerkennung US-amerikanischer Gesellschaften in Deutschland,
IPRax 1996, S. 100 f.

[53] Im Gegensatz zu den meisten anderen deutschen Staatsverträgen, die lediglich dekla-
ratorische Vorschriften über die "gegenseitige Anerkennung von Gesellschaften"
enthalten, da sie an den tatsächlichen Sitz der Gesellschaft anknüpfen; vgl. Münchener
Kommentar-*Ebenroth*, nach Art. 10 EGBGB, Rdnr. 126 ff., dort findet sich eine
Abkommensübersicht. Ebenso wie im Deutsch-Amerikanische Freundschafts-, Handels-
und Schiffahrtsvertrag ist in Art. 15 Abs. 2 des Deutsch-Spanischen
Niederlassungsvertrages vom 23.04.1970, BGBl. 1972 II, S. 1041, die Gründungstheorie
mit konstitutiver Wirkung niedergelegt.

[54] Staudinger/*Großfeld*, Internationales Gesellschaftsrecht (Art. 10 EGBGB), Rdnr. 163
m.w.N.; Münchener Kommentar-*Ebenroth*, Nach Art. 10 Rdnr. 125 f.

[55] So unlängst das Urteil des OLG Düsseldorf vom 15.12.1994 - 6 U 59/94, IPRax
1996, S. 126, zu dieser Problematik; vgl. auch *Ulmer, M.*, Die Anerkennung US-
amerikanischer Gesellschaften in Deutschland, IPRax 1996, S. 100.

[56] *Bungert, H.*, Das Recht ausländischer Kapitalgesellschaften auf Gleichbehandlung im
deutschen und US-amerikanischen Recht, S. 63 f.

[57] So *Lehner, M.*, Die steuerliche Ansässigkeit von Kapitalgesellschaften - Insbesondere
zur doppelten Ansässigkeit, RIW 1988, S. 201 (208 f.); *Großfeld, B./Erlinghagen, S.*,
Internationales Unternehmensrecht und deutsche unternehmerische Mitbestimmung, JZ
1993, 217 (224 f.); inzidenter wohl auch *BFH* Urteil vom 13.11.1991, GmbHR 1992, S.
315 (316). Allgemein nimmt etwa *Großfeld, B.*, Die Anerkennung der Rechtsfähigkeit
juristischer Personen, RabelsZ 31 (1967), S. 1 (3), eine Trennung der Anerkennung der
Rechtsfähigkeit und übrigem Personalstatut der Gesellschaft vor.

anzusehen (Einheitslösung)[58]. Diese Frage ist nicht Thema dieser Arbeit und mag daher dahinstehen[59].

II. Steuerrecht

1. Deutschland

Eine Legaldefinition der Begriffe "deutsche" oder "ausländische" Personengesellschaft kennt das deutsche Steuerrecht nicht[60]. Diese Begriffe werden jedoch in den deutschen Steuergesetzen in vielfältiger Weise verwandt "ausländische Personengesellschaften"[61], "Personengesellschaften in einem ausländischen Staat"[62], "ausländische offene Handelsgesellschaft, Kommanditgesellschaft"[63] und "im Ausland ansässige Personengesellschaft"[64]. In der Rechtsprechung des Bundesfinanzhofs finden sich Bezeichnungen wie "inländische KG"[65], "schweizerische Kollektivgesellschaft"[66], "deutsche OHG"[67] oder "thailändische Kommanditgesellschaft[68]. Die Finanzverwaltung spricht von "im Ausland errichteten

---

[58] *Ebenroth, C.T./Bippus, B.*, Die Anerkennungsproblematik im Internationalen Gesellschaftsrecht - Am Beispiel des Freundschafts-, Handels- und Schiffahrtsvertrages zwischen der Bundesrepublik Deutschland und den Vereinigten Staaten von Amerika vom 29.10.1954, NJW 1988, S. 2137 (2141 f.); *Ebenroth, C.T./Auer, T.*, Grenzüberschreitende Verlagerung von unternehmerischen Leitungsfunktionen im Zivil- und Steuerrecht - Neue Optionen durch das DBA Deutschland-USA, RIW 1992 Beil. 1, Rn. 16; *Wiedemann, H.*, Gesellschaftsrecht I, S. 769; *Hausmann, R.* in Hausmann (Hrsg.), Steuergestaltung durch doppelt ansässige Gesellschaften, S. 13 (36 f.); *Wessel, S./Ziegenhain, H.-J.*, Sitz- und Gründungstheorie im internationalen Gesellschaftsrecht, GmbHR 1988, S. 423 (431). Nicht eindeutig *v. Bar, Ch.*, Internationales Privatrecht, Band. 2, Rn. 629.

[59] Einen Überblick über den Meinungsstand bietet: *Bungert, H.*, Das Recht ausländischer Kapitalgesellschaften auf Gleichbehandlung im deutschen und US-amerikanischen Recht, S. 62 ff.; *ders.*, Deutsch-amerikanisches internationales Gesellschaftsrecht - Staatsvertragliche Festschreibung der Überlagerungstheorie?, ZVglRWiss 93 (1994), S. 117.

[60] Vgl. *Greif, M./Fischer, B.*, Nationalbericht Deutschland, CDFI Vol. LXXXa, S. 231 (232); *Piltz, D.J.*, Die Personengesellschaften im internationalen Steuerrecht der Bundesrepublik Deutschland, S. 25.

[61] §§ 138 Abs. 2 Nr. 2 AO, 15a Abs. 5 Nr. 3 EStG.

[62] § 1 Abs. 2 Nr. 2 AIG.

[63] § 8 Ziff. 8, § 9 Ziff. 2, § 12 Abs. 3 Ziff. 2 GewStG.

[64] § 16 Abs. 1 AStG.

[65] BFH-Urteil vom 29.01.1964, BStBl. 1964 III, S. 165.

[66] BFH-Urteil vom 26.04.1966, BStBl. 1966 III, S. 465.

[67] BFH-Urteil vom 07.02.1968, BStBl. 1968 II, S. 454.

[68] BFH-Urteil vom 03.02.1988, BStBl. 1988 II, S. 588.

Personengesellschaften"[69], "ausländischen Personengesellschaften"[70], "nicht unbeschränkt steuerpflichtigen Personengesellschaften"[71] oder "Personengesellschaft ausländischen Rechts"[72]. Das Schrifttum verwendet zumeist die gleiche Terminologie. Gemeint ist jedoch immer, daß die Personengesellschaft nach dem Zivil- oder Gesellschaftsrecht des jeweiligen Staates gegründet ist und sich dort auch der Ort ihrer Geschäftsleitung befindet - soweit nichts Gegenteiliges ausdrücklich erwähnt ist[73]. Zu der Frage der Einordnung (Qualifikation) einer Gesellschaft zu Zwecken der deutschen Besteuerung als Personengesellschaft (transparente Besteuerung) oder als Kapitalgesellschaft (intransparente Besteuerung) siehe unten Teil 3 Kapitel 2.

2. USA

Der Begriff der Personengesellschaft für US-Einkommensteuerzwecke ist denkbar weit gefaßt und beinhaltet:

> "... a syndicate, group, pool, joint venture or other unincorporated organization through or by means of which any business, financial operation, or venture is carried on, and which is not ... a corporation, or a trust or estate."[74]

Im US-Einkommensteuerrecht umfaßt der Begriff Personengesellschaft daher fast jegliche nichtkörperschaftliche Organisationsform durch die eine geschäftliche Tätigkeit oder wirtschaftliche Unternehmung von zwei oder mehreren Personen gemeinsam betrieben wird. Unerheblich ist hierbei, ob diese Organisationsform nach den Personengesellschaftsgesetzen eines der Bundesstaaten

---

[69] Schreiben des Bundesministeriums der Finanzen vom 11.07.1974, -IV C 1-S1340-32/74, BStBl. 1974 I, S. 442, Abschnitt 7.2.1 Nr. 4 (Grundsätze zur Anwendung des Außensteuergesetzes, sog. AStG-Einführungerlaß).

[70] Z.B. Schreiben des Bundesministeriums der Finanzen vom 05.04.1977, BStBl. 1977 I, S. 301, "Italienische Personengesellschaft"; Schreiben des Bundesministeriums der Finanzen vom 19.03.1976, RIW/AWD 1976, S. 305, "Spanische Personengesellschaft".

[71] Schreiben des Bundesministeriums der Finanzen vom 11.07.1974, -IV C 1-S1340-32/74, BStBl. 1974 I, S. 442, Abschnitt 7.2.1 Nr. 3 (Grundsätze zur Anwendung des Außensteuergesetzes, sog. AStG-Einführungserlaß). An diesem Ausdruck ist zu kritisieren, daß eine Personengesellschaft nicht beschränkt oder unbeschränkt steuerpflichtig ist, sondern ihre Gesellschafter.

[72] Schreiben des Bundesministeriums der Finanzen vom 19.03.1976, RIW/AWD 1976, S. 305, "Personengesellschaft spanischen Rechts".

[73] So auch *Piltz, D.J.*, Die Personengesellschaften im internationalen Steuerrecht der Bundesrepublik Deutschland, S. 25 ff., m.w.N.; *Greif, M./Fischer, B.*, Nationalbericht Deutschland, CDFI Vol. LXXXa, S. 231 (232).

[74] Sec. 761(a) IRC. Vgl. auch die hierzu ergangenen Regs. § 1.761-1 sowie Sec. 7701(a)(2) und Regs. § 301.7701.

errichtet worden ist oder nicht. Eine Organisationsform kann somit wie eine Personengesellschaft besteuert werden, obwohl sie zivil-/gesellschaftsrechtlich keine Personengesellschaft darstellt, und eine nach einem Personengesellschaftsgesetz eines Bundesstaates errichtete Personengesellschaft wird nicht automatisch als Personengesellschaft besteuert.

Hingegen kann eine Organisationsform, die nach einem Kapitalgesellschaftsgesetz eines Bundesstaates errichtet worden ist (corporation), nicht als Personengesellschaft besteuert werden[75]. Eine limited liability company z.B., die nach dem Recht eines US-Bundesstaates errichtet wurde, oder eine nicht nach US-Recht errichtete Kapitalgesellschaft kann jedoch für US-Einkommensteuerzwecke als Personengesellschaft besteuert werden, wenn es ihr an bestimmten, für die Einordnung als erheblich erachteten, körperschaftlichen Merkmalen mangelt.

Die rechtlichen Charakteristika einer US-limited liability company oder einer ausländischen Organisationsform entscheiden darüber, ob sie für US-Steuerzwecke als Personengesellschaft oder als Kapitalgesellschaft (corporation) besteuert wird. Eine nicht nach US-Recht errichtete Organisationsform, die in den USA geschäftlich tätig wird oder ein wirtschaftliches Unternehmen betreibt, wird von den USA - unabhängig davon, ob sie Rechtspersönlichkeit oder Körperschaftstatus in ihrem Sitz- oder Gründungsstaat besitzt[76] - entweder als Personengesellschaft (partnership) oder als Kapitalgesellschaft (corporation) besteuert. Ausschlaggebend hierfür ist, ob diese Organisationsform mehr als zwei der vier als entscheidend angesehenen körperschaftlichen Charakteristika besitzt[77]. Diese sind: fortdauernde Existenz[78], freie Übertragbarkeit der Anteile[79], zentralisierte Geschäftsleitung[80] und beschränkte Haftung[81]. Das Bestehen dieser Charakteristika wird nach dem Sitz- oder Gründungsrecht sowie dem Gesellschaftsvertrag oder sonstigen Absprachen und Verträgen, die die rechtliche Ausgestaltung der Organisationsform regeln können, bestimmt[82]. Zu der Frage der Einordnung (classification) einer Gesellschaft zu Zwecken der US-Besteuerung als Personengesellschaft (partnership, transparente Besteuerung) oder als

---

[75] Sec. 7701(a)(2) und (3) i.V.m. § 301.7701-2.

[76] Vgl. Rev. Rul. 88-8, 1988-1 C.B. 403; Rev. Rul. 93-4, 1993-1 C.B. 225.

[77] Regs. § 301.7701-2(a).

[78] "continuity of life".

[79] "free transferability of interests".

[80] "centralized management".

[81] "limited liability".

[82] Vgl. hierzu ausführlich *Boles, E.*, Gesellschaften im US-Einkommensteuerrecht, S. 15 ff.

Kapitalgesellschaft (corporation, intransparente Besteuerung) siehe unten Teil 3 Kapitel 1.

Das US-amerikanische Steuerrecht unterscheidet des weiteren zwischen domestic partnerships (inländische Personengesellschaften) und foreign partnerships (ausländische Personengesellschaften) sowie zwischen resident partnerships (ansässigen Personengesellschaften) und nonresident partnerships (nichtansässige Personengesellschaften).

a)   Foreign und Domestic Partnerships

Der Begriff "foreign partnership" wird in verschiedenen Vorschriften des Internal Revenue Code[83] verwendet[84]. Foreign partnerships zählen im Gegensatz zu domestic partnerships nicht zu dem Begriff der "United States person"[85], der an zahlreichen Stellen im Internal Revenue Code erscheint[86]. Diese Unterscheidung entspricht dem deutschen Begriff der steuerlichen Ansässigkeit, die in den USA als "citizenship" bezeichnet wird. D.h. es wird wie bei natürlichen Personen davon ausgegangen, daß juristische Personen und andere Personenvereinigungen eine "Staatsangehörigkeit" besitzen. Davon ist die Unterscheidung zwischen resident und nonresident zu trennen. Obwohl sie bei direkter Übersetzung einen Zusammenhang zum deutschen Begriff der Ansässigkeit nahe legt, hat sie damit überhaupt nichts zu tun, sondern dient den US-amerikanischen Quellenregeln zur Unterscheidung, ob eine US-Quelle vorliegt oder nicht[87].

Der Begriff "foreign partnership" wird in Sec. 7701(a)(4) und (5) IRC negativ definiert. Eine Personengesellschaft (ebenso eine corporation) ist nach Sec. 7701(a)(4) IRC "domestic", wenn sie "in den Vereinigten Staaten, nach dem Recht der Vereinigten Staaten oder eines Bundesstaates gegründet oder errichtet ist"[88]. Nach Sec. 7701(a)(5) IRC ist eine Personengesellschaft (ebenso eine corporation) "foreign", wenn sie nicht "domestic" ist. Der Begriff "Vereinigte

---

[83]   US-amerikanisches Bundessteuer-Gesetzbuch.

[84]   Z.B. in den Sec. 168(h)(5)(C) (Vermietung an steuerbefreite Organisationen), 543(b)(1)(C) (ausländische personenbezogene Holding-Gesellschaften), 3401(d)(2) (Abzugsteuer bei Gehältern und Löhnen) und 6046A(a)(1) (Anzeigepflicht über Beteiligungsverhältnisse an *foreign partnerships*). Die wichtigste Vorschrift ist wohl Sec. 1491, der eine Steuer auf die Übertragung von Vermögensgegenständen mit stillen Reserven an *foreign partnerships* vorschreibt. Überdies sind *foreign partnerships* der Abzugsteuer bei Veräußerung von US-Immobilien unterworfen, Sec. 1445 (a), (f)(3) und 7701(a)(30).

[85]   Definition in Sec. 7701(a)(30) IRC.

[86]   Der Begriff *"United States person"* wird jedoch durch Sec. 957(c) für *Subpart F* des Internal Revenue Code abgeändert.

[87]   Siehe *Isenbergh, J.*, International Taxation, Vol. I, Chapter 2.4, S. 38 f.; Chapter 3.14 ff, S. 83 ff. Vgl. Regs. § 301.7701-5.

[88]   "created or organized in the United States or under the law of the United States or of any State".

Staaten" umfaßt in geographischer Hinsicht alle Bundesstaaten einschließlich des District of Columbia[89].

Die Regs.[90] § 301.7701-5, die zu Sec. 7701(a)(4) und (5) IRC erlassen wurde, befaßt sich nur mit der Anwendung der Begriffe "domestic" und "foreign" im Hinblick auf corporations, nicht jedoch auf partnerships. Inhaltlich hilft dies nicht viel weiter, da zur Erklärung lediglich der Gesetzestext wiederholt wird. Auch verbietet sich für partnerships eine analoge Behandlung zu den corpora-

---

[89] Sec. 7701(a)(9) IRC. Die Besitzungen und Hoheitsgebiete der Vereinigten Staaten fallen nicht darunter. Alle Personengesellschaften, die dort oder nach deren Recht *"errichtet oder organisiert"* sind, sind daher *"foreign"*. Vgl. Rev. Rul. 82-114, 1982-1 C.B. 104, ein Gesellschaft in Guam wird als "ausländische Gesellschaft" behandelt, es sei denn der Internal Revenue Code sieht ausdrücklich anderes vor; Rev. Rul. 59-148, 1959-1 C.B. 446, ausgedehnt durch Rev. Rul. 79-193, 1979-1 C.B. 359, bzgl. eines puertorikanischer Versicherungsträger; *Chicago Bridge & Iron Co. Ltd. v. Wheatley*, 430 F.2nd 973, 70-2 USTC 9508 (3d Cir. 1970), Gesellschaften der Jungferninseln sind *"not domestic"*.

[90] *Regulations*, genauer *Treasury Regulations*. Aufgrund des *Internal Revenue Code* hat das *US Treasury Department* (US-Finanzministerium) die grundsätzliche Kompetenz zum Erlaß von Steuerrichtlinien. Mitunter enthalten auch einzelne Gesetzesparagraphen den ausdrücklichen Hinweis, der Finanzminister werde Richtlinien zur Durchführung der betreffenden Gesetzesbestimmungen erlassen. Soweit der Minister seine Autorisierung hierzu nicht überschreitet, haben diese Richtlinien Gesetzeskraft.

Andere Steuerrichtlinien sind interpretativ. Obwohl sie nicht Gesetzeskraft haben, geben sie den Steuerpflichtigen wertvolle Hinweise für die Auslegung und Anwendung des *Internal Revenue Code*. Auch wenn diesen interpretativen Steuerrichtlinien kein Gesetzescharakter zukommt, so wird ihnen dennoch von der Rechtsprechung hohe Bedeutung beigemessen. Da die Steuerrichtlinen das Gesetz ausfüllen und interpretieren, haben sie die gleiche Nummernfolge wie im IRC mit vorangehenden Ziffern, aus denen ersichtlich ist, um welche Steuerart es sich handelt und ob es eine administrative oder prozedurale Bestimmung ist. Die Vorziffer 1 kennzeichnet z.B. die Einkommensteuer betreffenden Richtlinien. Die Vorziffern 20 kennzeichnen beispielsweise Nachlaßsteuer-, die Vorziffern 25 Schenkungssteuer- und die Vorziffern 301 Richtlinien für prozedurale Paragraphen des IRC.

Neue Richtlinien oder Änderungen bestehender Richtlinien werden zunächst als *proposed regulations* (vorgeschlagene Richtlinien) veröffentlicht unter Bekanntgabe einer Frist, innerhalb deren sich Steuerpflichtige und sonstige Beteiligte hierzu äußern können.

Nach Anhörung der Äußerungen der Betroffenen und Beteiligten können vom Ministerium Änderungen vorgenommen werden und neue vorgeschlagene Richtlinien veröffentlicht werden bis zum Erlaß endgültiger Richtlinen.

Bei Eilbedürftigkeit werden vom Ministerium mitunter auch *temporary regulations* (vorläufige Richtlinien) veröffentlicht zur vorläufigen Klarstellung bis zum Erlaß endgültiger Richtlinen. Vgl. hierzu z.B. *Zschiegner, H.*, Überblick über das amerikanische Steuerrecht, in Kramer, J.-D. (Hrsg.), Grundzüge des US-amerikanischen Steuerrechts, S. 57 (63 f.); *Drysdale, D. D.* (Hrsg.), Michie's Federal Tax Handbook 1968, ¶ 105 und ¶ 3902.

tions in diesem Falle, da bei corporations immer ein Bezug zum Recht des Gründungs- oder Errichtungsorts besteht, da Gründung oder Errichtung immer, als konstitutives Element, eines staatlichen Aktes der zuständigen Behörde der Gründungs- oder Errichtungsjurisdiktion bedürfen.

Das Recht, nach dem ein Rechtsgebilde errichtet wurde, scheint das entscheidende Element für die Einordnung als "domestic" oder "foreign" zu sein. Wird daher eine Personengesellschaft unter ausdrücklichem Hinweis auf US-Recht errichtet, z.B. Personengesellschaftsgesetz eines Bundesstaates, müßte sie als "domestic" angesehen werden, unabhängig davon, wo sie ihre Geschäftätigkeit ausübt oder, ob ihre Gesellschafter "United Staates persons" oder "foreign persons" im Sinne von Sec. 7701(a)(30) IRC sind.

Schwieriger ist die Frage nach dem Status einer Personengesellschaft als "domestic" oder "foreign" zu beantworten, wenn sie von den Gesellschaftern durch privatschriftlichen Vertrag ohne Eintragung nach lokalem Recht oder ohne Hinweis auf irgendein lokales Recht errichtet wurde. Hier ist eine Anknüpfung an das Recht des Abschlußorts des Vertrages[91] denkbar. Dies erscheint aber als ein eher künstliches Kriterium, wenn die Geschäftätigkeit, Vermögensgegenstände und Gesellschafter andernorts sind.

In Frage kommt auch eine wertende Einordnung nach Kriterien wie Ort der Errichtung, der Geschäftätigkeit, Belegenheit des Vermögens und Sitz der Gesellschafter. Diesem Ansatz wird es jedoch in vielen Fällen an Rechtssicherheit mangeln, da diese Kriterien von Jahr zu Jahr wechseln können. Darüber hinaus würde er eine Abkehr vom gesetzlich geforderten Bezug auf den Ort, an dem die Personengesellschaft gegründet oder errichtet ist, bedeuten.

Ein weiterer Ansatz wäre den Ausdruck "errichtet" auf den Geschäftsbetrieb zu beziehen, d.h. in bezug auf den Ort der Hauptgeschäftsniederlassung auszulegen. Jedoch hat dies einige Nachteile. Wenn die Gesellschaft umfangreiche Geschäftätigkeit innerhalb und außerhalb der Vereinigten Staaten hat, kann es schwierig sein, diesen Maßstab mit Genauigkeit zu bestimmen. Zudem kann die Einordnung von Jahr zu Jahr wechseln, abhängig vom Maß der Geschäftätigkeit in den Vereinigten Staaten und im Ausland.

Schließlich könnte eine Personengesellschaft als in den Vereinigten Staaten "errichtet" angesehen werden, wenn sie irgendwelche Geschäfte dort tätigt, sogar wenn diese Geschäfte nur einen kleinen Teil der Gesamtgeschäftätigkeit der Gesellschaft ausmachen. Zwar würde dieser Ansatz zu mehr Rechtssicherheit bei der Anwendung führen, aber es besteht dennoch die Gefahr einer von Jahr zu Jahr wechselnden Einordnung. Zudem ist dieser Ansatz identisch mit einem hiervon zu unterscheidenden Konzept der Unterscheidung zwischen "resident" und "nonresident" partnerships (und corporations).

---

[91] lex loci actus.

Aus all dem folgt, daß schon bei der Gründung oder Errichtung einer partnership ein Bezug auf das Recht hergestellt werden sollte, nach dem sie gegründet oder errichtet werden soll, um klarzustellen, ob sie als "domestic" oder "foreign" partnership behandelt werden soll[92].

b)   Resident und Nonresident Partnerships

Regs. § 301.7701-5[93] regelt den Unterschied zwischen "resident" (ansässigen) und "nonresident" (nichtansässigen) partnerships. Eine partnership ist hiernach "resident", wenn sie "in den Vereinigten Staaten eine Geschäftstätigkeit ausübt"[94], tut sie das nicht ist sie "nonresident"[95]. Unbeachtlich ist hierbei die Staatsangehörigkeit oder der (Wohn-)Sitz der Gesellschafter sowie der Ort an dem sie gegründet oder errichtet wurde. Einziges Kriterium ist hierbei "in den Vereinigten Staaten eine Geschäftstätigkeit ausüben". Dies zeigt offensichtlich, daß die Ansässigkeit einer Personengesellschaft völlig unabhängig von ihrem Status als "domestic" (inländisch) oder "foreign" (ausländisch) ist[96]. Eine inländische Personengesellschaft kann danach nichtansässig sein und umgekehrt. Demgemäß ist eine domestic partnership mit umfangreichem Investmentvermögen, sogar wenn sie als limited partnership nach dem Recht eines Bundesstaates eingetragen ist, nicht in den USA ansässig, wenn sie dort nicht "eine Geschäftstätigkeit ausübt"[97].

---

[92]   Siehe zu dieser Problematik ausführlich bei *Isenbergh, J.*, International Taxation, Vol. I, Chapter 3, S. 85 f.; *Rhoades, R. v.Thülen/Langer, M.J.*, Income Taxation of Foreign Related Transactions, Vol. 1, Chapter 2.22 (4)(d), S. 2-30 ff.; *McIntyre, M.J.*, The International Income Tax Rules of the United States, Vol. 1, Chapter 1, 1-19 f.

[93]   Regs. § 301.7701-5: "... A partnership engaged in trade or business within the United States is referred to in the regulations in this chapter as a resident partnership and a partnership not engaged in trade or business within the United States as a nonresident partnership. Whether a partnership is to be regarded as resident or nonresident is not determined by the nationality or residence of its members or by the place in which it was created or organized."

[94]   Zum Begriff des *"engaged in trade or business within the United States"* siehe: *Isenbergh, J.*, International Taxation, Vol. I, Chapter 9, S. 275 ff.; *McDaniel, P.R./Ault, H.J.*, Introduction to United States International Taxation, Chapter 5, S. 53 ff.

[95]   Ähnlich definiert Regs. § 1.861-2(a)(2) den Begriff "resident of the United States", als "... (iii) a domestic partnership which at any time during its taxable year is engaged in trade or business in the United States, or (iv) a foreign corporation or a foreign partnership, which at any time during its taxable year is engaged in trade or business in the United States."

[96]   Vgl. *Isenbergh, J.*, International Taxation, Vol. I, Chapter 3.16, S. 85 f.

[97]   Es besteht ein Unterschied in der Definition des Status *"resident"* und *"nonresident"* zwischen *partnerships* und *corporations*. Eine *corporation* ist *"resident"*, wenn sie *"domestic"* ist *oder* wenn sie *"in den USA eine Geschäftstätigkeit ausübt"*, während eine *partnership* dies *nur* ist, wenn sie *"in den USA eine Geschäftstätigkeit ausübt"*. Vgl.

Diese Unterscheidung ist jedoch nicht Selbstzweck. Vielmehr ist sie entscheidend für die Art und Weise der Besteuerung ausländischer Gesellschafter und für die Frage, ob die Zinszahlungen einer Personengesellschaft aus US- oder aus ausländischen Quellen stammen. Siehe hierzu unten Teil 4 Kapitel 4.

3. Abkommen

Auch das Doppelbesteuerungsabkommen zwischen Deutschland und den USA verwendet den Begriff der Personengesellschaft, nämlich im Definitionsartikel Art. 3 Abs. 1 DBA-USA. Nach Art. 3 Abs. 1 lit. h DBA-USA werden u.a. Personengesellschaften als "Staatsangehörige" definiert:

"... in bezug auf die Vereinigten Staaten ... Personengesellschaften oder anderen Personenvereinigungen, die nach dem in den Vereinigten Staaten geltenden Recht errichtet worden sind, und

... in bezug auf die Bundesrepublik Deutschland ... Personengesellschaften oder andere Personenvereinigungen, die nach dem in der Bundesrepublik Deutschland geltenden Recht errichtet worden sind ... "

Damit hat sich das Abkommen das Konzept der foreign und domestic partnerships des US-Steuerrechts zueigen gemacht, wonach juristische Personen und andere Personenvereinigungen, genauso wie natürliche Personen, eine "Staatsangehörigkeit" (citizenship) besitzen können[98].

Regs. § 301.7701-5. Anzumerken ist, daß der Status als *"resident"* oder *"nonresident"* nichts mit der Ansässigkeit im deutschen Verständnis zu tun hat, sondern bei der Anwendung der US-Quellenregeln zur Bestimmung dient, ob US-Quellen gegeben sind oder nicht.

[98] Vgl. hierzu bereits oben Teil 1 Kapitel 2 B. II. 2.a). Anders noch als das OECD-MA 1977 geht nunmehr auch das OECD-MA 1992 in Art. 3 Abs. 1 lit. f von der Möglichkeit der Staatsangehörigkeit einer Personengesellschaft, einer juristischen Person oder einer anderen Personenvereinigung aus. Vgl. hierzu auch Abschnitt 9 f. des Kommentars zum OECD-MA 1992.

Kapitel 3: Geschichte des DBA-USA

Das Doppelbesteuerungsabkommen zwischen der Bundesrepublik Deutschland und den Vereinigten Staaten von Amerika von 1989 (DBA-USA)[1] ersetzte das 1965 durch ein Protokoll[2] ergänzte und geänderte Abkommen von 1954[3] (DBA-USA 1954/65)[4]. Dieses Abkommen wurde von Grunde auf neu verhandelt. Ein neues DBA war unter anderem notwendig, um die Unternehmensteuerreform der Bundesrepublik von 1977, die amerikanische Steuerreform von 1986, zahlreiche Einzeländerungen in den Steuerrechten der beiden Vertragsstaaten sowie die Fortentwicklung des Internationalen Steuerrechts angemessen zu berücksichtigen[5]. Zu erwähnen sind hier insbesondere das OECD-Musterabkommen 1977 und das US-Musterabkommen 1981[6]. Diese beiden Musterabkommen dienten

---

[1] Die vollständige Bezeichnung des Abkommens lautet: "Abkommen zwischen der Bundesrepublik Deutschland und den Vereinigten Staaten von Amerika zur Vermeidung der Doppelbesteuerung und zur Verhinderung der Steuerverkürzung auf dem Gebiet der Steuern vom Einkommen und vom Vermögen und einiger anderer Steuern" vom 29. August 1989, BGBl. 1991 II, S. 354, BStBl. 1991 I, S. 94.

[2] Protokoll vom 17. September 1965 zur Änderung des Abkommens vom 22. Juli 1954, BGBl. 1965 II, S. 1611 (Abkommen zwischen der Bundesrepublik Deutschland und den Vereinigten Staaten von Amerika zur Vermeidung der Doppelbesteuerung auf dem Gebiet der Steuern vom Einkommen und einiger anderer Steuern vom 22. Juli 1954 in der Fassung des Protokolls vom 17. September 1965, BGBl. 1966 II, S. 745, BStBl. 1966 I, S. 865.

[3] BGBl. 1954 II, S. 1118.

[4] Bezüglich der Einzelheiten der Geschichte dieser als auch der früheren Abkommen, die hauptsächlich Regelungen zu Wirtschaftsbeziehungen zum Inhalt haben, der Geschichte der wirtschaftlichen Beziehungen zwischen Deutschland und den USA, die den Rahmen dieser Arbeit sprengen würden, sei auf die Ausführungen in *Debatin, H./Walter, O.*, Handbook on the 1989 Double Taxation Convention Between the Federal Republic of Germany and the United States of America, Vol. I, Introduction, S. 1 ff. und *Korn R./Debatin, H.*, Doppelbesteuerung, DBA-USA Abschn. VIII, Einleitung I., verwiesen. *Debatin, H./Walter, O.*, Handbook on the 1989 Double Taxation Convention Between the Federal Republic of Germany and the United States of America, Vol. II, Other Treaties, Bd. II, bietet einen auszugsweisen Abdruck dieser Vorgängerabkommen, soweit sie steuerrechtliche Regelungen enthalten.
Eine ausgezeichnete Darstellung der geschichtlichen Entwicklung der US-amerikanischen Abkommen ist bei *Shannon, Harry A.*, Die Doppelbesteuerungsabkommen der USA, S.7 ff., zu finden.

[5] Vgl. *Haarmann, W.*, The new double tax treaty between the Federal Republic of Germany and the Untited States of America, Intertax 1989, S. 296 ff.; *Debatin, H./Walter, O.*, Handbook on the 1989 Double Taxation Convention Between the Federal Republic of Germany and the United States of America, Vol. I, Introduction, S. 1 ff.

[6] Das US Treasury Department veröffentlichte sein Musterabkommen *(Draft Model Income Tax Treaty)* am 16. Juni 1981.

dem DBA als Rechtsgrundlage. Zahlreiche Abweichungen, die durch die Besonderheiten des Steuerrechts beider Staaten notwendig waren, machen das Abkommen in weiten Teilen jedoch unvergleichbar mit bestehenden deutschen Abkommen. Dies wird schon dadurch deutlich, daß zusammen mit dem Abkommen ein umfangreiches Protokoll mit klarstellenden Erläuterungen verabschiedet wurde.

Teil 2: Zivilrechtsformen der Personengesellschaften

Kapitel 1: Personengesellschaften des US-amerikanischen Zivil- und Gesellschaftsrechts

Die strenge Unterteilung in Personen- und Kapitalgesellschaften, wie sie in der kontinentaleuropäischen Rechtstradition üblich ist, ist dem common law und damit auch dem darauf beruhenden US-amerikanischen Gesellschaftsrecht fremd. Obwohl sich die Gesellschaftsformen des US-amerikanischen Rechts in diese Kategorien einordnen lassen, wird vielmehr danach unterschieden, ob die Gesellschaftsform eine eigene Rechtsperson besitzt oder nicht[1].

Legislative und Jurisdiktion auf dem Gebiete des Gesellschaftsrechts liegen in den USA bei den einzelnen Bundesstaaten, da die Gesetzgebungszuständigkeit hierfür nach der Verfassung bei den einzelnen Bundesstaaten liegt[2]. Jeder Bundesstaat hat in der Regel gesonderte Gesetze für Personengesellschaften und für Kapitalgesellschaften. Dennoch existieren gemeinsame Grundprinzipen des Gesellschaftsrechts, die fast in den gesamten USA gelten[3]. Der Grund hierfür liegt zum einen daran, daß sich das Zivilrecht in den USA aus dem common law Englands entwickelt hat. Aber noch viel mehr daran, daß viele Bundesstaaten bei ihrer Gesetzgebung Mustergesetzen folgen, so daß eine weitgehende Vereinheitlichung[4] gegeben ist, obwohl auf dem Gebiet der Kapitalgesellschaften auch viele Abweichungen und Sonderregeln in den einzelnen Bundesstaaten existieren. Während für die partnerships in nahezu sämtlichen Bundesstaaten fast einheitliche Gesetze gelten, ist das Recht der corporations von Staat zu Staat sehr unterschiedlich. Grund hierfür ist die überragende Bedeutung der corporations gegenüber den partnerships im Wirtschaftsleben. Ebenso wie das Bestreben der einzelnen Bundesstaaten möglichst viele große Gesellschaften durch ein managementfreundliches Gesellschaftsrecht zur Inkorporation in diesem Staat zu be-

---

[1] Vgl. *Merkt, H.*, US-amerikanisches Gesellschaftsrecht, S. 113, Rdnr. 103.

[2] Argumentum e contrario aus der *interstate commerce clause* des Art. I Sec. 8 cl. 3 der *US Constitution*, die die Bundeskompetenz für das staatenübergreifende Wirtschaftsrecht festschreibt, vgl. dazu *Tribe, L.*, American Constitutional Law, S. 298 ff. Zur verfassungsgeschichtlichen Entwicklung und der Gesetzgebungskompetenz für das US-amerikanische Gesellschaftsrecht siehe die ausführliche Darstellung bei *Korner, M.*, Das Kollisionsrecht der Kapitalgesellschaften in den Vereinigten Staaten von Amerika, S. 6 ff.

[3] Ausnahme ist in der Regel der Bundesstaat Louisiana auf Grund der dortigen französisch-kontinentaleuropäischen Rechtstradition.

[4] Zu den Vereinheitlichungsbestrebungen durch die *National Conference of Commissioners on Uniform State Laws* und der *American Bar Association* vgl. die ausführliche Darstellung bei *Merkt, H.*, US-amerikanisches Gesellschaftsrecht, S. 151 ff., Rdnr. 174-179.

wegen[5], sowie die Gegenbewegung anderer Staaten in Form von Anleger- und Gläubigerschutzbestimmungen[6].

Das Gesellschaftsrecht in den USA kennt acht Grundformen von business associations[7], d.h. Personenvereinigungen zu unternehmerischen Zwecken[8]. Dieser Begriff entspricht in etwa dem Begriff der Handelsgesellschaft[9] im deutschen Recht. Diese sind:

1.   general partnership,

---

[5]   Dieses Phänomen wird als *"race to the bottom"*, *"race of laxity"* oder *"Delaware-effect"* bezeichnet bzw. die so entstandene *corporation* als *pseudo-foreign corporation*. Vgl. hierzu z.B. die Ausführungen von *Bungert, H.*, Deutsch-amerikanisches internationales Gesellschaftsrecht - Staatsvertragliche Festschreibung der Überlagerungstheorie?, ZVglRWiss 93 (1994), S. 125 ff.; *ders.*, Die GmbH im US-amerikanischen Recht - Close Corporation, S. 105 ff.; *Merkt, H.*, US-amerikanisches Gesellschaftsrecht, S. 135 ff, Rdnr. 147 ff.

[6]   Zu dieser gesamten Entwicklung siehe die ausführlichen Darstellungen von *Korner, M.*, Das Kollisionsrecht der Kapitalgesellschaften in den Vereinigten Staaten von Amerika, S. 8 ff.; *Bungert, H.*, Deutsch-amerikanisches internationales Gesellschaftsrecht - Staatsvertragliche Festschreibung der Überlagerungstheorie?, ZVglRWiss 93 (1994), S. 125 ff.; *ders.*, Die GmbH im US-amerikanischen Recht - Close Corporation, S. 105 ff.; *Merkt, H.*, US-amerikanisches Gesellschaftsrecht, S. 135 ff., Rdnr. 147 ff.

[7]   Dieser Begriff beinhaltet eine Personenvereinigung. Es wurde daher darauf verzichtet, die *sole proprietorship* oder *individual proprietorship* anzuführen, die dem deutschen Einzelkaufmann vergleichbar ist. Vgl. hierzu *Henn, H./Alexander, J.*, Laws of Corporations, § 18, S. 57 ff.

[8]   Einen Überblick über US-gesellschaftrechtlichen Formen für unternehmerische Betätigung bieten: *Henn, H./Alexander, J.*, Laws of Corporations, § 16 ff., S. 48 ff.; *Moye, J.*, The Law of Business Organizations, S. 16 ff.; *McDermott, R./Reemers, J./Turcon, R.*, Grundlagen des US-Gesellschaftsrechts - Folgerungen für die Rechtsformwahl, in Turcon, R./Zimmer, D. (Hrsg.), Grundlagen des US-amerikanischen Gesellschafts-, Wirtschafts-, Steuer- und Fremdenrechts, S. 1 ff.; *Merkt, H.*, US-amerikanisches Gesellschaftsrecht, S. 124, Rdnr. 126; *Elsing, S.*, US-amerikanisches Handel- und Wirtschaftsrecht, S. 149 ff.; *ders.*, Grundzüge des Rechts- und Regierungssystems, des Gesellschafts- sowie des Trustrechts der Vereinigten Staaten von Amerika, in Kramer, J.-D. Grundzüge des US-amerikanischen Steuerrechts, S. 8 ff.; *von Samson-Himmelstjerna, A.*, Die U.S. Corporation und ihre Besteuerung, S. 1 ff., *ders.*, Überblick über die Gesellschaftsformen der Vereinigten Staaten von Amerika, RIW 1983, S. 152; *Bungert, H.*, Die GmbH im US-amerikanischen Recht - Close Corporation, S. 1 ff.; *Treumann, W./Peltzer, M./Kuehn, A.*, US-Amerikanisches Wirtschaftsrecht, S. 208 ff.; *Tiessen, St.*, Die Rechtsformen des amerikanischen Geschäftsbetriebes, in Eggert, J./Gornall, J. (Hrsg.), Handbuch USA-Geschäft, S. 349 ff.; *Becker, H./Fink, E./Jacob, F.*, Unternehmerische Tätigkeit in den Vereinigten Staaten von Amerika, S. 83 ff.

[9]   Das US-amerikanische Recht kennt allerdings weder den Begriff des Kaufmanns noch den des Handelsgewerbes nach § 1 HGB. Ein Vergleich kann daher nur mit der erforderlichen Vorsicht gezogen werden.

2. limited partnership,
3. joint venture,
4. limited liability company,
5. joint-stock company,
6. business trust oder Massachusetts trust[10],
7. professional corporation oder professional association,
8. business corporation[11].

Nur die Formen der Nummern 4, 7 und 8 besitzen zivilrechtliche Rechtspersönlichkeit und sind daher juristische Personen.

Der business trust oder Massachusetts trust der Nummer 6 ist als anglo-amerikanischer trust ein Rechtsinstitut sui generis[12], der keine Art juristische Person oder Art Holdinggesellschaft ist[13] und für den es keine Parallele im deutschen Recht gibt. Er unterscheidet sich vom allgemeinen trust, der mit einer Stiftung mit treuhandschaftlichem Charakter vergleichbar ist, daß er als Rechtsform Merkmale der Personengesellschaft, der Kapitalgesellschaft und des allgemeinen trusts vereint[14]. Der business trust kommt heutzutage in der Praxis am häufigsten in der Sonderform des investment trusts und des real estate investment trusts (REIT) vor. Durch die Wahl eines business trusts als Rechtsform konnten früher Nachteile und Beschränkungen vermieden werden, die mit der Verwen-

---

[10] Da diese *trusts* in Massachusetts ihren Ursprung hatten, vgl. *Henn, H./Alexander, J.*, Laws of Corporations, § 58, S. 117 ff.; *Merkt, H.*, US-amerikanisches Gesellschaftsrecht, S. 124, Rdnr. 126.

[11] Die Nummern 1 bis 4 werden in den USA in der Regel als *partnership* (transparent) besteuert. Die Nummern 5 bis 8 werden als *corporation (association taxable as a corporation)* (intransparent) besteuert oder falls bestimmte qualifizierende Voraussetzungen vorliegen, hat eine *corporation* das Wahlrecht als *S corporation* (transparent) besteuert zu werden. Näheres hierzu unten in Teil 3 Kapitel 1.

[12] *Elsing, S.*, Grundzüge des Rechts- und Regierungssystems, des Gesellschafts- sowie des Trustrechts der Vereinigten Staaten von Amerika, in Kramer, J.-D. Grundzüge des US-amerikanischen Steuerrechts, S. 23.

[13] Vgl. *Henn, H./Alexander, J.*, Laws of Corporations, § 58, S. 117 ff.; vgl. auch *Blumenwitz, D.*, Einführung in das anglo-amerikanische Recht, S. 13. Obwohl nicht ausdrücklich ersichtlich, beziehen sich seine Ausführungen wohl auf den *business trust* und nicht den allgemeinen *trust*.

[14] *von Samson-Himmelstjerna, A.*, Die U.S. Corporation und ihre Besteuerung, S. 6; *ders.*, Überblick über die Gesellschaftsformen der Vereinigten Staaten von Amerika, RIW 1983, S. 152 (158).

dung einer corporation verbunden gewesen wären[15]. Um diese Anreize zu vermeiden, stellen Rechtsprechung und Gesetzgebung ihn (zivil-)rechtlich jedoch allmählich den corporations gleich[16]. Besteuert wird der business trust wie eine corporation[17].

Steuerrechtlich werden in der Regel die Rechtsformen der Nummern 1 bis 4 wie Personengesellschaften und die der Nummern 5 bis 8 wie Kapitalgesellschaften behandelt[18].

Das Recht der Kapitalgesellschaften in der Mehrzahl der Staaten folgt dem Konzept des Model Business Corporation Act (MBCA)[19], der vom American Law Institute erarbeitet wurde. Jedoch sind in vielen Staaten zum Teil starke Abweichungen zu beachten[20].

Das Recht der Personengesellschaften ist überwiegend Gesetzesrecht, ergänzt durch fallrechtliche Regeln des common law[21]. Dennoch ist eine weitgehende Vereinheitlichung festzustellen, da die allermeisten Staaten den von der National Conference of Commissioners on Uniform State Laws[22] entwickelten Musterge-

---

[15]   Dies waren hauptsächlich Grundstücks-Verkehrsbeschränkungen, die eine *corporation* früher betrafen. Vgl. hierzu im einzelnen *Henn, H./Alexander, J.*, Laws of Corporations, § 58, S. 117 f.

[16]   *Elsing, S.*, Grundzüge des Rechts- und Regierungssystems, des Gesellschafts- sowie des Trustrechts der Vereinigten Staaten von Amerika, in Kramer, J.-D. Grundzüge des US-amerikanischen Steuerrechts, S. 30.

[17]   *von Samson-Himmelstjerna, A.*, Die U.S. Corporation und ihre Besteuerung, S. 7; *ders.*, Überblick über die Gesellschaftsformen der Vereinigten Staaten von Amerika, RIW 1983, S. 152 (159).

[18]   Näheres hierzu siehe unten in Teil 3 Kapitel 1.

[19]   Revised Model Business Corporation Act (RMBCA), verabschiedet Juni 1984.

[20]   Insbesondere im Staat *Delaware* wegen seines sehr liberalen (Kapital-)Gesellschaftsrechts, vgl. Delaware General Corporation Law, §§ 101 et seq., und im Staat *Kalifornien* wegen seinen strengen Vorschriften im Bereich des Minderheitsschutzes, vgl. California General Corporation Law, Chapter 1.

[21]   *Elsing, S.*, Grundzüge des Rechts- und Regierungssystems, des Gesellschafts- sowie des Trustrechts der Vereinigten Staaten von Amerika, in Kramer, J.-D. Grundzüge des US-amerikanischen Steuerrechts, S. 9.

[22]   Die *National Conference of Commissioners on Uniform State Laws* ist ein Gremium zur Förderung der Vereinheitlichung der Gesetzgebung der Bundesstaaten und erarbeitet Mustergesetze, die zum großen Teil in vielen Bundesstaaten übernommen werden. Bekanntestes Beispiel für ihre Arbeit ist der *Uniform Commercial Code* (UCC; umfaßt die Gebiete des Handelskauf- und Wertpapierrechts). Über ihre Arbeit im Laufe ihrer einhundertjährigen Geschichte vgl. *Winship, S.*, The National Conference of Commissioners on Uniform State Laws and the International Unification of Private Law, 13 U.Pa.J.Int'l Bus. L. 227 (1992); *Miller A./Fry, St./Burton, A.*, Introduction to Uniform Commercial

setzen für die zwei Grundtypen der Personengesellschaft, der partnership und der limited partnership, gefolgt sind[23]. Dies ist für die general partnership der Uniform Partnership Act[24], für die limited partnership der Uniform Limited Partnership Act[25] sowie der neuere Revised Uniform Limited Partnership Act[26] und für die limited liability company der Uniform Limited Liability Company Act[27].

Im folgenden werden nun die rechtlichen Strukturen der general partnership, der limited partnership, der joint venture und der limited liability company kurz dargestellt. Dabei wird bei der general partnership, der limited partnership und der limited liability company zum einen auf die Regelungen der Mustergesetze der National Conference of Commissioners on Uniform State Laws verwiesen. Bei der limited liability company wird zudem zum Teil auf die Abweichungen und Besonderheiten in den einzelnen Bundesstaaten hingewiesen, sofern diese für diese Arbeit von Bedeutung sind. Weitergehende Fragen zur Rechtsformwahl,

---

Code Annual Survey: The Centennial of the National Conference of Commissioners on Uniform State Laws, 46 Bus. Law. 1449 (1991).

Auch die *American Bar Association* (*ABA*; Amerikanischer Bundesverband der Anwaltschaft) ist um eine Vereinheitlichung der Gesetzgebung in den einzelnen Bundesstaaten bemüht. Vgl. die ausführliche Darstellung zu den gesamten Vereinheitlichungsbestrebungen bei *Merkt, H.*, US-amerikanisches Gesellschaftsrecht, Rdnr. 174-179.

[23] Zu den Auswirkungen des Steuerrechts auf das Gesellschaftsrecht der Personengesellschaften siehe die Kritik daran durch *Stara, N.*, Has the Uniform Partnership Act been Superseeded by Subchapter K?, 41 Drake Lae Review 461 (1992).

[24] Uniform Partnership Act (UPA), 1916, 6 U.L.A. 1 et seq. (1969); Selected Corporation and Partnership Statutes, Rules and Forms, 1985, West, S. 301; *Veltins, M. A.*, Das Recht der U.S. partnership und limited partnership einschließlich ihrer Besteuerung, S. 173, Anhang B. Seit März 1992 gibt es von der National Conference of Commissioners on Uniform State Laws einen Entwurfsvorschlag eines grundlegend reformierten Mustergesetzes für die *general partnership*, den *Proposed Uniform Partnership Act*.

[25] Uniform Limited Partnership Act (ULPA), 1916, 559 et seq. (1969); Selected Corporation and Partnership Statutes Rules and Forms, 1985, West, S. 323; *Veltins, M.A.*, Das Recht der U.S. partnership und limited partnership einschließlich ihrer Besteuerung, S. 190, Anhang C.

[26] Revised Uniform Limited Partnership Act (Rev. ULPA oder RULPA), 1976, 6 U.L.A. 1984 Pocket Part 189 et seq. (von 22 Bundesstaaten angenommen, siehe Selected Corporation and Partnership Statutes, Rules and Forms, 1985, West, S. 301, S. 337); *Veltins, M.A.*, Das Recht der U.S. partnership und limited partnership einschließlich ihrer Besteuerung, S. 200, Anhang D.

[27] Verabschiedet im August 1994. Der Uniform Limited Liability Company Act, sowie alle anderen Uniform und Model Acts der National Conference of Commissioners on Uniform State Laws sind erhältlich bei der National Conference of Commissioners on Uniform State Law, 676 North Clair Street, Suite 1700, Chicago, Illinois 60611.

insbesondere unter Berücksichtigung steuerlicher Konsequenz sind nicht Gegenstand dieser Arbeit. Es sei daher auf das zahlreiche Schrifttum verwiesen[28].

---

[28] Zur Frage der Rechtsformwahl und ihrer steuerlichen Konsequenzen, insbesondere unter Berücksichtigung von Personengesellschaften, siehe allgemein: *Streng, W.*, Choice of Entity, 700 Tax Mangement Portfolio; *Freeman, L./Stephens, Th.*, Using a Partnership When a Corporation Won't Do: The Strategic Use and Effects of Partnerships and Conduit Joint Ventures and Other Major Corporate Business Activities, 68 Taxes 962 (1990); *Reid, W.*, The Limited Partnership: An Ideal Vehicle for Start-Up Ventures, 70 Taxes 745 (1992); *Ludtke, D./Robertson, B.*, Advantages of Pass-Through Entities Still There, 26 The Practical Accountant 27 (1993); *Liveson, A.*, Partnerships vs. S Corporations: A Comparative Analysis in Light of Legislative Developments, 5 Journal of Partnership Taxation 142 (1988); *Gibbs, L.*, Ten Rules For Strategic Planning Using Limited Partnerships, 132 Trusts & Estates 45 (1993); *Ruddy, W.*, Combination can provide flexibility of partnership with S corporation advantages, 18 Taxation for Lawyers 186 (1989); *Lang, D.*, Comparison fo S Corporations, C Corporations and Partnerships, 48 New York University Institute on Federal Taxation 9 (1990).

Zu den die Vor- und Nachteile der *limited liability company* als Rechtsform, zumeist im Hinblick auf eine Abgrenzung hin zu den Rechtsformen der *limited partnership*, der *C corporation (business corporation)*, die intransparent besteuert wird und der *S corporation*, die transparent besteuert wird: *Keatinge, R./Ribstein, L./Pace Hammill, S./Gravelle, M./Connaughton, S.*, The Limited Liability Company; A Study of the Emerging Entity, 47 The Business Lawyer 375, 386 (1992); *Parker, R.*, Corporate Benefits Without Corporate Taxation: Limited Liability Company and Limited Partnership Solutions to the Choice of Entity Dilemma, 29 San Diego Law Review 399 (1992); *Brenman, L.*, Limited Liability Companies Offer New Opportunities to Business Owners, 10 Journal of Partnership Taxation 301 (1994); *Hamill, S.P.*, The Limited Liability Company: A Possible Choice for Doing Business?, 41 Florida Law Review 721 (1989); *dies.*, The Limited Liability Comany: A Midpoint Evaluation, 52 New York University Institute on Federal Taxation 1, 1-30 (1994); *Wirtz, F./Harris, K.*, The Emerging Use of the Limited Liability Company, 70 Taxes 377 (1992); *Clariday, M.*, The Limited Liability Company: An S Corporation Alternative or Replacement?, 4 Journal of S Corporation Taxation 202 (1993); *Cain, R./Garrison, L.*, The Limited Liability Company: When is it the Right Choice?, 11 Journal of State Taxation 52 (1993); *Fonfara, J./McCool, C.*, The Wyoming Limited Liability Company: a Viable Alternative to the S Corporation and the Limited Partnership?, 23 Land and Water Law Review 523 (1988), *Koutrodimos, D./Buehrle, E./Moore, Ch.*, LLCs Can Protect Members and Provide Flexible Operations, 52 Taxation for Accountants 30 (1994); *Horwood, R./Hechtman, J.*, The Limited Liability Company: The New Kid in Town, 20 Journal of Corporate Taxation 334, 346 (1993); *Mezzullo, L.*, Limited Liability Companies: A New Business Form?, 21 Taxation for Lawyers 296 (1993); *ders.*, Limited Liability Companies: A New Business Form?, 50 Taxation for Accountants 18 (1993); *Bosko, M.*, The Best of Both Worlds: The Limited Liability Company, 54 Ohio State Law Journal 175, 193 (1993); *Ale, J.*, An Introduction to Limited Liability Companies, 38 The Practical Lawyer 35 (1992); *Roche, E./Keatinge, R./Spudis, B.*, Limited Liability Companies Offer Pass-Through Benefits Without S Corp. Restrictions, 74 The Journal of Taxation 248 (1991); *Orsi, S.*, The Limited Liability Company: An Organizational Alternative for Small Businesses, 70 Nebraska Law Review

A. General Partnership

Die general partnership ist ein Zusammenschluß zweier oder mehrerer Personen, die als Miteigentümer zur Erzielung von Gewinnen ein gemeinsames Geschäft betreiben[29]. Aufgrund der persönlichen Haftung der Gesellschafter ist die partnership am ehesten mit der deutschen offenen Handelsgesellschaft vergleichbar. Gesellschafter können auch juristische Personen, andere partnerships oder Vereinigungen sein[30]. Geschäftszweck kann jede dauernde, auf Gewinnerzielung gerichtete Tätigkeit sein. Da es im amerikanischen Recht den Begriff des Handelsgewerbes im Sinne des § 1 HGB nicht existiert[31], gibt es keine Unterscheidung

---

150 (1992); *Lovely, J.*, Agency Costs, Liquidity, and the Limited Liability Company as an Alternative to the Close Corporation, 21 Stetson Law Review 377 (1992).

[29] "A partnership is an association of two or more persons to carry on a business for profit", vgl. Uniform Partnership Act §§ 6 (1), 2; New York Partnership Law §§ 10 (1), 2. Das Partnership Law des Bundesstaates New York findet sich in McKinney's Consolidated Laws of New York, Annotated, Book 38, West Pblishing Co., St. Paul, Minnesota.

Auf die Darstellung der *(registered) limited liability partnership*, einer neueren Gesellschaftsform des US-Gesellschaftsrechts, wurde verzichtet, da die Errichtung einer solchen Gesellschaft nur in wenigen Bundesstaaten möglich ist. Kennzeichen dieser Gesellschaftsform ist, daß im Gegensatz zur gesamtschuldnerischen *(jointly and severally)* Haftung aller Gesellschafter und der Gesellschaft für deliktische Handlungen eines einzelnen Gesellschafters bei der *general partnership*, bei der *limited liability partnership* nur der deliktisch handelnde Gesellschafter und die Gesellschaft gesamtschuldnerisch haften, nicht aber die übrigen Gesellschafter. Vgl. zu dieser Gesellschaftsform *Bungert, H.*, Die (Registered) Limited Liability Partnership, RIW 1994, S. 360 ff.

Zum Recht der *general partnership* siehe allgemein bei *Henn, H./Alexander, J.*, Laws of Corporations, §§ 19 ff., S. 61 ff.; *Moye, J.*, The Law of Business Organizations, S. 32 ff.;

[30] § 2 UPA; § 2 NYPL.

[31] Die aus dem *common law* stammende Unterscheidung zwischen *trading partnerships* und *non-trading partnerships* zum Zwecke der Bestimmung des Umfangs der Vertretungsmacht, die ein Gesellschafter für die Gesellschaft hat (vgl. § 9 (1) und (2) UPA), hat keinen Eingang in das Gesetz gefunden. Eine *trading partnership* betreibt ein Handelsgeschäft, das im Gegensatz zu einer *non-trading partnership*, die Dienstleistungen erbringt, ein Warenlager unterhält und Gewinne aus dem An- und Verkauf von Waren zieht. Ein Gesellschafter besitzt Vertretungsmacht und verpflichtet die Gesellschaft grundsätzlich nur soweit er Geschäften im Rahmen des gewöhnlichen Geschäftsbetriebs der Gesellschaft abschließt. Dieser Rahmen wird bei einer *trading partnership* gegebenermaßen als weiter angesehen (Vgl. Marsh, Merwin & Lemmon v. Wheeler, 77 Conn. 449, 59 A. 410 (1904)). Gleichwohl hat die Rechtsprechung vielfach auf diese Theorie zurückgegriffen, um den Umfang der Vertretungsmacht eines Gesellschafters und der damit verbundenen Verpflichtung der Gesellschaft zu bestimmen (vgl. u.a.: In re Steinmetz' Estate, 1 N.Y.S. 2d 601 (Sur. Ct. 1938), cf. Jacobson v. Lamb, 91 Cal. App. 405, 267 P. 114 (1928); Burns v. Gonzalez, 439 S.W. 2d 128 (Tex. Civ. App. 1969). Vgl. hierzu *Veltins, M.A.*,

zwischen Gesellschaften des bürgerlichen Rechts und Offenen Handelsgesellschaften wie im deutschen Recht[32]. Die Gründung der general partnership ist formlos möglich und es gibt in der Regel auch keine Registrierungs- oder Eintragungspflicht[33].

Die general partnership kann im eigenen Namen Geschäfte betreiben und Eigentum erwerben[34]. Ebenso kann sie klagen und verklagt werden[35].

Die Geschäftsführung obliegt den Gesellschaftern gemeinschaftlich, sofern der Gesellschaftsvertrag nichts anderes vorsieht[36]. Bei Unstimmigkeiten über Maßnahmen im Rahmen des ordentlichen Geschäftsbetriebs entscheidet einfache Stimmenmehrheit (Mehrheitsprinzip), sofern sich diese Maßnahmen nicht gegen den Gesellschaftsvertrag richten[37]. Einstimmigkeit ist jedoch bei außerordentlichen Angelegenheiten und Maßnahmen erforderlich[38].

Zur Vertretung der Gesellschaft nach außen ist grundsätzlich jeder Gesellschafter berechtigt (Einzelvertretung), sofern er ein Geschäft abschließt, das augenscheinlich zum gewöhnlichen Geschäftsbetrieb der Gesellschaft gehört[39]. Für ein Geschäft, das nicht offensichtlich zum gewöhnlichen Geschäftsbetrieb gehört, verpflichtet ein Gesellschafter die Gesellschaft nicht, wenn er nicht von den anderen Gesellschaftern dazu ermächtigt wurde[40]. Für eine Reihe besonders gravierender Geschäfte, wie z.B. Verpfändung des Gesellschaftsvermögens oder die

---

Das Recht der U.S. partnership und limited partnership einschließlich ihrer Besteuerung, S. 29 ff.

[32] Der Geschäftszweck einer *general partnership* ist daher weiter als bei einer offenen Handelsgesellschaft, da kein Handelsgewerbe betrieben werden muß, aber enger als bei einer Gesellschaft bürgerlichen Rechts, da diese auch für nicht auf Gewinn gerichtete Zwecke gegründet werden kann.

[33] Der Bundesstaat New York stellt eine Ausnahme dar. Die Firma der Gesellschaft und die Namen der einzelnen Gesellschafter müssen registriert werden, §§ 80-82 NYPL. Vgl. hierzu *Veltins, M.A.*, Das Recht der U.S. partnership und limited partnership einschließlich ihrer Besteuerung, S. 26 f.

[34] §§ 8, 10 UPA; §§ 11(2), 12(3) NYPL.

[35] Sec. 17(b) Federal Rules of Civil Procedure (Bundes-Zivilprozeßrecht); Sec. 1025 New York Civil Practice Law and Rules (Zivilprozeßrecht des Bundesstaates New York); für die meisten Einzelstaaten gelten entsprechende Regeln.

[36] § 18(e) UPA; § 40(5) NYPL.

[37] § 18(h) UPA; § 40(8) NYPL.

[38] Vgl. § 9(3) UPA; § 20(3) NYPL.

[39] §9 (1) und (2) UPA; § 20(1) und (2) NYPL.

[40] § 9(2) UPA; § 20(2) NYPL. Nur eigeschränkt richtig ist daher die Auffassung von *Tiessen, St.*, Die Rechtsformen des amerikanischen Geschäftsbetriebes, in Eggert, J./Gornall, J. (Hrsg.), Handbuch USA-Geschäft, S. 349 (364), es könne "jeder Gesellschafter die Gesellschaft uneingeschränkt nach außen hin vertreten".

gerichtliche Anerkennung von Forderungen, ist Gesamtvertretung gesetzlich festgelegt[41]; sie können nur von allen Gesellschaftern gemeinsam vorgenommen werden[42].

Gewinne und Verluste werden, soweit der Gesellschaftsvertrag nichts anderes regelt, - unabhängig von der jeweiligen Einlage - nach Köpfen verteilt[43].

Entgegen der im deutschen Schrifttum zum Teil vertretenen, pauschalen Auffassung[44], die Gesellschafter hafteten gesamtschuldnerisch gegenüber Dritten für die Schulden der Gesellschaft, ist festzuhalten, daß sie nur für bestimmte Schulden gesamtschuldnerisch (jointly and severally)[45] haften und für die übrigen ge-

---

[41] Eine Liste solcher Geschäfte enthalten § 9(3)(a) bis (e) UPA und " 20(3)(a) bis (e) NYPL.

[42] Die in § 9 UPA und § 20 NYPL kodifizierte Vertetungsregelung ist als eine Abkehr von dem Verständnis einer *partnership* im *common law* als einem wechselseitigen Auftragsverhältnis der Gesellschafter untereinander, anzusehen. Jeder Gesellschafter war Geschäftsherr und Vertreter zugleich. Mit der Folge, daß ein jeder den anderen Gesellschafter auf einfache Weise im Verhältnis zu Dritten binden konnte (Doktrin der Vertretungsmacht kraft Rechtsscheins - *apparent authority*).

[43] § 18(a) UPA; § 40(1) NYPL.

[44] So z.B. *McDermott, R./Reemers, J./Turcon, R.*, Grundlagen des US-Gesellschaftsrechts - Folgerungen für die Rechtsformwahl, in Turcon, R./Zimmer, D. (Hrsg.), Grundlagen des US-amerikanischen Gesellschafts-, Wirtschafts-, Steuer- und Fremdenrechts, S. 1 (4 f.); *Elsing, S.*, US-amerikanisches Handel- und Wirtschaftsrecht, S. 152; *ders.*, Grundzüge des Rechts- und Regierungssystems, des Gesellschafts- sowie des Trustrechts der Vereinigten Staaten von Amerika, in Kramer, J.-D. Grundzüge des US-amerikanischen Steuerrechts, S. 9; *von Samson-Himmelstjerna, A.*, Die U.S. Corporation und ihre Besteuerung, S. 2, *ders.*, Überblick über die Gesellschaftsformen der Vereinigten Staaten von Amerika, RIW 1983, S. 152 (153); *Tiessen, St.*, Die Rechtsformen des amerikanischen Geschäftsbetriebes, in Eggert, J./Gornall, J. (Hrsg.), Handbuch USA-Geschäft, S. 349 (363); *Becker, H./Fink, E./Jacob, F.*, Unternehmerische Tätigkeit in den Vereinigten Staaten von Amerika, S. 86, Rn. 209.

[45] § 15(a) i.V.m. §§ 13 und 14 UPA; § 26(1) i.V.m. §§ 24 und 25 NYPL; *"jointly and serverally"* entspricht in etwa der gesamtschuldnerischen Haftung im deutschen Recht, §§ 421 ff. BGB. D.h. außenstehende Dritte können alle Gesellschafter gemeinsam oder aber jeden einzelnen Gesellschafter in Höhe der gesamten Verbindlichkeit in Anspruch nehmen.

Nur für die in den §§ 13 und 14 UPA; §§ 24 und 25 NYPL; genannten, deliktischen Tatbestände haften die Gesellschafter gemäß § 15(a) UPA; § 26(1) NYPL; *jointly and severally*, während sie für alle übrigen Schulden und Verbindlichkeiten gemäß § 15(b) UPA; § 26(2) NYPL; nur *jointly* haften.

§ 13 UPA; § 24 NYPL; kodifiziert *common law*, das für Gesellschafter und Gesellschaft eine Haftung bei unerlaubter Handlung oder Unterlassung vorsieht, die im Rahmen des gewöhnlichen Geschäftsbetriebs gegenüber Dritten, die nicht Gesellschafter sind, begangen werden.

samthänderisch (jointly)[46]. Die Haftung der Gesellschafter für vertragsrechtliche Pflichten und Schulden der Gesellschaft ist jointly, während sie für unerlaubte Handlungen und Vertragsverletzungen der Gesellschaft durch ihre Gesellschafter jointly and severally ist. In beiden Fällen ist die Haftung jedoch unbegrenzt. Ein neu hinzukommender Gesellschafter haftet auch für Altschulden, jedoch begrenzt auf das Gesellschaftsvermögen[47].

Sofern der Gesellschaftsvertrag nichts anderes vorsieht, ist die general partnership grundsätzlich an den Bestand der Gesellschafter gebunden. Ein neuer Gesellschafter kann nur durch einstimmigen Beschluß aller Gesellschafter aufgenommen werden[48]. Dies führt jedoch nicht zur Auflösung der alten und Gründung einer neuen Gesellschaft, da dies kein gesetzlicher Auflösungsgrund ist[49]. Gesetzliche Auflösungsgründe[50] sind hingegen u.a. der Tod, der Verlust der Geschäftsfähigkeit oder das Ausscheiden eines Gesellschafters - hierunter fällt auch der bona fide Ausschluß eines Gesellschafters, falls der Gesellschaftsvertrag dies vorsieht, Zeitablauf oder Zweckerreichung, Auflösung durch Gesellschafterbeschluß oder durch gerichtliche Anordnung, Konkurs der Gesellschaft oder eines Gesellschafters, oder nachträglich eingetretene rechtliche Unzulässigkeit des Gesellschaftszwecks. Das Eintreten eines Auflösungsgrundes[51] berührt die Existenz der Gesellschaft nicht, sondern führt vielmehr zum Eintritt der Gesellschaft in die Liquidationsphase[52]. Die Vollbeendigung[53] der Gesellschaft tritt

---

§ 14(a) UPA; § 25(1) NYPL; legt fest, daß die Gesellschaft zum Ersatz desjenigen Schadens verpflichtet ist, der dadurch entsteht, daß ein Gesellschafter im Rahmen seiner Vertretungsmacht nach § 9(1) UPA; § 20(1) NYPL; Gelder oder Vermögensgegenstände von einem Dritten empfing und sie veruntreute. Das gleiche gilt nach § 14(b) UPA; § 25(2) NYPL; für den Fall, daß die Gesellschaft im Rahmen ihres Geschäftsbetriebs Gelder oder Vermögensgegenstände eines Dritten erhielt und ein Gesellschafter diese, während sie sich in Verwahrung der Gesellschaft befanden, veruntreut hat.

[46] § 15(b) UPA; § 26(2) NYPL; *"jointly"* entspricht in etwa der gesamthänderischen Haftung im deutschen Recht; vgl. hierzu Palandt-*Heinrichs* Überblick vor § 420 Rn. 7 ff. D.h. außenstehende Dritte können nur alle Gesellschafter gemeinsam, jedoch nicht den einen einzelnen Gesellschafter in Anspruch nehmen.

[47] § 17 i.V.m. § 8 UPA; § 28 i.V.m. § 12 NYPL.

[48] § 18 (g) UPA; § 40(7) NYPL.

[49] So zumindest die Rechtslage nach New Yorker Recht, vgl. Application of Vann, 434 NYS 2d 365; 78 AD 2d 255; Zur Rechtslage in den anderen Bundesstaaten, die den UPA adaptiert haben, vgl. die nicht einheitliche Rechtsprechung zu dieser Problematik bei *Bromberg, A.*, Partnership Dissolution - Causes, Consequences and Cures, 43 Texas Law Review 631 (637) (1965).

[50] Niedergelegt in den §§ 31, 32 UPA; §§ 62, 63 NYPL.

[51] "dissolution".

[52] "winding up".

[53] "termination".

erst dann ein, wenn alle Angelegenheiten der Gesellschaft abgewickelt worden sind, d.h. die Liquidation erfolgt ist[54].

B. Limited Partnership

Das Recht der limited partnership ist in zwei verschiedenen Mustergesetzen der National Conference of Commissioners on Uniform State Laws niedergelegt, nämlich dem Uniform Limited Partnership Act von 1916 (ULPA)[55] sowie dem Revised Uniform Limited Partnership Act von 1976 mit Ergänzungen von 1985 (RULPA)[56]. Da die revidierte Fassung von 1976 mit den Ergänzungen von 1985 in den allermeisten Einzelstaaten gilt[57], wird in den folgenden Ausführungen von ihr ausgegangen; von Fall zu Fall wird jedoch auf abweichende Bestimmungen in der älteren Fassung verwiesen, da diese in einigen Bundesstaaten immer noch gilt und in den Bundesstaaten, die den RULPA adaptiert haben, zum Teil für bereits existierende limited partnerships die alten Regelungen weiterhin gelten[58]. Im übrigen wird die entsprechenden Parallelvorschriften des ULPA verwiesen.

Im Bundesstaat New York wurde der RULPA mit Wirkung vom 1. Juli 1991 adaptiert, doch gelten die Regelungen des ULPA für einen Teil der zu diesem Zeitpunkt bereits bestehenden limited partnerships fort[59].

---

[54] §§ 30, 33 UPA; §§ 61, 64 NYPL.

[55] Uniform Limited Partnership Act (ULPA), 1916, 559 et seq. (1969); Selected Corporation and Partnership Statutes Rules and Forms, 1985, West, S. 323; *Veltins, M.A.*, Das Recht der U.S. partnership und limited partnership einschließlich ihrer Besteuerung, S. 190, Anhang C.

[56] Revised Uniform Limited Partnership Act (Rev. ULPA oder RULPA), 1976, 6 U.L.A. 1984 Pocket Part 189 et seq. (von 22 Bundesstaaten angenommen, siehe Selected Corporation and Partnership Statutes, Rules and Forms, 1985, West, S. 301, S. 337); *Veltins*, S. 200, Anhang D.

[57] Folgende Bundesstaaten bzw. Hoheitsgebiete haben revidierte Fassung von 1976 nicht angenommen: Guam, Louisiana, Maine, Mississippi, New Hampshire, Puerto Rico, Utah, Vermont und die Virgin Islands. In den meisten von ihnen gilt die Fassung aus dem Jahre 1916.

[58] Zum Recht der *limited partnership* siehe allgemein bei *Henn, H./Alexander, J.*, Laws of Corporations, §§ 28 ff., S. 85 ff.; *Moye, J.*, The Law of Business Organizations, S. 90 ff.;

[59] Das bisherige Recht der *limited partnership*, §§ 90 bis 119 NYPL, gilt für die *limited partnerships* weiter, die (1) vor dem 1. Juli 1991 nach New Yorker Recht errichtet wurden und nicht das Wahlrecht ausgeübt haben, nach dem neuen Recht behandelt zu werden oder (2) seit diesem Zeitpunkt ihr *"certificate of limited partnership"* nicht geändert haben. Das neue Recht, §§ 121-101 bis 121-1300 NYPL, gilt für alle *limited partnerships*, die nach dem 1. Juli 1991 nach New Yorker Recht errichtet wurden und für alle auswärtigen *limited partnerships*, gleichgültig, ob sie vor oder nach dem Inkrafttreten des neuen Rechts errichtet wurden (damit traten die Regelungen über die auswärtigen *limited part-*

Es ist darauf hinzuweisen, daß sowohl ULPA als auch RULPA nur die Besonderheiten der *limited partnership* gegenüber der general partnership regeln, während im übrigen ergänzend die Vorschriften der general partnership auch für die
limited partnership gelten[60].

Die limited partnership ist eine partnership, die durch zwei oder mehrere natürliche oder juristische Personen gegründet wird und aus mindestens einem unbeschränkt *(general partner)* und mindestens einem beschränkt haftenden Gesellschafter *(limited partner)* besteht[61]. Die Haftung der beschränkt haftenden Gesellschafter der limited partnership und ihren Gläubigern gegenüber ist durch die
Höhe ihrer vereinbarten Einlage begrenzt[62]. Ihrer Konzeption nach ist die limited
partnership mit der deutschen Kommanditgesellschaft vergleichbar. Da auch juristische Personen Gesellschafter sein können, sind auch Gestaltungen vergleichbar mit der deutschen GmbH & Co. KG möglich[63].

Die *limited partnership* bzw. die *limited partner* müssen sich strikt an die gesetzlichen Regelungen halten, um in den Genuß der beschränkten Haftung ihrer
limited partner zu kommen, da sie sonst als *general partnership* behandelt wird:

- Gründungsvoraussetzung einer *limited partnership* ist die Ausfertigung einer
  Urkunde durch die Gesellschafter erforderlich, die im Gründungsbundesstaat
  bei zuständigen Stelle - in der Regel dem *Secretary of State* - eingereicht und
  registriert werden muß[64]. Erst dadurch wird die Gesellschaft existent. Neben
  diesem *certificate* gibt es in aller Regel noch einen Gesellschaftsvertrag, der
  weiterführende Angaben enthält, aber nicht eingereicht werden muß. Das
  certificate muß folgende Angaben[65] enthalten:

---

nership nach dem bisherigen Recht in §§ 120 bis 120l NYPL außer Kraft). Vgl. §§ 121-
1201 und 121-1202 NYPL.

Speziell zur *limited partnership* des New Yorker Rechts siehe *Rich, B.*, New York, in
Bamberger, M./Basile, J. (Hrsg.), State Partnership Laws, Vol. 5.

[60] Vgl. § 1105 RULPA; § 6(2) UPA; § 10(2) NYPL. Diese Verweisung entpricht der
Verweisung des § 161 Abs. 2 HGB auf die §§ 105 ff. HGB im Verhältnis zwischen KG
und OHG im deutschen Recht.

[61] Vgl. § 101(7) RULPA, § 1 ULPA; § 121-101(h), § 90 NYPL.

[62] Vgl. § 303 RULPA, § 7 ULPA; § 121-303; § 96 NYPL.

[63] Vgl. § 101(11), (5), (6) RULPA, § 121-101(n), (f), (g) NYPL. Das Recht der meisten Bundesstaaten sieht dies vor, vgl. *von Samson-Himmelstjerna*, Die U.S.-Corporation
und ihre Besteuerung, S. 3; *ders.*, Überblick über die Gesellschaftsformen der Vereinigten Staaten von Amerika, RIW 1983, S. 152 (153).

[64] §§ 201 bis 209 RULPA, § 2 ULPA; §§ 121-201 bis 121-208, § 91 NYPL.

[65] § 201 RULPA; die Version von 1976 des RULPA und der ULPA von 1916 (vgl. §
2(1)(a) ULPA) enthalten bei weitem mehr angabepflichtige Informationen: Namen und
Anschriften aller Gesellschafter, Gesellschaftereinlagen, Bedingungen, die eine Nach-
schußpflicht auslösen, Abtretbarkeit der Anteile der *limited partners*; Gewinnverte-

Firma, Anschrift der Gesellschaft und ihres Zustellungsbevollmächtigen für gerichtliche Schreiben, Name und Adresse jedes general partners, der späteste Zeitpunkt an dem die Gesellschaft sich auflöst und jede andere Angabe, die die general partner enthalten haben wollen.

Falls ein *limited partner* sich unbeschränkter Haftung ausgesetzt sieht, weil er irrtümlich als *general partner* in der Gründungsurkunde aufgeführt wird oder diese, trotzdem sie richtig ist, nicht eingereicht oder registriert wird, kann er diese Haftung abwenden, indem er eine berichtigendes *certificate* einreicht oder von der Gesellschaft zurücktritt[66].

Es empfiehlt sich, diese Gründungsurkunde in jedem Bundesstaat, in dem die Gesellschaft Geschäfte betreibt, bei zuständiger Stelle einzureichen, da die limited partner wegen der uneinheitlichen Rechtsprechung sonst eventuell als general partners haften könnten. In manchen Staaten ist daher die Registrierung einer limited partnership vor Aufnahme ihrer Geschäftstätigkeit verpflichtend[67].

- Grundsätzlich kann die limited partnership ihre Firma frei wählen. Doch darf sie in der [68]Regel nicht den Namen eines limited partners verwenden[69].

- Die Firma muß vom Gründungsbundesstaat genehmigt werden und den Zusatz "limited partnership" in ausgeschriebener Form enthalten[70]. Diese Genehmigung wird bei Gleichheit oder Ähnlichkeit mit einer bereits dort bestehenden Firma aus Gründen der Verwechslungsgefahr verweigert. Ist die Firma genehmigt und wird die Gesellschaft in anderen Bundesstaaten tätig, so

---

lung, etwaige Einlagenrückgewähransprüche, eventuelle Nachfolgeregelungen für die Fortsetzung der Gesellschaft nach Ausscheiden eines *general partners*. Im Hinblick auf die abnehmende Wichtigkeit des *certificates of limited partnership* für den Rechts- und Geschäftsverkehr, der sich hauptsächlich des Gesellschaftsvertrages bedient, wurden die Angaben durch die Ergänzung 1985 auf ein Minimum beschränkt, vgl. die offizielle Erläuterung zu § 201 RULPA. Vgl. auch § 121-201, § 91(1)(a) NYPL.

[66] § 304 RULPA; der ULPA enthält diese Möglichkeit nicht. Vgl. auch § 121-304, § 100 NYPL.

[67] Vgl. §§ 901 bis 909 RULPA; Der ULPA enthält noch keine entsprechende Bestimmung. Vgl. auch §§ 121-901 bis 121-908 NYPL.

[68] Vgl. hierzu auch *Bennett, J.*, Die US-Limited Partnership, RIW 1992, S. 276 (277).

[69] §§ 102(2), 303(d) RULPA; § 5 (2) ULPA; §§ 121-102(a)(1), 121-303(d), § 94 NYPL.

[70] § 102 (1) RULPA; § 121-102(a)(1). § 121-102 NYPL enthält eine Reihe von Ausdrücken, die aus Gründen des Verkehrsschutzes in der Firma eine *limited partnership* nicht verwendet werden dürfen.

muß sie dann eine andere Firma annehmen[71], wenn diese dort nicht genehmigt werden kann.

- Die limited partner haben keine Vertretungs- und Geschäftsführungsbefugnis[72]. Sollten sie dennoch die Geschäfte führen, so haften sie dann, aber nur denjenigen Parteien gegenüber unbeschränkt, die mit ihnen Geschäfte im guten Glauben, diese seien general partner, abgeschlossen haben[73]. Das Gesetz führt jedoch eine Reihe von Handlungen auf, die sie unbeschadet ausüben dürfen und die in der Regel nur die Ausübung ihrer Rechte[74] als limited partners darstellen[75]. Darunter sind:

  - Tätigkeiten in ihrer Eigenschaft als Bevollmächtigter, beauftragter Unternehmer oder Angestellter der *partnership*, oder als Organ oder Anteilseigner des *general partner*, falls dieser eine *corporation* ist;

  - Beratung eines *general partner* in Fragen der Geschäftsführung;

  - Sicherheitengestellung oder Auftreten als Bürge für bestimmte Verpflichtungen der Gesellschaft;

  - Erhebung und Durchführung einer derivativen Klage in bezug auf ein Recht der Gesellschaft[76];

  - Einberufung oder Teilnahme an einer Gesellschafterversammlung;

  - Vorschlag der oder Abstimmung für oder gegen: die Auflösung der Gesellschaft, der Verkauf oder Tausch des im wesentlichem gesamten

---

[71] "assumed name".

[72] *"participates in the control of the business"*, § 303 (a) RULPA; Umkehrschluß aus § 403 (a) RULPA; vgl. auch §§ 7, 9, 10 ULPA. Vgl. auch § 121-303(a), § 121-403(a) NYPL; §§ 96, 98, 99 NYPL.

[73] § 303 (a) RULPA; vgl. § 7 ULPA. Vgl. § 121-303, § 96 NYPL.

[74] Vgl. *Veltins, M.A.*, Das Recht der U.S. partnership und limited partnership einschließlich ihrer Besteuerung, S. 98; *Bennett, J.*, Die US-Limited Partnership, RIW 1992, S. 276 (277).

[75] Vgl. § 303 (b) RULPA. § 121-303 NYPL enthält eine ausführliche Liste von Handlungen, die ein *limited partner* vornehmen darf, ohne seine beschränkte Haftung zu verlieren.

[76] *"derivative action"*, § 303 (b) (4) RULPA; § 121-303(b)(5) NYPL. Die *derivative action* selber ist in §§ 1001 bis 1004 RULPA; §§ 121-1001 bis 121-1004 NYPL geregelt. Sie entspricht der actio pro socio des deutschen Gesellschaftsrechts, vgl. auch *Treumann, W./Peltzer, M./Kuehn, A.*, US-Amerikanisches Wirtschaftsrecht, S. 70 ff., zur *derivative action* im Zusammenhang mit US-Corporations Der ULPA enthält noch keine entsprechende Bestimmung, wohl aber schon das alte Recht des Bundesstaates New York, vgl. § 105(a) NYPL.

Vermögens der Gesellschaft, die Aufnahme von Schulden, die Änderung des Betriebscharakters, die Aufnahme oder den Ausschluß von Gesellschaftern sowie die Änderung des certificate of limited partnership oder des Gesellschaftsvertrages.

Im Gegensatz zur Regelung des ULPA, dürfen die *limited partner* nach RULPA neben Bargeld und anderen Vermögensgegenständen, auch erbrachte sowie zu erbringende Dienstleistungen als Einlage erbringen[77].

Die Kontrollrechte des *limited partners* sehen folgendermaßen aus: Er hat das Recht uneingeschränkt die Bücher und die gesetzlich erforderlichen Geschäftsunterlagen der Gesellschaft einzusehen und Abschriften zu machen[78]. Er hat zudem einen Informationsanspruch in bezug auf sämtliche Geschäfts- und Finanzangelegenheiten und kann ferner eine Abschrift der Steuererklärungen der Gesellschaft verlangen, sofern er diesen Anspruch vernünftig[79] ausübt[80]. Der Gesellschaftsvertrag kann ihm weitere Rechte, sogar Vetorechte, verleihen[81].

Ein *general partner* kann in der gleichen Gesellschaft zugleich auch *limited partner* sein[82]. Seine Rechte als *general partner* werden dadurch nicht eingeschränkt. In bezug auf seinen Kapitalanteil als *limited partner*, hat er gegen die Mitgesellschafter die Rechte, die einem *limited partner* zukommen.

Die *limited partner* haften für Schulden der Gesellschaft nur bis zur Höhe ihrer Einlage(-verpflichtung)[83], während die *general partner* persönlich mit ihrem gesamten Vermögen haften[84].

Genauso wie bei der *general partnership* löst das Ausscheiden eines *general partner* die *limited partnership* auf, nicht jedoch das Ausscheiden eines *limited partners*[85].

---

[77] Vgl. § 501 RULPA; § 4 ULPA; § 121-501 NYPL; § 93 NYPL.

[78] § 305 (1) i.V.m. § 105 RULPA; § 10(1)(a) ULPA. Vgl. § 121-106(b), § 99(1)(a) NYPL

[79] "reasonable".

[80] § 305 (2) RULPA; § 10(1)(b) ULPA. Vgl. § 121-106(b), § 99(1)(b) NYPL

[81] *Bennett, J.*, Die US-Limited Partnership, RIW 1992, S. 276 (277).

[82] § 12 ULPA; § 101 NYPL.

[83] § 303 RULPA, § 1 i.V.m. §§ 7 und 17 ULPA; § 121-303 NYPL; § 90 i.V.m. § 96, § 105 NYPL.

[84] § 403(b) RULPA, § 1 ULPA; § 121-403(b), § 90 NYPL.

[85] § 801(3) RULPA; § 121-801(d) NYPL.

C.   Joint Venture[86]

Der Begriff "*joint venture*" ist nicht eindeutig, denn es ist zwischen einer vertraglichen *joint venture* und einer *joint venture company* zu unterscheiden[87]. Beiden gemeinsam ist, daß sie von mindestens zwei Personen zur Durchführung eines einzelnen Vorhabens gegründet werden. Der Unterschied ist folgender: Die *joint venture company* ist ein Unternehmen in der Rechtsform einer Kapitalgesellschaft (*corporation*)[88]. Diese ist juristische Person und auf sie ist das Recht der Kapitalgesellschaften (*corporations*) anzuwenden. Hingegen stellt die vertragliche *joint venture*[89], die keine juristische Person ist, eine Abart der *general partnership* darstellt, für die - im Innen- wie im Außenverhältnis - das Recht der *general partnership* analog gilt, da diese Gesellschaftsform gesetzlich nicht geregelt ist.[90]. Nur diese ist der Gegenstand der weiteren Betrachtung. In diesem

---

[86] Im deutschen Schrifttum ist die *joint venture* meist ein Maskulinum, wie u.a. *Walter, O.L.*, Randbemerkungen zur transnationalen Besteuerung der Personengesellschaften aus amerikanischer Sicht, in Kruse, H.W. (Hrsg.), Die Grundprobleme der Personengesellschaft im Steuerrecht, DStJG Band 2, S. 205 (214), Fn. 52, zu Recht feststellt, ist die mittellateinische Wurzel des Worts *aventura* feminin, deshalb wird hier von diesem Gebrauch abgewichen. Die *joint venture* wird zum Teil im deutschen Schrifttum - übersetzt - als "Beteiligungsgeschäft" (vgl. *Veltins, M.A.*, Das Recht der U.S. partnership und limited partnership einschließlich ihrer Besteuerung, S. 22 f.), "Gelegenheitsgesellschaft" (vgl. *Becker, H./Fink, E./Jacob, F.*, Unternehmerische Tätigkeit in den Vereinigten Staaten von Amerika, S. 86, Rn. 211) oder "Gemeinschaftsunternehmen" (vgl. *Becker, H./Fink, E./Jacob, F.*, Unternehmerische Tätigkeit in den Vereinigten Staaten von Amerika, S. 86, Rn. 211 ff.; *Tiessen, St.*, Die Rechtsformen des amerikanischen Geschäftsbetriebes, in Eggert, J./Gornall, J. (Hrsg.), Handbuch USA-Geschäft, S. 349 (370)).

[87] Vgl. *Becker, H./Fink, E./Jacob, F.*, Unternehmerische Tätigkeit in den Vereinigten Staaten von Amerika, S. 87, Rn. 213; *Elsing, S.*, US-amerikanisches Handel- und Wirtschaftsrecht, S. 151; *ders.*, Grundzüge des Rechts- und Regierungssystems, des Gesellschafts- sowie des Trustrechts der Vereinigten Staaten von Amerika, in Kramer, J.-D. Grundzüge des US-amerikanischen Steuerrechts, S. 10; *Tiessen, St.*, Die Rechtsformen des amerikanischen Geschäftsbetriebes, in Eggert, J./Gornall, J. (Hrsg.), Handbuch USA-Geschäft, S. 349 (371). In den USA finden sich auch die Bezeichnungen: "*joint adventure*", "*coadventure*", "*syndicate*", "*group*", "*pool*", "*joint enterprise*", "*joint undertaking*" oder "*joint speculation*"; vgl. *Henn, H./Alexander, J.*, Laws of Corporations, § 49, S. 105.

[88] Zum Recht der *joint venture company* siehe *Henn, H./Alexander, J.*, Laws of Corporations, §§ 50, S. 109 ff. Sie wird auch als "*joint stock association*" oder "*joint stock company*" bezeichnet.

[89] Zum Recht der vertraglichen *joint venture* siehe allgemein bei *Henn, H./Alexander, J.*, Laws of Corporations, § 49, S. 105 ff.

[90] Friedman v. Gettner 163 NE 2d 141 (1959), vgl. *Henn, H./Alexander, J.*, Laws of Corporations, § 49, S. 106 f.; vgl. auch *von Samson-Himmelstjerna*, Die U.S. Corporation und ihre Besteuerung, S. 5; *ders.*, Überblick über die Gesellschaftsformen der Ver-

Kontext ist unter einer *joint venture* lediglich eine - ausdrückliche oder still-
schweigende - vertragliche Vereinbarung ohne die förmliche Gründung einer
partnership zu verstehen.

Der Gesellschaftszweck einer *joint venture* ist im Gegensatz zur *partnership* nur
zeitlich begrenzter Natur, d.h. er zielt auf die Erreichung eines Einzelerfolgs ab.
Aus diesem Grunde sind *joint ventures* in der Regel in der Bauindustrie, der
Rohstoffexploration und -förderung sowie der Forschung und Entwicklung zu
finden.

Allgemein üblich ist, daß die beteiligten Parteien eine Einlage oder eine Beitrag
zum *joint venture* leisten, daß Gewinne und Verluste zwischen den Beteiligten
aufgeteilt werden, und daß die Beteiligten gemeinschaftlich die Geschäfte führen[91] und allseitige Kontrollbefugnisse haben[92]. Im Gegensatz zur *partnership*
besitzt die *joint venture* nur geringe rechtliche Eigenständigkeit, da sie nur beschränkt eigene Rechte erwerben und Pflichten begründen kann[93].

Der Grundsatz der gegenseitigen Vertretungsmacht der Gesellschafter einer
partnership gilt nur in eingeschränktem Maße für die Beteiligten der *joint venture*[94]. Die allgemeine gesellschaftliche Treuepflicht besteht hingegen uneingeschränkt zwischen den Beteiligten[95].

Zwischen einer *joint venture* und einer *general partnership* bestehen bei der
steuerlichen Behandlung keine Unterschiede. Im Rahmen dieser Arbeit ist im
folgenden die *joint venture* von der *general partnership* mitumfaßt[96].

---

einigten Staaten von Amerika, RIW 1983, S. 152 (154); *Veltins, M.A.*, Das Recht der
U.S. partnership und limited partnership einschließlich ihrer Besteuerung, S. 22 f.

[91]   Zum Teil jedoch mit unterschiedlich gewichteter Geschäftsführungsbefugnis der Beteiligten.

[92]   *Henn, H./Alexander, J.*, Laws of Corporations, § 49, S. 106 f.

[93]   Fallone v. Misericordia Hospital 2 NE 2d 594 (1966).

[94]   Friedman v. Wilson Freight Forwarding Co. 181 F. Supp. 327 (1960); *Henn,
H./Alexander, J.*, Laws of Corporations, § 49, S. 107;vgl. auch *Becker, H./Fink,
E./Jacob, F.*, Unternehmerische Tätigkeit in den Vereinigten Staaten von Amerika, S.
86, Rn. 211.

[95]   Meinhard v. Salomon 164 NE 545 (1928).

[96]   Angeführt sei an dieser Stelle nur das Schrifttum, das sich mit den speziellen steuerli-
chen Problemen einer *joint venture* im internationalen Zusammenhang befaßt: *Kuiper,
W.*, Ausgewählte Fragen zur Besteuerung internationaler Joint Ventures; insbesondere mit
US-Bezug: *Alpi, J.*, How Partnerships Can Be Used to Best Advantage in Structuring
Joint Ventures, 10 Journal of Partnership Taxation 51 (1993); *Crnkovich, R./Elliott,
R./Brumbaugh, M.*, Joint Ventures With Foreign and Exempt Partners, 51 New York
University Institute on Federal Taxation 12 (1993); *Davis, B./Lainoff, St.*, U.S. Taxation
of Foreign Joint Ventures, 46 Tax Law Review 165 (1991); *Gergen, M.*, Pooling or Ex-
change: The Taxation of Joint Ventures Between Labor and Capital, 44 Tax Law Review

D.   Limited Liability Company

Die *limited liability company*[97] ist die jüngste der US-amerikanischen Gesellschaftsformen[98]. Wyoming war der erste Bundesstaat, der 1977 ein Gesetz er-

---

515 (1989); *Parnes, A.*, United States Tax Considerations in Organizing a Foreign Joint Venture, 20 Journal of Corporate Taxation 3 (1993). Zur steuerlichen Behandlung von *joint ventures* im Bereich der Erdöl- und Rohstoffexploration und -förderung in den USA siehe *McMahon, M.*, The Availability and Effect of Election Out of Partnership Status under Section 761(a), 9 Virginia Tax Review 1 (1989).

[97]   Das Schrifttum in den USA zu dieser Gesellschaftsform ist kaum noch überschaubar, es sei jedoch auf einige Standardwerke hingewiesen: *Ribstein, L./Keatinge, R.*, Limited Liability Companies; *Wood, R.* (Hrsg.), Limited Liability Companies - Formation, Operation, and Conversion; *Bagley, W./Whynott, Ph.*, The Limited Liability Company; *Lubaroff, M./Schorr, B.*, Forming and Using Limited Liability Companies; *Moye, J.*, The Law of Business Organizations, S. 128 ff.; *Gazur, W./Goff, N.*, Assessing the Limited Liability Company, 41 Case W. Res. L. Rev. 387 (1991); *Geu, Th. E.*, Understanding the Limited Liability Company, 37 South Dakota Law Rev. 44 und 467 (1992); *Keatinge, R./Ribstein, L./Pace Hammill, S./Gravelle, M./Connaughton, S.*, The Limited Liability Company; A Study of the Emerging Entity, 47 The Business Lawyer 375 (1992).

Auch das deutsche Schrifttum zu dieser Gesellschaftsform ist zahlreich und behandelt in der Regel schwerpunktmäßig das *limited liability company*-Gesetz eines bestimmten Bundestaates: *Ries, P.*, Entwicklungen im US-amerikanischen Gesellschaftsrecht: Die Limited Liability Company, RIW 1992, S. 728 ff. (Virginia); *Hey, F.*, Gesellschafts- und steuerrechtliche Aspekte der Limited Liability Company, RIW 1992, S. 916 ff. (Wyoming); *Bungert, H.*, Gründung und Verfassung der US-amerikanischen Limited Liability Company: Neues personen- und kapitalgesellschaftsrechtliches Hybrid, IStR 1993, S. 128 ff. (Delaware); *ders.*, Die Stellung der Limited Liability Company im US-amerikanischen Recht, IStR 1993, S. 174 ff.; *Halm, D.*, Die Limited Liability Company: Eine Gesellschaftsform etabliert sich in den USA, GmbHR 1995, S. 576 ff. (New York); *Wright, St./Holland, E.*, Neue Wege im Gesellschaftsrecht der USA: Die Limited Liability Company (LLC) am Beispiel des Bundesstaates Georgia, NJW 1996, S. 95 ff.

[98]   Bereits in den Jahren zwischen 1874 und 1881 wurden in den Bundesstaaten Pennsylvania, Michigan, New Jersey und Ohio eine Gesellschaftsform geschaffen, die als *statutory partnership association* oder als *limited partnership association* bezeichnet wurde. Diese Gesellschaftsform entspricht in etwa einer *general partnership* mit beschränkter Haftung der Gesellschafter. Obwohl durch sie eine einfachere Alternative zur *corporation* unter Vermeidung der strengeren Haftung gegenüber den Anteilseignern geschaffen wurde, verhinderten diese Gesetze eine weite Verbreitung dieser Gesellschaftsform wegen der Beschränkung auf eine Höchstzahl an Anteilseignern und die Beschränkung der Hauptgeschäftstätigkeit auf den Gründungsstaat; vgl. *Henn, H./Alexander, J.*, Laws of Corporations, §§ 41 ff., S. 101; *Gazur, W./Goff, N.*, Assessing the Limited Liability Company, 41 Case W. Res. L. Rev. 387, 393 f. (1991).

Nicht unerheblicher Einfluß auf die Schaffung der *limited liability comany* wird der vergleichenden Rechtswissenschaft zugeschrieben. Als Vorbild diente die in Deutschland ab 1892 mögliche Form der Gesellschaft mit beschränkter Haftung, die im Laufe der Zeit von den Staaten mit romanischer Rechtstradition übernommen wurde; vgl. *Eder, Ph.*,

ließ, das die Gründung einer *limited liability company* ermöglichte[99]. Mittlerweile existieren in nahezu allen Bundesstaaten Gesetze, die ihre Errichtung zulassen[100]. Der Grund für diese Entwicklung und die zunehmende Popularität dieser Gesellschaftsform liegt in der Verbindung der beschränkten Haftung der Gesellschafter[101] mit der transparenten steuerlichen Behandlung als Personengesellschaft[102]. Die *limited liability company* ist weder eine *partnership* noch eine

---

Limited Liability Firms Abroad, 13 Univ. Pitt. L. Rev. 193 (1952); insbesondere auch zur Entwicklungsgeschichte der *limited liability company*: *Bagley, W./Whynott, Ph.*, The Limited Liability Company, Vol. 1, § 1:20, S. 1-2.; *Spudis, B.*, Limited Liability Companies: An Introduction, in Wood, R. (Hrsg.), Limited Liability Comanies - Formation, Operation, and Conversion, § 1.2, S. 2 f.; *Geu, Th. E.*, Understanding the Limited Liability Company, 37 South Dakota Law Rev. 44 (1992); *Gazur, W./Goff, N.*, Assessing the Limited Liability Company, 41 Case W. Res. L. Rev. 387, 389 ff. (1991); *Keatinge, R./Ribstein, L./Pace Hammill, S./Gravelle, M./Connaughton, S.*, The Limited Liability Company; A Study of the Emerging Entity, 47 The Business Lawyer 375, 379-384 (1992); *Ribstein, L./Keatinge, R.*, Limited Liability Companies, § 1.06, S. 1-4 ff.

[99] §§ 17-15-101 bis 17-15-136 Wyo.Stat. (*"limited liability companies"*). Bis Anfang 1990 gab es daneben nur in Florida (Fla.Stat. §§ 608.402 bis 608.471), Michigan (Mich.Stat.Ann. §§ 20.91 bis 20.107), New Jersey (N.J.Stat.Ann. §§ 42:3-1 bis 42:3-30), Ohio (Ohio Rev.Code §§ 1783.01 bis 1783.12) und Pennsylvania (Pa.Stat.Ann. tit. 15 §§ 12701 ff.) *limited liablility company*-Gesetze.

[100] Die National Conference of Commissioners on Uniform State Laws hat im August 1994 ein Gesetzesmuster für die bundesstaatlichen limited liability company-Gesetze, den Uniform Limited Liability Company Act (ULLCA), verabschiedet. Dieses Gesetzesmuster dürfte allerdings zu spät gekommen sein, da zu diesem Zeitpunkt bereits an die 36 Bundesstaaten limited liability company-Gesetze erlassen hatten und bei der Mehrzahl der übrigen Bundesstaaten Gesetzgebungsverfahren liefen oder kurz vor dem Abschluß standen. Den meisten Bundesstaaten dienten daher der Limited Liability Company Act des Staates Wyoming sowie die jeweiligen einzelstaatlichen corporation- und limited partnership-Gesetze als Gesetzgebungsgrundlage.

[101] Die *limited liability company*-Gesetze sprechen von *"member"* was im Deutschen "Mitglied" bedeutet. In der deutschsprachigen Literatur hat sich allerdings die Bezeichnung "Gesellschafter" durchgesetzt. Sie wird daher auch hier verwendet.

[102] Klarheit über die steuerliche Behandlung der *limited liability company* brachte erst Rev. Rul. 88-76, 1988-2 C.B. 360, durch den Internal Revenue Service (US-amerikanische Bundesfinanzbehörde). Vgl. auch *Bagley, W./Whynott, P.*, The Limited Liability Company, Vol 1, § 1:10, S. 1-2; § 2:10, S. 2-2; *Gazur, W./Goff, N.*, Assessing the Limited Liability Company, 41 Case W. Res. L. Rev. 387; *Spudis, B.*, Limited Liability Companies, in American Law Institute - American Bar Association Committee on Continuing Professional Education (Hrsg.), Partnerships: UPA, ULPA, Taxation, Drafting, Securities, and Bankruptcy, Vol. II, S. 809 (812).

corporation, vielmehr verbindet sie Elemente dieser Gesellschaftsformen zu einer neuen[103].

Die *limited liability company* ist eine nichtkörperschaftliche Personenvereinigung mit Gewinnerzielungsabsicht und selbständiger Rechtspersönlichkeit[104], deren Gesellschafter nur beschränkt mit ihrer Einlage haften. Sie kann klagen und verklagt werden, rechtsgeschäftliche Handlungen vornehmen und Eigentum erwerben[105]. In der Mehrzahl der Bundesstaaten sind mindestens zwei Gesellschafter zur Errichtung und dem Fortbestand einer *limited liability company* erforderlich. Eine wachsende Zahl von Staaten läßt hingegen eine *limited liability company* mit nur einer Person[106] als Gesellschafter zu[107]. Die Errichtung einer *limited lia-*

---

[103] Die *limited liability company* ist ähnlich einer *general partnership* mit beschränkter Haftung, einer *limited partnership* bei der alle beschränkt haftenden Gesellschafter an der Geschäftsführung mitwirken können, ohne die beschränkte Haftung zu verlieren, oder einer *S corporation* ohne Beschränkungen hinsichtlich der Anteilseignerschaft, des Beteiligungsvermögens und der steuerlichen Anerkennung der Gewinnverteilung und Verlusttragung (vgl. Sec. 1361 (b)(1) IRC); vgl. *Bagley, W./Whynott, Ph.*, The Limited Liability Company, Vol. 1, § 2:10, S. 2-2.

Bezüglich des Schrifttums, das sich mit den Vor- und Nachteilen der *limited liablity company* als Rechtsform, insbesondere unter Berücksichtigung steuerlicher Gesichtspunkte, befaßt siehe unten in Teil 3 Kapitel 1 A., Fn. 31.

[104] Die *limited liability company* besitzt zwar eine eigene Rechtspersönlichkeit (vgl. Sec. 210 ULLCA: *"A limited liability company is a legal entity, distinct from its members."*), die ihren Gesellschaftern lediglich beschränkte Haftung bietet. Sie ist jedoch keine Körperschaft, da sie auf dem Prinzip der Selbstorganschaft ihrer Gesellschafter beruht und auch kein strenges Kapitalstruktur-Schema (Trennung in *stated capital* und *capital surplus* und den damit verbundenen Ausschüttungsbeschränkungen für die Anteile, vgl. hierzu *von Samson-Himmelstjerna, A.*, Die US-Corporation und ihre Besteuerung, S. 58 f.) besitzt; vgl. *Keatinge, R./Ribstein, L./Pace Hammill, S./Gravelle, M./Connaughton, S.*, The Limited Liability Company; A Study of the Emerging Entity, 47 The Business Lawyer 375, 385 (1992); *Moye, J.*, The Law of Business Organizations, S. 129 f.; *Ribstein, L./Keatinge R.*, Limited Liability Companies, § 6.07, S. 6-7 ff., speziell zu dem Vergleich der Ausschüttungsbestimmungen für *limited liability companies* und *corporations*.

[105] Vgl. Sec. 112 ULLCA; § 202 NYLLCL (New York Limited Liability Company Law), McKinney's Consolidated Laws of New York Annotated, Book 32A, Limited Liability Company Law, 1995; in Kraft getreten am 24.10.1994.

[106] Der Begriff Person ist denkbar weit gefaßt; vgl. Sec. 101 (15) ULLCA: *"'Person'* means an individual, corporation, business trust, estate, trust, partnership, limited liability company, association, joint venture, government, governmental subdivision, agenc, or instrumentality, or any other legal or commercial entity". Vgl. auch den Personenbegriff in § 102 (w) NYLLCL.

Hervorzuheben ist, daß die *S corporation*, die auch steuerlich transparent ist, nur höchstens 35 natürliche Personen, Nachlässe oder bestimmte Trusts als Gesellschafter haben darf, die auch noch in den USA unbeschränkt steuerpflichtig sein müssen, nicht

bility company kann auch durch Gründer[108] erfolgen, die dann nicht Gesellschafter werden.

Allein ein Vertrag zwischen den Gesellschaftern genügt zu ihrer Errichtung nicht, vielmehr bedarf es zusätzlich einer staatlichen Registrierung[109]. D.h., die *articles of organization*[110] der *limited liability company* mit Angaben über die Gesellschaft[111] müssen in der Regel beim *Secretary of State*[112] registriert werden, um die Haftungsbeschränkung der Gesellschafter zu erlangen. Während die *articles of organization* das äußere Gerüst der Gesellschaft darstellen und öffentlich zugänglich sind, regelt das *operating agreement* die innere Organisation[113]. Es wird daher nicht nur Vertretungs- und Geschäftsführungsregelungen treffen,

---

mehr als eine Klasse von Anteilseignern haben darf; vgl. Sec. 1361(b)(1) IRC. Diese Beschränkungen kennt die *limited liability company* nicht.

[107] So z.B. New York, § 203 (a) und (c) NYLLCL; Ark. Code Ann. § 4-32-201; Idaho Code § 53-607; Ind. Code § 23-18-2-4(a); Mo. Rev. Stat. § 359.716; Mont. Code Ann. § 35-8-201; NM Stat. Ann. § 53-19-7; Tex. Rev. Civ. Stat. Ann. tit. 32 art. 1528n, art. 3.01; sowie auch der *Uniform Limited Liability Company Act,* Sec. 202(a) ULLCA. Zur steuerlichen Behandlung einer solchen Einpersonen-*limited liablity company* siehe unten Teil 3 Kapitel 1 E.

[108] Die Gesetzestexte sprechen von *"organizer"*; vergleichbar in etwa mit dem *"incorporator"* bei der Gründung einer *corporation*, vgl. § 2.01 Revised Model Business Corporation Act.

[109] *"state filing"*, vergleichbar mit Registrierungsanforderungen bei der Errichtung einer *corporation* oder der Gewährung der Haftungsbeschränkung für beschränkt haftende Gesellschafter einer *limited partnership*.

[110] Diese entsprechen den *articles of incorporation* einer *corporation* oder dem *certificate of limited partnership* einer *limited partnership*, die auch zur Registrierung eingereicht werden müssen.

[111] In der Regel sind das: Firma; Gesellschaftssitz; Name und Adresse des Zustellungsbevollmächtigten für gerichtliche Verfahren; Name und Adresse der Gründungsgesellschafter; Dauer der Gesellschaft; Name und Adresse der Geschäftsführer, falls die Gesellschaft von Geschäftsführern geleitet wird; Haftungsverhältnisse, wenn Gesellschafter auf beschränkte Haftung verzichten; Regelungen, die auch in einem *operating agreement* getroffen werden können; vgl. Sec. 203 ULLCA; § 206 NYLLCL.

[112] Innenministerium eines US-Bundesstaates.

[113] Die *articles of organization* entsprechen in etwa dem konstitutiven Teil eines deutschen Gesellschaftsvertrages, während das *operating agreement* dem organisatorischen Teil vergleichbar sind. Verglichen mit einer *corporation* entsprechen die *articles of organization* den *articles of incorporation*, während das *operating agreement* den *by-laws* entspricht.

sondern auch die Gewinnverteilung und Verlusttragung, die Beschlußfassung und ein ggf. notwendiges Schiedsverfahren[114] hierüber regeln.

Einlagefähig sind neben Geld und Vermögensgegenständen in der Regel auch erbrachte Dienste sowie das Versprechen Geld, Vermögensgegenstände oder Dienste zu leisten[115]. Die persönliche Haftung der Gesellschafter ist begrenzt auf die Differenz zwischen der vereinbarten Einlage und der tatsächlich erbrachten Einlage[116]. Im Gegensatz zu einem *limited partner* einer *limited partnership* sind die Gesellschafter berechtigt an der Geschäftsführung teilzunehmen, ohne dadurch ihre beschränkte Haftung zu verlieren. Vielmehr wird gerade davon ausgegangen, daß die Gesellschafter die Geschäfte selber führen, wenn sie es nicht vorziehen, die Geschäftsführung einem *management*[117] zu überlassen[118].

Ein Gesellschafter kann über seinen Gesellschaftsanteil[119] verfügen[120]. Ein Erwerber erlangt dadurch jedoch nicht Gesellschafterstellung, da die *limited liability company* eine Gesellschaft ist, die vom Bestand ihrer Gesellschafter abhängig ist. Er hat nur Anspruch auf den Bezug der Ausschüttungen und die Zuordnung von Gewinnen und Verlusten, die auf diesen Gesellschaftsanteil entfallen[121]. Dies ist eine Ausprägung ihrer personalen Eigenschaften. Gesellschafterstellung erlangt ein Erwerber genauso wie ein aufgenommener Gesellschafter nur, durch gültigen Gesellschafterbeschluß[122]. Diese Ausgestaltung verhindert die freie Übertragbarkeit der Gesellschaftsanteile, die vom US-Steuerrecht als körper-

---

[114] Schiedsverfahren sind in den USA sehr viel mehr verbreitet als in Deutschland, da Gerichtsverfahren sehr langwierig und kostspielig sein können.

[115] Vgl. *Moye, J.*, The Law of Business Organisations, S. 139; Sec. 401 ULLCA; § 501 NYLLCL.

[116] Vgl. Sec. 302, 303, 402 ULLCA; § 502, 609 NYLLCL.

[117] Auch ein Gesellschafter kann in der Regel *manager* sein.

[118] Vgl. Sec. 301, 404 ULLCA; Art. IV NYLLCL.

[119] Zur Frage, ob Zertifikate oder Anteilsscheine an einer *limited liability company* den Begriff des "Wertpapiers" *(security)* im Sinne des US-Wertpapierhandelsrechts (US-Securities and Exchange Act) erfüllen siehe *Steinberg, M./Conway, K.*, The Limited Liability Company as a Security, 19 Pepperdine Law Review 1105 (1992); *Sargent, M.*, Are Limited Libaility Company Interests Securities?, 19 Peperdine Law Review 1069 (1992). Zur Auslegung des Begriffs *"security"* siehe Securities and Exchange Commission v. Howey, 328 US 293 (1946).

[120] Das Gesetz spricht von *"assignment of membership interest"*; vgl. § 603 NYLLCL, oder *"transfer of company interest"*, vgl. Sec. 501 - 503 ULLCA.

[121] Vgl. Sec. 502 ULLCA; § 603 (3) NYLLCL.

[122] Vgl. *Wheaton, J.*, Forming the Limited Liability Company, in Wood, R., Limited Liability Companies - Formation, Operation, and Conversion, § 3.23, S. 85 f.

schaftliches Merkmal angesehen wird und Einfluß auf die Einordnung der Gesellschaft als *partnership* oder *corporation* für US-Steuerzwecke hat[123].

Um eine unbeschränkte Lebensdauer als körperschaftliches Merkmal bei der *limited liability company* zu vermeiden und damit die steuerliche Behandlung als *partnership* zu gewährleisten[124], haben viele Staaten die Dauer der Gesellschaft auf höchstens 30 Jahre beschränkt[125]. Diese Regelung ist als zusätzliche Sicherung zu werten. Denn auch ohne diese Beschränkung der Gesellschaftsdauer, ist eine *limited liability company*, genauso wie eine *general partnership* bereits durch Gesetz an den Bestand ihrer Gesellschafter gebunden. Gesetzliche Auflösungsgründe einer *limited liability company* sind daher der Tod, der Verlust der Geschäftsfähigkeit oder das Ausscheiden eines Gesellschafters, der Ausschluß eines Gesellschafters, Konkurs der Gesellschaft oder eines Gesellschafters oder Liquidation eines nicht-natürlichen Gesellschafters[126]. Dabei würden nach Reg. § 301.7701-2(b)(1) eben diese gesetzlichen Auflösungsgründe genügen, damit die

---

[123] Zur steuerlichen Behandlung und Einordnung *("classification")* siehe unten Teil 3 Kapitel 1 C. IV.

[124] Zur steuerlichen Behandlung und Einordnung *("classification")* siehe unten Teil 3 Kapitel 1 C. I.

[125] Vgl. z.B. Colo. Rev. Stat. § 7-80-204(1)(b) (Supp. 1990); Fla. Stat. § 608.407(1)(b) (Supp. 1989); Nev. Rev. Stat. Ann. § 86.161(1)(b); Tex. Rev. Civ. Stat. Ann. art. 1528n, art. 3.02.(2); Wyo. Stat. § 17-15-107(a)(ii). Andere Staaten haben zwar keine gesetzliche Höchstdauer bestimmt, sondern verpflichten die Gesellschafter, einen Zeitpunkt zu bestimmen, an dem die Gesellschaft spätestens aufgelöst werden muß; vgl. z.B. Kan. Stat. Ann. § 17-7607(A)(2) (Supp. 1990); Utah Code Ann. § 48-2b-116(1)(b); Va. Code Ann. § 13.1-1011.A.4. ULLCA trifft in Sec. 411 eine spezielle Regelung für den Fall, daß die *limited liability company* über die festgelegte Dauer hinaus von den Gesellschaftern fortgesetzt wird. Sie wird dann als *"at-will limited liability company"* behandelt, d.h. als jederzeit kündbar.

Die Beschränkung der Höchstdauer einer *limited liablity company* wird zum Teil als Nachteil dieser Gesellschaftsform gegenüber Alternativformen wie der *corporation* oder der *limited partnership* für langfristige Investitionsformen angesehen - auch im Hinblick auf steuerliche Folgen -; vgl. *Moye, J.*, The Law of Business Organizations, S. 130 und 140 ff.; *Gazur, W./Goff, N.*, Assessing the Limited Liability Company, 41 Case W. Res. L. Rev. 387, 399 ff. (1991). Diese Ansicht ist jedoch nicht zu teilen, da das Gesellschafts- und Steuerrecht vielfältige Möglichkeiten bietet eine kurz vor dem Ablauf der Gesellschaftsdauer stehende Gesellschaft fortzuführen, auch wenn eine ausdrückliche Regelung hierfür in den einzelstaatlichen Gesetzen fehlt; vgl. *Wood, R.*, Dissolution of Limited Liablity Companies, in Wood, R. (Hrsg.), Limited Liablity Companies - Formation, Operation, and Conversion, § 6.2, S. 273 f.; *Gazur, W./Goff, N.*, Assessing the Limited Liability Company, 41 Case W. Res. L. Rev. 387, 399 ff. (1991), insbes. Fn. 57.

[126] Vgl. Sec. 601 ULLCA; § 701 NYLLCL.

Gesellschaft keine unbeschränkte Lebensdauer besäße[127]. Selbst eine, für diese Fälle bedingte Fortsetzungsvereinbarung, wenn die Mehrheit[128] der verbliebenen Gesellschaft dann einer Fortsetzung zustimmt, wäre unschädlich[129].

Erstreckt sich die Geschäftstätigkeit einer *limited liability company* über ihren Gründungsbundesstaat[130] hinaus, kann es zu einer Vielfalt von Problemen kommen, die aber durch das immer dichter werdende Netz der *limited liability company*-Gesetze in den einzelnen Bundesstaaten zunehmend an Bedeutung verlieren[131]. Grundsätzlich ist einer *limited liability company* nur ermächtigt/berechtigt im Gründungsstaat Geschäfte zu tätigen. Die meisten *limited liability company*-Gesetze ermächtigen aber die in ihrem Staat gegründete Gesellschaft außerhalb dieses Staates tätig zu werden[132]. Die nächste Frage, die sich dann stellt, ist, ob die *limited liability company* in dem Bundesstaat in dem sie tätig werden möchte, eine eigene Zulassung benötigt, ob sie dort als *limited liability company* anerkannt wird und nach welchen rechtlichen Regelungen sie sich dort behandeln lassen muß, insbesondere, ob die beschränkte Haftung auch dort gilt[133]. Hierbei sind vier Situationen zu unterscheiden:

---

[127] Vgl. Rev. Rul. 88-76 (1988-2 C.B. 360), die eine Wyoming *limited liablity company* steuerlich als *partnership* einordnet, weil ihr das körperschaftliche Merkmal der unbeschränkten Lebensdauer wegen eben dieser gesetzlichen Auflösungsgründe fehlte, vgl. Wyo. Stat. § 17-15-123(a)(11). Siehe auch *Ribstein, L./Keatinge, R.*, Limited Liablity Companies, § 16.12, S. 16-37; *Bagley, W./Whynott, Ph.*, The Limited Liability Company, Vol 1, § 3.170, S. 3-10.

[128] Berechnet nach den Stimmrechten der Gesellschafter, nicht nach ihrer Anzahl.

[129] Vgl. Reg. § 301.7701-2(b)(2) und § 301.7701-2(b)(1) unter Bezug auf Glensder Textile Co. v. Commissioner, 46 B.T.A. 176 (1942).

[130] Dieser wird als *formation state* oder *state of domicile*, der andere als *operation state* oder *forum state* bezeichnet.

[131] Uneingeschränkt gelten diese Ausführungen in analoger Weise auch für die neue Gesellschaftsform der *(registered) limited liability partnership*, deren Errichtung nur in wenigen Bundesstaaten möglich ist. Auch bei ihr stellt sich die Frage der Anerkennung bei einer Geschäftstätigkeit in anderen Bundesstaaten und der Erhaltung der Haftungsbeschränkungen in einer solchen Situation. Vgl. zur *(registered) limited liability partnership* die Darstellung von *Bungert, H.*, Die (Registered) Limited Liability Partnership, RIW 1994, S. 360, insbes. S. 364 zur Anerkennungsproblematik.

[132] Vgl. *Gazur, W./Goff, N.*, Assessing the Limited Liability Company, 41 Case W. Res. L. Rev. 387, 428 (1991).

[133] Von dieser Fragestellung streng zu trennen ist die Frage der einzelstaatlichen Besteuerung einer *limited liability company* in dem jeweiligen Bundesstaat. Es gibt Bundesstaaten, die *limited liability companies* entgegen der Besteuerung als Partnership durch die Bundeseinkommensteuer, für die Besteuerung in diesem Bundesstaat als *corporation* behandeln; vgl. z.B. Florida, Fla. Stat. Ann. §§ 220.02 [1] und 608.471, und Texas, Tex. Tax Code § 171.001[a][2]. Zur unterschiedlichen Behandlung von Rechtsformen, die für

1. der Bundesstaat hat ein *limited liability company*-Gesetz erlassen, d.h. *limited liability companies* können auch dort errichtet werden;

2. der Bundesstaat hat kein *limited liability company*-Gesetz erlassen, aber erkennt - durch ausdrückliche gesetzliche Regelung - *limited liability companies* aus anderen Bundesstaaten oder dem Ausland als eigene Rechtspersönlichkeit an;

3. der Bundesstaat regelt durch Gesetz, daß *limited liability companies* aus anderen Bundesstaaten oder dem Ausland nach dem Recht des Gründungsstaates behandelt werden;

4. der Bundesstaat hat überhaupt keine gesetzliche Regelung für *limited liability companies* getroffen.

Ad 1.:

Nahezu alle *limited liability company*-Gesetze der einzelnen Bundesstaaten enthalten spezielle Regelungen, die vorschreiben wie die sog. *foreign limited liability companies*[134], d.h. die, die nicht in diesem Staat errichtet wurden, behandelt werden, welches Verfahren für ihre Anerkennung nötig ist und nach welchem Recht sich ihre Rechte und Pflichten bestimmen[135]. Die Regelungen über *foreign limited partnerships* im RULPA[136] oder über *foreign corporations* im RMBCA[137] dienten hier als Vorbild. In der Regel hat die *foreign limited liability company* die Rechte, die sie nach dem Recht des Gründungsstaates hat, aber nicht mehr als eine *limited liability company* nach dem Recht dieses Staates. Die erfolgreiche Anerkennung oder Registrierung einer *foreign limited liability com-*

---

das Bundessteuerrecht als *partnership* behandelt werden, auf der Ebene des einzelstaatlichen Steuerrechts siehe auch *Cima, R.*, Investment Conduits: The Drive for Uniformity of Taxation, 2 The Journal of Multistate Taxation, 250 (1993).

[134] Zu beachten ist, daß *foreign limited liability companies* nicht nur solche sind, die in einem US-Bundesstaat errichtet wurden, sondern in der Regel auch in ausländischen Staaten errichtete Gesellschaften, die in einem US-Bundesstaat geschäftlich tätig werden, zu den *foreign limited liability companies* gezählt werden. So könnte es für eine deutsche GmbH durchaus interessant sein sich nicht wie bisher üblich als *foreign corporation* anerkennen bzw. registrieren zu lassen, sondern als *foreign limited liability company*, wenn die Regelungen für eine *limited liability company* ihr zweckmäßiger erscheinen, als die für die corporation. Vgl. hierzu auch *Ribstein, L./Keatinge, R.*, Limited Liablity Companies, § 13.03, S. 13-3 ff.; insbes. zu den steuerrechtlichen Folgen siehe *Karls, J./Siegel, M.*, Hybridizing Foreign Entities can Cause Disaster, 4 Journal of International Taxation 340 (1993).

[135] Lediglich die beiden *limited liability company*-Gesetze von Wyoming und Florida enthalten keine Regelung über die Behandlung dieser sog. *foreign limited liability companies*.

[136] Revised Uniform Limited Partnership Act, vgl. Art. 9, Sec. 901 bis 908.

[137] Revised Model Business Corporation Act, vgl. Chapter 15, Sec. 15.01 bis 15.32.

pany wird von den zuständigen Behörden durch ein *"certificate of authority"* ausgewiesen[138].

Ad 2. und 3.:

Auch diese gesetzlichen Regelungen lassen eine verbindliche Aussage über Anerkennung, Rechte und Pflichten der Gesellschaft sowie die Erhaltung der Haftungsbeschränkung zu. Rechtssicherheit ist also auch hier gewährleistet. In der Regel wird auch in diesen Fällen ein sog. *certificate of qualification* als Nachweis ausgestellt.

Ad 4.:

Hier treten die größten Probleme auf. Für die Gesellschafter besteht die Gefahr, daß sie die beschränkte Haftung in den Bundesstaaten ohne irgendeine gesetzliche Regelung für *limited liability companies* verlieren können. Die Rechtsprechung neigt dazu nichtinkorporierte Gesellschaften in bezug auf die Haftung wie *general partnerships* zu behandeln, mit der Folge unbeschränkter Haftung der Gesellschafter[139]. Zum Teil wird empfohlen eine *limited liability company* entweder nach den Vorschriften für eine *foreign limited partnership* oder eine *foreign corporation* anzuerkennen oder zu registrieren lassen, um ein gewisses Maß an Rechtssicherheit zu erhalten[140]. Mangels anderer Anknüpfungspunkte gelten dann die allgemeinen Regeln über die Behandlung auswärtiger Gesell

---

[138] Vgl. *Gazur, W./Goff, N.*, Assessing the Limited Liability Company, 41 Case W. Res. L. Rev. 387, 429 f. (1991).

[139] Cherokee Village v. Henderson, 538 S.W.2d 169 (Tex. Civ. App.-Houston (1st Dist.) 1976); vgl. *Wright, K.*, Comparing LLCs to S Corporations and Partnerships, in Wood, R. (Hrsg.), Limited Liablity Companies - Formation, Operation, and Conversion, § 2.18, S. 43 f.

[140] Diese Vorgehensweise ist aber auch nicht unproblematisch, da so die gewünschte steuerliche Behandlung als *partnership* gefährdet werden könnte, weil die Gesellschaft dann als *corporation* eingeordnet werden könnte. Auch die Frage, ob wirklich ein Erhalt der Haftungbeschränkung eintritt, ist noch völlig ungeklärt.

schaften[1]. Festzuhalten ist, daß es sich hier um die Fragestellung handelt, ob nun das Recht des Gründungsstaates oder des anderen Staates anzuwenden ist. Gewertet und bewertet werden hierbei die Interessen der beteiligten Bundesstaaten an der Anwendung ihres jeweils eigenen Rechts[2]. Der Wertung dieser Interessen sind verfassungsrechtlich Mindestschutz-Normen für die Gesellschaften gesetzt, die zur Geschäftstätigkeit in einem anderen Bundesstaat zugelassen wurden[3].

Kapitel 2: Personengesellschaften des deutschen Zivil- und Gesellschaftsrechts

Das deutsche Zivil- und Gesellschaftsrecht kennt folgende Rechtsformen, die als Personengesellschaften[4] gelten: Die Offene Handelsgesellschaft (OHG)[5], die Kommanditgesellschaft (KG)[6], die Gesellschaft bürgerlichen Rechts (GbR)[7], die stille Gesellschaft (StG)[8] und die Partenreederei[9]. Als Sondertypen der Perso-

---

[1] *"Conflict of Laws"*; vgl. Restatement (Second) of Conflict of Laws, § 6.(1).

[2] Vgl. Restatement (Second) of Conflict of Laws, § 6(2). Diese Analyse der Interessen *("interest analysis")* der beteiligten Staaten ist für jede einzelne rechtliche Fragestellung getrennt durchzuführen. Dies führt zwangsläufig zu einer nahezu völligen Rechtsunsicherheit, da für jede Rechtsfrage getrennt eine solche Analyse durchzuführen ist und auch schon die Bewertung und Identifizierung der Interessen großen Freiraum bietet.

[3] Zu nennen sind hier die *Full Faith and Credit Clause*, US Const. Art. IV, § 1, das Prinzip des *Due Process*, die *Commerce Clause*, US Const. Art. I, § 8, cl. 3, und die *Contract Clause*, US Const. Art. I, § 10, cl. 1. Vgl. hierzu im Einzelnen *Ribstein, L./Keatinge, R.*, Limited Liablity Companies, § 13.05, S. 13-13 ff.; *Gazur, W./Goff, N.*, Assessing the Limited Liability Company, 41 Case W. Res. L. Rev. 387, 430 f. (1991).

[4] Für eine vertiefende Darstellung siehe *Schmidt, K.*, Gesellschaftsrecht, S. 1059 ff.

[5] §§ 105 ff. HGB.

[6] §§ 161 ff. HGB.

[7] §§ 705 ff. BGB. Die Gesellschaft bürgerlichen Rechts zeichnet sich durch eine Vielfalt von Erscheinungs- und Bezeichnungsformen aus; vgl. *Schmidt, K.*, Gesellschaftsrecht, S. 1415 ff.

[8] §§ 230 ff. HGB. Eine Nebenform der stillen Gesellschaft stellt die Unterbeteiligung dar. Sie ist eine stille Beteiligung an einem Gesellschaftsanteil; vgl. *Schmidt, K.*, Gesellschaftsrecht, S. 1565 ff.

[9] §§ 489 ff. HGB. Die Partenreederei stellt keine Gesellschaft des Handelsrechts dar, sondern ist eine eigentümliche Gesellschaftsform des Seehandelsrechts (Sonderrechtsform). Ihre Rechtsnatur ist umstritten. Sie wird jedoch traditionell zu den Personengesellschaften gezählt; vgl. *Schmidt, K.*, Gesellschaftsrecht, S. 1575. Eine weitere Sonderrechtsform stellt die Europäische Wirtschaftliche Interessenvereinigung (EWIV) dar, vgl. EWIV-Ausführungsgesetz vom 14.04.1988, BGBl. 1988 I, S. 514. Vgl. im einzelnen *Schmidt, K.*, Gesellschaftsrecht, S. 1582 ff. Aufgrund ihres Erfordernis des grenzüber-

nengesellschaft gelten die Kapitalgesellschaft & Co.[10] sowie die Publikumsgesellschaft[11]. Diese Personengesellschaftsformen können - auch ausschließlich - im Ausland ansässige natürliche und juristische Personen als Gesellschafter haben.

---

schreitenden Mitgliederkreises in der Europäischen Union, ist sie im folgenden nicht mehr Gegenstand der Darstellung.

[10] Diese wird als sog. Grundtypvermischung bezeichnet; vgl. *Schmidt, K.*, Gesellschaftsrecht, S. 1353 ff.

[11] Dies ist eine auf den Beitritt zahlreicher Kapitalanleger angelegte Personengesellschaft, die kapitalistisch ausgestaltet ist; vgl. *Schmidt, K.*, Gesellschaftsrecht, S. 1395 ff.

Teil 3: Einordnung (Classification) von Personenvereinigungen zu Zwecken der Besteuerung

Die Einordnung *(classification)* entscheidet, ob Personenvereinigungen zu Zwecken der jeweiligen Besteuerung in den beiden Vertragsstaaten als Personengesellschaften transparent oder als Kapitalgesellschaften intransparent besteuert werden. Untersucht wird in diesem Teil unter welchen Voraussetzungen und Bedingungen dies in Deutschland und den USA geschieht.

Kapitel 1: Einordnung (Classification) von Personenvereinigungen zu Zwecken der Besteuerung in den USA

A. Allgemeines

Die Frage, wie ein Rechtsgebilde zu Zwecken der Besteuerung eingeordnet wird, wird im US-Steuerrecht als *classification*[1] bezeichnet[2]. Ziel dieses Vor-

---

[1] Zu einer Vertiefung der historischen Entwicklung der *"classification"* in den USA siehe: *Sexton, J./Osteen, D.*, Classification as a Partnership or as an Association Taxable as a Corporation, 24 Tulane Tax Institute 95 (1975); *Fisher, R.*, Classification Under Section 7701 - The Past, Present and Prospects for the Future, 30 The Tax Lawyer 627 (1977); *Scallen, St.*, Federal Income Taxation of Professional Associations and Corporations, 49 Minnesota Law Review 603 (1965); *McKee, W./Nelson, W./Withmire R.*, Federal Taxation of Partnerships and Partners, § 3.06.

Das (Praktiker-) Schrifttum zur *classification* ist zahlreich. Da sich die folgenden Ausführungen - soweit nicht anders erwähnt - am Wortlaut des Gesetzes, der Regulations oder sonstigen Äußerungen des Internal Revenue Service und der dazu ergangenen Rechtsprechung orientieren, sei hier auf folgendes verwiesen: *Streng, W.*, Choice of Entity, Tax Management Portfolio 700, A-16 ff.; *Fox, L.*, The Maximum Scope of the Association Concept, 25 Tax Law Review 311 (1970); *Snoe, J.*, Entity Classification Under the Internal Revenue Code: A Proposal to Replace the Resemblance Model, 15 The Journal of Corporation Law 647 (1990); *Culp, W./Carpenter, J.J.*, IRS Pronouncements Clarify Status as a Partnership vs. an Association, 6 Journal of Partnership Taxation 111 (1989); *Bobrow, R./Montgomery, St./Cohen, D.*, To Be or not to Be: Partnership Classification Revisited, 6 Journal of Partnership Taxation 68 (1989); *Montgomery, St./Hanley, E.*, Partnership Classification: Recent Developments, 9 Journal of Partnership Taxation 271 (1992); *Charyk, W.*, New Ruling Guidelines for Partnership Classification, 16 The Journal of Real Estate Taxation 362 (1989); *Note,* Tax Classification of Limited Partnerships, 90 Harvard Law Review 745 (1977).

[2] Gegenstand der Untersuchung ist nur das US-Bundes-Einkommensteuerrecht, die steuerliche Behandlung zu Zwecken der Besteuerung in den einzelnen Bundesstaaten mag hiervon abweichen, vgl. hierzu *Cima, R.*, Investment Conduits: The Drive for Uniformity of Taxation, 2 The Journal of Multistate Taxation 250 (1993).

gangs ist, festzustellen auf welche Art und Weise ein Rechtsgebilde vom Steuerregime behandelt werden soll.

Das amerikanische Steuerrecht führt im Internal Revenue Code sechs verschiedene Grundarten[3] steuerlich relevanter Gruppen auf:

- individuals (natürliche Personen);

- partnerships (Personengesellschaften);

- corporations and asscociations taxable as a corporation (Kapitalgesellschaften);

- S corporations (Kapitalgesellschaften, die, wenn sie bestimmte Bedingungen erfüllen, ähnlich wie Personengesellschaften besteuert werden
  können);

- trusts (Vermögenstreuhandverhältnisse); und

- estates (Nachlaßvermögen).

Partnerships, corporations und *associations taxable as a corporation* sowie *S
corporations* gelten als Personenvereinigungen und werden in der Regel für unternehmerische Zwecke genutzt. Ebenso widmet sich die *sole proprietorship*
(Einzelkaufmann) unternehmerischen Zwecken; steuerlich werden ihre Ergebnisse direkt der sie betreibenden natürlichen Person zugerechnet. *Trusts* dienen
der Vermögenserhaltung und -verwaltung und sind daher nicht unternehmerisch
tätig.

Über die Einordnung der Personenvereinigungen zu Besteuerungszwecken sagt
der Internal Revenue Code erstaunlich wenig aus. Die Definition der Begriffe

---

[3] Es kann hier nur von Grundarten gesprochen werden, da es im US-amerikanischen
Steuerrecht eine Vielzahl von Unterarten gibt, die aufgrund besonderer Qualifikations-
merkmale eine spezielle steuerliche Behandlung erfahren. Als Beispiele mögen dienen:
*small business corporations, qualified small business corporations, specialized small busi-
ness investment companies*, vgl. Sec. 1044, 1202, 1244, 1361(b) IRC; Kreditinstitute ;
vgl. die Def. einer *bank* in Sec. 581 IRC; vgl. ferner Sec. 582, 584 IRC; Versicherungsgesellschaften, vgl. Sec. 801 bis 835 IRC; *real estate investment trusts ("REIT")*, vgl.
Sec. 856 bis 860 IRC; *real estate mortgage investment conduits ("REMIC")*, vgl. Sec.
860A bis 860G IRC; *regulated investment companies ("RIC")*, sog. *"mutual funds"* (=
Investmentfonds), vgl. Sec. 851 bis 855 IRC; *domestic international sales corporations
("DISC")*, vgl. Sec. 991 bis 997 IRC; *controlled foreign corporations ("CFC")*, vgl. Sec.
957 bis 971 IRC; *foreign sales corporations ("FSC")*, vgl. Sec. 922 bis 936 IRC; *passive
foreign investment companies ("PFIC")*, vgl. Sec. 1291 bis 1297 IRC; *personal holding
companies ("PHC")*, vgl. Sec. 541 bis 547, Sec. 532(b)(1) IRC, siehe hierzu von Samson-Himmelstjerna, A., Die U.S. Corporation und ihre Besteuerung, S. 125 ff.; . Diese
Sonderformen und ihre speziellen Besteuerungsregeln sind jedoch nicht Gegenstand dieser
Untersuchung und bleiben im folgenden unberücksichtigt.

partnership und *corporation* in Sec. 7701(a)(2), (3) IRC sind wohl kaum aus sich heraus verständlich. Während eine *partnership* im großen und ganzen als Wirtschaftsunternehmen definiert ist, das keine *corporation* ist[4], umfaßt die *corporation*, neben der gesellschaftsrechtlichen Form der *corporation* (d.h. inkorporiert in einem der US-Bundesstaaten), all jene Formen, die mit dem unklaren Begriff *association* (Vereinigung) umschrieben werden[5]. Der *trust* ist überhaupt nicht definiert. Der IRC versucht also nicht eine eigene Definition zu bieten, sondern verläßt sich auf den Erlaß klärender Regulations durch das US Treasury Department sowie auf die Rechtsprechung. Diese Regulations[6] wurden 1960 erlassen und gelten grundsätzlich sowohl für die Einordnung von US-Personenvereinigungen wie auch von ausländischen Personenvereinigungen[7]. Den Regulations gemäß finden sich gewöhnlicherweise eine Anzahl von Hauptmerkmalen in einer reinen *corporation*, die zusammengenommen, diese von anderen Vereinigungen unterscheiden. Diese sind:

1. Vorhandensein von Gesellschaftern;

2. Die Absicht, Geschäfte zu betreiben und Gewinne daraus zu teilen;

3. Fortdauernde Existenz;

4. Zentralisierung der Geschäftsleitung;

5. Beschränkte Haftung;

6. Freie Übertragbarkeit der Anteile[8].

Obwohl diese Liste von Merkmalen nicht abschließend ist[9], ist es schwierig sog. "andere Faktoren" mit einem entscheidenden Einfluß auf diese Einordnung zu

---

[4] "The term 'partnership' includes a syndicate, group, pool, joint venture, or other unincorporated organization, through or by means of which any business, financial operation, or venture is carried on, and which is not, within the meaning of [the IRC]..., a trust or estate or a corporation", Sec. 7701(a)(2) IRC.

[5] "The term 'corporation' includes associations, joint-stock companies, and insurance companies." Sec. 7701(a)(3) IRC.

[6] Diese Regulations werden auch Kinter Regulations genannt, nach der Entscheidung United States v. Kinter, 216 F.2d 418 (9th Cir. 1954), die Anlaß für den Erlaß dieser Regulations war. Eine Darstellung der Entwicklung der aktuellen Regulations siehe *Scallen, St.*, Federal Income Taxation of Professional Associations and Corporations, 49 Minnesota Law Review 603 (1965); *McKee, W./Nelson, W./Withmire R.*, Federal Taxation of Partnerships and Partners, § 3.06.

[7] Siehe. Rev. Rul. 73-254, 1973-1 C.B. 613.

[8] "There are a number of major characteristics ordinarily found in a pure corporation which, taken together, distinguish it from other organizations. These are (i) Associates, (ii) an objective to carry on business and divide gains therefrom, (iii) continuity of life, (iv) centralization of management, (v) liability for corporate debts limited to corporate property, and (vi) free transferability of interests." Regs. § 301.7701-2(a)(1) Satz 2 und 3.

finden. Weder die Rechtsprechung noch die Regulations und Erlasse haben bisher solche "andere Faktoren" positiv identifiziert. In bezug auf *limited partnerships* gibt es eine Negativliste, die keine "andere Faktoren" darstellen[10]. Es ist daher bei der Einordnung als *partnership* oder *association* hauptsächlich auf diese sechs Merkmale abzustellen.

Weil es sich hier eben um die Unterscheidung zwischen *partnerships*, *associations* und *trusts* handelt, sind für diesen Zweck Merkmale die *partnerships* mit *corporations* und Merkmale, die *trusts* mit *corporations* jeweils gemeinsam haben, nicht ausschlaggebend. *Partnerships* und *corporations* haben die Merkmale des Vorhandenseins von Gesellschaftern und der Absicht, Geschäfte zu betreiben und Gewinne daraus zu teilen, gemein. *Trusts* und *corporations* hingegen haben die Merkmale der fortdauernden Existenz, der Zentralisierung der Geschäftsleitung, der beschränkten Haftung und der freien Übertragbarkeit der Anteile gemein. D.h. bei der Einordnung eines Rechtsgebildes als *corporation*, *partnerships* oder *trusts* werden jeweils seine Gemeinsamkeiten mit und seine Unterschiede zu den *corporations* am Maßstab dieser sechs Merkmale untersucht[11]. Auf die Einordnung oder Abgrenzung des *trust* wird im folgenden nicht eingegangen, da dies für den Fortgang dieser Untersuchung unerheblich ist[12].

Da das Vorhandensein von Gesellschaftern und die Absicht, Geschäfte zu betreiben und Gewinne daraus zu teilen *partnerships* und *corporations* gemeinsam ist, hängt die Einordnung letztlich davon ab, ob die Merkmale: fortdauernde Exi-

---

[9]   Die Regulations formulieren das folgendermaßen: "In addition to the major characteristics set forth in this subparagraph, <u>other factors may be found</u> in some cases which may be significant in classifying an organization as an association, a partnership, or a trust." [Unterstreichung hinzugefügt] Regs. § 301.7701-2(a)(1) Satz 6.

[10]   Siehe hierzu unten Teil 3 Kapitel 1 C. V.

[11]   "Some of the major characteristics of a corporation are common to trusts and corporations, and others are common to partnerships and corporations. Characteristics common to trusts and corporations are not material in attempting to distinguish between a trust and an association, and characteristics common to partnerships and corporations are not material in attempting to disinguish between an association and a partnership." Regs. § 301.7701-2(a)(2) Sätze 2 und 3.

[12]   Folgendes sei jedoch erwähnt: *Trusts* haben mit *corporations* in der Regel gemein, daß sie fortdauernde Existenz, zentralisierte Geschäftsleitung, beschränkte Haftung und freie Übertragbarkeit der Anteile besitzen. Daher sind diese Merkmale nicht entscheidend bei der Untersuchung, ob ein *trust* eine *association* ist. Demgemäß gründet sich die Untersuchung, ob ein nichtinkorporiertes Rechtsgebilde ein *trust* ist, darauf, ob Gesellschafter vorhanden sind und ob die Absicht besteht, Geschäfte zu betreiben und Gewinne daraus zu teilen. Fehlt eines dieser beiden Merkmale, wird das Rechtsgebilde als *trust* besteuert. Denn nach der Formel in den Regulations hat es die gleiche Anzahl körperschaftlicher und nichtkörperschaftlicher Merkmale, aber nicht mehr körperschaftliche als nichtkörperschaftliche Merkmale. Vgl. hierzu Regs. § 301.7701-4.

stenz, Zentralisierung der Geschäftsleitung, beschränkte Haftung und freie Übertragbarkeit der Anteile gegeben sind[13]. Gleichwohl sind die Merkmale des Vorhandenseins von Gesellschaftern und der Absicht, Geschäfte zu betreiben und Gewinne daraus zu teilen, unabdingbare Merkmale, um eine Personenvereinigung überhaupt als *partnership* oder *corporation* zu besteuern[14]. Zur Unterscheidung zwischen *partnership* und *corporation* verbleiben aber nunmehr nur die vier Hauptmerkmale, da "andere Faktoren" kaum eine Rolle spielen. Es stellt sich somit die Frage, wie die körperschaftlichen Merkmale einer Personenvereinigung aussehen müssen, damit diese Personenvereinigung eher einer *corporation* als einer *partnership* entspricht[15]. Zumindest für nichtinkorporierte Personenvereinigungen ist die Anwort der Regulations recht klar: Eine nichtinkorporierte Personenvereinigung soll nicht als *association* eingeordnet werden, es sei denn, sie besitzt mehr körperschaftliche Merkmale als nichtkörperschaftliche Merkmale[16]. Da der Begriff der *association* auch nichtinkorporierte Personenvereinigungen umfaßt, können nach diesen Bestimmungen auch nichtinkorporierte Personenvereinigungen wie Miteigentümerschaften[17], *partnerships*, und *trusts* wie eine *corporation* eingeordnet und besteuert werden, wenn sie genügend körperschaftliche Merkmale haben. Dies ist insofern wichtig, da sich diese Arbeit hauptsächlich auch mit der Einordnung ausländischer Personenvereinigungen für US-Steuerzwecke befaßt. Diese ausländischen Personenvereinigungen werden gemäß Rev. Rul. 88-8 für Zwecke der Einordnung in das Besteuerungssystem[18] der USA als nichtinkorporierte Personenvereinigungen angesehen[19]. D.h. eine ausländische oder nicht in den USA inkorporierte Personenvereinigung muß mindestens drei der vier körperschaftlichen Hauptmerkmale

---

[13] Regs. § 301.7701-2(a)(2) Satz 5

[14] Siehe hierzu im einzelnen unten Teil 3 Kapitel 1 B.

[15] "An organization will be treated as an association if the corporate characteristics are such that the organization more clearly resembles a corporation than a partnership or trust." Regs. § 301.7701-2(a)(1) letzter Satz, unter Berufung auf Morrissey v. Commissioner, 269 U.S. 344 (1935). Vgl. Regs. § 301.7701-3(b)(1) in bezug auf limited partnerships.

[16] "An unincorporated organization shall not be classified as an association unless such organization has more corporate characteristics than noncorporate characteristics." Regs. § 301.7701-2(a)(3) erster Satz. Dieser Ansatz könnte auch "3:1-Test" genannt werden.

[17] "co-ownerships".

[18] Insbesondere im Hinblick auf Regs. § 301.7701-2(a)(3).

[19] Rev. Rul. 88-8, 1988-1 C.B. 403. Diese Ansicht wird durch Rev. Rul. 93-4, 1993-3 I.R.B. 5, bestätigt. Darin wurde im Falle einer deutschen Gesellschaft mit beschränkter Haftung verlangt, daß diese mindestens drei der vier körperschaftlichen Hauptmerkmale besitzt (zusätzlich zum "Vorhandensein von Gesellschaftern" und der "Absicht, Geschäfte zu betreiben und Gewinne daraus zu teilen"), um als *association* für Zwecke der US-Bundeseinkommensteuer eingeordnet zu werden.

besitzen, um als *association taxable as a corporation* in den USA besteuert zu werden.

Eine andere Besonderheit der Einordnung ausländischer Personenvereinigungen ist beachtenswert. Rev. Proc. 93-7, die eine frühere *Revenue Procedure*[20] zu diesem Thema novelliert, enthält eine Liste von Sachgebieten in der Kompetenz des *Associate Chief Counsel (International)*, in denen der *Internal Revenue Service* keine *advance letter rulings* oder *determination letters* erteilt. Für die Frage, wie eine ausländische Gesellschaft mit beschränkter Haftung eingeordnet wird, wird keines dieser Instrumente erteilt, falls der Steuerpflichtige, der einen Anteil daran hält, die Einordnung als *partnership* anstrebt, und entweder der Steuerpflichtige selber eine *corporation* ist und von ihm unabhängige Personen weniger als 20 Prozent der Anteile in dieser Gesellschaft Haftung halten, oder der Steuerpflichtige eine natürliche Person ist und unabhängige Personen lediglich nominale Anteile halten[21].

Des weiteren wird der *Internal Revenue Service* gewöhnlicherweise keine *letter rulings* oder *determination letters* zu der Frage erteilen, ob eine ausländische Personengesellschaft als *association* zu US-Besteuerungszwecken eingeordnet wird, wenn der Steuerpflichtige eine Einordnung als *association* beantragt[22]. Es ist daher extrem schwierig im typischen Fall einer ausländischen Tochtergesellschaft eine *ruling* zu erhalten. Dies erklärt die Schwierigkeit, *letter rulings* im Bereich der Einordnung ausländischer Personengesellschaften zu finden[23].

Eine, wie im deutschen Steuerrecht kodifizierte, rein rechtsformorientierte und damit sichere Einordnung als *corporation* (Kapitalgesellschaft) gibt es nur für eine *corporation*, die nach dem Recht eines US-Bundesstaates errichtet worden ist. Sie wird immer als *corporation* besteuert[24]. Eine Ausnahme stellen lediglich sog. *publicly traded partnerships*[25] dar, d.h. Personengesellschaften, deren An-

---

[20]   Rev. Proc. 93-3, 1993-1 I.R.B. 71 (77), Sec. 3.01, item 47.

[21]   Rev. Proc. 93-7, 1993-1 I.R.B., Sec. 3.01, item 4. Vgl. hierzu auch Rev. Proc. 93-3, 1993-1 I.R.B. 71 (77), Sec. 3.01, item 47.

[22]   Rev. Proc. 93-7, 1993-1 I.R.B., Sec. 4.01, No. 23: "whether a foreign partnership will be classified as an association for United States tax purposes, if the taxpayer requests classification as an association". Der Ausdruck "gewöhnlicherweise" ("ordinarily") bedeutet in diesem Zusammenhang, daß eine ruling nur ergeht, wenn "einzigartige und zwingende Gründe dies rechtfertigen" ("unique and compelling reasons may justify [it]". Id. Sec. 2.01.

[23]   Ein seltenes Beispiel ist daher Private Letter Ruling 8114095 vom 12.01.1981, die eine Kommanditgesellschaft mit einer Körperschaft als einzigen haftenden Gesellschafter betrifft.

[24]   Vgl. Sec. 7701(a)(3) IRC.

[25]   Zur Behandlung der *publicly traded partnerships* siehe ausführlich bei *Lee, J.*, Entity Classifiction and Integration: Publicly Traded Partnerships, Personal Service Corpora-

teile an einer Börse gehandelt werden. Für sie ordnet Sec. 7704 IRC eine Besteuerung als *corporation* an.

Wie die folgenden Ausführungen zeigen werden, fehlen *general partnerships*, die nach dem Uniform Partnership Act (UPA)[26] errichtet wurden, im allgemeinen alle vier körperschaftlichen Merkmale[27]. Den *limited partnerships*, die nach dem Uniform Limited Partnership Act (ULPA)[28] und dem Revised Limited Partnership Act (RULPA)[29] errichtet wurden, wird in der Regel zumindest die fortdauernde Existenz und die beschränkte Haftung fehlen[30]. Obwohl die Regulations nur von *partnerships* sprechen, die nach Gesetzen errichtet wurden, die auf dem UPA und ULPA basieren, ist in § 301.7701-2(a)(5) Regs. niedergelegt, daß sich Hinweise auf den ULPA immer auch auf den RULPA beziehen.

Die anschließende Untersuchung gliedert sich wie folgt: Zuerst werden die unabdingbaren Merkmale - das Vorhandensein von Gesellschaftern und die Absicht, Geschäfte zu betreiben und Gewinne daraus zu teilen - untersucht. Anschließend werden die vier körperschaftlichen Merkmale dargestellt und ihr Vorliegen bei *general* und *limited partnerships* untersucht. Im Anschluß an jedes einzelne körperschaftliche Merkmal wird dessen Existenz bei den Rechtsformen der *limited liability company*[31] und der Gesellschaft mit beschränkter Haftung deutschen Rechts dargestellt, da die Einordnung dieser beiden Rechtsformen zu

---

tions, and the Tax Legislative Process, 8 Virginia Tax Review 57 (1988). Vgl. auch *Charyk, W.*, New Classification Rules for Publicly Traded Partnerships, 15 Journal of Real Estate Taxation 358 (1988).

[26] Der Uniform Partnership Act wurde von der National Conference of Commissioners on Uniform State Laws 1914 angenommen und wurde in 49 US-Bundesstaaten (mit Ausnahme von Lousiana), dem District of Columbia und den Jungferninseln umgesetzt.

[27] In der Entscheidung Foster v. Commissioner, 80 T.C. 34, (184-190), (1983), haben die Steuerpflichtigen behauptet, daß eine *general partnership*, die nach einem Gesetz, das dem UPA entsprach, gegründet wurde, als *association taxable as a corporation* zu behandeln sei. Das Gericht entschied, daß alle vier körperschaftlichen Hauptmerkmale fehlten und daher als *partnership* zu besteuern sei.

[28] Der Uniform Limited Partnership Act wurde von der National Conference of Commissioners on Uniform State Laws 1916 angenommen und ist zur Zeit in 32 US-Bundesstaaten, dem District of Columbia und den Jungferninseln in umgesetzter Form in Kraft.

[29] Der Revised Uniform Limited Partnership Act wurde von der National Conference of Commissioners on Uniform State Laws 1976 und Änderungen dazu 1985 angenommen und ist gegenwärtig in fast allen US-Bundesstaaten in umgesetzter Form in Kraft.

[30] Für den Fall, daß der persönlich haftende Gesellschafter eine Körperschaft ist, siehe unten Teil 3 Kapitel 1 C. III.

[31] Das US-Schrifttum zur Einordnung *("classification")* einer *limited liability company* ist umfangreich, auch wenn durch Rev. Proc. 95-10, 1995-1 C.B. 501, viele Zweifelsfragen geklärt wurden, die bis dahin bestanden, so sei doch auf älteres Schrifttum - aufgrund

dessen grundsätzlicher Erörterung dieser Fragen - verwiesen, obwohl es durch Rev. Proc. 95-10 in manchen Bereichen überholt wurde: *Hamill, S.P.*, A Case for Eliminating the Partnership Classification Regulations, 68 Tax Notes 335 (1995); *Garcia, R.*, Single-Member LLCs: Basic Entities Raise Complex Problems, 68 Tax Notes 142 (1995); *Hamill, S.P.*, The Limited Liability Company: A Midpoint Evaluation, 52 New York University Institute on Federal Taxation 1 (1994); *Koutrodimos, D./Buehrle, E./Moore, Ch.*, LLCs Can Protect Members and Provide Flexible Operations, 52 Taxation for Accountants 30 (1994); *Levine, St./Paul, M.*, Limited Liability Company Statutes: The New Wave, 4 Journal of S Corporation Taxation 226 (1993); *Spudis, B.*, Limited Liability Companies: A New Choice in Entity Selection, 4 Journal of S Corporation Taxation 284 (1993); *dies.*, Limited Liability Companies: Tax Classification as a Partnership, 4 Journal of S Corporation Taxation 362 (1993); *dies.*, Limited Liability Companies: New Revenue Rulings Clarify Classification Issues, 5 Journal of S Corporation Taxation 73 (1993); *dies.*, Limited Liability Companies: Public Ruling Roundup, 5 Journal of S Corporation Taxation 385 (1993); *Smiley, St.*, New Revenue Rulings Analyse Partnership Status of German GmbH Along With Virginia and Colorado Limited Liability Companies, 10 Journal of Partnership Taxation 255 (1993); *Note*, State-By-State Tax Treatment of LLCs Reviewed, 71 Taxes 699 (1993); *Note*, Limited Liability Companies, 31 The Corporate Journal 406 (1993);*Meyer, J.*, Tax Classification of Partnerships Controlled by Affiliated or Related Taxpayers, 10 Journal of Partnership Taxation 204 (1993); *Frost, St.*, Doubts Still Remain as to When an Entity Will Be Taxed as a Partnership, 79 The Journal of Taxation 376 (1993); *Wirtz, F./Harris, K.*, Tax Classification of the One-Member Limited Liability Company, 59 Tax Notes 1829 (1993); *dies.*, Corporate Governance, Limited Liability Companies And The IRS's View Of Centralized Management, 71 Taxes 225 (1993); *Claridy, M.*, The Limited Liability Company: An S Corporation Alternative or Replacement?, 4 Journal of S Corporation Taxation 202 (1993); *Horwood, R./Hechtman, J.*, The Limited Liability Company: The New Kid in Town, 20 The Journal of Corporate Taxation 334 (1993); *Banoff, S.*, New IRS Ruling Encourages Professionals to Form Limited Liability Companies, 79 The Journal of Taxation 68 (1993); *Keatinge, R./Ribstein, L./Hamill, S.P./Gravelle, M./Connaughton, S.*, The Limited Liability Company: A Study of the Emerging Entity, 47 The Business Lawyer 375 (1992); *Parker, R.*, Corporate Benefits Without Corporate Taxation: Limited Liability Company and Limited Partnership Solutions to the Choice of Entity Dilemma, 29 San Diego Law Review 399 (1992); *Lederman, A.*, Classification Issues: Limited Partnerships and Limited Liability Companies After Rev. Proc. 89-12, 50 New York University Institute on Federal Taxation 8 (1992); *Kalinka, S.*, The Limited Liability Company and Subchapter S: Classification Issuese Revisited, 60 Cincinnati Law Review 1083 (1992); *Davenport, Ch./Briggs, D./Bergin, Ch.*, LLC Boosters Blitz Passthroughs Sessions, 55 Tax Notes 1019 (1992); *Geu, Th.*, Understanding the Limited Liability Company: A Basic Comparative Primer (Part One and Two), 73 South Dakota Law Review 44, 467 (1992); *Wirtz, F./Harris, K.*, The Emerging Use of the Limited Liability Company, 70 Taxes 377 (1992); *Orsi, S.*, The Limited Liability Company: An Organizational Alternative for Small Business, 70 Nebraska Law Review 150 (1992); *Roche, E./Keatinge, R./Spudis, B.*, Limited Liability Companies Offer Pass-Through Benefits Without S Corp. Restrictions, 74 The Journal of Taxation 248 (1991); *Gazur, W./Goff, N.*, Assessing the Limited Liability Company, 41 Case Western Reserve Law Review 387 (1991); *Farmer, B./Mezullo, L.*, The Virginia Limited Liability Company Act, 25 University of Richmond Law Review 789 (1991); *Braukman, C.*, Li-

Zwecken der US-Besteuerung entweder als *partnership* oder als *corporation* erfolgen kann. Im weiteren wird auf die besonderen Probleme bei der Einordnung ausländischer Personenvereinigungen unter spezieller Berücksichtigung der Theorie getrennter Interessen *(separate interest theory)* eingegangen. Abschließend wird die Frage der Einordnung einer *limited liability company* mit nur einem Anteilseigner behandelt.

B.   Unabdingbare Merkmale

I.   "Associates" - Vorhandensein von Gesellschaftern

Das Vorhandensein von Gesellschaftern *"associates"* wird als unabdingbare Voraussetzung für eine Einordnung als *partnership* angesehen. Doch weder der Internal Revenue Code noch die Regulations definieren den Begriff "Gesellschafter". Es gibt nur den Hinweis, daß ein Gesellschafter mehr sein muß als ein "Miteigentümer"[32]. Dieses Mehr ist aber wohl eher in bezug auf das zweite Merkmal, der Absicht, Geschäfte zu betreiben und Gewinne daraus zu teilen, zu interpretieren. Folglich bleibt als Auslegung für dieses Merkmal nur, daß mindestens zwei Personen[33] vorhanden sein müssen und diese irgendwie gemeinsames Eigentum an einem Unternehmen haben müssen[34].

Das Eigentumsrecht, das ein Gesellschafter an dem Unternehmen haben muß, beinhaltet eine rechtliche Beteiligung, die eine Verantwortung für die Geschäfte des Unternehmens mit sich bringt. Wie hoch das Maß dieser Verantwortung sein muß, ist aber schwer zu bestimmen. Die Regulations grenzen dies nur zum *trust* hin ab: Der Zweck eines *trusts* besteht darin, daß ein Treuhänder mit der Verantwortung für den Schutz und die Erhaltung des Trustvermögens für die Destinatäre betraut ist. Die Destinatäre sind aber als nur wirtschaftliche Eigentümer von der Verantwortung für die Verwaltung des Vermögens ausgeschlossen. Destinatäre sind in diesem Sinne also keine Gesellschafter[35]. Die Rechtsprechung

---

mited Liability Companies, 39 Kansas Law Review 966 (1991); *Jordan, M./Kloepfer, P.*, 69 Taxes 203 (1991); *August, J.D./Shaw, R.*, The Limited Liability Company - A New Tax Refuge?, 7 Journal of Taxation of Investments, 179 (1990); *Lederman, A.*, Miami Device: The Limited Liability Company, 67 Taxes 339 (1989); *Hamill, S.P.*, The Limited Liability Company: A possible Choice for Doing Business?, 41 Florida Law Review 721 (1989); *Johnson, R.*, The Limited Liability Company Act, 11 Florida State University Law Review 387 (1983).

[32]   Regs. § 301.7701-2(a)(2).

[33]   Im Unterschied zu der Einordnung als *partnership* genügt für die Einordnung als *association* (oder als *trust)*, daß nur ein einziger Gesellschafter existiert. Vgl. Hynes v. Commissioner, 74 T.C. 1266 (1279-1280) (1980); Private Letter Ruling 8552010; General Counsel Memorandum 39395. Siehe auch unten Teil 3 Kapitel 1 D. IV und E. I.

[34]   Siehe hierzu auch unten Teil 3 Kapitel 1 C. II. Vgl. auch *Boles, E.*, Gesellschaften im US-Einkommensteuerrecht, S. 29 ff.

[35]   Regs. § 301.7701-4(a). Siehe auch Private Letter Ruling 8552010.

sieht Teilnahme an und Einfluß auf die Geschäfte der Gesellschaft als ausreichend an[36]. Demzufolge muß das Maß der Verantwortung für die Geschäfte nicht besonders hoch sein, es darf jedoch kein völliger Ausschluß von der Verantwortung vorliegen[37].

II.   "Objective to Carry on Business and Divide Gains Therefrom" - Absicht, Geschäfte zu betreiben und Gewinne daraus zu teilen

Die Absicht, Geschäfte zu betreiben und Gewinne daraus zu teilen ist für die Einordnung als *partnership* unabdingbar[38]. Die Regulations bieten jedoch keine Definition dieses Merkmals. Nach der wörtlichen Auslegung müssen sowohl die Absicht, Geschäfte zu betreiben, als auch die Absicht zur gemeinsamen Teilung der Gewinne daraus vorliegen[39].

Die Absicht, Geschäfte zu betreiben beinhaltet zum einen aktives, gewinnorientiertes Führen von Geschäften - im Gegensatz zu rein passiver Geschäftätigkeit wie der Bewahrung und den Schutz des Gesellschaftsvermögens - sowie die Befugnis geschäftliche Aktivitäten zu betreiben. Diese Befugnis muß jedoch nicht tatsächlich ausgeübt werden.

Die Absicht zur gemeinsamen Teilung der Gewinne aus den Geschäften bedeutet, daß die Gesellschafter, obwohl sie gemeinsam ein Geschäft führen, sich nicht vorbehalten dürfen die Früchte ihres Geschäftes separat zu vereinnahmen[40].

C.   Die körperschaftlichen Merkmale

I.   "Continuity of Life"- Fortdauernde Existenz

1.   Allgemeines - General und Limited Partnerships

Gemäß den Regulations hat eine Personenvereinigung fortdauernde Existenz, wenn der Tod, der Verlust der Geschäftsfähigkeit, der Konkurs, das Ausscheiden, der Austritt oder der Ausschluß eines Mitglieds nicht zur "Auflösung" der

---

[36]   Bedell v. Commissioner, 86 T.C. 1207 (1986).

[37]   Vgl. Private Letter Ruling 8624015. Siehe auch *Boles, E.*, Gesellschaften im US-Einkommensteuerrecht, S. 31 ff.

[38]   Regs. § 301.7701-2(a)(2).

[39]   Vgl. *Boles, E.*, Gesellschaften im US-Einkommensteuerrecht, S. 34 ff. Unter Berufung auf folgende Rechtsprechung: Abraham v. United States, 406 F.2d 1259 (6th Cir. 1969); Rohman v. United States, 275 F.2d 120 (9th Cir. 1960); Cleveland Trust Co. v. Commissioner, 115 F.2d 481 (6th Cir. 1940); Commissioner v. Chase National Bank, 112 F.2d 540 (2d Cir. 1941); Royalty Participation Trust, 20 T.C. 466 (1953); Hugh MacRae Land Trust, 1 T.C. 899 (1943).

[40]   Eine ausführliche Analyse findet sich bei *Boles, E.*, Gesellschaften im US-Einkommensteuerrecht, S. 34 ff.

Personenvereinigung führt[41]. *Corporations* besitzen traditioneller Weise fortdauernde Existenz, da sie bis zur formellen Liquidation fortbestehen, unabhängig davon, ob ein solches Ereignis eintritt oder nicht[42]. Aber genau diese Ereignisse führen gemäß § 31 UPA bei einer *general partnership* zwingend zu einer Auflösung. Auflösung bedeutet für die Zwecke dieser Definition eine Veränderung der Identität der Personenvereinigung aufgrund einer Änderung der Beziehung zwischen den Mitgliedern[43]. Grund dafür ist das common law Verständnis einer *partnership* als wechselseitiges Auftrags- und Vertretungsverhältnis der Gesellschafter untereinander (jeder Gesellschafter war zugleich Geschäftsherr und Vertreter)[44]. Der UPA hat dieses wechselseitige Auftragsverhältnis, das eine gegenseitige Verpflichtung der Gesellschafter ermöglicht, zwar dahingehend eingeschränkt, daß jeder Gesellschafter nur mehr Vertreter der *partnership* ist und diese verpflichtet[45]. Letztlich werden aber auch auf diese Weise alle Gesellschafter verpflichtet. Scheidet nun eine Gesellschafter aus, ist dieses Verhältnis gestört und es kommt zur "Auflösung" der *partnership* dadurch. Anders formuliert bedeutet fortdauernde Existenz, daß die Personenvereinigung nicht vom Bestand ihrer Mitglieder aufgrund der Beziehungen ihrer Mitglieder untereinander abhängig ist. Wie von den Regulations betont wird, bedeutet die bloße Fortsetzung des Geschäfts durch die verbliebenen Mitglieder nicht, daß eine Auflösung nicht habe stattfinden können[46].

Des weiteren kommt es nicht so sehr auf die Berechtigung eines Mitglieds an, die Vereinigung aufzulösen, sondern vielmehr auf sein rechtliches Vermögen an, dies zu tun. Diese Unterscheidung findet sich in den Regulations[47] und wurde

---

[41] "An organization has continuity of life if death, insanity, bankruptcy, retirement, resignation, or expulsion of any member will not cause a dissolution of the organization." Regs. § 301.7701-2(b)(1).

[42] Vgl. Revised Model Business Corporation Act (RMBCA) Sec. 2.03(a), 14.02, 14,20, 14.30 (1984).

[43] "[D]issolution of an organization means an alteration of the identity of an organization by reason of a change in the relationship between the members." Regs. § 301.7701-2(b)(2).

[44] Vgl. hierzu *Henn, H./Alexander, J.*, Saws of Corporations, § 20, S. 66 ff., und insbes. § 22, S. 70 ff.

[45] § 9 (1) UPA: "Every partner is an agent of the partnership"; § 11 UPA: "An admission or representation made by any partner ... ist evidence against the partnership"; § 12 UPA: "Notice to any partner ... and the knowledge of the acting partner ... operate as notice to or knowledge of the partnership".

[46] Regs. § 301.7701-2(b)(2) letzter Satz.

[47] Regs. § 301.7701-2(b)(3), "[T]he organization has continuity of life if the effect of the agreement is that no member has the power to dissolve the organization in contravention of the aggreement. Nevertheless, if, notwithstanding such agreement, any member

von einigen Gerichten herausgearbeitet. Demgemäß ist es nicht ausreichend, daß die Mitglieder sich untereinander verpflichtet haben, daß die Vereinigung einen bestimmten Zeitraum dauern soll, oder, daß diese von sich aus auf ihr Recht verzichten, die Vereinigung aufzulösen. Falls ein Mitglied in der Tat das rechtliche Vermögen hat, die Vereinigung aufzulösen, gibt es keine fortdauernde Existenz, auch wenn er sich dadurch eventuell Haftungsansprüchen aussetzt[48].

In diesem Zusammenhang stellt sich die Frage, ob eine Auflösung vermieden werden kann, wenn sich die verbleibenden Mitglieder der Vereinigung einer Fortsetzung nach dem Ereignis, das die Vereinigung eigentlich auflöst, entschließen. In bezug auf *limited partnerships* gibt es eine Regelung in den Regulations. Fortdauernde Existenz ist nicht gegeben, wenn der Tod, der Verlust der Geschäftsfähigkeit, der Konkurs, das Ausscheiden, der Austritt oder der Ausschluß oder jedes andere Ausscheiden eines haftenden Gesellschafters einer *limited partnership* eine Auflösung der Gesellschaft bewirken. Des weiteren gibt es keine fortdauernde Existenz ungeachtet der Tatsache, daß eine Auflösung der *limited partnership* nach einem derartigen Ausscheiden eines haftenden Gesellschafters durch Zustimmung der verbleibenden haftenden Gesellschafter zur Fortsetzung der Gesellschaft oder durch den Beschluß zumindest der anteilsmäßigen Mehrheit der verbleibenden Gesellschafter, die Gesellschaft fortzuset-

---

has the power under local law to dissolve the organization, the organization lacks continuity of life."

Bedeutung erlangt diese Frage insbesondere im Hinblick auf eine Regelung im Revised Uniform Partnership Act. Einer *general partnership*, die nach einem dementsprechenden Gesetz errichtet wurde, fehlt die fortdauernde Existenz. Denn wird eine solche *general partnership* auf unbestimmte Dauer errichtet, reicht der ausdrücklich erklärte Wille eines Gesellschafters, aus der Gesellschaft auzuscheiden, aus, um die ursprüngliche Gesellschaft aufzulösen. Der Gesellschaft fehlt dann, unabhängig davon, ob die anderen Gesellschafter einer Fortsetzung zustimmen, die fortdauernde Existenz. Bei einer *general partnership*, die auf bestimmte Dauer angelegt ist, löst der Tod, der Konkurs oder der ausdrückliche Wille eines Gesellschafters, aus der Gesellschaft auszuscheiden, die ursprüngliche Gesellschaft auf, es sei denn, die verbleibenden Gesellschafter beschließen, die Gesellschaft fortzuführen (vgl. Sec. 801 RUPA). Obwohl ein solches Ausscheiden eines Gesellschafters durch Kündigung vor Ablauf der Dauer der Gesellschaft als rechtswidrig angesehen wird und den Gesellschafter Schadensersatzansprüchen aussetzt, beeinträchtigen die Rechtswidrigkeit der Kündigung und die möglichen Schadensersatzansprüche nicht das grundsätzliche Recht des Gesellschafters aus der Gesellschaft durch Kündigung auszuscheiden (vgl. Sec. 602 und 701 RUPA).

[48] Zuckman v. United States, 524 F.2d 729, (734 ff.) (Ct.Cl. 1975). Vgl. Auch Richlands Medical Association v. Commissioner, T.C.M. (P-H) 1990-660, 90-3238, demzufolge besitzt eine Personenvereinigung fortdauernde Existenz, wenn ihr Gründungsvertrag das rechtliche Vermögen der Mitglieder zur Auflösung unter Umgehung dieser Regelung im Gründungsvertrag, ausschließt.

zen, vermieden werden kann[49]. Damit ist klargestellt, daß fortdauernde Existenz auch dann nicht besteht, wenn die verbleibenden Gesellschafter eine Auflösung der Gesellschaft durch einen Fortsetzungsbeschluß vermeiden. Diese Ansicht wird auch durch die Entscheidung des *Board of Tax Appeals* in *Glensder Textile Co. v. Commissioner*[50] gestützt, worin festgestellt wurde, daß es keine fortdauernde Existenz gibt, weil die Fortsetzung der Gesellschaft von der Zustimmung der haftenden Gesellschafter abhängig war.

Aus dieser Regelung in den Regulations ist folgendes zu schließen: Vermeidet im Falle des Ausscheidens eines haftenden Gesellschafters schon ein Fortsetzungsbeschluß einer anteilsmäßigen Minderheit der Gesellschafter eine Auflösung, so dürfte diese Gesellschaft fortdauernde Existenz besitzen[51].

Auf jeden Fall scheinen die Regulations die Ansicht zu stützen, daß jedes vertragliche Mittel, das eine automatische Fortsetzung der Gesellschaft vorsieht und so ein Auflösung vermeidet, ausreicht, um fortdauernde Existenz im Sinne der Regs. § 301.7701-2(b) zu sichern[52].

Bemerkenswert ist, daß die Regulations es genügen lassen, daß eine Gesellschaft nur eines dieser auflösenden Ereignisse als alleinigen Auflösungsgrund wählt, solange der Eintritt dieses Ereignisses rechtlich möglich ist. Auf die tatsächliche Wahrscheinlichkeit des Eintritts kommt es hingegen nicht an[53]. Die Gesellschaft

---

[49] "If the death, insanity, bankruptcy, retirement, resignation, expulsion, or other event of withdrawal of a general partner of a limited partnership causes a dissolution of the partnership, continuity of life does not exist; furthermore, continuity of life does not exist notwithstanding the fact that a dissolution of the limited partnership may be avoided upon such an event of withdrawal of a general partner by the remaining general partners agreeing to continue the partnership or by at least a majority in interest of the remaining partners agreeing to continue the partnership." Regs. § 301.7701-2(b)(1) letzter Satz, unter Berufung auf Glensder Textile Co. v. Commissioner, 46 B.T.A. 176 (1942), acq., 1942-1 C.B. 8. Diese erst kürzlich in Kraft getretene Regelung spiegelt die schon in Rev. Proc. 92-35, 1992-1 C.B. 790, vertretene Ansicht des Internal Revenue Service wider. Vgl. auch Rev. Proc. 94-46, 1994-28 I.R.B. 129.

[50] Glensder Textile Co. v. Commissioner, 46 B.T.A. 176, (185), (1942), acq., 1942-1 C.B. 8.

[51] Vgl. Rev. Proc. 89-12, 1989-1 C.B. 798, Sec. 4.05; Rev. Proc. 92-88, 1992-42 I.R.B. 39; Rev. Proc. 91-13, 1991-1 C.B. 477, item 15.

[52] Eine "automatische" Fortsetzung einer *limited partnership* könnte z.B. folgendermaßen aussehen: Die *limited partnership* müßte ständig mindestens zwei haftende Gesellschafter besitzen. Darüberhinaus müßten sich alle Gesellschafter dazu verpflichten, im Falle des Ausscheiden eines haftenden Gesellschafters, eine neue *corporation* zu gründen und diese zum haftenden Gesellschafter zu machen.

[53] Vgl. Regs. § 301.7701-2(b)(1). Diese Ansicht wurde in bezug auf *limited liability companies* in Rev. Proc. 95-10, 1995-3 I.R.B. 20, kürzlich bestätigt. Diese Revenue Procedure spricht davon, daß "das gewählte Ereignis die gewählten Ereignisse eine be-

kann dann natürlich durch einen Fortsetzungsbeschluß fortgeführt werden und somit eine wirkliche Liquidation vermieden werden.

Die Regulations sagen eindeutig aus, daß *general partnerships* und *limited partnerships*, die aufgrund eines *general partnership*-Gesetzes oder eines *limited partnership*-Gesetzes eines US-Bundesstaates errichtet wurden, das auf dem Uniform Partnership Act oder dem Revised Uniform Partnership Act bzw. dem Uniform Limited Partnership Act oder dem Revised Uniform Limited Partnership Act basieren, das körperschaftliche Merkmal der fortdauernden Existenz fehlt. Im Hinblick auf *limited partnerships* erstellt der Internal Revenue Service eine Liste all der Bundesstaaten, deren *limited partnership*-Gesetzen somit das Merkmal der fortdauernden Existenz fehlt[54].

Aus unternehmerischen Gründen wollen sich Gesellschafter einer nichtinkorporierten Personenvereinigung natürlich gegen den Eintritt eines auflösenden Ereignisses absichern und die Stabilität ihres Unternehmens erhöhen, ohne jedoch das Merkmal der fortdauernden Existenz zu besitzen. Unter den eben aufgezeigten Vorgaben ist es seit Einführung dieser Regulations 1960 möglich gewesen, das Merkmal der fortdauernden Existenz zu vermeiden und dennoch ein erhebliches Maß an Sicherheit in bezug auf die Existenz des Unternehmens zu erreichen.

2.   Limited Liability Companies

Wie erwähnt fehlt einer Personenvereinigung das Merkmal der fortdauernden Existenz, wenn der Tod, der Verlust der Geschäftsfähigkeit, der Konkurs, das

---

deutungsvolle Möglichkeit der Auflösung darstellt *("the event or events chosen provide a meaningful possibility of dissolution")*. Jedoch legt Rev. Proc. 95-10 nicht dar, was eine *"meaningful possibility"* ist. Der Internal Revenue Service hat jedoch informell angedeutet, daß eine *"meaningful possibility"* einer Auflösung das Bestehen einer rechtliche Möglichkeit meint, nicht aber notwendigerweise die tatsächliche Wahrscheinlichkeit. Der Tod eines Gesellschafters, der eine Körperschaft ist, ist rechtlich unmöglich, aber der Konkurs eines solchen reicht aus, auch wenn dieser höchst unwahrscheinlich ist. Vgl. *Sheppard, L.*, Official Explains LLC Revenue Procedure, 66 Tax Notes No. 7, February 13, 1995, S. 932, (Bemerkungen von Montel Jackel, Internal Revenue Service, Deputy Associate Chief Counsel).

Die Vorschriften in Rev. Proc. 95-10, die sich mit den auflösenden Ereignissen befassen, sind wohl ohne Mühe auf *limited partnerships* übertragbar, denn in bezug auf diesen Punkt gibt es keinen wirklichen Unterschied zwischen *limited partnerships* und *limited liability companies*. Vgl. *Pace Hamill, S.*, A Case for Eliminating the Partnership Classification Regulations, 68 Tax Notes No. 3, July 17, 1995, S. 335.

[54] Vgl. Rev. Rul. 95-2, 1995-1 I.R.B. 7, bzgl. der aktuellen Liste von Bundesstaaten, deren *limited partnership*-Gesetze dem Revised Limited Partnership Act für Zwecke der Regs. § 301.7701-2 entsprechen. Rev. Proc. 92-88, 1992-42 I.R.B. 39, legt fest, daß für *limited partnerships* aus diesen Bundesstaaten keine Rulings zu der Frage erteilt werden, ob ihnen das Merkmal der fortdauernden Existenz fehlt.

Ausscheiden, der Austritt oder der Ausschluß eines Mitglieds zur "Auflösung" der Personenvereinigung führt[55]. Alle limited liability company-Gesetze haben - mit mehr oder minder geringen Abweichungen - eine Vorschrift, die diese Auflösungsgründe enthält[56]. Ihnen fehlt daher - wie auch vom Internal Revenue Service anerkannt - die fortdauernde Existenz[57].

Die entscheidende Frage im Zusammenhang mit der fortdauernden Existenz bei *limited liability companies* ist die Auswirkung einer Fortsetzungsklausel für den Fall einer Auflösung. Die Frage ist insofern nicht leicht zu beantworten, da die Regelungen in den einzelnen Gesetzen der Bundesstaaten stark voneinander abweichen. Einige Gesetze sehen vor, daß eine Fortsetzung der Gesellschaft nur mit Zustimmung aller verbleibenden Mitglieder möglich ist[58]. Diese Gesetze werden als *"bulletproof"* bezeichnet, da das Einstimmigkeitserfordernis sicherstellen soll, daß das Merkmal der fortdauernden Existenz auf jeden Fall fehlt, um in bezug auf dieses Merkmal keine Gemeinsamkeit mit einer *corporation* zu besitzen. Ursprünglich hat der Internal Revenue Service auch nur *revenue rulings*, die eine Behandlung als *partnership* vorsehen, für *limited liability companies* aus diesen Staaten erlassen[59]. Da Einstimmigkeit aus praktischen Gründen, insbesondere bei Gesellschaften mit vielen Gesellschaftern nur schwer zu erreichen ist, bieten andere Staaten mehr Spielraum bei der Ausgestaltung der Fortsetzungsklausel. Ein Teil läßt zur Fortsetzung den Beschluß einer Mehrheit der verbleibenden Gesellschafter (berechnet nach Anteilen oder Köpfen[60]) genü-

---

[55] Vgl. Regs. § 301.7701-2(b)(1).

[56] Vgl. *Bagley, W./Whynott, Ph.*, The Limited Liability Company, Vol 1, § 9.20, S. 9-4.

[57] Vgl. nur Rev. Rul. 88-76, 1988-38 I.R.B. 14 (Wyoming); Rev. Rul. 93-5, 1993-3 I.R.B. 6 (Virginia); Rev. Rul. 93-6, 1993-3 I.R.B. 8 (Colorado); Rev. Rul. 93-30, 1993-16 I.R.B. 4 (Nevada); Rev. Rul. 93-38, 1993-21 I.R.B. 4 (Delaware); Rev. Rul. 93-49, 1993-25 I.R.B. 11 (Illinois); Rev. Rul. 93-50, 1993-25 I.R.B. 13 (West Virginia); Rev. Rul 93-53, 1993-26 I.R.B. 7. (Florida)

[58] Vgl. z.B. Wyo. Stat. Ann. § 17-15-123; Va. Stat. Ann. § 13-1-1046.3; Col. Rev. Stat. § 7-80-801; Nev. Stat. Ann. § 86.491.

[59] Vgl. *Private Letter Rulings* Nr. 9010027 vom 07.12.1989 und Nr. 9210039 vom 11.12.1991. Auf Antrag erteilt der Internal Revenue Service Privatpersonen *Private Letter Rulings* aufgrund eines dargestellten Sachverhalts. Diese sind jedoch nur inter partes verbindlich und können nicht als Rechtsquelle oder Bezugsfall herangezogen werden, sie eröffnen jedoch einen Einblick in den gegenwärtige Meinungsstand in bezug auf ein bestimmtes Problem.

[60] Bei *limited liability company*-Gesetzen, bei denen ein nach Köpfen bestimmte Mehrheit für einen wirksamen Fortsetzungsbeschluß ausreicht, sollte aber Sorge getragen werden, daß eine so berechnete Mehrheit auch die Mehrheit der Anteile umfaßt, um Regs. § 301.7701-2(b)(1) letzter Satz zu genügen. Vgl. auch Rev. Proc. 92-35, 1992-1 C.B. 790 und Rev. Proc. 94-46, 1994-28 I.R.B. 129.

gen[61], wieder andere schreiben zwar Einstimmigkeit vor, aber nur, wenn in den *articles of organization* nichts anderes geregelt ist[62]. Der Bundesstaat New York geht hier am weitesten und läßt die Fortsetzung durch die Anteilmehrheit zu, wenn sonst nichts anderes geregelt ist[63]. Grund für diese Entwicklung ist wohl die Neufassung von Regs. § 301.7701-2(b)(1) letzter Satz, der es nunmehr bei *limited partnerships* genügen läßt, daß nur die Anteilmehrheit der verbleibenden Gesellschafter einer Fortsetzung zustimmen muß und nicht mehr alle, und der betroffenen Gesellschaft trotzdem das Merkmal fortdauernder Existenz fehlt. Die Anwendbarkeit dieser Vorschrift auf eine *limited liability company* war zunächst umstritten[64], doch Rev. Rul. 93-91[65] sowie Rev. Proc. 95-10[66] legen fest, daß Regs. § 301.7701-2(b)(1) letzter Satz auch auf *limited liability companies* anzuwenden ist. Für Staaten, deren Gesetze bisher Einstimmigkeit für eine Fortsetzung verlangten, bietet sich somit die Möglichkeit diese Regelung in diesem Sinne abzuändern, um den *limited liability companies* mehr Gestaltungsspielraum zu geben.

Rev. Proc. 95-10[67] sieht die grundsätzliche Gleichbehandlung von Gesellschaftergeschäftsführern einer *limited liability company* mit den haftenden Gesellschaftern einer *limited partnership* vor. Ist eine *limited liability company* in hohem Maße am Fortbestand ihres Unternehmens interessiert, so kann sie festlegen, daß die auflösenden Ereignisse nur auf die Gesellschaftergeschäftsführer bezogen eintreten und dann einen Fortsetzungsbeschluß notwendig machen. Auf diese Weise führen auflösende Ereignisse, die in der Person eines der übrigen Gesellschafter eintreten, nicht zu einer Auflösung und der Notwendigkeit eines Fortsetzungsbeschlusses. Dies kann darüber hinaus noch weiter geführt werden. Rev. Proc. 95-10 läßt es ausdrücklich genügen, daß die Gesellschaft nur ein auflösendes Ereignis als alleinigen Auflösungsgrund wählt, solange der Eintritt dieses Ereignis rechtlich möglich ist. Auf die tatsächliche Wahrscheinlichkeit des Eintritts kommt es hingegen nicht an[68].

---

[61] Vgl. z.B. Utah, Utah Code Ann. § 48-2b-137.

[62] Vgl. z.B. Fla. Stat. Ann. § 608.441(c); Tex. Rev. Civ. Stat. Art. 1528n, § 6.01; Del. Code Ann. tit. 6, § 18-801. Diese Regelungen werden als *"default"*-Vorschriften bezeichnet.

[63] Vgl. NYLLCL § 701(d).

[64] Vgl. *Streng, W.*, 700 T.M., Choice of Entity, S. A-21.

[65] Rev. Rul. 93-91, 1993-2 C.B. 316, behandelt eine Utah *limited liability company*. Vgl. auch Rev. 93-92, 1993-2 C.B. 318, bzgl. einer Oklahoma *limited liability company*.

[66] Rev. Proc. 95-10, 1995-3 I.R.B. 20.

[67] Rev. Proc. 95-10, 1995-3 I.R.B. 20.

[68] Rev. Proc. 95-10, 1995-3 I.R.B. 20, spricht davon, daß "das gewählte Ereignis die gewählten Ereignisse eine bedeutungsvolle Möglichkeit der Auflösung darstellt *("the event or events chosen provide a meaningful possibility of dissolution")*. Jedoch definiert

Die Gesetze in einigen Staaten sehen vor, daß die *articles of organization* eine bereits vorher vereinbarte Fortsetzungsklausel enthalten können, die automatisch, d.h. in jedem Falle, zu einer Fortsetzung nach einem auflösenden Ereignis führen.[69]. Eine solche Regelung wird jedoch in aller Regel zu der Existenz des körperschaftlichen Merkmals der fortdauernden Existenz im Sinne der Regs. § 301.7701-2(b) führen[70].

Aus alledem ist zu schließen, daß eine *limited liability company* formell das Merkmal der fortdauernden Existenz besitzen kann, aber materiell ein Maß für das Fortbestehen der Gesellschaft erreichen kann, das sich nur wenig von einer *corporation* unterscheidet.

3. Gesellschaft mit beschränkter Haftung

Das Merkmal der fortdauernden Existenz bedeutet, wie eingangs ausgeführt, Unabhängigkeit der Existenz der Personenvereinigung vom Bestand ihrer Mitglieder aufgrund deren Beziehungen untereinander. D.h. es tritt kein Verlust der Identität der Gesellschaft ein, wenn ein Mitglied ausscheidet.

Die Beziehung zwischen den Gesellschaftern einer *partnership*, die nach einem dem UPA entsprechenden Gesetz gegründet wurde, und den Gesellschaftern einer deutschen GmbH sind grundverschieden. Die Gesellschafter einer GmbH können die Gesellschaft nicht verpflichten, wie das bei der *partnership* der Fall ist. Auch sind die gesetzlichen Auflösungsgründe in § 60 Abs. 1 GmbHG nicht von den persönlichen Fähigkeiten und Verhältnissen der Gesellschafter abhängig wie es § 31 UPA zwingend bestimmt. Doch kann nach § 60 Abs. 2 GmbH jeder denkbare Auflösungsgrund im Gesellschaftsvertrag vereinbart werden, der die Gesellschaft automatisch auflöst. D.h. es können genau die Auflösungsgründe vereinbart werden, die § 31 UPA anführt und die auch eine *general partnership* abhängig vom Bestand ihrer Gesellschafter macht. Auf diese Art und Weise ist es möglich, einer GmbH das Merkmal der fortdauernden Existenz zu belassen

---

sie nicht, was eine *"meaningful possibility"* ist. Der Internal Revenue Service hat jedoch informell angedeutet, daß eine *"meaningful possibility"* einer Auflösung das Bestehen einer rechtliche Möglichkeit meint, nicht aber notwendigerweise die tatsächliche Wahrscheinlichkeit. Der Tod eines Gesellschafters, der eine Körperschaft ist, ist rechtlich unmöglich, aber der Konkurs eines solchen reicht aus, auch wenn dieser höchst unwahrscheinlich ist. Vgl. *Sheppard, L.*, Official Explains LLC Revenue Procedure, 66 Tax Notes No. 7, February 13, 1995, S. 932, (Bemerkungen von Montel Jackel, Internal Revenue Service, Deputy Associate Chief Counsel).

[69] Vgl. z.B. Fla. Stat. Ann. § 608.441(10)(c); Kan. Stat. Ann. § 17-7622(a)(3).

[70] Vgl *Private Letter Rulings* Nr. 9030013 vom 25.04.1990; Nr. 9029019 vom 19.04.1990; Nr. 8937010 vom 16.06.1989.

oder zu nehmen. Dies wird u.a. in Rev. Rul. 77-214[71] und Rev. Rul. 93-4[72] vom Internal Revenue Service anerkannt[73].

II.   *"Centralization of Management" - Zentralisierung der Geschäftsleitung*

1.   Der allgemeine Ansatz der Regulations

Naturgemäß besitzt eine *corporation* eine zentralisierte Geschäftsleitung, denn dem Gesetz nach[74] leitet ein Verwaltungsrat ihre Geschäfte in stellvertretender Position für die wahren Eigentümer, die Anteilseigner.

§ 301.7701-2(c) der Regs. gibt kaum eine Antwort auf die Frage, was Zentralisierung der Geschäftsleitung ist. Er beschreibt vielmehr die Umstände, die für die Entscheidung, ob eine zentralisierte Geschäftsleitung vorliegt, relevant sind. Dem körperschaftlichen Merkmal zentralisierte Geschäftsleitung liegt die Vorstellung zugrunde, daß es Personen gibt, die mit solcher Geschäftsleitungsgewalt ausgestattet sind, daß sie in bezug auf Vollmacht und Funktion den Verwaltungsräten[75] einer *corporation* nach bundesstaatlichem Gesetz ähneln[76]. Dies gilt jedenfalls für den Fall, daß eine Person (oder eine Gruppe von Personen, die nicht alle Mitglieder der Personenvereinigung umfaßt) die dauernde und ausschließliche Befugnis hat, all die Geschäftsleitungsentscheidungen zu treffen, die zur Führung der Geschäfte für die diese Vereinigung gegründet wurde, notwendig sind[77].

---

[71] Rev. Rul. 77-214, 1977-1 C.B. 408. Es geht darin um die Einordnung einer deutschen GmbH zu US-Steuerzwecken. Obwohl diese GmbH Auflösungsgründe ähnlich denen in § 31 UPA im Gesellschaftsvertrag vereinbart hatte, wurde sie letztlich als *corporation* und nicht als *partnership* eingeordnet, weil der Internal Revenue Service fortdauernde Existenz und alle anderen körperschaftlichen Merkmale aufgrund der Theorie der *"separate interest analysis"* als gegeben ansah. Siehe hierzu unten Teil 3 Kapitel 1 D. I.

[72] Rev. Rul. 93-4, 1993-3 I.R.B. 5. Diese Ruling betrifft ebenfalls eine deutsche GmbH. Diese GmbH wurde zwar auch als *corporation* eingeordnet, aber der Internal Revenue Service rückte darin von der Anwendung der Theorie der *"separate interest analysis"* auf das Merkmal der fortdauernden Existenz ab. Siehe hierzu unten Teil 3 Kapitel 1 D. I. 2.

[73] Zu den Besonderheiten in dem Fall, in dem die GmbH direkt oder indirekt letztlich von einer Person gehalten wird, siehe unten Teil 3 Kapitel 1 D.

[74] Vgl. Revised Model Business Corporation Act (RMBCA) Sec. 801 (1984).

[75] *"Directors"*, Mitglieder des *Board of Directors*, zu ihrer Aufgabe und Funktion vgl. *von Samson-Himmelstjerna*, Die U.S.-Corporation und ihre Besteuerung, S. 46 ff.

[76] "[T]he persons who are vested with such management authority resemble in powers and functions the directors of a statutory corporation." Regs. § 301.7701-2(c)(1) Satz 2.

[77] "An organization has centralized management if any person (or any group of persons which does not include all the members) has continuing exclusive authority to make the management decisions necessary to the conduct of the business for which the organization was formed." Regs. § 301.7701-2(c)(1) Satz 1.

Unklar ist, ob es dabei auf die Geschäftsführungsbefugnis, d.h. die Möglichkeit aller Mitglieder die Geschäfte der Gesellschaft zu führen oder wenigstens erheblichen Einfluß auf den internen Entscheidungsfindungsprozeß ausüben zu können, oder auf die Vertretungsmacht, d.h. die Fähigkeit alle anderen Mitglieder rechtlich wirksam verpflichten zu können, ankommt[78]. Gemäß § 301.7701-2(c)(4) Satz 4 der Regs. ist eine bloße Beschränkung der Geschäftsleitungsgewalt[79] auf einige Mitglieder nicht ausreichend, wenn diese Beschränkung unwirksam gegen Dritte ist, die von dieser Beschränkung keine Kenntnis hatten. Demzufolge scheint die Fähigkeit oder Unfähigkeit zumindest bestimmter Mitglieder, die anderen Mitglieder wirksam verpflichten zu können, ausschlaggebend für das Vorliegen zentralisierter Geschäftsleitung zu sein. Zur Beantwortung der Frage, ob zentralisierte Geschäftsleitung vorliegt, dürfte es jedoch tatsächlich auf die Verteilung beider Elemente, der Geschäftsführungsbefugnis und der Vertretungsmacht, ankommen.

Einer *general partnership*, die nach einem Gesetz errichtet wurde, das dem Uniform Partnership Act entspricht, fehlt eine zentralisierte Geschäftsleitung, weil die Gesellschafter Vertreter der *general partnership* sind und diese wirksam verpflichten können. Auch wenn die Geschäftsleitungsgewalt einem Geschäftsleitungsgremium übertragen wird, so können Gesellschafter, die diesem Gremium nicht angehören, dennoch die Gesellschaft wirksam verpflichten, da diese Beschränkung nur interne Wirkung hat, nicht aber gegenüber Dritten wirksam ist. Bei einer *general partnership*, die nach einem Gesetz errichtet wurde, das dem Revised Uniform Partnership Act entspricht, ist jedoch eine solche Beschränkung, auch Dritten gegenüber wirksam möglich[80].

2. Die Elemente "Zentralisierung" und "Repräsentation"

Neben der allgemeinen Beschreibung der zentralisierten Geschäftsleitung enthalten die Regulations eine besondere Regelung für *limited partnerships*. Obwohl die haftenden Gesellschafter einer *limited partnership* ausschließliche Geschäftsleitungsgewalt haben, fehlt den Regulations gemäß einer *limited partnership*, die aufgrund eines Gesetzes, das dem Uniform Limited Partnership Act entspricht, errichtet wurde, im allgemeinen das Merkmal der zentralisierten Geschäftsleitung. Dieses Merkmal ist aber gewöhnlicherweise in einer *limited partnership* vorhanden, wenn nahezu alle Gesellschaftsanteile von den beschränkt haftenden Gesellschaftern gehalten werden[81]. Dieser Gesichtspunkt der "Zentralisierung

---

[78] Vgl. Reg. § 301.7701-2(c)(1), (2) zum einen und Regs. § 301.7701-2(c)(4) Satz 4 zum anderen.

[79] "powers of management".

[80] Vgl. Revised Uniform Partnership Act Sec. 301 und 303. Eine Beschränkung wird danach durch Registrierung *("filing")* wirksam.

[81] "[L]imited partnerships subject to a statute corresponding to the Uniform Limited Partnership Act, generally do not have centralized management, but centralized manage-

der Geschäftsleitung" wurde in der Larson-[82] und der Zuckman-Entscheidung[83] erörtert.

a)   Zuckman-Entscheidung

In der Zuckman-Entscheidung[84] befaßte sich der *Court of Claims* mit zwei verschiedenen Aspekten der zentralisierten Geschäftsleitung. Diese sind der "repräsentative" und der "zentralisierte" Charakter der Geschäftsleitung. Das Gericht befand, daß ein Unterschied zwischen zentralisierter Geschäftsleitung im körperschaftlichen Sinne und im Sinne der *limited partnerships* besteht. Bei Körperschaften hat die zentralisierte Geschäftsleitung einen repräsentativen Charakter, d.h. eine Körperschaft kann nur durch ihre Repräsentationsorgane handeln, stellvertretend für die Gesamtheit der Anteilseigner. Bei einer *limited partnership* dagegen haben die haftenden Gesellschafter ausschließliche Geschäftsleitungsgewalt[85] und handeln in erster Linie für sich selber (sozusagen "auf eigene Rechnung"), beschränkt lediglich durch die Treuepflichten, die sie den anderen (beschränkt haftenden) Gesellschaftern schulden[86]. Das Gericht befand daher, daß Zentralisierung als solche sowohl *corporations* als auch *limited partnerships* gemeinsam ist und deswegen unwesentlich für die Unterscheidung der beiden Gesellschaftsformen ist[87]. Entscheidend für die steuerliche Einordnung einer Personenvereinigung ist daher ihre Ähnlichkeit mit einer *corporation*, wie dies auch die Regulations[88] vorsehen. Zu untersuchen ist deshalb in erster Linie der "repräsentative" im Gegensatz zum "zentralisierten" Aspekt der Geschäftsleitungsgewalt.

Gemäß dem *Court of Claims* spiegelt sich der repräsentative Aspekt in der oben erwähnten Regelung in den Regulations wider. Der Grund dieser Regelung ist darin zu sehen, daß der haftende Gesellschafter einer *limited partnership*, deren Anteile nahezu vollständig von den beschränkt haftenden Gesellschaftern gehalten werden, fast ausschließlich an Stelle der beschränkt haftenden Gesellschafter und nicht für sich selber handelt, d.h. er hat eine stellvertretende Stellung. Des-

---

ment ordinarily does exist in such a limited partnership if substantially all the interests in the partnership are owned by the limited partners." Regs. § 301.7701-2(c)(4) Satz 5.

[82]   Larson v. Commissioner, 66 T.C. 159, (176-179), (1976), acq. 1979-1 C.B. 1.

[83]   Zuckman v. United States, 524 F.2d 729, (737-739), (Ct.Cl. 1975).

[84]   Zuckman v. United States, 524 F.2d 729, (Ct.Cl. 1975).

[85]   Vgl. § 9 ULPA.

[86]   Vgl. §§ 18 bis 23 ULPA.

[87]   Zuckman v. United States, 524 F.2d 729, (738), (Ct.Cl. 1975), unter Berufung auf Regs. § 301.7701-2(a)(2). Zentralisierung als solche wird daher genauso behandelt wie das "Vorhandensein von Gesellschaftern" und die "Absicht, Geschäfte zu betreiben und Gewinne daraus zu teilen".

[88]   Regs. § 301.7701-2(a)(1) letzter Satz.

halb besitzt eine solche Gesellschaft eine Geschäftsleitungsgewalt körperschaftlicher Art[89].

Der Schwerpunkt der Fragestellung ist daher darauf zu legen, ob die haftenden Gesellschafter an Stelle der anderen (beschränkt haftenden) Gesellschafter handeln, und weniger darauf, ob die beschränkt haftenden Gesellschafter von der Geschäftsleitung ausgeschlossen sind. Denn dies ist ein gemeinsames Merkmal der *corporations* und der *limited partnerships*.

b)   Larson-Entscheidung

Der *Tax Court* wandte in der Larson-Entscheidung[90] ähnliche Maßstäbe an. Nachdem das Gericht feststellte, daß die Geschäftsleitung der zwei betroffenen *limited partnerships* in den Händen ihres (gemeinsamen) haftenden Gesellschafters lag, befaßte es sich mit dem Ausmaß des Gesellschaftsanteils des haftenden Gesellschafters. Unter Berufung auf § 301.7701-2(c)(4) der Regs. befand der *Tax Court*, daß auch wenn die Geschäftsleitung in den Händen eines haftenden Gesellschafters zentralisiert sei, dennoch keine "zentralisierte Geschäftsleitung" vorliegt, wenn der haftende Gesellschafter ein bedeutendes Eigentumsrecht[91] an der Gesellschaft habe[92].

c)   Meaningful Proprietary Interest - Bedeutendes Eigentumsrecht

Dieses Merkmal, das der *Court of Claims* den "repräsentativen" Aspekt der zentralisierten Geschäftsleitung nennt, basiert auf der Glensder Textile Co.-Entscheidung des *Board of Tax Appeals*. Darin wurde entschieden, daß ein geschäftsführender Gesellschafter mit einem bedeutenden Eigentumsrecht an der Gesellschaft keine Ähnlichkeit mit den Verwaltungsräten[93] einer *corporation* habe, weil er in seinem eigenen Interesse handelt und nicht bloß in stellvertretender Position für eine Personenmehrheit, die beschränkte Anteile und beschränkte Haftung haben, tätig ist[94].

---

[89] Zuckman v. United States, 524 F.2d 729, (738), (Ct.Cl. 1975), unter Berufung auf Morrissey v. Commissioner, 269 U.S. 344, (359), (1935).

[90] Larson v. Commissioner, 66 T.C. 159 (1976), acq. 1979-1 C.B. 1.

[91] "meaningful proprietary interest".

[92] Larson v. Commissioner, 66 T.C. 159, (177), (1976), acq. 1979-1 C.B. 1. Unter Berufung auf Zuckman v. United States, 524 F.2d 729, (Ct.Cl. 1975).

[93] *"Directors"*, Mitglieder des *Board of Directors*, zu ihrer Aufgabe und Funktion vgl. *von Samson-Himmelstjerna*, Die U.S.-Corporation und ihre Besteuerung, S. 46 ff.

[94] Glensder Textile Co. v. Commissioner, 46 B.T.A. 176, (185), (1942), acq., 1942-1 C.B. 8. Dieser eigentumsrechtliche Aspekt des Gesellschaftsanteil des haftenden Gesellschafters wird nicht nur in den Regulations berücksichtigt, sondern auch in Revenue Procedures, die Private Letter Ruling-Anträge für die Einordnung von *limited partnerships* betreffen. Vgl. Rev. Proc. 91-13, 1991-1 C.B. 477, Appendix A "checklist", items 4 ff.

Richtlinien zur Entscheidung, ob ein Eigentumsrecht an einer Gesellschaft bedeutend ist, enthält Rev. Proc. 89-12[95]. Gemäß dieser Revenue Procedure gibt der Internal Revenue Service keine Stellungnahmen zu der Frage ab, ob eine *limited partnership* keine zentralisierte Geschäftsleitung besitzt, wenn der Anteil der beschränkt haftenden Gesellschafter 80 v.H. der Gesellschaftsanteile übersteigt. In Sec. 4 der Rev. Proc. 89-12 ist festgelegt, daß der Internal Revenue nicht in Form einer *letter ruling* zur Einordnung einer *limited partnership* Stellung nimmt, wenn der Anteil des haftenden Gesellschafters an Gewinnen (oder Verlusten) nicht wenigstens 1 v.H. der gesamten positiven Kapitalkonten oder 500.000 $ beträgt, je nachdem was geringer ist[96]. Auch wenn *limited partnerships*, bei denen die haftenden Gesellschafter zusammengenommen, diese Maßgaben erfüllen, nicht automatisch als *associations* besteuert werden, so ist bei einer Gesellschafter- und Kapitalstruktur einer *limited partnership*, die weit über die erwähnten 80 v.H. hinausgeht, davon auszugehen, daß diese das körperschaftliche Merkmal der zentralisierten Geschäftsleitung hat.

d)   The Right of Removal - Recht der Abberufung

Neben dem eigentumsrechtlichen Aspekt des Gesellschaftsanteils des haftenden Gesellschafters, der in der Zuckman-[97] und der Larson-Entscheidung[98] herausgearbeitet wurde, kann die Fähigkeit oder Unfähigkeit der beschränkt haftenden Gesellschafter den oder die haftenden Gesellschafter abzuberufen, von Bedeutung sein. In der Glensder Textile Co.-Entscheidung beruhte das Urteil des *Tax Court*, daß die *partnership* keine zentralisierte Geschäftsleitung besaß, zum Teil auf der Tatsache, daß beschränkt haftende Gesellschafter nicht das Recht hatten, die haftenden Gesellschafter abzuberufen und sie als Vertreter zu kontrollieren, so wie Anteilseigner einer *corporation* den Verwaltungsrat kontrollieren können[99]. Die Formulierung in den Regs. § 301.7701-2(c)(4) letzter Satz scheint diese Ansicht zu stützen.

Andererseits scheint es zumindest fraglich, ob ein unbeschränktes Recht der beschränkt haftenden Gesellschafter den haftenden Gesellschafter abzuberufen, unter gleichzeitiger Anerkennung des "repräsentativen" Charakters der zentralisierten Geschäftsleitung, nicht den Aspekt der "Zentralisierung" in Frage stellt, denn es gäbe den beschränkt haftenden Gesellschaftern einen gewaltigen tatsächlichen Einfluß auf die Geschäftsleitung. Auf diese Weise wäre das Recht, den haftenden Gesellschafter abberufen zu können, sowohl ein Argument für die

---

[95] Rev. Proc. 89-12, 1989-1 C.B. 798, ergänzt durch Rev. Proc. 92-88, 1992-42 I.R.B. 39.

[96] Rev. Proc. 89-12, 1989-1 C.B. 798, Sec. 4.01 bis 4.04.

[97] Zuckman v. United States, 524 F.2d 729 (Ct.Cl. 1975).

[98] Larson v. Commissioner, 66 T.C. 159 (1976), acq. 1979-1 C.B. 1.

[99] Glensder Textile Co. v. Commissioner, 46 B.T.A. 176, (185), (1942), acq., 1942-1 C.B. 8.

Existenz einer zentralisierten Geschäftsleitung, als auch ein Argument gegen sie. Dagegen ist jedoch anzuführen, daß auch, wenn die beschränkt haftenden Gesellschafter das Recht haben den haftenden Gesellschafter abzuberufen, haben sie dennoch nicht notwendigerweise direkten Einfluß auf das Tagesgeschäft. Es ist auch unwahrscheinlich, daß die Drohung mit der Abberufung dazu benützt wird, um den haftenden Gesellschafter bei seinen Entscheidungen im Tagesgeschäft zu beeinflussen.

e)   All Members on the Management Board - Alle Mitglieder gehören der Geschäftsleitung an

Im weiteren stellt sich die Frage, ob zentralisierte Geschäftsleitung sogar dann gegeben sein kann, wenn alle Mitglieder der Personenvereinigung der Geschäftsleitung angehören, d.h. alle Mitglieder eine Art Geschäftsleitungsgremium bilden. Denn nach den Regulations ist zentralisierte Geschäftsleitung dann gegeben, wenn eine Person (oder eine Gruppe von Personen, die nicht alle Mitglieder der Personenvereinigung umfaßt) die dauernde und ausschließliche Befugnis hat, die Geschäfte der Vereinigung zu leiten[100]. Demzufolge ist anzunehmen, daß im Falle der Teilhabe aller Mitglieder an der Geschäftsleitung keine zentralisierte Geschäftsleitung existieren kann.

Der *Tax Court* hat jedoch diese Regulations in der Richlands Medical Association-Entscheidung anders ausgelegt. Der *Tax Court* war der Ansicht, daß der Text der oben erwähnten Regulations so zu verstehen ist, daß er nicht auch die Fälle umfaßt, in denen das Geschäftsleitungsgremium sich nicht rechtlich zwingend aus allen Mitgliedern zusammensetzt[101]. Das Gericht stützte sich bei seiner Auslegung hauptsächlich auf Rev. Rul. 71-574[102] sowie auf zwei Entscheidungen des *Supreme Court* und des *7th Circuit Court*. In dieser *revenue ruling* vertrat der Internal Revenue Service die Ansicht, daß eine Personenvereinigung, deren Geschäftsleitungsgremium alle Mitglieder der Vereinigung umfaßte, trotzdem eine zentralisierte Geschäftsleitung hat, wenn die Berechtigung geschäftsleitende Entscheidungen zu treffen, nicht in der Mitgliedschaft als solcher liegt, sondern bei einem Geschäftsleitungsorgan *(board of directors)*. Während zwar alle Mitglieder dieses Geschäftsleitungsorgans gleichzeitig Mitglieder der Vereinigung sein müssen, müssen aber nicht alle Mitglieder der Vereinigung gleichzeitig Mitglieder dieses Geschäftsleitungsorgans sein[103].

---

[100] Regs. § 301.7701-2(c)(1) erster Satz.

[101] Richlands Medical Association v. Commissioner, T.C.M. (P-H) 1990-660, 90-3238 (90-3240).

[102] Rev. Rul. 71-574, 1971-2 C.B. 432.

[103] Rev. Rul. 71-574, 1971-2 C.B. 432.

Diese Auslegung der Regulations wird durch die Entscheidung des *Supreme Court* in Helvering v. Coleman-Gilbert Associates[104] sowie die Entscheidung des *7th Circuit Court* in Pelton v. Commissioner[105] gestützt.

Die Frage wie eine Geschäftsleitungsgremium zusammengesetzt sein darf, kann für den Fall von Bedeutung sein, in dem eine Körperschaft als beschränkt haftender Gesellschafter nahezu alle Anteile an einem haftenden Gesellschafter hält, der selber eine Körperschaft ist, und ihre Verwaltungsräte zugleich im Verwaltungsrat des haftenden Gesellschafters sitzen. Diese Situation ist vergleichbar mit einer *limited partnership* in der die beschränkt haftenden Gesellschafter im Geschäftsleitungsgremium sitzen, ohne daß ihr Recht diesem Gremium anzugehören in ihrer Stellung als beschränkt haftende Gesellschafter verankert ist.

3. Limited Liability Companies

Ein Vorteil der *limited liability companies* liegt auch in der Flexibilität der Gestaltung ihrer Geschäftsleitung. Die meisten *limited liability company*-Gesetze erlauben in der Regel die Wahl zwischen zwei Formen der Geschäftsleitung: Die Geschäftsleitung liegt direkt in den Händen aller Gesellschafter[106] oder sie liegt in den Händen eines oder mehrerer Geschäftsführer *(managers)*, die von den Gesellschaftern bestimmt werden[107]. Die Geschäftsführer können Gesellschafter der *limited liability company* sein, müssen es aber nicht. Typischerweise sehen die meisten *limited liability company*-Gesetze vor, daß die Geschäftsleitung in den Händen der Gesellschafter liegt, die Stimmrechte entsprechend ihrer Kapitalbeteiligung oder ihres Gewinnbezugsrechtes haben[108], falls die *articles of organization* oder das *operating agreement* nichts anderes vorsieht. Mit dieser Regelung ist sichergestellt, daß einer *limited liability company* das körperschaftliche Merkmal der zentralisierten Geschäftsleitung fehlt, wenn keine andere Form der Geschäftsleitung gewählt wird.

---

[104] Helvering v. Coleman-Gilbert Associates, 296 U.S. 369 (1935). Dieser Fall wurde am selben Tag wie Morrissey v. Commissioner, 269 U.S. 344 (1935), entschieden und folgte dieser Entscheidung. Er betraf einen *business trust* bei dem alle Destinatäre *(beneficiaries)* gleichzeitig als Treuhänder *(trustees)* eingesetzt wurden. Der *Supreme Court* urteilte, daß "zentralisierte Geschäftsführung" gegeben ist.

[105] Pelton v. Commissioner, 82 F.2d 473 (7th Cir. 1937). Vgl. auch Hynes v. Commissioner, 74 T.C. 1266 (1980).

[106] "member-managed" limited liability company.

[107] "manager-managed" limited liability company.

[108] In diesem Zusammenhang ist darauf hinzuweisen, daß, wie auch bei *general* und *limited partnerships*, bei *limited liability companies* die Kapitalbeteiligung und die Gewinnbeteiligung stark auseinander fallen kann.

Rev. Proc. 95-10[109] sieht vor, daß einer *limited liability company* das Merkmal zentralisierter Geschäftsleitung fehlt, wenn sie ausschließlich von allen Gesellschaftern in ihrer Eigenschaft als Gesellschafter geführt wird[110].

Aber auch wenn eine *limited liability company* von Geschäftsführern geleitet wird, kann sie gemäß Rev. Proc. 95-10 unter bestimmten Voraussetzungen keine zentralisierte Geschäftsleitung besitzen[111]. Grundvoraussetzung ist, daß die Gesellschafter, die als Geschäftsführer bestellt wurden, wenigstens 20 Prozent der Anteile an der Gesellschaft halten[112]. Jedoch auch wenn dies erfüllt ist, behält sich der Internal Revenue Service vor, die genauen Tatsachen und Umstände zu untersuchen, um sicherzustellen, daß die nicht-geschäftsführenden Gesellschafter nicht die Geschäftsführer kontrollieren. Wenn darüber hinaus die Geschäftsführer auf Zeit gewählt werden, oder die Gesellschafter das nahezu unbeschränkte Recht haben, die Geschäftsführer zu entheben, wird der Internal Revenue Service keine Ruling erteilen, daß die Gesellschaft keine zentralisierte Geschäftsleitung besitzt[113].

---

[109] Rev. Proc. 95-10, 1995-3 I.R.B. 20.

[110] Eine Ausnahme stellt jedoch das *limited liability company*-Gesetz des Bundesstaates Colorado dar. Der Internal Revenue Service entschied in Rev. Rul. 93-6, 1993-3 I.R.B., daß eine Colorado *limited liability company*, die von all ihren fünf Gesellschaftern, die als Geschäftsführer gewählt waren, geführt wurde, eine zentralisierte Geschäftsführung hatte. Grund dafür ist, daß nach dem *limited liability company*-Gesetz Colorados die Geschäftsleitungsgewalt ausschließlich in den Händen gewählter Geschäftsführer liegt. Vgl. Col. Rev. Stat. § 7-80-401.

[111] Vor Erlaß der Rev. Proc. 95-10 war unklar, wieviel Geschäftsleitungsgewalt Gesellschafter-Geschäftsführer haben dürfen, ohne daß die Gesellschaft zentralisierte Geschäftsleitung besitzt. In Rev. Rul. 88-76, 1988-2 C.B. 360 (Wyoming), und Rev. Rul. 93-5, 1993-3 I.R.B. 6 (Virginia) hat der Internal Revenue Service noch entschieden, daß die betroffenen *limited liability companies*, die jeweils von drei ihrer 25 Gesellschafter als Gesellschafter-Geschäftsführer geführt wurden, zentralisierte Geschäftsleitung besaßen. Angaben zu den Kapitalbeteiligungen wurden nicht gemacht. Vgl. auch Rev. Rul. 93-30, 1993-16 I.R.B. 4 (Nevada); Rev. Rul. 93-38, 1993-21 I.R.B. 4 (Situation 2, Delaware).

[112] Eine *limited liability company*, deren Geschäftsführer keine Anteilseigner sind, besitzt naturgemäß das Merkmal zentralisierter Geschäftsleitung.

[113] Besetzung der geschäftsführenden Positionen auf Zeit und weit gefaßte Entlassungsrechte sind die Kennzeichen der Geschäftsleitung bei einer *corporation*; vgl. Revised Model Business Corporation Act Sec. 8.01 bis 8.08 (1994). Obwohl Rev. Proc. 89-12, 1989-1 C.B. 798, die sich mit *limited partnerships* befaßt, im Grunde die selben Tatsachen und Umstände behandelt wie Rev. Proc. 95-10, findet sich darin keine entsprechende Bestimmung, die vorsieht, daß keine Ruling in bezug auf die zentralisierte Geschäftsführung erteilt wird, wenn die Geschäftsführer auf Zeit bestellt werden, oder die Gesellschaftern umfangreiche Rechte zu ihrer Entlassung besitzen. Der Grund dafür ist darin zu suchen, daß die Vorschriften über die Geschäftsführung bei der *limited liability company* extrem flexibel sind und nicht immer von einer personenmäßig beständigen Geschäftsleitung aus-

Außer den Beschränkungen bezüglich der Wahl der Geschäftsführer auf Zeit und ihrer Abberufung, behandelt Rev. Proc. 95-10 die Geschäftsführer einer *limited liability company* grundsätzlich wie die haftenden Gesellschafter einer *limited partnership*. Vor Erlaß dieser Revenue Procedure war nur sicher, daß einer *limited liability company* zentralisierte Geschäftsleitung fehlte, wenn sie von allen Gesellschaftern gemeinsam geführt wurde[114]. Obwohl nun *limited liability companies* fast die gleiche Flexibilität in bezug auf die zentralisierte Geschäftsführung genießen können wie die *limited partnerships*, ist bei ihnen dennoch weniger Rechtssicherheit bei der Vermeidung zentralisierter Geschäftsleitung gegeben, da der Internal Revenue Service auch weitere Tatsachen und Umstände berücksichtigt.

4.   Gesellschaft mit beschränkter Haftung

Der Internal Revenue Service hat bisher in Rev. Rul. 77-214[115] und Rev. Rul. 93-4[116] ohne weitere Erörterung immer festgestellt, daß eine deutsche GmbH zentralisierte Geschäftsleitung besitzt. Grund dafür ist, daß eine GmbH nach § 6 Abs. 2 GmbHG immer einen oder mehrere Geschäftsführer haben muß, die die Geschäfte der GmbH stellvertretend für die Gesellschafter leiten. Zwar können nach § 6 Abs. 3 und 4 GmbHG, auch (sämtliche) Gesellschafter Geschäftsführer

---

gegangen werden kann, wie sie die Geschäftsleitung durch die haftenden Gesellschaftern einer *limited partnership* darstellt. Vgl. Col. Rev. Stat. § 7-80-401. Diese Regelung dürfte einzigartig sein und zeigt, daß sich der Internal Revenue Service hier streng an der gesellschaftrechtlichen Form orientiert hat. Diese Ansicht des Internal Revenue Service ist aber durch die Richlands Medical Association-Entscheidung, Richlands Medical Association v. Commissioner, T.C.M. (P-H) 1990-660, 90-3238 (90-3240), gedeckt. Siehe hierzu auch oben Teil 3 Kapitel 1 C. II. 2. d).

[114] Vor Erlaß von Rev. Proc. 95-10 war nicht anzunehmen, daß der Internal Revenue Service die Richtlinien für die Ruling-Erteilung bei *limited partnerships*, die in Rev. Proc. 89-12, 1989-1 C.B. 798, enthalten ist, auch auf *limited liablility companies* anwendet, die nur von einem Teil ihrer Gesellschafter als Gesellschafter-Geschäftsführer geleitet werden. Nach Rev. Proc. 89-12 besitzen *limited partnerships* keine zentralisierte Geschäftsführung, wenn der oder die haftenden Gesellschafter kein bedeutendes Eigentumsrecht an der Gesellschaft besitzen, das für Zwecke einer Ruling mindestens 20 % der Anteile an der Gesellschaft betragen muß. Der Grund für die Annahme, daß die Grundsätze der Einordnung der *limited partnerships* nicht auf die *limited liability companies* angewandt werden würden, ist vor allem darin zu sehen, daß in Rev. Rul. 88-76, 1988-2 C.B. 350 und Rev. Rul. 93-5, 1993-3 I.R.B. 6, zentralisierte Geschäftsleitung festgestellt wurde, ohne daß Angaben über die prozentuale Beteiligung der Gesellschafter-Geschäftsführer gemacht wurden. Die betroffenen *limited liability companies* wurden jeweils von drei ihrer 25 Gesellschafter als Gesellschafter-Geschäftsführer geführt. Vgl. auch Rev. Rul. 93-30, 1993-16 I.R.B. 4 (Nevada); Rev. Rul. 93-38, 1993-21 I.R.B. 4 (Situation 2, Delaware).

[115] Rev. Rul. 77-214, 1977-1 C.B. 408.

[116] Rev. Rul. 93-4, 1993-3 I.R.B. 5.

sein, dies ändert jedoch nichts daran, daß sie immer in repräsentativer Funktion für die Gesellschafter auftreten und für sie handeln. *Rienstra*[117] versucht nachzuweisen, daß das Merkmal der zentralisierten Geschäftsleitung in einer solchen Konstellation bei einer GmbH nicht unbedingt bestehen muß, da die Rechtslage nicht unbedingt eindeutig ist. Dem ist jedoch entgegenzuhalten, daß Rev. Rul. 93-6[118] im Falle einer Colorado *limited liability company* zentralisierte Geschäftsleitung bejahte, obwohl sämtliche fünf Gesellschafter als Geschäftsführer gewählt waren, weil das *limited liability company*-Gesetz Colorados die Geschäftsleitungsgewalt ausschließlich in die Hände von gewählten Gesellschaftern legt. Auch die später erlassene Rev. Proc. 95-10[119], die sich mit der Einordnung von *limited liability companies* befaßt, ändert nichts an dieser Sichtweise. Aber genau dies ist auch der Fall bei einer deutschen GmbH, die auch ausschließlich von den Geschäftsführern geführt wird.

III. *"Limited Liability" - Beschränkte Haftung*

1. Grundsatz

Der Hauptvorteil eines Unternehmens in körperschaftlicher Form bestand schon immer in der Möglichkeit der Anteilseigner, ihre persönliche Haftung für Schulden und Verbindlichkeiten des Unternehmens auf ihre zu leistende Kapitaleinlage zu begrenzen. Gläubiger können nicht auf das Privatvermögen der Anteilseigner zurückgreifen[120].

Gemäß den Regulations besitzt eine Personenvereinigung das körperschaftliche Merkmal der beschränkten Haftung, wenn nach dem Zivilrecht kein Mitglied für Schulden der Vereinigung oder Ansprüche gegen die Vereinigung persönlich haftet. Persönliche Haftung bedeutet, daß ein Gläubiger der Personenvereinigung in dem Maße Rückgriff auf ein Mitglied nehmen kann, in dem das Vermögen der Vereinigung nicht ausreicht seinen Anspruch zu befriedigen[121].

Nach dieser Definition ist persönliche Haftung mehr eine Frage der rechtlichen Verantwortlichkeit für die Verpflichtungen der Vereinigung als eine Frage, wer

---

[117] *Rienstra, J.*, Entity Classification Guidelines for German GmbHs, IBFD Bulletin 1993, S. 638 (642 ff.).

[118] Rev. Rul. 93-6, 1993-3 I.R.B. 8.

[119] Rev. Proc. 95-10, 1995-3 I.R.B. 20.

[120] Vgl. Revised Model Business Corporation Act Sec. 6.22 (1984); siehe auch Revised Uniform Limited Partnership Act Sec. 403.

[121] "An organization has the corporate characteristic of limited liability if under local law there is no member who is personally liable for the debts of or claims against the organization. Personal liability means that a creditor of an organization may seek personal satisfaction from a member of the organization to the extent that the assets of such organization are insufficient to satisfy the creditor's claim." Regs. § 301.7701-2(d)(1) Sätze 1 und 2.

letztlich das wirtschaftliche Risiko trägt. Daher beseitigt eine Vereinbarung, gemäß der ein persönlich haftendes Mitglied einer Personenvereinigung von einer anderen Person von Haftungsansprüchen aus der Vereinigung freigestellt wird, die persönliche Haftung nicht. Denn nach Zivilrecht haftet das Mitglied trotz dieser Vereinbarung den Gläubigern[122].

Die Gesellschafter einer *general partnership* haften immer persönlich für die Verbindlichkeiten der Gesellschaft und daher fehlt ihr immer das Merkmal der beschränkten Haftung[123]. Für die *limited partnership* ist die Frage nach dem Merkmal der beschränkten Haftung komplizierter, wie sich aus dem Folgenden ergibt:

a)   Persönliche Haftung der haftenden Gesellschafter

Für *limited partnerships*, die nach einem Gesetz errichtet wurden, das dem RULPA entspricht, besteht die Vermutung, daß persönliche Haftung bei jedem haftenden Gesellschafter besteht[124]. Dieser Grundsatz wird in § 301.7701-2(d)(2) der Regs. anhand von vier nicht abschließenden, besonderen Situationen weiter ausgeführt. Hiernach ist unter anderem persönliche Haftung beim haftenden Gesellschafter gegeben, wenn

1.   der haftende Gesellschafter eine *corporation* ist, die namhafte Vermögenswerte besitzt, auf die die Gläubiger zurückgreifen können;

2.   der haftende Gesellschafter nur Dienste als Einlage leistet, aber dennoch namhafte Vermögenswerte besitzt;

3.   der haftende Gesellschafter namhafte Vermögenswerte besitzt, diese jedoch nicht ausreichen, um die Verpflichtungen einer Personenvereinigung zu befriedigen, die in großem Rahmen Finanzgeschäfte betreibt; und

4.   der haftende Gesellschafter zwar keine namhaften Vermögenswerte besitzt, aber nicht bloß als Marionette[125] für die beschränkt haftenden Gesellschafter fungiert.[126]

Persönliche Haftung ist jedoch nicht gegeben, wenn der haftende Gesellschafter keine namhaften Vermögenswerte hat und wie eine Marionette als Vertreter für die beschränkt haftenden Gesellschafter auftritt. Zur Frage was "namhafte Ver-

---

[122] Regs. § 301.7701-2(d)(1) Sätze 3 und 4.

[123] Vgl. Uniform Partnership Act Sec. 15 (1914); Revised Uniform Partnership Act Sec. 306 (1993).

[124] Regs. § 301.7701-2(d)(1) letzter Satz. Vgl. auch Rev. Proc. 95-2, 1995-1 I.R.B. 7, bzgl. der aktuellen Liste von Bundesstaaten, deren *limited partnership*-Gesetze dem Revised Limited Partnership Act für Zwecke der Regs. § 301.7701-2 entsprechen.

[125] "Dummy".

[126] Vgl. Zuckman v. United States, 524 F.2d 729, (741), (Ct.Cl. 1975).

mögenswerte"[127] sind, hat der Internal Revenue Service einige Revenue Procedures[128] erlassen. Danach besitzt eine *limited partnership* für Zwecke eines *ruling*-Antrags keine beschränkte Haftung, wenn das Nettovermögen der haftenden Gesellschafter, die Körperschaften sind, mindestens 10 v.H. der Gesamteinlagen in die *limited partnership* beträgt und anzunehmen ist, daß es mindestens 10 v.H. der Gesamteinlagen für die Dauer der Gesellschaft bleibt.

Der *Tax Court* teilt in der Larson-Entscheidung die Ansicht, daß ein haftender Gesellschafter dann nicht haftet, wenn kumulativ vorliegt, daß er keine namhaften Vermögenswerte besitzt (außer seinem Gesellschaftsanteil), auf die die Gläubiger der Gesellschaft zurückgreifen können, und er zugleich wie eine Marionette als Vertreter für die beschränkt haftenden Gesellschafter auftritt[129].

Zu der Frage, wann ein haftender Gesellschafter wie eine Marionette als Vertreter der beschränkt haftenden Gesellschafter auftritt, hält der *Tax Court* das bloße Recht der Abberufung des haftenden Gesellschafters nicht für ausreichend. Dies bedeutet im Gegensatz dazu vielmehr die völlige Kontrolle. Diese ist gegeben, wenn die Kontrollrechte der beschränkt haftenden Gesellschafter diesen erlauben, aktiv die Geschäfte durch die haftenden Gesellschafter zu führen[130]. Anders ausgedrückt, wenn der haftende Gesellschafter unabhängig von und ohne Beziehung zu den beschränkt haftenden Gesellschaftern ist, ist er keine Marionette[131].

---

[127] "substantial assets".

[128] Vgl. Rev. Proc. 89-12, 1989-1 C.B. 798, Abschnitt 4.07; erweitert durch Rev. Proc. 92-88, 1992-42 I.R.B. 39, Abschnitt 4.03.

[129] Larson v. Commissioner, 66 T.C. 159, (180), (1976), acq. 1979-1 C.B. 1, unter Berufung auf Regs. § 301.7701-2(d)(2). Es ist fraglich, ob dieses Verständnis der Regulations, das sich auf ihren Wortlaut stützt, im Einklang mit der Entscheidung des *Board of Tax Appeals* in Glensder Textile Co. v. Commissioner, 46 B.T.A. 176, (183), (1942), acq., 1942-1 C.B. 8, steht, die offensichtlich als Quelle des Wortlauts der Regulations diente. Der entscheidende Abschnitt der Entscheidung lautet:

"If, for instance, the general partners were not men with substantial assets risked in the business <u>but</u> were mere dummies without real means acting as the agents of the limited partners, whose investment made possible the business, there would be something approaching the corporate form of stockholders and directors." [Unterstreichung hinzugefügt.] Das Auftreten wie ein "dummy" scheint hiernach eher eine Folge des Fehlens namhafter Vermögenswerte zu sein als ein separates Merkmal. Der Wortlaut der Regulations hingegen stützt die Ansicht des Tax Courts in Larson.

[130] Larson v. Commissioner, 66 T.C. 159, (181), (1976), acq. 1979-1 C.B. 1, unter Berufung auf Glensder Textile Co. v. Commissioner, 46 B.T.A. 176, (183), (1942), acq., 1942-1 C.B. 8.

[131] Larson v. Commissioner, 66 T.C. 159, (182), (1976), acq. 1979-1 C.B. 1.

b)   Persönliche Haftung der beschränkt haftenden Gesellschafter

Auch wenn nach diesem Maßstab der haftende Gesellschafter einer *limited partnership* keiner persönlichen Haftung ausgesetzt ist, kann der Gesellschaft trotzdem das körperschaftliche Merkmal der beschränkten Haftung fehlen, wenn die beschränkt haftenden Gesellschafter persönlich haften. Nach Ansicht der Regulations ist dies dann der Fall, wenn die beschränkt haftenden Gesellschafter die Geschäftsherren[132] eines solchen haftenden Gesellschafter sind[133].

Auf Grundlage dieser Regulations folgerte der *Court of Claims* in der Zuckman-Entscheidung, daß eine *limited partnership* niemals beschränkte Haftung besitzen kann. Diese Folgerung des Gerichts beruht auf seinem Verständnis der Regulations. Demzufolge gibt es zwei Möglichkeiten, wenn der haftende Gesellschafter keine namhaften Vermögenswerte besitzt[134]: Entweder handelt er unabhängig, d.h. er ist keine "Marionette" der beschränkt haftenden Gesellschafter - dann gilt er trotzdem als persönlich haftend; oder der haftende Gesellschafter ist eine "Marionette", d.h. die beschränkt haftenden Gesellschafter sind seine Geschäftsherren - dann haften die beschränkt haftenden Gesellschafter persönlich[135].

Es ist jedoch fraglich, ob dieses Verständnis der Regulations im Einklang mit der Systematik der Regulations steht. Es ist unwahrscheinlich, daß der Internal Revenue Service sich die Mühe macht eine Regelung in § 301.7701-2(d)(2) der Regs. zu schaffen und diese Regelung auch noch als Ausnahme von der allgemeinen Regel, daß der haftende Gesellschafter persönlich haftet[136], bezeichnet, wenn das Ergebnis des Ganzen in einer Ersetzung der persönlichen Haftung des haftenden Gesellschafter durch die persönliche Haftung der (oder zumindest eines Teils der) beschränkt haftenden Gesellschafter besteht[137]. Des weiteren erscheint es fraglich, ob eine Gesellschaftsstruktur, bei der die haftenden Gesellschafter als Vertreter für die beschränkt haftenden Gesellschafter handeln, identisch ist mit einer Situation, in der die beschränkt haftenden Gesellschafter als Geschäftsherren eines solchen haftenden Gesellschafters auftreten.

---

[132] "principals".

[133] Regs. § 301.7701-2(d)(2) Satz 2.

[134] Wenn er namhafte Vermögenswerte besitzt, haftet er im Sinne der Regulations ohnehin persönlich.

[135] Zuckman v. United States, 524 F.2d 729, (741), (Ct.Cl. 1975).

[136] Vgl. Regs. § 301.7701-2(d)(1) letzter Satz.

[137] Dies würde zumindest einer systematischen Auslegung widersprechen, da Normen so auszulegen sind, daß sie sich nicht widersprechen oder sich gegenseitig überflüssig machen.

Schließlich hat der Internal Revenue Service die oben erwähnten Revenue Procedures erlassen, die regeln wann einer *limited partnership* die beschränkte Haftung fehlt[138].

2. Limited Liability Companies

Beschränkte Haftung ist genau das körperschaftliche Merkmal für das die Rechtsform der *limited liability company* geschaffen worden ist. Besäße die *limited liability company* keine beschränkte Haftung, wäre sie nichts anderes als eine *general partnership*[139]. Der entscheidende Vorteil einer *limited liability company* ist, daß ihre Gesellschafter oder Geschäftsführer nicht für die Verbindlichkeiten der Gesellschaft haften und in dieser Beziehung den gleichen Schutz wie Anteilseigner oder gesetzliche Vertreter einer *corporation* genießen. Die meisten Staaten gingen sogar soweit, daß sie die Gesellschafter oder Geschäftsführer einer *limited liability company* nicht als Beklagte für eine Klage gegen die Gesellschaft zulassen. Obwohl Gläubiger aus wirtschaftlichen Gründen vielleicht in der Lage sind, von Gesellschaftern zu verlangen, daß sie sich für bestimmte Schulden der Gesellschaft persönlicher Haftung aussetzen, wird ein solche Gesellschaft dennoch das Merkmal beschränkter Haftung besitzen, weil kein Gesellschafter für sämtliche Schulden der Gesellschaft persönlich haftet[140].

---

[138] Rev. Proc. 89-12, 1989-1 C.B. 798, Abschnitt 4.07; erweitert durch Rev. Proc. 92-88, 1992-42 I.R.B. 39, Abschnitt 4.03. Diese Erlasse sind als Richtlinien zum Schutze *("safe harbor")* von *limited partnerships* ergangen, die eine Einordnung als *partnership* und nicht als *association* beantragen. Rev. Proc. 89-12 geht weit über diese Absicht hinaus:

> "In the case of a limited partnership in which the only general partners are corporations that do not satisfy the safe harbor described in the preeceding sentence, close scrutiny will be applied to determine whether the partnership lacks limited liability. In that connection, it must be demonstrated either that a general partner has (or the general partners collectively have) substantial assets (other than the partner's interest in the partnership) that could be reached by a creditor of the partnership or that the general partners individually and collectively will act independently of the limited partners."

Rev. Proc. 92-88 legt die unterschiedlichen Vermögenskriterien dar, abhängig davon, ob der haftende Gesellschafter eine Körperschaft oder eine natürliche Person ist.

[139] Es sind jedoch seltene Fälle denkbar, in denen es den beteiligten Parteien nicht so sehr auf die beschränkte Haftung ankommt, ihnen aber z.B. entscheidend an den körperschaftlichen Merkmalen der fortdauernden Existenz und der freien Übertragbarkeit der Anteile gelegen ist und eine *limited partnership* nicht in Frage kommt. Da auch nicht alle Gesellschafter einer *limited partnership* unbeschränkt haften, gibt es wohl keinen Grund, daß nur ein Teil der Gesellschafter einer solchen *limited liability company* unbeschränkt haften. Eine solche Gestaltung ist aber gegenwärtig wohl nur in den Staaten Texas, Kansas, Iowa und New York möglich, vgl. Tex. Rev. Civ. Stat. Ann. tit 32 art 1528n, art. 4.03; Kan. Stat. Ann. § 17-76; Iowa Code § 490A.601; NYLLCL § 609(b).

[140] Um das Merkmal der beschränkten Haftung zu vermeiden, muß ein Gesellschafter der *limited liability company* persönlich für sämtliche Schulden der Gesellschaft haften. Aus

Vor Erlaß der Rev. Proc. 95-10 gab es keine rechtliche Bestimmung, die die Frage beantwortete, ob einer *limited liability company* überhaupt das Merkmal beschränkter Haftung fehlen könnte, auch wenn einer ihrer Gesellschafter rechtsverbindlich die persönliche Haftung für Verbindlichkeiten der Gesellschaft übernahm. Gemäß Rev. Proc. 95-10 ist es nunmehr unter bestimmten Voraussetzungen möglich, daß einer *limited liability company* das Merkmal der beschränkten Haftung fehlt. Grundvoraussetzung ist, daß mindestens ein Gesellschafter[141] rechtsverbindlich die persönliche Haftung für sämtliche Verbindlichkeiten der Gesellschaft übernimmt und diese Möglichkeit der Haftungsübernahme ausdrücklich in dem betreffenden *limited liability company*-Gesetz vorgesehen ist. Genauso wie der haftende Gesellschafter einer *limited partnership*, muß der Gesellschafter, der die persönliche Haftung übernimmt, bestimmte Vermögenskriterien erfüllen[142]. Rev. Proc. 95-10 fordert nicht, daß der, die Haftung übernehmende Gesellschafter auch Geschäftsführer der Gesellschaft ist. Im Vergleich zur *limited partnership* bietet eine *limited liability company* daher mehr Flexibilität, da dort nur der immer auch zu Geschäftsführung berufene haftende Gesellschafter Haftungsträger sein kann[143].

Das Erfordernis, daß das einschlägige *limited liability company*-Gesetz ausdrücklich erlauben muß, daß ein Gesellschafter die persönliche Haftung für die Verbindlichkeiten übernehmen kann, macht es vielen *limited liability companies* unmöglich, das Merkmal der beschränkten Haftung zu vermeiden. Denn im Gegensatz zu den weiten Gestaltungsmöglichkeiten, die die *limited liability company*-Gesetze in anderen Bereichen bieten, sehen nur wenige die ausdrückliche Möglichkeit vor, daß Gesellschafter die Haftung für sämtliche Verbindlichkeiten

---

diesem Grund besitzen *limited liability companies*, bei denen Gesellschafter nur für bestimmte Schulden haften, für andere aber nicht, dennoch das Merkmal der beschränkten Haftung. Dies wird deutlich am Beispiel einer *"professional"* limited liability company (eine Gesellschaft, die nur Vertreter freier Berufe umfaßt). Dort haften die Gesellschafter persönlich für ihre eigene Fahrlässigkeit, aber nicht die Fahrlässigkeit ihrer Mitgesellschafter, deshalb besitzt sie das Merkmal der beschränkten Haftung.

[141] Der Gesellschafter muß mindestens 1% der Anteile der *limited liability company* besitzen und bestimmte Anforderungen in bezug auf sein Kapitalkonto erfüllen; Rev. Proc. 95-10, 1995-3 I.R.B. 20.

[142] Rev. Proc. 95-10, 1995-3 I.R.B. 20; vgl. auch Rev. Proc. 89-12, 1989-1 C.B. 798, Abschnitt 4.07; erweitert durch Rev. Proc. 92-88, 1992-42 I.R.B. 39, Abschnitt 4.03, sowie oben Teil 3 Kapitel 1 C. III. 1.

[143] Bei einer *limited partnership* besitzt nur ein haftender Gesellschafter, nicht aber die beschränkt haftenden Gesellschafter, die erforderliche Haftungsträgereigenschaft, die zum Fehlen des Merkmals der beschränkten Haftung notwendig ist. Bei der *limited liability company* kann jeder Gesellschafter diese Haftungsträgerfunktion ausüben, gleichgültig, ob er mit Geschäftsleitungsaufgaben als Geschäftsführer befaßt ist oder nicht.

der Gesellschaft übernehmen können[144]. Es ist jedoch zu vermuten, daß die einzelstaatlichen Gesetzgeber diese Anliegen bald aufgreifen werden und bei einer Novellierung ihrer *limited liability company*-Gesetze entsprechend berücksichtigen werden.

In anderem Zusammenhang erlangt das körperschaftliche Merkmal der beschränkten Haftung bei der *limited liability company* jedoch Bedeutung. Nämlich für die Frage, ob und wie auf die *limited liability company* als haftender Gesellschafter einer *limited partnership* die Vermögenskriterien der Revenue Procedures 89-12 und 92-88[145] angewandt werden. Der Internal Revenue Service hat sich in Rev. Proc. 95-10 dafür entschieden, daß der oder die Gesellschafter, die persönliche Haftung übernehmen, ein Nettovermögen von mindestens 10 v.H. der Gesamteinlagen der *limited liability company* besitzen und anzunehmen ist, daß es mindestens 10 v.H. der Gesamteinlagen während der Dauer der Gesellschaft bleibt. Die Berechnung des Nettovermögens richtet sich nach Rev. Proc. 92-88[146].

3.   Gesellschaft mit beschränkter Haftung

Der Internal Revenue Service hat in Rev. Rul. 77-214[147] und Rev. Rul. 93-4[148] ohne weitere Erörterung festgestellt, daß eine deutsche GmbH beschränkte Haftung besitzt. Nach § 13 Abs. 2 GmbH haftet den Gläubigern der Gesellschaft nur das Gesellschaftsvermögen. Das GmbHG sieht auch nicht ausdrücklich die Möglichkeit vor, daß ein oder mehrere Gesellschafter auf ihre beschränkte Haftung verzichten können, um eventuell in Analogie zu Rev. Proc. 95-10 bei *limited liability companies* die beschränkte Haftung durch Übernahme der persönlichen Haftung für sämtliche Schulden der Gesellschaft durch einen Gesellschafter zu vermeiden[149]. Daher ist davon auszugehen, daß eine deutsche GmbH das kör-

---

[144] Eine solche Gestaltung ist zur Zeit wohl nur in den Staaten Texas, Kansas, Iowa und New York möglich, vgl. Tex. Rev. Civ. Stat. Ann. tit 32 art 1528n, art. 4.03; Kan. Stat. Ann. § 17-76; Iowa Code § 490A.601; NYLLCL § 609(b).

[145] Rev. Proc. 89-12, 1989-1 C.B. 798, Abschnitt 4.07; erweitert durch Rev. Proc. 92-88, 1992-42 I.R.B. 39, Abschnitt 4.03.

[146] Vor Erlaß von Rev. Proc. 95-10 waren die Äußerungen des Internal Revenue Service hierzu noch widersprüchlich. In den Private Letter Rulings 9226035, 9029019 und 9030013 hat der Internal Revenue Service gefordert, daß eine *limited liability company* die Vermögens- und Eigentumskriterien in § 4 der Rev. Proc. 89-12 erfüllen muß. Hingegen deutet das General Councel Memorandum 39798 an, daß die Vermögens- und Eigentumskriterien in § 4.07 der Rev. Proc. 89-12 nicht auf *limited liability companies* angewandt werden.

[147] Rev. Rul. 77-214, 1977-1 C.B. 408.

[148] Rev. Rul. 93-4, 1993-3 I.R.B. 5.

[149] Rev. Proc. 95-10, 1995-3 I.R.B. 20. Vgl. auch oben Teil 3 Kapitel 1 C. III. 2.

perschaftliche Merkmal der beschränkten Haftung zu Zwecken der Einordnung in das US-Steuerrecht besitzt.

IV. *"Free Transferability of Interests" - Freie Übertragbarkeit der Anteile*

Die Anteile an einer *corporation* werden als bewegliches Vermögen angesehen und sind daher frei übertragbar, es sei denn die Anteilseigner haben Übertragungsbeschränkungen beschlossen[150].

Das Merkmal der "freien Übertragbarkeit der Anteile" ist in § 301.7701-2(e)(1) der Regs. beschrieben. Dies ist dann gegeben, wenn jedes Mitglied oder einzelne Mitglieder, die nahezu sämtliche Anteile der Personenvereinigung halten, die Befugnis haben, ohne Zustimmung der anderen Mitglieder, ihre Anteilseignerstellung in der selben Vereinigung durch eine andere Person, die nicht Mitglied der Vereinigung ist, zu ersetzen. Damit eine Ersetzungsbefugnis im körperschaftlichen Sinne existiert, muß ein Mitglied in der Lage sein, ohne Zustimmung der anderen Mitglieder, auf seinen Nachfolger alle Rechte und Pflichten, die mit seinem Anteil an der Vereinigung verbunden sind, zu übertragen[151].

General partnerships, die nach einem Gesetz errichtet wurden, das dem Uniform Partnership Act oder dem Revised Uniform Partnership Act entspricht, fehlt das Merkmal der freien Übertragbarkeit der Anteile, da die Gesellschafter einer Übertragung von Gesellschaftsanteilen und der damit verbundenen Gesellschafterstellung auf Personen, die keine Gesellschafter sind, zustimmen müssen[152].

Gemäß den Regulations kann eine *limited partnership* das Merkmal der freien Übertragbarkeit der Anteile leicht vermeiden und dennoch eine hohe Anteilsfungibilität besitzen. Es genügt wenn nur die haftenden Gesellschafter und nicht die beschränkt haftenden Gesellschafter einer Übertragung der Gesellschafterstellung und der damit verbundenen Anteile zustimmen. Obwohl die haftenden Gesellschafter das Recht haben müssen, aus jedem Grund die Zustimmung zu einer Anteilsübertragung zu versagen, ist eine wirkliche Versagung der Zustimmung

---

[150] Vgl. Revised Model Business Corporation Act Sec. 6.27 (1984).

[151] "An organization has the corporate characteristic of free transferability of interests if each of its members or those members owning substantially all of the interests in the organization have the power, without the consent of other members, to substitute for themselves in the same organization a person who is not a member of the organization. In order for this power of substitution to exist in the corporate sense, the member must be able, without the consent of other members, to confer upon his substitute all the attributes of his interest in the organization." Regs. § 301.7701-2(e)(1) Sätze 1 und 2.

Sogar wenn diese Anforderungen erfüllt sind, ist keine "freie Übertragbarkeit" gegeben, wenn zivilrechtlich eine Übertragung der Anteile eine Auflösung der alten Vereinigung und die Errichtung einer neuen Vereinigung bewirkt. Regs. § 301.7701-2(e)(1) letzter Satz. Vgl. auch Zuckman v. United States, 524 F.2d 729, (743), (Ct.Cl. 1975).

[152] Vgl. Uniform Partnership Act Sec. 18(g) (1914); Revised Uniform Partnership Act Sec. 520 (1993).

im Geschäftsleben wohl kaum zu erwarten. Insbesondere dann nicht, wenn es sich um die Anteile eines beschränkt haftenden Gesellschafters handelt, und die Gesellschaft eine große Anzahl von Gesellschaftern besitzt, die den Charakter bloßer passiver Investoren haben[153].

1. "Substantially all of the Interests" - Nahezu sämtliche Anteile

Es stellt sich die Frage, was mit "nahezu sämtliche Anteile" gemeint ist. Rev. Proc. 92-33 betrifft ruling-Anträge von Steuerpflichtigen zu der Frage, ob freie Übertragbarkeit der Anteile bei einer Personenvereinigung gegeben ist. Während der Internal Revenue Service betont, daß die Frage, was "nahezu sämtliche Anteile" an einer Personenvereinigung ausmacht, grundsätzlich von den Tatsachen und Umständen im Einzelfall abhängt und nicht durch einen bestimmten Prozentsatz definiert werden kann[154], gibt er dennoch eine zahlenmäßige, sichere Grenze für Zwecke von *advance rulings* an. Gemäß Rev. Proc. 92-33 wird der Internal Revenue Service in der Regel davon ausgehen, daß eine *partnership* keine freie Übertragbarkeit der Anteile besitzt, wenn die Gesellschaft die Übertragbarkeit von Gesellschaftsanteilen, die mehr als 20 % der Anteile am Gesellschaftsvermögen, den Erträgen, den Gewinnen, den Verlusten, den Betriebsausgaben und dem Steuerguthaben darstellen, für die ganze Dauer der Gesellschaft ausdrücklich beschränkt[155].

2. Bedeutung der tatsächlichen freien Übertragbarkeit der Anteile

Bei der Untersuchung, ob "fortdauernde Existenz" oder "zentralisierte Geschäftsleitung" vorliegt, war die tatsächliche Situation ohne Bedeutung. Sie spielt jedoch eine wichtige Rolle bei der Beurteilung, ob "freie Übertragbarkeit" bei einer Personenvereinigung existiert[156]. Der *Court of Claims* urteilte in der Zuckman-Entscheidung, daß die Existenz einer bloß formalen Bedingung nicht verhindert, daß die Anteile "frei" im Sinne der Regulations übertragen werden können[157].

Der Internal Revenue Service hat sich kürzlich bei der Frage der Einordnung einer deutschen GmbH als *partnership* oder *association* auf diese Ansicht gestützt[158]. Obwohl die Satzung der GmbH die Zustimmung bei der Übertragung

---

[153] Vgl. Regs. § 301.7701-3(b)(2) Example 1.

[154] Rev. Proc. 92-33, 1992-1 C.B. 782. Diese Revenue Procedure ergänzt Rev. Proc. 89-12, 1989-1 C.B. 798, indem sie eine zahlenmäßige Bestimmung des Begriffs *"substantially all of the interests"* in Regs. § 301.7701-2(e)(1) Satz 1 bietet.

[155] Rev. Proc. 92-33, 1992-1 C.B. 782, unter Abschnitt 3.02.

[156] Vgl. Zuckman v. United States, 524 F.2d 729, (743), (Ct.Cl. 1975); Rev. Proc. 92-33, 1992-1 C.B. 782, Abschnitt 3.01; vgl. auch Rev. Rul. 93-4, 1993-3 I.R.B. 5, zur Einordnung einer deutschen GmbH.

[157] Zuckman v. United States, 524 F.2d 729, (743), (Ct.Cl. 1975).

[158] Rev. Rul. 93-4, 1993-3 I.R.B. 5.

eines Anteils forderte, hielt der Internal Revenue Service die "freie Übertragbarkeit" aufgrund der tatsächlichen Umstände gegeben, weil zwei 100 %ige US-Tochtergesellschaften die gesamten Geschäftsanteile der GmbH besaßen. Somit konnte die Muttergesellschaft alle Entscheidungen der Übertragung treffen und die GmbH-Anteile waren so tatsächlich ohne Beschränkung übertragbar". Dies genügte für das Vorhandensein des Merkmals "freie Übertragbarkeit der Anteile"[159].

3.   Vorkaufsrecht der anderen Mitglieder

Wenn ein Vorkaufsrecht an den Anteilen zugunsten der anderen Mitglieder der Personenvereinigung besteht, ist gemäß § 301.7701-2(e)(2) Regs. eine modifizierte Form der freien Übertragbarkeit der Anteile gegeben. Dieser modifizierten Form wird weniger Wert beigemessen als der unmodifizierten Form[160]. Obwohl diese Regelung auf den ersten Blick ganz vernünftig wirkt - zumindest bei der Einordnung einer inkorporierten Personenvereinigung, die mehr körperschaftliche als nichtkörperschaftliche Merkmale haben muß, um sich als *association* zu qualifizieren - scheint sie wegen ihrer geringeren Wertigkeit kaum einen praktischen Einfluß zu haben. Dies aus folgendem Grund:

Entweder besitzt die Vereinigung zwei der vier Hauptmerkmale zusätzlich zu dieser modifizierten Form der freien Übertragbarkeit - dann hat sie offensichtlich mehr körperschaftliche als nichtkörperschaftliche Merkmale und ist daher als *association* zu behandeln.

Oder die Vereinigung hat nur ein körperschaftliches Merkmal zusätzlich zu dieser modifizierten Form der freien Übertragbarkeit - dann ist sie sogar dann als *partnership* zu behandeln, wenn die modifizierte Form der freien Übertragbarkeit als vollwertig zählen würde.

Abschließend kann gesagt werden, daß das Merkmal der freien Übertragbarkeit der Anteile wohl am einfachsten zu erreichen oder zu vermeiden ist, je nachdem was der Steuerpflichtige anstrebt.

4.   Limited Liability Company

Die meisten *limited liability company*-Gesetze enthalten sehr restriktive Vorschriften zur Übertragbarkeit der Anteile, um das Merkmal der freien Übertragbarkeit der Anteile auszuschließen[161]. Typischerweise sehen diese Vorschriften vor, daß ein Gesellschafter zwar über seinen Gesellschaftsanteil verfügen kann, der Erwerber ist aber ohne Zustimmung der anderen Gesellschafter nur dazu berechtigt den Gewinn- oder Verlustanteil, der auf diesen Anteil entfällt, zu bezie-

---

[159] Siehe hierzu ausführlich unten Teil 3 Kapitel 1 D. I.

[160] Regs. § 301.7701-2(e)(2) letzter Satz.

[161] Diese Vorschriften werden deshalb auch als *"bulletproof"* bezeichnet, da sie eine freie Übertragbarkeit auf jeden Fall verhindern sollen und somit eine automatische Einordnung als *partnership* gewährleisten sollen.

hen. Er rückt ohne diese Zustimmung nicht in eine Gesellschafterstellung ein und hat auch kein Recht an der Geschäftsleitung mitzuwirken. Erfahrungsgemäß ist eine solche Einstimmigkeit im Wirtschaftsleben schwer zu erreichen. Schon vor Erlaß der Rev. Proc. 95-10[162] hat der Internal Revenue Service im Einklang mit Regs. § 301.7701-2(e)(1) Satz 1 das Fehlen der freien Übertragbarkeit der Anteile auch dann anerkannt, wenn die Zustimmung nur von der Mehrheit der anderen Gesellschaftsanteile oder der Mehrheit der Anteile, die zum Gewinnbezug berechtigen[163], erforderlich war[164]. Eine offizielle zahlenmäßige Bestimmung der Mehrheit oder sonstiger Voraussetzungen, wie sie etwa Rev. Proc. 92-33 und Rev. Proc. 89-12 für *limited partnerships* bieten[165], hat jedoch gefehlt und damit eine Richtschnur, die ein höheres Maß an Rechtssicherheit geboten hätte.

Rev. Proc. 95-10 legt nunmehr fest, daß eine *limited liability company* keine freie Übertragbarkeit der Anteile besitzt, wenn die Gesellschaft die Übertragbarkeit von Gesellschaftsanteilen, die mehr als 20 Prozent der Anteile am Gesellschaftsvermögen, den Erträgen, den Gewinnen, den Verlusten, den Betriebsausgaben und dem Steuerguthaben darstellen, für die ganze Dauer der Gesellschaft ausdrücklich beschränkt. Diese Ansicht des Internal Revenue Service böte den Bundesstaaten, die Einstimmigkeit für die Anteilsübertragung verlangen, die Möglichkeit die Mehrheit der anderen Anteile zur Zustimmung genügen zu lassen.

5.   Gesellschaft mit beschränkter Haftung

Grundsätzlich sind die Geschäftsanteile einer deutschen GmbH nach § 15 Abs. 1 GmbHG frei übertragbar. Der Gesellschaftsvertrag kann jedoch gemäß § 15 Abs. 5 GmbHG etwas anderes vorsehen. Auf diese Weise könnte eine GmbH das Merkmal der freien Übertragbarkeit der Anteile vermeiden[166].

V.   Andere Merkmale

Wie bereits oben erwähnt[167], sagen die Regulations aus, daß zusätzlich zu den eben dargestellten Hauptmerkmalen, "andere Faktoren" in einigen Fällen gefunden werden können, die bei der Einordnung einer Personenvereinigung als *asso-*

---

[162] Rev. Proc. 95-10, 1995-3 I.R.B. 20.

[163] In diesem Zusammenhang ist darauf hinzuweisen, daß, wie auch bei *general* und *limited partnerships*, bei *limited liability companies* die Kapitalbeteiligung und die Gewinnbeteiligung stark auseinander fallen kann.

[164] Vgl. Rev. Rul. 93-91, 1993-2 C.B. 316; Rev. Rul. 93-92, 1993-2 C.B. 318; Private Letter Ruling 9218078.

[165] Rev. Proc. 92-33, 1992-1 C.B. 782, und Rev. Proc. 89-12, 1989-1 C.B. 798.

[166] Zu den Besonderheiten in dem Fall, in dem die GmbH direkt oder indirekt letztlich von einer Person gehalten wird, siehe unten Teil 3 Kapitel 1 D. I.

[167] Siehe oben Teil 3 Kapitel 1 A.

ciation, partnership oder *trust* von Bedeutung sein können[168]. Dadurch scheint auf den ersten Blick bei den Einordnungsregeln etwas Spielraum vorhanden zu sein, da neben den Hauptmerkmalen auch andere wichtig sein können. Der Internal Revenue Service ist aber sehr zurückhaltend bei der positiven Anerkennung bestimmter Umstände als "andere Faktoren". Um die Diskussion um diese sog. "anderen Faktoren" einzugrenzen, hat der Internal Revenue Service in bezug auf die Einordnung von *limited partnerships* eine Negativliste von Merkmalen erstellt, die keine "anderen Faktoren" darstellen[169]. Diese Liste beruht in hohem Maße auf der Entscheidung Larson v. Commissioner[170], in der der *Tax*

---

[168] Die Regulations formulieren das folgendermaßen: "In addition to the major characteristics set forth in this subparagraph, <u>other factors may be found</u> in some cases which may be significant in classifying an organization as an associatation, a partnership, or a trust." (Unterstreichung hinzugefügt) Regs. § 301.7701-2(a)(1) Satz 6. Die Möglichkeit der Existenz anderer Merkmale und ihre Bedeutung für die Einordnung einer Personenvereinigung wird in Regs. § 301.7701-2(a)(3) Satz 3 erwähnt. Wenn danach eine limited partnership zwei der vier Hauptmerkmale besitzt, wird sie nicht als association eingeordnet, wenn sie keine anderen Merkmale besitzt, die zur Bestimmung ihrer Einordnung von Bedeutung sind.

[169] Rev. Rul. 79-106, 1979-1 C.B. 448. Diese Liste behandelt z.B. den Ausweis der Gesellschaftsanteile durch Anteilszertifikate, das Recht des geschäftsführenden Gesellschafters das Ausmaß der Ausschüttungen zu bestimmen, die Einhaltung von Formalia bei der internen Organisation, die Verpflichtung der beschränkt haftenden Gesellschafter den Gesellschaftsvertrag zu unterzeichnen oder die Nutzung einer *limited partnership* zur gemeinsamen Investition bei beschränkter Haftung einiger Gesellschafter. Im einzelnen wird angeführt:

"(1) The division of limited partnership interests into units or shares and the promotion and marketing of such interests in a manner similar to corporate securities,

(2) the managing partner's right or lack of the discretionary right to retain or distribute profits according to the needs of the business,

(3) the limited partner's right or lack of right to vote on the removal and election of general partners and the right or lack of the right to vote on the sale of all, or substantially all, of the assets of the partnership,

(4) the limited partnership interests being represented or not being represented by certificates,

(5) the limited partnership's observance or lack of observance of corporate formalities and procedures,

(6) the limited partners being required or not being required to sign the partnership agreement, and

(7) the limited partnership providing a means of pooling investment while limiting the liability of some of the participants."

[170] Larson v. Commissioner, 66 T.C. 159 (184) (1976), acq. 1979-1 C.B.1. In diesem Fall wurde entschieden, daß die Tatsache, daß die haftenden Gesellschafter einer *limited partnership* nicht das Recht hatten, nach Gutdünken Ausschüttungen zu gewähren oder zu

Court Merkmale, die beteiligten Parteien als "andere Faktoren" für die Einordnung als wichtig erachteten, für unerheblich hielt und die oben angeführten sechs Hauptmerkmale für ausschlaggebend erachtete.

D.   Einordnung ausländischer Personenvereinigungen

Wie bereits oben erwähnt, werden ausländische Personenvereinigungen, d.h. solche, die nicht in den USA errichtet wurden, grundsätzlich nach den selben Regeln wie US-Personenvereinigungen zu Zwecken der US-Besteuerung eingeordnet. Der Internal Revenue Service hat entschieden, daß auf sie die selben Maßstäbe und Grundsätze angewandt werden, jedoch werden die rechtlichen Beziehungen nach dem Gründungsrecht ermittelt[171]. Hervorzuheben sind jedoch die folgenden Besonderheiten, die zum Teil zu erheblichen Unterschieden in den Ergebnissen führen.

I.   *"Separate Interest Theorie" - Theorie der getrennten Interessen*

Diese Theorie[172] der getrennten Interessen führt wohl zu den größten Unterschieden zwischen der steuerlichen Einordnung einer US-Personenvereinigung und einer in gleicher Weise strukturierten ausländischen Personenvereinigung. Untersucht wird, ob wirtschaftlich gesehen eine Personenvereinigung nur einen Anteilseigner hat *(single economic interest)*. D.h., ob im Gegensatz zur Grundform einer Personenvereinigung oder Gesellschaft nach dem ausländischen Recht oder dem Gesellschaftsvertrag das Eigentum an einer ausländischen Personenvereinigung direkt oder indirekt in einer Hand konzentriert ist[173]. Dabei gilt das Eigentum dann als in einer Hand konzentriert, wenn mehr als 95 Prozent der Anteile direkt oder indirekt von einer Person gehalten werden[174]. Diese Theorie basiert auf der Annahme, daß in dem Falle, in dem sich das Eigentum wirtschaftlich gesehen in einer Hand befindet, die für eine *corporation* typischen körperschaftlichen Merkmale der Übertragbarkeit der Anteile und der fortdauernden Existenz gegeben sind. Denn es existiert dann kein unabhängiger Anteils-

---

verhindern, nicht ein "anderer Faktor" ist, sondern Teil des Merkmals "zentralisierte Geschäftsführung". In ähnlicher Weise wurde die Tatsache, daß die Gesellschaftsanteile nicht durch Anteilszertifikate ausgewiesen waren, dem Merkmal der "freien Übertragbarkeit" zugeordnet.

[171] Rev. Rul. 73-254, 1973-1 C.B. 613. Regs. § 301.7701-1(c) regelt ergänzend hierzu, daß auch bei US-Personenvereinigungen bei der Anwendung der Regulations zur Einordnung die rechtlichen Beziehungen nach dem Gründungsrecht zu ermitteln sind.

[172] Diese Theorie tauchte erstmals in Rev. Rul. 77-214, 1977-1 C.B. 408, geändert und überholt in Rev. Rul. 93-4, 1993-3 I.R.B.5, auf und firmiert unter den Begriffen *"separate interest theory"* oder *"single economic interest theory"*.

[173] Vgl. *Boles, E.*, Gesellschaften im US-Einkommensteuerrecht, S. 116.

[174] Vgl. hierzu *private letter ruling* 9001018 (deutsche Gesellschaft mit beschränkter Haftung als *partnership* eingeordnet); *private letter ruling* 9002056 (UK limited liability company als *partnership* eingeordnet).

eigner *(separate interest)*, der eine Anteilsübertragung verhindern könnte oder der im Falle des Eintritts eines auflösenden Ereignisses eine Fortsetzung der Gesellschaft verhindern könnte. Wenn das Eigentum wirtschaftlich betrachtet bei einem Anteilseigner konzentriert ist, besitzt eine Gesellschaft nach dieser Theorie freie Übertragbarkeit der Anteile und fortdauernde Existenz. Diese Theorie wurde bisher nur bei der Einordnung ausländischer Personenvereinigungen angewandt, nicht aber bei US-Personenvereinigungen[175].

Der Internal Revenue Service hat in Revenue Ruling 73-254[176] bestimmt, daß eine nichtinkorporierte Personenvereinigung, die nach dem Recht eines ausländischen Staates errichtet worden ist, nach § 7701 I.R.C. und den hierzu erlassenen Regulations einzuordnen ist. Diese Aussage ist jedoch nur dann richtig, wenn die Anteile an der einzuordnenden ausländischen Personenvereinigung nicht letztlich mittelbar oder unmittelbar von der selben Person gehalten werden. Der Unterschied bei der Einordnung wird durch zwei Revenue Rulings deutlich. In Rev. Rul. 75-19[177] wurde eine US-Personenvereinigung ohne weiteres als *partnership* eingeordnet, obwohl ihre Anteile letztlich von derselben Person gehalten wurden, während in Rev. Rul. 77-214[178] bei der Einordnung einer ausländischen Personenvereinigung, deren Anteile ebenfalls letztlich von derselben Person gehalten wurden, deutlich gemacht wurde, daß eine Einordnung als *partnership* schwerlich zu erreichen ist.

In Rev. Rul. 75-19 hat der Internal Revenue Service die Tatsache völlig außer acht gelassen, daß vier Schwester-*corporations*, die vollständig derselben Mutter-*corporation* gehörten, die Anteile einer in den USA errichteten *"partnership"* hielten. Es wurde lediglich festgestellt, daß es unabhängige wirtschaftliche Gründe für die Errichtung der *partnership* gab und diese nicht aus rein steuerlichen Gründen errichtet wurde. In bezug auf die *partnership* selbst, wurde bloß festgestellt, daß sie nach einem Gesetz errichtet wurde, das dem Uniform Partnership Act entsprach, ihr deshalb sämtliche vier körperschaftlichen Merkmale fehlten und sie daher als *partnership* zu besteuern sei.

1.   Revenue Ruling 77-214

In Rev. Rul. 77-214, die sich mit der Einordnung einer deutschen Gesellschaft mit beschränkter Haftung (GmbH) befaßt, hat der Internal Revenue Service einen gänzlich anderen Ansatz gewählt. Auch hier wurde die Gesellschaft offen-

---

[175] Vgl. *Spudis, B./Wilczynski, M.*, Entity Classification When a Purported Entity Is Ultimately Owned by One Corporation, 69 Taxes 659 (667) (1991).

[176] Rev. Rul. 73-254, 1973-1 C.B. 613.

[177] Rev. Rul. 75-19, 1975-1 C.B. 382.

[178] Rev. Rul. 77-214, 1977-1 C.B. 408, geändert und überholt durch Rev. Rul. 93-4, 1993-3 I.R.B. 5.

sichtlich nicht aus rein steuerlichen Zwecken errichtet[179]. Der Internal Revenue Service geht davon aus, daß das deutsche GmbHG eine Vielzahl dispositiver Vorschriften für die Ausgestaltung des GmbH-Vertrages enthielt, so daß die GmbH sowohl die Merkmale einer *corporation* als auch einer *partnership* annehmen könne. Daher sei bei einer GmbH eine Einordnung von Fall zu Fall zu treffen. Er führte ebenfalls an, daß eine GmbH offensichtlich in allen Fällen die körperschaftlichen Merkmale des Vorhandenseins von Gesellschaftern, der Absicht, Geschäfte zu betreiben und Gewinne daraus zu teilen, der beschränkten Haftung und der zentralisierten Geschäftsleitung habe. Eine GmbH sei daher entweder als *association* zu besteuern, wenn sie zumindest eines der verbleibenden körperschaftlichen Merkmale der freien Übertragbarkeit der Anteile und der fortdauernden Existenz besäße.

Doch bei der Frage, ob diese Merkmale im vorliegenden Fall existieren, hat der Internal Revenue Service nicht auf die Vorschriften im Gesellschaftsvertrag der GmbH abgestellt, sondern, anders als in Rev. Rul. 75-19, darauf, daß die beiden Gesellschafter der GmbH zwei US-*corporations* waren, die jeweils zu 100 Prozent eine US-*corporation* als gemeinsame Muttergesellschaft hatten.

Der Internal Revenue Service folgerte, daß die GmbH das körperschaftliche Merkmal der freien Übertragbarkeit der Anteile besäße, weil die beiden Gesellschafter der GmbH von der gemeinsamen Mutter beherrscht werden könnten und die nach dem Gesellschaftsvertrag erforderliche schriftliche Zustimmung der anderen Gesellschafter zur wirksamen Anteilsübertragung bedeutungslos sei. Denn die beherrschende gemeinsame Muttergesellschaft habe die Kontrolle über alle Übertragungsentscheidungen ihrer Tochtergesellschaften.

In ähnlicher Weise entschied der Internal Revenue Service, daß die GmbH auch das körperschaftliche Merkmal der fortdauernden Existenz besaß. Er ließ sowohl die Bestimmungen des Gesellschaftsvertrages als auch seine eigenen Regulations außer Betracht, die nur darauf abstellen, ob eine Auflösung bei Tod, Verlust der Geschäftsfähigkeit, Konkurs, Ausscheiden, Austritt oder Ausschluß eines Gesellschafters nach lokalem Recht eintreten kann, unabhängig davon, ob eine bindende Fortsetzungsklausel besteht, solange diese nicht automatisch zu einer Fortsetzung führt[180]. Der Internal Revenue Service setzt seine Erörterungen damit fort, daß dieser Maßstab der Regulations nur dann Bedeutung hat, wenn es verschiedene Anteilseigner gibt *(separate interests)*, die bei Eintritt eines der angeführten Ereignisse die Auflösung der Gesellschaft bewirken könnten. Da es im konkreten Sachverhalt lediglich zwei Anteilseigner gibt, die vollständig einer gemeinsame Muttergesellschaft gehörten, lägen keine unabhängigen Anteilseigner vor, die eine Auflösung beim Eintritt eines Auflösungsereignisses erzwingen könnten. Die Regelung im Gesellschaftsvertrag sei unerheblich, da die beherr-

---

[179] Dies wurde aber in der Revenue Ruling allerdings nicht ausdrücklich erwähnt.

[180] Vgl. oben Teil 3 Kapitel 1 C. I.

schende gemeinsame Muttergesellschaft die Kontrolle über ihrer Tochtergesellschaften habe und die GmbH nach eigenem Gutdünken auflösen oder fortführen könne. Daher verfüge die GmbH auch über das körperschaftliche Merkmal der fortdauernden Existenz.

Der Internal Revenue Service nahm an, daß die beiden hundertprozentigen Tochtergesellschaften, die zusammen 100 % der GmbH hielten, allein durch diese Beteiligungsverhältnisse von ihrer Muttergesellschaft vollständig beherrscht und kontrolliert wurden, auch wenn die entgegenstehenden Regelungen im Gesellschaftsvertrag auf etwas anderes hindeuten könnten.

Die Rechtsprechung hat diese Ansicht des Internal Revenue Service weder bestätigt noch zurückgewiesen. Im Fall MCA, Inc. v. United States[181] bestätigte der Federal District Court auf Drängen des Internal Revenue Service die in Rev. Rul. 77-214 vertretene Ansicht. Er ging davon aus, daß eine Anzahl ausländischer Personenvereinigungen unter gemeinsamer Kontrolle durch zwei verschiedene US-*corporations* standen (die wohlgemerkt unterschiedliche Anteilseigner hatten) und ordnete jene als *associations* ein, obwohl sie ohne diese Theorie der getrennten Interessen oder der gemeinsamen Kontrolle als *partnerships* eingeordnet worden wären. Diese Entscheidung wurde in der Berufungsinstanz vom Ninth Circuit Federal Court of Appeals zurückgewiesen. Jedoch äußerte sich dieser nicht zur Theorie der getrennten Interessen selbst, sondern stellte tatsächlich fest, daß es keine gemeinsame Kontrolle gab, d.h. daß getrennte Interessen existierten.

Die Entscheidung des Ninth Circuit ist aber insofern hilfreich, als sie bezüglich der Einordnung auf das lokal anwendbare Recht und den Gesellschaftsvertrag verweist und die Ansicht des Internal Revenue Service zurückwies, wonach die Regulations bei der Einordnung ausländischer Personengesellschaften weit auszulegen seien. Das Gericht begründete die Zurückweisung der letzteren Ansicht damit, daß es dem Internal Revenue Service freistehe, für die Einordnung ausländischer Personenvereinigungen neue Regulations zu erlassen, wenn er die existierenden auf diese nicht anwenden wolle. Ein Vorschlag, den der Tax Court auch im Falle Larson v. Commissioner[182] gemacht hat.

Der Internal Revenue Service hat die Theorie der getrennten Interessen nach Erlaß der Rev. Rul. 77-214 jedoch nicht konsequent auf ausländische Personengesellschaften angewandt[183]. In der Zeit von 1979 bis 1992 hat er zumindest

---

[181] 685 F.2d 1099 (9th Cir. 1982), unter Zurückweisung von 502 F. Supp. 837 (C.D. Cal. 1980). Eine ausführliche Darstellung enthält *Note*, MCA, Inc. v. United States: Judicial Recognition of the Separate Interest Theory, 5 J. Int'l. L. & Bus. 680 (1983).

[182] Larson v. Commissioner, 66 T.C. 159 (185), (1976), acq. 1979-1 C.B. 1.

[183] Angewandt wurde sie z.B. in Private Letter Ruling 8908035 (limited liability company als *association* eingeordnet); Private Letter Ruling 8401001 (brasilianische sociedade pro quotas responsabilitde limitata als *association* eingeordnet); Private Letter Ru-

zehn *private letter rulings* erlassen, in denen er ausländische Personenvereinigungen, die letztlich mittelbar oder unmittelbar von einer einzigen Person gehalten wurden, als *partnerships* eingeordnet hat[184]. Erstaunlicherweise wurde in keiner dieser Revenue Rulings auf Rev. Rul. 77-214 Bezug genommen oder angedeutet warum die Theorie getrennte Interessen in diesem Fall nicht angewandt wird. Auffällig ist aber, daß der Internal Revenue Service in der Regel bei der Einordnung von Personenvereinigungen, die in ihrem Sitzstaat als *partnerships* gegründet und besteuert wurden, die Theorie getrennter Interessen nicht angewendet hat. Hingegen wandte er die Theorien dann zur Einordnung an, wenn die Personenvereinigungen in ihrem Sitzstaat als Körperschaften gegründet und besteuert wurden[185].

2. Revenue Ruling 93-4

Diese, wie es scheint, willkürliche Anwendung oder Nichtanwendung der Theorie der getrennten Interessen begegnete natürlich Kritik und der Internal Revenue Service gab bekannt, seine Ansicht überdenken zu wollen[186]. Diese Überlegungen führten schließlich zum Erlaß von Rev. Rul. 93-4[187], die Rev. Rul. 77-214 zwar in Teilen bestätigte, aber auch zum Teil widerrief[188].

Der Sachverhalt in Rev. Rul. 93-4 ist ähnlich dem in früheren Rulings. Es geht um die Einordnung einer deutschen GmbH, die zu 100 % indirekt von einer US-corporation mittels zweier hundertprozentiger US-Tochter-corporations gehalten wurde.

---

ling 8309062 (deutsche GmbH, die Gesellschafter einer atypisch stillen Gesellschaft war, als *association* eingeordnet); Private Letter Ruling 8034094 (deutsche GmbH & Co. KG als *association* eingeordnet).

[184] Private Letter Ruling 9131057 (französische societe en nom collectif, die zu 100 % von einer US-corporation indirekt beherrscht wird, als *partnership* eingeordnet); siehe ebenso Private Letter Ruling 9122074, Private Letter Ruling 9103033, Private Letter Ruling 8339019; Private Letter Ruling 8216039, Private Letter Ruling 7934096; siehe auch Private Letter Ruling 8439037 (Irische partnership, die zu 100 % von einer US-corporation indirekt beherrscht wird, als *partnership* eingeordnet); Private Letter Ruling 9253029 und Private Letter Ruling 9132054 (in beiden Bescheiden wurde eine im Vereinigten Königreich gegründete unlimited liability company, die zu 100 % von einer US-corporation indirekt beherrscht wird, als *partnership* eingeordnet); Private Letter Ruling 8243193 (deutsche offene Handelsgesellschaft, die zu 100 % von einer US-corporation beherrscht wird, als *partnership* eingeordnet).

[185] Vgl. auch *Boles, E.*, Gesellschaften im US-Einkommensteuerrecht, S. 126 ff.

[186] Siehe Bemerkung von *Bernard Bress*, Internal Revenue Service Senior Technical Reviewer, veröffentlicht in Daily Tax Reporter (BNA), G-3, vom 28.08.1991.

[187] Rev. Rul. 93-4, 1993-3 I.R.B. 5.

[188] Zur Auswirkung dieser Rev. Rul. auf die Zusammenarbeit zwischen Teilen internationaler Konzerne siehe *Davis, B.*, IRS Modifies Rules for Classifying In-House Joint Ventures, 4 The Journal of International Taxation 76 (1993).

In bezug auf die Anwendung der Theorie auf die freie Übertragbarkeit der Anteile gibt Rev. Rul. 93-4 vor Rev. Rul. 77-214 zu bestätigen, während sie tatsächlich modifiziert wird. In Rev. Rul. 77-124 wird angeführt, daß freie Übertragbarkeit der Anteile vorliegt, weil "es offensichtlich ist, daß die Muttergesellschaft die Kontrolle über alle Übertragungsentscheidungen ihrer hundertprozentigen Tochtergesellschaften hat, trotz irgendwelcher Regelungen im Gesellschaftsvertrag, die etwas anderes erkennen lassen"[189]. Hierbei ist zu erwähnen, daß sowohl in Rev. Rul. 77-214, als auch in Rev. Rul. 93-4 der Gesellschaftsvertrag vorsah, daß GmbH-Anteile nicht ohne vorherige schriftliche Zustimmung aller Anteilseigner übertragen werden konnten[190]. In Rev. Rul. 93-4 hingegen fehlt ein solcher Hinweis auf anderweitige, gegenteilige Regelung im Gesellschaftsvertrag. Darüber hinaus hat der Internal Revenue Service angemerkt, daß eine gesellschaftsvertragliche Beschränkung der Anteilsübertragung dann als wirksam angesehen werden würde, wenn eine Anteilsübertragung verboten gewesen wäre oder wenn eine Anteilsübertragung eine Auflösung der Gesellschaft zur Folge gehabt hätte, vorausgesetzt, daß eine solche Beschränkung nach örtlichem Recht wirksam sei[191]. Der Sache nach bedeutet dies eine Abkehr von der strikten Aussage in Rev. Rul. 77-214, die einer gesellschaftsvertraglichen Übertragungsbeschränkung überhaupt keine Bedeutung beimaß, denn durch Rev. Rul. 93-4 wird eine solche Beschränkung anerkannt, die eine Übertragung verbietet oder im Falle einer Übertragung die Auflösung der Gesellschaft vorsieht.

Diese, im Vergleich zu Rev. Rul. 77-214 modifizierte Sichtweise in Rev. Rul. 93-4 der freien Übertragbarkeit der Anteile spiegelt sich in Private Letter Ruling 9347009, die nach Erlaß der Rev. Rul. 93-4 erging, wider. Darin hat der Internal Revenue Service entschieden, daß bei einer ausländischen Personenvereinigung, deren Anteile letztlich direkt oder indirekt von einer einzigen Person gehalten wurden, keine freie Übertragbarkeit der Anteile vorlag. Der Gesellschaftsvertrag sah vor, daß den Gesellschaftern eine Anteilsübertragung untersagt war, es sei denn, sie wurden auf einen Mitgesellschafter übertragen oder von der Gesellschaft selber zurückgenommen. Diese Regelung stand auch im Einklang mit dem örtlichen, auf die Gesellschaft anzuwendenden Recht.

---

[189] "[I]t is apparent that the controlling parent could make all the transfer decisions for its wholly-owned subsidiaries, despite any provisions in the memorandum of association that might indicate otherwise."

[190] Eine solche, die Übertragung beschränkende Vorschrift wird hingegen als gültig erachtet und eine freie Übertragbarkeit der Anteile würde nicht existieren, wenn die Anteile an der Gesellschaft nicht letztlich direkt oder indirekt von einer einzigen Person gehalten werden. Vgl. Private Letter Ruling 9341018.

[191] "Under German law, the memorandum of association of a GmbH can prohibit the transfer of an interest and a transfer in violation of this prohibition is not effective. In addition, the memorandum of association of a GmbH can provide for the dissolution of the GmbH upon the transfer of an interest and that provison is effective under German law."

Rev. Rul. 93-4 hat in bezug auf das Merkmal der fortdauernden Existenz Rev. Rul. 77-214 revidiert[192]. Es wurde entschieden, daß das die Existenz oder Nichtexistenz einer Person, die letztlich direkt oder indirekt sämtliche Anteile an einer deutschen GmbH hält, nicht mehr erheblich für das Vorliegen der Merkmals der fortdauernden Existenz sei, vorausgesetzt, der Gesellschaftsvertrag sieht vor, daß eine Auflösung der Gesellschaft im Falle des Konkurses eines der Gesellschafters unmittelbar, d.h. ohne weitere Zwischenschritte[193], eintritt und dies nach örtlichem Recht zulässig ist. Demnach liegt gemäß Rev. Rul. 93-4 bei einer ausländischen Personenvereinigung, deren Anteile letztlich von einer Person direkt oder indirekt gehalten werden, das Merkmal der fortdauernden Existenz nicht vor, wenn sie automatisch bei Eintritt eines im Gesellschaftsvertrag festgelegten Auflösungsgrundes aufgelöst wird, sofern dies nach örtlichem Recht zulässig ist[194].

Rev. Rul. 93-4 hat sich damit von der Theorie getrennter Interessen nicht abgewendet, sondern will ihren Anwendungsbereich auf das körperschaftliche Merkmal der freien Übertragbarkeit der Anteile beschränkt wissen, wobei sie im Gegensatz zu Rev. Rul. 77-214 einen geringen Spielraum gibt, dieses Merkmal überhaupt zu vermeiden. Des weiteren wurde durch Rev. Rul. 93-4 ausdrücklich festgestellt, daß die Theorie getrennter Interessen nicht mehr auf das körperschaftliche Merkmal der fortdauernden Existenz angewandt wird, wie dies bei Rev. Rul. 77-214 der Fall war. Damit sollte indirekt auch die denkbare Ausdeh-

---

[192] "It subsequently has been determined that the presence or absence of separate interests is not relevant to the determination of whether an entity possesses continuity of life."

[193] "Because the memorandum of association of the GmbH requires dissolution upon bankruptcy of either quotaholder, without further action, the GmbH lacks continuity of life." Der Begriff "without further action" nimmt offensichtlich Bezug auf den Begriff der "contingency", der zum ersten Mal in Glensder Textile v. Commissioner, 46 B.T.A. 176 (1942), acq., 1942-1 C.B. 8, auftaucht. Hier meint der Begriff, daß kein Gesellschafterbeschluß erforderlich sein darf, um zu einer Auflösung zu kommen. Während in Glensder das Erfordernis eines Gesellschafterbeschlusses zur Fortsetzung bedeutet, daß es die Gesellschaft keine fortdauernde Existenz hat.

[194] Zur Fragwürdigkeit dieser Beschränkungen der freien Übertragbarkeit der Anteile vgl. *Risinger, M.*, Form and Substance in the Characterization of Foreign Entities, 51 New York University Institute on Federal Taxation 26 (1993), § 25.05. Zu Recht wird dort angeführt, daß eine solche Übertragungsbeschränkung, wenn man die Theorie getrennter Interessen ernst nimmt und davon ausgeht, daß der letztliche Anteilseigner die Willensbildung in der ausländischen Personenvereinigung über die Gesellschafter beherrscht, sehr leicht durch einen Gesellschafterbeschluß beseitigen. Bedeutsam kann eine solche Übertragungsbeschränkung nur dann sein, wenn ihre Aufhebung durch Gesellschafterbeschluß als Liquidation der *partnership* unter gleichzeitiger Neugründung einer *corporation* zu werten ist. Denn auf diese Weise wäre es möglich, die Einbringung der Vermögensgüter der "aufgelösten" *partnership* in die "neugegründete" *corporation*, d.h. evtl. bestehende stille Reserven gemäß Sec. 351 i.V.m. Sec. 367 IRC zu besteuern.

nung der Theorie auf die Merkmale der zentralisierten Geschäftsleitung[195] und der beschränkten Haftung[196] ausgeschlossen werden[197].

3. Zusammenfassung

Zusammenfassend ergibt sich für die Anwendung der Theorie getrennter Interessen bei der Einordnung ausländischer Personenvereinigungen folgendes Bild[198]:

1. So wie sich die gegenwärtige Rechtslage zeigt, wird die Theorie getrennter Interessen nur noch in bezug auf das körperschaftliche Merkmal der freien Übertragbarkeit der Anteile angewendet.

2. Es ist davon auszugehen, daß eine Beteiligung von mindestens 5 % durch eine nichtverbundene Person an der einzuordnenden ausländischen Perso-

---

[195] Der Internal Revenue Service hat z.B. in Private Letter Ruling 8034094 die Theorie getrennter Interessen auf das Merkmal der zentralisierten Geschäftsleitung angewandt. Der Fall behandelt die Einordnung einer deutschen GmbH & Co. KG. Eine hundertprozentige US-Tochtergesellschaft einer US-Muttergesellschaft hielt dabei sämtliche Kommanditanteile der KG sowie sämtliche Anteile der Komplementär-GmbH. Ohne ausdrücklich auf Rev. 77-214 Bezug zu nehmen, wurde zentralisierte Geschäftsleitung bejaht, weil die Muttergesellschaft als Eignerin der Tochtergesellschaft, die wiederum sämtliche Anteile an der GmbH & Co. KG hielt, die fortdauernde und ausschließliche Befugnis habe, Geschäftsleitungsentscheidungen für die GmbH & Co. KG zu treffen.

[196] Da es in Rev. Rul. 77-214 um die Einordnung einer deutschen GmbH ging, hat der Internal Revenue Service sich nicht mit der Frage der Anwendung der Theorie getrennter Interessen auf das körperschaftliche Merkmal der beschränkten Haftung befaßt. Es kann jedoch bei der Anwendung der Theorie getrennter Interessen auf das Merkmal der beschränkten Haftung eine Parallele zu dem Marionetten-Begriff bei der Untersuchung des Merkmals der beschränkten Haftung bei der Einordnung von *limited partnerships* gezogen werden. Denn auch dort wird vom Vorliegen beschränkter Haftung ausgegangen, wenn der haftende Gesellschafter keine namhaften Vermögenswerte besitzt und wie eine Marionette als Vertreter für die beschränkt haftenden Gesellschafter auftritt. Vgl. hierzu *Boles, E.*, Gesellschaften im US-Einkommensteuerrecht, S. 127 f., Fn. 59, sowie oben Teil 3 Kapitel 1 C. II. 2. und III. 1.

[197] Wenn die Theorie getrennter Interessen auch auf die Untersuchung der Merkmale der zentralisierten Geschäftsleitung und der beschränkten Haftung erstreckt werden würde, wäre eine Einordnung überflüssig. Denn damit wären, zusammen mit der freien Übertragbarkeit der Anteile, drei der körperschaftlichen Merkmale immer als gegeben anzunehmen und eine ausländische Personenvereinigung deren Anteile letztlich direkt oder indirekt von einer Person gehalten werden, wäre immer als *association* einzuordnen. Vgl. hierzu auch *Boles, E.*, Gesellschaften im US-Einkommensteuerrecht, S. 127 f., Fn. 60.

[198] So auch *Boles, E.*, Gesellschaften im US-Einkommensteuerrecht, S. 131.

nenvereinigung die Anwendung der Theorie getrennter Interessen wohl ausschließt[199].

3. Es besteht die Tendenz des Internal Revenue Service, die Theorie getrennter Interessen dann zur Einordnung zu bemühen, wenn die ausländische Personenvereinigung nach dem Recht ihres Sitzstaates als Körperschaft besteuert wird (auf diese Weise soll wohl eine hybride Gesellschaft vermieden werden, da die Theorie als Einordnung als corporation bevorzugt)[200].

4. Hingegen ist eine Tendenz des Internal Revenue Service festzustellen, die Theorie getrennter Interessen dann nicht anzuwenden, wenn die Einordnung ohne Anwendung der Theorie zu dem gleichen Ergebnis wie im Sitzstaat der ausländischen Personenvereinigung führt, unter Anwendung der Theorie sich aber eine andere Einordnung ergäbe.

4. Kritik

Wie problematisch die Theorie getrennter Interessen in ihrer ganzen Konsequenz sein kann, hat der Internal Revenue Service schon bald nach Erlaß der Rev. Rul. 77-214 erfahren müssen. Denn wendet man diese Theorie auch auf die Merkmale des Vorhandenseins von Gesellschaftern und der Absicht, Geschäfte zu betreiben und Gewinne daraus zu teilen, an, so stellt sich heraus, daß eine so ein-

---

[199] Vgl. *private letter ruling* 9001018 (deutsche Gesellschaft mit beschränkter Haftung als *partnership* eingeordnet); *private letter ruling* 9002056 (UK limited liability company als *partnership* eingeordnet).

[200] So lehnt der Internal Revenue Service in Rev. Proc. 92-9, 1992-1 C.B. 658, Sec. 3.01 (3) und (4), es ab Private Letter Ruling in diesem Bereich zu erlassen. Die Ruling spricht von *"foreign arrangement that is participant in a domestic arrangement"*, ohne zu definieren, was darunter zu verstehen ist. Gemeint sein kann nur, daß es im Gegensatz zu einer einzelnen ausländischen Personenvereinigung, um eine Mehrzahl von Personenvereinigungen handeln muß, d.h. um eine Konzern- oder Holdingstruktur und zwar sowohl im Ausland als auch in den USA. Dies wird im Vergleich zu Rev. Proc. 92-3, 1992-1 C.B. 561, § 4.01 Nr. 44 und 45, die eindeutig von einer einzelnen ausländischen Personenvereinigung sprechen, deutlich. Der Internal Revenue Service sagt darin aus, daß er zur Frage der Einordnung einer einzelnen ausländischen Personenvereinigung, die eine solche hybride Einordnung erstrebt, gewöhnlicherweise keine Ruling erteilt. Der Zweck, der damit verfolgt wird, ist wohl darin zu sehen, daß eine verbindliche Einordnungsentscheidung in bezug auf ausländische Gesellschaften, die z.B. nach dem Recht ihres Sitzstaates als Körperschaften besteuert werden wollen und in den USA als *partnership*, d.h. der Internal Revenue Service möchte hybride Besteuerungssituationen verhindern; vgl. *Sarafopoulos, J.*, Foreign Corporations - U.S. Income Taxation, S. A-7. Die Praxis, keine Private Letter Ruling zu erteilen, läuft darauf hinaus, daß Steuerpflichtige vor einer solchen Gestaltung abgeschreckt werden sollen. Darüberhinaus bietet sie dem Internal Revenue Service, nachdem eine Gesellschaft erst gegründet ist, d.h. die Investition bereits erfolgt ist, die Möglichkeit eine Einordnung zu treffen, die ihren Interessen und Zwecken am nächsten liegt. Mit anderen Worten der Steuerpflichtige sitzt in der Falle, da er bereits investiert hat.

geordnete ausländische Personenvereinigung weder als *association* noch als *partnership* besteuert werden kann. Wird nämlich, wie es die Theorie getrennter Interessen tut, die rechtliche Betrachtungsweise, die von der Existenz unabhängiger Mitglieder ausgeht, zu Gunsten einer wirtschaftlichen Betrachtungsweise, die das (wirtschaftliche) Eigentum in einer Person zusammengefaßt sieht, aufgegeben, existiert nur ein einziger Gesellschafter. Weil auch die Absicht, Geschäfte zu betreiben und Gewinnen daraus zu "teilen", ebenfalls von der Existenz mindestens zweier Gesellschafter ausgeht, schließt das Fehlen von Gesellschaftern auch die Absicht, Geschäfte zu betreiben und Gewinne daraus zu teilen, aus. Dies aber sind die gemeinsamen Grundmerkmale der *association* und der *partnership*[201]. D.h. ihr Fehlen schließt die Einordnung als *association* oder als *partnership* aus[202]. Diesen Schluß hat der Internal Revenue Service kurz nach Erlaß der Rev. Rul. 77-214 in fünf Private Letter Rulings[203] gezogen und die ausländischen Personengesellschaften als ausländische Niederlassung eines US-Stammhauses betrachtet. Der Internal Revenue Service kam aber bald von dieser Praxis ab und ordnete die betroffenen Gesellschaften dann als *association* ein[204].

Bis heute ist der Internal Revenue Service eine offizielle Begründung für die Anwendung der Theorie getrennter Interessen bei der Einordnung ausländischer Personenvereinigungen schuldig geblieben ist. Es wird kein Grund angeführt, der die unterschiedliche Behandlung im Vergleich zu US-Personenvereinigungen rechtfertigt. Der Grund, warum der Internal Revenue Service trotz zum Teil heftiger Kritik[205] an der Theorie getrennter Interessen bei der Einordnung ausländischer Personenvereinigungen festhält, ist wohl darin zu suchen, daß es im Interesse des Internal Revenue Service ist, d.h. seinen fiskalischen Interessen dient, ausländische Personenvereinigungen als *associations* zu besteuern. Diese

---

[201] Regs. § 301.7701-2(a)(2).

[202] Vgl. *Boles, E.*, Gesellschaften im US-Einkommensteuerrecht, S. 124 ff.

[203] Privat Letter Ruling 7743260; Private Letter Ruling 7743077; Private Letter Ruling 7747083, Private Letter Ruling 7748038; Private Letter Ruling 7802012. Diese Rulings wurden deshalb auch als *"branch rulings"* bezeichnet. Sie wurden durch Private Letter Ruling 7806062, Private Letter Ruling 7806058, Private Letter Ruling 7806057, Private Letter Ruling 7806056 und Private Letter Ruling 7806055 widerrufen, nachdem der Internal Revenue Service seine Ansicht überdacht hatte.

[204] Vgl. hierzu ausführlich *Boles, E.*, Gesellschaften im US-Einkommensteuerrecht, S. 124 ff.

[205] Vgl. z.B. nur *Risinger, M.*, Form and Substance in the Characterization of Foreign Entities, 51 New York University Institute on Federal Taxation 26 (1993); *Mentz, R.*, Foreign Entity Classification: To Be or Not to Be, 39 New York University Institute on Federal Taxation 32 (1981); *New York State Bar Association Tax Section, Committee on Foreign Activities of United States Taxpayers*, Report on Foreign Entity Characterization for Federal Income Tax Purposes, 35 Tax Law Review 169 (1980). *Boles, E.*, Gesellschaften im US-Einkommensteuerrecht, S. 120 ff.

fiskalischen Interessen müssen folglich in der unterschiedlichen steuerlichen Behandlung ausländischer *corporations* und *partnerships* im US-Steuerrecht liegen.

Das US-amerikanische Außensteuerrecht sieht vor, daß US-amerikanischen Personen, die eine ausländische Kapitalgesellschaft beherrschen, bestimmte Arten von Einkünften dieser Kapitalgesellschaft *(Subpart-F-Einkünfte)* sofort in den USA als ihr Einkommen zu versteuern haben, ohne Rücksicht darauf, ob diese Einkünfte von der ausländischen Kapitalgesellschaft ausgeschüttet wurden oder nicht. D.h. es findet ein steuerlicher Durchgriff durch diese ausländische Kapitalgesellschaft statt und sie wird in bezug auf diese Einkünfte als steuerlich transparent angesehen, mit der Folge sofortiger steuerlicher Ergebniszurechnung bei der beherrschenden Person[206]. Die Definition dieser *Subpart-F-Einkünfte* umfaßt aus ausländischen Quellen stammende Einkünfte, darunter auch Mieten und Zinsen, die von "verbundenen Personen" gezahlt werden. Das Gesetz erfaßt aber beherrschte *partnerships* in seiner Definition der "verbundenen Person" nicht. Wird nun eine solche beherrschte (ausländische) *partnership* in ihrem Sitzstaat nicht als transparente Gesellschaft (wie für Zwecke des US-Steuerrechts) angesehen, sondern als Körperschaft besteuert, kann es zu keiner Zurechnung der von ihr an die beherrschte ausländische Kapitalgesellschaft bezahlten Einkünfte kommen und dadurch nicht zu einer Durchgriffsbesteuerung des US-Fiskus[207].

Ein weiterer Unterschied bei der US-Besteuerung von ausländischen *corporations* und *partnerships* liegt in der Einbringung von Wirtschaftsgütern mit stillen Reserven in eine ausländische *corporation*[208] oder *partnership*[209]. Sec. 367 IRC regelt dies für *corporations* und Sec. 1491, 1057 für *partnerships*. Es sei hier nur darauf verwiesen, daß zwar eine solche Einbringung in der Regel in beiden Fällen zu einer Besteuerung führt, aus verschiedenerlei Gründen ist aber meist eine Einbringung in eine *partnership* für den Steuerpflichtigen günstiger[210]. Der

---

[206] Geregelt in Sec. 951 bis 964 IRC.

[207] Dieser Sachverhalt stand auch im Fall MCA, Inc. v. United States, 685 F.2d 1099 (9th Cir. 1982), unter Zurückweisung von 502 F. Supp. 837 (C.D. Cal. 1980), zur Entscheidung. Vgl. auch *Mentz, R.*, Foreign Entity Classification: To Be or Not to Be, 39 New York University Institute on Federal Taxation 32 (1981), § 32.03 [2][a];

[208] Die Einbringung von Wirtschaftgütern, deren Buchwert nicht dem Verkehrswert entspricht, in eine US-*corporation* im Austausch für die Gewährung von Anteilen an dieser Gesellschaft kann in der Regel ohne Realisierung eines Gewinns oder Verlusts erfolgen, vorausgesetzt die Einbringenden halten unmittelbar nach der Einbringung mindestens 80 % der Anteile , vgl. Sec. 351 und 368(c) IRC.

[209] Die Einbringung von Wirtschaftsgütern mit stillen Reserven in eine US-*partnership* ist grundsätzlich ein steuerfreier Vorgang, vgl. Sec. 721 IRC.

[210] Vgl. hierzu die ausführliche Erörterung der *New York State Bar Association Tax Section, Committee on Foreign Activities of United States Taxpayers*, Report on Foreign Entity Characterization for Federal Income Tax Purposes, 35 Tax Law Review 169 (170-176) (1980).

Report der *New York State Bar Association*[211] führt weitere Unterschiede auf, die aber in ihrer Gesamtheit wohl die *partnership* als die, für den Steuerpflichtigen in der Regel günstigeren Besteuerungsform erscheinen lassen.

All dies zeigt, daß die Theorie getrennter Interessen wohl allein aus Gründen des fiskalischen Interesses eingeführt worden ist. Andere Gründe für die alleinige Anwendung dieser Theorie bei der Einordnung ausländischer Personenvereinigungen sind nicht ersichtlich. Letztlich bedeutet dies eine ungerechtfertigte Schlechterstellung ausländischer Personenvereinigungen im Gegensatz zu denen der USA. Dies ist mit dem Prinzip des internationalen Wettbewerbs nicht vereinbar.

II.   Inkorporation nach ausländischem Recht

Der Internal Revenue Service berücksichtigt bei der Einordnung einer ausländischen Personenvereinigung zu US-Steuerzwecken eine nach der ausländischen Rechtsordnung erfolgte Inkorporierung nicht. Daher werden bei der Einordnung ausländischer Personenvereinigungen die gleichen Maßstäbe angewandt wie bei der Einordnung einer nichtinkorporierten US-Personenvereinigung[212]. Gleichwohl hält der Internal Revenue Service eine in der ausländischen Rechtsordnung erfolgte Inkorporierung für seine Rulingpraxis bezüglich der Einordnung einer ausländischen Personenvereinigung für relevant. So erteilt er normalerweise keine Ruling zur Frage, ob eine im Ausland inkorporierte ausländische Personenvereinigung, die dort als Körperschaft besteuert wird in den USA als *partnership* behandelt wird. Oder im umgekehrten Fall, ob eine im Ausland als Personengesellschaft besteuerte ausländische Personenvereinigung in den USA als *association* besteuert wird[213].

---

[211] *New York State Bar Association Tax Section, Committee on Foreign Activities of United States Taxpayers*, Report on Foreign Entity Characterization for Federal Income Tax Purposes, 35 Tax Law Review 169 (176-187) (1980); Vgl. auch *Mentz, R.*, Foreign Entity Classification: To Be or Not to Be, 39 New York University Institute on Federal Taxation 32 (1981), § 32.03

[212] Siehe Rev. Rul. 93-4, 1993-1 I.R.B. 5. Ebenso Rev. Rul. 77-214, 1977-1 C.B. 408. Darin maß der Internal Revenue Service der Tatsache keinerlei Bedeutung bei, daß eine deutsche GmbH nach deutschem Recht eine juristische Person und somit eine Körperschaft ist, noch gab er zu verstehen, daß eine Eintragung der GmbH ins deutsche Handelsregister eine vergleichbare Bedeutung wie eine Inkorporation nach US-amerikanischem Recht hätte.

[213] Vgl. Rev. Proc. 92-3, 1992-1 C.B. 561, § 4.01 Nr. 44 und 45; Rev. Proc. 92-9, 1992-1 C.B. 658, § 4.01, Nr. 23.

III. Bedeutung des ausländischen Rechts bei der Einordnung ausländischer Personenvereinigungen

Rev. Rul. 73-254[214] legt fest, daß die Einordnung ausländischer, nichtinkorporierter Personenvereinigungen zu US-Steuerzwecken nach Sec. 7701 IRC und den dazu erlassenen Regulations erfolgt. Rev. Rul. 88-8[215] bestimmt, daß für die Einordnung einer ausländischen Personenvereinigung den USA die Ergebnisse der Einordnung in der ausländischen Rechtsordnung nicht übernommen werden. Die Einordnung in den USA erfolgt unabhängig und eigenständig. Die Analyse der Rechtsbeziehungen der Mitglieder der Personenvereinigung untereinander und zur Vereinigung selber sowie zu Dritten erfolgt nach dem anzuwendenden ausländischen Recht. Hierbei sind die ausländischen Gesetze sowie der Gesellschaftsvertrag heranzuziehen[216]. Um eine Einheitlichkeit und Vorhersehbarkeit der Einordnung ausländischer Personenvereinigungen zu gewährleisten, sind die in Regs. § 301.7701-2 niedergelegten Maßstäbe anzuwenden, d.h. die gleichen Maßstäbe, die für die Einordnung US-amerikanischer Personenvereinigungen gelten. Sämtliche ausländischen Personenvereinigungen gelten allerdings für die Einordnung im Hinblick auf Regs. § 301.7701-2(a)(3) als nichtinkorporiert, unabhängig davon, ob ihnen das ausländische Recht den Status einer Körperschaft verliehen hat oder nicht. D.h. im Gegensatz zu Personenvereinigungen, die in den USA inkorporiert sind und daher gemäß den Regulations immer als *association* besteuert werden, werden ausländische Personenvereinigungen nur dann als *association* besteuert, wenn sie mehr körperschaftliche als nichtkörperschaftliche Merkmale besitzen. Ausländische Personenvereinigungen sind demnach nach Analyse des ausländischen Rechts als *association*, *partnership*, *trust* oder *sole proprietorship* nach den Kriterien in Regs. § 301.7701.2 einzuordnen[217]. Hierbei ist jedoch die Theorie getrennter Interessen *(separate interest theory)* zusätzlich zu beachten[218].

---

[214] Rev. Rul. 73-254, 1973-1 C.B. 613.

[215] Rev. Rul. 88-8, 1988-1 C.B. 403.

[216] Das General Counsel Memorandum 39693, dem Rev. Rul. 88-8 zugrunde liegt, hat die beiden General Counsel Memoranda 34476 und 36910 widerrufen, die bestimmt haben, daß eine Einordnung ausländischer Personenvereinigungen nach ausländischem Recht oder Common Law erfolgen könnte.

[217] Auch in Rev. Rul. 93-4, 1993-3 I.R.B. 5, ist diese Ansicht wiederzufinden.

[218] Siehe hierzu bereits oben Teil 3 Kapitel 1 D. I.

IV. Vorhandensein von Gesellschaftern - Das Problem der "Associates"

1. Darstellung der Problematik

Sec. 7701(a)(3) IRC sagt aus, daß der Begriff *"corporation"* den Begriff *"association"* beinhaltet und damit den Oberbegriff zu *"association"* darstellt[219]. Der Begriff der *"association"* ist einer der zentralen Begriffe bei der Einordnung von Personenvereinigungen, die keine *corporations* nach dem Gesellschaftsrecht eines der US-Bundesstaaten sind, denn eine US-*corporation* wird immer als *corporation* eingeordnet und besteuert[220]. Bei der Einordnung ausländischer Personenvereinigungen, die begriffsnotwendig keine US-Inkorporierung aufweisen und ohne Rücksicht auf eine Inkorporation in ihrem Sitzstaat für US-Steuerzwecke als nichtinkorporiert betrachtet werden[221], kann es hier jedoch zu Problemen kommen.

Der US Supreme Court hat in den Fällen Hecht v. Malley[222] und Morrissey v. Commissioner[223] ausgeführt, daß eine *"association"* eine Personenvereinigung ist, die in ihrer Verwendung, ihren Zwecken und ihrer Struktur einer *corporation* entspricht, aber der im Unterschied zur ihr eine staatliche Charter fehlt[224]. Der Supreme Court in Morrissey v. Commissioner fährt dann fort und zählt die gemeinsamen Merkmale zwischen *corporations* und *associations* auf. Ein not-

---

[219] "The term <u>'corporation' includes associations</u>, joint-stock companies, and insurance companies.", Sec. 7701(a)(3) IRC. [Unterstreichung hinzugefügt.]

[220] Vgl. Sec. 7701(a)(3) IRC. Eine *corporation* nach dem Gesellschaftsrecht eines US-Bundesstaats wird immer als *corporation* besteuert. *Bittker, B./Eustice J.*, Federal Income Taxation of Corporations and Shareholders, § 2.01, S. 2-2, melden jedoch Bedenken an, daß *corporation* nach dem Recht eines US-Bundesstaates in jedem Fall als *corporation* besteuert wird. Es wird angeführt, daß die Tatsache, daß ein Bundesstaat einer Gesellschaft die Bezeichnung *"corporation"* verliehen habe, nicht per se ihren Status für die Besteuerung durch den Bund entscheiden soll, weil diese Frage dem Wesen der Sache nach eine Frage des Bundesrechts und nicht des Rechts der Einzelstaaten sei. Dem ist jedoch zu entgegnen, daß der Bund ohne weiteres solche Entscheidungen bzw. Bezeichnungen des einzelstaatlichen Rechts als Anknüpfungspunkt für seine Besteuerung heranziehen darf. Denn in aller Regel dient das Zivilrecht dem Steuerrecht als Anknüpfungspunkt.

[221] Rev. Rul. 88-8, 1988-1 C.B. 403. Siehe auch oben Teil 3 Kapitel 1 D. II.

[222] Hecht v. Malley, 265 U.S. 144 (1924).

[223] Morrissey v. Commissioner, 296 U.S. 344 (1935).

[224] Diese Definition findet sich auch in Black's Law Dictionary, die lautet: "An unicorporated society; a body of persons united and acting together without a charter, but upon the methods and forms used by incorporated bodies for the prosecution of some common enterprise."

wendigerweise bei einer *association* vorhandenes Merkmal ist, daß sie *"associates"* besitzt, d.h. mehr als nur ein Mitglied hat[225].

Nach der Morrissey-Entscheidung wäre es möglich gewesen, den Begriff *"corporation"* so auszulegen, daß er Organisationsformen umfaßt, die den *corporations* nach US-Gesellschaftsrecht entsprechen, bis auf die Tatsache, daß sie nicht inkorporiert sind. D.h. genauso wie der Gesetzestext in Sec. 7701(a)(3) IRC es vorsieht, daß *"associations"* nur beispielhaft unter den Oberbegriff der *"corporation"* zu subsumieren sind und daher nur eine Teilmenge der *"corporations"* bilden[226]. Der Internal Revenue Service hat aber in den Regulations den Begriff *association* zum Oberbegriff gemacht und ihn als Prototyp und Bezugsmodell aller körperschaftlichen Entsprechungen erkoren[227]. Der Begriff der *association* wurde somit zum einzigen Maßstab zur Beantwortung der Frage, ob eine Personenvereinigung, die keine US-*corporation* ist, als *"corporation"* nach US-Steuerrecht zu besteuern ist[228]. Regulations sehen, genauso wie das Gesetz, nicht ausdrücklich vor, daß alle nichtinkorporierten Personenvereinigungen *"associations"* sein müssen, um als *corporation* besteuert zu werden. Dies ist darauf zurückzuführen, daß das Gesetz auch *joint stock companies* und *insurance companies* als *corporations* besteuert, ohne Rücksicht darauf, ob sie *"associations"* darstellen. Auf diese Weise scheinen die Regulations zumindest die theoretische Möglichkeit offen zu lassen, daß eine nichtinkorporierte Personenvereinigung, die keine *"association"* darstellt, als *corporation* besteuert werden könnte. In der Praxis jedoch beschränkt sich die Analyse bei der Einordnung nichtinkorporierter Personenvereinigungen ausschließlich auf die Frage, ob sie einer *"associati-*

---

[225] Der Supreme Court hat es in Morrissey v. Commissioner, 296 U.S. 344 (356) (1935), so ausgedrückt: *"'Association' implies associates."*

[226] "The term 'corporation' includes associations, joint-stock companies, and insurance companies.", Sec. 7701(a)(3) IRC. [Unterstreichung hinzugefügt.]

[227] Es ist anzumerken, daß der Internal Revenue Service diese weite Verordnungsermächtigung zum Erlaß von Regulations mit diesem Inhalt trotz des entgegenstehenden Gesetzestextes durch die Entscheidung Morrissey v. Commissioner, 296 U.S. 344 (354-355) (1935) hatte.

[228] *Boles, E.*, Gesellschaften im US-Einkommensteuerrecht, S. 10 f, gibt zwei Erklärungen, warum die Regulations die *"association"* als Oberbegriff verwenden. Zum einen kann es sein, daß die Regulations sich nur mit den nichtinkorporierten Personenvereinigungen beschäftigen wollen, da *corporations* nach dem Recht eines US-Bundesstaates ohnehin als *corporations* besteuert werden. Zum anderen ist es auch möglich, daß die Regulations das Primat des Bundessteuerrechts über das einzelstaatliche Zivilrecht deutlich machen wollen, das auf objektiven Kriterien aufbauen möchte und nicht auf der von einem Bundesstaat verliehenen Bezeichnung *"corporation"*. Vgl. dazu auch *Bittker, B./Eustice J.*, Federal Income Taxation of Corporations and Shareholders, § 2.01, S. 2-2, der dort auch für die Loslösung des Bundessteuerrechts vom einzelstaatlichen Gesellschaftsrecht bei der Einordnung eintritt.

on" entspricht. In bezug auf ausländische Personenvereinigungen gilt dies in besonderem Maße, da der Internal Revenue Service ausdrücklich in Rev. Rul. 88-8[229] bestimmt hat, daß diese mittels des *"association"*-Maßstabes in Regs. § 301.7701-2 einzuordnen sind.

Das Problem, das durch das Beharren des Internal Revenue Service auf die Einordnung nichtinkorporierter Personenvereinigungen am Maßstab der *"association"* entsteht, ist das Erfordernis, daß *"associations"* eben *"associates"*, d.h. Mitglieder haben müssen. Hiermit stellt sich die Frage, wie nichtinkorporierte "Personenvereinigungen" zu behandeln sind, die nur einer einzigen Person gehören.

Dieses Problem hat für den rein nationalen Bereich in den USA keine große Bedeutung, da eine Person, die Einordnung einer Personenvereinigung, die ihr alleine gehört, als *"corporation"* verhältnismäßig einfach durch die Wahl einer US-*corporation* als Rechtsform erreichen kann[230]. Denn eine US-*corporation* wird automatisch als *"corporation"* behandelt, auch wenn sie im Eigentum nur einer einzigen Person steht, da sie nicht am Maßstab der *"association"* gemessen und eingeordnet wird. Im internationalen Bereich hat dieses Problem eine ausgesprochen hohe Bedeutung, da, wie oben erwähnt, der Internal Revenue Service die Ansicht vertritt, daß sämtliche ausländischen Personenvereinigungen als nichtinkorporiert gelten und sie das unabdingbare Merkmal einer *"association"*, und damit zumindest zwei *"associates"* besitzen müssen, um als *"corporation"* besteuert zu werden.

Der Internal Revenue Service hat zwar, bis auf eine Ausnahme[231], nie die Ansicht vertreten, daß eine ausländische Personenvereinigung, die im Eigentum nur

---

[229] Rev. Rul. 88-8, 1988-1 C.B. 403.

[230] Auch hier können sich Probleme ergeben und zwar insbesondere in der Abgrenzung zwischen der Besteuerung als *trust* und als *corporation*, wie die Entscheidungen Hynes v. Commissioner, 74 T.C. 1266 (1980), und Lombard Trustees, Ltd., 136 F.2d 22 (9th Cir. 1943), zeigen.

[231] Der Internal Revenue Service hat diese Ansicht nur für kurze Zeit vertreten, wie der Erlaß der sog. *"branch rulings"* zeigt (Privat Letter Ruling 7743260; Private Letter Ruling 7743077; Private Letter Ruling 7747083, Private Letter Ruling 7748038; Private Letter Ruling 7802012), die kurz darauf widerrufen wurden (durch Private Letter Ruling 7806062, Private Letter Ruling 7806058, Private Letter Ruling 7806057, Private Letter Ruling 7806056 und Private Letter Ruling 7806055). Diese Ansicht hat dazu geführt, daß der rechtliche Status ausländischer Tochtergesellschaften von US-*corporations* als separate Rechtssubjekte negiert, d.h. durch sie hindurchgegriffen wurde, und sie als bloße Niederlassung *(branch)* der US-Muttergesellschaft betrachtet wurden. Die wirtschaftliche und steuerliche Folge war, daß die ausländischen Tochtergesellschaften keine Gewinne mehr thesaurieren konnten und somit zumindest auf gewisse Zeit eine US-Besteuerung dieser Gewinne verhindern konnten. D.h. Gewinne der Tochtergesellschaften wurden somit unmittelbar bei ihrem Entstehen der Muttergesellschaft zugerechnet.

einer Person steht, nicht als *"corporation"* eingeordnet und besteuert werden kann. Eine solche Ansicht wäre auch schwerlich mit den vielen Beispielen in den Regulations zur Erläuterung außensteuerlicher Vorschriften des Internal Revenue Code vereinbar, die eben von der Existenz ausländischer Personengesellschaften ausgehen, die wie *"corporations"* besteuert werden und im Eigentum einer Person stehen. Während die Ansicht des Internal Revenue Service in dieser Beziehung ziemlich klar zu sein scheint, unterstützen die Regulations diese Ansicht nicht eindeutig. § 301.7701-2(a)(2) lautet wie folgt:

> *"Since associates and an objective to carry on business for joint profit are essential characteristics of all organizations engaged in business for profit (other than the so-called one-man corporation and the sole proprietorship), the absence of either of these essential characteristics will cause an arrangement among co-owners of property for the development of such property for the separate profit of each not to be classified as an association. Some of the major characteristics of a corporation ... are common to partnerships and corporations. ... [S]ince associates and an objective to carry on business and divide the gains therefrom are generally common to both corporations and partnerships, the determination of whether an organization which has such characteristics is to be treated for tax purposes as a partnership or as an association depends on whether there exists centralization of management, continuity of life, free transferability of interests, and limited liability."*

Das allgemeine Verständnis dieses Textes ist, daß Mitglieder oder Gesellschafter *("associates")* ein "unabdingbares Merkmal" *("essential characteristic")* einer *"association"* sind, und, daß das Fehlen von Mitgliedern oder Gesellschaftern eine Behandlung eines Rechtsgebildes (Personenvereinigung) als *"association"* unmöglich macht[232]. Jedoch scheint dieses allgemeine Verständnis nicht ganz richtig zu sein. Es dürfte genauer sein, zu sagen, daß der Text der Regulations einfach nicht klar ist, und was immer er auch andeuten mag, er nicht ausdrücklich aussagt, daß eine *"association"* auch *"associates"* haben muß. Während *"associates"* als unabdingbares Merkmal aller Rechtsgebilde/Personenvereinigungen *("all organizations")*, die Geschäfte mit Gewinnerzielungsabsicht betreiben, beschrieben wird, wird diese scheinbar kategorische Aussage sofort durch die Feststellung zurückgenommen, daß es sog. Einmanngesellschaften *("so-called one-man corporations")* gibt. Mehr noch, der Satz in dem diese Aussage enthalten

---

Vgl. *McKee, W./Nelson, W./Whitmire, R.*, Federal Taxation of Partnerships and Partners, § 3.06 [2]; *Mentz, R.*, Foreign Entity Classification: To Be or Not To Be, 39 New York University Institute on Federal Taxation 32 (1981), S. 32-14, Fn. 29; *New York State Bar Association Tax Section, Committee on Foreign Activities of United States Taxpayers*, Report on Foreign Entity Characterization for Federal Income Tax Purposes, 35 Tax Law Review 169 (201, Fn. 124) (1980).

ist, befaßt sich nicht weiter mit der Frage des alleinigen Eigentums einer Person an einer Personenvereinigung/Rechtsgebilde, sondern befaßt sich mit der Frage der Abgrenzung von Miteigentümerverhältnissen, was mit der Frage des Alleineigentums nichts zu tun hat[233].

Die Regulations sagen aus, daß *"associates"* im allgemeinen den *partnerships* und den *corporations* gemein sind *("generally common")*. Sie vermeiden damit die verbindliche Aussage, daß *"associates"* erforderlich sind für die Behandlung als *association*. Der Satz in dem sich diese Passage findet, kann sehr gut auch so gelesen werden, daß er eine Aussage zu diesem Thema überhaupt vermeiden will, denn er thematisiert in erster Linie die übrigen vier körperschaftlichen Merkmale und eben nicht das Vorhandensein von Gesellschaftern und die Absicht, Geschäfte zu betreiben und Gewinne daraus zu teilen. Freilich ist ein Rechtsgebilde, das als *association* eingeordnet werden soll und nicht als *partnership*, immer noch daraufhin zu untersuchen, ob es nicht als *trust* und nicht als *association* einzuordnen ist. Die Unterscheidung zwischen *trust* und *association* enthält eine deutlichere Aussage in bezug auf die Erforderlichkeit von *"associates"*, da eine Einordnung als *association* "davon abhängt, ob Mitglieder vorhanden sind"[234]. Jedoch stellt die Definition des *trusts* in § 301.7701-4(b) Regs. klar, daß Rechtsgebilde, die zum Zweck der Ausübung geschäftlicher Aktivitäten mit Gewinnerzielungsabsicht betrieben werden, keine *trusts* sind, sondern als *associations* oder *partnerships* einzuordnen sind.

Aus alledem ist zu folgern, daß die Regulations zu Sec. 7701(a)(3) die Frage der *"associates"* nicht eindeutig behandeln. Dies war auch die Ansicht des Tax Court in der Entscheidung Hynes v. Commissioner[235]. In diesem Fall wurde ein *business trust* mit einem einzigen Destinatär als *association* eingeordnet, trotzdem es keine *"associates"* in diesem Fall gab. Der Tax Court führt aus, daß "sorgfältiges Lesen"[236] der Regulations nicht zu der Ansicht führe, daß ein Rechtsgebilde in der Hand eines Einzelnen, nicht eine *association* sein könnte. Das Gericht war insbesondere der Ansicht, daß der Verweis auf eine Einmann-*corporation* in den Regulations die Anerkennung der Existenz von *associations*

---

[233] So auch Hynes v. Commissioner, 74 T.C. 1266 (1279) (1980).

Eindeutig äußern sich aber die ursprünglich vorgeschlagen Regulations, die aber dann durch die jetzt geltende, endgültige Fassung abgeändert wurden: *"Since associates and an objective to carry on business and divide gains therefrom are essential characteristics of all business organizations ..., the absence of either of these essential characteristics is sufficient to cause an organization not to be classified as an association"*, Prop. Reg. § 301.7701-2(a)(2) (1959) [Unterstreichung hinzugefügt], zitiert nach *McKee, W./Nelson, W./Whitmire, R.*, Federal Taxation of Partnerships and Partners, § 3.06 [3].

[234] "depends on whether there are associates".

[235] Hynes v. Commissioner, 74 T.C. 1266 (1980).

[236] *"careful reading"*; Hynes v. Commissioner, 74 T.C. 1266 (1279) (1980).

mit einem einzigen Eigentümer beinhaltet[237]. Diese Interpretation des Tax Court wurde kritisiert, da der Hinweis auf die Einmann-*corporation* in den Regulations nur dahingehend zu verstehen sei, daß er sich auf *corporations* nach dem Recht eines US-Bundesstaats beziehe und nicht auf nichtinkorporierte Rechtsgebilde[238]. Eine solche Interpretation würde aber eine eindeutige Formulierung in den Regulations in bezug auf das Vorhandensein mindestens zweier *"associates"* voraussetzen.

2.   Lösungsansätze im Schrifttum - Kritik

Die bestehende Unklarheit um das Erfordernis von *"associates"* in einer *association* ist unbefriedigend. Ein Lösungsansatz, zumindest wenn es sich bei dem einzigen Anteilseigner um ein Rechtsgebilde handelt, könnte darin bestehen, nicht auf ihn als unmittelbaren einzigen Anteilseigner abzustellen, sondern quasi durch ihn hindurchzuschauen und zu fragen, ob er mehrere Anteilseigner besitzt, die das Erfordernis erfüllen könnten. Dies würde die Anwendung der Theorie getrennter Interessen auf die Frage des Vorhandenseins von Gesellschaftern bedeuten[239]. Obwohl dieser Ansatz in vielen Fällen eine Lösung bieten würde, so kann er dennoch nur bei Rechtsgebilden zum Ziel führen, die nicht letztlich von einer einzigen Person gehalten werden. Zudem sind alle die Einwände, die oben gegen die Theorie getrennter Interessen ausgeführt wurden, auch hier einschlägig[240].

Ein weiterer Lösungsansatz wurde in bezug auf ausländische juristische Personen vorgeschlagen. Diese sollen dieses Erfordernis dadurch erfüllen können, daß sie beweisen, daß sie nach örtlichem Recht "die Möglichkeit besitzen, mehrere Anteilseigner zu haben", auch wenn es im Einzelfall nur einen Anteilseigner gibt[241]. Dieser Vorschlag scheint vielversprechender zu sein, da er zuläßt, daß

---

[237] "In referring to the plural 'associates' and the division of profits, the provision expressly excepts a one-man corporation from such references. By implication, the regulation recognizes that when there is a single owner, there will not be associates or a sharing of the profits among associates." Hynes v. Commissioner, 74 T.C. 1266 (1279) (1980).

[238] So aber *Mentz, R.*, Foreign Entity Classification: To Be or Not To Be, 39 New York University Institute on Federal Taxation 32 (1981), S. 32-14, Fn. 29. Hingegen hat der Internal Revenue Service anerkannt, daß die Tatsache, daß ein nichtinkorporiertes Rechtsgebilde möglicherweise nur ein einzelnes Mitglied hat, es nicht unmöglich macht, es als *"association"* einzuordnen. Vgl. auch IRS Technical Advice Memorandum 8552010, 25.09.1985; IRS Technical Advice Memorandum 8533003, 07.05.1985; General Counsel Memorandum 39395 vom 05.08.1985, sowie Private Letter Ruling 8139048, 30.06.81.

[239] Siehe hierzu oben Teil 3 Kapitel 1 D. I.

[240] Vgl. oben Teil 3 Kapitel 1 D. I. 4.

[241] Dieser Vorschlag erfolgte durch *Mentz, R.*, Foreign Entity Classification: To Be or Not To Be, 39 New York University Institute on Federal Taxation 32 (1981), § 32.04[3][a] S. 32-18.

ausländische juristische Personen, die von einer einzigen Person gehalten werden, die Möglichkeit haben, als *corporation* besteuert werden zu können, während Überprüfung der Ähnlichkeit einer solchen Einmann-Gesellschaft mit einer *corporation* durch die vier körperschaftlichen Merkmale Rechnung getragen wird. Dieser Ansatz wirft jedoch mindestens zwei Probleme auf:

Erstens ist nicht klar, warum dieser Ansatz, der "die Möglichkeit mehrere Anteilseigner zu haben" vorsieht, nur für ausländische "juristische" Personen und nicht für andere gelten soll. Der Supreme Court hat im Fall Morrissey v. Commissioner[242] entschieden, daß die Einbeziehung des Begriffs *"association"* in Sec. 7701(a)(3) IRC beabsichtigt, Rechtsgebilde in die Definition der *"corporation"* aufzunehmen, die bis auf das Fehlen der Inkorporation einer *corporation* entsprechen. Durch diesen Ansatz würde aber durch die Hintertüre für ausländische Gesellschaften das Erfordernis einer Inkorporation eingeführt.

Zweitens ist nicht klar, wenn dieser "Möglichkeitsansatz" eine angemessene Lösung darstellen soll, warum er nur auf das Erfordernis der "Gesellschafter" anzuwenden sein soll. Es ist z.B. fraglich, warum die Anteile einer ausländischen Gesellschaft *tatsächlich* frei übertragbar sein müssen und nicht auch in dieser Beziehung die *potentielle* Übertragbarkeit genügen soll, um das körperschaftliche Merkmal der freien Übertragbarkeit der Anteile zu besitzen. Auch die Anteile an US-*corporations* können Übertragungsbeschränkungen unterliegen und in kleineren Gesellschaften ist dies sogar häufig der Fall. In ähnlicher Weise ist fraglich, warum eine ausländische Gesellschaft tatsächlich fortdauernde Existenz und nicht potentielle fortdauernde Existenz genügt. Denn auch US-*corporations* können einer Regelung unterliegen, die eine Auflösung für den Fall des Todes, des Verlusts der Geschäftsfähigkeit oder des Konkurses eines Anteilseigners vorsehen.

Würde die bloße "Möglichkeit" der fortdauernden Existenz oder der freien Übertragbarkeit der Anteile bei einer ausländischen Gesellschaft ausreichen, um diese körperschaftlichen Merkmale zu besitzen, so wäre es ziemlich schwierig, eine ausländische Gesellschaft als *partnership* einzuordnen. Denn bei vielen ausländischen Gesellschaften besteht diese Möglichkeit. Sie würden dann schon als *association* besteuert, wenn sie darüber hinaus noch beschränkte Haftung oder zentralisierte Geschäftsleitung besäßen.

All dies zeigt, daß das Merkmal des Vorhandenseins von Gesellschaftern kein brauchbares Kriterium zur Unterscheidung von (inkorporierten und nichtinkorporierten) (körperschaftlichen und nichtkörperschaftlichen) Rechtsgebilden darstellt, und es das vernünftigste ist, dieses Merkmal zu streichen.

Probleme bei der weiteren Einordnung eines solchen nichtinkorporierten Rechtsgebildes mit nur einem Anteilseigner dürften auch nicht auftauchen. Es ist zwar

---

[242] Morrissey v. Commissioner, 269 U.S. 344 (1935).

so, daß sich die Besonderheiten der Einordnung eines nichtinkorporierten Rechtsgebildes mit nur einem Anteilseigner sich nicht nur auf das Merkmal des Vorhandenseins von Gesellschaftern beschränken, wie die Theorie der getrennten Interessen aufzeigt. Doch bietet die Theorie getrennter Interessen auch die Lösung dafür an. Unter dem Gesichtspunkt der Theorie getrennter Interessen sind mindestens drei der vier körperschaftlichen Hauptmerkmale betroffen, wenn ein Rechtsgebilde nur einen Anteilseigner besitzt. Fortdauernde Existenz ist gegeben, da es im Belieben des Anteilseigners liegt, das Rechtsgebilde aufzulösen oder fortzuführen. Zentralisierte Geschäftsführung ist gegeben, da es nur auf eine Person, den Anteilseigner, ankommt. Ebenso ist freie Übertragbarkeit gegeben, da es im Belieben des Anteilseigners steht, seine Anteile zu übertragen oder bestehende Übertragungsbeschränkungen durch einen Beschluß zu beseitigen. Ein solches Rechtsgebilde wäre dann, wegen des Überwiegens der körperschaftlichen Merkmal immer als *association* zu besteuern, obwohl es wegen des Fehlens des Vorhandenseins von Gesellschaftern keine *association* sein kann.

Es besteht somit auch kaum die Gefahr, daß eine Rechtsgebilde mit nur einem Anteilseigner eventuell als *partnership* eingeordnet werden könnte. Dies wäre dann eine *one-partner partnership* (Einmann-Personengesellschaft), die logischerweise nicht existieren kann[243] und vermutlich als *sole proprietorship* (Einzelkaufmann) behandelt werden würde[244]. Das eigentliche Problem bei der Frage der Einordnung eines Rechtsgebildes, das im Eigentum einer einzigen Person steht, kann nur folgendes sein: Ist dieses Rechtsgebilde steuerlich als eine von seinem Eigentümer zu trennende eigenständige Einheit zu betrachten oder nicht. Wenn es als eigenständige Einheit anzusehen ist, so ist es als *corporation* zu besteuern, andernfalls als Einzelunternehmung des Eigentümers. Letztlich handelt es sich um die Frage, ob ein transparentes oder intransparentes Steuerregime anzuwenden ist. Erhebliche praktische Bedeutung hat diese Problematik für die Einordnung einer *limited liability company* mit nur einem Gesellschafter. Dies soll im folgenden dargestellt werden.

---

[243] Gleichwohl gibt es Äußerungen über *one-partner partnerships* (Einmann-Personengesellschaften) in der Literatur. So zumindest *Brannan, W.*, Lingering Partnership Classification Issues (Just When You Thought It Was Safe To Go Back Into the Water), 1 Florida Tax Review 197 (255) (1993).

[244] Siehe hierzu auch unten Teil 3 Kapitel 1 E. bezüglich der Einordnung einer *limited liability company* mit nur einem Gesellschafter.

E.   Limited Liability Company mit nur einem Gesellschafter

Nur sehr wenige US-Bundesstaaten erlauben die Errichtung einer *limited liability company* mit nur einem Gesellschafter[245]. Die steuerliche Einordnung einer solchen Einmann-*limited liability company* ist ungeklärt. Bisher hat sich der Internal Revenue Service zu diesem Thema noch nicht geäußert. Allerdings hat er eine Projektgruppe ins Leben gerufen, die sich mit der Frage der Einordnung einer Einmann-*limited liability company* befaßt[246]. Theoretisch ist eine Einordnung als *association*, als *sole proprietorship* oder als *partnership* denkbar. Eine Einordnung als *trust* wird regelmäßig daran scheitern, daß bei einer Einmann-*limited liability company* Gewinnerzielungsabsicht und nicht bloße Vermögensverwaltung und -erhaltung vorliegt[247].

I.   Association Taxable as a Corporation

Der Ausgangspunkt der Analyse ist der Begriff der *association* in den Regulations. Der Begriff *association* "bezieht sich auf eine Organisation, deren Eigenschaften es erfordern, sie für Zwecke der Besteuerung eher als *corporation*, denn als *partnership* oder *trust* einzuordnen"[248]. Das Vorhandensein von Gesellschaftern ist kein Erfordernis für die Einordnung als *corporation*[249]. Im weiteren

---

[245] Vgl. New York, § 203 (a) und (c) NYLLCL; Ark. Code Ann. § 4-32-201; Idaho Code § 53-607; Ind. Code § 23-18-2-4(a); Mo. Rev. Stat. § 359.716; Mont. Code Ann. § 35-8-201; NM Stat. Ann. § 53-19-7; Tex. Rev. Civ. Stat. Ann. tit. 32 art. 1528n, art. 3.01. Die Tatsache, daß es nach einzelstaatlichem Recht möglich ist, eine Einmann-*limited liability company* zu gründen, hat keinen Einfluß auf die Einordnung anderer *limited liability companies* desselben Staates, die mit zwei oder mehr Gesellschaftern errichtet wurden. Dies zeigen die Private Letter Rulings 9210019 und 9218078, die zwei Texas-*limited liability companies* mit mehreren Gesellschaftern als *partnerships* eingeordnet haben, trotzdem es möglich ist, eine Texas-*limited liability company* mit nur einem Gesellschafter zu gründen. Vgl. *Pace Hamill, S.*, The Limited Liability Company: A Midpoint Evaluation, 52 New York University Institute on Federal Taxation 1-15, § 1.02[6]; *Spudis, B.*, Limited Liability Companies, S. 9, in American Law Institute American Bar Association, (Hrsg.), Vol. II, S. 809.

[246] Siehe *Pace Hamill, S.*, Treatment of Single-Member LLCs under Debate, Tax Notes Today, February 2, 1993; *Tobin, J./Seto, W.*, Hybrid Entities, IBFD Bulletin 1994, S. 315 (317); *Garcia, R.*, Single-Member LLCs: Basic Entities Raise Complex Problems, 68 Tax Notes No. 2, July 10, 1995, S. 142.

[247] Vgl. Regs. § 301.7701-2(a)(2) Satz 4 und § 301.7701-4(a) Sätze 1 und 3; sowie General Counsel Memorandum 39395 v. 05.08.1985.

[248] "The term 'association' refers to an organization whose characteristics require it to be classified for purposes of taxation as a corporation rather than as another type of organization such as a partnership or a trust.", Regs. § 301.7701-2(a)(1) Satz 1.

[249] Vgl. Hynes v. Commissioner, 74 T.C. 1266 (1980), darin wurde ein Trust mit nur einem Destinatär als *association* eingeordnet; das Merkmal des Vorhandenseins von Gesellschaftern wurde bei der Einordnung als *association* damit aufgegeben. Vgl. auch

dürfte die Einordnung nach den vier körperschaftlichen Hauptmerkmalen erfolgen, da es keine Anhaltspunkte dafür gibt, von dieser Praxis dann abzuweichen, wenn es nur einen Gesellschafter gibt. Sollte die einzuordnende *limited liability company* nun drei der vier körperschaftlichen Hauptmerkmale besitzen, müßte sie als *association*, die wie eine *corporation* besteuert wird, eingeordnet werden. Dies hat zur Folge, daß ihre Einkünfte doppelt steuerlich belastet werden, nämlich einmal auf der Ebene der Gesellschaft durch die der Körperschaftsteuer und dann, im Falle einer Ausschüttung, beim Gesellschafter durch die individuelle Einkommensteuer. Würde eine Einmann-*limited liability company* als *association* eingeordnet werden, brächte sie steuerlich keine Vorteile gegenüber einer US-*corporation* mit nur einem Gesellschafter und böte damit als Rechtsform keine besondere Attraktivität[250]. Es ist jedoch sehr schwierig vorauszusehen, wie drei der vier körperschaftlichen Hauptmerkmale (fortdauernde Existenz, zentralisierte Geschäftsleitung und freie Übertragbarkeit der Anteile) bei der Einordnung einer Einmann-*limited liability company* auszulegen und anzuwenden sind. Fraglich ist hierbei, ob die Theorie getrennter Interessen bei der Auslegung und Anwendung dieser Merkmale zum Zuge kommt. Die Theorie wurde bisher nur bei ausländischen Personenvereinigungen, niemals aber im nationalen Bereich zur Einordnung herangezogen[251]. Des weiteren ist fraglich, ob sie auf alle drei Merkmale oder, wie bei ausländischen Personenvereinigungen nur auf das Merkmal der freien Übertragbarkeit der Anteile angewendet wird[252]. Würde sie auch auf die Merkmale der zentralisierten Geschäftsführung und der fortdauernden Existenz angewandt werden, so ist eine *limited liability company* mit nur einem Gesellschafter eindeutig als *association* zu besteuern.

II.   Sole Proprietorship

Wenn drei oder vier der körperschaftlichen Merkmale nicht gegeben sind, scheint eine Einordnung als *sole proprietorship* (Einzelunternehmen) angemessen zu sein. Da eine *limited liability company* mit mindestens zwei Gesellschaftern als *partnership* besteuert wird, d.h. transparent besteuert wird, scheint es am naheliegendsten zu sein, eine Einmann-*limited liability company* ebenfalls transparent, nämlich als Einzelunternehmen einer einzelnen Person zu behandeln und

---

General Counsel Memorandum 39395 v. 05.08.1985. Siehe auch oben Teil 3 Kapitel 1 B. I. und D. IV.

[250] In einem Hearing des IRS zur Einordnung einer Einmann-*limited liability company* äußerten Praktiker genau dieselben Bedenken; vgl. *Garcia, R.*, Single-Member LLCs: Basic Entities Raise Complex Problems, 68 Tax Notes No. 2, July 10, 1995, S. 142.

[251] Vgl. *Spudis, B./Wilczynski, M.*, Entity Classification When a Purported Partnership is Ultimately Owned by One Corporation, 69 Taxes 659, 667 (1991).

[252] Vgl. hierzu oben Teil 3 Kapitel 1 D. I. und IV.

zu besteuern[253]. Bedenken dagegen könnten sich aber daraus ergeben, daß eine *limited liability company* eine von ihren Gesellschaftern getrennte rechtliche Person darstellt, die eigene Rechte und Pflichten besitzt und den Gesellschafter beschränkte Haftung bietet[254]. All dies ist bei einem Einzelunternehmen nicht der Fall. Ausschlaggebend ist, ob und wie die vier körperschaftlichen Merkmale auf eine solche Einmann-*limited liability company* anzuwenden sind.

III. Partnership

Eine Einordnung als *partnership* ist in höchstem Maße unwahrscheinlich. Dies würde die Möglichkeit der Existenz einer *one-partner partnership* (Einmann-Personengesellschaft) voraussetzen. Dies ist schon logisch nicht möglich. Subchapter K, der Abschnitt des Internal Revenue Code, der sich mit der Besteuerung der *partnerships* befaßt, kennt nur so etwas ähnliches wie eine Einmann-Personengesellschaft in einer besonderen Situation. Nämlich dann, wenn in einer Personengesellschaft mit zwei Gesellschaftern ein Gesellschafter stirbt oder sich zur Ruhe setzt, aber sein Anteil nicht sofort abgefunden wird. Für die Dauer der Auseinandersetzung des Gesellschaftsvermögens dieser Gesellschaft wird die Existenz eines zweiten Gesellschafters fingiert[255]. Dieser Fall stellt aber dennoch keine Einmann-Personengesellschaft dar, denn sie betrifft nur die Zeit der Auseinandersetzung der Gesellschaft zwischen den ursprünglichen Gesellschaftern. D.h. die Gesellschaft ist noch nicht beendet, und es findet nur die Abwicklung zwischen den beiden Gesellschaftern statt. Diese Situation ist nicht vergleichbar mit einer Gesellschaft bei der überhaupt nur ein Gesellschafter existiert.

Nach Ansicht des Internal Revenue Service kann ein Rechtsgebilde, das nur einen Anteilseigner besitzt, für Zwecke der Einordnung so behandelt werden, als ob es mehrere Anteilseigner *("associates")* hat. Dies ist jedoch nur der Fall im Hinblick auf eine Einordnung als *association* und nicht für eine Einordnung als *partnership*[256].

---

[253] Zu diesem Ergebnis gelangen auch *Wirtz, F./Harris, K.*, Tax Classification of the One-Member Limited Liability Company, 59 Tax Notes No. 13, S. 1829.

[254] Nach *Tobin, J./Seto, W.*, Hybrid Entities, IBFD Bulletin 1994, S. 315 (317), gibt es beim Internal Revenue Service eine Auseinandersetzung darüber, ob eine Einmann-*limited liability company* als *association* oder als transparentes Rechtsgebilde einzuordnen sei. Die einen vertreten die Meinung, wegen des Schutzes durch die beschränkte Haftung sei eine *limited liability company* als ein vom Gesellschafter getrenntes Rechtsgebilde anzusehen und damit als *association* zu besteuern. Die anderen halten eine transparente Besteuerung für angemessen.

[255] Vgl. Regs. § 1.736-1(a)(6).

[256] Vgl. auch IRS Technical Advice Memorandum 8552010, 25.09.1985; IRS Technical Advice Memorandum 8533003, 07.05.1985; General Counsel Memorandum 39395 vom 05.08.1985, sowie Private Letter Ruling 8139048, 30.06.81. Siehe auch oben Teil 3 Kapitel 1 B. I. und D. IV.

Im übrigen stellt sich die Frage, was die Einordnung einer Einmann-*limited liability company* als *partnership* für Vorteile brächte. Eine transparente Besteuerung ist auch bei einer Einordnung als *sole proprietorship* gegeben. Darüber hinausgehende Vorteile einer Besteuerung als *partnership* sind nicht vorhanden.

F. Zusammenfassung

In der Gesamtschau erscheint das System der Einordnung von Rechtsgebilden zu Zwecken der US-Besteuerung *(classification)* als komplex, verwirrend und zu kaum vorhersehbaren Ergebnissen führend. Mit peinlicher Akribie werden in den Regulations die Merkmale beschrieben und definiert. Dennoch hat dieses System der Einordnung in der Praxis - insbesondere seitdem für die *limited liability company* eine Besteuerung als *partnership* möglich war - kaum ein ernsthaftes Hindernis dargestellt, eine genehme Rechtsform zu wählen und ihre gewünschte Besteuerung als *partnership* einerseits oder *corporation* andererseits zu erreichen[257]. Mit einigem Aufwand konnte ein Weg vorbei an den scheinbar strengen Regelungen der Regulations gefunden werden[258]. Dem Zweck dem die Regulations dienen sollen, nämlich eine Einordnung anhand von objektiven Kriterien zu gewährleisten, erfüllen sie sicherlich nicht auf diese Weise. Der Internal Revenue Service ist deshalb dabei dieses System der Einordnung zu überdenken und zu reformieren[259]. Seine Reformvorstellungen hat er bisher in Rev.

---

[257] Dies wird auch vom Internal Revenue Service zugegeben, vgl. Rev. Notice 95-14, 1995-1 C.B. 297. Vgl. auch *Walter, O.*, Neue Regeln zur Klassifizierung der deutschen GmbH im Steuerrecht der USA, RIW 1993, S. 493, Dieser bezeichnet die Einordnung zu Zwecken der US-Besteuerung als "Prokrustessystem".

[258] Dies wird auch bei einer Gesamtschau des (Praktiker-)Schrifttums zu dieser Thematik deutlich, vgl. nur *Fisher, R.*, Classification Under Section 7701 - The Past, Present and Prospects for the Future, 30 The Tax Lawyer 627 (1977); *Streng, W.*, Choice of Entity, Tax Management Portfolio 700, A-16 ff.; *Fox, L.*, The Maximum Scope of the Association Concept, 25 Tax Law Review 311 (1970); *Snoe, J.*, Entity Classification Under the Internal Revenue Code: A Proposal to Replace the Resemblance Model, 15 The Journal of Corporation Law 647 (1990); *Culp, W./Carpenter, J.J.*, IRS Pronouncements Clarify Status as a Partnership vs. an Association, 6 Journal of Partnership Taxation 111 (1989); *Bobrow, R./Montgomery, St./Cohen, D.*, To Be or not to Be: Partnership Classification Revisited, 6 Journal of Partnership Taxation 68 (1989); *Montgomery, St./Hanley, E.*, Partnership Classification: Recent Developments, 9 Journal of Partnership Taxation 271 (1992); *Charyk, W.*, New Ruling Guidelines for Partnership Classification, 16 The Journal of Real Estate Taxation 362 (1989).

[259] Die Idee einer Reform des bisherigen Systems der Einordnung von Rechtsformen zu Besteuerungszwecken ist nicht neu. *Berger, C.*, W(h)ither Partnership Taxation?, 47 Tax Law Review 105 (1991), schlägt vor, die Rechtsformen (Unternehmen) nach ihrer wirtschaftlichen Größe einzuordnen. Für große Unternehmen soll ein intransparentes Steuerregime (als Kapitalgesellschaft) und für kleine Unternehmen ein transparentes Steuerregime (als Personengesellschaft) gelten.

Notice 95-14[260] und Proposed Regulations[261] geäußert, die die bisherigen Regs. § 301.7701-1, -2 und -3 ersetzen sollen. Diese werden im folgenden dargestellt.

G.   Revenue Notice 95-14 und die neuen Proposed Regulations § 301.7701-1, -2 und -3

I.   Allgemeines

Der Internal Revenue Service hat zunächst seine Reformvorstellung zur Einordnung *(classification)* von Organisationsformen, die unternehmerischen Zwecke verfolgen[262] in Rev. Notice 95-14[263] in allgemeiner Weise dargestellt. Die darin enthaltenen Reformvorstellungen wurden in die Proposed Regulations § 301.7701-1, -2 und -3[264] (vorgeschlagene Richtlinien) umgesetzt und am 8. Mai 1996 publiziert, die, falls sie als Final Regulations (endgültige Richtlinien) erlassen werden, die gegenwärtigen Regs. § 301.7701-1, -2 und -3 ersetzen sollen[265]. Am 21. August 1996 wird ein Hearing im Internal Revenue Service, Washington, D.C., stattfinden, bei dem die interessierte Öffentlichkeit Kritik, Anmerkungen oder Verbesserungsvorschläge anbringen kann. Diese vorgeschlagenen Richtlinien entfalten bis zu ihrer Umsetzung in endgültige keine Rechtswirkung. Für das Verfahren der Einordnung gelten bis dahin ausschließlich die vorstehend ausgeführten Regeln[266].

Grundgedanke dieser Proposed Regulations ist es, die Einordnung zu Besteuerungszwecken in der Weise zu vereinfachen, daß bestimmte unternehmerisch tätige Organisationsformen immer als *corporation* besteuert werden und allen übrigen ein Wahlrecht[267] für ihre steuerliche Behandlung zugestanden wird.

Als Begründung hierfür wird angeführt, daß das Gesellschaftsrecht in den USA speziell nach der Einführung der *limited liability company* eine solche Flexibilität bietet, daß die Unterschiede für eine steuerliche Einordnung als *corporation* oder als *partnership* immer mehr verwischen. So gibt es Organisationsformen, die als *partnership* besteuert werden, die sich aber in ihrer rechtlichen Ausgestaltung

---

[260] Rev. Notice 95-14, 1995-1 C.B. 297.

[261] Prop. Regs. § 301.7701-1, -2 und -3, (PS-043-95) vom 09.05.1996.

[262] "business entities".

[263] Rev. Notice 95-14, 1995-1 C.B. 297. Vgl. zu Rev. Notice 95-15 auch *Garcia, R.*, Let Foreign Entities Check the Box Too, Witnesses Tell IRS, 68 Tax Notes No. 4, July 24, 1995, S. 375 f.; *Ziegenhain, H.-J.*, Vereinfachtes Verfahren zur steuerlichen Klassifizierung von Personen- und Kapitalgesellschaften in den USA, RIW 1995, S. 671.

[264] Prop. Regs. § 301.7701-1, -2 und -3, (PS-043-95) vom 09.05.1996.

[265] Prop. Regs. § 301.7701-2(e); -3(e).

[266] Vgl. Prop. Regs. § 301.7701 Präambel Abschnitt 58.

[267] Daher auch der Ausdruck *"Check the Box Classification"*, da die betroffenen Steuerpflichtigen die gewünschte Besteuerungsform lediglich auf einem Antrag anzukreuzen haben.

faktisch einer *corporation* so angenähert haben, daß eine Unterscheidung kaum mehr zu treffen ist. Dieses gegenwärtige System der Einordnung verursacht aber sowohl bei den Beratern als auch bei der Finanzverwaltung einen hohen Aufwand, um einerseits die rechtlichen Strukturen für eine gewünschte Einordnung zu gestalten und andererseits diese zu überprüfen. Um diesen Aufwand zu verringern und wirtschaftlich schwächeren Unternehmen auch die Möglichkeit zu geben, eine gewünschte steuerliche Behandlung ohne großen Aufwand zu erzielen, hat sich der Internal Revenue Service zum Erlaß dieser Proposed Regulations entschlossen[268].

Abgesehen von den Organisationsformen, die zwingend als *corporation* besteuert werden, soll das Wahlrecht für die anderen folgendermaßen aussehen: Im Falle von Personenvereinigungen besteht ein Wahlrecht, ob sie in transparenter Weise als *partnership* oder intransparent als *association taxable as a corporation* besteuert werden wollen. Im Falle von Organisationsformen mit nur einem Anteilseigner oder Eigentümer *("single owner entity")* besteht ein Wahlrecht, ob diese Einheit steuerlich anerkannt werden soll (intransparente Besteuerung als *corporation*) oder nicht (transparente Besteuerung wie ein Einzelunternehmen, *"sole proprietorship"*)[269]. Dabei soll dieses Wahlrecht grundsätzlich in gleicher Weise für US-amerikanische Organisationsformen wie für ausländische gelten.

Der zentrale Begriff der Proposed Regulations ist der der *"business entity"*. Als eine solche gilt eine eigenständige Unternehmenseinheit, die von ihren Anteilseignern getrennt ist[270]. Entscheidend hierfür ist nicht die zivil- oder gesellschaftsrechtliche Wertung, sondern die Wertung nach dem US-Steuerrecht. Dies kann einerseits ein mit eigener Rechtspersönlichkeit ausgestatteter Rechtsträger sein[271] oder andererseits eine Personenvereinigung mit mindestens zwei Personen, die gemeinsam Geschäfte betreiben mit der Absicht Gewinne daraus teilen[272]. Eine Miteigentümerschaft, die nur darauf abzielt das Eigentum zu erhalten und ggf. ohne weitere Nebenleistungen zu vermieten, ist nicht hiervon er-

---

[268] Prop. Regs. § 301.7701 Präambel Abschnitt 16 bis 22.

[269] Prop. Regs. § 301.7701-2(a).

[270] Prop. Regs. § 301.7701-1(a)(1). Ein Fließschema des Entscheidungs- bzw. Einordnungsprozesses nach den Propsed Regulations bietet *Wallace, K.*, "Check-the Box" Regulations Released in Proposed Form, 71 Tax Notes No. 10, June 3, 1996, S. 1401 (1402).

[271] Dabei ist gleichgültig, ob ihm diese Rechtspersönlichkeit durch US-Recht oder ausländisches Recht zukommt.

[272] Diese Definition entpricht den beiden abdingbaren Merkmalen der geltenden Regulations, nämlich dem Vorhandensein von Gesellschaftern *("associates")* und der Absicht, Geschäfte zu betreiben und Gewinne daraus zu teilen *("objective to carry on business and divide gains therefrom")*.

faßt[273]. Eine eigene Rechtsfähigkeit der Vereinigung ist jedoch nicht erforderlich.

In bezug auf Organisationsformen mit nur einem Anteilseigner oder Eigentümer *("single owner entity")* wird keine positive Definition gegeben[274]. Es ist jedoch aus dem Zusammenhang ersichtlich, daß auch hier eine gewisse eigenständige Organisation faktisch, nicht notwendigerweise rechtlich, vorhanden sein muß. Des weiteren muß die Absicht vorliegen, ein Geschäft mit Gewinnerzielungsabsicht zu betreiben, im Gegensatz zur reinen Vermögensverwaltung.

II.   Einteilung der Organisationsformen

1.   Zwingende Besteuerung als Kapitalgesellschaft - "per se" corporation

Die Proposed Regulations sehen vor, daß bestimmte Organisationsformen zwingend als *corporation* besteuert werden müssen (sog. *per se corporation*)[275]. Dies sind US-Gesellschaften, die als *corporation, joint-stock company* oder *joint-stock association* nach dem Recht der USA oder eines US-Bundesstaates errichtet wurden[276] sowie bestimmte Bank- und Versicherungsgesellschaften[277]. In bezug auf ausländische Gesellschafts- und Organisationsformen enthalten die Regulations eine Liste mit Rechtsformen aus 82 Staaten, die zwingend als *corporation* besteuert werden. Darunter ist für Deutschland lediglich die Aktiengesellschaft aufgeführt. Mit der Folge, daß für sämtliche anderen deutschen Unternehmensformen grundsätzlich ein Wahlrecht besteht. Bei diesen sog. *per se corporations* ist es gleichgültig, ob diese Organisationsformen nur einen Anteilseigner oder mehrere Anteilseigner besitzen.

Für bereits bestehende ausländische Organisationsformen, die bisher als *partnership* besteuert werden, nach diesen Regelungen aber als *per se corporation* gelten und daher als *corporation* besteuert werden müßten, gibt es unter bestimmen Bedingungen einen Bestandsschutz (sog. *grandfather rule)*, der die bestehende steuerliche Behandlung weiterhin garantiert[278].

---

[273] Prop. Regs. § 301.7701-1(a)(2).

[274] Prop. Regs. § 301.7701-2(a) sagt nur aus, daß diese Organisationsform nicht als *trust* nach § 301.7701-4 gewertet werden darf oder sonstwie ein bestimmtes Steuerregime durch den Internal Revenue Code angeordnet sein darf.

[275] Prop. Regs. § 301.7701-2(b).

[276] Sec. 7701(a)(3) IRC i.V.m. Prop. Regs. § 301.7701-2(b)(1), (3), (7).

[277] Prop. Regs. § 301.7701-2(b)(4), (5).

[278] Prop. Regs. § 301.7701-2(d) i.V.m. -2(b)(8). Voraussetzung für diesen Bestandsschutz ist, daß (1) die ausländische Organisationsform am 08.05.96 bestand und zu diesem Zeitpunkt und für die ganze Zeit davor beanspruchte als *partnership* besteuert zu werden; (2) die Einordnung als *partnership* für irgendeine Person vor und bis zum 08.05.96 erheblich war; (3) die Organisationsform im guten Glauben im Sinne der Sec. 6662 IRC war, als *partnership* besteuert werden zu können; (4) weder die Organisations-

2. Organisationsformen mit Wahlrecht

Für alle übrigen Organisationsformen besteht ein Wahlrecht (sog. *eligible entity*). Eine Organisationsform mit wenigstens zwei Anteilseignern oder Eigentümern kann wählen, ob sie als *partnership* oder als *association (taxable as a corporation)* besteuert werden will. Eine Organisationsform mit nur einem Anteilseigner oder Eigentümer kann sich entscheiden, ob diese steuerlich als eigene Einheit, getrennt von ihrem Anteilseigner, d.h. intransparent wie eine *corporation*, oder transparent wie ein Einzelunternehmen *(sole proprietorship)* behandelt werden möchte[279].

a) US-Organisationsformen mit Wahlrecht

Wird das Wahlrecht nicht ausgeübt, so werden US-Organisationsformen mit wenigstens zwei Anteilseignern wie eine *partnership*, und solche mit nur einem Anteilseigner steuerlich nicht beachtet (sog. *default rule* oder *default classification)*[280].

b) Ausländische Organisationsformen mit Wahlrecht

Bei ausländischen Organisationsformen, die ein Wahlrecht besitzen, ist die Besteuerungssituation im Falle einer Nichtausübung des Wahlrechts wie folgt: Die Organisationsform wird

1. als *partnership* besteuert, wenn sie mindestens zwei Anteilseigner besitzt und irgendein Anteilseigner unbeschränkter Haftung ausgesetzt ist;

2. als *association taxable as a corporation* besteuert, wenn der oder die Anteilseigner keiner unbeschränkten Haftung ausgesetzt sind; oder

3. steuerlich nicht als eine eigene Einheit betrachtet, wenn nur ein einziger Anteilseigner existiert, der unbeschränkter Haftung ausgesetzt ist[281].

Dabei ist unbeschränkte Haftung bei einer ausländischen Organisationsform gegeben, wenn der Anteilseigner nach dem Gesetz allein aufgrund der Tatsache, daß er Anteilseigner ist, persönlich für die Verbindlichkeiten der Organisation und Ansprüche gegen sie haftet. Ein Anteilseigner besitzt persönliche Haftung, wenn die Gläubiger der Organisation Befriedigung ihrer Ansprüche von dem Anteilseigner verlangen können. Diese persönliche Haftung besteht auch dann, wenn eine andere Person sich vertraglich zur Übernahme dieser Haftung oder zur Haftungsfreistellung des Anteilseigners verpflichtet hat[282].

---

form selbst noch einer ihrer Anteilseigner schriftlich bis zum 08.05.96 benachrichtigt worden ist, daß ihre Einordnung untersucht werden soll (in diesem Fall hängt die Einordnung vom Ausgang dieser Untersuchung ab).

[279] Prop. Regs. § 301.7701-3(a).

[280] Prop. Regs. § 301.7701-3(b)(1).

[281] Prop. Regs. § 301.7701-3(b)(2)(i).

[282] Prop. Regs. § 301.7701-3(b)(2)(ii).

Mit dieser unterschiedlichen Besteuerungsordnung für US- und ausländische Organisationsformen im Falle einer Nichtausübung des Wahlrechts, hofft der Internal Revenue Service die vermutete gewünschte Einordnung der Organisationsformen zu erreichen[283].

c) Bereits bestehende Organisationsformen mit Wahlrecht

Ausländische und US-Organisationsformen mit Wahlrecht sowie US-*per se corporations*, die vor dem endgültigen Inkrafttreten[284] dieser Proposed Regulations bereits bestehen, können an ihrer bisherigen steuerlichen Behandlung festhalten. Der Internal Revenue Service wird diese Behandlung nicht ändern, wenn die Organisationsform

1. im guten Glauben im Sinne der Sec. 6662 IRC war, so behandelt zu werden;

2. immer schon in der Weise besteuert wurde; und

3. weder die Organisationsform selbst noch einer ihrer Anteilseigner schriftlich bis zum 8. Mai 1996 benachrichtigt worden ist, daß ihre Einordnung untersucht werden soll (in diesem Fall hängt die Einordnung vom Ausgang dieser Untersuchung ab)[285].

Für ausländische Organisationsformen mit Wahlrecht ist jedoch zusätzlich zu beachten, daß eine solche nur dann als vor dem Inkrafttreten der (endgültigen) Regulations bestehend angesehen wird, wenn ihre Einordnung zu US-Steuerzwecken für eine Person vor diesem Zeitpunkt relevant war[286]. Die Regulations geben jedoch keine Definition des Begriffs der "Relevanz" in diesem Zusammenhang. Dieser Begriff ist wohl dahingehend auszulegen, daß für eine ausländische Organisationsform die Frage der Art und Weise einer US-Besteuerung schon gestellt haben muß. Es ist zu vermuten, daß auf diese Weise verhindert werden soll, daß ein ausländisches Unternehmen, das bereits existiert, aber das zu diesem Zeitpunkt noch von keiner US-Steuerpflicht betroffen ist, sich auf eine mögliche Behandlung nach den zur Zeit geltenden Regulations berufen kann. Mit anderen Worten: Es muß z.B. bereits eine US-Betriebstätte eingerichtet sein, eine Beteiligung an einem US-Unternehmen gegeben sein oder eine in den USA unbeschränkt steuerpflichtige Person sich an dieser ausländischen Organisationsform beteiligt haben[287].

---

[283] Vgl. Abschnitt 44 der Präambel zu den Prop. Regs. § 301.7701-1, -2 und -3.

[284] Prop. Regs. § 301.7701-3(b)(3). Diese Proposed Regulations treten erst mit dem Tage in Kraft, an dem sie als Final Regulations (endgültige Richtlinien) im Federal Register veröffentlicht werden; vgl. Prop. Regs. § 301.7701-3(e)(1).

[285] Prop. Regs. § 301.7701-3(e)(2).

[286] Prop. Regs. § 301.7701-3(b)(3).

[287] Diese Beispiele für eine Relevanz der US-Einordnung bringt auch *Small, D.*, USA: Das neue Wahlrecht zur Klassifizierung von Kapital- und Personengesellschaften, IStR 1996, S. 280 (281).

III. Ausübung des Wahlrechts

Eine Organisationsform mit Wahlrecht, die die vorgesehene Einordnung bei der Nichtausübung des Wahlrechts nicht wünscht oder die ihre Einordnung ändern möchte, kann ihr Wahlrecht durch Abgabe eines entsprechenden Antrags[288] bei dem für sie zuständigen Service Center des Internal Revenue Service ausüben. Eine Kopie dieses Antrags ist auch mit der Steuererklärung der Organisationsform mit einzureichen[289].

Berechtigt das Wahlrecht auszuüben sind einerseits sämtliche Anteilseigner einstimmig oder der rechtlich bestellte Vertreter der Organisationsform andererseits. Das Erfordernis der einstimmigen Wahlrechtsausübung sämtlicher Mitglieder wurde schon in Rev. Notice 95-14 postuliert[290]. Dies hat zur Folge, daß es im Falle der Ausübung durch einen rechtlich bestellten Vertreter, ggf. abweichende Ansichten der Minderheitsanteilseigner nicht berücksichtigt werden. Oder im Falle der Ausübung durch die Anteilseigner mangelnde Einstimmigkeit dazu führt, daß das Wahlrecht nicht ausgeübt wird und es bei der Einordnung für den Fall der Nichtausübung des Wahlrechts bleibt.

Das Wahlrecht kann bis zu 75 Tage rückwirkend ausgeübt werden[291]. Übt eine Organisationsform das Wahlrecht aus, so ist sie für die folgenden 60 Monate an diese Wahl gebunden. Ausgenommen hiervon ist jedoch die Änderung der Einordnung mittels Wahl durch bereits bestehende Organisationsformen ab Inkrafttreten dieser Regulations[292]. In diesem Fall kann bereits vor Ablauf der 60 Monate eine andere Einordnung gewählt werden[293]. Ausgenommen von dieser 60monatigen Bindung ist auch eine Änderung der Einordnung z.B. durch Verschmelzung mit der Muttergesellschaft oder Einbringung des Geschäftsbetriebs in ein anderes Unternehmen[294].

Der Internal Revenue Service weist jedoch in der Präambel[295] ausdrücklich darauf hin, daß jegliche Änderung der Einordnung die nach dem Steuerrecht vorge-

---

[288] Hierfür wird es dann ein eigenes Formular geben. Nach Prop. Regs. § 301.7701-3(c)(1) sind folgende Angaben zu machen: Name, Adresse, Steuernummer, gewünschte Einordnung, ob es sich um eine Änderung der bisherigen Einordnung handelt und ob es sich um eine US- oder eine ausländische Organisationsform handelt.

[289] Prop. Regs. § 301.7701-3(c)(3).

[290] Rev. Notice 95-14, 1995-1 C.B. 297 (298).

[291] Prop. Regs. § 301.7701-3(c)(1)(i).

[292] Prop. Regs. § 301.7701-3(c)(1)(ii); Prop. Regs. § 301.7701 Präambel Abschnitt 55.

[293] Vgl. auch *Auderieth, St.,* Check-the-Box Regs. Cover Foreign, Domestic Companies Plus Single-Member Entities, U.S. Taxation of International Operations, June 6, 1996, S. 1 (7).

[294] Prop. Regs. § 301.7701 Präambel Abschnitt 55.

[295] Prop. Regs. § 301.7701 Präambel Abschnitt 56.

sehenen Konsequenzen nach sich zieht. D.h., daß es eventuell zu einer steuerlichen Gewinnrealisierung kommen kann.

IV. Beurteilung der Proposed Regulations

Sicher ist, daß diese Proposed Regulations eine Vereinfachung der Einordnung zu Besteuerungszwecken *(classification)* bringen werden[296]. Kritisiert werden jedoch die zeitlichen Erfordernisse für die Ausübung des Wahlrechts nach Prop. Regs. § 301.7701-3(c)(1)(i). Denn sobald die Frage der Einordnung eines Unternehmens für die US-Besteuerung relevant wird, hat es nur 75 Tage, das Wahlrecht auszuüben. Andernfalls gilt die automatische Einordnung bei Nichtausübung des Wahlrechts nach Prop. Regs. § 301.7701-3(b). Insbesondere sei die Frage nicht immer offensichtlich, ob die Qualifikation eines ausländischen Unternehmens für die US-Besteuerung relevant sei, vor allem wenn sie nur einen mittelbaren Einfluß auf einen US-Steuerpflichtigen habe[297]. Diese Kritik ist m.E. weniger wegen der zeitlichen Limitierung der Ausübung des Wahlrechts berechtigt, denn diese 75-Tage-Frist bedeutet eine Verbesserung gegenüber der bisherigen Situation. Bisher schon mußten sich die Betroffenen Steuerpflichtigen bei der rechtlichen Ausgestaltung ihrer künftigen Aktivitäten für die eine oder andere Art der Besteuerung entschieden haben, also schon bevor Geschäftsaktivitäten beginnen konnten. Vielmehr kritikwürdig erscheint mir die mangelnde Definition des Begriffs der "Relevanz" der Einordnung zu Zwecken der US-Besteuerung. Dieser Begriff ist überhaupt schwerlich zu definieren, da hierfür alle möglichen Gesichtspunkte herangezogen werden können, um zu beurteilen, wann eine Einordnung zu US-Steuerzwecken relevant werden kann. Sollte der Versuch einer Definition unternommen werden, ist zu erwarten, daß sich dieser in einer umfangreichen Kasuistik ergeht, die dem Ziel der Regulations, eine Vereinfachung der Einordnung zu erreichen, zuwiderläuft. Da das Merkmal der "Relevanz" ohnehin nur bei ausländischen Organisationsformen angewandt wird, erscheint es m.E. viel sinnvoller, es überhaupt zu streichen.

Es wird ferner angeführt, daß es durch diese Proposed Regulations im internationalen Zusammenhang zu einer Zunahme der Einordnungs- oder Qualifikationskonflikte kommen werde, weil es sehr viel einfacher sein werde, eine jeweils andere Einordnung einer Organisationsform zu erreichen[298]. Diese Befürchtung

---

[296] So auch *Auderieth, St.*, Check-the-Box Regs. Cover Foreign, Domestic Companies Plus Single-Member Entities, U.S. Taxation of International Operations, June 6, 1996, S. 1 (2); *Small, D.*, USA: Das neue Wahlrecht zur Klassifizierung von Kapital- und Personengesellschaften, IStR 1996, S. 280 (281).

[297] *Small, D.*, USA: Das neue Wahlrecht zur Klassifizierung von Kapital- und Personengesellschaften, IStR 1996, S. 280 (281 f.).

[298] *Auderieth, St.*, Check-the-Box Regs. Cover Foreign, Domestic Companies Plus Single-Member Entities, U.S. Taxation of International Operations, June 6, 1996, S. 1 (2

ist durchaus berechtigt, wenn man bedenkt, daß eine deutsche offene Handelsgesellschaft nach diesen Proposed Regulations problemlos als Kapitalgesellschaft *(corporation)* besteuert werden könnte und umgekehrt eine deutsche GmbH als Personengesellschaft *(partnership)*. Desgleichen ist es natürlich auch möglich, daß eine *general partnership* in den USA als Kapitalgesellschaft besteuert wird, während sie in Deutschland als Personengesellschaft behandelt wird. Auch dem Internal Revenue Service ist diese Problematik bewußt und hat sie in der Präambel in sibyllinischer Weise angesprochen[299]. Der Inhalt dieser Aussage kann in verschiedenster Weise interpretiert werden. Zum einen kann damit nur eine abschreckende Wirkung gegen allzu aggressive steuerliche Gestaltungen gemeint sein[300]. Zum anderen kann damit auch gemeint sein, daß ggf. eigene neue Regelungen für die Einordnung ausländischer Organisationsformen geschaffen werden könnten, oder zumindest diese Proposed Regulations in bezug auf diese in erheblicher Weise abgewandelt werden könnten. Letztlich würde dies zumindest auf eine Einengung des Wahlrechts bei ausländischen Organisationsformen hinauslaufen. Sicher ist auf jeden Fall, daß die Problematik der Einordnungskonflikte durch diese Proposed Regulations nur vergrößert wurde, eine Lösung bieten sie auf keinen Fall. Dies ist wohl der Schwachpunkt dieser Proposed Regulations.

---

f.); *Small, D.*, USA: Das neue Wahlrecht zur Klassifizierung von Kapital- und Personengesellschaften, IStR 1996, S. 280 (282).

[299] Prop. Regs. § 301.7701, Präambel Abschnitt 21: "In light of the increased flexibility under an elective regime for the creation of organizations classified as partnerships, the Treasury Department and the IRS will continue to monitor carefully the uses of partnerships in the international context and will issue appropriate substantive guidance when partnerships are used to to achieve results that are inconsistent with the policies and rules of particular Code provisions or of U.S. tax treaties."

[300] So *Auderieth, St.*, Check-the-Box Regs. Cover Foreign, Domestic Companies Plus Single-Member Entities, U.S. Taxation of International Operations, June 6, 1996, S. 1 (2 f.).

Kapitel 2: Einordnung von Personenvereinigungen zu Zwecken der Besteuerung in Deutschland

A.   Allgemeines - Systematik der Einordnung als Steuersubjekt

Auch das deutsche Steuerrecht befaßt sich mit der Frage, wie Rechtsgebilde, Organisationsformen und Personenvereinigungen steuerlich zu behandeln sind. D.h., ob sie steuerlich als eigenständiges Steuersubjekt zu betrachten sind (intransparente Besteuerung als Körperschaft) oder, ob ihre Anteilseigner, Eigentümer oder Gesellschafter anteilig, als Steuersubjekte zu betrachten sind (transparente Besteuerung als Personengesellschaft). Das deutsche Steuerrecht unterscheidet zwischen Gläubiger-Schuldner-Verhältnissen und Personenvereinigungen. Eine Personenvereinigung unterscheidet sich von einem Gläubiger-Schuldner-Verhältnis dadurch, daß die daran beteiligten Personen Teilhabe an den unternehmerischen Entscheidungen und am Erfolg oder Mißerfolg des Unternehmens haben. Die Personenvereinigungen unterteilen sich wiederum in zwei Gruppen, nämlich solchen Vereinigungen, die, wie z.B. die Personengesellschaften, bei der Einkommen- und der Vermögensteuer als solche nicht Träger einer eigenen Steuerrechtspersönlichkeit sind und Kapitalgesellschaften und ihnen gleichgestellten Rechtssubjekten, die selber Träger der Steuerpflicht sind, d.h. körperschaftsteuerpflichtig sind[1].

I.   Körperschaftsteuerpflicht

Sämtliche körperschaftsteuerpflichtigen Subjekte (ausländische wie inländische) sind in den §§ 1 bis 3 KStG geregelt. Die unbeschränkte Körperschaftsteuerpflicht ergibt sich nach §§ 1 und 3 KStG; die beschränkte Körperschaftsteuerpflicht nach §§ 2 und 3 Abs. 1 KStG.

1.   Unbeschränkte Körperschaftsteuerpflicht

In § 1 KStG sind zunächst die dem Inland zugehörigen Rechtsträger erfaßt, die, inländischen natürlichen Personen[2] (sog. "Steuerinländer") gleichgestellt, der

---

[1]   Vgl. §§ 15 Abs. 1 Nr. 2, 20 EStG, § 1 Abs. 1 KStG, bezüglich inländischer (unbeschränkt steuerpflichtiger) Steuersubjekte.

[2]   Unbeschränkt einkommensteuerpflichtig sind natürliche Personen, die ihren Wohnsitz, § 8 AO, oder ihren gewöhnlichen Aufenthalt, § 9 AO, im Inland haben. Dazu gehört das Gebiet der Bundesrepublik Deutschland und der Festlandsockel, § 1 Abs. 1 EStG. Der erweiterten unbeschränkten Steuerpflicht unterliegen gem. § 1 Abs. 2 und 3 EStG Auslandsbedienstete einschließlich deren Angehörigen. Alle natürlichen Personen, die nicht unbeschränkt steuerpflichtig sind, unterliegen als sog. "Steuerausländer" gem. § 1 Abs. 4 EStG der beschränkten Steuerpflicht, sofern sie inländische Einkünfte im Sinne des § 49 EStG haben.

Die sog. erweiterte beschränkte Steuerpflicht in § 2 und § 5 AStG wirkt dem im Territorialitätsprinzip des § 1 EStG innewohnenden Anreiz für bestimmte Steuerpflichtige entge-

unbeschränkten Steuerpflicht mit ihrem Einkommen unterliegen sollen. D.h., die im Rahmen ihrer persönlichen Leistungskraft nach dem Welteinkommensprinzip mit ihrem gesamten Einkommen unter Einschluß auch ausländischer Einkünfte zur Steuer herangezogen werden. So unterliegen gemäß § 1 KStG der unbeschränkten Körperschaftsteuerpflicht im einzelnen aufgezählte "Körperschaften, Personenvereinigungen und Vermögensmassen", deren Inlandszugehörigkeit sich daraus ergibt, daß "sie ihre Geschäftsleitung[3] oder ihren Sitz[4] im Inland haben" (sog. Sitztheorie[5]). Soweit dieses Merkmal gegeben ist, unterliegen die in § 1 Abs. 1 Nr. 1 bis 4 und 6 KStG aufgeführten rechtsfähigen oder nichtrechtsfähigen Rechtsformen des Zivilrechts der unbeschränkten Körperschaftsteuerpflicht[6]. Abgrenzungsschwierigkeiten (zwischen EStG und KStG) ergeben sich jedoch dadurch, daß nach § 1 Abs. 1 Nr. 5 KStG auch nichtrechtsfähige Vereine[7], Anstalten, Stiftungen und andere Zweckvermögen der Körperschaftsteuer unterliegen. Allerdings greift die Körperschaftsteuerpflicht nur subsidiär ein, denn § 3 Abs. 1 KStG bestimmt, daß nichtrechtsfähige Personenvereinigungen, Anstalten, Stiftungen und andere Zweckvermögen nur dann körperschaftsteuerpflichtig sind, wenn ihr Einkommen weder nach dem KStG noch nach dem EStG unmittelbar bei einem anderen Steuerpflichtigen zu versteuern ist. Bei den nichtrechtsfähigen Personenvereinigungen, die nicht Vereine sind, ist nach deutschem Steuerrecht die originäre Einkommen- bzw. Körperschaftsteuerpflicht der Mitglieder vorgeschrieben[8]; vgl. § 39 Abs. 1, Abs. 2 Nr. 2 AO; §§ 13 Abs. 5, 15 Abs. 1 Nr. 2, 18 Abs. 4 EStG[9].

---

gen, sich durch Wohnsitzverlagerung in sog. Niedrigsteuerländer der unbeschränkten Steuerpflicht zu entziehen. Hiernach unterliegen Deutsche, die ihren Wohnsitz bzw. gewöhnlichen Aufenthalt in ein niedrig besteuerndes Ausland verlegt haben, noch auf die Dauer von 10 Jahren einer besonderen Steuerpflicht, sofern sie in den letzten 10 Jahren vor dem Ende der unbeschränkten Steuerpflicht, d.h. vor dem Wohnsitzwechsel, insgesamt mindestens 5 Jahre unbeschränkt einkommensteuerpflichtig waren.

[3]   Vgl. § 10 AO.

[4]   Vgl. § 11 AO.

[5]   Siehe zur Sitztheorie (und Gründungstheorie) bereits oben Teil 1 Kapitel 2 B. I. 1.

[6]   Dies sind neben den Kapitalgesellschaften (dies sind - nur - die Aktiengesellschaften, Kommanditgesellschaften auf Aktien, Gesellschaften mit beschränkter Haftung und bergrechtliche Gewerkschaften); abschließende Aufzählung, vgl. BFH-Beschluß GrS 4/84 vom 25.06.1984, BStBl. 1984 II, S. 751 (757 f.) unter Hinweis auf BFH-Urteil I R 122/68 vom 02.12.1970, BStBl. 1971 II, S. 187) sowie sonstige juristische Personen des privaten und öffentlichen Rechts.

[7]   Dies sind lediglich die nichtrechtsfähigen Vereine gemäß § 54 BGB, vgl. *Klempt* in Herrmann/Heuer/Raupach Anm. 40 zu § 1 KStG.

[8]   Es kommt nicht darauf an, ob diese "anderen Steuerpflichtigen" unbeschränkt oder unbeschränkt steuerpflichtig sind, oder ob es überhaupt zu einer effektiven Besteuerung kommt; vgl. *Klempt* in Herrmann/Heuer/Raupach Anm. 20 f. zu § 3 KStG unter Hinweis

2.   Beschränkte Körperschaftsteuerpflicht

Die beschränkt körperschaftsteuerpflichtigen Rechtssubjekte sind in § 2 KStG aufgezählt. Andere als die in den §§ 1 und 2 KStG genannten Personenvereinigungen können nicht Körperschaftsteuersubjekte sein. Während die in diesen Vorschriften genannten Personenvereinigungen stets Körperschaftsteuersubjekte sind, sind Personengesellschaften als solche mangels eigener Steuerrechtspersönlichkeit der Personengesellschaft weder Subjekte der Einkommen- noch der Körperschaftsteuer. Nur ihre Gesellschafter sind Einkommen- oder Körperschaftsteuersubjekte. Sie unterliegen mit ihren Gewinn- oder Verlustanteilen an der Personengesellschaft, die ihnen als Teil ihres Gesamteinkommens zugerechnet werden, der Einkommen- (bzw. der Körperschaftsteuer, wenn der Gesellschafter körperschaftsteuerpflichtig ist)[10].

II.   Personengesellschaften

Bezüglich der Besteuerung des Einkommens wird bei einer Personengesellschaft lediglich in einem einheitlichen und gesonderten Verfahren der Gesamtgewinn festgestellt (§ 180 AO) und den Gesellschaftern anteilsmäßig zugerechnet. Zu beachten ist ferner, daß (Sonder-)Vergütungen, die der Gesellschafter von der Personengesellschaft für seine Tätigkeit im Dienste der Gesellschaft oder für die Hingabe von Darlehen oder für die Überlassung von Wirtschaftsgütern bezogen hat, als Einkünfte des betreffenden Gesellschafters angesehen werden, § 15 Abs. 1 Nr. 2, 2. Halbsatz EStG. Trotzdem eine Personengesellschaft nach deutschem Steuerrecht für die Einkommensbesteuerung kein selbständiges Steuersubjekt darstellt, spricht man ihr insoweit eine partielle Steuerrechtssubjektivität zu, als sie in der Einheit ihrer Gesellschafter Merkmale eines Besteuerungstatbestandes erfüllt, die den einzelnen Gesellschaftern für deren Besteuerung zuzurechnen sind[11]. Denn allein nach den bei der Personengesellschaft bestehenden Merkma-

---

auf eine RFH-Entscheidung vom 13.07.1927, abgedruckt in *Mrozek, Alfons*, Steuerrechtsprechung in Karteiform (RFH von 1919 bis 1944), Verlag Dr. Otto Schmidt KG, Köln, § 6 Rechtsspruch 1 zu KStG 1925.

[9]   Körperschaftsteuerpflichtig sind die Kapitalgesellschaften (dies sind - nur - die Aktiengesellschaften, Kommanditgesellschaften auf Aktien, Gesellschaften mit beschränkter Haftung und bergrechtliche Gewerkschaften), § 1 Abs. 1 Nr. 1 KStG, und die "sonstigen juristischen Personen", § 1 Abs. 1 Nr. 2 bis 6 KStG, zu denen insbesondere die rechtsfähigen Vereine sowie die Stiftungen und Anstalten mit eigener Rechtspersönlichkeit gehören.

[10]   Für die Zwecke der Umsatzsteuer und der Gewerbesteuer hingegen wird die Personengesellschaft als eigenständiges Rechtssubjekt behandelt. Vgl. § 2 UStG, § 5 Abs. 1 Satz 3 GewStG.

[11]   BFH Beschluß vom 25.6.1984 GrS 4/82, BStBl. II 1984, S. 751; Ebenso *Greif, M/Fischer, B.*, Internationale Einkommensteuerprobleme bei Personengesellschaften, Nationalbericht Deutschland, CDFI, Bd. LXXXa, S. 231 (232). Diese partielle Steuerrechtssubjektivität in bezug auf die Einkommensteuer darf jedoch nicht mit der Steuer-

len und Verhältnissen bemißt sich, ob und falls ja, welche Art von Einkünften erzielt werden und in welcher Höhe. Eine Personengesellschaft ist als solche damit Subjekt der Gewinnerzielung und Gewinnermittlung[12].

Anders als Kapitalgesellschaften werden Personengesellschaften nach deutschem Steuerrecht nicht einheitlich behandelt. Es ist zu unterscheiden zwischen solchen Personengesellschaften, bei denen die Gesellschafter als (Mit-)Unternehmer anzusehen sind (Mitunternehmerschaft) und solchen, bei denen die Voraussetzungen der Mitunternehmerschaft nicht gegeben sind. Offene Handelsgesellschaften und Kommanditgesellschaften sind regelmäßig Mitunternehmerschaften. Jedoch kann Mitunternehmerschaft auch bei anderen Personengesellschaften vorliegen, wie zum Beispiel der Gesellschaft bürgerlichen Rechts, der Partenreederei und der stillen Gesellschaft. Mitunternehmer ist, wer aufgrund eines zivilrechtlichen Gesellschaftsverhältnisses oder eines wirtschaftlich damit vergleichbaren Gemeinschaftsverhältnisses zusammen mit anderen Personen Unternehmerinitiative (Mitunternehmerinitiative) entfalten kann und Unternehmerrisiko (Mitunternehmerrisiko) trägt[13] sowie gewerblich oder wenigstens teilweise gewerblich tätig ist oder eine gewerblich geprägte Personengesellschaft im Sinne von § 15 Abs.3 Nr. 2 EStG ist. Hingegen sind alle Personengesellschaften, deren Gesellschafter diese Voraussetzungen nicht erfüllen, nichtgewerbliche Personengesellschaften. Wie bereits angeführt, beschränkt sich diese Arbeit auf Mitunternehmerschaften, d.h. gewerblich tätige Personengesellschaften.

B. Grundlagen der Einordnung ausländischer Rechtsgebilde (Subjektqualifikation)

Die Frage, ob ein ausländisches Rechtsgebilde im Inland als solches steuerpflichtig ist, ist, wenn ein Abkommen nicht etwas anderes vorschreibt, nach den Grundsätzen des inländischen Rechts des Staates zu beurteilen, um dessen Steuerpflicht es sich handelt[14].

Ausgehend von dieser Grundstruktur des deutschen Steuerrechts, ist bei der Frage der deutschen Besteuerung eines ausländischen Rechtsgebildes zunächst zu entscheiden, ob dies als Personen- oder als Kapitalgesellschaften zu behandeln ist oder ob nur ein Gläubiger-Schuldner-Verhältnis vorliegt[15]. Davon hängt es ab, ob die Beteiligten - falls auch die übrigen Voraussetzungen erfüllt sind - in Deutschland mit

---

rechtssubjektivität einer Personengesellschaft in Bezug auf die Umsatz- und die Gewerbesteuer nach § 2 UStG, § 5 Abs. 1 Satz 3 GewStG verwechselt werden.

[12] *Greif, M/Fischer, B.*, Internationale Einkommensteuerprobleme bei Personengesellschaften, Nationalbericht Deutschland, CDFI, Bd. LXXXa, S. 231 (232).

[13] Beschluß des BFH, vom 25.6.1984 GrS 4/82, BStBl. II 1984, S. 751, (769).

[14] *Vogel, K.*, Doppelbesteuerungsabkommen, Art. 1 Rn. 23.

[15] Vgl. § 15 Abs. 1 Nr. 2 EStG, § 2 KStG bezüglich ausländischer (beschränkt steuerpflichtiger) Steuersubjekte.

- ihrem Anteil an den Einkünften der (Personen-)Gesellschaft einkommensteuerpflichtig sind, oder

- nur mit den ihnen zufließenden Ausschüttungen (wobei dann die (Kapital-) Gesellschaft selber in Deutschland der beschränkt körperschaftsteuerpflichtig sein kann, oder ob

- die gezahlten Zinsen einkommensteuerpflichtig sind.

Die Merkmale, die eine Steuerpflicht ausländischer Rechtsgebilde begründen, sind in den deutschen Steuergesetzen nicht ausdrücklich aufgeführt. Auch § 2 Nr. 1 i.V.m. § 3 Abs. 1 KStG, die die beschränkte Körperschaftsteuerpflicht jener Rechtsgebilde regeln, die weder Sitz (§ 11 AO) noch Geschäftsleitung (§ 10 AO) im Inland haben, helfen nicht weiter. Denn eine vergleichsweise strikte Abgrenzung, wie sie § 1 Abs. 1 KStG durch die größtenteils abschließende und rechtsformorientierte Aufzählung der unbeschränkt körperschaftsteuerpflichtigen (inländischen) Rechtsformen gibt, enthalten sie nicht[16]. Vielmehr sind nach § 2 Nr. 1 KStG alle "Körperschaften, Personenvereinigungen und Vermögensmassen" beschränkt steuerpflichtig, die weder ihre Geschäftsleitung noch ihren Sitz im Inland haben. Damit ist der Kreis der beschränkt steuerpflichtigen Steuersubjekte weiter gezogen als bei der unbeschränkten Steuerpflicht gem. § 1 Abs. 1 KStG. Denn damit können sämtliche ausländischen juristischen Personen des öffentlichen und privaten Rechts sowie sämtliche ausländischen nichtrechtsfähigen Personenvereinigungen und Vermögensmassen beschränkt körperschaftsteuerpflichtig sein.

§ 3 Abs. 1 KStG, der auch für beschränkt Steuerpflichtige gilt, erweitert aufgrund seiner engeren Fassung den Kreis der Steuerpflichtigen nach § 2 Nr. 1 KStG nicht, sondern schränkt ihn vielmehr ein: Nichtrechtsfähige Personenvereinigungen, Anstalten, Stiftungen und andere Zweckvermögen sind nur dann körperschaftsteuerpflichtig, wenn ihr Einkommen weder nach dem KStG noch nach dem EStG unmittelbar bei einem anderen Steuerpflichtigen zu versteuern ist.

Folglich kann allein aufgrund des deutschen Steuerrechts keine Lösung der Frage der Besteuerung eines ausländischen Rechtsgebildes erfolgen.

C.   Methodik der Einordnung (Rechtstypenvergleich)

Seit dem richtungsweisenden RFH-Urteil vom 12.02.1930 (sog. Venezuela-Entscheidung)[17] erfolgt - abgesehen von kurzfristigen Abweichungen[18] - die "Ein-

---

[16] Vgl. *Ebenroth, C. Th./Auer, Th.*, Grenzüberschreitende Verlagerung von unternehmerischen Leitungsfunktionen im Zivil- und Steuerrecht, RIW 1992, Beilage 1, S. 1 (13, Rn. 26).

[17] RFH vom 12.02.1930, VI A 899/27, RFHE 27, S. 73; RStBl. 1930, S. 444 (dort nur Leitsatz), sog. Venezuela-Entscheidung, betreffend die "Qualifikation" einer venezolani-

ordnung"[19] ausländischer Rechtsgebilde zum Zwecke der deutschen Besteuerung nach den leitenden Gedanken der entsprechenden innerstaatlichen Steuerrechts-

---

schen Personenhandelsgesellschaft, die nach venezolanischem Recht eine juristische Person ist. Ebenso RFH-Urteil VI A 899/30 vom 18.12.1930, RFHE 37, S. 303, RStBl. 1931, S. 200 (dort nur Leitsatz), betreffend eine rumänische Bergwerksgesellschaft; vgl. auch RFH-Urteil I A 395/31 vom 22.03.1933, RStBl. 1933, S. 1318. Anders noch RFH-Urteil I A 59/28 vom 13.11.1928, RStBl. 1929, S. 131, Urteilsgründe nicht veröffentlicht; Leitsatz: "Ist ein Steuerpflichtiger an einem ausländischen Unternehmen beteiligt, so ist von Amts wegen zu untersuchen, ob eine Beteiligung am Betriebsvermögen als solchem (wie bei einem Gesellschafter einer offenen Handelsgesellschaft oder Kommanditgesellschaft) vorliegt oder dem Steuerpflichtigen nur eine Kapitalforderung zusteht. Maßgebend ist, wie die Beteiligung nach dem betreffenden ausländischen Rechte zu beurteilen ist."

[18] Z.B. Erlaß des Finanzministeriums Nordrhein-Westfalen vom 20.03.1973, FR 1973, S. 216, betreffend spanische Personengesellschaften; aufgehoben durch BdF-Schreiben vom 10.03.1976 - IV C 6 - S 1303 - Spanien-20/75, RIW/AWD 1976, S. 304.

[19] Der Begriff Einordung wird vom BFH in seinem Urteil vom 12.1.1973 III R 30/72, BStBl. II 1973, S. 440 (442),für die Beurteilung eines ausländischen Rechtsgebildes zum Zwecke der deutschen Besteuerung verwandt.

Vielfach wird dies als Qualifikation bezeichnet. Qualifikation oder auch Qualifikationskonflikte oder -probleme meint im Internationalen Steuerrecht jedoch die Probleme, die sich ergeben, wenn ein Doppelbesteuerungsabkommen Begriffe aus dem innerstaatlichen Recht der Vertragsstaaten übernimmt (insbesondere, wenn diese in den Vertragsstaaten unterschiedliche Bedeutungen haben), so daß die Gefahr besteht, daß diese von beiden Vertragsstaaten unterschiedlich ausgelegt werden; vgl. *Vogel, K.*, Doppelbesteuerungsabkommen, Einl. Rn. 91. Die Bezeichung dieses Sachverhalts geht auf *Herzfeld, E.*, Probleme des internationalen Steuerrechts unter besonderer Berücksichtigung des Territorialitäsproblems und des Qualifikationsproblems, Vierteljahresschrift für Steuer- und Finanzrecht 6 (1932), S. 422 (456), zurück, der diese Bezeichung aus dem Internationalen Privatrecht übernahm. *Bühler,O.*, Prinzipien des Internationalen Steuerrechts, S. 76, äußert bereits Vorbehalte an der Verwendung dieses Begriffs im Internationalen Steuerrecht, Zur weiteren Kritik an der Verwendung des Begriffs der Qualifikation im Internationalen Steuerrecht, siehe *Kluge, V.*, Das deutsche Internationale Steuerrecht, S. 228 ff., der, unter Hinweis auf *Vogel, K.*, Doppelbesteuerungsabkommen und ihre Auslegung, StuW 1982, S. 286 (292), ausführt, daß es sich bei den Regelungen der Doppelbesteuerungsabkommen um Verteilungsnormen und nicht um Kollisionsnormen wie im Internationalen Privatrecht handelt, da die Normen der Doppelbesteuerungsabkommen die Besteuerung durch den jeweiligen Vertragspartner voraussetzen und somit nicht dazu führen, daß ein Staat auf einen Sachverhalt ausländisches Steuerrecht anwendet.

Zu Recht legt *Vogel, K.*, Doppelbesteuerungsabkommen, Einl. Rn. 91 und Art. 1 Rn. 23, deshalb dar, daß es sich bei der Frage der Beurteilung, ob ein ausländisches Rechtsgebilde im Inland als solches steuerpflichtig ist, nicht um eine Frage der "Qualifikation" handelt. Vielmehr ist, falls ein Abkommen nichts Gegenteiliges bestimmt, diese Frage nach den Grundsätzen des inländischen Rechts des Staates zu beurteilen, um dessen Steuerpflicht es sich handelt. Das heißt, es ist die Subsumption unter die Begriffe des inländi-

normen. Danach ist in erster Linie zu untersuchen, ob das betreffende ausländische Rechtsgebilde sich mit einer Rechtsform des deutschen (Zivil-)Rechts vergleichen läßt. Dieses Prinzip der Einordnung wird heute vom Bundesfinanzhof[20] und der herrschenden Literatur[21] vertreten.

---

schen Einkommen-, Körperschaft- und Vermögensteuerrechts vorzunehmen (in Deutschland: § 15 Abs. 1 Nr. 2 EStG, § 2 KStG, § 2 Abs. 1 Nr.2 VermStG und in den USA: Sec. 1, 11, 701, 761 IRC). *Vogel* schlägt daher vor besser mit dem BFH von Einordnung (ebenso *Ebling, K.*, Anerkennung der steuerlichen Rechtsfähigkeit ausländischer Unternehmungen, Nationalbericht Deutschland, CDFI Bd. LXXIIIa (1988), S. 227 ff.) oder Substitution zu sprechen (mit dem Hinweis, daß auch das materielle Privatrecht solche Probleme kennt, die dort z.T. als "Substitution" bezeichnet werden, verweisend auf *Lewald, H.*, Règles Génerales des Conflits des Lois, S. 131, (134 f.), Nachdruck aus Recueil des Cours de l'Academie de Droit International de la Haye 1939 III und *Neuhaus, P.H.*, Grundbegriffe des Internationalen Privatrechts, S. 351 ff.).

[20]   BFH-Urteil I 121/64 vom 17.07.1968, BStBl. 1968 II S. 695, betreffend ein liechtensteinisches Treuunternehmen; BFH-Urteil I R 22/67 vom 23.09.1970, BStBl. II 1971, S. 47, betreffend einen österreichischen Fonds; BFH-Urteil. IV R 182/77 vom 06.11.1980 - IV R 182/77, BStBl. 1981 II, S. 220, DB 1981, S. 918, betreffend eine liechtensteinische Anstalt; BFH-Urteil vom 03.02.1988 I R 134/84, BStBl. 1988 II, S. 588, betreffend eine thailändische Kommanditgesellschaft. Vgl. auch BMF-Schreiben vom 01.12.1980 - IV B 7 - S 2741 - 20/80 über die Einordnung einer chilenischen "sociedad de responsibilidad limitada" (s.d.r.l.).

[21]   *Manke, K.*, Personengesellschaften im internationalen Steuerrecht, JbFfSt 1978/79, S. 333; *ders.*, Personengesellschaften und DBA, in Vogel, K. (Hrsg.), Grundfragen des Internationalen Steuerrechts, DStJG 8, S. 195 ff.; *Ebling, K.*, Anerkennung der steuerlichen Rechtsfähigkeit ausländischer Unternehmungen, Nationalbericht Deutschland, CDFI Bd. LXXIIIa (1988), S. 227 ff; *Schlütter, E.*, Personengesellschaft oder Körperschaft? - Aktuelle Qualifikationsfrage -, in Vogel, K. (Hrsg.), Grundfragen des Internationalen Steuerrechts, DStJG 8, S. 215 ff.; *Spitaler, A.*, Das Doppelbesteuerungsproblem bei direkten Steuern, S. 559; *Bühler, O.*, Prinzipien des Internationalen Steuerrechts, S. 75; *Raupach, A.*, Der Durchgriff im Steuerrecht, S. 135; *Rädler, A./Raupach, A.*, Deutsche Steuern bei Auslandsbeziehungen, S. 19; *Kluge, V.*, Die Anerkennung ausländischer Gesellschaften im deutschen Steuerrecht, DStR 1976, S. 365; *Großfeld, B.*, Basisgesellschaften im Internationalen Steuerrecht, S. 44; *Bellstedt, Ch.*, Die Besteuerung international verflochtener Gesellschaften, S. 250; *von Poser und Groß-Naedlitz, A.*, Der Qualifikationskonflikt bei Doppelbesteuerungsabkommen, S. 21; *Killius, J.*, Die Behandlung von Personenunternehmen im Recht der Doppelbesteuerungsabkommen, S. 15; *Storck, A.*, Ausländische Betriebsstätten im Ertrag- und Vermögensteuerrecht, S. 48; *Koch, K.*, Personengesellschaften und Arbeitsgemeinschaften im internationalen Steuerrecht, Nationalbericht Deutschland, CDFI Bd. LVIIIb (1973), S. II/15; *Riemenschneider, S.*, Abkommensberechtigung, S. 43 ff.; *Hannes, B.*, Der Qualifikationskonflikt bei der Beteiligung an einer limited partnership in den USA, RIW 1989, S. 131; *Harder, N.*, Hybride Gesellschaften, DZWir 1993, S. 204; *Hey, F.*, Gesellschafts- und steuerrechtliche Aspekte der Limited Liability Company, RIW 1992, S. 916; *Hock, B.*, Personengesellschaft und internationales Steuerrecht - Option zur Körperschaftsteuer als Lösung an-

Maßgebend ist hierbei nicht die ausländische rechtliche Zuordnung, noch die ausländische Besteuerung[22]. Vielmehr ist darauf abzustellen, ob das ausländische Rechtsgebilde in seiner Gesamtheit, unter Beachtung seines rechtlichen Aufbaus und seiner wirtschaftlichen Stellung, insgesamt eher mit einem im Inland als sol-

---

stehender Probleme?, RIW 1995, S. 135; *Schmidt, Ch.*, Zur DBA-Anwendung und inländischen Steuerpflicht bei im Sitzstaat rechtsfähigen ausländischen Personengesellschaften, IStR 1996 S. 14 ff. (bezogen auf das Verhältnis zwischen Deutschland und Tschechien); *Debatin, H.*, Internationales Steuerrecht in Konzeption und Fortentwicklung, JbFfSt 1972/73, S. 49 (56); *ders.*, Außensteuerrechtliche und internationalrechtliche Behandlung von Rechtsträgern und daran bestehenden Beteiligungen, DB 1977, Beilage Nr. 13/77, S. 1 (2); *ders.*, Inländische Beteiligungen an Mitunternehmerschaften im Ausland, BB 1978, S. 669; *ders.*, Inländische Beteiligungen an ausländischen Mitunternehmerschaften, BB 1978, S. 1608; *ders.*, Qualifikationsprobleme im Doppelbesteuerungsrecht, FR 1979, S. 493; *ders.*, Subjektsfähigkeit ausländischer Wirtschaftsgebilde im deutschen Steuerecht, BB 1988, S. 1155; *Krabbe, H.*, Qualifikationskonflikte bei ausländischen Personengesellschaften, RIW/AWD 1976, S. 135; *Kluge, V.*, Die Anerkennung ausländischer Gesellschaften im deutschen Steuerrecht, DStR 1976, S. 365; *Henkel, U.*, Subjektsfähigkeit grenzüberschreitender Kapitalgesellschaften, RIW 1991, S. 565 (567); *Knobbe-Keuk, B.*, "Qualifikationskonflikte" im internationalen Steuerrecht der Personengesellschaften, RIW 1991, S. 306; *Janka, W./Flick, H.*, Neue Entwicklungen zur Besteuerung der US-limited partnership aus der Sicht des deutschen Investors, RIW 1990, S. 566; *Piltz, D.J.*, Die Personengesellschaften im internationalen Steuerrecht der Bundesrepublik Deutschland, S. 57 ff.; *ders.*, Qualifikationskonflikte im internationalen Steuerrecht unter besonderer Berücksichtigung von Personengesellschaften, in Fischer, L. (Hrsg.), Besteuerung internationaler Konzerne, S. 21 ff.; einen ausgezeichneten Überblick über die internationale Praxis gibt *van Raad, K.*, Anerkennung der steuerlichen Rechtsfähigkeit ausländischer Unternehmen, Generalbericht, CDIF Bd. LXXIIIa (1988), S. 113 ff.

[22]   Vgl. statt vieler *Piltz, D.J.*, Die Personengesellschaften im internationalen Steuerrecht der Bundesrepublik Deutschland, S.64 ff. A.A. jedoch *Hintzen, L.*, Die Anerkennung ausländischer Personengesellschaften als Kapitalgesellschaften nach deutschem Steuerrecht, DStR 1971, S. 327 (334), *ders.*, Zur Qualifikation ausländischer körperschaftsteuerpflichtiger Personengesellschaften, StuW 1974, S. 319 (322), *ders.*, Personengesellschaften und Arbeitsgemeinschaften im internationalen Steuerrecht, RIW/AWD 1974, S. 141 f. Nach *Hintzen* ist maßgebend für die Einordnung ausländischer Rechtsgebilde die Rechtspersönlichkeit nach ausländischem Recht und die ausländische Besteuerung, DStR 1971, S. 334: "Darüberhinaus ist generell die Anerkennung von ausländischen Personengesellschaften, die im Ausland juristische Personen sind und als solche besteuert werden, anzustreben." Die Anerkennung einer im Ausland als solcher steuerpflichtigen ausländischen Personengesellschaft als körperschaftsteuerpflichtiges Subjekt nach deutschem Recht mit dem Gedanken der Wettbewerbsgerechtigkeit. Es soll die Wettbewerbslage desjenigen Staates zugrundegelegt werden, in dem das Unternehmen tätig ist und Gewinne erzielt, nicht die Wettbewerbslage des Wohnsitzstaates der Gesellschafter, in den die Gewinne fließen. Da die Wettbewerbslage in hohem Maße durch Art und Umfang der Besteuerung bestimmt werde, sei die Anerkennung einer ausländischen Personengesellschaft, die im Sitzstaat als solche besteuert werde, als körperschaftsteuerpflichtige Kapitalgesellschaft nach deutschem Recht wettbewerbsgerecht.

chem steuerpflichtigen Gebilde zu vergleichen ist oder mit einer Personenvereinigung, deren Einkünfte oder auch Vermögen nicht bei dieser, sondern anteilig
bei ihren Mitgliedern besteuert werden[23]. D.h. es wird wegen der Dichotomie
der deutschen Ertrags- und Vermögensbesteuerung untersucht, ob das ausländische Rechtsgebilde entweder mehr einer Rechtsform gleicht, die körperschaftsteuerpflichtig ist, oder mehr einer, deren Einkommen und Vermögen, wie
bei den Personengesellschaften, bei den Mitgliedern (Gesellschaftern) zu versteuern ist.

Die Einordnung ausländischer Rechtsgebilde zum Zwecke der deutschen Besteuerung knüpft grundsätzlich an der ausländischen zivilrechtlichen Qualifikation an (Maßgeblichkeit der Zivilrechtsform)[24]. Doch im Gegensatz zum internationalen Privatrecht[25] wird eine (eventuell) durch Gründungsrecht verliehene
Rechtspersönlichkeit nicht automatisch für deutsche steuerrechtliche Zwecke
übernommen[26], vielmehr wird eine steuerartenbezogene Beurteilung des jeweiligen ausländischen Rechtsgebildes vorgenommen[27].

Der Methode nach wird ein zweistufiger Typenvergleich[28] durchgeführt: In der
ersten Stufe wird das ausländische Rechtsgebilde auf seine Vergleichbarkeit mit

---

[23] RFH-Urteil vom 12.02.1930 -VI A 899/27, RFHE 27, S. 73 (78 f.).

[24] Vgl. RFH-Urteil vom 12.02.1930 -VI A 899/27, RFHE 27, S. 73 (75 f.); BFH-Urteil
vom 17.07.1968 - I 121/64, BStBl. 1968 II, S. 695 (696), BB 1968, S. 1276 mit Anm.
von *Hillert, A.*; bezüglich der Literaturmeinung vgl. *Großfeld, B.*, Basisgesellschaften im
Internationalen Steuerrecht, S. 46 f.; *Raupach, A.*, Der Durchgriff im Steuerrecht, S. 76
f.

[25] Die Lehre von der "automatischen" Anerkennung der Rechtspersönlichkeit, die ausländisches Zivilrecht einem Rechtgebilde verliehen hat, ist insoweit weniger problematisch, da internationales Privatrecht sich nicht um die rechtliche Ausgestaltung der ausländischen Rechtsgebilde kümmert. Die Anerkennung wird vielmehr von dem formellen
Merkmal der Verleihung der Rechtsfähigkeit im Ausland abhängig gemacht; vgl. *Großfeld, B.*, Basisgesellschaften im Internationalen Steuerrecht, S. 51. Ebenso *Raupach, A.*,
Der Durchgriff im Steuerrecht, S. 136 ff.; *Behrens, P.*, Der Anerkennungsbegriff des
Internationalen Gesellschaftsrechts, ZGR 7 (1978), S. 499; *Ebling, K.*, Die Rechtsfähigkeit ausländischer juristischer Personen aus der Sicht des deutschen Internationalen Privatrechts, AWD 1970, S. 450 m.w.N.

[26] So aber *Hintzen*, DStR 1971, Die Anerkennung ausländischer Gesellschaften als Kapitalgesellschaften nach deutschem Steuerrecht, S. 327 (334), *ders.*, Zur Qualifikation ausländischer körperschaftsteuerpflichtiger Personengesellschaften, StuW 1974, S. 319
(322).

[27] Vgl. *Selent, A.*, Ausländische Personengesellschaften im Ertrag- und Vermögensteuerrecht, S. 87.

[28] Vgl. *Wurster, H.-J.*, Die Anerkennung ausländischer Körperschaften im deutschen
Ertragsteuerrecht, FR 1980, S. 588 (589), *Selent, A.*, Ausländische Personengesellschaften im Ertrag- und Vermögensteuerrecht, S. 91 f. und *Storck, A./Selent, A.*, Die Besteue-

den Organisationsformen des inländischen Privatrechts hin untersucht[29]. In der zweiten Stufe geschieht dann die Zuordnung zu den relevanten steuerrechtlichen Organisationsformen, d.h. den Körperschaften, §§ 1 Abs. 1, 3 KStG, den Mitunternehmerschaften, §§ 15 Abs. 1 Nr. 2, 13 Abs. 5, 18 Abs. 4, 21 EStG, oder den Einzelunternehmungen, §§ 13 Abs. 1, 15 Abs. 1 Nr. 1, 18 Abs.1 EStG.

Grundsätzlich ist daher die Einordnung eines ausländischen Rechtsgebildes nicht sehr viel anders als die Zuordnung einer unbeschränkt steuerpflichtigen inländischen Rechtsform zur Einkommen- oder Körperschaftsteuer, ihr geht lediglich eine Rechtsvergleichung zwischen ausländischem und deutschem Gesellschaftsrecht voraus, denn anders kann eine Beziehung zu den deutschen Rechtsformen, die in ihrer Struktur und Rechtsstellung ebenfalls vom (deutschen) Privatrecht bestimmt werden, nicht hergestellt werden.

Der von Literatur und Verwaltung zum Teil geäußerten Kritik[30], daß eine nach ausländischem Zivilrecht bestehende Rechtsfähigkeit und/oder Besteuerung als Körperschaft eines ausländischen Rechtsgebildes nicht notwendigerweise zu einer gleichen Einordnung für deutsche Steuerzwecke führt, ist entgegenzuhalten, daß zwar auch das deutsche Steuerrecht bei inländischen Personenvereinigungen grundsätzlich an der zivilrechtlichen Form anknüpft, es trifft dann aber bei der Abgrenzung von Einkommen und Körperschaftsteuerpflicht auch eigenständige Entscheidungen. So unterwirft es der Körperschaftsteuerpflicht nicht nur juristische Personen, sondern auch nichtrechtsfähige Vereine, Anstalten, Stiftungen und andere Zweckvermögen des privaten Rechts, § 1 Abs. 1 Nr. 5 KStG. Zivilrechtliche Rechtsfähigkeit als solche ist daher kein Abgrenzungskriterium, wohl aber die Rechtsform. So sind z.B. auch nichtrechtsfähige Erwerbs- und Wirtschaftsgenossenschaften gem. § 1 Abs. 1 Nr. 2 KStG körperschaftsteu-

---

rung inländischer Beteiligungen an ausländischen Mitunternehmerschaften im Ertragsteuerrecht, RIW/AWD 1980, S. 332 (333).

[29] Dies dient, wie *Storck, A./Selent, A.*, Die Besteuerung inländischer Beteiligungen an ausländischen Mitunternehmerschaften im Ertragsteuerrecht, RIW/AWD 1980, S. 332 (333, Fn. 11), zu Recht schreiben, lediglich der Feststellung der Kompatibilität zwischen den jeweiligen ausländischen Rechtsformen mit denen des deutschen Rechts. *Hintzens* Auffasssung, Die Anerkennung ausländischer Personengesellschaften als Kapitalgesellschaften nach deutschem Steuerrecht, DStR 1971, S. 327 (332), dadurch werde eine Art internationales Gesellschaftsrecht für steuerliche Zwecke gebildet, ist daher nicht zutreffend.

[30] Vgl. *Hintzen, L.*, Die Anerkennung ausländischer Personengesellschaften als Kapitalgesellschaften nach deutschem Steuerrecht, DStR 1971, S. 327 (334), *ders.*, Zur Qualifikation ausländischer körperschaftsteuerpflichtiger Personengesellschaften, StuW 1974, S. 319 (322), *ders.*, Personengesellschaften und Arbeitsgemeinschaften im internationalen Steuerrecht, RIW/AWD 1974, S. 141 f.; Erlaß des Finanzministeriums Nordrhein-Westfalen vom 20.03.1973, FR 1973, S. 216, betreffend spanische Personengesellschaften; aufgehoben durch BdF-Schreiben vom 10.03.1976 - IV C 6 - S 1303 - Spanien-20/75, RIW/AWD 1976, S. 304.

erpflichtig[31], weil sie die Rechtsform einer Genossenschaft haben. Überhaupt scheint in der Diskussion zum Teil übersehen zu werden, daß nicht die Rechtsfähigkeit einer Personenvereinigung entscheidend für die Heranziehung zur Einkommen- oder zur Körperschaftsteuer ist, sondern allein die Rechtsform, unabhängig von ihrer Rechtsfähigkeit[32]. Diese reine Orientierung an der Rechtsform zu Zwecken der Einordnung hat den Vorteil eines hohen Maßes an Rechtssicherheit und eröffnet in der Regel einen breiten Gestaltungsspielraum. Der damit verbundene Nachteil der Festlegung auf zivilrechtliche Regelstatute läßt sich jedoch in der Regel beheben, da sie nur wenig zwingendes Recht enthalten und sie eine ggf. erforderlichen zivilrechtlichen Gestaltung zulassen. Daß dieses System der Einordnung durch die Einführung neuer Rechtsformen, die Elemente einer Personen- und einer Kapitalgesellschaft auf sich vereinigen, an seine Grenzen stößt, zeigt im folgenden Kapitel anschaulich die Einordnung der US-amerikanischen *limited liability company*.

---

[31] Vgl. *Klempt* in Herrmann/Heuer/Raupach, Anm. 28 zu § 1 KStG.

[32] Siehe statt vieler *Piltz, D.J.*, Die Personengesellschaften im internationalen Steuerrecht der Bundesrepublik Deutschland, S.57 ff. In diesem Sinne auch schon *Becker, E.*, Die Selbständigkeit der Begriffsbildung im Steuerrecht und ihr Einfluß auf die Auslegung der internationalen Doppelbesteuerungsverträge vom Standpunkt der deutschen Entwicklung aus betrachtet, StuW 1939, Sp. 745.

Kapitel 3:   Die Einordnung US-amerikanischer Personenvereinigungen zu Zwecken der Besteuerung in Deutschland

A.   Allgemeines

Die Einordnung US-amerikanischer Personenvereinigungen zu Zwecken der deutschen Besteuerung hat bis vor kurzem keine besonderen Probleme verursacht, denn die in den USA zur Verfügung stehenden Personenvereinigungen und Gesellschaftsformen entsprechen den deutschen Rechtsformen. So entspricht die *general partnership* der OHG, die *limited partnership* der KG, die *(unincorporated) joint venture* einer Gelegenheits- oder GbR und die *business corporation (public* und *close corporation)* der Aktiengesellschaft[1]. Probleme tauchen jedoch bei der Einordnung der Rechtsform der *limited liability company* auf, die sowohl Merkmale einer Personen- wie einer Kapitalgesellschaft besitzt.

B.   Einordnung der Limited Liability Company zu Zwecken der deutschen Besteuerung

Probleme bereitet jedoch bei der Einordnung der US-amerikanischen Rechtsform der *limited liability company*. Dem für die Einordnung ausländischer Gesellschaftsformen zu Zwecken deutscher Besteuerung zuständigen Bundesamt der Finanzen scheinen diese Probleme bewußt zu seine. Es hat bisher noch keine Stellungnahme zu dieser Frage abgegeben.

Problematisch ist die Einordnung dieser Rechtsform deshalb, weil sie so gar nicht in das streng rechtsformorientierte deutsche Schema paßt, das zwischen Körperschaften und Personengesellschaften aufgrund der Merkmale der Rechtsformen unterscheidet. D.h. die *limited liability company* weist sowohl Merkmale auf, die für eine deutsche Körperschaft, als auch für eine deutsche Personengesellschaft typisch sind[2].

Abzustellen ist hierbei, ob die *limited liability company* in ihrer Gesamtheit, unter Beachtung ihres rechtlichen Aufbaus und ihrer wirtschaftlichen Stellung nach US-amerikanischem Recht weitgehende Übereinstimmung mit dem Aufbau und der wirtschaftlichen Bedeutung einer deutschen Rechtsform besitzt. Von besonderer Bedeutung ist hierbei, ob sie eher einer Kapitalgesellschaft oder mehr einer Personalgesellschaft deutschen Rechts entspricht[3]. Der RFH führt hierfür fol-

---

[1]   Vgl. hierzu nur die gleichlautenden Erlasse der Finanzministerien Baden-Württemberg vom 17.08.1993, S 2850/1; Mecklenburg-Vorpommern vom 30.08.1993, IV 320-S 2701-5/93; Brandenburg vom 01.09.1993, 35-S 2850-2/93; Nordrhein-Westfalen vom 04.10.1993, S 2701-2-VB 4; Saarland vom 27.10.1993 B/III-195/93-S 2701; in StEK § 1 KStG Nr. 37.

[2]   Vgl. hierzu ausführlich oben Teil 2 Kapitel 1 D.; Teil 3 Kapitel 1 C. I. 2, II. 3., III. 2. und IV. 4.

[3]   RFH-Urteil vom 12.02.1930 -VI A 899/27, RFHE 27, S. 73 (79 f.).

gende Richtlinien für die Unterscheidung zwischen Kapital- und Personalgesellschaften an. Eine Personalgesellschaft zeichnet sich dadurch aus, daß

- die Person des Gesellschafters im Vordergrund steht,

- die Gesellschafter regelmäßig die Geschäfte selber führen,

- die Gesellschafter persönlich haften und

- die Gesellschaftsanteile nicht ohne weiteres an Dritte übertragen werden dürfen.

Eine Kapitalgesellschaft hingegen ist dadurch gekennzeichnet, daß

- die Gesellschafter der Gesellschaft mehr unpersönlich gegenüberstehen (D.h., die Stellung als Gesellschafter gründet sich weniger auf eine innere Verbundenheit mit den Mitgesellschaftern, als auf die Absicht, Kapital nutzbringend anzulegen.),

- die Gesellschafter an der eigentlichen Geschäftsführung auf Grund ihrer Gesellschafterstellung in der Regel nicht beteiligt sind,

- die Gesellschafter den Gläubigern der Gesellschaft nicht persönlich haften und

- die Gesellschaftsanteile frei auf Dritte übertragen werden können[4].

Die Übereinstimmung dieser Merkmale mit den körperschaftlichen Merkmalen, die zur Einordnung von Personenvereinigungen zu US-Steuerzwecken herangezogen werden, ist unverkennbar[5]. Der BFH verwendet dem RFH folgend die angeführten Merkmale zur Unterscheidung von Kapital- und Personalgesellschaften[6]. In seinem Urteil vom 06.11.1980[7] bezieht der BFH als weiteres Merkmal offenbar die Tatsache mit in seine Beurteilung ein, daß das fragliche Unternehmen in seinem Sitzstaat der Körperschaftsteuer unterliegt und damit als

---

[4]   RFH-Urteil vom 12.02.1930 -VI A 899/27, RFHE 27, S. 73 (80).

[5]   Vgl. oben Teil 3 Kapitel 1 C.

[6]   BFH-Urteil I 121/64 vom 17.07.1968, BStBl. 1968 II, S. 695, betreffend ein liechtensteinisches Treuunternehmen; BFH-Urteil I R 22/67 vom 23.09.1970, BStBl. 1971 II, S. 47, betreffend einen österreichischen Fonds; BFH-Urteil. IV R 182/77 vom 06.11.1980 - IV R 182/77, BStBl. 1981 II, S. 220, DB 1981, S. 918, betreffend eine liechtensteinische Anstalt; BFH-Urteil vom 03.02.1988 I R 134/84, BStBl. 1988 II, S. 588, betreffend eine thailändische Kommanditgesellschaft; BFH-Urteil vom 23.06.1992 IX R 182/87, BStBl. 1992 II, S. 972, betreffend eine liechtensteinische Aktiengesellschaft.

[7]   BFH-Urteil vom 06.11.1980, BStBl. 1981 II, S. 220 (222), DB 1981, S. 918.

selbständiges Steuersubjekt behandelt wird[8]. Die Einbeziehung der steuerlichen Behandlung im Sitzstaat des ausländischen Unternehmens als transparent oder intransparent, mag zwar unter dem Gesichtspunkt der Vermeidung subjektiver "Qualifikationskonflikte" hilfreich sein, sie würde jedoch eine Abkehr von der streng rechtsformorientierten Einordnung des RFH in seinem Urteil vom 12. Februar 1930 (Venezuela-Entscheidung) bedeuten. Eine solche Einbeziehung der steuerlichen Behandlung im Sitzstaat als zusätzliches Indiz für eine Behandlung als Steuersubjekt oder nicht, ist mit der Begründung des RFH in diesem Urteil abzulehnen:

> *"Der Senat ... hält die* <u>*unterschiedslose*</u> *Behandlung* <u>*aller*</u> *juristischen Personen des Auslandes als Körperschaften im Sinne des Körperschaftsteuergesetzes nicht für gerechtfertigt. Bei der Unterstellung der juristischen Personen des* <u>*deutschen*</u> *bürgerlichen Rechts unter das Körperschaftsteuergesetz hat der Gesetzgeber einen Schritt getan, dessen Tragweite er sich voll bewußt war, weil ihm der rechtliche und wirtschaftliche Aufbau der juristischen Personen deutschen Rechtes genau bekannt war. Dagegen hatte der Gesetzgeber keinen Anlaß, eine besondere Bestimmung über die Behandlung der ausländischen juristischen Personen zu treffen und sie etwa ohne weiteres ausdrücklich den deutschen juristischen Personen gleichzustellen. Eine derartige Vorschrift wäre schon deshalb bedenklich gewesen, weil ihre Auswirkung im Hinblick auf die Mannigfaltigkeit der ausländischen juristischen Personen gar nicht zu übersehen gewesen wäre. Insbesondere hätte sich daraus eine Rechtslage ergeben können, die der Verwirklichung des Grundsatzes, wirtschaftlich gleiche Verhältnisse nach Möglichkeit auch steuerlich gleichzubehandeln, entgegengestanden wäre. Bei dieser Sachlage ist davon auszugehen, daß grundsätzlich die Entscheidung über die einkommensteuerrechtliche Behandlung einer ausländischen juristischen Person bzw. ihrer Gesellschafter im Einzelfalle nach den leitenden Gedanken des Einkommensteuer- und Körperschaftsteuergesetzes zu treffen ist. Man wird dabei in erster Linie zu untersuchen haben, ob die betreffende ausländische Gesellschaft sich mit einer Gesellschaft des deutschen Rechts vergleichen läßt.* [Hervorhebungen durch Sperrung im Original ersetzt durch Unterstreichung]"[9]

Die Einbeziehung der steuerlichen Behandlung im Sitzstaat des Unternehmens als weiteres Kriterium bei der Einordnung eines Unternehmens zu Zwecken

---

[8] So aber auch *Schlütter, E.*, Personengesellschaft oder Körperschaft?, in Vogel, K. (Hrsg.), Grundfragen des Internationalen Steuerrechts, DStJG 8, S. 215 (221).

[9] RFH-Urteil vom 12.02.1930 -VI A 899/27, RFHE 27, S. 73 (78). Ebenso *Hey, F.*, Gesellschafts- und steuerrechtliche Aspekte der Limited Liability Company, RIW 1992, S. 916 (920).

deutscher Besteuerung ist im Rahmen des von der Venezuela-Entscheidung vorgegebenen zweistufigen Rechtstypenvergleichs aus einem weiteren Grund abzulehnen. Der Rechtstypenvergleich stellt auf die gesellschaftsrechtliche Ausgestaltung des Unternehmens nach dem Recht des Sitzstaates ab und die Vergleichbarkeit der rechtlichen Organisation und ihrer Stellung im Wirtschaftsleben mit einer deutschen Rechtsform ab[10]. Die steuerliche Behandlung im Sitzstaat ist hierbei irrelevant, denn sie kann im Rahmen dieser Vorgehensweise kein bestimmender Faktor sein. Denn es ist ja gerade Ziel dieser Vorgehensweise die steuerliche Behandlung für die Zwecke der deutschen Besteuerung unabhängig von der steuerlichen Behandlung im Sitzstaat zu bestimmen. Etwas anderes gilt jedoch, wenn man grundsätzlich der Ansicht ist, daß die steuerliche Behandlung im Sitzstaat für die Zwecke der deutschen Besteuerung zu übernehmen sei[11]. Eine Vermischung dieser beiden grundsätzlich möglichen, aber sich ausschließenden Einordnungssysteme, wie sie der BFH in seinem Urteil vom 06.11.1980[12] vertritt, ist aber abzulehnen.

Die vom RFH angeführten Merkmale zur Unterscheidung zwischen Personal- und Kapitalgesellschaft geben zutreffend ihren unterschiedlichen Charakter wieder. Auffällig sind die Parallelen zu den Merkmalen, die nach dem US-Steuerrecht für die sog. *"classification"*, d.h. für die Einordnung der Gesellschaftsfor-

---

[10] "Zu einem vernünftigen Ergebnis wird man bei diesem Vergleiche nur kommen, wenn man die Würdigung der venezolanischen Gesellschaft in ihrer <u>Gesamtheit</u>, unter Beachtung ihrer wirtschaftlichen Stellung und ihres rechtlichen Aufbaus nach venezolanischem Rechte vornimmt. Ergibt sich dabei eine weitgehende Übereinstimmung mit dem Aufbau und der wirtschaftlichen Bedeutung einer deutschen offenen Handelsgesellschaft bzw. Kommanditgesellschaft, bezüglich deren Einordnung in das System des Einkommensteuer- und Köperschaftsteuergesetzes die deutsche Gesetzgebung eine bestimmte Regelung getroffen hat, so wird man für das <u>Steuerrecht</u> die venezolanische Gesellschaft entsprechend zu behandeln haben. Man wird bei einem solchen Vergleich insbesondere darauf abstellen müssen, ob sich die betreffende ausländische Gesellschaft mehr dem Typ der Personalgesellschaft oder der Kapitalgesellschaft nähert, als deren Exponenten man einerseits die deutsche offene Handelsgesellschaft, andererseits die deutsche Aktiengesellschaft ansehen kann, um so mehr als diese Unterscheidung im Grunde genommen auch für die gesetzliche Regelung der Besteuerung der Gesellschaften und Gesellschafter deutschen Rechtes (Mitunternehmer mit gewerblichen Einkünften bei Personalgesellschaften, Kapitalisten mit Einkommen aus Kapitalvermögen bei Kapitalgesellschaften) bestimmend war. [Hervorhebungen durch Sperrung ersetzt durch Unterstreichung]" RFH-Urteil vom 12.02.1930 -VI A 899/27, RFHE 27, S. 73 (79 f.).

[11] So aber *Hintzen, L.*, Die Anerkennung ausländischer Personengesellschaften als Kapitalgesellschaften nach deutschem Steuerrecht, DStR 1971, S. 327 (334), *ders.*, Zur Qualifikation ausländischer körperschaftsteuerpflichtiger Personengesellschaften, StuW 1974, S. 319 (322), *ders.*, Personengesellschaften und Arbeitsgemeinschaften im internationalen Steuerrecht, RIW/AWD 1974, S. 141 f

[12] BFH-Urteil vom 06.11.1980, BStBl. 1981 II, S. 220 (222), DB 1981, S. 918.

men zu Zwecken des US-Steuerrechts gelten[13]. Grundsätzlich werden in beiden Fällen die selben Kriterien verwandt. Nicht enthalten in der Aufzählung des RFH ist das für US-Besteuerungszwecke wichtige Merkmal der "fortdauernden Existenz". Es ist jedoch mit *Hey*[14] davon auszugehen, daß dieses Merkmal ebenfalls zur Einordnung zu verwenden ist, da das Bestehen einer Gesellschaft unabhängig von Umständen, die in der Person des Gesellschafters eintreten (wie z.B. Tod, Konkurs etc.), typisch für die Kapitalgesellschaften im Gegensatz zu den Personengesellschaften sind[15]. Es ist daher davon auszugehen, daß die Rechtsprechung dieses Merkmal in dem Bestehen persönlicher Beziehungen zwischen den Gesellschaftern bei einer Personengesellschaft in ihre Bewertung bei der Einordnung miteinbezieht, ohne dies ausdrücklich zu erwähnen.

I. Einordnung durch generell-abstrakte oder individuell-konkrete Betrachtungsweise?

Bei der Frage der Einordnung ausländischer Rechtsgebilde wird oft nicht klargestellt, ob sich die Beurteilung für den Rechtstypenvergleich allein auf Grundlage der ausländischen Gesetzeslage (generell-abstrakte Betrachtung) oder unter Berücksichtigung - gesetzlich zulässiger - abweichender gesellschaftsvertraglicher Abweichungen (individuell-konkrete Betrachtung) durchzuführen ist. Die Urteile des RFH und des BFH sprechen lediglich die ausländische Gesetzeslage an[16]. Es ist jedoch mit der herrschenden Meinung im Schrifttum[17] von der individuell-konkreten Betrachtungsweise auszugehen. Denn die Einordnung hat zum Ziel, den oder die im konkreten Einzelfall Steuerpflichtigen zu ermitteln, sei dies nun die Gesellschaft selbst oder die einzelnen Gesellschafter. Die alleinige, generell-

---

[13] Vgl. die ausführliche Darstellung oben Teil 3 Kapitel 1 C.

[14] *Hey, F.*, Gesellschafts- und steuerrechtliche Aspekte der Limited Liability Company, RIW 1992, S. 916 (920).

[15] Ein Vergleich der Auflösungsgründe bei den Personengesellschaften, vgl. §§ 723, 727, 728 BGB, §§ 131, 140, 161 Abs. 2 HGB, mit den Auflösungsgründen bei den Kapitalgesellschaften, vgl. §§ 262 ff. AktG, §§ 60 ff. GmbHG, veranschaulicht dies.

[16] Das RFH-Urteil vom 12.02.1930 -VI A 899/27 (Venezuela-Entscheidung), RFHE 27, S. 73 (79 f.), enthält zwar die Formulierung: "Bei dieser Sachlage ist davon auszugehen, daß grundsätzlich die Entscheidung über die einkommensteuerrechtliche Behandlung einer ausländischen juristischen Person bzw. ihrer Gesellschafter im Einzelfalle nach den leitenden Gedanken des Einkommensteuer- und Körperschaftsteuergesetzes zu treffen ist. [Hervorhebung hinzugefügt.]". Aus dem Zusammenhang dieser Formulierung ist aber nicht von einer individuell-konreten Betrachtungsweise des RFH auszugehen, zumal das übrige Urteil lediglich von der ausländischen Gesetzeslage ausgeht.

[17] *Hey, F.*, Gesellschafts- und steuerrechtliche Aspekte der Limited Liability Company, RIW 1992, S. 916 (920 f.); *Henkel, U.*, Subjektfähigkeit grenzüberschreitender Kapitalgesellschaften, RIW 1991, S. 565 (567); *Großfeld, B.*, Basisgesellschaften im internationalen Steuerrecht, S. 53; *Schlütter, E.*, Personengesellschaft oder Körperschaft?, in Vogel, K. (Hrsg.), Grundfragen des Internationalen Steuerrechts, DStJG 8, S. 215 (220).

abstrakte Betrachtung der ausländischen Gesetzeslage ist hierbei wenig hilfreich, da sie in der Regel nicht nur zwingendes Recht enthalten wird, sondern je nach Dafürhalten des ausländischen Gesetzgebers mehr oder weniger gesellschaftsvertraglicher Gestaltungsspielraum für die Vertragsparteien geben sein wird. Gerade die Venezuela-Entscheidung lehnt die unterschiedslose Einordnung ausländischer juristischer Personen als Körperschaften im Sinne des deutschen Körperschaftsteuergesetzes mit der Begründung ab, daß die Mannigfaltigkeit der ausländischen Gesellschaftsformen zu berücksichtigen sei, damit wirtschaftlich gleiche Verhältnisse auch steuerlich gleich behandelt werden[18]. Insbesondere im Hinblick auf die Einordnung von Gesellschaftsformen wie der *limited liability company* macht nur eine individuell-konkrete Betrachtungsweise bei der Einordnung Sinn. Denn abgesehen davon, daß eine *limited liability company* sowohl Merkmale der Kapitalgesellschaften, wie auch der Personengesellschaften enthält, haben die Gesellschafter - abhängig vom *limited liability company*-Gesetz des US-Bundesstaats der Errichtung - zum Teil sehr großen Gestaltungsspielraum bei der konkreten Ausgestaltung der Gesellschaft, da die neueren *limited liability company*-Gesetze zunehmend sehr viel dispositives Recht enthalten.

II.   Auswahl des deutschen Vergleichstypus

Es stellt sich im weiteren die Frage, mit welchem deutschen Vergleichstypus bzw. Vergleichstypen das ausländische Rechtsgebilde zu vergleichen ist. Zum Teil wird die Ansicht vertreten, die Steuersubjekteigenschaft sei mittels eines umfassenden Vergleichs mit jeder einzelnen in §§ 1 Abs. 1, 3 KStG aufgeführten Rechtsform zu bestimmen[19]. Zu Recht wendet sich *Hey*[20] gegen eine solche Vorgehensweise und will zu diesem Vergleich nur solche Rechtsformen heranziehen, die ihrer Funktion nach vergleichbar sind[21]. D.h. es ist zu fragen, welche Funktion die ausländische Rechtsordnung dem einzuordnenden Rechtsgebilde für im Rahmen ihres Rechts- und Wirtschaftslebens vorgesehen hat. Hat nun das deutsche Recht diese Funktion typischerweise bestimmten Rechtsgebilden zugeordnet, ist der Vergleich auf diese Vergleichstypen zu beschränken. Diese Auffassung steht auch im Einklang mit der Venezuela-Entscheidung des RFH. Der RFH verlangt nämlich, daß sowohl die wirtschaftliche Stellung als auch der

---

[18]   RFH-Urteil vom 12.02.1930 -VI A 899/27, RFHE 27, S. 73 (78 f.); Mit gleicher Begründung *Hey, F.*, Gesellschafts- und steuerrechtliche Aspekte der Limited Liability Company, RIW 1992, S. 916 (921).

[19]   BFH-Urteil vom 03.02.1988 I R 134/84, BStBl. 1988 II, S. 588 (589); *Debatin, H.*, Subjektsfähigkeit ausländischer Wirtschaftgebilde im deutschen Steuerrecht, BB 1988, S. 1155 (1158).

[20]   *Hey, F.*, Gesellschafts- und steuerrechtliche Aspekte der Limited Liability Company, RIW 1992, S. 916 (921).

[21]   Gleichwohl sind sämtliche dort aufgeführte Rechtsformen potentiell als Vergleichstypus in Erwägung zu ziehen.

rechtliche Aufbau eines ausländischen Rechtsgebildes mit dem von ihm aufgeführten Merkmalen deutscher Rechtsformen vergleichbar ist. So stellt der RFH bei dem Vergleich einer venzolanischen offenen Handelsgesellschaft (Kommanditgesellschaft) auf die deutsche offene Handelsgesellschaft (Kommanditgesellschaft) "als der wirtschaftlich unzweifelhaft entsprechenden Gesellschaftsform"[22] ab[23]. Demzufolge sind daher ausländische Erwerbsgesellschaften mit den typischen deutschen Erwerbsgesellschaften zu vergleichen, d.h. als Vergleichstypen kommen nur zum einen die Kapitalgesellschaften und zum anderen die Personenhandelsgesellschaften in Frage. Damit scheiden in diesem Fall beispielsweise der nichtrechtsfähige Verein, sonstige juristische Personen und nichtrechtsfähige Personenvereinigungen als Vergleichstypen von Anfang an aus, weil sie in ihrer wirtschaftlichen Stellung keine funktionale Entsprechung darstellen. Diese Feststellung mag auf den ersten Blick banal erscheinen, doch der RFH knüpft hieran Folgen für die Bedeutung und Bewertung von Abweichungen im rechtlichen Aufbau, die sich beim Vergleich zwischen dem ausländischen Rechtsgebilde und dem entsprechenden deutschen Vergleichstypus ergeben. Hiernach können entscheidende Abweichungen im rechtlichen Aufbau und der rechtlichen Ausgestaltung wegen der bestehenden Entsprechung in der wirtschaftlichen Stellung zurücktreten[24].

III. Steuerliche Einordnung der Limited Liability Company

Entsprechend den vorstehenden Ausführungen ist nun zu versuchen, die *limited liability company* zu Zwecken der deutschen Besteuerung einzuordnen. Die *limited liability company* ist eine ausländische Erwerbsgesellschaft. Aufgrund ihrer Stellung und Funktion im US-amerikanischen Wirtschaftsleben kommt daher nur ein Typenvergleich mit der Aktiengesellschaft und Gesellschaft mit beschränkter Haftung einerseits sowie der offenen Handelsgesellschaft und der Kommanditgesellschaft andererseits in Betracht. Der Tatsache, daß die *limited liability company* eine juristische Person ist, ist, wie oben erörtert, keine Bedeutung beizumessen.

Entsprechend den in der Venezuela-Entscheidung aufgeführten Kriterien ergibt sich folgendes:

1. Persönliche Haftung

Die Gesellschafter einer *limited liability company* haften den Gläubigern der Gesellschaft nicht persönlich für Verbindlichkeiten der Gesellschaft. Die Haftung ist auf das Gesellschaftsvermögen der *limited liability company* beschränkt. Persönliche Haftung bzw. beschränkte Haftung ist als gewichtiges Kriterium anzu-

---

[22] RFH-Urteil vom 12.02.1930 -VI A 899/27, RFHE 27, S. 73 (79).

[23] Vgl. *Hey, F.*, Gesellschafts- und steuerrechtliche Aspekte der Limited Liability Company, RIW 1992, S. 916 (921).

[24] RFH-Urteil vom 12.02.1930 -VI A 899/27, RFHE 27, S. 73 (79).

sehen, da das deutsche Recht in dieser Hinsicht - im Gegensatz zu anderen Merkmalen - keine gesellschaftsvertragliche Disposition zuläßt. Auch bei der Kommanditgesellschaft muß zumindest ein Komplementär existieren, der unbeschränkter Haftung ausgesetzt ist. Im deutschen Gesellschaftsrecht markiert das Vorliegen bzw. Fehlen persönlicher Haftung die grobe Grenzlinie zwischen den Kapitalgesellschaften und den Personengesellschaften. Gleichwohl ist die Frage der Haftung nicht allein maßgebend. Die Grenzlinie wird zumindest durch Rechtsform der Kommanditgesellschaft auf Aktien[25] durchbrochen. Sie ist Kapitalgesellschaft und Körperschaftsteuersubjekt, obwohl sie zumindest einen persönlich haftenden Gesellschafter besitzen muß. Andererseits zeigt die Rechtsform der GmbH & Co. KG, daß Anknüpfungspunkt der Behandlung als Kapital- oder Personengesellschaft nach wie vor die Haftungsfrage ist. Denn trotz der meist nur formal bestehenden Haftung der Komplementär-GmbH, wird die GmbH & Co. KG als Personengesellschaft angesehen und besteuert[26]. Zu einer Abkehr von dieser streng formalen Betrachtungsweise hat sich das deutsche Steuerrecht im Gegensatz zum US-amerikanischen nicht entschlossen[27]. Es ist daher dem Merkmal der Haftung schwerwiegende Bedeutung beizumessen. Fraglich ist jedoch, ob es in diesem Falle als das allein entscheidende Merkmal anzusehen ist, auch wenn im übrigen eine klar personalistische Struktur vorliegt. *Hey*[28] hält es im Hinblick auf die formale Haftung bei der GmbH & Co. KG nicht für sachgerecht, die Haftungsfrage als allein ausschlaggebend anzusehen, wenn sonst eine eindeutig personalistische Struktur gegeben ist. Dieser Meinung ist zu folgen, denn der RFH hat in der Venezuela-Entscheidung neben der Frage der Haftung drei weitere Kriterien angeführt, die für die Einordnung als mitentscheidend anzusehen sind. Ein ausschließliches Abstellen auf die Haftung hätte nur dann Sinn, wenn die Frage der Haftung für jeden Gesellschafter ein und derselben Gesellschaft immer isoliert zu untersuchen wäre, wie dies das französische Steuerrecht vorsieht. Dies macht die Frage, ob Körperschaftsteuerpflicht besteht oder nicht, davon abhängig, ob die persönliche Haftung eingeschränkt ist. So ist z.B. bei einer französischen Kommanditgesellschaft *(société en commandite simple)* der Kommanditist *(commanditaire)* immer körperschaftsteuerpflichtig, während der Komplementär *(associé commandité)* der Einkommensteuer unterliegt[29]. Eine solche unterschiedliche steuerliche Behandlung der Ge-

---

[25] §§ 278 bis 290 AktG.

[26] Vgl. BFH-Beschluß vom 25.06.1984 GrS 4/82, BStBl. 1984 II, S. 751 (Mitunternehmerbeschluß).

[27] Vgl. ausführlich oben Teil 3 Kapitel 1 C. II. 2. c) und d), III. 1. und G.

[28] *Hey, F.*, Gesellschafts- und steuerrechtliche Aspekte der Limited Liability Company, RIW 1992, S. 916 (921).

[29] Vgl. *Rädler, A.*, Überlegungen zur Harmonisierung der Unternehmensbesteuerung in der Europäischen Gemeinschaft, in Lang, J. (Hrsg.), Unternehmensbesteuerung in EU-Staaten, DStJG 16, S. 277 (289).

sellschafter derselben Gesellschaft kennt das deutsche Steuerrecht nur bei der Kommanditgesellschaft auf Aktien[30]. Anzumerken ist ferner, daß der BFH in seinem Urteil vom 24.10.1984[31] zumindest das Fehlen einer beschränkten Haftung nicht für ausreichend ansah, um eine *unlimited company* britischen Rechts als Personengesellschaft einzuordnen, da im übrigen - abgesehen von der Haftung - die Merkmale einer juristischen Person bei dieser Gesellschaftsform vorliegen.

In den Fällen, in denen ein oder mehrere Gesellschafter einer *limited liability company* die persönliche Haftung für die Verbindlichkeiten der Gesellschaft übernommen haben, ist die Situation wie bei der Kommanditgesellschaft[32]. Ein Teil der Gesellschafter haftet unbeschränkt und die anderen beschränkt. Dies spricht in diesen Fällen - bezogen auf das Merkmal der Haftung - für eine Einordnung als Personengesellschaft.

2. Geschäftsführung

Auch in bezug auf die Geschäftsführung zeichnen sich *limited liability companies* durch große Flexibilität aus[33]. Die meisten *limited liability company*-Gesetze haben in der Regel die Wahl zwischen zwei Formen der Geschäftsführung: Die Geschäftsführung liegt entweder in den Händen aller Gesellschafter (Eigengeschäftsführung oder Selbstgeschäftsführung) oder sie liegt in den Händen eines oder mehrerer Geschäftsführer *(managers)*[34], die von den Gesellschaftern bestimmt werden. Typischerweise sehen die meisten *limited liability company*-Gesetze vor, daß die Geschäftsführung in den Händen der Gesellschafter liegt, falls die gesellschaftsvertraglichen Regelungen nichts anderes bestimmen[35]. Eine

---

[30]   Vgl. § 15 Abs. 1 Nr. 3 EStG und § 1 Abs. 1 Nr. KStG.

[31]   BFH-Urteil vom 24.10.1984, I R 228/81 (nicht veröffentlicht), es berufen sich jedoch die Erlasse der Finanzministerien Brandenburg vom 20.07.1995, 35-S 2850 - 1/95, StEK § 1 KStG Nr. 41, und Mecklenburg-Vorpommern vom 09.08.1995, IV 320-S 2701 - 5/92, StEK § 1 KStG Nr. 42 auf dieses Entscheidung des BFH.

[32]   Eine solche Gestaltung ist aber gegenwärtig z.B. in den Staaten Texas, Kansas, Iowa und New York möglich, vgl. Tex. Rev. Civ. Stat. Ann. tit 32 art 1528n, art. 4.03; Kan. Stat. Ann. § 17-76; Iowa Code § 490A.601; NYLLCL § 609 (b).

[33]   Vgl. hierzu oben Teil 2 Kapitel 1 D. sowie Teil 3 Kapitel 1 I. 2., II. 3., III. 2. und IV. 4.

[34]   Diese Geschäftsführer können Gesellschafter der *limited liability company* sein, müssen es aber nicht.

[35]   Mit dieser Regelung soll sichergestellt werden, daß einer *limited liability company* für die Einordnung zu US-Steuerzwecken *(classification)* das körperschaftliche Merkmal der zentralisierten Geschäftsleitung fehlt, wenn keine andere Form der Geschäftsführung gewählt wird.

Ausnahme bildet jedoch das *limited liability company*-Gesetz Colorados, das die Geschäftsführung ausschließlich in die Hände gewählter Geschäftsführer legt[36].

Hey[37] sieht die nach dem gesetzlichen Leitbild vorgesehene Eigengeschäftsführung als starkes Merkmal an, da sich hierin die personale Verbundenheit der Gesellschafter untereinander und mit ihrer Gesellschaft manifestiere. Er führt aus, daß der Eigengeschäftsführung deshalb besondere Aussagekraft zukomme, weil damit ein kontinuierliches Dauerengagement für die Gesellschaft verbunden sei, welche die Einheit von Gesellschaft und Gesellschafter in erhöhtem Maße zum Ausdruck bringe und dies im Gegensatz zur Lage bei einer kapitalistischen Beteiligung stehe. Es ist jedoch fraglich, ob diese Aussage im Hinblick auf die in den allermeisten *limited liability company*-Gesetzen gleichfalls zulässige Geschäftsführung durch Geschäftsführer, seien sie nun Gesellschafter oder nicht, uneingeschränkten Bestand haben kann. Zwar geht das Gesetz in der Regel von der Eigengeschäftsführung aus, doch ist diese gesetzliche Wertung nur deshalb erfolgt, weil der *limited liability company* damit für die Einordnung zu US-Steuerzwecken *(classification)* das körperschaftliche Merkmal der zentralisierten Geschäftsleitung fehlen soll[38]. Der einzelstaatliche Gesetzgeber hat deshalb in gleicher Weise eine Geschäftsführung durch Gesellschafter für zulässig erachtet. Dies zeigt, daß in bezug auf das Merkmal der Geschäftsführung weniger aus dem "gesetzlichen Leitbild" heraus eine Zuordnung zu den Kapitalgesellschaften einerseits und den Personengesellschaften andererseits getroffen werden kann. Abgestellt werden muß vielmehr auf die konkrete Ausgestaltung der Geschäftsführung, denn die Flexibilität in der Gestaltung der Geschäftsführung einer *limited liability company* läßt keine andere sachgerechte Zuordnung zu.

3.   Freie Übertragbarkeit der Gesellschaftsanteile auf Dritte

Die meisten *limited liability company*-Gesetze enthalten restriktive Vorschriften in bezug auf die Übertragbarkeit von der Gesellschaftsanteile. Der Grund hierfür ist, das körperschaftliche Merkmal der freien Anteilsübertragbarkeit für US-Steuerzwecke auszuschließen. Eine ohne Zustimmung erfolgte Veräußerung verschafft dem Erwerber nur den Anspruch auf die Vermögensrechte (Gewinn und Liquidationsguthaben), nicht jedoch Mitgliedschaftsrechte[39]. Dies entspricht den Regelungen für die deutschen Personengesellschaften, vgl. § 717 Satz 1 und 2 BGB; §§ 105 Abs. 2, 161 Abs. 2 HGB[40].

---

[36] Vgl. Col. Rev. Stat. § 7-80-401.

[37] *Hey, F.*, Gesellschafts- und steuerrechtliche Aspekte der Limited Liability Company, RIW 1992, S. 916 (921).

[38] Vgl. oben Teil 3 Kapitel 1 C. II. 3.

[39] Vgl. hierzu auch oben Teil 2 Kapitel 1 D. und Teil 3 Kapitel 1 C. IV. 4.

[40] Ebenso *Hey, F.*, Gesellschafts- und steuerrechtliche Aspekte der Limited Liability Company, RIW 1992, S. 916 (921).

4. Verhältnis der Gesellschafter untereinander und zur Gesellschaft

Die Venezuela-Entscheidung des RFH führt aus, daß bei einer Personengesellschaft die Person des Gesellschafters im Vordergrund stehe, während bei einer Kapitalgesellschaft dagegen sich die Gesellschafter der Gesellschaft mehr unpersönlich gegenüberstehen[41]. Eine Beurteilung dieses Kriteriums erfordert einen Blick auf das Gesamtbild, das das einzuordnende ausländische Rechtsgebilde abgibt. Hierunter fällt das Ergebnis der Beurteilung nach den einzelnen bereits erörterten Kriterien genauso, wie bereits ausgeführt, die Unabhängigkeit des Bestehens der Gesellschaft von Umständen, die in der Person des Gesellschafters eintreten. Die in der Person des Gesellschafters liegenden Gründe, die zur Auflösung einer *limited liability company* führen[42], entsprechen den in § 131 HGB genannten Auflösungsgründen für eine deutsche Personenhandelsgesellschaft[43].

In diesem Zusammenhang stellt sich die Frage, inwieweit der Umfang der Anzahl der Gesellschafter einen Einfluß auf den Ausgang des Rechtstypenvergleichs hat. Die Venezuela-Entscheidung enthält die Aussage, daß bei einer Personengesellschaft die Person des Gesellschafters im Vordergrund stehe, und bei einer Kapitalgesellschaft es dagegen an einer inneren Verbundenheit mit den Mitgesellschaftern fehle. Dies kann als Argument dafür angesehen werden, daß bei einer großen Gesellschafterzahl eine innere Verbundenheit zwischen den Gesellschaftern schwerlich möglich sei und deshalb die Person des Gesellschafters nicht im Vordergrund stehen könne. Das BFH-Urteil vom 23.06.1992[44] geht jedoch davon aus, es sei bei dem Rechtstypenvergleich "eine Gesamtwürdigung der maßgebenden ausländischen Bestimmungen über die Organisation und Struktur der Gesellschaft vorzunehmen. Nicht entscheidend ist dagegen die Gestaltung der inneren Verhältnisse der Gesellschaft im Einzelfall, etwa die Anzahl der Gesellschafter oder Anteilsinhaber und deren tatsächliches Verhalten".

---

[41] RFH-Urteil vom 12.02.1930 -VI A 899/27, RFHE 27, S. 73 (80).

[42] Dies sind in der Regel: Tod , Wegfall der Geschäftsfähigkeit, Konkurs, Pensionierung, Amtsniederlegung oder Ausschluß des Gesellschafters. Im Gegensatz dazu stehen die Auflösungsgründe, die nicht in der Personen des Gesellschafters liegen, wie z.B. Zeitablauf der Gesellschaftsdauer oder einstimmiger Auflösungsbeschluß.

[43] Ebenso *Hey, F.*, Gesellschafts- und steuerrechtliche Aspekte der Limited Liability Company, RIW 1992, S. 916 (921).

[44] BFH-Urteil vom 23.06.1992 IX R 182/87, BStBl. 1992 II, S. 972 (975), betreffend die Einordnung einer liechtensteinischen Aktiengesellschaft. Dem BFH in dieser Sichtweise folgend die gleichlautenden Erlasse der Finanzministerien Baden-Württemberg vom 17.08.1993, S 2850/1; Mecklenburg-Vorpommern vom 30.08.1993, IV 320-S 2701-5/93; Brandenburg vom 01.09.1993, 35-S 2850-2/93; Nordrhein-Westfalen vom 04.10.1993, S 2701-2-VB 4; Saarland vom 27.10.1993 B/III-195/93-S 2701; in StEK § 1 KStG Nr. 37.

Auch der grundlegende Beschluß des BFH vom 25.06.1984[45] geht jedoch davon aus, daß zur Beantwortung der Frage, ob eine Publikums-GmbH & Co. KG als Kapitalgesellschaft nach Maßgabe des Körperschaftsteuergesetzes zu besteuern ist, alleine an die zivilrechtliche Wertung und damit an die Rechtsform anzuknüpfen sei. Er hat damit eine Körperschaftsteuerpflicht einer Publikums-GmbH & Co. KG verneint, da die Anzahl der Gesellschafter um Zweck der Abgrenzung der Körperschaftsteuerpflicht keine befriedigende Lösung darstellt, und dies mit dem Zweck des § 1 KStG, nämlich Rechtsklarheit zu schaffen, unvereinbar wäre[46]. Diese Auffassung des BFH ist, wie bereits oben ausgeführt, auch bei der Einordnung ausländischer Gesellschaften anzuwenden, da auch in diesem Zusammenhang nur auf die zivilrechtliche Wertung abzustellen ist. Demzufolge kann auch im Rahmen der Einordnung einer ausländischen Gesellschaft wie der *limited liability company* die Gesellschafterzahl nicht als geeignetes Abgrenzugskriterium zwischen Personengesellschaften einerseits und Kapitalgesellschaften andererseits herangezogen werden[47].

Es stellt sich die Frage, welche weiteren Kriterien oder Umstände herangezogen werden können, um die Frage zu beantworten, ob bei einer Gesellschaft die Person des Gesellschafters im Vordergrund steht oder sich die Gesellschafter mehr unpersönlich gegenüberstehen. *Hey*[48] will in diesem Zusammenhang besondere persönliche Umstände, die gerade diese Gesellschafter veranlaßt haben, sich zusammenzuschließen, auf der Basis der auch hier vertretenen individuell-konkreten Betrachtungsweise als Kriterium berücksichtigen. Als solche Umstände führt er neben Verwandtschaft auch bestehende intensive geschäftliche Beziehungen zwischen den Gesellschaftern an. Freilich hält er diese Umstände für sich allein genommen nicht für besonders aussagekräftig. Nach der hier vertretenen Auffassung sollten diese Gesichtspunkte nicht im Rahmen der Einordnung einer ausländischen Gesellschaft berücksichtigt werden. Sie mögen auch, soweit sie existieren, einen Hinweis auf eine eventuell bestehende persönliche Verbundenheit der Gesellschafter geben. Die Heranziehung dieser Aspekte zur Einordnung ist jedoch abzulehnen. Das Kriterium, ob bei einer Gesellschaft die Person des Gesellschafters im Vordergrund steht oder sich die Gesellschafter mehr unpersönlich gegenüberstehen, ist als solches schon ein schwer zu fassendes. Es kann

---

[45] BFH-Beschluß vom 25.06.1984, GrS 4/82, BStBl. 1984 II, S. 751 (760).

[46] Bei der Einordnung zu US-Steuerzwecken hingegen wird auf die Anzahl der Gesellschafter abgestellt. So darf eine *corporation*, die als *S corporation* besteuert werden möchte, u.a. Beschränkungen nicht mehr als 35 Gesellschafter haben; vgl. Sec. 1361(b)(1)(A) IRC.

[47] Ebenso *Hey, F.*, Gesellschafts- und steuerrechtliche Aspekte der Limited Liability Company, RIW 1992, S. 916 (921 f.).

[48] *Hey, F.*, Gesellschafts- und steuerrechtliche Aspekte der Limited Liability Company, RIW 1992, S. 916 (922).

daher im Ergebnis ohnehin nur zur Feststellung eines "Mehr" oder "Weniger" führen. Wendet man diese Beurteilung auch noch auf Umstände wie "Verwandtschaft" und "Intensität geschäftlicher Beziehungen" an, so wären diese Begriffe auch mit einer gesetzlichen Definition (Grad der Verwandtschaft oder Enge der geschäftlichen Beziehung anhand von Umsatzrelationen und/oder Dauer etc.) schon schwer zu fassen. Ohne eine gesetzliche Definition, und eine solche gibt es bis jetzt nicht, hätte dies nur eine überbordende Kasuistik und entsprechende Uneinheitlichkeit und Rechtsunsicherheit zur Folge. Gerade die Aspekte der Rechtssicherheit und Einheitlichkeit bei der Besteuerung als Kapital- oder Personengesellschaft haben den BFH in seinem Beschluß vom 25.06.1984[49] - so zumindest ausdrücklich im nationalen Bereich - dazu bewogen, strikt von den zivilrechtlichen Wertungen auszugehen. Auch in seinem Urteil vom 23.06.1992[50] betont der BFH, daß es bei einem Rechtstypenvergleich nicht ankomme auf "die Gestaltung der inneren Verhältnisse der Gesellschaft im Einzelfall, etwa die Anzahl der Gesellschafter oder Anteilsinhaber und deren tatsächliches Auftreten". Aus diesen Gründen sollte daher von der Heranziehung solcher Umstände Abstand genommen werden.

IV. Kapitalaufbringung und Kapitalerhaltung

In bezug auf die Regelungen der Grundsätze der Kapitalaufbringung und der Kapitalerhaltung sind deutliche Unterschiede zwischen den *limited liability company*-Gesetzen und den deutschen Vorschriften für Kapitalgesellschaften festzustellen. Gemäß der Auffassung der Finanzverwaltung sind diese Grundsätze als Kriterien beim Rechtstypenvergleich heranzuziehen[51]. Dies wohl zu Recht[52], da diese Grundsätze zu den wichtigsten Grundprinzipien des Rechts der Kapitalgesellschaften in Deutschland gehören[53].

Fraglich ist, ob es bei der Einordnung als Kapitalgesellschaft auf die Erfüllung der für deutsche Kapitalgesellschaftsformen erforderlichen Kapitalmindestausstattungen ankommen soll. *Großfeld*[54] vertritt im Gegensatz zu *Raupach*[55], die Auffassung, daß ein ausländisches Rechtsgebilde, das als Kapitalgesellschaft zu

---

[49] BFH-Beschluß vom 25.06.1984, GrS 4/82, BStBl. 1984 II, S. 751 (760).

[50] BFH-Urteil vom 23.06.1992 IX R 182/87, BStBl. 1992 II, S. 972 (975), betreffend die Einordnung einer liechtensteinischen Aktiengesellschaft.

[51] BMF-Schreiben vom 01.12.1980, RIW/AWD 1981, S. 70.

[52] Gleicher Ansicht *Hey, F.*, Gesellschafts- und steuerrechtliche Aspekte der Limited Liability Company, RIW 1992, S. 916 (922).

[53] Vgl. nur *Schmidt, K.*, Gesellschaftsrecht, S. 738 ff. und S. 924 ff.; *Hueck, G.*, Gesellschaftsrecht, S. 185, 328, 360. Grundlegend hierzu *Lutter, M.*, Kapital, Sicherung der Kapitalaufbringung und Kapitalerhaltung in den Aktien- und GmbH-Rechten der EWG.

[54] *Großfeld, B.*, Basisgesellschaften im Internationalen Steuerrecht, S. 68 f.

[55] *Raupach, A.*, Der Durchgriff im Steuerrecht, S. 142.

Zwecken deutscher Besteuerung eingeordnet werden solle, zumindest den Bedingungen derjenigen deutschen Organisationsform entsprechen müsse, die die geringsten Anforderungen stelle. In diesem Zusammenhang wäre dies die GmbH[56]. Es ist jedoch der Ansicht *Raupachs* der Vorzug zu geben, denn nicht alle ausländische Gesellschaftsrechte kennen Mindestkapitalanforderungen an ihre Kapitalgesellschaften[57]. Sollte ihnen nur aus dem Grund heraus, daß sie die Mindestkapitalanforderungen im konkreten Fall nicht erfüllen (wegen der geringen Anforderung bei der GmbH von nur 50.000 DM wohl selten der Fall), eine Einordnung als Kapitalgesellschaft versagt werden, wie das *Großfeld* wohl fordert, so scheint dies keine sachgerechte Lösung zu sein.

Die *limited liability company*-Gesetze kennen keine gesetzlich bestimmte Mindesteinlage wie dies bei der deutschen Aktiengesellschaft und der Gesellschaft mit beschränkter Haftung der Fall ist[58]. Jedoch sind die Gesellschafter nach den meisten *limited liability company*-Gesetzen verpflichtet ihre einmal eingegangenen Einlageverpflichtungen zu erfüllen. Die Gesellschaft selbst hat ein Klagerecht zur gerichtlichen Durchsetzung dieser Verpflichtung[59]. Es ist aber dennoch möglich, daß die Gesellschafter - in der Regel durch einstimmigen Beschluß - auf die Erbringung der Einlageverpflichtung eines Gesellschafters verzichten[60]. Im deutschen Recht ist ein solcher Verzicht unter keinen Umständen zulässig und einschlägige Vereinbarungen unwirksam[61]. Gemäß § 24 GmbHG haften die übrigen Gesellschafter sogar für die nicht erbrachten Einlagen eines Mitgesellschafters (kollektive Deckungshaftung[62]). Nicht einmal durch einen Austritt kann ein Gesellschafter sich seiner vereinbarten Einlagepflicht entziehen[63]. Damit sind

---

[56] Vgl. § 5 Abs. 1, 1. Halbsatz GmbHG.

[57] Vgl. nur Sec. 6.01 bis 6.28 Revised Model Business Corporation Act. So schreibt kaum ein Gesellschaftsrecht eines US-Bundesstaats ein bestimmtes Mindestkapital vor.

[58] Vgl. *Ribstein, L./Keatinge, R.*, Limited Liability Companies, § 5.03, S. 5-4 f.; § 7 AktG; § 5 Abs. 1, 1. Halbsatz GmbHG.

[59] *Ribstein, L./Keatinge, R.*, Limited Liability Companies, § 5.07, S. 5-9.

[60] Vgl. *Ribstein, L./Keatinge, R.*, Limited Liability Companies, § 5.08, S. 5-10 f. Dort ist auch ausgeführt, daß ein solcher Verzichtsbeschluß im allgemeinen gegenüber den Gläubigern der Gesellschaft, die sich auf die Erbringung der Einlage bei ihrer Kreditgewährung verlassen haben, der Verzicht keine Wirkung hat. In der Praxis ist ein solches "Verlassen" auf die Einlageerbringung schlecht nachzuweisen, da die neueren *limited liability company*-Gesetze auf eine Publizierung der Einlageverpflichtungen in den *articles of organization* verzichten.

[61] Vgl. §§ 54 Abs. 1, 64 Abs. 1, 66 Abs. 1 AktG; §§ 19 Abs. 2, 21 GmbHG.

[62] Begriff nach *Hueck, G.*, Gesellschaftsrecht, S. 360.

[63] *Hueck, G.*, Gesellschaftsrecht, S. 373.

deutliche Abweichungen zu den Regelungen in den *limited liability company*-Gesetzen gegeben[64].

Auch in Bezug auf die Kapitalerhaltung ergeben sich deutliche Unterschiede. Das deutsche Recht ist gekennzeichnet durch den strikten Grundsatz des Verbots der Einlagenrückgewähr[65]. Dagegen sehen die *limited liability company*-Gesetze vor, daß Einlagen in Form von Ausschüttungen[66] zurückgewährt werden können. Hierzu ist jedoch ein Ausschüttungsbeschluß der Gesellschafter erforderlich. Das einzige Risiko, dem sich die Gesellschafter durch eine Einlagenrückgewähr in dieser Form aussetzen, ist eine mögliche Haftung gegenüber den Gesellschaftsgläubigern, sofern die Gesellschaft zum Zeitpunkt dieser Maßnahme bereits illiquide ist, und dadurch ihre Verbindlichkeiten erst recht nicht mehr erfüllen kann[67]. Des weiteren sind die *"articles of organization"* zu ändern, wenn sie Angaben über die Einlagen der Gesellschafter enthalten, um die Verminderung der Einlagen zu zeigen. Richtig ist, daß diese Rechtslage nicht mit den vergleichsweise strengen deutschen Vorschriften zur Kapitalherabsetzung und zur freiwilligen Einziehung zu vergleichen ist[68]. Die Kapitalherabsetzung fordert die Einhaltung strenger Formvorschriften und hat gegenüber sämtlichen Gesellschaftern im gleichen Verhältnis zu erfolgen[69]. Auch die freiwillige Einziehung eines Geschäftsanteils bei der Gesellschaft mit beschränkter Haftung steht unter Grundsatz des Verbots der Einlagenrückgewähr[70], so daß sich eine Parallele zu den Regelungen in den *limited liability company*-Gesetzen nicht ziehen läßt[71].

Im Rahmen des Rechtstypenvergleichs stellt sich die Frage der Bewertung dieser Unterschiede zwischen dem deutschen Kapitalgesellschaftsrecht und den *limited liability company*-Gesetzen. Für eine stärkere Bedeutung dieser Merkmale spricht, daß es sich generell um zwingendes Recht handelt, das nicht zur Disposition der Vertragsparteien steht. Dagegen spricht, daß es sich bei den Grundsätzen der Kapitalaufbringung und der Kapitalerhaltung um Prinzipien handelt, die

---

[64] Ebenso *Hey, F.*, Gesellschafts- und steuerrechtliche Aspekte der Limited Liability Company, RIW 1992, S. 916 (922).

[65] Vgl. § 57 Abs. 1 AktG und § 30 Abs. 1 GmbHG.

[66] "distributions".

[67] *Ribstein, L./Keatinge, R.*, Limited Liability Companies, § 6.05, S. 6-4 ff. Diese kritisieren, daß in machen Bundesstaaten eine solche Haftung auch dann entsteht, wenn die Gesellschaft bei der Ausschüttung solvent ist.

[68] Ebenso *Hey, F.*, Gesellschafts- und steuerrechtliche Aspekte der Limited Liability Company, RIW 1992, S. 916 (922).

[69] Vgl. §§ 222 ff. AktG; § 58 GmbHG.

[70] Vgl. § 34, 30 Abs. 1 GmbHG.

[71] Ebenso *Hey, F.*, Gesellschafts- und steuerrechtliche Aspekte der Limited Liability Company, RIW 1992, S. 916 (922).

nur dem Schutz der Gläubiger der Gesellschaft dienen, nicht jedoch um typische Wesensmerkmale, die eine Körperschaft von einer Personengesellschaft unterscheiden. Vielmehr ist davon auszugehen, daß ein Gesetzgeber für den Bereich seiner Regelungsbefugnis von einem mehr oder weniger großen Bedürfnis in bezug auf die Art und den Umfang des Gläubigerschutzes in seinem Hoheitsbereich ausgehen wird. Es kann daher nicht erwartet werden, daß jeder Staat gleich strenge Regelungen für den Schutz seiner Gläubiger festlegt. Aus diesem Grund ist dem Merkmal der Grundsätze der Kapitalaufbringung und der Kapitalerhaltung keine große Bedeutung im Rahmen eines Rechtstypenvergleichs beizumessen[72].

V.   Zusammenfassung und Stellungnahme

Zusammenfassend ist zu sagen, daß sich kein einheitliches Gesamtbild ergibt und aufgrund der flexiblen Ausgestaltungsmöglichkeit der *limited liability company* auch nicht ergeben kann. Summarisch und ausgehend vom gesetzlichen Leitbild der *limited liability company*-Gesetze (soweit man wegen der weitgehend dispositiven Regelungen von einem gesetzlichen Leitbild sprechen kann) stellen sich die Ergebnisse der Einordnung durch Rechtstypenvergleich folgendermaßen dar. Dem Merkmal der beschränkten Haftung, dem im Rahmen dieses Typenvergleichs große Bedeutung zukommen muß, stehen die Merkmale der Eigengeschäftsführung und der Ausschluß der freien Übertragbarkeit der Gesellschaftsanteile gegenüber, die ebenfalls als gewichtig einzustufen sind. Des weiteren sind für eine Einordnung als Personengesellschaft anzuführen, die Abhängigkeit des Bestandes der *limited liability company* von Umständen, die in der Person des Gesellschafters eintreten können. Dies ist gleichfalls als gewichtig anzusehen. Im übrigen ist noch anzuführen, daß die Anforderungen an die Mindestkapitalausstattung und die Grundsätze der Kapitalaufbringung und Kapitalerhaltung, die für deutsche Kapitalgesellschaften gelten, bei der *limited liability company* nicht existieren bzw. kaum ausgeprägt sind. Diesem Kriterium soll aber - wie oben erörtert - im Rahmen eines Rechtstypenvergleichs nur geringes Gewicht zukommen. Der Zahl nach überwiegen somit die Merkmale, die für eine Einordnung als Personengesellschaft sprechen. Im Gegensatz zum US-Steuererrecht, das die Einordnungsmerkmale sowohl der Zahl nach, als auch der Wertigkeit nach definiert (Gleichwertigkeit aller sechs Merkmale), ist für die Einordnung in Deutschland, ausgehend von der Venezuela-Entscheidung, dies nicht der Fall. Denn der RFH und der BFH ihm folgend, gehen davon aus, daß ein ausländisches Rechtsgebilde in seiner Gesamtheit zu betrachten sei und lehnen somit starre Beurteilungs- und Einordnungsregeln ab[73]. Dies ändert jedoch nichts

---

[72] A.A. *Hey, F.*, Gesellschafts- und steuerrechtliche Aspekte der Limited Liability Company, RIW 1992, S. 916 (922).

[73] Vgl. *Hey, F.*, Gesellschafts- und steuerrechtliche Aspekte der Limited Liability Company, RIW 1992, S. 916 (922).

daran, daß ein Überwiegen an gewichtig einzustufenden Merkmalen in der Beurteilung berücksichtigt werden muß, da sonst das gesamte Einordnungssystem
in Frage gestellt werden würde. Aus all dem folgt, daß eine überwiegende Anzahl an gewichtigen Merkmalen gegen die Besteuerung einer *limited liability
company* als Kapitalgesellschaft spricht. Als einziges Merkmal spricht dafür die
beschränkte Haftung. Das Merkmal der beschränkten Haftung reicht jedoch nicht
aus, wie bereits oben begründet, um eine Besteuerung als Kapitalgesellschaft zu
rechtfertigen. Aus diesem Grunde ist eine *limited liability company*, die entsprechend dem gesetzlichen Leitbild, d.h. ohne substanzielle Abweichung in bezug
auf die hier für gewichtig erachteten Merkmale von den gesetzlichen Grundvor-
schriften, errichtet worden ist, für die Zwecke der deutschen Besteuerung als
Personengesellschaft einzuordnen.

In den Fällen, in denen eine *limited liability company* von den hier für gewichtig
erachteten Merkmalen abweichend vom gesetzlichen Leitbild errichtet worden
ist[74], ist eine Einordnung um so schwieriger zu bewerkstelligen, wenn annähernd
die gleiche Anzahl der gewichtigen Merkmale für und gegen eine Besteuerung
als Kapitalgesellschaft spricht. Hier ist im Einzelfall jede Regelung genauestens
auf ihre Entsprechung mit dem deutschen Recht der Kapital- bzw. Personengesellschaften zu untersuchen, um festzustellen, ob das in Frage stehende Merkmal
wirklich in der einen oder der anderen Form vorliegt. Besondere Sorgfalt ist
hierbei auch im Rahmen der von der Rechtsprechung geforderten Gesamtbe-
trachtung gefordert, denn sie ist nach der Rechtslage entscheidend, da die Ge-
samtbetrachtung sämtliche Merkmale zu berücksichtigen und zu gewichten hat.
Allgemein gültige Aussagen können hierfür nach der derzeitigen Rechtslage
nicht gemacht werden. *Heys* Vorschlag, eine *limited liability company* "aus
Gründen der Vorhersehbarkeit des Ergebnisses" im Zweifel entsprechend ihrem
gesetzlichen Leitbild als Personengesellschaft einzuordnen, vermag nicht zu
überzeugen. Damit solle dem im Rechtsstaatsprinzip wurzelnden Grundsatz der
Rechtssicherheit entsprochen werden. Fraglich ist jedoch, ob auf diese Weise
wirklich mehr Rechtssicherheit geschaffen wird. Denn "Zweifel" bei der Einordnung einer *limited liability company*, die nicht ganz dem gesetzlichen Leitbild
entspricht, werden wohl fast in jedem Fall auftauchen. Die Problematik wird dadurch nämlich nur auf die andere Seite des Spektrums verlagert. Denn die Frage
wird dann vielmehr sein, wo hören die Zweifel auf, und ab wann kann man mit
Bestimmtheit sagen, daß eine *limited liability company* nicht mehr als Personengesellschaft angesehen werden kann (auch im Zweifel), sondern als Kapitalgesellschaft.

---

[74] Wenn z.B. die Gesellschaftsanteile ohne Zustimmung der übrigen Gesellschafter
wirksam übertragen werden können, oder die Geschäftsführung nicht den Gesellschaftern,
sondern einem oder mehreren gewählten Geschäftsführern übertragen ist.

Dieses Ergebnis ist ebensowenig befriedigend, wie es in der Regel nur mit großem Aufwand zu erreichen, und damit unpraktikabel ist. Die Einordnung einer Rechtsform wie der *limited liability company*, die Merkmale sowohl der Kapital- als auch der Personengesellschaften in sich vereint, sprengt das deutsche, fein säuberlich geordnete System der strengen Trennung und Einteilung der Gesellschaften in Kapital- und Personengesellschaften anhand der Rechtsform. Dieses System beruht auf der Vorstellung eines abgeschlossenen, festgefügten Kanons möglicher und zur Verfügung stehender Gesellschaftsformen. Wie das Beispiel der *limited liability company* zeigt, sind neue Gesellschaftsformen möglich und können den wirtschaftlichen (nicht nur den steuerlichen) Interessen der Gesellschafter besser dienen als herkömmliche Formen der wirtschaftlichen Betätigung. Es sollte daher im Interesse der Rechtssicherheit, der Praktikabilität und der sinnvolleren Ressourcennutzung daran gedacht werden, auch die Einordnung zum Zwecke der Besteuerung dieser und auch anderer (herkömmlicher und künftiger) Rechtsformen zu reformieren. Das in den USA diskutierte Check-the-Box-Modell ist hierbei ein Anfang. In einem Besteuerungssystem, in dem es zwei Modelle der Besteuerung von Gesellschaften gibt, nämlich als Kapitalgesellschaft oder als Personengesellschaft, bietet es sich an, grundsätzlich den Steuerpflichtigen entscheiden zu lassen, nach welchem Modell eine Besteuerung erfolgen soll.

Wenn man dies bisher nur über den Umweg der entsprechenden Rechtsformwahl tun konnte, so ist dies umständlich, unzweckmäßig und der wirtschaftlichen Entwicklung hinderlich.

Dies verletzt auch nicht das zur Verteidigung des bisherigen starren Systems der Rechtsformorientiertheit der Einteilung in Kapital- und Personengesellschaften angeführten Argument des ungleichen Wettbewerbs zwischen den Gesellschaftsformen, der andernfalls entstehen würde. Sofern eine solche Wettbewerbsbeeinträchtigung bisher überhaupt existiert hat (bei einem System der Vollanrechnung der Körperschaftsteuer im nationalen Bereich auch nur bei Anlaufverlusten denkbar), ist eine solche bei der Wahl des einen oder des anderen Besteuerungssystems für sämtliche Rechtsformen nicht mehr möglich, da es jeder Rechtsform offen steht, ob sie als Körperschaft intransparent oder als Personengesellschaft transparent besteuert werden möchte.

Insbesondere im deutsch-US-amerikanischen Verhältnis sind für die Zukunft unterschiedliche Einordnungen in den beiden Vertragsstaaten zu befürchten, sollten die auf Revenue Notice 95-14[75] beruhenden Proposed Regulations § 301.7701-1, -2 und -3[76] in Kraft treten. Denn aufgrund des weitgehenden Wahl-

---

[75] Rev. Notice 95-14, 1995-1 C.B. 297.

[76] Proposed Regulations § 301.7701-1, -2 und -3, , (PS-043-95) vom 09.05.1996.

rechts der steuerlichen Behandlung kann es zu einer Zunahme der Einordnungs-
oder Qualifikationskonflikte kommen[77].

---

[77] Siehe hierzu bereits oben Teil 3 Kapitel 1 G.

Teil 4: Besteuerung von Personengesellschaften *(Partnerships)* in den USA

Teil 4 gibt einen Überblick über die Besteuerung von Beteiligungen an Personengesellschaften in den USA. Zunächst wird die Beteiligung an einer Personengesellschaft im rein nationalen Zusammenhang behandelt, d.h. die Gesellschaft ist nach US-Recht errichtet worden[1], und die Gesellschafter sind in den USA ansässig. Sodann wird die US-Besteuerung einer ausländischen Beteiligung an einer US-Personengesellschaft dargestellt und im weiteren auf die Behandlung einer US-Beteiligung an einer ausländischen Personengesellschaft eingegangen. Dabei wird davon ausgegangen, daß kein Doppelbesteuerungsabkommen besteht. Abschließend werden die eigentümlichen US-Quellenregeln für Zinszahlungen von und an eine Personengesellschaft dargestellt.

Kapitel 1: US-Besteuerung der Personengesellschaften *(Partnerships)* im rein nationalen Zusammenhang

Eine Personengesellschaft stellt zwar nach dem US-Steuerrecht grundsätzlich kein selbständiges Steuersubjekt dar (transparente Besteuerung/*"aggregate approach"*). Doch behandelt sie das Steuerrecht in bestimmten Fällen als eine Einheit, die von ihren Gesellschaftern zu trennen ist *("entity approach")*[2]. Dies ist

---

[1]   Sog. *"domestic partnership"* im Sinne von Sec. 7701(a)(4), (5) IRC; siehe hierzu bereits oben Teil 1 Kapitel 2 B. II. 2. a).

[2]   Vgl. hierzu *Gumpel, H.*, Die Grundprobleme der Personengesellschaft aus der Sicht des Steuerrechts der Vereinigten Staaten, in Kruse, H. (Hrsg.) Die Grundprobleme der Personengesellschaft in Steuerrecht, S. 181 (183 f.); *Walter, O.*, Randbemerkungen zur transnationalen Besteuerung von Personengesellschaften, in Kruse, H. (Hrsg.) Die Grundprobleme der Personengesellschaft in Steuerrecht, S. 205 (206); *Youngwood, A./Weiss, D.*, Partners and Partnerships - Aggregate vs. Entity outside of Subchapter K, 48 The Tax Lawyer 39 (1994); *Goldberg, S.*, The Nature of a Partnership, in Alpert, H./van Raad, K. (Hrsg.), Essays on International Taxation, To Sidney I. Roberts, S. 155 ff.; *Wood, R.*, Cold Body - Hot Assets: Entity and Aggregate Partnership Theories in Conflict; Treatment of IRC § 751(c) Unrealized Receivables Upon the Death of a Partner, 31 Duquesne Law Review 1 (1992). Zu den Auswirkungen der Alternative Minimum Tax auf Einkünfte eines Gesellschafters aus einer Personengesellschaftsbeteiligung siehe *White, St./Pratt, J.*, How to Exploit the Interaction Between Subchapter K and the Alternative Minimum Tax, 9 Journal of Partnership Taxation 147 (1992). Die Alternative Minimum Tax (ATM; Alternative Mindeststeuer) ist "Meta-Einkommensteuersystem" in den USA. Dabei werden die Einkünfte eines Steuerpflichtigen erneut berechnet. Bei dieser Berechnung werden bestimmte Abzugs- und Abschreibungsposten nicht miteinbezogen. Ziel ist es, zu verhindern, daß ein einzelner Steuerpflichtiger durch geschickte Kombination solcher Steuervergünstigungen überhaupt keine Steuern bezahlt. Vgl. zur ATM *Zschiegner, H.*, Überblick über das amerikanische Steuerrecht, in Kramer, J.-D. (Hrsg.), Grundzüge

ein fundamentales Kennzeichen der Personengesellschaftsbesteuerung, das sich im Widerstreit der Aggregattheorie mit der Einheitstheorie ausdrückt[3]. Auch die folgende Untersuchung ist gekennzeichnet vom grundsätzlichen Vorherrschen der Aggregattheorie, die für bestimmte Fälle zugunsten der Einheitstheorie durchbrochen wird.

A.   Gründung einer Personengesellschaft

I.   Einführung

Legt ein Steuerpflichtiger Wirtschaftsgüter[4] in eine neu gegründete Personengesellschaft im Austausch für die Gewährung von Anteilsrechten, so müßte dieser Tauschvorgang nach US-Steuerrecht eigentlich für den neuen Gesellschafter und die Gesellschaft steuerbar sein. Nach Sec. 1001(a) und (c) IRC müßte der neue Gesellschafter verpflichtet sein, einen Gewinn oder Verlust in Höhe der Differenz zwischen dem Verkehrswert des Gesellschaftsanteils und dem steuerlichen Buchwert der Wirtschaftsgüter zu versteuern. Genauso müßte die Gesellschaft einen Gewinn oder Verlust aus der Hingabe des Gesellschaftsanteils und den Empfang der Wirtschaftsgüter versteuern. Sec. 721(a) IRC hingegen schließt solche theoretischen Erwägungen aus, indem sie regelt, daß kein steuerpflichtiger Gewinn oder Verlust beim Gesellschafter oder bei der Gesellschaft anfällt, wenn Wirtschaftsgüter gegen Gewährung von Anteilsrechten in eine Personengesellschaft eingelegt werden. Grund dafür ist, daß Sec. 721(a) IRC in der Einlage eines Wirtschaftsgutes lediglich als Änderung der Form einer Investition des Steuerpflichtigen sieht, die keinen steuerpflichtigen Vorgang darstellen soll. Korrespondierend hierzu ist geregelt, daß der Gewinn oder Verlust im steuerlichen Buchwert des Gesellschaftsanteils des Gesellschafters (Sec. 722 IRC) und im steuerlichen Buchwert des Wirtschaftsgutes bei der Gesellschaft berücksichtigt wird (Sec. 723 IRC).

II.   Einlagen

1.   Allgemeines

Die Grundregel[5] über die Nichtsteuerbarkeit von Einlagen in Sec. 721(a) IRC umfaßt die Einlage von Wirtschaftsgütern in neu gegründete und bereits bestehende Personengesellschaften[6]. Grundvoraussetzung ist aber, daß der Gesell-

---

des US-amerikanischen Steuerrechts, S. 57 (76 ff.). Die ATM ist im weiteren nicht mehr Gegenstand dieser Arbeit.

[3]   Siehe hierzu bereits oben Teil 1 Kapitel 2 A.

[4]   "property".

[5]   Eine Ausnahme bildet jedoch gemäß Sec. 721(b) IRC eine sog. *"investment partnership"*, eine Gesellschaft, die wenn sie inkorporiert wäre, von ihrem Tätigkeitsbereich her eine *"investment company"* nach Sec. 351(e) IRC darstellte. Vgl. Regs. § 1.351-1(c); Sec. 761(a) IRC.

[6]   Regs. 1.721-1(a) Satz 2.

schafter Gesellschaftsanteile im Austausch für Wirtschaftsgüter erhält. Der Begriff "Wirtschaftsgüter" *(property)* ist im Gesetz nicht definiert. Die Rechtsprechung legt diesen Begriff genauso aus wie denselben Begriff in Sec. 351 IRC, der körperschaftsteuerlichen Entsprechung zu Sec. 721(a) IRC[7]. "Wirtschaftsgüter" sind Bargeld, Warenbestände, Forderungen, Ratenzahlungsforderungen[8], Zahlungsversprechen des einbringenden Gesellschafters[9], Patente und andere immaterielle Wirtschaftsgüter wie Goodwill und Know-how. Lange Zeit waren jedoch Dienste, die ein Gesellschafter für die Gesellschaft geleistet hat oder versprochen hat zu leisten, nicht von dem Wirtschaftsgutbegriff der Sec. 721(a) IRC erfaßt. Deshalb mußte ein Gesellschafter, der Dienste für die Gesellschaft gegen Gewährung von Gesellschaftsanteilen erbracht hat, den Wert dieser Dienste sofort gemäß Sec. 61 und Sec. 83 IRC als steuerpflichtiges Einkommen versteuern. Dies bedeutete eine Ausnahme von dem Grundsatz der Nichtsteuerbarkeit der Einlagen[10]. Durch Rev. Proc. 93-27[11] wird diese Ansicht grundsätzlich eingeschränkt und auf bestimmte Fälle beschränkt, so daß nunmehr grundsätzlich von einer Nichtsteuerbarkeit bei der Einlage von Diensten auszugehen ist[12].

Sec. 721 IRC wird nicht auf Transaktionen zwischen Gesellschaft und Gesellschafter angewandt, die dieser nicht in seiner Eigenschaft als Gesellschafter vornimmt[13]. Gemeint sind hier Rechtsgeschäfte, die ein Gesellschafter wie ein Dritter mit der Gesellschaft abschließt, z.B. der Verkauf oder die Vermietung eines Wirtschaftsgutes an die Gesellschaft[14].

---

[7]   Vgl. *Willis, A./Pennell, J./Postlewaite Ph.*, Partnership Taxation, Vol. 1 § 42.07, S. 42-10; *McKee, W./Nelson, W./Withmire, R.*, Federal Taxation of Partnerships and Partners, § 4.02[1], S. 4-6 ff. Es besteht jedoch keine völlige Analogie zwischen Sec. 721(a) und Sec. 351 IRC.

[8]   "installment obligations".

[9]   *"note"*. Diese Zahlungsversprechen hat allerdings einen steuerlichen Buchwert von null für die Gesellschaft und erhöht auch nicht den steuerlichen Buchwert des Gesellschafters an seinem Anteil; vgl. Oden v. Commissioner, T.C. Memo 1981-184, 41 T.C.M. 1285, affd. without published opinion, 629 F.2d 885 (4th Cir. 1992); Bussing v. Commissioner, 88 T.C. 449.

[10]   Vgl. Diamond v. Commissioner, 56 T.C. 530 (1971), aff'd, 492 F.2d 286 (7th Cir. 1974), Campbell v. Commissioner, 59 T.C.M. 236 (1990); aff'd in part and rev'd in part, 943 F.2d 815 (8th Cir. 1991). Vgl. zu dieser Problematik auch Mark IV Pictures Inc. v. Comissioner, T.C.M. 1990-571, aff'd, 969 F.2d 669 (8th Cir. 1992).

[11]   Rev. Proc. 93-27, 1993-2 C.B. 343.

[12]   Zur Steuerbarkeit von Diensten im Austausch für Gesellschaftsanteil siehe unten Teil 4 Kapitel 1 A. IV.

[13]   Regs. § 1.721-1(a).

[14]   Siehe hierzu unten Teil 4 Kapitel 1 B. III.

2. Steuerliche Buchwerte und Besitzdauer

a) Steuerliche Buchwerte des Gesellschafters und der Gesellschaft

Der steuerliche Buchwert, den der Gesellschafter für seinen Gesellschaftsanteil anzusetzen hat, wird als *"outside basis"* bezeichnet. Der steuerliche Buchwert, den die Gesellschaft für ihre Wirtschaftsgüter anzusetzen hat, wird als *"inside basis"* bezeichnet. Diese Ausdrücke werden zur Unterscheidung der steuerlichen Buchwerte beim Gesellschafter und bei der Gesellschaft verwendet.

Bei der Einlage von Wirtschaftsgütern im Austausch für Gesellschaftsanteile, ergibt sich der steuerliche Buchwert, den der Gesellschafter an seinem Anteil hat *(outside basis)* gemäß Sec. 722 IRC aus der Addition des Werts des eingelegten Bargelds und des steuerlichen Buchwertes, den der Gesellschafter an den übrigen eingebrachten Wirtschaftsgütern hat. Nach Sec. 723 IRC entspricht der steuerliche Buchwert der eingebrachten Wirtschaftsgüter bei der Gesellschaft *("inside basis")* der Summe der steuerlichen Buchwerte, die der Gesellschafter an den Wirtschaftsgütern hatte. Sec. 722 und 723 IRC dienen dazu, den nicht steuerbaren Gewinn oder Verluste, den die Einlage bewirkt hat, festzuhalten.

In bestimmten Fällen sieht Sec. 724 IRC vor, daß der Charakter der Gewinne oder Verluste, die ein eingelegtes Wirtschaftsgut in den Händen des Gesellschafters gehabt hätte, erhalten bleibt *(ordinary income/ordinary loss* oder *capital gain/capital loss)*. Sec. 707(c) IRC fordert darüber hinaus, daß ein vor der Einlage entstandener, aber wegen Sec. 721(c) nicht besteuerter (nicht realisierter) Gewinn oder Verlust, der in einem Wirtschaftsgut der Gesellschaft enthalten ist, dem einbringenden Gesellschafter zuzurechnen ist, wenn die Gesellschaft diesen Gegenstand veräußert[15].

b) Besitzdauer eines Wirtschaftsgutes

Hat ein Gesellschafter ein Kapitalwirtschaftsgut oder ein Wirtschaftsgut nach Sec. 1231 IRC[16] für seinen Gesellschaftsanteil hingegeben, wird für die Bestimmung der Besitzdauer seines Gesellschaftsanteils die Zeit hinzugerechnet, die er diesen Gegenstand vor Einbringung gehalten hat. Die Besitzdauer eines Gesellschaftsanteil für den Wirtschaftsgüter übriger Art[17] hingegeben wurden, beginnt im Zeitpunkt der Einbringung. Ist ein Gesellschaftsanteil für Kapital- und andere Wirtschaftsgüter empfangen worden, wird die Besitzdauer entsprechend des Verkehrswertes der eingebrachten Gegenstände aufgespalten, solange bis die Be-

---

[15]   Siehe hierzu unten Teil 4 Kapitel 1 B. II. 2.

[16]   Wirtschaftsgüter nach Sec. 1231 IRC sind Kapital-Anlagewirtschaftsgüter, die bestimmte Bedingungen nach Sec. 1231(b) IRC erfüllen müssen. Kapitalwirtschaftsgüter und Wirtschaftsgüter nach Sec. 1231 IRC erzielen bei ihrer Veräußerung Kapitalveräußerungsgewinne oder -verluste.

[17]   Diese anderen Wirtschaftsgüter erzielen bei ihrer Veräußerung gewöhnliche Gewinne oder Verluste. Ebenso fällt Bargeld darunter.

sitzdauer für Kapitalveräußerungsbesteuerung erreicht ist[18]. Nach Sec. 1223(a) IRC wird auch der Gesellschaft gegenüber die Besitzdauer der Gegenstandes in den Händen des Gesellschafters angerechnet.

III.   Behandlung von Verbindlichkeiten

1.   Einfluß von Verbindlichkeiten auf den steuerlichen Buchwert -"outside basis" - des Gesellschafters

a)   Einführung

Da eine Personengesellschaft transparent besteuert wird und als Summe ihrer Gesellschafter angesehen wird (Aggregattheorie - *aggregate approach)*, enthält das Gesetz entsprechende Prinzipen, um den Einfluß von Verbindlichkeiten auf den steuerlichen Buchwert des Gesellschafters *(outside basis)* zu bestimmen. Ein Steuerpflichtiger, der ein Wirtschaftsgut erwirbt, auf dem eine Verbindlichkeit lastet, hat gemäß der Entscheidung Crane v. Commissioner[19], den Betrag der Verbindlichkeit dem steuerlichen Buchwert dieser Sache hinzuzurechnen, weil davon auszugehen ist, daß er die Verbindlichkeit zurückzahlt. Ein Steuerpflichtiger, der ein Wirtschaftsgut, das mit einer Verbindlichkeit belastet ist, veräußert, hat den Betrag der Verbindlichkeit von der er dadurch befreit wird, dem Betrag, den er für den Gegenstand erhält, hinzuzurechnen. Grundlage dafür ist die Theorie, daß die Befreiung von der Verbindlichkeit genauso zu werten ist, wie der Empfang einer entsprechenden Summe Geldes[20].

---

[18]   Vgl. Rev. Rul. 85-164, 1985-2 C.B. 117. Eine Situation, die wohl selten eintritt, da die Besitzdauer bei der Kapitalveräußerungsbesteuerung ein Jahr beträgt. Das Kapitalwirtschaftsgut müßte demnach kürzlich erworben, dann eingebracht worden sein und der dafür empfangene Gesellschaftsanteil noch vor Ablauf eines Jahrs vom Erwerb des Gegenstandes an veräußert worden sein.

[19]   Crane v. Commissioner, 337 U.S. 1 (1947).

[20]   Die Behandlung von Verbindlichkeiten spielen eine zentrale Rolle im US-Steuerrecht der Personengesellschaften. Die Darstellung im Rahmen dieser Arbeit kann nur die Grundlagen behandeln. Es sei daher auf folgende, umfassendere Darstellungen verwiesen: *Abrams, H.*, Long-Awaited Regulations Under Section 752 Provide Wrong Answers, 44 Tax Law Review 627 (1989); *Millman, St.*, A Critical Analysis of the New Section 752 Regulations, 43 The Tax Lawyer 1 (1989); *Schmalz, J./Brumbaugh, M.*, Section 704(c)-Final and Temporary Regulations Relating to Property Contributed to a Partnership and Related Issues Under Section 704 and 752, 52 New York University Institute on Federal Taxation 13 (1994); *Utz, St.*, Partnership Taxation in Transition: Of Form, Substance, and Economic Risk, 43 The Tax Lawyer 693 (1990); *Haden, E.*, The Final Regulations Under IRC Sections 704(c) and 752: Envisioning Economic Risk of Loss Through a Glass Darkly, 49 Washington and Lee Law Review 487 (1992); *Milner, St./Goddard, W.*, Partnership Debt Reduction Need Not Result in Income, 22 Taxation for Lawyers 35 (1993); *Krumwiede, T.*, Encumbered Property Complicates Partnership Formation, 52 Taxation for Accountants 99 (1994).

Für Gesellschafter einer Personengesellschaft sind diese Prinzipien in Sec. 752 IRC niedergelegt, die auf eine Vielzahl von Transaktionen Anwendung findet, darunter auch die Einlage von Wirtschaftsgütern. Eine Zunahme des Anteils eines Gesellschafters an den Verbindlichkeiten der Gesellschaft wird gemäß Sec. 752(a) IRC als Einlage von Bargeld betrachtet, der den steuerlichen Buchwert des Gesellschaftsanteils des Gesellschafters *(outside basis)* erhöht, Sec. 722 IRC. Eine Abnahme des Anteils eines Gesellschafters an den Verbindlichkeiten der Gesellschaft wird gemäß Sec. 752(b) IRC als Barentnahme angesehen, die den steuerlichen Buchwert des Gesellschaftsanteils verringert. Nach Sec. 705(a) und Sec. 733 IRC jedoch nicht unter null. Wenn eine Abnahme des Anteils eines Gesellschafters an den Verbindlichkeiten den steuerlichen Buchwert des Gesellschaftsanteils übersteigt, hat der Gesellschafter den übersteigenden Betrag als Kapitalveräußerungsgewinn (aus der fingierten Veräußerung seines Gesellschaftsanteils) zu versteuern[21].

Die zu Sec. 752 IRC erlassenen Regulations definieren den Begriff "Verbindlichkeiten" sehr weit. Die Regulations verwenden das Prinzip des "wirtschaftlichen Risikos des Verlusts"[22], um zum einen die Verbindlichkeiten in Verbindlichkeiten mit Regreß und ohne Regreß einzuteilen, und zum anderen den Anteil eines Gesellschafters an den Verbindlichkeiten mit Regreß zu bestimmen[23]. Eine Verbindlichkeit ohne Regreß ist eine solche, für die kein Gesellschafter das "wirtschaftliche Risiko des Verlusts" trägt. D.h. kein Gesellschafter kann letztlich dafür in Anspruch genommen werden oder er hat dann Freistellungs- oder Ausgleichsansprüche gegen Dritte oder die Gesellschaft.

Zu der Frage, wie *"securities"* (Wertpapiere) zu steuerlich zu behandeln sind, die eine Persongesellschaft zu Finanzierungszwecken herausgibt siehe *Friedman, S.*, Partnership Securities, 1 Florida Tax Review 521 (1993), insbesondere im Hinblick auf die Unterschiede zu einer *corporation* als Emittent.

[21] Vgl. Sec. 731(a)(1) und Sec. 741 IRC.

[22] "economic risk of loss".

[23] Die zu Sec. 752 IRC ergangenen Regulations sprechen von *"recourse liabilities"* und *"nonrecourse liabilities"*. Diese beiden Begriffe lassen sich nur ungenau mit "Verbindlichkeiten mit Regreß" und "Verbindlicheiten ohne Regreß" übersetzen. Der wirtschaftliche Hintergrund ist folgender: In den USA werden insbesondere im Immobilienbereich Darlehen vergeben, bei denen die persönliche Haftung des Schuldners ausgeschlossen ist und der Gläubiger nur auf die finanzierte Sache zurückgreifen kann, um im Fall des Ausfalls des Schuldners die Befriedigung der Schuld zu suchen. Diese Darlehen werden als *"nonrecourse"* bezeichnet, während Darlehen, bei denen der Schuldner persönlich haftet als *"recourse"* bezeichnet werden.

b) Einordnung der Verbindlichkeit und Bestimmung des Anteils an der Verbindlichkeit

Eine Verbindlichkeit wird nur dann als Verbindlichkeit mit Regreß eingeordnet, wenn ein oder mehrere Gesellschafter das "wirtschaftliche Risiko des Verlusts"[24] aus dieser Verbindlichkeit tragen. D.h., wenn sie persönlich für die Bezahlung der Verbindlichkeit in Anspruch genommen werden können, ohne daß sie von irgend jemanden oder der Gesellschaft Ausgleich dafür beanspruchen können.[25]. Der Anteil eines Gesellschafter an den Verbindlichkeiten mit Regreß entspricht dem Anteil der Verbindlichkeiten mit Regreß, für den der Gesellschafter wirtschaftlich das Risiko trägt, d.h. für die er letztlich in Anspruch genommen werden kann[26].

2. Einlage von Wirtschaftsgütern, die mit Verbindlichkeiten belastet sind

Wenn ein Gesellschafter Wirtschaftsgüter, die mit Verbindlichkeiten belastet sind, in eine Gesellschaft einbringt, wird angenommen, daß die Gesellschaft diese Verbindlichkeiten übernommen hat, falls der Verkehrswert des Wirtschaftsgutes zur Zeit der Einlage höher ist als die Verbindlichkeiten, die darauf liegen; vgl. Sec. 752(c) IRC. Handelt es sich um eine Verbindlichkeit mit Regreß, so bestimmt sich der Anteil des Gesellschafters an der Verbindlichkeit nach der oben ausgeführten Analyse des "wirtschaftlichen Risikos des Verlusts"[27].

---

[24] Ein Gesellschafter trägt das "wirtschaftliche Risiko des Verlusts" *(economic risk of loss)* für eine Verbindlichkeit der Gesellschaft, in dem Maße, in dem der Gesellschafter die wirtschaftliche Last für die Verpflichtung der Rückzahlung der Gesellschaftsverbindlichkeit trägt, wenn die Gesellschaft selber nicht zur Rückzahlung in der Lage wäre. Die Regulations verwenden zu dieser Analyse die Situation einer fingierten Liquidation der Gesellschaft. Bei dieser fingierten Liquidation wird angenommen, daß sämtliche Wirtschaftsgüter der Gesellschaft wertlos, alle Verbindlichkeiten der Gesellschaft zahlbar und fällig geworden sind und die Gesellschaft alle Wirtschaftsgüter in voll steuerbarer Weise, ohne Empfang einer Gegenleistung veräußert wurden, Regs. § 1.752-2(b)(1). Anschließend wird untersucht, ob ein oder mehrere Gesellschafter verpflichtet wären, eine Zahlung an Gläubiger oder eine Einlage in die Gesellschaft leisten müßte, um die Verbindlichkeit zu begleichen, Regs. § 1.752-2(b)(2). Wenn unter diesen Voraussetzungen ein oder mehrere Gesellschafter verpflichtet sind, handelt es sich um eine Verbindlichkeit mit Regreß und sie wird anteilsmäßig auf die Gesellschafter aufgeteilt, die in dieser Weise verpflichtet sind. Zu dieser Analyse werden Garantie- und Bürgschaftsverträge, Haftungsfreistellungserklärungen und andere Ausgleichs- und Ersatzvereinbarungen herangezogen, die letztlich verhindern, daß ein Gesellschafter letztlich wirtschaftlich einer Zahlungsverpflichtung ausgesetzt ist.

[25] Vgl. Regs. § 1.752-1(a)(1), § 1.752-2.

[26] Regs. § 1.752-2(b).

[27] Vgl. Regs. § 1.752-2.

IV. *Einlage von Diensten im Austausch gegen Gesellschaftsanteile*

Die steuerliche Behandlung bei der Einlage von Diensten im Austausch gegen Gesellschaftsanteile stellt sich folgendermaßen dar: Wie bereits erwähnt, waren Dienste, die ein Gesellschafter für die Gesellschaft geleistet oder versprochen hat zu leisten, nicht vom Wirtschaftsgutbegriff der Sec. 721(a) IRC umfaßt. Dies hatte zur Folge, daß der Gesellschafter den Wert seiner Dienste, die er im Austausch gegen die Gesellschaftsanteile erbringen mußte, sofort gemäß Sec. 61 und Sec. 83 IRC versteuern mußte[28]. Aufgrund der Entscheidung des *8th Circuit Court* in der *Campbell*-Entscheidung, die die vorinstanzliche Entscheidung des *Tax Court* zum Teil aufhob und zum Teil bestätigte, aber letztlich in diesem Fall gegen eine Steuerbarkeit eingelegter Dienste entschied[29], entschloß sich der Internal Revenue Service die Frage der Steuerbarkeit der Einlage von Diensten in Rev. Proc. 93-27[30] grundsätzlich zu regeln. Hiernach handelt es sich grundsätzlich beim Austausch von Diensten gegen die Gewährung von Gesellschaftsanteilen um keinen steuerpflichtigen Vorgang, es sei denn,

1. die Gesellschaftsanteile werden gegen einen grundsätzlich sicheren und vorherbestimmten Einkommensstrom aus Wirtschaftsgütern der Gesellschaft ausgetauscht (z.B. Forderungen gegen Schuldner hoher Bonität);

2. der Gesellschafter veräußert seinen Gesellschaftsanteil innerhalb von zwei Jahren; oder

---

[28] Vgl. Diamond v. Commissioner, 56 T.C. 530 (1971), aff'd, 492 F.2d 286 (7th Cir. 1974), Campbell v. Commissioner, 59 T.C.M. 236 (1990); aff'd in part and rev'd in part, 943 F.2d 815 (8th Cir. 1991). Siehe für eine ausführliche Analyse dieser Rechtslage *Cowan, M.*, Receipt of an Interest in Partnership Profits in Consideration for Services: The Diamond Case, 27 Tax Law Review 161 (1972); *Hortenstine, B./Ford, Th.*, Receipt of a Partnership Interest for Services: A Controversy that will not Die, 65 Taxes 880 (1987).

[29] Campbell v. Commissioner, 59 T.C.M. 236 (1990); aff'd in part and rev'd in part, 943 F.2d 815 (8th Cir. 1991). Der *8th Circuit Court* hat vereinfacht gesagt, daß der Wert der erhaltenen Gesellschaftsanteile nur spekulativ war und von einer künftigen Einkommensentwicklung bei der Gesellschaft abhängig war. D.h. der Steuerpflichtige hat in diesem Fall faktisch keinen Gegenwert für seine geleisteten Dienste erhalten. Das Gericht ging dabei davon aus, daß der Gesellschafter im Falle einer Liquidation der Gesellschaft im Anschluß an den Austausch keine unmittelbaren Gegenwert erhalten hätte, da seine Dienste noch keinen an ihn zurückfließenden Einkommensstrom oder sonstiges werthaltiges Wirtschaftsgut geschaffen haben *("profits interest"* im Gegensatz zu einem *"capital interest")*. Letztlich wurde das Problem der Steuerbarkeit eingelegter Dienste im Austausch für Gesellschaftsanteile durch diese Entscheidung nicht grundlegend gelöst. Vgl. zu dieser Problematik auch Mark IV Pictures Inc. v. Comissioner, T.C.M. 1990-571, aff'd, 969 F.2d 669 (8th Cir. 1992).

[30] Rev. Proc. 93-27, 1993-2 C.B. 343.

3. es handelt sich um Anteile an einer "publicly traded partnership" (bör-
sennotierten Personengesellschaft) im Sinne von Sec. 7704 IRC.

Auch nach Erlaß der Rev. Proc. 93-27 herrscht immer noch Unklarheit über die
Besteuerung der Einlage von Diensten im Austausch gegen Gesellschaftsanteile,
wie das Schrifttum hierzu beweist[31].

B.   Laufender Betrieb einer Personengesellschaft

I.   *Besteuerung des laufenden Betriebs einer Personengesellschaft*

Obwohl die Personengesellschaft kein Steuerrechtssubjekt ist, muß sie für ihre
Einnahmen und das steuerbare Einkommen Rechnung legen, um die steuerlichen
Auswirkungen auf ihre Gesellschafter zu bestimmen, da sie Subjekt der Ein-
kommensermittlung ist[32]. Sie ist aus diesem Grunde auch verpflichtet eine Steu-
ererklärung abzugeben und ist Objekt von Betriebsprüfungen durch den Internal
Revenue Service[33].

1.   Buchführungsmethode

Eine Personengesellschaft kann ihre Buchführungsmethode grundsätzlich frei
wählen. Diese kann auch von der Buchführungsmethode ihrer Gesellschafter
abweichen[34]. Ist jedoch eine Corporation unter den Gesellschaftern, so darf sie
nicht die Einnahmen-Ausgaben-Rechnung *(cash method of accounting)*, sondern
muß die Methode des Betriebsvermögensvergleichs *(accrual method of accounting)* verwenden.[35]

---

[31] Da diese Problematik nicht Gegenstand der Arbeit ist, sei zu einer Vertiefung auf das
Schrifttum hierzu verwiesen: *Cunningham, L.*, Taxing Partnership Interests Exchanged
for Services, 47 Tax Law Review 247 (1991); dazu *Schmolka, L.*, Commentary Taxing
Partnership Interests Exchanges for Services: Let Diamond/Campbell Quietly Die, 47
Tax Law Review 287 (1991); ferner dazu *Castleberry, L.*, Commentary Campbell - A
Simpler Solution, 47 Tax Law Review 277 (1991); *Lockhart, J.*, IRS Concedes Tax
Treatment of a Partnership Profit Interest Received for Services, 10 Journal of Partnership Taxation 283 (1994); *Stevens, M.*, The Light at the End of the Tunnel for Partnerships, 26 The Practical Accountant 18 (1993); *Egerton, Ch.*, Rev. Proc. 93-27 Provi-
des Limited Relief on Receipts of Profits Interests for Services, 79 The Journal of
Taxation 132 (1993); *Kunold, R.*, Mark IV Pictures Inc. v. Commissioner: Place a Value
on Property Before Exchanging It for a Partnership Interest, 46 The Tax Lawyer 607
(1993).

[32] Sec. 702(c), Sec. 703(a) IRC.

[33] Sec. 6031, Sec. 6221-6233 IRC.

[34] Sec. 703(b) IRC.

[35] Sec. 447(a)(2), Sec. 448(a)(2) IRC, es sei denn es handelt sich um eine Corporation
aus Freiberuflern *(qualified professional service corporation)*, Sec. 448(b)(2) IRC. Zu
den Vorschriften über die Buchführungsmethode siehe im einzelnen die kritische Bewertung von *Belman, B.*, The Accounting Method Trap, 23 The Tax Adviser 503 (1992).

2. Steuerjahr

Eine Personengesellschaft besitzt genauso wie ein Steuerpflichtiger ein Steuerjahr. Jedoch ist die Wahl des Steuerjahres gemäß Sec. 706(b)(1) IRC beschränkt[36]. Eine Personengesellschaft muß das Steuerjahr wählen, das die Mehrheit ihrer Gesellschafter besitzt, wie es in Sec. 706(b)(4) IRC definiert ist. D.h., das Steuerjahr des oder der Gesellschafter, deren Anteil am Kapital und Gewinn zusammengerechnet mehr als 50 % ausmacht[37]. Ein Gesellschafter wird mit seinem Anteil an der Gesellschaft in dem Veranlagungszeitraum besteuert, in dem (oder mit dem, falls das Ende zusammenfällt) das Steuerjahres der Gesellschaft endet[38]. Das Steuerjahr einer Personengesellschaft endet für einen Gesellschafter aber immer in dem Zeitpunkt, in dem er seinen gesamten Anteil an der Gesellschaft verkauft[39].

3. Steuerbares Einkommen der Personengesellschaft

Eine Personengesellschaft ermittelt ihr steuerbares Einkommen grundsätzlich in der selben Art und Weise wie eine natürliche Person. Es sind jedoch folgende Ausnahmen zu beachten:

- Getrennt aufzuführen sind: Lang- und kurzfristige Kapitalveräußerungsgewinne *(capital gains)* und -verluste *(capital losses)*, Gewinne und Verluste aus der Veräußerung von Wirtschaftsgütern nach Sec. 1231 IRC[40], Spenden zu wohltätigen Zwecken *(charitable contributions)* nach Sec. 170(c) IRC, ge-

---

[36] Zu den Beschränkungen siehe ausführlich bei *Cohen, R./Millman, St.*, New Rules for Taxable Years of Partnerships and S Corporations Provide Greater Flexibility, 5 Journal of Partnership Taxation 126 (1988).

[37] Für eine genaue Berechnung siehe *Hyde, T.*, Partnerships - Statutory Outline and Definition, 161-3rd T.M. S. A-2; sowie *Ament, J./Grasso, A./Schwartz, St./Russ, D.*, Partnerships - Taxable Income and Distributive Shares, 282-2nd Tax Management Portfolio, S. A-4 ff.

Um eine rein mechanische Anwendung dieser Regelung zu vermeiden, kann eine Personengesellschaft gemäß Sec. 706(b)(1)(C) IRC dem Internal Revenue Service nachweisen, daß es wirtschaftliche Gründe für ein von diesen Regeln abweichendes Steuerjahr gibt.

[38] Ein Gesellschafter, dessen Veranlagungszeitraum mit dem Kalenderjahr zusammenfällt und dessen Personengesellschaft ein Steuerjahr vom 1. Februar bis zum 31. Januar hat, wird in Veranlagungszeitraum, der mit dem 31. Dezember 1995 endet, mit seinem Anteil an der Gesellschaft für deren Steuerjahr vom 1. Februar 1994 bis zum 31. Januar 1995 besteuert; vgl. Sec. 706(a) IRC.

[39] Sec. 706(c) IRC.

[40] Wirtschaftsgüter nach Sec. 1231 IRC sind Kapitalanlagegüter, die im Geschäft eines Steuerpflichtigen verwendet werden und bestimmte Bedingungen nach Sec. 1231(b) IRC erfüllen. Wirtschaftsgüter nach Sec. 1231 IRC erzielen bei ihrer Veräußerung Kapitalveräußerungsgewinne oder -verluste.

zahlte oder aufgelaufene Steuern nach Sec. 901 IRC und einige andere besonders vorgeschriebene Positionen[41].[42]

- Als Abzugsposten sind nicht erlaubt: persönliche Befreiungen *(personal exemptions)* nach Sec. 151 IRC, anrechenbare ausländische Steuern nach Sec. 901, Sec. 164(c) IRC, Spenden zu wohltätigen Zwecken nach Sec. 170(c) IRC, Nettobetriebsverluste *(net operating loss)* nach Sec. 172, Abzugsbeträge für natürliche Personen nach Sec. 211 ff. IRC und Substanzverringerungen *(depletion)* nach Sec. 611 IRC.[43]

Sind diese Positionen einmal getrennt aufgeführt oder herausgerechnet worden, ergibt sich aus dem Verrechnen der übrigen Positionen (Einnahmen und Abzugsbeträge) der sog. steuerbare Nettogewinn oder -verlust *(net taxable income or loss calculation*[44]*)*[45].

Diese Art der Berechnung hat zur Folge, daß die Einkünfte, die ein Gesellschafter von seiner Gesellschaft bezieht, den selben Charakter haben, als ob der Gesellschafter sie direkt selber bezogen hätte[46]. Im Einklang mit diesem Prinzip steht, daß die Einkünfte im allgemeinen auf der Ebene der Gesellschaft bestimmt werden[47]. D.h., jede Einkunftsposition deren Charakter Auswirkung auf die steuerliche Behandlung bei den Gesellschaftern hat, wird direkt zu ihnen durchgeleitet, getrennt von dem restlichen sog. steuerbaren Nettogewinn oder -ver-

---

[41] Sec. 702(a)(7) IRC, Regs. § 1.702-1(a)(8)(i),(ii); Sec. 702(a)(8) IRC, Regs. § 1.702(a)(8).

[42] Sec. 703(a)(1) und Sec. 702(a)(1)-(8) IRC.

[43] Sec. 703(a)(2) IRC.

[44] Das Ergebnis dieser Berechnung wird *"nonseparately computed"* oder *"bottom line" income or loss* bezeichnet.

[45] Sec. 702(a)(8) IRC.

[46] "The charcter of any item of income, gain, loss, deduction or credit included in a partner's distributive share ... shall be determined as if such item were realized directly from the source from which realized by the partnership, or incurred in the same manner as incurred by the partnership." Sec. 702(b) IRC.

[47] Vgl. *Brown, K./Rabinovitz, J.*, International Tax Problems of Partnerships, Länderbericht USA, CDFI Bd. LXXXa (1995), S. 565 (568), Diese beziehen sich auf die Entscheidung des Tax Court in Brown Group, Inc. v. Commissioner, 102 T.C. No. 24 (April 12, 1994). Der Tax Court hat jedoch durch Beschluß vom 24. September 1994 diese Entscheidung von der Veröffentlichung zurückgezogen; vgl. 102 T.C. 616. Es kann daher nicht näher auf diese Entscheidung eingegangen werden.

lust[48]. Die Entscheidung über Charakter dieser Position sowie über steuerliche Wahlrechte wird in der Regel auf der Ebene der Gesellschaft getroffen[49].

Obwohl man aus dem Vorstehenden schließen könnte, daß die Zwischenschaltung einer Personengesellschaft keine steuerlichen Auswirkungen haben kann, wird eine Personengesellschaft zum Teil wie eine eigenständige Einheit behandelt, und es können sich somit Auswirkungen auf die steuerliche Behandlung beim Gesellschafter ergeben[50]. Eben weil der Charakter der Einkünfte auf der Ebene der Gesellschaft festgelegt wird, kann der Charakter der Einkünfte für den Gesellschafter in manchen Fällen anders sein, als wenn der Gesellschafter diese Einkünfte direkt bezogen hätte[51]. So kann z.B. ein neu hinzugekommener Gesellschafter aus dem Verkauf eines Kapitalwirtschaftsguts durch die Gesellschaft einen langfristigen Kapitalveräußerungsgewinn erzielen. Gleichwohl hätte er, wenn er, anstatt des Gesellschaftsanteils, zum selben Zeitpunkt unmittelbar dieses Kapitalwirtschaftsgut gekauft hätte und dies im selben Zeitpunkt wie die Gesellschaft veräußert hätte, nur einen kurzfristigen Kapitalveräußerungsgewinn erzielen können[52].

4. Auswirkungen auf den steuerlichen Buchwert des Gesellschaftsanteils

Nach Sec. 702 IRC werden einem Gesellschafter seine Anteile an den, von der Gesellschaft erzielten, getrennt und nicht getrennt aufzuführenden Einkunftspositionen unmittelbar zugerechnet. Sec. 705 IRC regelt, wie daraufhin der steu-

---

[48] Sec. 702(a)(7) IRC, Regs. § 1.702-1(a)(8)(ii). So behält z.B. steuerfreier Zins auf Kommunale Anleihen seinen steuerfreien Charakter, auch wenn die Gesellschaft die Anleihe hält.

[49] Vgl. Sec. 703(b) IRC; Demirjian v. Commissioner, 457 F.2nd 1 (3d Cir. 1972), Das Wahlrecht Sec. 1033 über die Vermeidung der Anerkennung eines Gewinns bei Untergang eines Wirtschaftsguts mit stillen Reserven, das zum Zeitwert versichert war, ist von der Gesellschaft auszuüben. Sec. 465 IRC Regelungen über das Eigenrisiko *("at-risk rules")*; Sec. 469 IRC Regelungen über die Verrechnung von passiven Verlusten mit aktiven Einkünften *("passive loss rules")*; Sec. 1211 Abzugsfähigkeit von Kapitalveräußerungsverlusten *("deductibility of capital losses")*; Sec. 108 IRC Entscheidung darüber, ob die Befreiung von Verbindlichkeiten Einkommen darstellt *("discharge of indebtedness")*; Regs. § 1.702-1(a)(4) Abzugsfähigkeit von Spenden zu wohltätigen Zwecken.

[50] So kann eine Personengesellschaft ein eigenständiges Steuerjahr besitzen, Sec. 706 IRC, oder ihre eigene Buchführungsmethode, Sec. 703(b) IRC. Vgl. auch United States v. Bayse, 410 U.S. 441 (1973).

[51] *Brown, K./Rabinovitz, J.*, International Tax Problems of Partnerships, Länderbericht USA, CDFI Bd. LXXXa (1995), S. 565 (568), unter Hinweis auf die Entscheidung des Tax Court in Brown Group, Inc. v. Commissioner, 102 T.C. No. 24 (April 12, 1994), die allerdings auf Beschluß des Gerichts hin nicht veröffentlicht worden ist.

[52] Vgl. Rev. Rul. 68-79, 1968-1 C.B. 216. Siehe *Brown, K./Rabinovitz, J.*, International Tax Problems of Partnerships, Länderbericht USA, CDFI Bd. LXXXa (1995), S. 565 (568).

erliche Buchwert des Gesellschaftsanteils des Gesellschafters *("outside basis")* anzupassen ist, um diese Einkunftszurechnung wiederzugeben. So erhöht sich der steuerliche Buchwert des Gesellschaftsanteils durch Zurechnung seines Anteils an Einkünften. Es erniedrigt sich der steuerliche Buchwert durch die Zurechnung (aber nicht unter null) durch Ausschüttungen nach Sec. 733 IRC[53] sowie den Anteil des Gesellschafters an Verlusten und den Abzugsposten, die bei der Ermittlung des Einkommens der Gesellschaft nicht zum Abzug gebracht werden durften.

5.   Beschränkungen des Verlustabzugs

Gemäß Sec. 704(d) IRC ist der Abzug des Verlustanteils und anderer Abzugsposten aus der Gesellschaft beschränkt auf die Höhe des steuerlichen Buchwerts des Gesellschaftsanteils *("outside basis")* am Ende des Steuerjahres in dem der Verlust oder Abzugsposten entstanden ist[54]. Verlustanteile und Abzugsposten, die nicht auf diese Weise nicht abgezogen werden können, werden auf unbeschränkte Zeit vorgetragen und können dann verrechnet werden, wenn der steuerliche Buchwert des Gesellschaftsanteils (durch Zurechnung von Einkunftsanteilen) wieder ausreichend hoch ist.

Der Abzug eines Verlustanteils oder Abzugspostens kann auch durch die Regelungen über das Eigenrisiko in Sec. 465 IRC *("at-risk rules")*[55] und den Regelungen über die Verrechnung von passiven Verlusten mit positiven Einkünften in Sec. 469 IRC *("passive loss rules")*[56] beschränkt sein. Eine weitergehende Darstellung dieser komplexen Gebiete geht jedoch über den Gegenstand dieser Arbeit hinaus.

II.   Ergebniszuordnung unter den Gesellschaftern

Die Zuordnung des Geschäftsergebnisses der Personengesellschaft auf die Gesellschafter[57] ist im US-amerikanischen (Steuer-)recht völlig anders als in

---

[53]   *"distributions"*. Gemeint ist hier ein untechnischer Ausschüttungsbegriff, der in etwa dem deutschen steuerrechtlichen Begriff der "Entnahme" entspricht.

[54]   Siehe Kingbay v. Commissioner, 46 T.C. 147 (1966).

[55]   Siehe hierzu *Willis, A./Pennell, J./Postlewaite Ph.*, Partnership Taxation, Vol. 2 §§ 71 ff.

[56]   Siehe hierzu *Willis, A./Pennell, J./Postlewaite Ph.*, Partnership Taxation, Vol. 2 §§ 81 ff.

[57]   Diese Ergebniszuordnung unter den Gesellschaftern wird häufig als *"partnership allocation"* bezeichnet. Hierbei handelt es sich um ein zentrales Problem der US-Persongesellschafts-Besteuerung. Eine weitergehende Ausführung an dieser Stelle würde die Thematik dieser Arbeit sprengen, siehe jedoch hierzu allgemein: *Steines, J.*, Partnership Allocations of Built-In Gain or Loss, 45 Tax Law Review 615 (1990); *ders.*, Commentary Unneeded Reform, 47 Tax Law Review 239 (1991); *Stara, N.*, Has the Uniform Partnership Act Been Superseeded by Subchapter K?, 41 Drake Law Review 461 (1992); *Andrews, W.*, Inside Basis Adjustments and Hot Asset Exchanges in Part-

Deutschland, da das deutsche Recht zumindest bei gewerblichen Personengesellschaften nur eine aus der Beteiligung an einer Personengesellschaft kennt und auch da, wo es mehrere Einkunftsarten geben kann, die Gesellschafter entsprechend der Gewinnverteilungsabrede von jeder Einkunftsart den gleichen Anteil bekommen. In den USA wird die Zuordnung der Bestandteile der Einkünfte, der Verluste und der übrigen Abzugsposten in aller Regel durch den Gesellschaftsvertrag durch eine allgemeine Ergebniszuordnungsabrede bestimmt. Der Internal Revenue Code gibt in Sec. 704(a) den Gesellschaftern grundsätzlich weitestgehende Freiheit, die Ergebniszuordnung untereinander zu bestimmen. Die Gesellschafter können dadurch für jedes Steuerjahr neu eine andere Zuordnung der Bestandteile der Einkünfte, der Verluste und der übrigen Abzugsposten durch Abänderung der allgemeinen Ergebniszuordnungsabrede im Gesellschaftsvertrag regeln[58]. So können Gewinne oder Einkünfte aus bestimmten Geschäften oder Gruppen von Geschäften einem oder mehreren Gesellschaftern zugewiesen werden und andere Gesellschafter völlig davon ausgeschlossen werden. Genauso können einzelnen Gesellschaftern bestimmte Verluste oder Abzugsposten zugeordnet werden. Die allgemeine Ergebniszuordnungsabrede des Gesellschaftsvertrages ist dann anzuwenden, wenn für bestimmte Einkommensbestandteile oder Abzugsposten keine besondere Abrede getroffen worden ist oder eine Abrede zwar getroffen worden ist, diese aber keinen "wesentlichen wirtschaftlichen Gehalt" besitzt[59]. Dies ist grundsätzlich dann der Fall, wenn sie nur darauf abzielt, eine Verbesserung der steuerlichen Situation eines oder mehrerer Gesellschafter

---

nership Distributions, 47 Tax Law Review 3 (1991); *Cunningham, N.*, Needed Reform: Tending the Sick Rose, 47 Tax Law Review, 77 (1991); *Gergen, M.*, Reforming Subchapter K: Contributions and Distributions, 47 Tax Law Review 173 (1991); *Maydew, G.*, New Rules for Partnership Allocations, 52 Taxation for Accountants 260 (1994); *Schmalz, J./Brumbaugh, M.*, Final Regulations on Contributed Property Under Section 704(c) Make Major Changes, 11 Journal of Partnership Taxation 91 (1994); *dies.*, Section 704(c) - Final and Temporary Regulations Relating to Property Contributed to a Partnership and Related Issues Under Sections 704 and 752, 52 New York University Institute on Federal Taxation 13 (1994); *Crnkovich, R./Swirsky, K.*, Multiple Recognition Rules Complicate Partner-Partnership Transactions, 79 The Journal of Taxation 50 (1993); *Haden, E.*, The Final Regulations under IRC Sections 704(b) and 752: Envisioning Economic Risk of Loss Through a Glass darkly, 49 Washington and Lee Law Review 487 (1992); *Utz, St.*, Partnership Taxation in Transition: Of Form, Substance and Economic Risk, 43 The Tax Lawyer 693 (1990).

[58] Sec. 704(a), 761(c) IRC. Eine solche Abänderung der Ergebniszuordnungsabrede wird als *"special allocation"* bezeichnet und muß im Gesellschaftsvertrag niedergelegt werden. Sie kann bis zur Frist der Abgabe der Steuererklärung der Personengesellschaft für das jeweilige Steuerjahr erfolgen.

[59] "substantial economic effect". Vgl. Sec. 704(b)(2) IRC.

zu bewirken, ohne daß sich an der Beteiligung der Gesellschafter am Ergebnis der Gesellschaft etwas ändert[60].

1. "Wesentlicher wirtschaftlicher Gehalt" einer Ergebniszuordnungsabrede

Die Überprüfung einer Ergebniszuordnungsabrede auf ihren "wesentlichen wirtschaftlichen Gehalt" hin, soll eine Ergebniszuordnung, die bloß auf eine Optimierung der steuerlichen Situation der Gesellschafter abzielt, vermeiden[61]. Diese Überprüfung erstreckt sich auf sämtliche Bestandteile des Ergebnisses der Gesellschaft, d.h. Einkünfte, Verluste und sonstige Abzugsbeträge.

Der Maßstab des "wesentlichen wirtschaftlichen Gehalts" ist in umfangreichen und detaillierten Regulations niedergelegt. Die Regulations verlangen, daß die Ergebniszuordnung einer Gesellschaft mit den zugrundeliegenden wirtschaftlichen Beziehungen zwischen den Gesellschaftern übereinstimmen[62]. Zur Überprüfung, ob eine einzelne Zuteilung eines Ergebnisbestandteils wesentlichen wirtschaftlichen Gehalt besitzt, sehen die Regulations eine zweiteilige Analyse am Ende eines jeden Steuerjahres vor. Zuerst muß die einzelne Zuordnung "wirtschaftlichen Gehalt" haben. Zweitens muß dieser wirtschaftliche Gehalt "wesentlich" sein[63]. Zu dieser Analyse werden die Kapitalkonten der Gesellschafter herangezogen.

a)   "Wirtschaftlicher Gehalt"

Damit eine einzelne Zuordnung wirtschaftlichen Gehalt besitzt, muß sie mit den zugrundeliegenden wirtschaftlichen Beziehungen zwischen den Gesellschaftern übereinstimmen, um steuerlich anerkannt zu werden. Der wirtschaftliche Nutzen oder die wirtschaftliche Last, die in einer jeden einzelnen Zuordnung enthalten sind, muß sich beim empfangenden Gesellschafter auswirken[64]. Die Regulations enthalten einen Basistest[65] mit drei Bedingungen, um zu entscheiden, ob dies der

---

[60] Orrisch v. Commissioner, 55 T.C. 395 (1970). Vgl. auch *Gumpel, H.*, Die Grundprobleme der Personengesellschaft aus der Sicht des Steuerrechts der Vereinigten Staaten, in Kruse, H. (Hrsg.) Die Grundprobleme der Personengesellschaft im Steuerrecht, S. 181 (186).

[61] Vgl. Orrisch v. Commissioner, 55 T.C. 395 (1970). Zur grundsätzlichen Frage, ob Einkünfte von einem Gesellschafter selbst oder von der Gesellschaft bezogen worden sind, siehe Schneer v. Commissioner, 97 T.C. 643 (1991); vgl. hierzu auch kritisch *Bozajian, G.*, A Case of Mistaken Identification: When Income Is Earned and the Classification fo Earnings as Individual or Partnership Income in Schneer v. Commissioner, 46 The Tax Lawyer 583 (1993).

[62] Regs. § 1.704-1(b)(2)(ii)(a).

[63] Regs. § 1.704-1(b)(2)(i).

[64] Regs. § 1.704-1(b)(2)(ii)(a).

[65] "basic test".

Fall ist. Dieser Basistest wird durch einen Alternativtest[66] und einen Equivalenztest[67] ergänzt. Diese beiden Tests können eine Zuordnung steuerlich anerkennen, wenn der grundlegende Test nicht erfüllt ist.

(1) Basistest

Der Basistest[68] ist ein mechanischer Test, um festzustellen, ob eine Zuordnung wirtschaftlichen Gehalt besitzt. Im allgemeinen hat eine Zuordnung wirtschaftlichen Gehalt, wenn der Gesellschaftsvertrag für die gesamte Dauer der Gesellschaft vorsieht, daß:

1. die Kapitalkonten der Gesellschafter nach der Maßgabe der Regs. § 1.704-1(b)(2)(iv) geführt werden[69];

2. bei der Liquidation der Gesellschaft (oder eines Anteils eines Gesellschafters) die Liquidierungsausschüttung entsprechend den positiven Salden der Kapitalkonten der Gesellschafter gemacht werden[70];

3. wenn ein Gesellschafter bei der Liquidation der Gesellschaft (oder seines Anteils) nach allen Zuordnungen für dieses Steuerjahr sein Kapitalkonto einen negativen Saldo aufweist, er unbeschränkt verpflichtet ist, diesen negativen Saldo am Ende des Steuerjahres (oder binnen 90 Tagen) auszugleichen, um die Gläubiger oder die Gesellschafter mit positiven Salden auf ihren Kapitalkonten zu befriedigen[71].

---

[66] "alternate test".

[67] "equivalence test".

[68] Regs. § 1.704-1(b)(2)(ii)(b). Die drei Bedingungen des Tests werden zusammen als "Die Großen Drei" *("The Big Three")* bezeichnet.

[69] Regs. § 1.704-1(b)(2)(ii)(b)(1). Diese Bedingung ist gemäß Regs. § 1.704-1(b)(2)(iv)(b) im allgemeinen erfüllt, wenn das Kapitalkonto eines jeden Gesellschafters erhöht wird um (1) Bareinlagen; (2) den Verkehrswert der eingebrachten Wirtschaftsgüter (abzüglich der Verbindlichkeiten, die darauf lasten und deren Übernahme durch die Gesellschaft nach Sec. 752 IRC fingiert wird); sowie (3) die Zuordnung von Gewinnen und Einkünften (einschließlich steuerfreier Einkünfte); und verringert wird um (1) den Betrag der Ausschüttungen an den Gesellschafter; (2) den Verkehrswert der entnommenen Wirtschaftsgüter (abzüglich der Verbindlichkeiten, die darauf lasten und deren Übernahme durch den Gesellschafter nach Sec. 752 IRC fingiert wird); (3) die Zuordnung von Abzugsposten die von der Gesellschaft nicht angesetzt werden können; sowie (4) die Zuordnung von Verlusten und der übrigen, nicht in (3) enthaltenen Abzugsposten. Diese Regeln sind ähnlich denen, die den steuerlichen Buchwert des Gesellschaftanteils in den Händen des Gesellschafter bestimmen. Der Hauptunterschied besteht darin, daß Sacheinlagen und Sachentnahmen mit dem Verkehrswert und nicht mit dem steuerlichen Buchwert anzusetzen sind.

[70] Regs. § 7.704-1(b)(2)(ii)(b)(2).

[71] Regs. § 1.704-1(b)(2)(ii)(b)(3).

Um festzustellen, ob diese Bedingungen erfüllt sind, werden sämtliche Vereinbarungen und Abreden zwischen den Gesellschaftern oder einzelnen Gesellschaftern als im "Gesellschaftsvertrag" enthalten angesehen, gleichgültig, ob sie mündlich oder schriftlich erfolgt sind[72].

Diese drei Bedingungen verknüpfen die Kapitalkonten der Gesellschafter mit den Zuordnungen. Nämlich, indem sie verlangen, daß eine Gesellschaft entsprechend den Kapitalkonten auseinandergesetzt wird und Gesellschafter ihr negatives Kapitalkonto ausgleichen müssen. Auf diese Art und Weise soll sichergestellt sein, daß der wirtschaftliche Nutzen oder die wirtschaftliche Last, die in einer jeden einzelnen Zuordnung enthalten sind, sich beim empfangenden Gesellschafter auswirken.

(2)   Alternativtest

Beschränkt haftenden Gesellschafter wollen in der Regel nicht verpflichtet sein die negativen Salden ihrer Kapitalkonten auszugleichen. Wenn eine Gesellschaft die ersten zwei Bedingungen des Basistests erfüllt, aber nicht unbedingte Ausgleichspflicht für negative Kapitalkonten im Gesellschaftsvertrag festlegen will, sehen die Regulations einen Alternativtest vor, um darzulegen, ob eine Zuordnung wirtschaftlichen Gehalt besitzt[73]. Nach diesem Test wird eine Zuordnung anerkannt, wenn sie keinen negativen Saldo auf dem Kapitalkonto des Gesellschafters verursacht oder vergrößert. Zur Entscheidung der Frage, ob eine Zuordnung einen negativen Saldo auf dem Kapitalkonto verursacht oder vergrößert, müssen verschiedene "vernünftigerweise zu erwartende"[74] Ereignisse berücksichtigt werden. Die wichtigsten dieser Ereignisse sind Ausschüttungen oder Entnahmen von denen auszugehen ist, daß sie vernünftigerweise am Ende des Steuerjahres zu erwarten sind.

Des weiteren muß der Gesellschaftsvertrag einen "qualifizierten Ausgleich mittels Einkünften" *("qualified income offset")* vorsehen. D.h. er muß eine Vorschrift enthalten, die vorsieht, daß, wenn ein Gesellschafter ein negatives Kapitalkonto hat, das aus dem "unerwarteten" Eintritt eines Ereignisses resultiert (z.B. eine unerwartete Ausschüttung), diesem Gesellschafter dann Einkünfte oder Gewinne in einem Betrag und einer Art und Weise zugeordnet werden, die sicherstellen, daß das negative Kapitalkonto so schnell wie möglich ausgeglichen wird[75].

---

[72] Regs. § 1.704-1(b)(2)(ii)(h).

[73] Regs. § 1.704-1(b)(2)(ii)(d).

[74] "reasonably expected".

[75] Regs. § 1.704-1(b)(2)(ii)(d). Eine detaillierte Darstellung dieser Ereignisse sowie der Art und Weise des Ausgleichs findet sich in den Regulations.

(3)   *Äquivalenztest*

Von Zuordnungen, die weder nach dem Basistest noch nach dem Alternativtest wirtschaftlichen Gehalt haben, wird angenommen, daß sie diesen besitzen, wenn eine Liquidation am Ende eines Steuerjahres zur gleichen Zuordnung bei den Gesellschaftern führen würde wie der Basistest[76].

b)   "Wesentlichkeit" des Wirtschaftlichen Gehalts

Um steuerlich anerkannt zu werden, muß der wirtschaftliche Gehalt einer Zuordnung "wesentlich" sein. Dies erfordert, daß vernünftigerweise anzunehmen ist, daß die Zuordnung wesentlichen Einfluß auf die Finanzen des Gesellschafters hat, unabhängig von der steuerlichen Behandlung der zugeordneten Positionen[77]. Nach den Regulations ist der wirtschaftliche Gehalt einer Zuordnung nicht wesentlich, wenn

die wirtschaftliche Lage nach Steuern zumindest eines Gesellschafters verbessert ist, verglichen mit der Situation, in der eine solche Zuordnung nicht erfolgt ist, und

eine hohe Wahrscheinlichkeit besteht, daß die wirtschaftliche Lage nach Steuern bei keinem Gesellschafter erheblich schlechter ist, verglichen mit der Situation in der eine solche Zuordnung nicht erfolgt ist.

Dies bedeutet kurz gefaßt, daß eine Zuordnung "wesentlichen" wirtschaftlichen Gehalt hat, wenn sie die wirtschaftlichen Beziehungen zwischen den Gesellschaftern beeinflußt, unabhängig von steuerlichen Auswirkungen.

2.   Zuordnungen bei eingebrachten Wirtschaftsgütern

Sec. 704(c)(1)(A) IRC regelt, daß Einkünfte, Gewinn, Verlust und Abzugsbeträge im Zusammenhang mit Wirtschaftsgütern, die von einem Gesellschafter eingebracht wurden in der Weise den Gesellschaftern zuzuordnen sind, daß dem Unterschied zwischen dem steuerlichen Buchwert des Wirtschaftsgutes bei der Gesellschaft und dem Verkehrswert zur Zeit der Einbringung Rechnung getragen wird. Diese Regelung soll verhindern, daß Gewinne und Verluste, die durch dieses Wirtschaftsgut erzielt werden, unter den Gesellschaftern verlagert werden.

Wie bereits erwähnt, gibt es häufig einen Unterschied zwischen dem steuerlichen Buchwert eines Wirtschaftsguts in den Händen der Gesellschaft und dem steuerlichen Buchwert, der für dasselbe Wirtschaftsgut im Kapitalkonto des einbrin-

---

[76]   Regs. § 1.704-1(b)(2)(ii)(i). Zur Erläuterung soll folgendes Beispiel dienen: A und B errichten eine Personengesellschaft und vereinbaren, daß Einkünfte, Gewinn, Verlust und Abzugsbeträge zu 60 % an A und zu 40 % an B gehen. Die AB Gesellschaft führt die Kapitalkonten nicht in der geforderten Weise, nach Gesellschaftrecht haften A und B letztlich zu 60 bzw. 40 % für die Verbindlichkeiten der Gesellschaft. Die Zuordnung besitzt deshalb wirtschaftlichen Gehalt nach dem Equivalenztest. (Nachgebildet dem Beispiel 4 (ii) in Regs. § 1.704-1(b)(5).)

[77]   Regs. § 1.704-1(b)(2)(iii)(a).

genden Gesellschafters anzusetzen ist. Nach Sec. 704(c)(1)(A) IRC ist die Differenz zwischen dem steuerlichen Gewinn und dem Buchgewinn der Gesellschaft[78], der durch die Veräußerung eines eingebrachten Wirtschaftsgutes entsteht, dem einbringenden Gesellschafter zuzuordnen. Jeder darüberhinausgehende Gewinn ist gemäß der Ergebniszuordnungsabrede des Gesellschaftsvertrages, vorausgesetzt, sie hat "wesentlichen wirtschaftlichen Gehalt", den übrigen Gesellschaftern zuzuordnen[79].

Sec. 704(c)(1)(A) IRC erstreckt sich nach dem gleichen Prinzip auch auf Abschreibungen und Substanzverringerungen im Zusammenhang mit eingebrachten Wirtschaftsgütern. Wieder ist der Unterschied zwischen dem steuerlichen Wert und dem handelsrechtlichen Wert entscheidend. Zuerst ist die Abschreibung für Steuer- und handelsrechtliche Zwecke zu berechnen. Sodann ist die Abschreibung, die sich nach steuerlichen Werten ergibt, den nichteinbringenden Gesellschaftern entsprechend ihrem Anteil an den handelsrechtlichen Abschreibungswerten zuzuordnen. Der verbleibende Anteil der steuerlichen Abschreibung ist dann dem einbringenden Gesellschafter zuzuordnen[80].

Das gleiche Prinzip ist nach Sec. 704(c)(1)(A) IRC auch bei Eintritt eines neuen Gesellschafters, der Bestimmung des Charakters des Gewinns oder Verlusts bei der Veräußerung eines eingebrachten Wirtschaftsgutes (in Verbindung mit Sec. 724 IRC), und den Verbindlichkeiten ohne Regreß anzuwenden. Die Regulations hierzu sind umfangreich und detailliert. Eine Darstellung dieser Bereiche ist im Rahmen dieser Arbeit nicht zu leisten.

III.   Rechtsgeschäfte und Zahlungen zwischen Gesellschafter und Gesellschaft

Wenn ein Gesellschafter nicht in seiner Eigenschaft als Gesellschafter mit der Gesellschaft Rechtsgeschäfte tätigt, kommt es entscheidend darauf an, ob die Einheitstheorie *(entity approach)* oder die Aggregattheorie *(aggregate approach)* angewandt wird. Während die Einheitstheorie ein solches Rechtsgeschäft wie mit einem Nichtgesellschafter betrachtet, ist ein solches Rechtsgeschäft nach der Aggregattheorie gar nicht anzuerkennen[81]. Sec. 707 IRC unterscheidet drei Gruppen solcher Rechtsgeschäfte[82]. Jede dieser drei Gruppen gehorcht anderen Regeln und führt zu anderen steuerlichen Ergebnissen.

---

[78]   "the tax/book disparity".

[79]   Vgl. Regs. § 1.704-1(b)(2)(iv)(b), (d) und (g); siehe auch Regs. §1.704-1(b)(5) Example (13)(i).

[80]   Regs. § 1.704-1(b)(2)(iv)(b), (d) und (g).

[81]   *McKee, W./Nelson, W./Whitmire, R.*, Federal Taxation of Partnerships and Partners, § 13.01[1], S. 13-2.

[82]   Eine grundsätzliche und eingehende Untersuchung der Rechtsgeschäfte zwischen Gesellschafter und Gesellschaft bieten: *Postlewaite, Ph./Cameron, D.*, Twisting Slowly in the Wind: Guaranteed Payments After the Tax Reform Act of 1984, 40 The Tax Lawyer

1. Gesellschafter tritt nicht in seiner Eigenschaft als Gesellschafter auf

Tritt ein Gesellschafter in einem Rechtsgeschäft mit der Gesellschaft nicht in seiner Eigenschaft als Gesellschafter auf (d.h. wie ein fremder Dritter), so gilt gemäß Sec. 707(a)(1) IRC grundsätzlich die Einheitstheorie. Das bedeutet, daß Rechtsgeschäfte zwischen Gesellschaft und Gesellschafter steuerlich wie zwischen der Gesellschaft und einem Nichtgesellschafter behandelt werden. Die Grundfrage bei Sec. 707(a)(1) IRC ist, ob der Gesellschafter das Rechtsgeschäft in seiner Eigenschaft als Gesellschafter oder unabhängig wie ein Nichtgesellschafter tätigt. Die Regulations bieten nur wenig Anhaltspunkte indem sie lediglich aussagen, daß "der wirtschaftliche Gehalt des Geschäfts ausschlaggebend ist und nicht die rechtliche Form"[83]. Handelt es sich um Dienste, die ein Gesellschafter für die Gesellschaft erbringt, so geht die Rechtsprechung davon aus, daß er in seiner Eigenschaft als Gesellschafter auftritt, wenn er "grundlegende Pflichten"[84] oder "Dienste im normalen Bereich seiner Pflichten als haftender [und deshalb geschäftsführender] Gesellschafter"[85] erbringt[86]. Rechtsgeschäfte bei denen der Gesellschafter nicht in seiner Eigenschaft als Gesellschafter auftritt, werden grundsätzlich nach den allgemeinen Regeln des Internal Revenue Code besteuert und nicht nach den Vorschriften über die Besteuerung der Personengesellschaften. Sec. 704(b) IRC enthält jedoch eine Reihe von Ausnahmen davon[87].

2. "Guaranteed Payments" - Garantierte Zahlungen

Garantierte Zahlungen sind Zahlungen, die ein Gesellschafter in seiner Eigenschaft als Gesellschafter für die Überlassung von Kapital an oder Dienste für die Gesellschaft erhält. Voraussetzung ist jedoch, daß die Höhe der Zahlungen un-

---

649 (1987); *Chrnkovich, R./Swirsky, K.*, Multiple Recognition Rules Complicate Partner-Partnership Transactions, 79 The Journal of Taxation 50 (1993); *Grimes, S./Wiggam, M./Risser, L.*, Disguised Sale Rules Eased by Final Regulations, 21 Taxation for Lawyers 196 (1993); *Keen, V.*, The Disguised Sale Regulations Under Section 707, 51 New York University Institute on Federal Taxation 10 (1993); *Howard, R./Delaney, J.*, Partner Transactions Under the Final Section 707 Regs. and New Law, 78 The Journal of Taxation 46 (1993).

[83]   "[T]he substance of the transaction will govern rather than its form." Regs. § 1.707-1(a) letzter Satz.

[84]   "basic duties".

[85]   "services within the scope of their duties as general partners".

[86]   Pratt v. Commissioner, 64 T.C. 203 (1975); siehe auch Armstrong v. Phinney, 394 F.2d 661 (5th Cir. 1968), wonach ein Gesellschafter auch "Arbeitnehmer" der Gesellschaft für Zwecke steuerlicher Abzugsbeträge für Arbeitnehmerbewirtung sein kann.

[87]   *McKee, W./Nelson, W./Whitmire, R.*, Federal Taxation of Partnerships and Partners, § 13.01[1]1, S. 13-3.

abhängig von den Gewinnen der Gesellschaft sind[88]. Die Zahlungen müssen quasi ein unabhängig vom Gewinn bestimmbares Entgelt darstellen, das unabhängig von der Höhe des Gewinns sicher an den leistenden Gesellschafter geht. Sec. 707(c) IRC sieht für diese eine modifizierte Einheitstheorie vor[89]. Für Zwecke der Bestimmung des Charakters des Einkommens wird der Einheitstheorie gefolgt. So stellen garantierte Zahlungen für den empfangenden Gesellschafter gewöhnliches Einkommen[90] und sind für die Gesellschaft abzugsfähig, unabhängig von der Art und der Höhe ihrer Einkünfte[91]. Für Zwecke der Bestimmung des Zeitpunkts des Zu- und Abflusses der Zahlungen wird die Aggregattheorie verwandt, da Zahlungen wie Gewinnzuordnungen behandelt werden. Sie sind beim Gesellschafter in dem Jahr zu versteuern, indem sie von der Gesellschaft abzuziehen sind[92].

3.   Andere Zahlungen an einen Gesellschafter in seiner Eigenschaft als Gesellschafter

Für alle anderen Zahlungen, die von der Gesellschaft an den Gesellschafter in seiner Eigenschaft als Gesellschafter für Kapitalüberlassung oder Dienste geleistet werden und deren Höhe vom Gewinn der Gesellschaft abhängig sind, ist weder Sec. 707(a) noch Sec. 707(c) IRC anzuwenden. Diese Zahlungen werden als Gewinnzuordnungen gemäß Sec. 702, 703 und 704 IRC behandelt und besteuert[93].

C.   Veräußerung von Gesellschaftsanteilen

Nach allgemeinen Prinzipien des US-Steuerrechts besteht der steuerpflichtige Gewinn oder Verlust aus der Veräußerung eines Wirtschaftsguts in der Differenz

---

[88]   Vgl. Rev. Rul. 81-300, 1981-2 C.B. 143; *Brown, K./Rabinovitz, J.*, International Tax Problems of Partnerships, Länderbericht USA, CDFI Bd. LXXXa (1995), S. 565 (569); siehe auch Pratt v. Commissioner, 64 T.C. 203. Die Zahlungen müssen nicht in feststehender Höhe erfolgen. Es genügt, wenn die Höhe z.B. als bestimmter Prozentsatz der Einnahmen oder des Umsatzes der Gesellschaft bestimmbar sind. Jedoch dürfen sie nicht gewinnabhängig sein.

[89]   *McKee, W./Nelson, W./Whitmire, R.*, Federal Taxation of Partnerships and Partners, § 13.01[1]2, S. 13-4.

[90]   "ordinary income".

[91]   D.h. für den Gesellschafter sind es gewöhnliche Einkünfte, auch wenn die Gesellschaft nur Einkünfte aus Kapitalveräußerungsgewinnen oder überhaupt keine Einkünfte hat.

[92]   D.h. wenn die Zahlungen fällig sind und die Gesellschaft die *accrual method* der Gewinnermittlung verwendet, hat sie der Gesellschafter, auch wenn er die *cash method* der Gewinnermittlung verwendet, im Zeitpunkt der Fälligkeit zu versteuern, auch wenn die Zahlung erst in einem späteren Steuerjahr erfolgt.

[93]   *McKee, W./Nelson, W./Whitmire, R.*, Federal Taxation of Partnerships and Partners, § 13.01[1]3, S. 13-4.

zwischen dem Veräußerungserlös und dem steuerlichen Buchwert[94]. Der Charakter des Gewinns oder Verlusts hängt von der Art des Wirtschaftsguts (Kapitalwirtschaftsgut oder gewöhnliches Wirtschaftsgut) ab und der Art und Weise der Veräußerung (ein Kauf oder Tausch oder eine sonstige Veräußerung)[95]. Beim Erwerber sind grundsätzlich die Anschaffungskosten als steuerlicher Buchwert anzusetzen.

I. Veräußerer

Die gleichen Grundsätze sind im allgemeinen auch auf den Verkauf oder Tausch von Gesellschaftsanteilen einer Personengesellschaft anzuwenden. Ein Gesellschaftsanteil wird grundsätzlich als Kapitalwirtschaftsgut angesehen; vgl. Sec. 741 IRC. Der Gewinn oder Verlust des veräußernden Gesellschafters ist die Differenz zwischen dem Erlös[96] und dem steuerlichen Buchwert des Gesellschaftsanteils des Gesellschafters *("outside basis")*[97]. Um zu verhindern, daß ein Gesellschafter durch Zwischenschaltung einer Personengesellschaft gewöhnliches Einkommen in Kapitalveräußerungseinkommen umwandelt, modifiziert Subchapter K diese allgemeine Regel, indem es die Veräußerung aufspaltet[98]. Der Gesellschafter wird so behandelt, als ob er seinen Anteil an bestimmten, von der Gesellschaft gehaltenen Wirtschaftsgütern, deren Veräußerung zu gewöhnlichem Einkommen führen würden, getrennt veräußert. Dieser Teil wird dann als gewöhnlicher Gewinn oder Verlust behandelt und nicht als Kapitalveräußerungsgewinn oder -verlust[99].

---

[94] Sec. 1001 IRC.

[95] Sec. 64, 1221, 1222 IRC.

[96] Der Erlös besteht gemäß Sec. 1001(b) IRC aus dem für den Anteil erhalten Bargeld sowie dem Verkehrswert evtl. erhaltener vermögenswerter Güter. Desweiteren hat gemäß Sec. 752(d) und den Grundsätzen der Entscheidung Crane v. Commissioner, 331 U.S. 1 (1947), der veräußernde Gesellschafter die Befreiung von seinem Anteil an irgendwelchen Verbindlichkeiten der Gesellschaft dem Betrag des Erlöses hinzuzurechnen.

[97] Der steuerliche Buchwert des Gesellschaftsanteils eines Gesellschafters *("outside basis")* ist nach Sec. 705(a) IRC zu bestimmen und um seinen Anteil an den Einkünften, Gewinnen, Verlusten und Abzugsbeträgen für das laufende Steuerjahr bis zum Zeitpunkt der Veräußerung anzupassen. Obwohl das Steuerjahr einer Personengesellschaft gemäß Sec. 706(c)(1) IRC durch das Ausscheiden eines Gesellschafters im allgemeinen nicht endet, schließt es jedenfalls im Hinblick auf einen ausscheidenden Gesellschafter, der seinen gesamten Anteil an der Gesellschaft veräußert; vgl. Sec. 706(c)(2)(A)(i) IRC. Veräußert ein Gesellschafter nur einen Teil seines Anteils, so schließt das Steuerjahr der Gesellschaft gemäß Sec. 706(c)(2)(B) IRC.

[98] Siehe hierzu im einzelnen bei *Yuhas, M./Fellows, J.*, Gain on Partnership Interest Is Now More Likely to Be Ordinary, 22 Taxation for Lawyers 267 (1994).

[99] Sec. 741 IRC betimmt, daß der Gewinn oder Verlust aus der Veräußerung eines Gesellschaftsanteils ein Kapitalveräußerungsgewinn oder -verlust ist, es sei denn Sec. 751 IRC sieht etwas anderes vor.

II. Erwerber

Dieser gleiche Ansatz wird auch auf Seiten des Erwerbers angewandt. Der steuerliche Buchwert des erworbenen Anteils sind die Anschaffungskosten[100]. Wenn die Gesellschaft das Wahlrecht ausübt, kann der Anteil des steuerlichen Buchwerts eines jeden Wirtschaftsguts angepaßt werden, damit er genauer die Anschaffungskosten des Gesellschaftsanteils wiedergibt[101]. Eine solche Anpassung erfolgt aber nur im Hinblick auf den erwerbenden Gesellschafter.

D. Ausschüttungen - Entnahmen

Da die Gesellschafter nach der Aggregattheorie direkt mit ihrem Gewinn- oder Verlustanteil aus der Gesellschaft besteuert werden, sind Entnahmen in der Regel ohne steuerliche Folgen. Entnahmen sind jedoch durch eine Reihe von Vorschriften geregelt, die einer Steuervermeidung vorbeugen sollen[102].

Sec. 751(a) IRC regelt, daß der Teil des Entgelts, das ein veräußernder Gesellschafter für seinen Anteil an "ausstehenden Rechnungen" *("unrealized receivables")* und "wesentlich im Wert gestiegene Lagerbestände" *("substantially appreciated inventory")* erhält, gewöhnliches Einkommen und nicht Kapitalveräußerungsgewinn ist. Zur Problematik der Sec. 751 IRC im allgemeinen siehe *Andrews, W.*, Inside Basis Adjustments and Hot Assets Exchanges in Partnership Distributions, 47 Tax Law Review 3, 55 (1991); *Wood, R.*, Cold Body - Hot Assets: Entity and Aggregate Partnership Theories in Conflict; Treatment of IRC § 751(c) Unrealized Receivables Upon the Death of a Partner, 31 Duquesne Law Review 1, 44 (1992).

[100] Sec. 742; 752(d); 1012 IRC. Zu den Anschaffungskosten gehört auch der Teil der Verbindlichkeiten der Gesellschaft, die auf den erwerbenden Gesellschaftsanteil entfallen. Bezüglich der Abzugsfähigkeit der Finanzierungskosten für den Erwerb eines Gesellschaftsanteils siehe ausführlich bei *Banoff, S.*, Maximizing Interest Deductions on Leveraged Redemptions of Shareholders and Partners, 68 The Journal of Taxation 216 (1988).

[101] Sec. 743(a) IRC sieht vor, daß ein Anteilserwerb in der Regel keinen Einfluß auf die steuerlichen Buchwerte der Wirtschaftsgüter der Gesellschaft hat. Diese Regelung kann zu Verwerfungen in bezug auf den Charakter des Einkommens (gewöhnliches Einkommen oder Kapitalveräußerungsgewinn/-verlust) und den Zeitpunkt des Zu- und Abflusses beim Erwerber kommen. Um diese Verwerfungen zu beheben, hat die Gesellschaft gemäß Sec. 754 IRC ein Wahlrecht, die steuerlichen Buchwerte ihrer Wirtschaftsgüter gemäß Sec. 743(b) IRC anzupassen. Ist dieses Wahlrecht ausgeübt, gilt es für sämtliche folgende Steuerjahre und kann nur mit Zustimmung des Internal Revenue Service beseitigt werden. Die Ausübung des Wahlrechts zieht auch die Anpassung der steuerlichen Buchwerte im Falle von Ausschüttungen von Wirtschaftsgütern durch die Gesellschaft gemäß Sec. 734 IRC nach sich. Siehe zu dieser Problematik die kritische Stellungnahme von *Carman, W./Solomon, M.*, Section 754 - Anomalies Galore, 10 Journal of Partnership Taxation 69 (1993). Siehe auch *Steines, J.*, Partnership Allocations of Built-In Gain or Loss, 45 Tax Law Review 615, 622 (1990).

[102] Weiterführend sei auf folgendes Schriftum verwiesen: *Gergen, M.*, Reforming Subchapter K: Contributions and Distributions, 47 Tax Law Review 173 (1991); *Maydew, G.*, New Rules for Partnership Allocations, 52 Taxation for Accountants 260 (1994);

I. Barentnahmen

Nach Sec. 731(a) IRC sind Barentnahmen grundsätzlich steuerfrei. Wenn die Entnahme jedoch höher ist als der steuerliche Buchwert des Gesellschaftsanteils beim Gesellschafter, wird der übersteigende Betrag gemäß Sec. 731(a)(1) IRC als Gewinn aus dem Verkauf oder Tausch des Gesellschaftsanteils besteuert. Der steuerliche Buchwert des Gesellschaftsanteils beim Gesellschafter *("outside basis")* wird durch Entnahmen verringert (jedoch nicht unter null)[103].

II. Sachentnahmen

Gemäß Sec. 731(a), (b) IRC sind Sachentnahmen sowohl für den Gesellschafter als auch die Gesellschaft in der Regel ohne steuerliche Folgen. Die wichtigste Ausnahme sind Sachentnahmen, die nach Sec. 751(b) IRC fiktiver Verkauf oder Tausch behandelt werden[104]. Wenn darüber hinaus ein Gesellschafter ein Wirtschaftsgut in die Gesellschaft eingebracht hat, und dieses Wirtschaftsgut wird binnen fünf Jahren von einem anderen Gesellschafter entnommen, ist der ein-

---

Schmalz, J./Brumbaugh, M., Final Regulations on Contributed Property Under Section 704(c) Make Major Changes, 11 Journal of Partnership Taxation 91 (1994); *dies.*, Section 704(c) - Final and Temporary Regulations Relating to Property Contributed to a Partnership and Related Issues Under Sections 704 and 752, 52 New York University Institute on Federal Taxation 13 (1994); *Steines, J.*, Partnership Allocations of Built-In Gain or Loss, 45 Tax Law Review 615 (1990); *ders.*, Commentary Unneeded Reform, 47 Tax Law Review 239 (1991); *Stara, N.*, Has the Uniform Partnership Act Been Superseeded by Subchapter K?, 41 Drake Law Review 461 (1992); *Andrews, W.*, Inside Basis Adjustments and Hot Asset Exchanges in Partnership Distributions, 47 Tax Law Review 3 (1991); *Cunningham, N.*, Needed Reform: Tending the Sick Rose, 47 Tax Law Review, 77 (1991); *Crnkovich, R./Swirsky, K.*, Multiple Recognition Rules Complicate Partner-Partnership Transactions, 79 The Journal of Taxation 50 (1993); *Haden, E.*, The Final Regulations under IRC Sections 704(b) and 752: Envisioning Economic Risk of Loss Through a Glass darkly, 49 Washington and Lee Law Review 487 (1992); *Utz, St.*, Partnership Taxation in Transition: Of Form, Substance and Economic Risk, 43 The Tax Lawyer 693 (1990).

[103] Sec. 705(a)(2); 733 IRC.

[104] Sec. 751(b) IRC soll Verlagerungen von gewöhnlichem Einkommen und Kapitalveräußerungsgewinnen oder -verlusten zwischen den Gesellschaftern mittels Sachentnahmen verhindern. Er sieht vor, daß wenn ein Gesellschafter bei einer Entnahme (1) "ausstehenden Rechnungen" *("unrealized receivables")* und "wesentlich im Wert gestiegene Lagerbestände" *("substantially appreciated inventory")* (= "Sec. 751 property") im Austausch für seinen Teil oder seinen gesamten Anteil an anderen Wirtschaftsgütern (einschließlich Bargeld) der Gesellschaft erhält oder (2) andere Wirtschaftsgüter (einschließlich Bargeld) im Austausch für seinen Teil oder seinen gesamten Anteil an *"Sec. 751 property"* erhält, wird die Entnahme als Verkauf oder Tausch zwischen dem Gesellschafter und der Gesellschaft angesehen. Dies macht eine solche Entnahme nach den allgemeinen Regeln steuerpflichtig für den Gesellschafter und die Gesellschaft. Sec. 751(b) IRC wird jedoch nicht auf Wirtschaftsgüter angewandt, die der entnehmende Gesellschafter selber in die Gesellschaft eingebracht hat.

bringende Gesellschafter mit der Differenz zwischen Verkehrswert bei der Einbringung und dem steuerlichen Buchwert, den das Wirtschaftsgut vor der Einbringung beim Gesellschafter hatte, steuerpflichtig[105]. Darüber hinaus gibt es
noch eine Reihe von Ausnahmen zu der grundsätzlichen Steuerfreiheit von Sachentnahmen, um eine Steuervermeidung zu verhindern[106].

E.   Liquidation

I.   Liquidation eines Gesellschaftsanteils

Eine Liquidation eines Gesellschaftsanteils bedeutet das Ausscheiden eines Gesellschafters unter Auseinandersetzung der Gesellschaft im Hinblick auf sein
Ausscheiden durch eine oder eine Reihe von "Entnahmen" *("distributions")*[107].
Sec. 736 IRC regelt die steuerlichen Folgen von Zahlungen anlässlich eines solchen Ausscheidens. Sie ist nur auf Zahlungen an den ausscheidenden Gesell-
schafter oder den Rechtsnachfolger eines verstorbenen Gesellschafters anzuwenden[108]. Diese Zahlungen werden in zwei Gruppen eingeteilt. Zahlungen für den
Anteil des Gesellschafters an Wirtschaftsgütern der Gesellschaft werden gemäß
Sec. 736(b) IRC nach den allgemeinen Regeln über Entnahmen behandelt.
Nichtumfaßt von Sec. 736(b) IRC sind Zahlungen für den Anteil des Gesellschafters an "ausstehenden Rechnungen" *("unrealized receivables")* und
Goodwill[109]. Sämtliche anderen Zahlungen[110] werden entweder als Zuordnung
von Einkünften der Gesellschaft angesehen, wenn der Betrag vom Einkommen
der Gesellschaft abhängig ist, oder als garantierte Zahlung *("guaranteed payment")* nach Sec. 707(c) IRC, wenn der Betrag unabhängig vom Einkommen der
Gesellschaft ist.

II.   Liquidation der Gesellschaft

Die vollständige Liquidation einer Gesellschaft ist in Sec. 731; 732 und 735 IRC
geregelt. Die Liquidation wird grundsätzlich als Entnahme besteuert, bei der jeder Gesellschafter seinen Anteil an den einzelnen Wirtschaftsgütern der Gesellschaft entnimmt. Dies hat zur Folge, daß wenn ein Gesellschafter einen unver-

---

[105] Sec. 704(c)(1)(B) IRC. Vgl. hierzu ausführlich und grundlegend *Steines, J.*, Part-
nership Allocations of Built-In Gain or Loss, 45 Tax Law Review 615 (1990). Siehe auch
Stara, N., Has the Uniform Partnership Act Been Superseeded by Subchapter K?, 41
Drake Law Review 461 (1992).

[106] Vgl. Sec. 732; 733;735 IRC.

[107] Vgl. 761(d) IRC. Der ausceidende Gesellschafter dessen Anteil liquidiert wird, wird
als *"retiring partner"* bezeichnet.

[108] Regs. § 1.736-1(a)(1)(i).

[109] Sec. 736(b)(2) IRC. Es sei denn, der Gesellschaftsvertrag sieht eine bestimmte Zahlung für Goodwill vor.

[110] Also Zahlungen für "ausstehende Rechnungen" *("unrealized receivables")*, Goodwill
oder sonstige Abfindungszahlungen.

hältnismäßig hohen Anteil an "ausstehenden Forderungen" *("unrealized receivables")* und "wesentlich im Wert gestiegene Lagerbestände" *("substantially appreciated inventory")* oder an anderen Wirtschaftsgütern entnimmt, Sec. 751(b) IRC zur Anwendung kommt. Sec. 751(b) IRC behandelt den überschießenden Teil der Entnahme als steuerpflichtigen Verkauf oder Tausch für den Gesellschafter und die Gesellschaft.

F.   Tod eines Gesellschafters

Wenn ein Gesellschafter stirbt gibt es grundsätzlich drei Möglichkeiten:

1.   Der Gesellschaftsanteil geht auf einen bestimmten Rechtsnachfolger des Gesellschafters über, der in die Gesellschafterstellung einrückt.

2.   Der Gesellschaftsanteil wird gemäß eines bereits vorher bestehenden Veräußerungsvertrages veräußert.

3.   Der Gesellschaftsanteil wird gemäß einer bereits vorher bestehenden Vereinbarung unter den Gesellschaftern liquidiert.

Die steuerlichen Folgen in allen drei Möglichkeiten sind für die Besteuerung des Gesellschafters und der Gesellschaft unterschiedlich[111].

I.   *Rechtsnachfolger als Gesellschafter*

Stirbt ein Gesellschafter, so endet sein Steuerjahr mit seinem Tod[112]. Jedoch endet das Steuerjahr der Gesellschaft nicht im Zeitpunkt des Todes des Gesellschafters, wenn ein Rechtsnachfolger in die Gesellschafterstellung einrückt[113]. Dies hat zur Folge, daß der verstorbene Gesellschafter nur den bis zu seinem Tode angefallenen Anteil am Einkommen der Gesellschaft zu versteuern hat. Der Nachfolger hat dann das Einkommen, das im restlichen Steuerjahr anfällt sowie den gesamten auf dieses Steuerjahr entfallenden Anteil am Gewinn oder Verlust der Gesellschaft zu versteuern[114].

II.   *Verkauf*

Wenn der Gesellschaftsanteil gemäß eines bereits vorher bestehenden Veräußerungsvertrages im Zeitpunkt des Todes veräußert wird, endet auch das Steuer-

---

[111] Eine weitergehende Darstellung der steuerlichen Folgen des Todes eines Gesellschafters würde über den Umfang dieser Arbeit hinausgehen. Es sei an dieser Stelle auf die ausführliche Darstellung von *Wood, R.*, Cold Body - Hot Assets: Entity and Aggregate Partnership Theories in Conflict; Treatment of IRC § 751(c) Unrealized Receivables Upon the Death of a Partner, 31 Duquesne Law Review 1 (1992), verwiesen. Sec. 751 IRC u.a. auch im Falle des Todes eines Gesellschafters Verlagerungen von gewöhnlichem Einkommen und Kapitalveräußerungsgewinnen oder -verlusten zwischen den Gesellschaftern verhindern.

[112] Sec. 443(a)(2) IRC.

[113] Sec. 706(c)(1) IRC.

[114] Regs. § 1.706-1(c)(3)(i) und (ii).

jahr des verstorbenen Gesellschafters[115]. Steuerpflichtig sind aber dann nicht nur sein Anteil am Einkommen der Gesellschaft, sondern auch sein Anteil am Gewinn oder Verlust der Gesellschaft in diesem verkürzten Steuerjahr[116].

III.   *Verkauf oder Liquidation durch den Rechtsnachfolger*

Wenn der Rechtsnachfolger den gesamten Gesellschaftsanteil des verstorbenen Gesellschafters verkauft oder liquidiert ohne in die Gesellschafterstellung einzurücken, so endet das Steuerjahr der Gesellschaft im Hinblick auf den verstorbenen Gesellschafter mit dem Zeitpunkt des Verkaufs oder der Liquidation[117].

G.   Pflicht zur Abgabe einer Steuererklärung

Alle US-*partnerships* genauso wie ausländische *partnerships*, die eine Geschäftstätigkeit in den USA ausüben oder Einkünfte aus US-Quellen beziehen, sind durch Gesetz verpflichtet, Steuererklärungen abzugeben; Sec. 6031 IRC.

I.   *Art der Steuererklärung*

Obwohl eine *partnership* kein Steuersubjekt ist[118], ist sie Subjekt der Einkommensermittlung und gemäß Sec. 6031 IRC verpflichtet, eine Steuererklärung auf Form 1065 abzugeben[119]. Abgesehen von einigen Ausnahmen[120], berechnet eine *partnership* ihr Einkommen in gleicher Weise wie eine natürliche Person[121]. Diese Erklärung hat auch die Namen und Adressen der Gesellschafter sowie deren jeweiligen Anteil zu enthalten. Der Anteil an Einkommen, Abzugsbeträgen und Steuerguthaben, der auf einen Gesellschafter entfällt, wird ihm dann von der Gesellschaft mittels Schedule K-1 mitgeteilt. Der Gesellschafter hat diese Positionen dann auf seiner Einkommenserklärung übereinstimmender mit der Behandlung bei der Gesellschaft zu erklären. Tut er das nicht, so hat er gemäß Sec. 6222 IRC den Internal Revenue Service von dieser Abweichung und den Gründen dafür zu informieren[122].

---

[115] Sec. 706(c)(2)(A)(i).

[116] Regs. § 1.706-1(c)(3)(iv).

[117] Regs. § 1.706-1(c)(3)(i).

[118] Vgl. Sec. 701 IRC.

[119] Sog. "information return".

[120] Die Ausnahmen sind wie folgt: lang- und kurzfristige Kapitalveräußerungsgewinne *(capital gains)* und Kapitalveräußerungsverluste *(capital losses)*, Gewinne und Verlusten nach Sec. 1231 IRC *(recapture provision)* sowie andere in Sec. 702(a) IRC aufgeführte Einkommenspositionen sind separat aufzuführen; Persönliche Befreiungen *(personal exemptions)*, Nettobetriebsverluste *(net operating loss)*, Substanzverringerungen *(depletion)* und andere Abzugsposten (wie z.B. Spenden zu wohltätigen Zwecken nach Sec. 170(c) IRC und anrechenbare ausländische Steuerguthaben nach Sec. 901 IRC) dürfen nicht angesetzt werden.

[121] Vgl. Sec. 703 IRC.

[122] Die Mitteilung erfolgt auf Form 8082.

II. Abgabefrist und -ort

Wie bereits oben erwähnt, besitzt eine *partnership* genauso wie ein Steuerpflichtiger ein Steuerjahr, das sich nach Sec. 706 IRC bestimmt. Gemäß den Regulations muß eine Steuererklärung einer *partnership*, deren sämtliche Gesellschafter nichtansässige Ausländer sind oder deren Geschäftsunterlagen und Bücher außerhalb den USA und Puerto Rico geführt werden, spätestens am 15. Tag des sechsten Monats nach dem Schluß des Steuerjahres der Gesellschaft eingereicht werden. In allen anderen Fällen ist die Steuererklärung spätestens am 15. Tag des vierten Monats nach dem Schluß des Steuerjahres der Gesellschaft einzureichen[123].

Normalerweise reicht eine *partnership* die Steuererklärung in dem Internal Revenue Service Center des Bundesstaates ein, in dem sie ihre Hauptgeschäftsniederlassung, ihren Hauptsitz oder Vertretung hat. Wenn die *partnership* keine besitzt, so ist sie im Internal Revenue Service Center Philadelphia[124] einzureichen.

---

[123] Vgl. Regs. § 1.6031-1(e)(2)

[124] Internal Revenue Service Center, Philadelphia, Pennsylvania 19255.

Kapitel 2: US-Besteuerung ausländischer Beteiligungen an US-Personengesellschaften

A. Allgemeines

Das US-Steuerrecht rechnet Gesellschafter einer US-Personengesellschaft *(partnership)*, die nicht in den USA ansässig sind, der Gruppe der nichtansässigen Ausländer[1] (beschränkt Steuerpflichtige) zu. Nichtansässige Ausländer[2] sind in den USA beschränkt auf folgende zwei Arten von Einkünften steuerpflichtig:

- Einkünfte, die "effektiv verbunden" (*effectively connected*)[3] mit dem "Ausüben einer Geschäftstätigkeit in den USA"[4] sind[5] und

- passive Investmenteinkünfte[6] (z.B. Dividenden, Zinsen, Lizenzeinkünfte und einige Arten von Mieteinkünften) aus US-Quellen.

---

[1] *"Nonresident aliens"* (nichtansässige Ausländer) werden nur mit ihren Einkünften aus US-Quellen besteuert, während *"resident aliens"* (ansässige Ausländer) wie US-Staatsbürger mit ihrem weltweiten Einkommen der US-Besteuerung unterliegen. Die Begriffe *"resident"* und *"nonresident alien"* sind 1984 detailliert in Sec. 7701(b) geregelt worden. *"Resident alien"*-Status kann sich für einen Ausländer nur auf drei Weisen ergeben:

(1) *Permanent residence test*, wenn er sich rechtmäßig mit einem Einwanderungsvisum (*"green card"*) in den USA aufhält, Sec. 7701(b)(1)(A)(i), (b)(6) IRC.

(2) *183-day test*, wenn er sich im laufenden Kalenderjahr 183 Tage oder mehr in den USA aufhält, Sec. 7701(b)(3) IRC, und er nicht zu den ausgenommenen Personengruppen zählt, Sec. 7701(b)(5) IRC (Lehrer, Studenten, Praktikanten und Personen, die von ausländischen Regierungen in den USA beschäftigt sind).

(3) *Cumulative presence test*, wenn er sich im laufenden Jahr mindestens 31 Tage in den USA aufhält, und die Summe der Anwesenheitstage in den USA im laufenden Jahr zuzüglich 1/3 der Anwesenheitstage im Vorjahr und 1/6 der Anwesenheitstage im vorletzten Jahr mindestens 183 Tage beträgt, so gilt er kraft Gesetz als ansässig, Sec. 7701(b)(3)(A) IRC. Bei einem Aufenthalt von weniger als 183 Tagen im laufenden Jahr und dem Vorliegen engerer Beziehungen zu einem anderen Staat wird er jedoch nicht als ansässig betrachtet, Sec. 7701(b)(3)(B) IRC.

Alle Ausländer, die keine dieser drei Voraussetzungen erfüllen, sind *"nonresident aliens"*. Vgl. *Doernberg, R.*, International Taxation, S. 17 ff. Zur Besteuerung beschränkt steuerpflichtiger natürlicher Personen in den USA allgemein: *Khokhar, J./Balkin, J.G.*, Nonresident Individuals - U.S. Income Taxation, 340 Tax Management Portfolio.

[2] Der Begriff ensprich dem Begriff der beschränkt Steuerpflichtigen im deutschen Steuerrecht.

[3] Definiert in Sec. 864(c) IRC. Grundlegend zum Begriff des *"effectively connected"* siehe *Dale, H.*, Effectively Connected Income, 42 Tax Law Review 689 (1987).

[4] Definiert in Sec. 864(b) IRC, "trade or business within the United States".

[5] Geregelt in Sec. 871(b) IRC für natürliche Personen (*individuals*) und Sec. 882 IRC für ausländische Körperschaften (*foreign corporations*).

B. Einkünfte, die mit dem Ausüben einer Geschäftstätigkeit in den USA effektiv verbunden sind

Einem nichtansässigen Ausländer wird nach Sec. 875(a) IRC das Ausüben einer Geschäftstätigkeit durch die Personengesellschaft in den USA zugerechnet. Er ist damit dem Regime des *"effectively connected"*-Konzepts unterworfen[7]. Der auf den nichtansässigen Gesellschafter entfallende Anteil der Einkünfte, die mit dem Ausüben einer Geschäftstätigkeit der Personengesellschaft effektiv verbunden sind[8], ist auf Nettobasis mit den gleichen progressiven Steuersätzen wie sie für US-Staatsbürger und ansässige Ausländer gelten zu versteuern[9]. Die Gesellschaft

---

[6] Diese passiven Investmenteinkünfte werden als *"fixed or determinable annual or periodic income"* (*"FDAPI"* oder *"FDAP income"*; feststehende oder bestimmbare jährliche oder periodische Einkünfte), Regs. § 1.871-7(b), beschrieben und regeln sich nach Sec. 871(a) IRC für natürliche Personen (*individuals)* und Sec. 881 IRC für ausländische Körperschaften *(foreign corporations)*. Obwohl in Sec. 871(a)(1)(A) und Sec. 881(a)(1) IRC ausdrücklich aufgeführt (*"... salarie, wages, ... compensations, remunerations, emoluments ..."*), werden Einkünfte aus Dienstleistungen nicht zu den passiven Investmenteinkünften gerechnet, sondern als *"effektiv verbunden"* mit dem *"Ausüben einer Geschäftstätigkeit"* behandelt und für natürliche Personen nach Sec. 871(b) bzw. für ausländische Körperschaften nach Sec. 882 besteuert; vgl. Regs. § 1.864-4(c)(6)(ii). Grund dafür ist ein gesetzgeberisches Redaktionsversehen im Jahre 1936; siehe *Doernberg, R.L.*, International Taxation, S. 12 f.

[7] Es genügt hierfür, wenn die Gesellschaft zu irgendeinem Zeitpunkt während des Steuerjahres eine solche Geschäftstätigkeit ausübt, vgl. hierzu im einzelnen Regs. § 1.875-1.

[8] Sec. 864(c)(2) IRC schreibt zwei Konzepte vor, nach denen beurteilt wird, ob Veräußerungsgewinne und passive Investmenteinkünfte mit einer Geschäftstätigkeit effektiv verbunden sind. Dies sind das *"asset use"*- und das *"business-activities"*-Konzept. Das *"asset use"*-Konzept dient hauptsächlich dazu, ob passive Investmenteinkünfte aus US-Quellen effektiv verbunden sind, Regs. § 1.864-4(c)(2)(i). Das *"business-activities"*-Konzept wird primär dazu verwandt, um zu entscheiden, ob Veräußerungsgewinne oder passive Investmenteinkünfte einer Geschäftstätigkeit zuzurechnen sind, die vom nichtansässigen Ausländer hauptberuflich ausgeübt wird, z.B. Kursgewinne und Dividenden eines Wertpapierhändlers. Siehe hierzu auch *Isenbergh, J.*, International Taxation, Vol. I, Chapter 10.4, S. 318 ff; *McDaniel, P.R./Ault, H.J.*, Introduction to United States International Taxation, Chapter 5.3, S. 57 ff.; *Doernberg, R.L.*, International Taxation, S. 25 ff.

[9] Sec. 871(b) und 882(a) IRC. Handelt es sich bei dem nichtansässigen Gesellschafter um eine Kapitalgesellschaft (sog. *"foreign corporate partner"*), so ist ist auf seinen Anteil an den Einkünften, die mit der Ausübung eines Geschäftsbetriebs in den USA effektiv verbunden sind, zudem die Betriebstätten-Gewinnsteuer (*"branch profits tax"*) zu entrichten, vgl. Sec. 884 IRC. Das Diskriminierungsverbot des Art. XVIII Abs. 3 DBA-USA 1954/65 schloß die Erhebung dieser Steuer jedoch aus. Anders das DBA-USA 1989, nach Art. 10 Abs. 8 lit. a i.V.m. Art. 32 Abs. 5 darf für Steuerjahre, die nach dem 31.12.1990 beginnen eine *branch profits tax* in Höhe von 5 Prozent erhoben werden. Zur *"branch profits tax"* allgemein siehe *Blessing, P./Markwardt, P.*, Branch Profits Tax,

ist dabei verpflichtet, den auf den nichtansässigen Gesellschafter entfallenden Steuerbetrag auf diese effektiv verbundenen Einkünfte einzubehalten und abzuführen[10]. Die Frage, ob eine Geschäftstätigkeit durch eine Personengesellschaft[11] in den USA ausgeübt wird, bestimmt sich nach Maßgabe sämtlicher Einzelheiten und Umstände[12].

Erzielt die Gesellschaft passive Investmenteinkünfte aus US-Quellen, die nicht mit dem Ausüben einer Geschäftstätigkeit der Gesellschaft in den USA effektiv verbunden sind, so unterliegt der Anteil eines nichtansässigen Gesellschafters daran einem 30%igen Steuersatz auf den Bruttobetrag[13]. Auch hierbei ist die Gesellschaft verpflichtet, die darauf entfallenden Steuern einzubehalten[14].

Die vorstehenden Ausführungen gelten für Einkünfte der Gesellschaft, die der nichtansässige Gesellschafter anteilig von dieser bezieht. Hat der nichtansässige Gesellschafter darüber hinaus zusätzlich noch eigene passive Investmenteinkünfte[15], die nicht mit der Geschäftstätigkeit der Gesellschaft (oder eigener Ge-

---

902-2nd Tax Management Portfolio; *Isenbergh, J.*, International Taxation, Vol. I, Chapter 12, S. 367 ff.

[10] Sec. 1446 IRC. Dabei hat die Gesellschaft die Steuer nach dem höchsten, anzuwendenden Steuersatz zu berechnen. D.h. der Gesellschafter kommt im Rahmen dieses Abzugsverfahrens zunächst nicht in den Genuß der niedrigeren Steuersätze der unteren Progressionsstufen. Zusätzlich hat der nichtansässige Gesellschafter eine Steuererklärung abzugeben; vgl. Regs. §§ 1.6012-1(b)(1), 1.6012-2(g)(1). Stellt sich anhand dieser Steuererklärung heraus, daß zuviel Steuern einbehalten wurden (nun unter Anwendung der einzelnen, niedrigeren Progressionsstufen, ist der Gesellschafter zu einer Rückvergütung der zuviel einbehaltenen Steuern berechtigt; vgl. Regs. § 1.1446(d)(1).

[11] Hierbei ist gleichgültig, ob es sich um eine Personengesellschaft handelt, die nach dem Recht eines US-Bundesstaates errichtet wurde, *("domestic partnership")* oder einer andern *("foreign partnership")*. Vgl. oben Teil 1 Kapitel 2 B. II. 2 a) zur Frage, ob es sich um eine *"domestic"* oder *"foreign partnership"* vorliegt.

[12] Spermacet Whaling and Shipping Co. v. Commissioner, 30 T.C. 618 (1958), aff'd. 281 F.2d 646 (6th Cir. 1960). Vgl. *Brown, K./Rabinovitz, J.*, International Tax Problems of Partnerships, Länderbericht USA, CDFI Bd. LXXXa (1995), S. 565 (575). Bestimmte Handelsgeschäfte mit Aktien, Wertpapieren und Warentermingeschäften sind jedoch nach Sec. 864(b)(2) ausgenommen.

[13] Sec. 871(a)(1) und Sec. 881(a) IRC.

[14] Sec. 1441 IRC.

[15] Einige passive Investmenteinkünfte sind jedoch vom Steuerregime der Sec. 871(a) IRC befreit. Z.B. Zinsen auf Einlagen bei US-Banken, Sec. 871(1)(2)(A) IRC; Teile von Dividenden, die US-Körperschaften zahlen, die mindestens 80 % ihrer Einkünfte aus aktiver ausländischer Geschäftstätigkeit erzielen, Sec. 871(i)(2)(B) IRC; sog. *"portfolio interest"*, d.h. Zinsen auf Finanzierungsinstrumente, die nicht an US-Staatsbürger oder ansässige Ausländer emittiert werden dürfen, Sec. 871(h) IRC.

schäftstätigkeit) effektiv verbunden sind, so ist er mit diesen einem 30 %igen Steuersatz auf die Bruttoeinkünfte unterworfen.

Als wichtige Ausnahme[16] von diesen beiden Steuerregimes anzusehen, sind jedoch Veräußerungsgewinne aus dem Verkauf von in den USA belegenem Grundvermögen oder Anteilen einer als US-Grundstücksholding[17] klassifizierten US-Kapitalgesellschaft[18]. Diese gelten stets als steuerpflichtige Einkünfte aus einer US-Geschäftstätigkeit[19], auch wenn geltende DBA-Bestimmungen dem entgegenstehen sollten[20]. Abschnitt 13 des Protokolls zum DBA-USA bezieht Anteile einer US-Grundstücksholding (*real property interest*) in die Definition des US-belegenen Grundvermögens ausdrücklich ein. Der Steuersatz hierauf ist der

---

[16] Eine weitere Ausnahme, die wohl nur selten vorkommt, ist in Sec. 871(a)(2) IRC geregelt. Sie betrifft die Besteuerung des Überschusses der Veräußerungsgewinne über die Veräußerungsverluste eines nichtansässigen Ausländers aus US-Quellen, der sich 183 Tage oder mehr in einem Steuerjahr in den USA aufhält, mit einem Steuersatz von 30 %. Unter gewöhnlichen Umständen wird ein Ausländer, der sich 183 Tage oder mehr während eines Steuerjahres in den USA aufhält, als ansässiger Ausländer behandelt und damit den, für US-Staatsbürger üblichen Steuersätzen auf sein Welteinkommen unterworfen, Sec.7701(b) IRC, und für Sec. 871(a)(2) IRC bliebe keine Anwendungsmöglichkeit. Ausgenommen sind hiervon jedoch Lehrer, Studenten, Praktikanten und Personen, die von ausländischen Regierungen in den USA beschäftigt sind, Sec. 7701(b)(5) IRC, auf sie ist daher Sec. 871(a)(2) IRC anzuwenden.

[17] United States real property holding corporation, definiert in Sec. 897(c)(2).

[18] Die Besteuerung von Veräußerungsgewinnen aus US-Grundvermögen ist nicht Gegenstand dieser Arbeit, es sei doch auf folgendes Schrifttum verwiesen: Speziell zur Besteuerung von Veräußerungsgewinnen aus US-Grundvermögen bei ausländischen Gesellschaftern: *Milani, K./Wrappe, St.*, Disposition of U.S. Real Property Intersts by Foreign Partners - Tax Provisions, Pitfalls, and Planning Possibilities, 20 Journal of Real Estate Taxation 149 (1993); *Bell, W./Shoemaker, D.*, Foreign Direct Investment in U.S. Real Estate: The Screws Tighten, 8 Journal of Partnership Taxation 258 (1991); *Onsager, R.*, The Tax Treatment of Real Estate Partnerships With Forreign Partners, 17 Journal of Real Estate Taxation 126 (1990); *Milani, K.*, 17 Journal of Real Estate Taxation 317 (1990). Allgemein zur Besteuerung von U.S.-Grundvermögen: *Rubin, B.*, Recent Developments Affecting Real Estate: The 1993 Tax Act; unter besonderer Berücksichtigung von beschränkt Steuerpflichtigen: *Isenbergh, J.*, International Taxation, Vol. I, Chapter 11, S. 339 ff.; *Rhoades, R. v.Thülen/Langer, M.J.*, Income Taxation of Foreign Related Transactions, Vol. 1, Chapter 2A; *Austrian, S./Schneider, W.*, Tax Aspects of Foreign Investment in U.S. Real Estate, 45 The Tax Lawyer 385 (1992); *Bruse, M.*, Steuerliche Aspekte der Anlage in US-Immobilien, DB 1989, S. 294 ff.; *Maiers, J.*, Foreign-Owned United States Real Estate: Post-FIRPTA Tax Planning, 37 The Tax Lawyer 577 (1984).

[19] Sec. 897 (a) IRC.

[20] Public Law 96-499, § 1125(c)(2), 94 Stat. 2599, 2690 (1980). Bezüglich der genauen Auswirkungen und Regelungen dieses Gesetzes siehe *Isenbergh, J.*, International Taxation, Vol. I, Chapter 11.19, S. 362 f.

gleiche, den US-Staatsbürger und ansässige Ausländer auf ihre Veräußerungsgewinne zahlen. Sonstige Veräußerungsgewinne sind steuerfrei.

Des weiteren unterliegt der nichtansässige Ausländer für alle übrigen Einkünfte[21], die weder passive Investmenteinkünfte, noch mit der Geschäftstätigkeit
effektiv verbunden sind, noch sonstige Veräußerungsgewinne[22] darstellen, den
gleichen Steuersätzen wie US-Staatsbürger und ansässige Ausländer (sog. *"force
of attraction principle"*, Attraktivitätsprinzip)[23].

C. Passive Investmenteinkünfte - "FDAP Income"

Wie bereits erwähnt, unterliegt ein nichtansässiger Gesellschafter auch mit sei-
nem Anteil an passiven Investmenteinkünften der Gesellschaft, die nicht mit dem
Ausüben einer Geschäftstätigkeit (der Gesellschaft) in den USA effektiv verbun-
den sind, einer US-Steuerpflicht[24]. Dabei ist die Gesellschaft verpflichtet die
Steuer in Höhe von 30 % auf diese Einkünfte einzubehalten[25]. Ausgenommen
hiervon ist jedoch sog. *"portfolio interest"* nach Sec. 871(h) und Sec. 881(c)
IRC, d.h. Zinsen, die von einer Wirtschaftseinheit gezahlt werden, an der der
Gläubiger mit weniger als 10 Prozent am Eigenkapital beteiligt ist[26].

Erhält ein nichtansässiger Gesellschafter von seiner Gesellschaft Sondervergütungen *("guaranteed payments")*, so sind diese bei der Gesellschaft genauso abzugsfähig, wie wenn sie an einen ansässigen Gesellschafter gezahlt werden würden. Der empfangende Gesellschafter hat sie daher grundsätzlich zu versteuern.
Im Falle von Diensten, die der Gesellschafter für die Gesellschaft erbracht hat,

---

[21] Geregelt in Sec. 864(c)(3) IRC, der alle sonstigen Gewinne aus US-Quellen als effektiv verbunden wertet, ohne Rücksicht darauf, ob sie einen Bezug zur ausgeübten Geschäftstätigkeit haben oder nicht. Hierunter fallen vor allem Einkünfte aus dem Verkauf
von Umlaufvermögen, da sie weder unter dem *"asset use"*-Konzept, noch unter dem
"business-activities"-Konzept in Sec. 864(c)(2) IRC fallen. Hierzu, zu möglichen weiteren
erfaßten Einkünften sowie der Problematik der Sec. 864(c)(3) IRC siehe *Isenbergh, J.*,
International Taxation, Vol. I, Chapter 10.6, S. 322 ff.

[22] Dies sind Veräußerungsgewinne, die nicht aus US-belegenem Grundvermögen stammen oder effektiv mit einer Geschäftstätigkeit in den USA verbunden sind.

[23] Vgl. hierzu auch *Brown, K./Rabinovitz, J.*, International Tax Problems of Partnerships, Länderbericht USA, CDFI Bd. LXXXa (1995), S. 565 (575 f.).

[24] Sec. 871(a)(1) und Sec. 881(a) IRC.

[25] Sec. 1441 IRC. Falls die Gesellschaft oder die Gesellschafter während des ganzen
Jahres keine Geschäftstätigkeit in den USA ausüben, ist keine Steuererklärung des Gesellschafters hierfür erforderlich. Die Steuer ist damit abgegolten; vgl. Regs. § 1.6012-
1(b)(2) und § 1.6012-2(g)(2).

[26] Unklar ist allerdings, ob für diese 10%ige Beteiligungsgrenze die Ebene der Gesellschaft oder der Gesellschafter maßgeblich ist; vgl. hierzu *Brown, K./Rabinovitz, J.*, International Tax Problems of Partnerships, Länderbericht USA, CDFI Bd. LXXXa (1995),
S. 565 (576 f.).

ist eine US-Steuerpflicht davon abhängig, ob die Dienste in den USA oder im Ausland geleistet wurden. Wurden sie in den USA erbracht, so sind sie genauso steuerpflichtig, wie wenn es sich um einen US-Gesellschafter gehandelt hätte[27]. Nicht so klar ist jedoch die Behandlung von Zinsen für die Hingabe eines Darlehens. Grundsätzlich müßten die allgemeinen Quellenregeln darauf anzuwenden sein. In diesem Falle würde es sich um Zinsen aus US-Quellen handeln, wenn die Gesellschaft eine Geschäftstätigkeit in den USA ausübt (sog. *"resident partnership"*[28]), d.h. der Gesellschafter hätte sie in den USA zu versteuern[29]. Es ist jedoch davon auszugehen, daß diese Zinsen ohnehin nicht unter die Regelungen über den sog. *"portfolio interest exemption"*[30] fallen und sie deshalb sowieso in den USA steuerpflichtig wären[31].

---

[27] Vgl. hierzu bereits oben Teil 4 Kapitel 1 B. III. 2.

[28] Zu den Begriffen der *"resident"* und *"nonresident partnership"* siehe bereits oben Teil 1 Kapitel 2 B. II. 2. b).

[29] Regs. § 301.7701-5; § 1.861-2(a)(2)(iii) und (iv).

[30] Zu beachten ist, daß diese *"portfolio interest exemption"* ohnehin nur eingreifen würde, wenn der Gesellschafter weniger als 10 Prozent der Anteile an der Gesellschaft besitzen würde.

[31] Vgl. auch *Brown, K./Rabinovitz, J.*, International Tax Problems of Partnerships, Länderbericht USA, CDFI Bd. LXXXa (1995), S. 565 (577).

Kapitel 3: US-Besteuerung einer US-Beteiligung an ausländischen Personengesellschaften

A. Einkünfte der ausländischen Personengesellschaft, die nicht aus den USA stammen

Eine ausländische Personengesellschaft ist eine, die nicht nach dem Recht der USA oder einer ihrer Bundesstaaten errichtet ist[1]. Für die Frage, ob es sich um eine ausländische Personengesellschaft handelt oder nicht, wenden die USA ihre eigenen Einordnungsregeln *("classification")* an[2]. Liegt in diesem Sinne eine ausländische Personengesellschaft vor, so bestimmt sich die Art der Einkünfte *"character of income"*, die ein US-Gesellschafter bezieht, auf der Ebene der Gesellschaft; genauso, als ob es sich um eine US-Personengesellschaft handeln würde[3].

Grundsätzlich werden "Sondervergütungen" *("guaranteed payment")*, die ein US-Gesellschafter von seiner ausländischen Gesellschaft erhält, so behandelt, wie wenn sie von einem fremden Dritten erfolgen würden[4]. Für den US-Gesellschafter ist die Frage, ob es sich hierbei um Einkünfte aus US-Quellen oder ausländischen Quellen handelt von entscheidender Bedeutung, denn nur für auf ausländische Einkünfte gezahlte Steuern kann er eine Steueranrechnung beanspruchen. Zinszahlungen von der Gesellschaft für die Hingabe eines Darlehens sind dann solche aus US-Quellen, wenn die ausländische Gesellschaft eine Ge-

---

[1]   Sec. 7701(a)(4); vgl. bereits oben Teil 1 Kapitel 2 B. II. 2. a).

[2]   Siehe hierzu bereits oben Teil 3 Kapitel 1. Wird die ausländische Gesellschaft in ihrem Gründungs- und Sitzstaat als Personengesellschaft (transparent) besteuert, während die USA nach ihren Regeln eine *"association taxable as a corporation"* in ihr sehen (intransparente Besteuerung), so ist der in den USA ansässige Gesellschafter zur Anrechnung der ausländischen Steuern, die auf seinen Anteil an den Einkünften der ausländischen Gesesellschaft entfallen, berechtigt; Rev. Rul. 72-197, 1972-1 C.B. 215. Zudem ist er zur Anrechnung der Steuern berechtigt, die bei dieser Gesellschaft im Ausland erhoben werden, wenn er für diese nach Gesetz persönlich haftet; vgl. Arundel Corp. v. United States, 102 F.Supp. 1019 (Ct.Cl. 1952). Vgl. zur Problematik der unterschiedlichen Einordnung von Rechtsgebilden aus US-Sicht: *Loengard, R.*, Tax Treaties, Partnerships and Partners: Exploration of a Relationship, 29 The Tax Lawyer 31 (1975); *Davis, B./Lainoff, St.*, U.S. Taxation of Foreign Joint Ventures, 46 Tax Law Review 165 (1991).

[3]   Sec. 702(b) IRC.

[4]   Genauso werden solche Zahlungen im rein nationalen Kontext gesehen; vgl. hierzu bereits oben Teil 4 Kapitel 1 B. III. 2. Im Falle von im Ausland geleisteten Diensten des US-Gesellschafters für die Gesellschaft können diese Einkünfte u.U. nach Sec. 911 IRC von einer US-Steuerpflicht ausgeschlossen sein.

schäftstätigkeit in den USA ausübt. Denn sie ist dann eine *resident partnership*[5], deren Zinszahlungen solche aus US-Quellen sind[6]. Bei Mietzahlungen für die Nutzungsüberlassung materieller oder immaterieller Wirtschaftsgüter bestimmt sich die Quelle aus dem Ort der Nutzung[7].

Ein US-Gesellschafter einer ausländischen Personengesellschaft kann für Steuern, die er auf seine anteiligen Einkünfte im Ausland zahlt oder die bei der Gesellschaft erhoben werden, eine Anrechnung auf seine US-Steuerschuld beanspruchen *("foreign tax credit")*[8].

B. Einkünfte der ausländischen Personengesellschaft, die aus den USA stammen

Grundsätzlich werden die anteiligen US-Einkünfte eines US-Gesellschafters einer ausländischen Personengesellschaft so behandelt wie ausländische Einkünfte. Jedoch kann der US-Gesellschafter keine Anrechnung ausländischer Steuern beanspruchen, die dieser auf diese anteiligen Einkünfte zu entrichten hatte oder bei der Gesellschaft direkt erhoben worden sind. Ein US-Gesellschafter einer ausländischen Gesellschaft hat keinen Anspruch auf Anrechnung der Steuern, die auf Einkünfte aus US-Quellen im Ausland erhoben werden. Der Grund hierfür ist, daß die Quelle der Einkünfte einer ausländischen Personengesellschaft nach den US-Quellenregeln gemäß Sec. 861 bis Sec. 865 IRC bestimmt werden. D.h. die Frage, ob Einkünfte aus US-Quellen bei der ausländischen Personengesellschaft vorliegen, wird auf der Ebene der Gesellschaft bestimmt, so als ob die Gesellschaft die Einkünfte direkt beziehen würde. Die Auswirkungen dieser Quellenbestimmung ergeben sich aber bei US-Gesellschaftern auf der Ebene der Gesellschafter[9].

---

[5] Zu den Begriffen der *resident* und *nonresident partnership* siehe bereits oben Teil 1 Kapitel 2 B. II. 2. b).

[6] Zur Frage ob Zinszahlungen einer Personengesellschaft solche aus US- oder aus ausländischen Quellen sind siehe im einzelnen unten Teil 4 Kapitel 4.

[7] *Brown, K./Rabinovitz, J.*, International Tax Problems of Partnerships, Länderbericht USA, CDFI Bd. LXXXa (1995), S. 565 (580).

[8] Sec. 901(b)(1), (2), (5) i.V.m. Sec. 702(a)(6) IRC. Wird die ausländische Gesellschaft jedoch in ihrem Sitzstaat als Personengesellschaft (transparent) besteuert, während die USA in ihr eine *"association taxable as a corporation"* sehen (intransparente Besteuerung), so richtet sich eine Anrechnung einer ausländischen Steuer nach Sec. 901, 906 IRC; vgl. Rev. Rul. 72-197, 1972-1 C.B. 215.

[9] Vgl. *Brown, K./Rabinovitz, J.*, International Tax Problems of Partnerships, Länderbericht USA, CDFI Bd. LXXXa (1995), S. 565 (581).

Kapitel 4: US-Quellenregeln für Zinszahlungen von und an eine Personengesellschaft

Die US-Quellenregeln[1] sind wichtig sowohl für US-Staatsbürger, ansässige Ausländer, ansässige Personengesellschaften und US-Körperschaften, als auch für nichtansässige Ausländer, nichtansässige Personengesellschaften und ausländische Körperschaften. Für die ersteren sind sie wichtig für die Frage der Art und Weise der Anrechnung ausländischer Steuern[2]. Für die letzteren sind sie aus zwei Gründen wichtig. Zum einen unterliegen sie der US-Besteuerung grundsätzlich nur mit Einkünften aus US-Quellen[3] Zum anderen für die Frage, ob die Zinszahlungen[4], die sie leisten aus US- oder aus ausländischer Quelle stammen. Verbunden hiermit ist die Frage, ob ein Gläubiger zur Einbehaltung einer 30%igen Abzugsteuer verpflichtet ist, wenn er an nichtansässige Ausländer, nichtansässige Personengesellschaften oder ausländische Körperschaften leistet[5].

Die Quelle einer Zinszahlung, die eine Personengesellschaft leistet, bestimmt sich allein nach ihrer Ansässigkeit *("resident"* oder *"nonresident partnership")*[6]. Wie bereits erwähnt, ist alleiniges Kriterium für die Ansässigkeit einer Personengesellschaft, ob sie in den USA *"eine Geschäftstätigkeit ausübt"*[7]. Tut sie das, ist sie in den USA ansässig. Zahlt sie Zinsen, so sind das für den Gläubiger Einkünfte aus US-Quellen nach Sec. 861 IRC[8]. Ist eine Personengesellschaft

---

[1]   Sie sind größtenteils in Sec. 861, 862, 863 und 865 IRC festgelegt. Speziell zu den US-Quellenregeln *("Source of Income Rules")* bei Personengesellschaften: *Tarris, V.*, Foreign Partnerships and Partners, 910 Tax Management Portfolio, S. A-25 ff.

Allgemein zu den US-Quellenregeln siehe: *Isenbergh, J.*, International Taxation, Vol. I, Chapter 4; *McIntyre, M.J.*, The International Income Tax Rules of the United States, Vol. 1, Chapter 3; *Blessing, P.*, Source of Income Rules, 905 Tax Management Portfolio; *Knight, R./Knight, L.*, Do the Foreign Tax Credit and the New Source of Income Rules Create the Potential for Double Taxation?, 7 International Tax & Business Lawyer 249 (1989); *Dale, H.*, Effectively Connected Income, 42 Tax Law Review 689 (1987); *Tillinghast, D.*, A Matter of Definition: "Foreign" and "Domestic" Taxpayers, 2 International Tax & Business Lawyer 239 (1984).

[2]   Vgl. nur Sec. 901, 902, 904, 960 IRC.

[3]   Siehe bereits oben Teil 4 Kapitel 2 und 3.

[4]   Der Begriff Zins ist im amerikanischen Steuerrecht als "Gegenleistung für den Gebrauch oder die Gewährung des Gebrauchs von Geld" definiert ("Interest is consideration for the use or forbearance of money"), siehe Deputy v. DuPont, 308 US 488, 23 AFTR 808 (1939); Old Colony RR Co v. Commissioner, 284 US 552, 10 AFTR 786 (1932).

[5]   Siehe insbesondere Sec. 1141, 1142, 1145, 1146 IRC.

[6]   Zu den Begriffen der *resident* und *nonresident partnership* siehe bereits oben Teil 1 Kapitel 2 B. II. 2. b).

[7]   Regs. § 301-7701-5.

[8]   Regs. § 1.861-2(a)(2).

hingegen nicht in den USA ansässig, da sie hier keine *"Geschäftstätigkeit ausübt"*, sind alle ihre Zinszahlungen solche aus ausländischen Quellen[9]. Mit anderen Worten, der sonst vorherrschende Grundsatz der Transparenz[10] der Personengesellschaft im US-amerikanischen Steuerrecht wird mit dieser Quellenregel durchbrochen.

Die Ansässigkeit einer Personengesellschaft entscheidet auch, ob sie Abzugsteuer[11] von Zinszahlungen an ausländische Gläubiger einbehalten muß[12]. Ist sie ansässig, so hat sie nach Sec. 1441 IRC eine 30%ige Abzugsteuer auf ihre

---

[9]   Diese Regelung kann zu erstaunlichen Ergebnissen führen. Zwei US-Staatsbürger sind Gesellschafter einer in den USA gegründete Personengesellschaft, die dort nur ein unbebautes Grundstück zu Investitionszwecken hält und sonst dort *"keine Geschäftstätigkeit ausübt"*. Die Gesellschaft ist somit nicht in den USA ansässig. Zahlt sie Zinsen, sind das Zinsen aus ausländischen Quellen. Halten hingegen diese beiden US-Staatsbürger das Gründstück direkt als Miteigentümer, so stammen hiermit verbundene Zinszahlungen aus US-Quellen.

[10]   Der Begriff der Transparenz ist ein Synonym für Durchgriffsbesteuerung, wie sie sich im *aggregate approach* der US-Besteuerung einer Personengesellschaft ausdrückt, d.h. die Gesellschaft selber ist kein Steuerrechtssubjekt, vielmehr werden die Gesellschafter gemäß ihren Anteilen am Gewinn oder Verlust besteuert. Siehe hierzu bereits oben Teil 1 Kapitel 2 A.; vgl. auch *Goldberg, S.*, The Nature of a Partnership, in Alpert, H./van Raad, K. (Hrsg.),Essays on International Taxation, To Sidney I. Roberts, S. 155 ff.; *Gumpel, H.J.*, Die Grundprobleme der Personengesellschaft aus der Sicht des Steuerrechts der Vereinigten Staaten, DStJG Bd. 2, S. 181 (183 ff.); *Walter, O.L.*, Randbemerkungen zur transnationalen Besteuerung der Personengesellschaften aus amerikanischer Sicht, DStJG Band 2, S. 205 (206 ff.); speziell eingehend auf die Lage bei Personengesellschaften im internationalen Zusammenhang: *LeGall, J.-P.*, Internationale Einkommensteuerprobleme bei Personengesellschaften, Generalbericht, CDFI LXXXa (1995), S. 709 ff.; *van Raad, K.*, Anerkennung der steuerlichen Rechtsfähigkeit ausländischer Unternehmungen, Generalbericht, CDFI LXXIIIa (1988), S. 113 (116).

[11]   *"withholding tax"*. Diese Abzugssteuer stellt lediglich ein besonderes Verfahren der Steuererhebung durch Steuerabzug an der Quelle dar, nicht jedoch eine eigene Steuerart. Vergleichbar ist das deutsche Lohnsteuer-Abzugsverfahren und die Zinsabschlagsteuer.

[12]   Die Quelle der Zinsen bestimmt sich nach der Ansässigkeit eines nichtkörperschaftlichen Schuldners, Sec. 861(a)(1) und 862(a)(1) IRC. Diese Vorschriften führen zu erstaunlichen Ergebnissen bei einer internationalen Personengesellschaften, die in den USA sowie in einem oder mehreren anderen Staaten *"eine Geschäftstätigkeit ausübt"*. Das Problem tritt auf, wenn die Gesellschaft ein Darlehen für ihre ausländische Geschäftsaktivitäten aufnimmt. Da die Gesellschaft in den USA *"eine Geschäftstätigkeit ausübt"*, ist sie dort ansässig. All die Zinsen, die sie zahlt sind somit solche aus US-Quellen, selbst wenn sie z.B. ein Darlehen bei einer Bank in den Niederlanden aufnimmt, um damit ihre Tätigkeit in Italien zu finanzieren. Vgl. *Rhoades, R. v.Thülen/Langer, M.J.*, Income Taxation of Foreign Related Transactions, Vol. 1, Chapter 2.22 (4)(d), S. 2-30 ff.

Zinszahlungen an ausländische Gläubiger einzubehalten. Für Zahlungen und an ihre ausländischen Gesellschafter gilt Sec. 1446 IRC[13].

---

[13] Zu den detaillierten Regelungen über die Abzugssteuer bei Personengesellschaften: *Wisialowski, Th.*, How to Minimize Withholding For Foreign Partners, 1 The Journal of International Taxation 268 (1991); *Hey, F./Kimbrough, Th.*, US-Quellensteuerpflicht für Gewinnanteile an Personengesellschaften, RIW 1990, S. 42 ff.; *Willock, W.*, Partnerships Face Complex Rules For Withholding on Foreign Partners, 71 The Journal of Taxation 236 (1989); *Cohen, R./Millman, St.*, Withholding With Respect to Foreign Partners Under Section 1446, 6 Journal of Partnership Taxation 58 (1989); *Wisialowski, Th./Iredale, N.*, Guidance Needed Regarding Code Section 1446 Withholding Tax on Distributions to Foreign Partners, 42 The Tax Lawyer 121 (1988); *Bell, W.*, The Partnership as Chapter 3 Withholding Agent, 3 Journal of Partnership Taxation 352 (1987); *ders.*, Tax Court Requires Compliance With Section 754 Formalities by Foreign Partnership, 3 Journal of Partnership Taxation 168 (1986). Zu den US-amerikanischen Abzugsteuern bei beschränkt Steuerpflichtigen allgemein: *Balkin, J.G.*, U.S.Income Tax Witholding - Foreign Persons, 341 Tax Management Portfolio.

Teil 5: Personeneigenschaft, Ansässigkeit und Abkommensberechtigung der Personengesellschaften

Abkommensberechtigt sind gemäß Art. 1 DBA-USA Personen, die in einem Vertragsstaat oder in beiden Vertragsstaaten ansässig sind. Unter Abkommensberechtigung ist die rechtliche Möglichkeit zu verstehen, die Abkommensnormen und den in ihnen enthaltenen Abkommensschutz beanspruchen zu können[1]. Dem nach innerstaatlichem Recht Steuerpflichtigen bietet die Abkommensberechtigung durch ein Doppelbesteuerungsabkommen Schutz vor der nationalen Besteuerung. In bezug auf Personengesellschaften wird dabei untersucht, ob die Gesellschaft selber Abkommensschutz beanspruchen kann oder ihre Gesellschafter. Diese Untersuchung wird auch als Qualifikation zur Abkommensanwendung bezeichnet[2]. D.h. genauso wie im jeweiligen nationalen Recht der Vertragsstaaten wird hier für die Anwendung des Abkommens untersucht, ob eine Gesellschaft selber Schutzberechtigte ist oder ihre Gesellschafter. Da ein Abkommen in der Regel für die Zwecke seiner Anwendung bestimmt, wer als Schutzberechtigter anzusehen ist, kann es zu einem Auseinanderfallen der Person des Abkommensberechtigten und des nach innerstaatlichem Recht Steuerpflichtigen kommen[3].

Kapitel 1: Personeneigenschaft der Personengesellschaften

Art. 3 Abs. 1 lit. d DBA bestimmt den Begriff der "Person" wie folgt:

> *"[Es]... umfaßt der Ausdruck "Person" <u>unter anderem</u> natürliche Personen und Gesellschaften."* [Hervorhebung hinzugefügt].

Diese Definition sagt nichts ausdrücklich darüber aus, ob Personengesellschaften als "Personen" im Sinne des Abkommens gelten. Jedoch ist Definition des Begriffs "Person" durch den Ausdruck *"unter anderem"* sehr weit gefaßt. Aus der Zusammenschau mit Art. 3 Abs. 1 lit. e DBA-USA, der definiert, daß der Begriff "Gesellschaft" nur juristische Personen oder Rechtsträger sind, die wie juristische Personen besteuert werden, ergibt sich, daß die Personeneigenschaft im Sinne des Abkommens nicht auf die nach innerstaatlichem Recht steuerpflichtigen natürlichen Personen und Körperschaften beschränkt ist. Es sind vielmehr auch solche Rechtsgebilde "Personen" im Sinne des Abkommens, die

---

[1]   *Manke, K.*, Personengesellschaften und DBA, in Vogel, K. (Hrsg.) Grundfragen des Internationalen Steuerrechts, S. 195 (197).

[2]   *Riemenschneider, S.*, Abkommensberechtigung, S. 64.

[3]   Vgl. *Debatin, H.*, Subjektiver Schutz unter Doppelbesteuerungsabkommen, BB 1989, Beilage 2, S. 2; *Korn, R./Debatin, H.*, Doppelbesteuerung, Systematik III, Rn. 18.

wie die Personengesellschaften keine eigenen Steuerrechtssubjekte sind[4]. Auch durch Art. 4 Abs. 1 lit. b DBA-USA, der die Frage der Ansässigkeit von Personengesellschaften für die Zwecke des Abkommens regelt, wird klargestellt, daß eine Personengesellschaft Personeneigenschaft besitzt.

Kapitel 2: Ansässigkeit und Abkommensberechtigung von Personengesellschaften

Art. 4 Abs. 1 lit. b DBA-USA regelt, ob und inwieweit Personengesellschaften in einem Vertragsstaat als "ansässig" gelten. Diese Regelung ist wörtlich dem US-MA[5] entnommen[6]. Im Gegensatz zu den OECD-MA[7] und UN-MA[8] enthält das US-MA eine Vorschrift in Art. 4 Abs. 1 lit. b DBA-USA, die die Ansässigkeit von Personengesellschaften für Zwecke des Abkommens regelt. Grund dafür ist, daß Personengesellschaften nach dem US-MA Personeneigenschaft besitzen[9]. Abkommensberechtigt sind jedoch nur Personen, die in einem oder beiden Vertragsstaaten ansässig sind[10]. Es ist daher erforderlich zu regeln, ob, wann und inwieweit Personengesellschaften ansässig und damit abkommensberechtigt sind[11].

Gemäß Art. 4 Abs. 1 lit. b DBA-USA ist eine Personengesellschaft nur insoweit in einem Vertragsstaat ansässig und damit abkommensberechtigt, als dieser Staat

---

[4]   So auch *Goutier, K.*, Zur steuerlichen Behandlung von Betriebsstätten und Personengesellschaften nach dem neuen DBA mit den Vereinigten Staaten, S. 33; *Debatin, H./Walter, O.*, DBA-USA, Art. 3 Rn. 20; *Jacob, F.*, DBA-USA, Art. 3 Rn. 6; *Arthur Anderson*, (Hrsg.), Doppelbesteuerungsabkommen Deutschland-USA, Art. 3 Rn. 10; *Debatin, H./Endres, D.*, Das neue Doppelbesteuerungsabkommen USA/Bundesrepublik Deutschland, Art. 3 Rn. 3; *Riemenschneider, S.*, Ansässigkeit, S. 95. Unklar jedoch in bezug auf die Personeneigenschaft von Personengesellschaften nach dem DBA-USA, *Daniels, A.*, Issues in International Partnership Taxation, S. 203 f. Zumindest mißverständlich, was die Personeneigenschaft von Personengesellschaften betrifft, *Debatin, H.*, Das neue Doppelbesteuerungsabkommen mit den USA (Teil I), DB 1990, S. 598 (601).

[5]   Vom 16.06.1981 *(Draft Model Income Tax Treaty)*, siehe dort Art. 4 Abs. 1 lit. b.

[6]   Bezüglich der Verwendung dieser Regelung in weiteren DBA der USA siehe: *Shannon, H.A.*, The General Definition of Residence under United States Income Tax Treaties, Intertax 1988, S. 204 (212); *Vogel, K./Shannon, H.A./Doernberg, R.L./van Raad, K.*, United States Income Tax Treaties, Part II, Art. 4 Paragraph 1 A.2.c., S. 146.

[7]   OECD-MA 1977, Empfehlung des Rats der OECD an seine Mitgliedsstaaten vom 11.04.1977. Auf Grundlage diese MA wurde das DBA-USA verhandelt.

[8]   UN-MA 1980, gebilligt vom Wirtschafts- und Sozialrat der UNO am 22.04.1980; Text: United Nations, 1980, ST/ESA/102; Resolution 1980/13 Nr. 1.

[9]   Vgl. US-MA 1981, Art. 3 Abs. 1 lit. a.

[10] Vgl. US-MA 1981, Art. 1 Abs. 1.

[11] Vgl. *Shannon, H.A.*, Die Doppelbesteuerungsabkommen der USA, S. 112 f.

ihre Einkünfte wie die Einkünfte einer in diesem Staat ansässigen Person besteuert. Ausschlaggebend ist hiernach, daß überhaupt eine Steuerpflicht besteht. Unerheblich ist dabei, ob der Staat die Personengesellschaft selber als Steuersubjekt behandelt oder die Einkünfte den dort ansässigen Gesellschaftern zugerechnet werden[12]. Obwohl Personengesellschaften Personeneigenschaft nach dem Abkommen besitzen, hängt die Frage ob sie abkommensberechtigt sind, davon ab, wo und wie die Einkünfte, die sie erzielen, besteuert werden. Wird eine Personengesellschaft in einem Vertragsstaat als Steuersubjekt, also als selbständig steuerpflichtig besteuert, und wird sie wie eine in diesem Staat ansässige Person besteuert, so gilt sie nach dem DBA-USA als in diesem Staat ansässig. Ist eine Personengesellschaft hingegen nicht Steuersubjekt, ist sie also nicht selbständig steuerpflichtig, so gilt sie, insoweit ihre Einkünfte in den Händen der Gesellschafter dort wie die Einkünfte einer in diesem Staat ansässigen Person besteuert werden, trotzdem in diesem Maße als in diesem Staat ansässig[13]. Daraus folgt:

1. Eine "Personengesellschaft" ist nach dem DBA-USA eine ansässige Person in dem Vertragsstaat, in dem sich ihre Geschäftsleitung befindet oder in dem sie gegründet wurde, wenn sie nach dem nationalen Steuerrecht dieses Staates als eigenständiges Steuersubjekt behandelt wird[14]. Sie ist damit in toto abkommensberechtigte Person im Sinne des Abkommens.

2. Werden die Einkünfte einer Personengesellschaft nach dem nationalen Recht ihres Sitz- oder Gründungsstaates nach dessem nationalen Steuerrecht nicht bei der Gesellschaft selbst besteuert, sondern bei den Gesellschaftern, so ist sie nur insoweit abkommensberechtigt, als die Einkünfte auf in diesem Staat ansässige Personen entfallen ("partielle Abkommensberechtigung"[15]).

A.   USA

Ad 1.:   Das nationale Steuerrecht der USA kennt eine Besteuerung einer US-amerikanischen "Personengesellschaft" als eigenständiges Steuersubjekt[16]. Eine solche Gesellschaft ist nach Abkommensrecht "ansässige Person" und damit abkommensberechtigt.

---

[12] Vgl. *Vogel, K.*, DBA, Art. 4 Rn. 33; *Shannon H.A.*, Die Doppelbesteuerungsabkommen der USA, S. 113. So auch *Riemenschneider, S.*, Ansässigkeit, S. 95.

[13] Vgl. *Vogel, K./Shannon, H.A./Doernberg, R.L./van Raad, K.*, United States Income Tax Treaties, Part II, Art. 4 Paragraph 1 A.2.c., S. 146; *Shannon, H.A.*, Die Doppelbesteuerungsabkommen der USA, S. 113. *Riemenschneider, S.*, Ansässigkeit, S. 95.

[14] Vgl. hierzu unten Teil 7.

[15] *Debatin, H./Endres, D.*, Das neue Doppelbesteuerungsabkommen USA/Bundesrepublik Deutschland, Art. 3 Rn. 10, verwenden dafür den Begriff "partielle Abkommensberechtigung".

[16] Siehe unten Teil 7.

Ad 2.:   Eine US-amerikanische Personengesellschaft, die in den USA als Personengesellschaft besteuert wird, ist nur für den Teil ihrer Einkünfte aus Deutschland abkommensberechtigt und genießt Abkommensschutz vor deutscher Quellenbesteuerung, der auf ihre in den USA ansässige Gesellschafter entfällt. Sind nicht sämtliche Gesellschafter in den USA ansässig, so ist sie nur "partiell abkommensberechtigt". Sie genießt keinen Abkommensschutz, wenn keiner ihrer Gesellschafter in den USA ansässig ist. Dies führt dazu, daß nicht in den USA ansässige Gesellschafter keinen Abkommensschutz gegen eine deutsche Quellenbesteuerung haben. Daraus folgt, daß sich der Umfang der durch das DBA-USA von der Besteuerung im Quellenstaat Deutschland entlasteten Einkünfte in dem Fall, in dem die Personengesellschaft nach dem Recht ihres Sitzstaates USA nicht als Steuersubjekt behandelt wird, nicht von dem Umfang unterscheidet, der sich ohne die Regelung in Art. 4 Abs. 1 lit. b DBA-USA ergäbe. Denn auch ohne diese Regelung bestünde nach Art. 4 Abs. 1 OECD-MA der Abkommensschutz gegen die Quellenstaatsbesteuerung nur in dem Maße, wie die von der Gesellschaft erzielten Einkünfte auf die im Sitzstaat ansässigen Gesellschafter entfielen[17]. Gegenüber 4 Abs. 1 OECD-MA ergibt sich durch die Regelung in Art. 4 Abs. 1 lit. b DBA-USA lediglich folgender Unterschied: Der Abkommensschutz hinsichtlich des auf die im Sitzstaat der Gesellschaft ansässigen Gesellschafter entfallenden Teils der Einkünfte nicht den einzelnen Gesellschaftern, beschränkt auf ihren jeweiligen Anteil, sondern der Gesellschaft selber zusteht und deshalb von dieser selber geltend gemacht werden kann[18]. Dies heißt, es tritt in diesem Fall eine Verlagerung der Abkommensberechtigung und des Abkommensschutzes weg von den Gesellschaftern und hin zur Gesellschaft ein.

B.   Deutschland

Ad 1.:   Eine Personengesellschaft ist in Deutschland ansässig, wenn sie Geschäftsleitung[19] oder Sitz[20] in Deutschland hat. Diese Ansässigkeit ist jedoch nicht maßgebend für die Ansässigkeit nach dem Abkommen. Die Ansässigkeit

---

[17] Gemäß Art. 4 Abs. 1 OECD-MA setzt die Abkommensberechtigung und damit der Abkommensschutz die "Ansässigkeit" einer "Person" in einem Abkommensstaat voraus. Diese ist aber danach nur gegeben, wenn diese Person nach dem nationalen Recht dieses Staates uneingeschränkt steuerpflichtig ist. D.h. die "Person" muß Steuersubjekt sein. Bei einer Personengesellschaft ist dies nicht der Fall, da sie kein eigenständiges Steuersubjekt darstellt. Vgl. *Piltz, D.*, Personengesellschaften im internationalen Steuerrecht der Bundesrepublik Deutschland, S. 130; *Riemenschneider, S.*, Ansässigkeit, S.71; *Jacobs, O.*, Internationale Unternehmensbesteuerung, S. 443; *Debatin, H.*, Subjektiver Schutz unter Doppelbesteuerungsabkommen, BB 1989, Beilage Nr. 2, S. 3; *Manke, K.*, Personengesellschaften und DBA, in Vogel, K. (Hrsg.), Grundfragen des internationalen Steuerrechts, S. 195 (200).

[18] Vgl. *Riemenschneider, S.*, Ansässigkeit, S. 96.

[19] § 10 AO.

[20] § 11 AO.

für Zwecke des Abkommens bestimmt sich allein danach, ob eine Personengesellschaft in Deutschland als Steuersubjekt behandelt wird. Im deutschen Steuerrecht sind Personengesellschaften keine selbständigen Steuersubjekte für Zwecke
der Einkommen- oder Körperschaftsteuer[21], vielmehr werden die Einkünfte den
Gesellschaftern anteilig zugerechnet. Eine Personengesellschaft ist aber Steuersubjekt für die Gewerbesteuer[22]. Eine offene Handelsgesellschaft, eine Kommanditgesellschaft oder eine andere Personengesellschaft, die eine gewerbliche
Tätigkeit mit der Absicht Einkünfte zu erzielen ausübt, ist ein Gewerbebetrieb[23].
Ein in Deutschland ansässiger Gewerbebetrieb ist der Gewerbesteuer nach Ge-
werbeertrag und Gewerbekapital unterworfen[24] und hierfür Steuerschuldner[25].
Diese Steuersubjekteigenschaft der Personengesellschaft in bezug auf die deutsche Gewerbesteuer hat aber keinen Einfluß auf die Ansässigkeit und Abkommensberechtigung der Personengesellschaft, da die USA keine Gewerbesteuer
erheben und sich somit hinsichtlich der Gewerbesteuerpflicht die Frage des Abkommensschutzes für eine deutsche Personengesellschaft nicht stellt[26].

Ad 2.:   Für eine deutsche Personengesellschaft ist nur dieser zweite Teil der
Regelung in Art. 4 Abs. 1 lit. b DBA-USA erheblich. Diese Abkommensbe-
stimmung führt - wie oben in bezug auf die USA dargestellt - bei deutschen Personengesellschaften zu sog. partieller Abkommensberechtigung[27], soweit ihre
Gesellschafter in Deutschland ansässig sind. Denn anders als das US-amerikanische Steuerrecht kennt das deutsche Steuerrecht keine Bestimmungen, die bei
einer Personengesellschaft eine Besteuerung als Kapitalgesellschaft vorsehen,
wenn sie vorwiegend Merkmale einer Körperschaft aufweist[28].

---

[21]   Vgl. § 15 Abs. 1 Nr. 2 EStG und § 8 Abs. 1 KStG.

[22]   § 5 Abs. 1 Satz 3 GewStG.

[23]   § 15 Abs. 3 EStG; Absch. 138 EStR.

[24]   § 2 Abs. 1 GewStG; Absch. 16 GewStR.

[25]   § 5 Abs. 1 Satz 3 GewStG.

[26]   *Jacob, F.*, Handkommentar DBA-USA, Art. 4 Rn. 3.
In bezug auf die deutsche Vermögensteuer bei der Personengesellschaft gilt folgendes:
Der Maßstab für die Ansässigkeit einer Personengesellschaft ist der gleiche wie für die
Gewerbesteuer (§ 97 Abs. 1 Nr. 5 BewG). Die Personengesellschaft ist hierfür aber nicht
Steuersubjekt, vielmehr wird ihr Vermögen anteilig bei den Gesellschaftern versteuert
(vgl. § 1 Abs. 1 Nr. 2 lit. g VStG; Absch. 9 Abs. 1 und 15 VStR; BFH Urteil vom
08.12.1972, BStBl. II 1973, 357).

[27]   Vgl. *Debatin, H./Endres, D.*, Das neue Doppelbesteuerungsabkommen
USA/Bundesrepublik Deutschland, Art. 3 Rn. 10; *Debatin, H.*, Das neue Doppelbesteuerungsabkommen mit den USA (Teil I), DB 1990, S. 598 (601).

[28]   *BFH* Beschluß des Großen Senats v. 25.06.1984, BStBl. II 1984, S. 751. Siehe hierzu
ausführlich unten Teil 3 Kapitel 2 und 3.

Teil 6: Abkommensrechtliche Behandlung der Einkünfte bei gemeinsamer transparenter Besteuerung der Personengesellschaft

Die folgende Darstellung untersucht die abkommensrechtliche Behandlung der Einkünfte, die ein inländischer Gesellschafter von seiner Beteiligung an einer US-amerikanischen Personengesellschaft bezieht. Hierbei steht die Frage im Vordergrund, unter welche der in Art. 6 bis 21 DBA-USA aufgezählten Einkunftsarten des Abkommens diese Einkünfte fallen. Die Bestimmung unter welche Einkunftsart eines Abkommens bestimmte Einkünfte fallen, wird allgemein als Qualifikation der Einkünfte für die Anwendung eines DBA bezeichnet. Bei dieser Qualifikation ist zum einen zwischen der Abkommensanwendung des Quellenstaates und zum anderen der Abkommensanwendung des Ansässigkeitsstaates zu differenzieren. Zunächst ordnet der Quellenstaat die aus seinem Staatsgebiet stammenden Einkünfte in eine der Einkunftsarten der Art. 6 bis 21 DBA-USA ein. Da im Abkommen für die einzelnen Einkunftsarten geregelt ist, ob und inwieweit dem Quellenstaat ein Besteuerungsrecht für eine bestimmte Einkunftsart zusteht, ergibt sich aus der Einordnung der Einkünfte in eine Einkunftsart des Abkommens zugleich, ob und in welcher Höhe ihm ein Besteuerungsrecht für diese Einkünfte zusteht. D.h., ob und wieviel Quellensteuer er auf diese Einkünfte erheben darf.

Parallel dazu wendet der Ansässigkeitsstaat das Abkommen an. Für ihn sind die Abkommensvorschriften über die Vermeidung der Doppelbesteuerung in Art. 23 DBA-USA ausschlaggebend. Diese Vorschriften setzen voraus, daß die aus dem Quellenstaat bezogenen Einkünfte dort besteuert werden oder besteuert werden können. Ob diese Voraussetzung gegeben ist, stellt der Ansässigkeitsstaat dadurch fest, daß er die Einkünfte ebenfalls in eine der Einkunftsarten der Art. 6 bis 21 DBA-USA einordnet.

Doch gerade die abkommensrechtliche Behandlung von Einkünften, die ein in einem Vertragsstaat ansässiger Gesellschafter von einer Personengesellschaft des anderen Vertragsstaates erhält, wird die Problematik deutlich, die entsteht, wenn die Vertragsstaaten bei der Einordnung von Einkünften zur Abkommensanwendung auf die Regelungen und Wertungen ihres eigenen nationalen Rechts zurückgreifen. Sieht nun der Quellenstaat die Gesellschaft nach eigenem nationalen Recht als selbständiges Steuersubjekt an, so ordnet er die von der Gesellschaft ausgeschütteten Gewinne nach Art. 10 Abs. 4 DBA-USA[1] als Dividenden ein. Sieht der Ansässigkeitsstaat des Gesellschafters hingegen in dieser Gesellschaft eine transparent zu besteuernde Personengesellschaft (Mitunternehmerschaft), so liegen für ihn für die Abkommensanwendung steuerlich unerhebliche Entnahmen vor. In gleicher Weise gilt dies für Sondervergütungen *(guaranteed payments)*,

---

[1] Entspricht Art. 10 Abs. 3 OECD-MA.

die eine Personengesellschaft an ihre Gesellschafter zahlt. Die USA behandeln diese Zahlungen als Entgelte wie zwischen Dritten und ordnen z.B. Zinszahlungen für die Hingabe eines Gesellschafterdarlehens als Zinsen gemäß Art. 11 Abs. 2 DBA-USA[2] ein. Während Deutschland die Sondervergütungen als Teil des gewerblichen Gewinns des Mitunternehmers ansieht und Art. 7 DBA-USA über Unternehmensgewinne für gegeben hält. Die unterschiedliche Einordnung von Einkünften in die Einkunftsarten eines Doppelbesteuerungsabkommens auf seiten des Quellenstaats und des Ansässigkeitsstaates aufgrund unterschiedlicher nationaler Regelungen und Wertungen wird als Qualifikationskonflikt bezeichnet[3].

Ob und inwieweit die beiden Vertragsstaaten bei der abkommensrechtlichen Einkunftseinordnung im Einzelfall tatsächlich auf die Regelungen und Wertungen ihres nationalen Rechts zurückgreifen dürfen, so daß es zu einem Qualifikationskonflikt kommt, oder ob das Abkommen einen solchen Rückgriff versagt, ist im Rahmen dieser Darstellung zu untersuchen[4]. Wichtig ist hier nur, daß es die Möglichkeit solcher Qualifikationskonflikte gibt, die darauf beruhen, daß die Einkünfte, die ein Gesellschafter aus der Beteiligung an einer Personengesellschaft erhält, in den beiden Vertragsstaaten unterschiedliche steuerliche Behandlung erfahren.

Auszugehen ist zunächst vom Idealfall, daß ein in Deutschland ansässiger Gesellschafter an einer US-amerikanischen Personengesellschaft beteiligt ist und beide Vertragsstaaten diese Gesellschaft transparent besteuern. D.h. beide Vertragsstaaten gehen davon aus, daß es sich um eine Personengesellschaft bzw. eine *partnership* nach dem Verständnis ihres nationalen Steuerrechts handelt.

---

[2]   Entspricht Art. 11 Abs. 3 OECD-MA.

[3]   Vgl. hierzu *Vogel, K.*, Doppelbesteuerungsabkommen, Einl. Rn. 90 ff., insbes. Rn. 92; *Debatin, H.*, System und Auslegung der Doppelbesteuerungsabkommen, DB 1985, Beilage Nr. 23, S. 7.

[4]   Siehe ausführlich hierzu unten Teil 6 Kapitel 2.

Kapitel 1: Abkommensrechtliche Behandlung des Gewinnanteils bei übereinstimmender transparenter Besteuerung der Personengesellschaft in beiden Vertragsstaaten

Untersucht wird in diesem Kapitel die abkommensrechtliche Behandlung des eigentlichen Gewinnanteils, den ein deutscher Gesellschafter von seiner US-amerikanischen Personengesellschaft bezieht. Die Behandlung der Sondervergütungen *(guaranteed payments)* erfolgt im folgenden Kapitel.

A. Bestimmung der Einkunftsart nach dem Abkommen

Die ganz h.M. geht in diesem Fall davon aus, daß die Einkünfte aus der Beteiligung an einer ausländischen Personengesellschaft nach den für die Unternehmensgewinne geltenden Abkommensvorschriften zu behandeln sind[1]. Die einschlägige Abkommensvorschrift ist Art. 7 DBA-USA. Hiernach können gewerbliche Gewinne eines Unternehmens eines Vertragsstaates nur in diesem Staat besteuert werden, es sei denn, das Unternehmen übt seine Tätigkeit im anderen Vertragsstaat durch eine dort gelegene Betriebstätte aus. Ist dies der Fall, so können die gewerblichen Gewinne des Unternehmens im anderen Staat besteuert werden, jedoch nur insoweit, als sie dieser Betriebstätte zugerechnet werden können.

I. "Gewerbliches Unternehmen" im Sinne des Abkommens

Was "gewerbliche Gewinne eines Unternehmens"[2] sind, ist im DBA-USA nicht definiert. Weder das OECD-MA noch andere deutsche Doppelbesteuerungsabkommen enthalten eine Aussage, was unter einem "gewerblichen Unterneh-

---

[1] Zum DBA-USA von 1954/65: BFH vom 29.01.1964, I 153/61 S, BStBl. 1964 III, S. 165; zum OECD-MA: *Piltz, D.*, Personengesellschaften im internationalen Steuerrecht der Bundesrepublik Deutschland, S. 148 ff.; *Selent, A.*, Ausländische Personengesellschaften im Ertrag- und Vermögensteuerrecht, S. 208; *Kluge, V.*, Das deutsche Internationale Steuerrecht, S. 291; *Baranowski, K.-H.*, Besteuerung von Auslandsbeziehungen, S. 115; *Kappe, K.*, Besteuerung von Gewinnanteilen aus US-Personengesellschaften und Zinsen aus Gesellschafterdarlehen nach dem DBA-USA, DStR 1987, S. 479 (481); *Jacobs, O.*, Internationale Unternehmensbesteuerung, S. 433 f.; *Manke, K.*, Personengesellschaften im internationalen Steuerrecht, JbFStR 1978/79, S. 333 (338); *ders.*, Personengesellschaften und DBA, in Vogel, K. (Hrsg.), Grundfragen des Internationalen Steuerrechts, S. 195 (202 ff.); *Vogel, K.*, Doppelbesteuerungsabkommen, Art. 7, Rn. 28 ff.; *Schlütter, E.*, Die Sondervergütugen eines Mitunternehmers im Außensteuerrecht, JbFfSt 1979/80, S. 153 (161); *Korn, R./Debatin H.*, Doppelbesteuerung, Systematik IV, Rn. 137.

[2] Die Ausdrücke "Unternehmensgewinne" und "gewerbliche Gewinne" werden von den Abkommen synonym verwendet; vgl. *Piltz, D.*, Personengesellschaften im internationalen Steuerrecht der Bundesrepublik Deutschland, S. 150.

men" zu verstehen ist[3]. Das DBA-USA bestimmt jedoch in Art. 3 Abs. 1 lit. f[4], wann ein "Unternehmen eines Vertragsstaates" vorliegt. Entscheidend kommt es für den Abkommensschutz eines Unternehmens auf die Ansässigkeit der Person an, die das Unternehmen betreibt, und nicht auf den Ort in den beiden Vertragsstaaten, an dem das Unternehmen betrieben wird[5]. Aus dem Abkommenszusammenhang ist zur Bestimmung des Begriffs "Unternehmen" nur zu entnehmen, daß nur gewerbliche Unternehmen gemeint sein können, da die selbständige Arbeit ("freie Berufe") in Art. 14 DBA-USA[6] gesondert erwähnt sind, und das lebende und tote Inventar eines land- oder forstwirtschaftlichen Betriebs nach Art. 6 Abs. 2 Satz 2 DBA-USA den Einkünften aus unbeweglichem Vermögen zugeordnet ist[7]. Mangels weiterer Anhaltspunkte im Abkommen ist deshalb zur Feststellung, was unter einem "gewerblichen Unternehmen" im Sinne des Art. 7 DBA-USA zu verstehen ist, gemäß Art. 3 Abs. 2 DBA-USA auf das nationale Recht des anwendenden Vertragsstaates abzustellen[8]. Doch auch im nationalen Bereich gibt es keine exakte Definition. Nach *Vogel*[9] handelt es sich um einen gemeineuropäischen Typusbegriff, der eine selbständige, auf Erwerb gerichtete Tätigkeit voraussetzt, die sich einerseits gegen die Urproduktion abgrenzt und andererseits gegen die freien Berufe. Diese Begriffsbestimmung führt allerdings auch nicht sehr viel weiter als die Bestimmung nach dem Abkommenszusammenhang. *Riemenschneider*[10] nimmt bei seiner Begriffsbestimmung des "Unternehmens" Bezug auf *Schmidt*[11]. Hiernach sind die Merkmale eines "Unternehmens" bestimmt durch ein Mindestmaß an sachlichen und persönlichen Mitteln sowie an organisierter Einheit, das äußere Auftreten einer organisierten Wirt-

---

[3]   Vgl. *Vogel, K.*, Doppelbesteuerungsabkommen, Art. 3 Rn. 33 und Art. 7 Rn. 22 ff. Die Kommentierung zu Art. 3 OECD-MA in Ziffer 4 erklärt ausdrücklich, daß auf eine Definition des Ausdrucks "Unternehmen" verzichtet wurde, da sich dieser Begriff immer schon nach nationalem Recht beurteilt hat.

[4]   Entspricht Art. 3 Abs. 1 lit. c OECD-MA.

[5]   Vgl. *Vogel, K.*, Doppelbesteuerungsabkommen, Art. 3, Rn. 32; vgl. auch *Jacobs, O.*, Internationale Unternehmensbesteuerung, S. 479.

[6]   Entspricht Art. 14 OECD-MA.

[7]   Vgl. *Flick, H./Wassermeyer, F./Wingert, K.-D./Kempermann, M.*, Doppelbesteuerungsabkommen Deutschland-Schweiz, Art. 3 Rn. 112.

[8]   Vgl. *Vogel, K.*, Doppelbesteuerungsabkommen, Art. 7, Rn. 22 ff; *Piltz, D.*, Personengesellschaften im internationalen Steuerrecht der Bundesrepublik Deutschland, S. 150; *Debatin, H.*, Das Betriebsstättenprinzip der deutschen Doppelbesteuerungsabkommen (Teil I), DB 1989, S. 1692 (1694).

[9]   *Vogel, K.*, Doppelbesteuerungsabkommen, Art. 7, Rn. 23.

[10]   *Riemenschneider, S.*, Abkommensberechtigung, S. 102 f.

[11]   *Schmidt, K.*, Handelsrecht, S. 63 ff.

schaftseinheit am Markt, und, nicht zwingend, aber zumeist gegeben, Gewinner-zielungsabsicht.

Auch im US-amerikanischen Steuerrecht gibt es weder im Internal Revenue Code noch in den Regulations eine Definition des Unternehmens *("enterprise")*. Der Begriff des Unternehmens wird allgemein als "jede geschäftliche Betätigung oder wirtschaftlicher Betrieb, der in steuerlicher Hinsicht relevant ist"[12]. Im Hinblick auf Art. 7 des US-MA wird ein gewerbliches Unternehmen als selb-ständige wirtschaftliche Betätigung mit Erwerbsabsicht definiert, die von der Ur-produktion und den freien Berufen abzugrenzen ist[13]. Zusammenfassend ist fest-zuhalten, daß eine nach dem deutschen steuerrechtlichen Verständnis gewerblich tätige Personengesellschaft die genannten Kriterien erfüllt und ein "gewerbliches Unternehmen" im Sinne des DBA-USA darstellt.

II. "Gewerbliche Gewinne"

Im weiteren stellt sich die Frage des Umfangs der Einkünfte, die von Art 7 DBA-USA erfaßt werden. Art. 7 DBA-USA spricht von "gewerblichen Gewin-nen", ohne diese jedoch näher zu bestimmen. Falls zu den gewerblichen Gewin-nen Einkünfte gehören, die in den anderen Artikeln des Abkommens behandelt werden, regelt Art. 7 Abs. 6 DBA-USA[14], daß diese unter diese Abkommens-vorschriften fallen. Zu Recht ist daher mit *Riemenschneider*[15] die Ansicht *Piltz*'[16] abzulehnen, daß sich der Begriff "gewerbliche Gewinne" sich nach Kriterien des nationalen Steuerrechts bestimme. Die Abgrenzungsregelung in Art. 7 Abs. 6 DBA-USA bedeutet, anders ausgedrückt, daß nur solche Einkünfte eines Unter-nehmens als gewerbliche Gewinne nach Art. 7 DBA-USA zu betrachten sind, die nicht spezielleren Abkommensartikeln unterfallen[17]. Somit ist es möglich,

---

[12] "[A]ny business or economic undertaking relevant from a taxing standpoint." Vogel, K./Shannon, H./Doernberg, R./van Raad, K., United States Income Tax Treaties, Art. 3 Paragraph 1 (c), A.2.

[13] "'[E]nterprise' means an independent economic activity carried on for profit, other than certain activities involving real property or the provision of independent services." Vogel, K./Shannon, H./Doernberg, R./van Raad, K., United States Income Tax Treaties, Art. 3 Paragraph 1 , A.1.b.i. Diese Definition ist fast identisch mit der oben angeführten von Vogel.

[14] Entspricht Art. 7 Abs. 7 OECD-MA.

[15] *Riemenschneider, S.*, Abkommensberechtigung, S. 103.

[16] *Piltz, D.*, Die Personengesellschaften im internationalen Steuerrecht der Bundesrepu-blik Deutschland, S. 150, unter Hinweis auf den Gewerbebegriff des § 1 Abs. 1 GewStDV a.F., der sich nunmehr aus §§ 2, 2a GewStG, § 1 GewStDV, Abschnitt 8 ff. GewStR ergibt.

[17] *Korn R./Debatin, H.*, Doppelbesteuerung, Systematik IV Rn. 5, prägen für die Vor-schrift des Art. 7 Abs. 7 OECD-MA den Begriff der "isolierenden Betrachtungsweise"

durch diesen Vorschriftenzusammenhang den Umfang der Einkünfte, die von Art. 7 DBA-USA erfaßt werden, zu bestimmen. D.h. welcher Art von Tätigkeit das Unternehmen in der Form einer Personengesellschaft nachgehen muß, damit Einkünfte Art. 7 DBA-USA bestehen. Neben der gewerblichen Tätigkeit kennt das DBA-USA als weitere unternehmerische Betätigungsformen die selbständige Arbeit ("freien Berufe"), Art. 14 DBA-USA, und die Land- und Forstwirtschaft, Art. 6 DBA-USA. Da die Einkünfte aus diesen Tätigkeiten von den spezielleren Vorschriften der Art. 6 und 14 DBA-USA erfaßt werden, verbleibt für Art. 7 DBA-USA nur die gewerbliche Unternehmenstätigkeit, die nicht von diesen beiden Vorschriften erfaßt sind[18].

Der Begriff der selbständigen Arbeit in Art. 14 Abs. 2 DBA-USA entspricht weitgehend dem Begriff der "freien Berufe" des deutschen Steuerrechts[19]. Die land- und forstwirtschaftliche Tätigkeit nach Art. 6 Abs. 1 DBA-USA ist mangels einer Abkommensdefinition nach Art. 3 Abs. 2 DBA-USA nach nationalem Recht des Belegenheitsstaates zu bestimmen[20]. Für gewerblich tätige Personengesellschaften scheiden Einkünfte aus diesen beiden Abkommensartikeln aus, so daß ihre Einkünfte grundsätzlich unter Art. 7 DBA-USA fallen und damit als "gewerbliche Gewinne eines Unternehmens" nach dieser Vorschrift zu behandeln sind.

Das DBA-USA trifft jedoch keine Aussage darüber, wie dieser Gewinn zu ermitteln ist, so daß insoweit gemäß Art. 3 Abs. 2 DBA-USA auf das nationale Steuerrecht des, das DBA anwendenden Vertragsstaates abzustellen ist, soweit der Abkommenszusammenhang nichts anderes erfordert[21].

---

und sehen in dieser Regelung die Nachrangigkeit der gewerblichen Gewinne des Art. 7 OECD-MA vor den leges speciales der anderen Einkunftsartikel des Abkommens.

[18] Vgl. *Vogel, K.*, Doppelbesteuerungsabkommen, Art. 7 Rn. 26. Vgl. auch *Jacobs, O.*, Internationale Unternehmensbesteuerung, S. 479 f.

[19] Die Definition der selbständigen Arbeit in Art. 14 Abs. 2 DBA-USA ist fast wortgleich mit der Definiton des "freien Berufs" in Art. 14 Abs. 2 OECD-MA. Zur genaueren Begriffsbestimmung vgl. daher *Vogel, K.*, Doppelbesteuerungsabkommen, Art. 14, Rn. 14 ff.

[20] Vgl. *Vogel, K.*, Doppelbesteuerungsabkommen, Art. 6, Rn. 10 f. Zur Abgrenzung zwischen Einkünften aus Land- und Forstwirtschaft und gewerblichen Gewinnen siehe insbes. Art. 7, Rn. 24 und Art. 6 Rn. 10.

[21] Vgl. hierzu im einzelnen *Debatin, H.*, Inländische Beteiligungen an Mitunternehmerschaften im Ausland, BB 1978, S. 669 ff.; *ders.*, Das Betriebstättenprinzip der deutschen Doppelbesteuerungsabkommen (Teil I), DB 1989, S. 1692 (1694 f.). Siehe auch die ausführliche Darstellung der Anwendung der Gewinnermittlungsvorschriften bei einer deutschen Beteiligung an einer ausländischen Personengesellschaft bei *Jacobs, O.*, Internationale Unternehmensbesteuerung, S. 463 ff.

B. Das Betriebstättenprinzip

I. Zuordnung des Unternehmens zu einem Vertragsstaat

Fest steht bis jetzt, daß der Gewinn einer gewerblichen Personengesellschaft nach Art. 7 DBA-USA zu behandeln ist. Fraglich ist jedoch, inwieweit dieser Gewinn im Sitzstaat der Personengesellschaft oder im Ansässigkeitsstaat des Gesellschafters besteuert werden darf. Zur Klärung dieser Frage ist es zunächst erforderlich, den Regelungszusammenhang des Abkommens zu untersuchen, um festzustellen, welcher der beiden Staaten Ansässigkeitsstaat und welcher Quellenstaat ist[22].

Nach Art. 1 DBA-USA sind nur Personen abkommensberechtigt. Für den Abkommensschutz eines Unternehmens kommt es deshalb auf die Ansässigkeit der Person an, die das Unternehmen betreibt, und nicht auf den Ort, an dem das Unternehmen betrieben wird. D.h., entscheidend kommt es für die Zuordnung eines Unternehmens auf den Staat an, in dem der betreibende Unternehmer ansässig, d.h. unbeschränkt steuerpflichtig, ist. Die Definition des "Unternehmens eines Vertragsstaats" in Art. 3 Abs. 1 lit. f DBA-USA[23] stellt dies klar. Betreibt ein in einem Vertragsstaat ansässiger Unternehmer sein Unternehmen ausschließlich im anderen Staat, ist dieses ein Unternehmen des Ansässigkeitsstaates des Unternehmers, auch wenn sich in diesem kein Betriebsvermögen befindet und keine betriebliche Tätigkeit entfaltet wird[24]. Der Ansässigkeitsstaat des Un-

---

[22] Vgl. *Riemenschneider, S.*, Abkommensberechtigung, S. 105; vgl. auch *Jacobs, O.*, Internationale Unternehmensbesteuerung, S. 479 f.

[23] Entspricht Art. 3 Abs. 1 lit. c OECD-MA.

[24] Vgl. *Vogel, H.*, Doppelbesteuerungsabkommen, Art. 3, Rn. 32, unter Hinweis auf *Debatin, H.*, Die Bilanzbündeltheorie im Spiegel des internationalen Steuerrechts, DB 1978, S. 2437 (2439), und *Flick, H./Wassermeyer, F./Wingert, K.-D./Kempermann, M.*, Doppelbesteuerungsabkommen Deutschland-Schweiz, Art. 3 Rn. 113. Desweiteren *Debatin, H.*, Entwicklungsaspekte des internationalen Steuerrechts, RIW/ADW 1980, S. 3 (5); *ders.* Das Betriebstättenprinzip der deutschen Doppelbesteuerungsabkommen (Teil I), DB 1989, S. 1692 (1693); *Jacobs, O.*, Internationale Unternehmensbesteuerung, S. 479 f. *Piltz, D.*, Die Personengesellschaften im internationalen Steuerrecht der Bundesrepublik Deutschland, S. 151. A.A. *Killius, J.*, Die Behandlung der Personenunternehmen im Recht der Doppelbesteuerungsabkommen, S. 75 f. Er vertritt die Ansicht, daß das Unternehmen "sich zumindest auch im Wohnsitzstaat des Unternehmers" betätigen müsse.

Abzulehnen ist die Ansicht *Knobbe-Keuks*, "Qualifikationskonflikte" im internationalen Steuerrecht der Personengesellschaften, RIW 1991, S. 306 (308). Sie vertritt, daß das Unternehmen einer Personengesellschaft nicht von den Gesellschaftern bezogen auf ihren Gesellschaftsanteil betrieben wird, sondern von der Personengesellschaft als solcher. Dies verkennt die eindeutige Regelung des Art. 3 Abs. 1 lit. f DBA-USA (entspricht Art. 3 Abs. 1 lit. c OECD-MA), wonach ein Unternehmen im Sinne des Abkommen immer nur von einer in einem Vertragsstaat ansässigen Person betrieben werden kann. Hierbei kann es nicht darauf ankommen, wo das Unternehmen als solches nun liegt, und, ob es sich ausschließlich im anderen Vertragsstaat befindet. Das Beispiel eines Einzelunternehmers,

ternehmers wird im Hinblick auf das Unternehmen auch als "Stammland"[25] bezeichnet.

Bedeutung haben die gerade getroffenen Feststellungen insbesondere für die Beteiligung eines in einem Vertragsstaat ansässigen Gesellschafters an einer Personengesellschaft im anderen Vertragsstaat. Denn die abkommensrechtliche Zuordnung des Unternehmens zum einen oder anderen Vertragsstaat ist nicht auf das Unternehmen als solches ausgerichtet, vielmehr stellt eine Personengesellschaft aus dem einen Vertragsstaat, an der Gesellschafter aus dem anderen Vertragsstaat beteiligt sind, kein Unternehmen ihres Sitzstaates dar. Denn dies setzt nach Art. 3 Abs. 1 lit. f DBA-USA voraus, daß das Unternehmen von einer im Sitzstaat ansässigen Person betrieben wird. Eine Personengesellschaft stellt jedoch in dieser Konstellation keine dort "ansässige Person" im Sinne des DBA-USA dar. Wie bereits oben zur Abkommensberechtigung von Personengesellschaften ausgeführt worden ist, fehlt es einer solchen Gesellschaft, wenn sie sowohl in den USA wie auch in Deutschland transparent besteuert wird, in bezug auf die Gesellschafter, die im anderen Vertragsstaat ansässig sind, am Merkmal der "Ansässigkeit" im Sinne des Art. 4 Abs. 1 lit. b DBA-USA[26].

Fraglich ist, wie der Fall zu beurteilen ist, in dem, neben im anderen Vertragsstaat ansässigen Gesellschaftern auch solche, die im Sitzstaat ansässig sind, an der Personengesellschaft beteiligt sind. Eine Personengesellschaft ist - transparente Besteuerung in den USA und Deutschland vorausgesetzt - gemäß Art. 4 Abs. 1 lit. b DBA-USA insoweit eine "ansässige Person", als ihre Einkünfte auf Gesellschafter entfallen, die im Sitzstaat der Personengesellschaft ansässig sind ("partielle Abkommensberechtigung"). Nach der Definition in Art. 3 Abs. 1 lit. f DBA-USA ist ein "in einem Vertragsstaat ansässiges Unternehmen" ein solches, das von einer in einem Vertragsstaat ansässigen Person betrieben wird. Abzustellen ist hierbei nicht auf die Personengesellschaft selber, die insoweit "ansässige Person" ist, denn "betrieben" wird das Unternehmen der Personengesellschaft nicht von ihr selber, sondern von den Gesellschaftern als Unternehmer. Die Eigenschaft der Personengesellschaft insoweit eine "ansässige Person" nach Art. 4 Abs. 1 lit. b DBA-USA darzustellen, als Einkünfte auf in ihrem Sitzstaat ansässige Personen entfallen, hat nur Bedeutung für die Frage, ob die Abkommensberechtigung bei der Gesellschaft selber oder bei ihren Gesellschaf-

---

der im einen Vertragsstaat ansässig ist und dessen Unternehmen ausschließlich im anderen Vertragsstaat liegt, beweist dies. Dies kann bei einer Personengesellschaft nicht anders sein. Auch dort ist das Unternehmen nicht Steuersubjekt, die Einkünfte, die aus dem Unternehmen erzielt werden werden, dem Einzelunternehmer, wie auch dem Gesellschafter einer Personengesellschaft direkt zugerechnet (transparente Besteuerung).

[25] Bezeichnung nach *Korn, R./Debatin, H.*, Doppelbesteuerung, Systematik IV, Rn. 32.

[26] Vgl. oben Teil 5 Kapitel 2.

ten liegt[27]. Die Zuordnung des Unternehmens zum einen oder anderen Vertragsstaat bleibt hiervon unberührt. Begründen läßt sich dies mit den unterschiedlichen Regelungen in Art. 4 Abs. 1 lit. b DBA-USA für die Ansässigkeit und Art. 3 Abs. 1 lit. f DBA-USA für die Zuordnung des Unternehmens zum einen oder anderen Vertragsstaat. Es ist deshalb auch hier auf die Ansässigkeit der Gesellschafter als Personen, die das Unternehmen der Personengesellschaft betreiben, abzustellen. In bezug auf die Gesellschafter, die im Sitzstaat der Personengesellschaft ansässig sind, handelt es sich um ein Unternehmen des Sitzstaates; nicht jedoch, bezogen auf die Gesellschafter, die im anderen Vertragsstaat ansässig sind[28]. Die Zuordnung des Unternehmens einer Personengesellschaft als Unternehmen des einen oder anderen Vertragsstaats ist daher, abhängig von der Ansässigkeit eines jeden einzelnen Gesellschafters, für jeden Gesellschaftsanteil getrennt zu bestimmen. Diesen Zusammenhang zwischen der Abkommensberechtigung einerseits und der Eigenschaft eines Personengesellschaftsanteils als "Unternehmen" eines Vertragsstaates ist *Fischer-Zernin*[29] nicht bewußt, wenn er anführt, es erscheine begründbar, eine Personengesellschaft mit im anderen Vertragsstaat ansässigen Gesellschaftern für die Abkommensanwendung als "Unternehmen ihres Sitzstaates" zu betrachten. Diese These wird jedoch nicht begründet. Zu Recht wendet sich *Riemenschneider*[30] gegen diese Ansicht *Fischer-Zernins*, indem er ausführt, daß diese Ansicht nur dann zutreffend wäre, wenn die Personengesellschaft nach dem Recht ihres Sitzstaates als eigenständiges Steuersubjekt behandelt werden würde, so daß das Unternehmen von der Gesellschaft als im Sitzstaat ansässiger Person betrieben würde. Dies ist jedoch hier nicht der Fall. Auch wenn man in Betracht zieht, daß an der Gesellschaft auch Gesellschafter aus dem Sitzstaat beteiligt sind, und in bezug auf diese Gesellschaftsanteile die Gesellschaft nach Art. 4 Abs. 1 lit. b DBA-USA als abkommensberechtigte, ansässige Person gilt, so ändert diese Regelung des Abkommens nichts daran, daß es sich bezogen auf die Gesellschaftsanteile dieser (im Sitzstaat ansässigen) Gesellschafter ohnehin um Unternehmen des Sitzstaates handelt. Denn sowohl die Gesellschafter als auch die Gesellschaft sind im Sitzstaat nach Art. 4 Abs. 1 lit. b DBA-USA ansässig. Selbst wenn man entgegen der hier vertretenen Ansicht davon ausgeht, daß bezogen auf diese Gesellschaftsanteile, das Unternehmen von der Gesellschaft selber betrieben wird, da sie bezogen auf diese Gesellschaftsanteile ansässige Person ist[31].

---

[27] Vgl. hierzu oben Teil 5 Kapitel 2.

[28] So auch *Vogel, K.*, Doppelbesteuerungsabkommen, Art. 3, Rn. 35.

[29] *Fischer-Zernin, J.*, Sondervergütungen und DBA, RIW 1991, S. 493 (496).

[30] *Riemenschneider, S.*, Abkommensberechtigung, S. 106 f.

[31] Ginge man davon aus, daß das Unternehmen der Gesellschaft für den Teil der Gesellschafter, die im Sitzland der Gesellschaft ansässig sind, nicht von den Gesellschaftern, sondern von der Gesellschaft selber betrieben würde, so kommt es zu einer Spaltung der

Zusammenfassend festzuhalten ist, daß jeder Gesellschafter für die Abkommensanwendung mit seinem Gesellschaftsanteil ein eigenes Unternehmen desjenigen
Staates bildet, in dem er ansässig ist ("Unternehmen eines Vertragsstaates").
Sind die Gesellschafter in verschiedenen Staaten ansässig, bestehen somit abkommensrechtlich entsprechend den einzelnen Beteiligungen mehrere Unternehmen der jeweiligen Staaten. Falls ein Gesellschafter in beiden Vertragsstaaten
ansässig ist, sieht Art. 4 Abs. 2 und 3 DBA-USA vor, wie der Ansässigkeitsstaat
in diesem Falle zu bestimmen ist[32]. Da diese Regelungen sehr detailliert sind, ist
davon auszugehen, daß eine doppelte Ansässigkeit eines Gesellschafters kein
Problem werden kann.

Aus dieser abkommensrechtlichen Zuordnung des Unternehmens der Personengesellschaft zum Ansässigkeitsstaat des jeweiligen Gesellschafters folgt, daß für
die in Art 7 DBA-USA enthaltene Zuordnung der Besteuerungsrechte Ansässigkeitsstaat des Gesellschafters als der Ansässigkeitsstaat und der Sitzstaat der Personengesellschaft als der Quellenstaat gilt. Art. 7 DBA-USA räumt grundsätzlich
dem Ansässigkeitsstaat das Besteuerungsrecht hinsichtlich der gewerblichen Gewinne eines Unternehmens eines Vertragsstaates ein. Der Quellenstaat hat ein
Besteuerungsrecht an den gewerblichen Gewinnen nach Art. 7 DBA-USA nur,

---

betreibenden Unternehmer. In bezug auf die Gesellschafter, die nicht im Sitzland der Gesellschaft ansässig sind, sondern im anderen Vertragsstaat, würde das auf ihren Gesellschaftsanteil entfallende Unternehmen von diesen selber betrieben. Hingegen würde das
oder die Unternehmen, die in den Gesellschaftsanteilen der im Sitzstaat der Gesellschaft
ansässigen Gesellschafter verkörpert sind, von der Gesellschaft selber betrieben. Ein solche Aufspaltung der betreibenden Unternehmer kann aber von der Regelung des Art. 4
Abs. 1 lit. b DBA-USA nicht bezweckt sein. Wie schon oben bei der Abkommensberechtigung ausgeführt (siehe oben Teil 5 Kapitel 2), ist der Sinn dieser Regelung in der Verlagerung der Abkommensberechtigung von den Gesellschaftern, die im Sitzland der Gesellschaft ansässig sind, bezogen auf ihre Gesellschaftsanteile, auf die Gesellschaft selber zu
sehen ("partielle Abkommensberechtigung"). Hieraus kann aber m.E. nicht gefolgert
werden, daß dies sich auch auf das Betreiben des im Gesellschaftsanteil dieser Gesellschafter verkörperten Unternehmens bezogen auf diese Gesellschaftsanteile durch die Gesellschaft selber erfolgt. Dies läßt sich damit begründen, daß auch wenn die Gesellschaft
in bezug auf die Gesellschaftsanteile dieser Gesellschafter eine ansässige Person des Abkommens darstellt, die Gesellschaft immer noch selber kein eigenes Steuersubjekt darstellt, sondern die Einkünfte der Gesellschaft bei den Gesellschaftern direkt besteuert
werden (transparente Besteuerung der Gesellschaft). Ganz anders liegt der Fall, wenn eine Gesellschaft selber Steuersubjekt ist, denn dann besitzt sie eine *einheitliche* Personeneigenschaft nach dem Abkommen und auch der Steuerrechtsordnung des Sitzlandes.
D.h. ihr Unternehmen wird dann auch nicht teils von den Gesellschaftern und teils von
der Gesellschaft selber betrieben, sondern einheitlich von der Gesellschaft selbst.

[32] Vgl. hierzu im einzelnen *Debatin, H./Walter, O.*, Handbook on the 1989 Double Taxation Convention Between the Federal Republic of Germany and the United States of
America, Art. 4 Rn. 110 ff.; *Debatin, H.*, Das neue Doppelbesteuerungsabkommen mit
den USA (Teil I), DB 1990, S. 598 (601 f.).

wenn das Unternehmen des Gesellschafters im Quellenstaat durch eine dort gelegene Betriebstätte ausgeübt wird, der diese Gewinne zuzurechnen sind. D.h., das Betriebstättenprinzip ist auf die Einkünfte eines Gesellschafters des einen Vertragsstaates auf seine Beteiligung an einer Personengesellschaft des anderen Vertragsstaates anzuwenden[33].

II. Bestehen einer Betriebstätte im anderen Vertragsstaat

Das Besteuerungsrecht des Sitzstaates der Personengesellschaft in bezug auf die Einkünfte, die ein im anderen Vertragsstaat ansässiger Gesellschafter aus seiner Beteiligung erzielt, setzt voraus, daß das Unternehmen des Gesellschafters eine Betriebstätte im Sinne des Abkommens im Sitzstaat der Gesellschaft unterhält[34]. Abzulehnen ist die Ansicht, daß die Beteiligung an einer Personengesellschaft im anderen Vertragsstaat als solche schon eine Betriebstätte im Sinne des Abkommens darstellt[35]. Denn die Definition der Betriebstätte in einem Abkommen erfordert die Existenz einer festen Geschäftseinrichtung[36]. Der Gesellschaftsanteil eines Gesellschafters an einer Personengesellschaft stellt aber lediglich eine rechtliche Beteiligung dar[37]. Es ist vielmehr nach *Piltz*[38] in einem zweistufigen Test festzustellen, ob ein Gesellschafter eines Vertragsstaates, der an einer Per-

---

[33] BFH-Urteil vom 31.07.1991, BStBl. 1991 II, S. 922. So auch *Piltz, D.*, Die Personengesellschaften im internationalen Steuerrecht der Bundesrepublik Deutschland, S. 154 und S. 80; *Jacobs, O.*, Internationale Unternehmensbesteuerung, S. 479 f.; *Riemenschneider, S.*, Abkommensberechtigung, S. 111 f. Auf eine ausdrückliche Regelung deklaratorischer Art, die die Anwendung des Betriebstättenprinzips auf eine solche Beteiligung an einer Personengesellschaft für anwendbar erklärt, wie sie in Art. II Abs. 1 lit. e DBA-USA 1954/65 enthalten ist, wurde im DBA-USA 1989, wie auch in der jüngeren Abkommenspraxis, verzichtet. Auch das OECD-MA verzichtet auf eine solche Regelung in Art. 7 OECD-MA. Wohl weil eine Behandlung einer Personengesellschaftsbeteiligung nach international völlig h.M. nach dem Betriebstättenprinzip zu erfolgen hat.

[34] BFH-Urteil vom 31.07.1991, BStBl. 1991 II, S. 922. Vgl. auch BFH-Urteil vom 29.01.1964, BStBl. 1964 III, S. 165; Verfügung der OFD Düsseldorf vom 07.05.1989, DB 1989, S.1700; RIW 1989, S. 754; für den Fall einer stillen Gesellschaft.

[35] So aber *Rädler, A./Raupach A.*, Deutsche Steuern bei Auslandsbeziehungen, S. 89.

[36] Vgl. Art. 5 Abs. 1 OECD-MA, ebenso Art. 5 Abs. 1 DBA-USA.

[37] BFH-Urteil vom 31.07.1991, BStBl. 1991 II, S. 922. Vgl. auch BFH-Urteil vom 29.01.1964, BStBl. 1964 III, S. 165; so auch *Riemenschneider, S.*, Abkommensberechtigung, S. 113; *Piltz, D.*, Die Personengesellschaften im internationalen Steuerrecht der Bundesrepublik Deutschland, S. 154 und S. 80; *Jacobs, O.*, Internationale Unternehmensbesteuerung, S. 460 und S. 479 f.; *Streck, M.*, Verlustabzug nach dem Auslandsinvestitionsgesetz bei Beteiligungen an ausländischen Personengesellschaften, AWD 1971, S. 521 (522).

[38] *Piltz, D.*, Die Personengesellschaften im internationalen Steuerrecht der Bundesrepublik Deutschland, S. 154 und S. 80 f. Vgl. auch *Riemenschneider, S.*, Abkommensberechtigung, S. 113.

sonengesellschaft im anderen Vertragsstaat beteiligt ist, in deren Sitzstaat eine Betriebstätte unterhält. Im ersten Schritt ist zu klären, ob durch die Tätigkeit der Personengesellschaft in ihrem Sitzstaat eine Betriebstätte begründet wird. Ist dies der Fall, so ist sodann zu fragen, ob diese Betriebstätte dem Gesellschafter des anderen Vertragsstaates zuzurechnen ist.

Die Frage des Bestehens einer Betriebstätte in einem Vertragsstaat, beurteilt sich allein nach den Kriterien des Art. 5 DBA-USA[39]. Der Betriebstättenbegriff des DBA-USA umfaßt nicht nur einen sachbezogenen Betriebstättenbegriff (Absätze 1 bis 4), sondern auch einen personenbezogenen Betriebstättenbegriff (Absätze 5 und 6)[40]. Die Definition der sachbezogenen Betriebstätte umfaßt "eine feste Geschäftseinrichtung, durch die die Tätigkeit eines Unternehmens ganz oder teilweise ausgeübt wird". Unter einer "festen Geschäftseinrichtung" ist jede körperliche Anlage anzusehen, die einen der Unternehmenstätigkeit dienenden Apparat abgibt und örtlich fixiert ist[41]. Es kommen daher alle Einrichtungen durch die das Unternehmen am Wirtschaftsverkehr teilnimmt in Betracht[42].

Die Definition der personenbezogenen Betriebstätte bestimmt, daß ein abhängiger Vertreter eines Unternehmens für dieses eine Betriebstätte begründet, wenn er eine Vollmacht zum Abschluß von Verträgen besitzt und diese Vollmacht auch ausübt. Grundsätzlich können nur solche Personen eine Betriebstätte begründen, die vom Unternehmen abhängig sind. Diese "Abhängigkeit" des Vertreters bestimmt sich nicht allein nach dem Rechtsverhältnis zu dem Unternehmen, sondern ist als Charakterisierung der wirtschaftlichen Verhältnisse zu verstehen. Selbst wenn ein Gesellschafter nicht an der Geschäftsleitung der Gesellschaft teilhat, wird im so die Betriebstätte zugerechnet[43].

---

[39] Entspricht Art. 5 OECD-MA. Vgl. *Piltz, D.*, Die Personengesellschaften im internationalen Steuerrecht der Bundesrepublik Deutschland, S. 154.

[40] Der sachbezogene Betriebstättenbegriff des Art. 5 DBA-USA entspricht dem in § 12 AO enthaltenen Betriebstättenbegriff des deutschen Außensteuerrechts, ist aber weitaus enger gefaßt als dieser. Der personenbezogene Betriebstättenbegriff des Art. 5 DBA-USA entspricht dem Begriff des "ständigen Vertreters" in § 13 AO für das deutsche Außensteuerrecht, aber ist auch sehr viel enger gefaßt als dieser.

Zur Definition der Betriebstätte im internationalen Steuerrecht siehe *Husy, Th.*, Der Betriebstättenbegriff im internationalen Steuerrecht, in Höhn, E. (Hrsg.) Handbuch des internationalen Steuerrechts der Schweiz, S. 179 ff.; *Skaar, A.*, Permanent Establishment, S. 109 ff., für die USA: *Williams, R.*, Permanent Establishments in the United States, 29 The Tax Lawyer 277 (1976); *Loengard, R.*, Tax Treaties, Partnerships and Partners: Exploration of a Relationship, 29 The Tax Lawyer 31 (1975); für Deutschland: *Kumpf, W.*, Besteuerung inländischer Betriebstätten von Steuerausländern

[41] Siehe hierzu *Korn, R./Debatin H.*, Doppelbesteuerung, Systematik IV, Rn. 51 ff.

[42] *Korn, R./Debatin H.*, Doppelbesteuerung, DBA-USA 1954/65, Art. II Anm. 3 e) aa).

[43] Vgl. zur Begründung einer Betriebstätte einer Personengesellschaft durch einen abhängigen Vertreter Donry Ltd. v. United States, 301 F.2d 200 (9th Cir. 1962); speziell

Eine umfassende Erörterung, wodurch eine Betriebstätte im Sinne des Abkommens begründet wird, erscheint im Rahmen dieser Untersuchung verzichtbar. Es sei deshalb auf die angeführte Literatur verwiesen. Diese Arbeit geht vom Regelfall aus, daß die Personengesellschaft am Ort ihres statuarischen Sitzes auch tatsächlich einen Geschäftsbetrieb unterhält. D.h., daß sich dort örtliche gebundene betriebliche Einrichtungen der Gesellschaft befinden, die eine Betriebstätte im Sinne des Abkommens begründen. Eine Personengesellschaft wird in der Regel für Zwecke des Abkommen schon eine Betriebstätte nach dem Katalogfall des Art. 5 Abs. 2 lit. a DBA-USA in ihrem Sitzstaat begründen. Danach wird am "Ort der Leitung" ohne weitere Voraussetzungen eine Betriebstätte begründet. Hierbei ist nicht einmal erforderlich, daß es sich um den Mittelpunkt der geschäftlichen Oberleitung zu handeln hat. Es reicht jeder Ort aus, an dem Leitungsfunktionen für das Unternehmen oder Unternehmensteile ausgeübt werden[44].

Liegt hiernach eine Betriebsstätte vor, ist im zweiten Schritt zu fragen, wem diese Betriebstätte zuzurechnen ist. Eine Zurechnung der Betriebstätte zur Personengesellschaft selbst kann nach dem Abkommen nicht erfolgen, da Art 7 Abs. 1 DBA-USA eine Betriebstätte nur einem "Unternehmen eines Vertragsstaates" zugerechnet werden kann. Wie bereits oben dargelegt, ist eine Personengesellschaft, die in beiden Vertragsstaaten kein Steuersubjekt ist, eben kein Unternehmen eines Vertragsstaates, da es ihr dazu an der Abkommensberechtigung fehlt[45]. Die Betriebstätte ist vielmehr jedem Gesellschafter zuzurechnen, dessen Beteiligung an der Personengesellschaft das "Unternehmen eines Vertragsstaates" im Sinne des Abkommens darstellt, Art. 7 Abs.1 i.V.m. Art. 3 Abs. 1 lit. f, Art. 4 DBA-USA[46]. Die Zurechnung erfolgt unabhängig davon,

---

zum DBA-USA 1954/65 über die betriebstättenbegründende Tätigkeit eines Vertreter BFH-Urteil v. 23.09.1983, BStBl. 1984 II, S. 94; BFH-Urteil vom 12.04.1978, BStBl. 1978 II, S. 494; vgl. auch BFH-Urteil vom 29.01. 1964, BStBl. 1964 III, S. 165. Allgemein hierzu: *Williams, R.*, Permanent Establishments in the United States, 29 The Tax Lawyer 277 (1976); *Loengard, R.*, Tax Treaties, Partnerships and Partners: Exploration of a Relationship, 29 The Tax Lawyer 31 (1975); *Skaar, A.*, Permanent Establishment, S. 159 ff.; siehe hierzu auch *Riemenschneider, S.*, Abkommensberechtigung, S. 114 f.

[44] *Vogel, K.*, Doppelbesteuerungsabkommen, Art. 5, Rn. 50; *Korn, R./Debatin H.*, Doppelbesteuerung, Systematik IV, Rn. 56.

[45] Siehe oben Teil 5 Kapitel 2.

[46] Vgl. BFH vom 29.01.1964, I 153/61 S, BStBl. 1964 III, S. 165; vom 27.02.1991, I R 15/89, BStBl. 1991 II, S. 444, zum DBA-USA jeweils; vom 17.10.1990, I R 16/89, BStBl. 1991, S. 211, zum DBA-Schweiz; *Streck, M.*, Verlustabzug nach dem Auslandsinvestitionsgesetz bei Beteiligungen an ausländischen Personengesellschaften, AWD 1971, S. 521 (522 ff.); *Piltz, D.*, Die Personengesellschaften im internationalen Steuerrecht der Bundesrepublik Deutschland, S. 154 und S. 81; *Korn, R./Debatin H.*, Doppelbesteuerung, Systematik IV, Rn. 147; *Haas G.*, Betriebstätte im Ausland - mitunternehmerisch begründet, BB 1985, S. 541; *Vogel, K.*, Doppelbesteuerungsabkommen, Art. 7,

inwieweit der einzelne Gesellschafter an der Geschäftstätigkeit, welche die Betriebstätte begründet, teilhat. Grund dafür ist der Charakter der Personengesellschaft als wirtschaftliche Einheit, bei der die Tätigkeit des einzelnen Gesellschafters im Interesse sämtlicher Mitgesellschafter ausgeübt wird[47].

Knobbe-Keuk[48] vertritt die Ansicht, daß die Beteiligung eines Gesellschafters aus dem einen Vertragsstaat an einer Personengesellschaft im anderen Vertragsstaat keine Betriebstätte im Sinne des Art. 7 OECD-MA darstellt, denn es fehlt das Unternehmen im Sitzstaat des Gesellschafters. Gleichwohl gelangt *Knobbe-Keuk* letztlich dazu, das Betriebstättenprinzip auf eine solche Beteiligung an einer Personengesellschaft im anderen Vertragsstaat anzuwenden. Sie begründet dies damit, daß eine international übereinstimmende Übung bestehe, in Ergänzung der Abkommensregelung über Unternehmensgewinne die Beteiligung einer in einem Vertragsstaat ansässigen Person an einer ein Unternehmen betreibenden Personengesellschaft *wie* eine Betriebstätte zu behandeln. Vorausgesetzt, daß das in dem anderen Vertragsstaat betriebene Unternehmen der Personengesellschaft den Anforderungen des Abkommens an eine Betriebstätte genügt.

Knobbe-Keuk scheint damit die Ansicht *Killius'*[49] zu vertreten, daß das Unternehmen "sich zumindest auch im Wohnsitzstaat des Unternehmers" betätigen müsse. Der seine Ansicht damit begründet, daß nach einigen Abkommen[50] der

---

Rn. 28 f.; *Riemenschneider, S.*, Abkommensberechtigung, S. 114.; *Selent, A.*, Ausländische Personengesellschaften im Ertrags- und Vermögensteuerrecht, S. 188 und S. 308.

[47] *Riemenschneider, S.*, Abkommensberechtigung, S. 114; *Vogel, K.*, Doppelbesteuerungsabkommen, Art. 7, Rn. 29; *Debatin, H.*, Die Bilanzbündeltheorie im Spiegel des internationalen Steuerrechts, DB 1978, S. 2437 (2440); *Selent, A.*, Ausländische Personengesellschaften im Ertrag- und Vermögensteuerrecht, S. 214; *Sorck, A.*, Ausländische Betriebstätten im Ertrag- und Vermögensteuerrecht, S. 222. Vgl. auch BFH v. 29.01.1964, I 153/61 S, BStBl. 1964 III, S. 165, in diesem Urteil begründet der BFH die Zurechnung der Betriebstätte zu den einzelnen Gesellschaftern mit der inzwischen überholten Bilanzbündeltheorie.

[48] *Knobbe-Keuk, B.*, Bilanz- und Unternehmenssteuerrecht, S. 543; *dies.*, "Qualifikationskonflikte" im internationalen Steuerrecht der Personengesellschaft, RIW 1991, S. 306 (308).

[49] *Killius J.*, Die Behandlung der Personengesellschaften im Recht der Doppelbesteuerungsabkommen, S. 75 f.

[50] Art. 4 Abs. 1 Satz 1 DBA-Dänemark 1962, Art. 5 Abs. 1 DBA-Luxemburg 1958, Art. 5 Abs. 1 DBA-Niederlande 1959; Art. 4 Abs. 1 Satz 1 DBA-Norwegen, Art. 4 Abs. 1 DBA-Österreich 1954, Art. 5 Abs. 1 Satz 1 DBA-Schweden 1959/78. Diese Regelungen sind fast identisch mit der Formulierung in Art. 4 Abs. 1 Satz 1 DBA-Niederlande, der hier beispielhaft für alle zitiert sei:

"Bezieht ein in einem Vertragsstaat ansässige Person als Unternehmer oder Mitunternehmer Einkünfte aus einem gewerblichen Unternehmen, dessen Tätigkeit sich auf das Gebiet des anderen Staates erstreckt, so hat der andere Staat das Besteuerungsrecht für

Vertragsstaat, der nicht der Wohnsitzstaat des Unternehmers bzw. Mitunternehmers ist, danach das Besteuerungsrecht nur insoweit hat, als das Unternehmen seine Tätigkeit durch Begründung einer Betriebstätte auf sein Gebiet "erstreckt". Wonach implizit gefordert sei, daß das Unternehmen sich zumindest auch im Wohnsitzstaat des Unternehmers bzw. Mitunternehmers betätigt. Bereits *Piltz*[51] hat angeführt, daß diese Auslegung nicht zwingend sei. Was bisher in diesem Zusammenhang noch nicht berücksichtigt wurde, ist, daß die Betriebstätte in all diesen Abkommen als "eine feste Geschäftseinrichtung, in der die Tätigkeit des Unternehmens *ganz oder teilweise* ausgeübt wird", definiert ist[52]. Allein diese Formulierung dürfte klarstellen, daß die "Erstreckung" des Unternehmens auch auf den Ansässigkeitsstaat des Gesellschafters nicht erforderlich ist. Unabhängig davon ist festzuhalten, daß die Definition der Unternehmensgewinne bzw. gewerblichen Gewinne weder in Art. 7 Abs. 1 OECD-MA, noch in Art. 7 Abs. 1 DBA-USA die Formulierung "erstrecken" verwenden, wohl aber die Betriebstätte in gleicher Weise definieren. Es ist daher davon auszugehen, daß die Betriebstätte eines Unternehmens in einem Vertragsstaat im Sinne des Abkommens auch dann vorliegt, wenn sich darüber hinaus im anderen Vertragsstaat (Sitzstaat des Unternehmers/Gesellschafters) keine betrieblichen Einrichtungen befinden oder betriebliche Tätigkeiten ausgeübt werden. Denn, wie bereits oben ausgeführt, kommt es für die Zuordnung eines Unternehmens zu einem Vertragsstaat gemäß Art. 3 Abs. 1 lit. f DBA-USA[53] entscheidend auf den Staat an, in dem der betreibende Unternehmer ansässig ist. Denn betreibt ein in einem Vertragsstaat ansässiger Unternehmer sein Unternehmen ausschließlich im anderen Vertragsstaat, ist dieses ein Unternehmen des Ansässigkeitsstaates, auch wenn sich in diesem kein Betriebsvermögen befindet und keine betriebliche Tätigkeit entfaltet wird[54]. Die Anwendung des Betriebstättenprinzips ergibt sich deshalb, wie bereits dargelegt wurde, aus dem Wortlaut des Abkommens selbst. Es ist somit entgegen *Knobbe-Keuk* ein Rückgriff auf die übereinstimmende Übung der Vertragsstaaten nicht erforderlich[55].

---

diese Einkünfte insoweit, als sie auf eine dort befindliche Betriebstätte des Unternehmens entfallen."

[51] *Piltz D.*, Die Personengesellschaften im internationalen Steuerrecht der Bundesrepublik Deutschland, S. 152. Ebenso *Riemenschneider, S.*, Abkommensberechtigung. S. 115 f.

[52] Art. 2 Abs. 1 Nr. 4 DBA-Dänemark 1962, Art. 2 Abs. 1 Nr. 2 DBA-Luxemburg 1958, Art. 2 Abs. 1 Nr. 2 DBA-Niederlande 1959, Art. 2 Abs. 1 Nr. 4 DBA-Norwegen 1958, Art. 4 Abs. 3 DBA-Österreich 1954, Art. 3 Abs.3 DBA-Schweden 1958/78.

[53] Entspricht Art. 3 Abs. 1 lit. c OECD-MA.

[54] Siehe hierzu oben Teil 6 Kapitel 1 B. I.

[55] So auch *Riemenschneider, S.*, Abkommensberechtigung, S. 116.

III. Zurechnung des Gewinns zur Betriebstätte

Ist somit festgestellt, daß ein Unternehmen im anderen Vertragsstaat eine Betriebstätte unterhält, so können die gewerblichen Gewinne des Unternehmens im anderen Staat nur insoweit besteuert werden als sie dieser Betriebstätte zugerechnet werden können. D.h. entscheidend für das Besteuerungsrecht des Quellen- und Betriebstättenstaates ist, inwiefern die gewerblichen Gewinne des Unternehmens der Betriebstätte zugerechnet werden können; vgl. Art. 7 Abs. 1 Satz 2 und Abs. 5 DBA-USA[56]. Diese Gewinnzurechnung betrifft den zentralen Regelungsgegenstand eines Doppelbesteuerungsabkommens, nämlich die Frage der Abgrenzung der Besteuerungssouveränität der Vertragsstaaten gegeneinander[57].

Gewinne sind einer Betriebstätte nur dann zuzurechnen, wenn sie wirtschaftlich betrachtet durch sie erzielt sind ("Prinzip der wirtschaftlichen Zugehörigkeit"[58]); Art. 7 Abs. 1 Satz 2, DBA-USA[59]. Daraus folgt nach allgemeiner Ansicht, daß der Betriebstättenstaat die Steuerberechtigung nur für solche Gewinne hat, die auf die Aktivitäten der Betriebstätte zurückzuführen sind, die also durch die Tätigkeit der Betriebstätte verursacht wurden[60]. Dies ist eine wesentliche Änderung gegenüber dem alten Abkommen von 1954/65. Das ursprüngliche Abkommen von 1954 folgte der Vorstellung von der uneingeschränkten "Attraktivkraft der Betriebstätte". Danach hatte der Betriebstättenstaat das Besteuerungsrecht für alle Einkünfte, die ein Unternehmen des anderen Vertragsstaates aus dem Betriebstättenstaat bezog. Das Revisionsprotokoll von 1965 ersetzte diese durch das

---

[56] Vgl. *Kumpf, W.,* Ergebnis- und Vermögensabgrenzung bei Betriebstätten, StbJb 1988/89, S. 399 (403 ff.); *ders.,* Besteuerung inländischer Betriebstätten von Steuerausländern, S. 98 ff.

[57] Vgl. *Debatin, H.,* Das Betriebsstättenprinzip der deutschen Doppelbesteuerungsabkommen (Teil I), DB 1989, S. 1692 (1695).

[58] *Debatin, H.,* Das Betriebstättenprinzip der deutschen Doppelbesteuerungsabkommen (Teil II), DB 1989, S. 1739 (1740), verwendet auch die Ausdrücke "wirtschaftlicher Veranlassungszusammenhang" oder "Erwirtschaftungsprinzip", ausgehend von der Entscheidung des BFH v. 20.07.1988, I R 49/84, BStBl. 1989 II, S. 140, der für die Frage, inwieweit einer Betriebstätte Aufwendungen zuzurechnen sind, darauf abstellte, ob "die Aufwendungen im Sinne eines wirtschaftlichen Zusammenhanges durch die Betriebstätte veranlaßt" worden sind.

[59] *Debatin H./Endres, D.,* Das neue Doppelbesteuerungsabkommen USA/Bundesrepublik Deutschland, Art. 7 Rn. 5.

[60] BFH v. 20.07.1988, I R 49/84, BStBl. 1989 II, S. 140; *Riemenschneider, S.,* Abkommensberechtigung, S. 116; *Debatin, H.,* Das Betriebstättenprinzip der deutschen Doppelbesteuerungsabkommen (Teil II), DB 1989, S. 1739 (1740); *Korn, R./Debatin, H.,* Doppelbesteuerung, Systematik IV, Rn. 83 ff.; *Vogel, K.,* Doppelbesteuerungsabkommen, Art. 7, Rn. 32; *Storck, A.,* Ausländische Betriebstätten im Ertrag- und Vermögensteuerrecht, S. 251; *Burmester, G.,* Probleme der Gewinn- und Verlustrealisierung, S. 86.

"eingeschränkte Attraktionsprinzip" der Betriebstätte. D.h. nur diejenigen Einkünfte aus dem Betriebstättenstaat wurden dem Attraktionsprinzip unterworfen, die aus dem Verkauf von Gütern oder Waren der gleichen Art wie sie von der Betriebstätte vertrieben wurden, stammten, oder wenn es sich um andere "Direktgeschäfte" des Stammhauses im anderen Staat handelte, die von gleicher Art waren wie die von der Betriebstätte getätigten Geschäfte[61]. Die Zurechnungsregel nach dem "Prinzip der wirtschaftlichen Zugehörigkeit" in Art. 7 Abs. 1 Satz 2 DBA-USA wendet sich eindeutig gegen eine US-Besteuerung im Rahmen der Rest-Attraktionskraft *("residual force of attraction")* der Sec. 864(c)(3) IRC. Diese bestimmt, daß bei "Ausübung einer Geschäftstätigkeit in den USA[62]" andere Einkünfte aus US-Quellen, es sei denn, es handelt sich um passive Investmenteinkünfte oder Kapitalveräußerungsgewinne, als mit dieser Geschäftstätigkeit "effektiv verbunden" gelten und damit der US-Besteuerung unterliegen, auch wenn sie mit dieser Geschäftstätigkeit nicht das geringste zu tun haben.

Art. 7 Abs. 5 DBA-USA sieht ergänzend dazu vor, daß gewerbliche Gewinne, die einer Betriebstätte nur dann zugerechnet werden dürfen, die aus dem Vermögen oder der Tätigkeit der Betriebstätte erzielt werden[63].

Des weiteren bestimmt Art. 7 Abs. 2 DBA-USA zur Abgrenzung des gewerblichen Gewinns, der vom Betriebstättenstaat besteuert werden darf, für das Verhältnis zwischen Betriebstätte und Stammhaus, der Betriebstätte die Gewinne zuzurechnen sind, die sie hätte erzielen können, wenn sie eine gleiche oder ähnliche Tätigkeit unter gleichen Bedingungen als selbständiges und unabhängiges Unternehmen ausgeübt hätte. Das heißt, es wird die Selbständigkeit der Be-

---

[61] Vgl. Art. III Abs. 1 Satz 2, 2. Halbsatz DBA-USA 1954/65, sowie *Jacob, F.*, Handkommentar DBA-USA, Art. 7, Rn. 2; *Arthur Andersen* (Hrsg.), Doppelbesteuerungsabkommen Deutschland-USA, Art. 7, Rn. 6; *Debatin H./Endres, D.*, Das neue Doppelbesteuerungsabkommen USA/Bundesrepublik Deutschland, Art. 7 Rn. 5; *Debatin H./Walter, O.*, Handbook on the 1989 Double Taxation Convention between the Federal Republic of Germany and the United States of America, Art. 7 Rn. 10 ff., 160; *Korn, R./Debatin, H.*, Doppelbesteuerung, DBA-USA Art. 7, Anm. 5.

Zu den Begriffen "Attraktivkraft der Betriebstätte" (auch "Prinzip der Attraktivkraft" oder Absorptionsgrundsatz genannt) und "eingeschränktes Attraktionsprinzip" (auch "Prinzip der Geschäfte gleicher Art" genannt) siehe ausführlich *Storck, A.*, Ausländische Betriebstätten im Ertrag- und Vermögensteuerrecht, S. 251 ff., sowie *Korn, R./Debatin, H.*, Doppelbesteuerung, Systematik IV, Rn. 82 ff.

[62] "[E]ngaged in trade or business within the United States"; siehe hierzu oben Teil 4 Kapitel 2 B.

[63] So auch *Debatin H./Walter, O.*, Handbook on the 1989 Double Taxation Convention between the Federal Republik of Germany and the United States of America, Art. 7 Rn. 162.

triebstätte fingiert[64]. Abgesehen von diesen allgemeinen Grundsätzen, enthält Art. 7 keine spezielle Zurechnungsregelung, um festzustellen, ob Gewinne einer Betriebstätte zuzurechnen sind. Es ist daher gemäß Art 3 Abs. 2 DBA-USA auf das nationale Recht des Vertragsstaates abzustellen, der das Abkommen anwendet, um über eine Zurechnung zu entscheiden[65].

1. USA

Wie bereits ausgeführt, hindert das in Art. 7 Abs. 1 Satz 2 DBA-USA niedergelegte "Prinzip der wirtschaftlichen Zugehörigkeit" die USA daran, Einkünfte im Rahmen der Rest-Attraktionskraft *("residual force of attraction")* in Sec. 864(c)(3) IRC zu besteuern. Art. 7 Abs. 1 DBA-USA verhindert des weiteren die US-Besteuerung von Einkünften die andernfalls als "effektiv verbunden"[66] mit dem "Ausüben einer Geschäftstätigkeit in den USA"[67] gelten, wenn diese Geschäftstätigkeit nicht das Maß erreicht, das für die Begründung einer Betriebstätte nach dem Abkommen erforderlich ist[68]. Abgesehen davon ändert Art. 7 DBA-USA jedoch nicht grundsätzlich die US-Regelungen über die effektive Verbundenheit von Einkünften mit dem Ausüben einer Geschäftstätigkeit in den USA. D.h., soweit ein deutsches Unternehmen seine Geschäftstätigkeit in Form einer Betriebstätte dort ausübt, gelten die Grundsätze der Quellen- und Zuordnungsregelungen in Sec. 864 IRC, soweit es sich um die Frage tatsächliche Zuordnung und nicht der fiktiven Zuordnung im Sinne der effektiven Verbundenheit von Einkünften zu einer Betriebstätte handelt[69].

---

[64] Siehe hierzu ausführlich unten Teil 6 Kapitel 1 B. III. 4.

[65] *Debatin H./Walter, O.*, Handbook on the 1989 Double Taxation Convention between the Federal Republik of Germany and the United States of America, Art. 7 Rn. 162; allgemein zur Zurechnung siehe *Kumpf, W.*, Ergebnis- und Vermögensabgrenzung bei Betriebstätten, StbJb 1988/89, S. 399 (403 ff.); *ders.*, Besteuerung inländischer Betriebstätten von Steuerausländern, S. 98 ff.

[66] *"effectively connected"*, definiert in Sec. 864(c) IRC.

[67] "engaged in trade or business in the United States", definiert in Sec. 864(b) IRC.

[68] Vgl. hierzu insbesondere Art. 5 Abs. 3, 4, 6 und 7 DBA-USA. Zu beachten ist jedoch, daß Sec. 897 IRC Gewinne aus der Veräußerung bestimmter direkter oder indirekter Investitionen in Immobilien besteuert. Nach Art. 13 Abs. 1 DBA-USA können solche Veräußerungsgewinne von den USA besteuert werden, auch wenn sie nicht zu einer Betriebstätte gehören.

[69] *Debatin H./Walter, O.*, Handbook on the 1989 Double Taxation Convention between the Federal Republik of Germany and the United States of America, Art. 7 Rn. 163. In diesem Sinne wohl auch *Debatin H./Endres, D.*, Das neue Doppelbesteuerungsabkommen USA/Bundesrepublik Deutschland, Art. 7 Rn. 5.

a)   "Passives Investmenteinkommen" ("fixed or determinable annual or periodic income") und Kapitalveräußerungsgewinne (capital gains) aus US-Quellen

Für die Frage, ob "Passives Investmenteinkommen" *("fixed or determinable income")* oder Kapitalveräußerungsgewinne *("capital gains")* einer Betriebstätte zuzuordnen ist, regelt sich nach Sec. 864(c)(2) IRC und den Regs. § 1.864-4(c) nach dem *"asset use"*- und dem *"business activities"*-Test[70]. Revenue Ruling 91-32[71] stellt beispielhaft speziell in bezug auf Personengesellschaften die Anwendung dieser Vorschriften dar.

b)   Erträge aus der Veräußerung von Umlaufvermögen aus US-Quellen

Zu Zwecken der Besteuerung bestimmt sich nach US-Steuerrecht die Feststellung, ob Erträge aus der Veräußerung von Umlaufvermögen aus US-Quellen stammen, nach Sec. 864(c)(3) IRC, und zwar unabhängig davon, ob die Erträge eine tatsächliche oder eine fiktive Verbindung zu einer Geschäftätigkeit in den USA haben. D.h. der Internal Revenue Code enthält keine unterschiedlichen Vorschriften einerseits für die Steuerbarkeit von Erträgen aus der Veräußerung von Umlaufvermögen, die eine tatsächliche Verbindung zu einer US-Geschäftätigkeit haben, und andererseits für die Steuerbarkeit von Erträgen aus der Veräußerung von Umlaufvermögen, die nur im Rahmen der Rest-Attraktionskraft *("residual force of attraction")* eine fiktive Verbindung zu einer US-Geschäftätigkeit haben. Da aber bei der Anwendung des Art. 7 DBA-USA auf die Anwendung der Sec. 864(c)(3) zurückzugreifen ist, stellt sich die Frage, nach welchen Regeln nun zu bestimmen ist, ob Erträge aus der Veräußerung von Umlaufvermögen aus US-Quellen einer Betriebstätte zuzuordnen sind. Obwohl hierfür keine einschlägige Rechtsgrundlage existiert, ergibt sich aus einer Analogie zu verschiedenen Vorschriften des Internal Revenue Code, daß davon auszugehen ist, daß im Rahmen des Art. 7 DBA-USA die Zuordnung von Erträgen aus der Veräußerung von Umlaufvermögen aus US-Quellen danach zu bestimmen ist, ob die US-Betriebstätte ein wesentlicher Faktor *("material factor")* bei der Erzielung dieser Erträge war[72].

---

[70] *Debatin H./Walter, O.*, Handbook on the 1989 Double Taxation Convention between the Federal Republik of Germany and the United States of America, Art. 7 Rn. 164; *Debatin H./Endres, D.*, Das neue Doppelbesteuerungsabkommen USA/Bundesrepublik Deutschland, Art. 7 Rn. 5.

[71] Rev. Rul. 91-32, 1991-1 C.B. 107.

[72] So *Debatin H./Walter, O.*, Handbook on the 1989 Double Taxation Convention between the Federal Republik of Germany and the United States of America, Art. 7 Rn. 166, unter Hinweis auf folgende Vorschriften des Internal Revenue Code und der Regulations, die einen solchen "Wesentlichen Faktor"-Maßstab *("'material factor' standard")* enthalten. Sec. 864(c)(5)(B) IRC enthält eine Regel für die Zuordnung von Einkünften aus ausländischen Quellen zu einer festen Geschäftseinrichtung in den USA zu Zwecken der Bestimmung der "effektiv verbundenen Einkünfte" *("effectively connected income")*.

c) Einkünfte aus ausländischen Quellen

Das Abkommen enthält keine Beschränkungen hinsichtlich der Herkunft der Einkünfte. Demzufolge erlaubt Art. 7 DBA-USA die Besteuerung von Einkünften aus ausländischen Quellen, die nach Sec. 864(c)(4)(B) IRC einer festen Geschäftseinrichtung[73] in den USA zugerechnet werden[74].

2. Deutschland

Im deutschen Steuerrecht gibt es keine Vorschriften, die die Zuordnung von Einkünften zu Betriebstätten regeln. Im Grundsatz entscheidet die wirtschaftliche Zugehörigkeit. Weitgehende Bedeutung wird dabei auch der tatsächlichen Behandlung der die Einkünfte erzielenden Wirtschaftsgütern in den Büchern der Betriebstätte beigemessen (direkte Methode). Die Zuordnung von Einkünften zu Betriebstätten kann eher als Grauzone im Steuerrecht beschrieben werden, die, wenn sie auf nachvollziehbaren Grundsätzen beruht und durchgängig angewandt wird, von den Finanzbehörden und -gerichten akzeptiert wird[75]. Für das DBA-USA 1954/65 wurde im Memorandum of Understanding zum Revisionsprotokoll vom 17.09.1965 eine Zuordnungsregel getroffen, die in einen koordinierten Ländererlaß[76] vom 03.06.1966 umgesetzt wurde. Danach sind Wirtschaftsgüter einer Betriebstätte zuzuordnen, wenn sie dort gehalten werden oder von dem Unternehmen zu dem Zweck gehalten werden, die Geschäftstätigkeit der Betriebstätte zu fördern, oder wenn die Tätigkeit der Betriebstätte wesentlich zur Erzielung der Einkünfte beigetragen hat. Es ist davon auszugehen, daß diese Regelung auch für das DBA-USA 1989 fortgilt, soweit sie zu dessen Regelungen nicht in Widerspruch steht.

3. Spezialregelungen der Gewinnzurechnung im Protokoll zum DBA-USA

Im Rahmen der Gewinnermittlung einer Betriebstätte nach dem DBA-USA gilt es auf drei im Protokoll geregelte Besonderheiten hinzuweisen:

Regs. § 1.864-4(c)(1)(ii) betrifft die Anwendung des *"business activities"*-Test zur Bestimmung, ob passive Investmenteinkünfte *("fixed or determinable" income)* oder Kapitalveräußerungsgewinne *(capital gains)* "effektiv verbundende Einkünfte" darstellen.

[73] "office or fixed place of business within the United States".

[74] *Debatin H./Walter, O.*, Handbook on the 1989 Double Taxation Convention between the Federal Republik of Germany and the United States of America, Art. 7 Rn. 168.

[75] Der BFH geht in seinen Urteilen, vom 20.07.1988, I R 49/84, BStBl. 1989 II, S. 140 und vom 29.01.1964, I 153/61 S, BStBl. 1964 III, S. 165, wie schon der RFH in seinem Urteil vom 13.07.1938, I 369/36, RStBl. 1938, S. 836, vom Grundsatz der wirtschaftlichen Zugehörigkeit aus. Vgl. auch *Debatin H./Walter, O.*, Handbook on the 1989 Double Taxation Convention between the Federal Republik of Germany and the United States of America, Art. 7 Rn. 170; *Kumpf, W.*, Besteuerung inländischer Betriebstätten von Steuerausländern, S. 98 ff.

[76] Vgl. Erlaß des Finanzministeriums Nordrhein-Westfalen vom 03.06.1966, BStBl. 1966 II, S. 143, Abschnitt A.3.(2).

a)   Deferred Payments - Nachlaufende Zahlungen

Abschnitt 4 des Protokolls zu Art. 7 Abs. 1 und 2 und Art. 13 Abs. 3 DBA-USA regelt, für den Fall, daß "Einnahmen, Veräußerungsgewinne oder Ausgaben, die einer Betriebstätte zuzurechnen sind", erst nach Auflösung der Betriebstätte anfallen. In diesem Fall sind die damit verbundenen Zahlungen oder Gewinne noch als Einnahmen, Ausgaben oder Gewinne der Betriebstätte zu behandeln. Damit hat die Regelung der Sec. 864(c)(6) IRC des innerstaatlichen Steuerrechts der USA Eingang in das Abkommen gefunden. Dies entspricht auch der herrschenden deutschen Rechtsauffassung[77]. Abschnitt 4 Satz 2 des Protokolls stellt ausdrücklich klar, daß die Regelung des Satzes 1 nicht in die Bestimmungen des innerstaatlichen Rechts über die periodengerechte Zuordnung eingreift[78].

b)   Post-Cessation Sales - Zurechnung von Wertzuwächsen beweglicher
      Wirtschaftsgüter

Abschnitt 5 des Protokolls zu Art. 7 und Art. 13 DBA-USA hat die sog. *post-cessation sales*-Regelung der Sec. 864(c)(7) IRC[79] in das Abkommensrecht auf-

---

[77] *Jacobs, O.*, Internationale Unternehmensbesteuerung, S. 618; *Debatin H./Endres, D.*, Das neue Doppelbesteuerungsabkommen USA/Bundesrepublik Deutschland, Art. 7 Rn. 18; FG München v. 28.10.1975, EFG 1976, S. 187; BMF-Schreiben v. 27.09.1982, BStBl. 1982 I, S. 771, das ausdrücklich in dieser Hinsicht auf die Urteile des RFH v. 09.03.1932, RStBl. 1932, S. 513, BFH v. 15.07.1964, BStBl. III, S. 551, und BFH v. 12.10.1978, BStBl. 1979 II, S. 64, hinweist und das entgegenstehende BFH-Urteil v. 16.07.1969, BStBl. 1970 II, S. 56, für nicht anwendbar erklärt. Ebenso *Feuerbaum, E.*, Nachträgliche Einkünfte aus inländischen Gewerbebetrieben und nachträgliche Finanzierungs-"Einkünfte" aus ausländischen Betriebstätten, RIW 1982, S. 97 ff.; *ders.*, Nachträgliche Einkünfte ausländischer Betriebstätten des Industrieanlagenbaus, DB 1982, S. 2318. A.A. in bezug auf die innerstaatliche deutsche Rechtsauffassung, ohne diese Abkommensregelung: *Goutier, K.*, Zur steuerlichen Behandlung von Betriebsstätten und Personengesellschaften unter dem neuen DBA mit den Vereinigten Staaten, S. 14 f.; *Arthur Andersen & Co. GmbH*, Doppelbesteuerungsabkommen Deutschland-USA, Art. 7 Rn. 12, ohne jedoch die entgegenstehende Auffassung der Rechtsprechung, der Finanzverwaltung und der Literatur zu erwähnen oder sich mit ihr auseinanderzusetzen. Unklar in dieser Hinsicht *Debatin H./Walter, O.*, Handbook on the 1989 Double Taxation Convention between the Federal Republik of Germany and the United States of America, Art. 7 Rn. 183 ff.

[78] *Debatin   H./Endres,   D.*,   Das   neue   Doppelbesteuerungsabkommen USA/Bundesrepublik Deutschland, Art. 7 Rn. 18; *Arthur Andersen & Co. GmbH*, Doppelbesteuerungsabkommen Deutschland-USA, Art. 7 Rn. 12

[79] Gemäß Sec. 864(c)(7) IRC handelt es sich um "effektiv verbundene Einkünfte" *("effectively connected income")*, wenn ein Ausländer oder eine ausländische Gesellschaft ein Wirtschaftsgut veräußert, das innerhalb der letzten zehn Jahre vor der Veräußerung einer US-Geschäftstätigkeit gedient hat oder zu einem Geschäftsbetrieb in den USA gehört hat. Eine Steuerbarkeit im Rahmen der Sec. 864(c)(7) IRC setzt voraus, daß im Zeitpunkt in dem die Nutzung endet oder das das Wirtschaftsgut aus dem Geschäftsbetrieb ausscheidet,

genommen. Ziel dieser Regelung ist es, dem Betriebstättenstaat die Besteuerung der Wertzuwächse zu gewähren, die bewegliche Wirtschaftsgüter während ihrer Zugehörigkeit zu einer Betriebstätte erfahren haben und die bis zu zehn Jahren nach dem Ende ihrer Zugehörigkeit zur Betriebstätte durch das Unternehmen veräußert werden[80]. Diese Regelung gilt sogar dann, wenn das Unternehmen, das das Wirtschaftsgut dann veräußert, zum Zeitpunkt der Veräußerung überhaupt keine Betriebstätte in den USA mehr unterhält[81].

Diese Regelung des Abschnitts 5 des Protokolls zum DBA-USA bedeutet gegenüber dem OECD-MA eine Neuerung, die eine sachgerechtere Zuordnung des Besteuerungsrechts an den Betriebstättenstaat vorsieht[82]. Bedenken sind aber gegen die Praktikabilität einer solchen Regelung anzuführen. Denn für jedes Wirtschaftsgut, das aus dem Betriebstättenvermögen ausscheidet und vom Unternehmen nicht sofort veräußert wird, weil es z.B. im Stammhaus weiterhin genutzt wird, muß der Verkehrswert zum Zeitpunkt des Ausscheidens bestimmt werden. Wird dieser nicht sofort in diesem Zeitpunkt ermittelt, so erscheint es schwierig diesen, dann im Zeitpunkt der Veräußerung durch das Unternehmen zurückzurechnen und quasi nachträglich zu bestimmen. Dies wird bei manchen Wirtschaftsgütern insbesondere nach einem längeren Zeitraum (bis zu zehn Jahren) problematisch sein. Die Sicherstellung der Besteuerungsberechtigung durch den Betriebstättenstaat bis zu zehn Jahre nach dem Ausscheiden des Wirtschaftsguts aus dem Betriebstättenvermögen, insbesondere wenn dann keine Betriebstätte mehr besteht, erscheint nicht unproblematisch zu sein. Zumindest erfordert sie genaue Buchführung und Aufzeichnungen über den weiteren Verbleib und die weitere Nutzung des Wirtschaftsguts. Trotz all dieser Bedenken ist die Zuordnung des Besteuerungsrechts zum Betriebstättenstaat durchaus sachgerecht.

c)   Zurechnung von Aufwendungen zur Betriebstätte

Abschnitt 6 des Protokolls zu Art. 7 Abs. 3 DBA-USA ermächtigt die zuständigen Behörden für die Zurechnung der in Art. 7 Abs. 3 erwähnten Aufwendun-

---

eine Veräußerung des Wirtschaftsgutes in den USA steuerbar gewesen wäre, hätte sie in diesem Zeitpunkt stattgefunden. D.h. es sind nur die Wertzuwächse steuerbar, die während der Zeit der Zugehörigkeit zur zum US-Geschäftsbetrieb eingetreten sind.

[80] *Goutier, K.*, Zur steuerlichen Behandlung von Betriebsstätten und Personengesellschaften unter dem neuen DBA mit den Vereinigten Staaten, S. 15 f; *Debatin H./Endres, D.*, Das neue Doppelbesteuerungsabkommen USA/Bundesrepublik Deutschland, Art. 7 Rn. 19; *Arthur Andersen & Co. GmbH*, Doppelbesteuerungsabkommen Deutschland-USA, Art. 7 Rn. 14; *Debatin H./Walter, O.*, Handbook on the 1989 Double Taxation Convention between the Federal Republic of Germany and the United States of America, Art. 7 Rn. 187.

[81] *Debatin H./Walter, O.*, Handbook on the 1989 Double Taxation Convention between the Federal Republic of Germany and the United States of America, Art. 7 Rn. 187.

[82] So auch *Debatin H./Endres, D.*, Das neue Doppelbesteuerungsabkommen USA/Bundesrepublik Deutschland, Art. 7 Rn. 19.

gen zu einer Betriebstätte im gegenseitigen Einvernehmen gemeinsame Verfahren vereinbaren, die von den im innerstaatlichen Recht vorgesehenen Verfahren abweichen[83]. Im einzelnen sind die folgenden Aufwendungen genannt: Forschungs- und Entwicklungskosten, Zinsen und ähnliche Ausgaben sowie angemessene Beträge für Geschäftsführungs- und allgemeine Verwaltungskosten. Grundsätzlich gilt mit Bezug auf Deutschland, wie bereits ausgeführt[84], das Veranlassungsprinzip für die Zuordnung von Aufwendungen. Damit bedeutet die Regelung des Abschnitts 6 des Protokolls eine mögliche Durchbrechung des Veranlassungsprinzips. Unklar ist jedoch welche Verfahren hierbei angewendet werden sollen. Das deutsche Steuerrecht enthält jedenfalls ausdrücklich keine Vorschriften über die Aufteilung und Zuordnung von Aufwendungen innerhalb eines international tätigen Unternehmens zwischen Stammhaus und Betriebstätten. Zu Recht wird angeführt, daß ein Abweichen der Zuordnung von sonst eindeutig nach dem Veranlassungsprinzip aufteilbaren Aufwendungen zugunsten eines irgendwie gearteten Verfahrens zumindest in Deutschland verfassungsrechtlich problematisch wäre. Hingewiesen wird hierbei auf den Gleichbehandlungsgrundsatz, der im Einzelfall oder in einer Reihe von gleich gelagerten Fällen ein Abweichen von einem so wichtigen Grundsatz wie dem Veranlassungsprinzip, als gefährdet angesehen wird[85]. Es ist daher, wie *Debatin/Walter*[86] dies tun, in erster Linie davon auszugehen, daß Abschnitt 6 des Protokolls vorrangig dazu dienen soll, eventuell auftretende Ungerechtigkeit und Verzerrungen zu beheben, die durch die Anwendung unterschiedlicher Zuordnungsprinzipien in den beiden Vertragsstaaten beruhen. So ist es z.B. herkömmliche Auffassung der USA, wie auch die Technical Explanation zu Art. 7 Abs. 3 DBA-USA[87] bestätigt, Zinsaufwand nach der indirekten Methode gemäß den in Regs. § 1.882-5 zuzuordnen[88]. Diese unterschiedliche Zuordnung in beiden Vertragsstaaten kann dazu führen, daß ein Teil des Zinsaufwands in beiden Staaten nicht abgezogen

---

[83] *Debatin   H./Endres,   D.*,   Das   neue   Doppelbesteuerungsabkommen USA/Bundesrepublik Deutschland, Art. 7 Rn. 13.

[84] Siehe oben Teil 6 Kapitel 1 B. III. 2.

[85] So *Arthur Andersen & Co. GmbH*, Doppelbesteuerungsabkommen Deutschland-USA, Art 7 Rn. 34.

[86] *Debatin H./Walter, O.*, Handbook on the 1989 Double Taxation Convention between the Federal Republik of Germany and the United States of America, Art. 7 Rn. 231 ff.

[87] Abgedruckt in *Debatin H./Walter, O.*, Handbook on the 1989 Double Taxation Convention between the Federal Republik of Germany and the United States of America, Vol. 2, Parliamentary Documents, U.S. Technical Explanation, S. 48.

[88] Vgl. hierzu auch Rev. Rul. 89-115, 1989-2 C.B. 130, in bezug auf das DBA USA-United Kingdom; Rev. Rul. 85-7, 1985-1 C.B. 188, betreffend das DBA zwischen der USA und Japan.

werden kann[89]. Durch die Vorschrift des Abschnitts 6 des Protokolls, kann in diesen Fällen Abhilfe geschaffen werden.

4. "Selbständigkeit" der Betriebstätte - Art. 7 Abs. 2 DBA-USA

a) Allgemeines

Art. 7 Abs. 2 DBA-USA sieht vor, daß zur Abgrenzung des gewerblichen Gewinns, der vom Betriebstättenstaat besteuert werden darf, für das Verhältnis zwischen Betriebstätte und Stammhaus, der Betriebstätte die Gewinne zuzurechnen sind, die sie hätte erzielen können, wenn sie eine gleiche oder ähnliche Tätigkeit unter gleichen Bedingungen als selbständiges und unabhängiges Unternehmen ausgeübt hätte. Danach ist die Betriebstätte für die Gewinnzurechnung so zu behandeln, als sei sie kein unselbständiger Unternehmensteil, sondern ein eigenständiges, von seinem Stammhaus getrenntes Unternehmen[90]. D.h., die Methode der "direkten Gewinnzuordnung" ist anzuwenden[91]. Für den Fall von Transaktionen zwischen der Betriebstätte und dem Stammhaus oder jeder anderen Person, die das Unternehmen kontrolliert, durch das Unternehmen kontrolliert wird oder unter gemeinsamer Kontrolle mit dem Unternehmen steht, beurteilt sich die Zurechnung des Gewinns nach dem Grundsatz des *"arm's-length dealing"* (Fremdvergleichs-Grundsatz)[92]. Der Wortlaut des Art. 7 Abs. 2 DBA-USA orientiert sich sehr eng an Art. 7 Abs. 2 US-MA und weicht von Art. 7 Abs. 2 OECD-MA und Art. III Abs. 2 DBA-USA 1954/65 ab, die seine Anwendung auf Transaktionen mit dem Unternehmen beschränken, dessen Betriebstätte sie ist[93]. Diese Beschränkung des Anwendungsbereichs ist in Art. 7 Abs. 2 DBA-USA in Anlehnung an Art. 7 Abs. 2 US-MA nicht enthalten, um

---

[89] Vgl. z.B. *Debatin H./Walter, O.*, Handbook on the 1989 Double Taxation Convention between the Federal Republik of Germany and the United States of America, Art. 7 Rn. 232, Example 25.

[90] *Debatin, H.*, Das Betriebsstättenprinzip der deutschen Doppelbesteuerungsabkommen (Teil I), DB 1989, S. 1692 (1695); *Burmester, G.*, Probleme der Gewinn- und Verlustrealisierung, S. 87; *Riemenschneider, S.*, Abkommensberechtigung, S. 117.

[91] Diese steht im Gegensatz zur Methode der "indirekten Gewinnzuordnung", wie sie Art. 7 Abs. 4 OECD-MA vorsieht. Danach ist der Gewinn der Betriebstätte nicht direkt für sich selbst zu ermitteln, sondern aus dem Gesamtgewinn des Unternehmens nach einem angemessenen Aufteilungsmaßstab zu bestimmen. Hierzu und zu den Unterschieden gegenüber der Methode der "indirekten Gewinnzuordnung" siehe *Debatin, H.*, Das Betriebstättenprinzip der deutschen Doppelbesteuerungsabkommen (Teil I und II), DB 1989, S. 1692 (1696) und S. 1739 f.

[92] *Debatin H./Walter, O.*, Handbook on the 1989 Double Taxation Convention between the Federal Republik of Germany and the United States of America, Art. 7 Rn. 210. Vgl. auch *Debatin H./Endres, D.*, Das neue Doppelbesteuerungsabkommen USA/Bundesrepublik Deutschland, Art. 7 Rn. 9.

[93] Art. 7 Abs. 2 OECD-MA enthält den Zusatz: "[... und die Betriebstätte] im Verkehr mit dem Unternehmen, dessen Betriebstätte sie ist, völlig unabhängig gewesen wäre."

klarzustellen, daß der Grundsatz des *"arm's-length dealing"* nicht nur auf Transaktionen zwischen der Betriebstätte und dem Stammhaus oder einer anderen Niederlassung desselben Unternehmens anzuwenden ist, sondern auch auf solche zwischen mit diesem Unternehmen verflochtenen anderen Unternehmen[94]. In der Sache nach ergibt sich bei der Gewinnzuordnung auf die Betriebstätte nach Art. 7 Abs. 2 DBA-USA nichts anderes als nach Art. 7 Abs. 2 OECD-MA. Denn der Ansatz, die Betriebstätte wie ein selbständiges Unternehmen zu behandeln und das Prinzip des *"arm's-length dealing"* anzuwenden, erlangt ohnehin vordringlich Bedeutung für das "Außenverhältnis" zu Dritten[95]. Deshalb ist er gerade dann anzuwenden, wenn zwischen dem Unternehmen, dem die Betriebstätte angehört, und seinen geschäftlichen Vertragspartnern ein besonderes Abhängigkeitsverhältnis besteht[96].

Knobbe-Keuk[97] hingegen lehnt die Anwendung der in Art. 7 OECD-MA und damit auch die in Art. 7 DBA-USA enthaltenen Bestimmungen zur Ermittlung des der Betriebstätte zuzurechnenden Gewinns auf das Verhältnis einer Personengesellschaft zu ihrem Gesellschafter ab. Ist ein Gesellschafter aus einem Vertragsstaat an einer Personengesellschaft im anderen Vertragsstaat beteiligt, die dort ein Unternehmen betreibe, gebe es keinen Gesamtgewinn zweier Einheiten in der Form einer Betriebsstätte und eines Stammhauses im Sinne des Art. 7 OECD-MA. Es gebe vielmehr nur eine Einheit in der Form des Unternehmens der Personengesellschaft. Die Gewinnzuordnungsregelung des Art. 7 OECD-MA passe daher nicht auf eine solche Beteiligung an einer Personengesellschaft. Dieser Auffassung ist zu entgegnen, daß, wie bereits ausgeführt, die Beteiligung eines in dem einen Vertragsstaat ansässigen Gesellschafters an einer Personengesellschaft des anderen Vertragsstaates ein Unternehmen im Sinne des Abkommens darstellt. Dieses Unternehmen betreibt der Gesellschafter zusammen mit seinen Mitgesellschaftern. Begründet die Tätigkeit der Personengesellschaft eine Betriebstätte, so ist diese Betriebstätte dem Unternehmen des Gesellschafters zuzurechnen. Das Betriebstättenprinzip der Art. 7 OECD-MA und Art. 7 DBA-

---

[94] *Debatin H./Endres, D.,*   Das   neue   Doppelbesteuerungsabkommen USA/Bundesrepublik Deutschland, Art. 7 Rn. 8; *Debatin H./Walter, O.*, Handbook on the 1989 Double Taxation Convention between the Federal Republic of Germany and the United States of America, Art. 7 Rn. 210.

Der Grund hierfür liegt in dem Vorbehalt, den die USA gegen diese Beschränkung in der Formulierung des Art. 7 Abs. 2 OECD-MA gehabt hatten, vgl. OECD-Kommentar zu Art. 7 Abschn. 40 a.F., abgedruckt z.B. in *Vogel, K.*, Doppelbesteuerungsabkommen, Art. 7, Rn. 55.

[95] Vgl. *Riemenschneider, S.*, Abkommensberechtigung, S. 119.

[96] *Debatin H./Endres, D.,*   Das   neue   Doppelbesteuerungsabkommen USA/Bundesrepublik Deutschland, Art. 7 Rn. 9.

[97] *Knobbe-Keuk, B.*, "Qualifikationskonflikte" im internationalen Steuerrecht der Personengesellschaften, RIW 1991, S. 306 (308 f.).

USA sieht eine Besteuerung des Unternehmensgewinns im Betriebstätten-/Quellenstaat vor, sofern er der Betriebstätte zugerechnet werden kann. Der in Art. 7 Abs. 1 und 2 OECD-MA und Art. 7 Abs. 1 und 2 DBA-USA vorgesehene Maßstab zur Gewinnabgrenzung und -zuordnung zwischen der Betriebstätte und dem Stammhaus ist essentieller Bestandteil des Betriebstättenprinzips. Auch Knobbe-Keuk will das Betriebstättenprinzip auf eine Personengesellschaftsbeteiligung angewendet wissen[98]. Sie lehnt es aber ab, die mit dem Betriebstättenprinzip verbundene Methode der Gewinnabgrenzung und -zuordnung nach Art. 7 Abs. 1 und 2 OECD-MA anzuwenden. Dies ist jedoch im Vergleich zu der Situation bei einem Einzelunternehmer, dessen Unternehmen sich ausschließlich im anderen Vertragsstaat befindet, nicht einsichtig, denn auch auf sein Unternehmen wird, bei Vorliegen einer Betriebstätte, das Betriebstättenprinzip angewandt und die Gewinnabgrenzung und -zuordnung nach Art. 7 Abs. 1 und 2 OECD-MA vorgenommen. Die Situation ist bei einem Unternehmen in Form einer Personengesellschaftsbeteiligung im anderen Vertragsstaat nicht anders. Die Zuordnung ist in diesen Fällen sehr viel einfacher möglich, da nach dem in Art. 7 OECD-MA und Art. 7 DBA-USA festgelegten "Prinzip der wirtschaftlichen Zugehörigkeit" der gesamte Gewinn der Betriebstätte zuzurechnen ist[99].

b)   Innenverhältnis

Es stellt sich im folgenden die Frage, wie weit die Selbständigkeit der Betriebstätte nach Art. 7 Abs. 2 DBA-USA zu interpretieren ist. Bisher ist festzuhalten, daß ihre Selbständigkeit, die sich im Grundsatz des *"arm's-length dealing"* ausdrückt, bei der Ermittlung des der Betriebstätte zuzurechnenden Gewinns bei Geschäften gegenüber Dritten gilt (sog. Außenverkehr[100]). Fraglich ist aber, ob die Formulierung in Art. 7 Abs. 2 DBA-USA, wonach der Betriebstätte diejenigen Gewinne zuzurechnen seien, die sie hätte erzielen können, wenn sie "als selbständiges und unabhängiges Unternehmen" tätig geworden wäre, auch auf das Verhältnis zwischen Betriebstätte und Stammhaus zu interpretieren ist (sog. Innenverkehr). D.h. sind Betriebstätte und Stammhaus als zwei voneinander getrennte Einheiten zu betrachten, zwischen denen entgeltliche Leistungen erfolgen können oder nicht. Darunter fallen insbesondere Warenaustausch sowie Nutzungsüberlassungen von Kapital und immateriellen Wirtschaftsgütern.

---

[98]   "Es besteht ... eine international übereinstimmende Übung, in Ergänzung der Abkommensregelung über Unternehmensgewinne die Beteiligung einer in einem Vertragsstaat ansässigen Person an einer ein Unternehmen betreibenden Personengesellschaft des anderen Vertragsstaates wie eine Betriebstätte dieser Person zu behandeln ..." *Knobbe-Keuk, B.*, "Qualifikationskonflikte" im internationalen Steuerrecht der Personengesellschaften, RIW 1991, S. 306 (308 f.).

[99]   So auch *Riemenschneider, S.*, Abkommensberechtigung, S. 119.

[100]   Begriff nach *Debatin, H.*, Das Betriebstättenprinzip der deutschen Doppelbesteuerungsabkommen (Teil II), DB 1989, S. 1739 (1740).

Obwohl Art. 7 Abs. 2 DBA fast wörtlich dem Art. 7 Abs. 2 US-MA entspricht und damit etwas von der Formulierung des Art. 7 Abs. 2 OECD-MA abweicht, bestehen keine Unterschiede materieller Art zwischen diesen drei Vorschriften. Es können daher ohne weiteres die Ausführungen und Kommentierungen zu Art. 7 Abs. 2 OECD-MA und Art. 7 Abs. 2 US-MA zur Interpretation des Art. 7 Abs. 2 DBA-USA herangezogen werden[101].

Im Schrifttum stehen sich bei der Frage, ob Betriebstätte und Stammhaus als zwei getrennte Einheiten zu betrachten sind oder nicht, grundsätzlich zwei Ansichten gegenüber:

(1)   Absolute (hypothetische) Selbständigkeit

Nach dieser Auffassung wird nur eine absolute (hypothetische) Selbständigkeit der Betriebstätte dem Grundsatz des *"arm's-length dealing"* nach Art. 7 Abs. 2 OECD-MA gerecht. Die Betriebstätte sei für die Gewinnzuordnung wie eine rechtlich selbständige Tochtergesellschaft zu behandeln. Demzufolge seien vertragliche Vereinbarungen zwischen der Betriebstätte und dem Stammhaus, obwohl sie zivilrechtlich nicht möglich sind, steuerlich wie Verträge zwischen fremden Dritten anzusehen[102]. Becker[103] will den "Nutzen" aus der unternehmerischen Tätigkeit entsprechend der Aufteilung der "Funktionen" zwischen Betriebstätte und Stammhaus wie zwischen unabhängigen Unternehmen aufteilen (Theorie vom Funktionsnutzen). Das Ergebnis all dieser Ansätze ist, daß zwischen Betriebstätte und Stammhaus vereinbarte Darlehenszinsen, Lizenzgebühren, Mieten, Provisionen und andere Vergütungen in gleichem Maße steuerlich anzuerkennen sind wie im Verhältnis zwischen fremden Dritten.

(2)   Eingeschränkte (hypothetische) Selbständigkeit

Diese Auffassung hält im Rahmen des Art. 7 Abs. 2 OECD-MA nur eine eingeschränkte (hypothetische) Selbständigkeit zwischen Betriebstätte und Stammhaus für angebracht. Art. 7 Abs. 2 OECD-MA sei nicht so zu interpretieren, daß bei einer Betriebstätte umfassende Selbständigkeit zu fingieren sei. Die Fiktion der Selbständigkeit der Betriebstätte dürfe nicht auf das Verhältnis zum Stammhaus

---

[101] Vgl. *Vogel, K.*, Doppelbesteuerungsabkommen, Art. 7, Rn. 36.

[102] *Bähr, G.*, Gewinnermittlung ausländischer Zweigbetriebe, S. 84; *Bellstedt, C.*, Die Besteuerung international verflochtener Konzerne, S. 234 ff.; *Kluge, V.*, Zur unmittelbaren Anwendung von DBA-Vorschriften bei der Gewinnermittlung, StuW 1975, S. 294 (304); *Institut der Wirtschaftsprüfer*, Determination of Profits of Permanent Establishments, Intertax 1988, S. 427; *dass.*, Stellungnahme zur Ermittlung des Betriebstättengewinns, DB 1988, S. 309 (310); *Kumpf, W.*, Ergebnis- und Vermögensabgrenzung bei Betriebstätten, StbJb 1988/89, S. 399 (417 ff.), *Storck, A.*, Ausländische Betriebstätten im Ertrag- und Vermögensteuerrecht, S. 253 f. und S. 325;

[103] *Becker, H.*, Die Besteuerung von Betriebstätten, DB 1989, S. 10 ff. Er spricht in diesem Zusammenhang von "Quasi-Geschäftsvorfällen" zwischen Betriebstätte und Stammhaus.

erstreckt werden, da die Betriebstätte stets nur ein Teil des Gesamtunternehmens sei, die nicht uneingeschränkt wie ein selbständiges Unternehmen behandelt werden könnte. Der Grundsatz des *"arm's-length dealing"* bei der Betriebstätte habe dort zu enden, wo Betriebstätte und Stammhaus sich als Teile desselben Unternehmens gegenüberstünden, die eben nicht wie Dritte miteinander verkehren könnten. Folglich dürfen keine Kauf-. Miet-, Pacht-, Darlehens-, Lizenz- oder sonstige Verträge zu steuerlichen Zwecken fingiert werden, da diese zivilrechtlich nicht existierten. Des weiteren wird angeführt, daß eine entgeltliche Abrechnung des Leistungsverkehrs dazu führen würde, daß das Stammhaus und die Betriebstätte aneinander verdienen könnten und letztlich das Gesamtunternehmen an sich selber. Dies sei aber nicht möglich. Diese Ansicht würde dazu führen, daß im "Innenverkehr" der Grundsatz der "Aufwands- und Ertragszuordnung" das "Entgeltprinzip" gelte[104].

Die deutsche Finanzverwaltung folgt nunmehr der Theorie der eingeschränkten Selbständigkeit der Betriebstätte. Schon bisher lehnte sie eine Verrechnung von Darlehenszinsen, Miet-, Pacht- oder Lizenzgebühren mit dem Hinweis auf die rechtliche Unselbständigkeit der Betriebstätte ab. Es sei denn, es handle sich um Entgelte, die nachweislich von einem Unternehmensteil für einen anderen gegenüber einem unternehmensfremden Dritten verauslagt wurden[105]. Die bisherige Anwendung der sog. "Entstrickungstheorie"[106] gab sie auf. Diese sah bei

---

[104] *Weber, A.*, Zur Gewinnabgrenzung bei ausländischen Bau- und Montagebetriebstätten, DStZ 1976, S. 201 (202); *Ritter, W.*, Grenzüberschreitende Gewinnabgrenzung bei Betriebstätten, JbFfSt 1976/77, S. 288 (300 ff.); *Neubauer, H.*, Korreferat zu Referat Ritter: Grenzüberschreitende Gewinnabgrenzung bei Betriebstätten, JbFfSt 1976/77, S. 312 (314 ff.); *Burmester, G.*, Probleme der Gewinn- und Verlustrealisierung, S. 94; *Fink, J. U.*, Gewinnzurechnungsmethoden im Verhältnis zwischen inländischem Stammhaus und ausländischer Betriebstätte, RIW 1988, S. 43 (46 f.); *Debatin, H.*, Zur Behandlung von Beteiligungen an Personengesellschaften unter den Doppelbesteuerungsabkommen im Lichte der neueren Rechtsprechung des Bundesfinanzhofs, BB 1992, S. 1181 (1184); *ders.*, Das Betriebstättenprinzip der deutschen Doppelbesteuerungsabkommen (Teil II), DB 1989, S. 1739 ff.; *ders.*, Die Bilanzbündeltheorie im Spiegel des internationalen Steuerrechts, DB 1978, S. 2437 (2440 f.); *Korn, R./Debatin, H.*, Doppelbesteuerung, Systematik IV, Rn. 92 f.; *Köhler, F.*, Das Betriebstättenprinzip im Recht der deutschen Doppelbesteuerung bei Mitunternehmerschaftsgebilden, RIW 1991, S. 1024 (1029). *Vogel, K.*, Doppelbesteuerungsabkommen, Art. 7, Rn. 68 ff.

[105] Vgl. Abschnitt 9 der Richtlinien zum DBA-USA 1954/65 vom 21.02.1957, BStBl. 1957 I, S. 154. Es ist davon auszugehen, daß diese Regelung auch auf das DBA-USA 1989 anzuwenden ist, soweit sie im Einzelfall nicht einer Vorschrift desselben widerspricht.

[106] Zum Begriff und der Kritik daran siehe grundlegend *Salditt, F.*, Verlagerung von Wirtschaftsgütern in die auslandsbelegene Betriebstätte eines einheitlichen Unternehmens; ferner *Tipke, K.*, Über Grenzen der Auslegung und Analogie, behandelt am Beispiel der Entstrickung, StuW 1972, S. 264; *Hellwig, P.*, Noch immer Ärger mit den stillen Reser-

Überführung von Wirtschaftsgütern des Anlage- und des Umlaufvermögens aus einem inländischen Unternehmensteil in eine, in einen Abkommensstaat gelegene ausländische Betriebstätte, für den Zeitpunkt der Überführung eine steuerwirksame Realisierung, der im Buchansatz des betreffenden Wirtschaftsguts enthaltenen stillen Reserven vor[107]. Danach wurden bei der Überführung von Wirtschaftsgütern Betriebstätte und Stammhaus wie zwei getrennte Einheiten behandelt. Das BMF-Schreiben vom 12.02.1990[108] gewährt den Unternehmen nunmehr ein Wahlrecht. Die deutsche Besteuerung der in einem Wirtschaftsgut bis zu seiner Überführung in eine ausländische Betriebstätte angesammelten stillen Reserven kann hinausgeschoben werden, bis durch das Ausscheiden des Wirtschaftsgutes aus der Auslandsbetriebstätte Gewinnrealisierung eintritt, falls das Abkommen die Betriebstätteneinkünfte bei der inländischen Besteuerung freistellt. Bis zu diesem Zeitpunkt ist in der Steuerbilanz ein Ausgleichsposten zu bilden. Materielle und immaterielle Wirtschaftsgüter sind dabei generell mit dem Fremdvergleichspreis im Überführungszeitpunkt anzusetzen[109].

Im umgekehrten Fall, bei der Überführung von Wirtschaftsgütern aus der inländischen Betriebstätte in das ausländische Stammhaus, läßt die Finanzverwaltung[110] die Methode der aufgeschobenen Gewinnrealisierung jedoch nicht zu[111].

Die deutsche Rechtsprechung hat schon immer die steuerliche Anerkennung "vertraglicher" Beziehungen zwischen Betriebstätte und Stammhaus abgelehnt[112]. In seinem Urteil vom 20.07.1988 hat der BFH ausdrücklich auf die Unternehmenszusammengehörigkeit zwischen Betriebstätte und Stammhaus hingewie-

---

ven, DStR 1979, S. 335; *Halfar, B.*, Ein Weg aus der Entstrickungsmisere, FR 1985, S. 281; *Schöne, W.-D.*, Entstrickung - immer noch eine Misere?, FR 1985, S. 582. *Schröder, S.*, Allgemeine Grundsätze der Gewinnermittlung international tätiger Unternehmen, S. 218 ff., C 99 ff., in Mössner, J. et. al., Steuerrecht international tätiger Unternehmen.

[107] Vgl. *Vogel, K.*, Doppelbesteuerungsabkommen, Art. 7, Rn. 65.

[108] BMF-Schreiben v. 12.02.1990, IV B 2-S2135-4/90, IVC5-S1300-21/90, BStBl. 1990 I, S. 72, betreffend die Überführung von Wirtschaftsgütern in eine ausländische Betriebstätte, deren Einkünfte durch ein Doppelbesteuerungsabkommen freigestellt sind, und ihre Rückführung ins Inland.

[109] Zur Kritik an diesem BMF-Schreiben siehe *Debatin, H.*, Die sogenannte Steuerentstrickung und ihre Folgen, BB 1990, S. 826; *Jacobs, O.*, Internationale Unternehmensbesteuerung, S. 311 ff. Speziell zur Kritik an der Behandlung von immateriellen Wirtschaftsgütern vgl. *Kleineidam, H.-J.*, Rechnungslegung, S. 168 ff. und S. 190.

[110] BMF-Schreiben v. 03.06.1992, -IV B2-S2135-, DB 1992, S. 1655.

[111] Zur Kritik an dieser Vorgehensweise vgl. *Jacobs, O.*, Internationale Unternehmensbesteuerung, S. 312 f. m.w.N.

[112] So schon der RFH v. 26.10.1937, RStBl. 1938, S. 46. Der BFH hat sich dieser Rechtsprechung angeschlossen Urteile v. 27.07.1965, BStBl. 1966 III, S. 24 und v. 20.07.1988, BStBl. 1989 II, S. 140.

sen[113]. Eine Zuordnung hat danach stets nach dem Prinzip der Veranlassung zu erfolgen.

Hinsichtlich der Überführung von Wirtschaftsgütern hat die deutsche Rechtsprechung bisher überwiegend nur zum Anlagevermögen Stellung genommen[114]. Hiernach wird bei der Überführung eines Wirtschaftsgutes des Anlagevermögens in eine ausländische Betriebstätte die Realisierung der stillen Reserven verlangt, wenn mit dem ausländischen Staat ein Doppelbesteuerungsabkommen besteht und die Unternehmensgewinne danach freizustellen sind. Fraglich ist jedoch, ob aufgrund des BFH-Urteils vom 20.07.1988[115] eine Abkehr von dieser Rechtsprechung zu erwarten ist. Wohlgemerkt ging es in diesem Urteil um die Zuordnung von Verwaltungsgemeinkosten, und nicht um die Überführung von Wirtschaftsgütern. Der BFH sprach sich jedoch klar für das Prinzip der eingeschränkten Selbständigkeit der Betriebstätte aus[116].

Der Kommentar zu Art. 7 OECD unterscheidet, wie auch die deutsche Finanzverwaltung und der BFH, zwischen unternehmensinternen Dienstleistungen und der Überführung von Wirtschaftsgütern des Anlage- und des Umlaufvermögens vom Stammhaus zur Betriebstätte und umgekehrt. Für unternehmensinterne Dienstleistungen sind nur die tatsächlich entstandenen Aufwendungen anzusetzen[117]. Bei der Überführung von Wirtschaftsgütern des Umlaufvermögens sind grundsätzlich Marktpreise zugrundezulegen[118]. Für den Fall der Überführung von Wirtschaftsgütern des Anlagevermögens ist es den Staaten erlaubt, im Zeitpunkt der Überführung die Realisierung eines Gewinns anzunehmen und diesen zu besteuern[119].

---

[113] BFH v. 20.07.1988, BStBl. 1989 II, S. 140 (142):

"Bei der Zuordnung von Aufwendungen im Rahmen der Ermittlung des Betriebsstättengewinns ist andererseits auch zu berücksichtigen, daß die Betriebstätte stets nur unselbständiger Teil des Gesamtunternehmens ist. Zwischen Betriebsstätte und dem Stammhaus können keine schuldrechtlichen Beziehungen bestehen. Dennoch abgeschlossene 'Verträge' sind Insichgeschäfte und deshalb steuerrechtlich unbeachtlich."

[114] BFH v. 16.07.1969, BStBl. 1970 II, S. 175; BFH v. 30.05.1972, BStBl. 1972 II, S. 760; BFH v. 18.05.1983, BStBl. 1983 II, S. 771; BFH v. 14.06.1988, BStBl. 1989 II, S. 187, in einem obiter dictum bezugnehmend auf die bisherige Rechtsprechung und diese bestätigend.

[115] BFH v. 20.07.1988, BStBl. 1989 II, S. 140.

[116] Vgl. hierzu auch *Vogel, K.*, Doppelbesteuerungsabkommen, Art. 7, Rn. 66 und 101 f.

[117] Kommentar zu Art. 7 OECD-MA Abschn. 16-23.

[118] Kommentar zu Art. 7 OECD-MA Abschn. 14.

[119] Kommentar zu Art. 7 OECD-MA Abschn. 15 bis 15.4.

(3)   Stellungnahme

Im Ergebnis ist von einer eingeschränkten (hypothetischen) Selbständigkeit der Betriebstätte auszugehen. Zwar spricht der Wortlaut des Art. 7 Abs. 2 OECD-MA bzw. des Art. 7 Abs. 2 DBA-USA für eine Bejahung eines Geschäftsverkehrs zwischen Betriebstätte und Stammhaus und damit für eine uneingeschränkt selbständig zu denkende Betriebstätte. Doch ist diese Vorschrift nicht isoliert zu sehen, sondern im Zusammenhang mit Art. 7 Abs. 1 OECD-MA bzw. Art. 7 Abs. 2 DBA-USA. Hiernach sollen nur Gewinne besteuert werden, die das Unternehmen tatsächlich erzielt hat. Nach Art. 7 Abs. 1 Satz 2 OECD-MA und DBA-USA können, wenn das Unternehmen seine Tätigkeit im anderen Vertragsstaat durch eine dort belegene Betriebstätte ausübt, "die Gewinne des Unternehmens" im Betriebstättenstaat besteuert werden. Demnach können der Betriebstätte nur solche Gewinne zugerechnet werden, die Gewinne des Gesamtunternehmens sind. Aus dem folgt, daß einer Betriebstätte Gewinne aus Innenumsätzen mit dem Stammhaus nur dann zugeordnet werden können, wenn diese Umsätze für das Gesamtunternehmen erfolgswirksam werden. Grundsätzlich ist dies der Fall bei Außenumsätzen. Bei Innenumsätzen zwischen Betriebstätte und Stammhaus ist dies in der Regel nicht der Fall. Die Begründung hierfür ist im Sinn der Selbständigkeitsfiktion des Art. 7 Abs. 2 OECD-MA und DBA-USA zu suchen. Wenn danach zwei Teile desselben Unternehmens wie selbständige Unternehmen betrachtet werden, so ist anzunehmen, daß ein fremder Dritter eine entgeltliche Leistung nur dann beanspruchen würde, wenn sie für ihn von Nutzen ist. D.h. eine unternehmensinterne Lieferung oder Leistung ist der empfangenden Betriebstätte nur dann als Vorteil zuzurechnen, wenn ihr und damit der gesamten Unternehmung aus der Lieferung oder Leistung ein abgrenzbarer Nutzen erwächst. Nur wenn dies der Fall sein sollte, ist auch ein entsprechender Ertrag zuzuordnen[120]. In aller Regel ist daher davon auszugehen, daß die Selbständigkeitsfiktion der Betriebstätte im Verhältnis zum Stammhaus oder anderen Teilen des Unternehmens, dem sie angehört, keine Anwendung findet.

c)   Verhältnis des Gesellschafters zur Personengesellschaft

Nunmehr ist zu untersuchen, wie das Verhältnis einer durch eine Beteiligung an einer Personengesellschaft verkörperten Betriebstätte des einen Vertragsstaats zu ihrem im anderen Vertragsstaat ansässigen Gesellschafter zu beurteilen ist. Fraglich ist, ob auch in diesem Verhältnis von einer Einschränkung der Selbständigkeitsfiktion auszugehen ist und damit vertragliche Beziehungen zwischen Gesellschafter und Personengesellschaft steuerlich nicht anzuerkennen sind. Auch bezüglich der abkommensrechtlichen Behandlung des "Innenverkehrs" zwischen einer Personengesellschaft und ihrem Gesellschafter im Zusammen-

---

[120] So auch *Vogel, K.*, Doppelbesteuerungsabkommen, Art. 7 Abs. 69 f. Wohl auch *Riemenschneider, S.*, Abkommensberechtigung, S. 123 ff.

hang mit der Gewinnzurechnung nach Art. 7 OECD-MA stehen sich zwei Ansichten gegenüber.

Fischer-Zernin[121] vertritt die Auffassung, das Prinzip der "Aufwands- und Ertragszuordnung" sei nicht im Verhältnis zwischen Personengesellschaft und ihrem Gesellschafter anzuwenden. Diese müßten nicht "wie unabhängige Unternehmen" behandelt werden, da sie tatsächlich unabhängige Unternehmen seien. Zwischen ihnen könnten wirksame schuldrechtliche Leistungsbeziehungen vereinbart werden. Deshalb sei es grundsätzlich möglich, daß Gesellschafter und Gesellschaft auch "auf Kosten" des jeweils anderen Teils Gewinne erwirtschafteten.

Hingegen lehnen *Vogel*[122], *Debatin*[123], *Köhler*[124] und *Riemenschneider*[125] auch im (Innen-)Verhältnis einer Personengesellschaft zu ihrem Gesellschafter gemäß dem Grundsatz der "Aufwands- und Ertragszuordnung" die Abzugsfähigkeit von Vergütungen der Gesellschaft an den Gesellschafter für überlassene Wirtschaftsgüter ab.

Hierbei ist zuerst auf die Regelungen des Abkommensrechts selber abzustellen. Dies übersieht *Fischer-Zernin*, wenn er ausführt, daß eine Personengesellschaft des einen Vertragsstaats und ihr Gesellschafter im anderen Vertragsstaat jeweils ein tatsächlich selbständiges Unternehmen darstellen, so daß im Verhältnis zwischen ihnen keiner Fiktion der Selbständigkeit bedarf. Er stellt hierbei aber aus-

---

[121] *Fischer-Zernin, J.*, Sondervergütungen und DBA, RIW 1991, S. 493 (494).

[122] *Vogel, K.*, Doppelbesteuerungsabkommen, Einl. Rn. 108, dort wird u.a. ausgeführt: "Für die Gewinnabgrenzung gelten Art. 7 Abs. 3 ff. OECD-MA und die Ziff. 15 ff. OECD-MA-Kommentar zu Art. 7[nach Änderung der Bezifferung nunmehr Ziff. 17 ff.]. Hiernach sind besonders Zinsen und Lizenzgebühren bei der Betriebstätte nicht abzugsfähig."

[123] *Debatin, H.*, Zur Behandlung von Beteiligungen an Personengesellschaften unter den Doppelbesteuerungsabkommen im Lichte der neueren Rechtsprechung des Bundesfinanzhofs, BB 1992, S. 1181 (1184 f.), *Korn, R./Debatin, H.*, Doppelbesteuerung, DBA-USA 1954/65, Art. XV Anm. 4 d)ee), S. 693c f.). Seine bisherige abweichende Ansicht, wonach der Grundsatz der "Aufwands- und Ertragszuordnung" nicht im Verhältnis einer Personengesellschaft zu ihrem Gesellschafter gelte und damit zwischen dem Einkommensbezug der Gesellschaft selbst und den Einkünften, die ein Gesellschafter durch eigene Einkunftserzielung von der Gesellschaft erhalte, zu unterscheiden sei, hat *Debatin* damit aufgegeben; vgl. dazu *Debatin, H.*, Inländische Beteiligungen an Mitunternehmerschaften, BB 1978, S. 669 (674); *ders.*, Die Bilanzbündeltheorie im Spiegel des internationalen Steuerrechts, DB 1978, S. 2437 (2442 f.); *ders.*, Qualifikationsprobleme im Doppelbesteuerungsrecht, FR 1979, S. 493 (497); *ders.*, Entwicklungsaspekte des internationalen Steuerrechts, RIW/ADW 1980, S. 3 (6).

[124] *Köhler, F.*, Das Betriebsstättenprinzip im Recht der deutschen Doppelbesteuerungsabkommen bei Mitunternehmerschaftsgebilden, RIW 1991, S. 1024 (1030 ff.).

[125] *Riemenschneider, S.*, Abkommensberechtigung, S. 125 ff.

schließlich auf die Wertungen des innerstaatlichen Rechts ab. Nach deutschem Zivilrecht sind zumindest Personenhandelsgesellschaften eigenständige Träger von Rechten und Pflichten[126]. Für die USA gilt dies in bezug auf Personengesellschaften uneingeschränkt[127]. Es können daher zwischen diesen Gesellschaften und den Gesellschaftern zivilrechtlich wirksame Leistungsbeziehungen bestehen. Doch darf gemäß Art. 3 Abs. 2 DBA-USA nur auf die Wertungen des nationalen Steuerrechts zurückgegriffen werden, nicht jedoch auf andere Rechtsgebiete wie das Zivil- oder Gesellschaftsrecht[128]. Und dies auch nur wenn das Abkommen selbst etwas anderes regelt.

Abkommensrechtlich ist davon auszugehen, daß die Beteiligung eines Gesellschafters des einen Vertragsstaats an einer Personengesellschaft des anderen Vertragsstaats, ein Unternehmen des Wohnsitzstaats des Gesellschafters darstellt, das im Sitzstaat der Gesellschaft über eine Betriebstätte in Gestalt der Personengesellschaft verfügt[129]. Dies hat zur Folge, daß der Gesellschafter und die Personengesellschaft abkommensrechtlich nicht voneinander getrennte und zu trennende Personen darstellen, sondern ein zusammenhängendes Unternehmen. Dieses Unternehmen erzielt einen Gesamtgewinn, der zum Zwecke der Abgrenzung der Besteuerungsberechtigung der beiden Vertragsstaaten gemäß dem Erwirtschaftungprinzip aufzuteilen ist[130]. Aufgrund dieser auf der Ebene des Abkommens bestehenden Unternehmenseinheit, ist entgegen der Ansicht *Fischer-Zernins* die Frage zu stellen, inwieweit die Personengesellschaft und damit die Betriebstätte nach Art. 7 Abs. 2 DBA-USA bzw. OECD-MA für die Zwecke der Ermittlung des ihr zuzuordnenden Gewinns auch im (Innen-)Verhältnis zum Unternehmer bzw. Gesellschafter als selbständig anzusehen ist. Wie oben bereits ausgeführt, ist eine solche Selbständigkeitsfiktion im Verhältnis einer im Regelfall zivilrechtlich unselbständigen Betriebstätte zum Unternehmer/Stammhaus als unzulässig abzulehnen[131]. Die Unzulässigkeit der Anwendung der Selbständigkeitsfiktion auf das Verhältnis zwischen Betriebstätte und Unternehmer ergibt sich allein aus den Wertungen des Abkommensrechts und nicht aus dem inner-

---

[126] Vgl. § 124 Abs. 1 HBG für die Offene Handelsgesellschaft und §§ 161 Abs. 2, 124 Abs. 1 HBG für die Kommanditgesellschaft.

[127] Vgl. oben Teil 2 Kapitel 1.

[128] Im Unterschied dazu sieht Art. 3 Abs. 2 OECD-MA seit seiner Änderung am 21. 09.1995 vor, daß nicht nur auf das Steuerrecht sondern auch auf andere Rechtsgebiete rekurriert werden darf.

[129] Siehe hierzu oben Teil 6 Kapitel 1 B.

[130] So auch *Riemenschneider, S.*, Abkommensberechtigung, S. 126; *Korn, R./Debatin, H.*, Doppelbesteuerung, DBA-USA 1954/65, Art. XV Anm. 4 d)ee), S. 693b.

[131] Vgl. oben Teil 6 Kapitel 1 B. III. 4. *Vogel, K.*, Doppelbesteuerungsabkommen, Manuskript zur 3. Aufl., Art. 1 Rn. 27f.; *Riemenschneider, S.*, Abkommensberechtigung, S. 126.

staatlichen Recht. Ausschlaggebend war hierfür der Aspekt der Unternehmenseinheit, der sich aus dem Abkommen ergibt.

Da die Beteiligung eines Gesellschafters des einen Vertragsstaates an einer (nicht-abkommensberechtigten) Personengesellschaft des anderen Vertragsstaates abkommensrechtlich eine Betriebstätte ist, ist der Gesellschafter im Verhältnis zu dieser Betriebstätte als "Stammhaus" anzusehen[132]. Denn die Beteiligung des Gesellschafters stellt ein einheitliches Unternehmen dar. Die Berücksichtigung von "Zinsen" und anderen "Entgelten", die eine Betriebstätte an das Stammhaus zahlt, bestimmt sich, wie auch im Falle des umgekehrten Zahlungsflusses vom Stammhaus an die Betriebstätte nach den Grundsätzen der Gewinnzuordnung zwischen Betriebstätte und Stammhaus.

Zu begründen ist dies damit, wie *Vogel*[133] und *Riemenschneider*[134] zutreffend ausführen, daß die Doppelbesteuerungsabkommen für das Innenverhältnis zwischen einer Betriebstätte und dem Unternehmer nicht danach unterscheiden, ob das die Betriebstätte verkörpernde Gebilde nach dem Zivilrecht der jeweiligen Vertragstaaten als eigenständig zu behandeln ist oder nicht. Es handelt sich daher zwischen der Personengesellschaft des einen Vertragsstaats und dem Gesellschafter des anderen Vertragsstaats auf der Abkommensebene um nichts anderes als im Verhältnis einer Betriebstätte zum Stammhaus. Wegen der Unternehmenseinheit ist deshalb steuerlich kein Schuldverhältnis und damit auch kein Leistungsverkehr anzuerkennen, so daß damit auch keine Gewinnerzielung des Gesellschafters auf Kosten der Gesellschaft oder umgekehrt stattfinden kann[135]. Aufgrund dieser abkommensrechtlichen Wertung ist auch im Rahmen des Grundsatzes des *"arm's-length dealing"* nach Art. 7 Abs. 2 DBA-USA für eine Selbständigkeitsfiktion der Betriebstätte in der Form der Personengesellschaft im Verhältnis zum Stammhaus in der Form des Gesellschafters kein Raum[136].

Es ist daher im Rahmen der abkommensrechtlichen Gewinnzurechnung auch im Falle einer durch eine Personengesellschaft verkörperten Betriebstätte der von ihr erwirtschaftete Gewinn nur soweit um Vergütungen der Personengesellschaft für Leistungen des Gesellschafters zu mindern, wie der Grundsatz der "Aufwands- und Ertragszuordnung" dies erlaubt[137]. Danach sind, wie bereits oben

---

[132] *Vogel, K.*, Doppelbesteuerungsabkommen, Manuskript zur 3. Aufl., Art. 1 Rn. 27f.

[133] *Vogel, K.*, Doppelbesteuerungsabkommen, Manuskript zur 3. Aufl., Art. 1 Rn. 27f.

[134] *Riemenschneider, S.*, Abkommensberechtigung, S. 127.

[135] So auch *Korn, R./Debatin, H.*, Doppelbesteuerung, DBA-USA 1954/65, Art. XV Anm. 4 d)ee), S. (693b-694).

[136] Vgl. hierzu oben Teil 6 Kapitel 1 B. III. 4. Ebenso *Riemenschneider, S.*, Abkommensberechtigung, S. 127.

[137] So auch *Vogel, K.*, Doppelbesteuerungsabkommen, Einl. Rn. 108; *Debatin, H.*, Zur Behandlung von Beteiligungen an Personengesellschaften unter den Doppelbesteuerungsabkommen im Lichte der neueren Rechtsprechung des Bundesfinanzhofs, BB 1992, S.

dargestellt[138], solche Aufwendungen nur insoweit als gewinnmindernder Aufwand anzuerkennen, als der Gesellschafter selber für die von ihm erbrachten Leistungen Aufwendung an Dritte zu tragen hatte (sog. Außenaufwand). Entgelte für Dienste, die der Gesellschafter persönlich für die Personengesellschaft erbracht hat, scheiden hierbei von vornherein aus. Hat der Gesellschafter der Gesellschaft Kapital oder Wirtschaftsgüter gegen entgeltliche Nutzung überlassen, so ist zu untersuchen, ob der Gesellschafter für dieses Kapital oder diese Wirtschaftsgüter selber ein Nutzungsentgelt zu entrichten hat oder nicht. Ist dies der Fall, so sind diese Entgelte als gewinnmindernder Aufwand der Betriebstätte anzusetzen[139]. Im Regelfall wird es sich jedoch um Eigenmittel oder Wirtschaftsgüter des Privatvermögens des Gesellschafters handeln. Denn es ist zu vermuten, daß sich die Personengesellschaft als wirtschaftlich und zivilrechtlich selbständiges Rechtsgebilde diese sonst selber unmittelbar von Dritten beschaffen würde.

Zusammenfassend ist festzuhalten, daß die Vergütungen, die von der Personengesellschaft des einen Vertragsstaats, für Leistungen ihres Gesellschafter im anderen Vertragsstaat gezahlt werden[140], im Rahmen der abkommensrechtlichen Ermittlung des der Personengesellschaft als Betriebstätte zuzurechnenden Gewinns in aller Regel nicht gewinnmindernder Aufwand sind. Lediglich, wenn der Gesellschafter zur Erbringung dieser Leistungen selber Aufwendungen an Dritte zu tragen hat, ist dieser sog. Außenaufwand bei der Personengesellschaft als gewinnmindernd zu berücksichtigen. Daraus folgt, daß in der Regel die von der Personengesellschaft erwirtschafteten Gewinne, die auf den Gesellschafter entfallen, der Betriebstätte in der Form der Personengesellschaft ungemindert nach Art. 7 Abs. 2 DBA-USA oder Art. 7 Abs. 2 OECD-MA zuzurechnen sind. Auf diese Weise steht dem Sitzstaat der Personengesellschaft regelmäßig ein uneinge-

---

1181 (1184 f.), *Korn, R./Debatin, H.*, Doppelbesteuerung, DBA-USA 1954/65, Art. XV Anm. 4 d)ee), S. 693c f.); *Köhler, F.*, Das Betriebsstättenprinzip im Recht der deutschen Doppelbesteuerungsabkommen bei Mitunternehmerschaftsgebilden, RIW 1991, S. 1024 (1030 ff.); sowie *Riemenschneider, S.*, Abkommensberechtigung, S. 125 ff.

138 Vgl. oben Teil 6 Kapitel 1 B. III. 4.

139 Z. B. nimmt der Gesellschafter selber ein Darlehen bei einer Bank auf (vielleicht, weil er eine bessere Kreditwürdigkeit besitzt als die Personengesellschaft und deshalb einen niedrigeren Zinssatz zu zahlen hat) und reicht dieses Darlehen gegen Entgelt an die Personengesellschaft weiter, so sind die Zinsen, die der Gesellschafter an die Bank zu zahlen hat, bei der Betriebstätte (Personengesellschaft) als gewinnmindernder Aufwand abzuziehen. Nicht hingegen darf das Entgelt, das zwischen Gesellschafter und Personengesellschaft für die Darlehenshingabe vereinbart wurde, abgezogen werden.

140 Aus der Sicht des deutschen Steuerrecht handelt es sich bei diesen Vergütungen um Sondervergütungen im Sinne des § 15 Abs. 1 Nr. 2 EStG.

schränktes Besteuerungsrecht an diesen Gewinnen als Quellenstaat nach Art. 7 DBA-USA oder Art. 7 OECD-MA zu[141].

Bezogen auf Deutschland als Sitzstaat der Personengesellschaft bedeutet dies, daß sowohl der Anteil des US-amerikanischen Mitunternehmers/Gesellschafters am Steuerbilanzgewinn der Gesellschaft als auch die Sondervergütungen, die er nach § 15 Abs. 1 Nr. 2 EStG von der Gesellschaft erhält[142], von Deutschland als Betriebstätten- und Quellenstaat nach Art. 7 DBA-USA besteuert werden können. Im umgekehrten Fall, wenn Deutschland Ansässigkeitsstaat des Gesellschafters ist und die USA Sitzstaat der Personengesellschaft sind, stehen der USA die Besteuerungsrechte für den eigentlichen Gewinnanteil und die Sondervergütungen zu.

Bezogen auf die USA als Sitzstaat der Personengesellschaft bedeutet dies, daß der Anteil des deutschen Gesellschafters am Gewinn der Personengesellschaft als auch die Vergütungen, die er von der Gesellschaft für Leistungen an diese erhält *(guaranteed payments)*[143], von den USA als Betriebstätten- und Quellenstaat nach Art. 7 DBA-USA besteuert werden können. Von diesem Besteuerungsrecht machen die USA jedoch keinen Gebrauch[144]. Ist umgekehrt Deutschland der Sitzstaat der Personengesellschaft und sind die USA Ansässigkeitsstaat des Gesellschafters, haben die USA die deutsche Quellenbesteuerung des eigentlichen Gewinnanteils und der Sondervergütungen durch Deutschland als Betriebstättenstaat hinzunehmen.

Auch *Piltz*[145] rechnet die Entgelte, die einem Gesellschafter für Leistungen an die Gesellschaft gezahlt werden, dem Ertrag der Betriebstätte zu. Er begründet dies aber damit, daß die Entgelte durch die Betriebstätte (Personengesellschaft) erwirtschaftet wurden. Damit stellt er auf die bloße Tatsache ab, daß die Personengesellschaft einen Betrag in der Höhe der an den Gesellschafter gezahlten Entgelte im Außenverhältnis, also Dritten gegenüber erwirtschaftet hat. Auf die weitere Frage, nämlich, ob die Vergütungen im Innenverhältnis zum Gesellschafter als Aufwand anzuerkennen sind und damit den Gewinn der Gesellschaft mindern, geht er nicht ein[146]. Diese Begründung erscheint insbesondere in der Situation problematisch in der die Gesellschaft im Außenverhältnis überhaupt keine Gewinne erwirtschaftet (z.B. Verlustsituation der Gesellschaft), der Ge-

---

[141] So auch *Riemenschneider, S.*, Abkommensberechtigung, S. 128.

[142] Siehe hierzu die ausführliche Darstellung des BFH v. 25.02.1991, GrS 7/89, BStBl. 1991 II, S. 691 (697 f.).

[143] Siehe hierzu oben Teil 4 Kapitel 1 B. III. 2.

[144] Siehe hierzu unten Teil 6 Kapitel 2.

[145] *Piltz, D.*, Die Personengesellschaft im internationalen Steuerrecht der Bundesrepublik Deutschland, S. 160 f.

[146] Dies kritisiert auch *Riemenschneider, S.*, Abkommensberechtigung, S. 128 f.

sellschafter aber gleichwohl die Entgelte erhält. Entscheidend kommt es daher darauf an, ob diese Entgelte als gewinnmindernd vom Gewinn der Gesellschaft abzuziehen sind oder nicht. Deshalb vermag, wie *Riemenschneider*[147] zutreffend ausführt, die Argumentation *Piltz'* nicht das von ihm vertretene Ergebnis zu begründen.

d)   Wertungen des innerstaatlichen Steuerrechts

Ein Teil der deutschen Literatur will die Entgelte, die einem Gesellschafter von der Gesellschaft für Leistungen an diese gezahlt werden (Sondervergütungen), deshalb dem Gewinn der Personengesellschaft zurechnen, weil dies der Sicht des deutschen Steuerrechts entspreche. Dabei bezieht sie sich zum Teil ausdrücklich auf § 15 Abs. 1 Nr. 2 EStG[148]. Dieser Rückgriff auf die Wertungen des nationalen Rechts ist aber nach Art. 3 Abs. 2 DBA-USA oder Art. 3 Abs. 2 OECD-MA erst dann zulässig, wenn das Abkommen selber zu der Frage der Zurechnung dieser Vergütungen keine Aussage enthielte. Wie aber eben dargelegt, kann die Frage der Zurechnung der Vergütungen zum Gewinn der Personengesellschaft aus der Aussage des Abkommens selbst hergeleitet werden. In diesem Fall verbietet sich daher ein solcher Rückgriff auf die Wertungen des innerstaatlichen Rechts[149].

---

[147] *Riemenschneider, S.*, Abkommensberechtigung, S. 129.

[148] *Kappe, K.*, Besteuerung von Gewinnanteilen aus US-Personengesellschaften und Zinsen aus Gesellschafterdarlehen nach dem DBA-USA, DStR 1987, S. 479 (480 f.); *Schlütter, E.*, Personengesellschaft oder Körperschaft?, in Vogel, K. (Hrsg.), Grundfragen des Internationalen Steuerrechts, S. 215 (231); *Küspert, K.*, Sondervergütungen inländischer Personengesellschafter nach dem DBA-USA, RIW 1988, S. 461 (467 f.); *Knobbe-Keuk, B.*, "Qualifikationskonflikte" im internationalen Steuerrecht der Personengesellschaften, RIW 1991, S. 306 (312); *dies.*, Bilanz- und Unternehmenssteuerrecht, S. 550. *Knobbe-Keuk* rechnet die Sondervergütungen deshalb dem Gewinn der Personengesellschaft zu, weil dies dem übereinstimmenden Willen beider Vertragsstaaten entspreche. Diesen übereinstimmenden Willen leitet sie aus den in beiden Staaten übereinstimmenden "Vorstellungen über den Umfang und die Struktur des bei den Gesellschaftern zu erfassenden gewerblichen Gewinns" ab. Damit erachtet sie letztlich die Aussage des innerstaatlichen Rechts der Vertragsstaaten (bezogen auf Deutschland § 15 Abs. 1 Nr. 2 EStG) als entscheidend an. Bezogen auf die USA kann aber nicht von dieser Auffassung ausgegangen werden, den das US-Steuerrecht erlaubt eben den Abzug von *"guaranteed payments"* (diese entsprechen den Sondervergütungen nach deutscher Terminologie).

[149] Ebenso *Riemenschneider, S.*, Abkommensberechtigung, S. 129. Dieser weist darauf hin, daß eine Ausnahme von dieser Ansicht nur für das DBA-Schweiz in Betracht kommt, da dieses Abkommen selbst das innerstaatliche Recht des Betriebstättenstaates in bezug auf die abkommensrechtliche Zuordnung der Sondervergütungen für maßgeblich erklärt. Siehe dazu dort S. 129 ff., sowie *Korn, R./Debatin, H.*, Doppelbesteuerung, DBA Schweiz, Art. 7 Anm. 10 f) aa) und bb). Vgl. hierzu auch BFH v. 17.10.1990, I R 16/89, BStBl. 1991 II, S. 211; sowie *Debatin, H.*, Anmerkung zum BFH-Urteil vom 17.10.1990, I R 16/89, BStBl. II 1991, 211, RIW 1991, S. 355.

C. Auswirkungen des Betriebstättenvorbehalts

Im Zusammenhang mit dem Umfang der von Art 7 DBA-USA erfaßten Einkünfte wurde bereits auf die Regelung des Art. 7 Abs. 6 DBA-USA[150] hingewiesen, die vorsieht, daß die abkommensrechtlichen Regeln über die gewerblichen Gewinne nur subsidiär gelten[151]. Aus der Aussage des Art. 7 Abs. 6 DBA-USA wurde gefolgert, daß unter Art. 7 DBA-USA nur eine solche Unternehmenstätigkeit fällt, die weder Ausübung selbständiger Arbeit nach Art. 14 DBA-USA noch land- oder forstwirtschaftliche Tätigkeit nach Art. 6 DBA-USA darstellt. Aber auch soweit es sich um die gewerbliche Tätigkeit einer Personengesellschaft nach Art. 7 DBA-USA handelt, bedeutet dies nicht ohne weiteres, daß alle von der Personengesellschaft erzielten Einkünfte dem Betriebstättenprinzip unterfallen. Denn nach Art. 7 Abs. 6 DBA-USA sind grundsätzlich sämtliche aus dem Quellenstaat stammenden Einkünfte eines Unternehmens vorrangig auf ihre Einordnung in die anderen Einkunftsarten des Abkommens hin zu untersuchen[152]. Hätte diese sog. isolierende Betrachtungsweise unumschränkte Geltung, wäre die Folge, daß die aus dem Betriebstättenstaat stammenden Dividenden, Zinsen, Lizenzgebühren oder Einkünfte aus unbeweglichem Vermögen nach dem Abkommen, die eine Personengesellschaft des einen Vertragsstaates (Betriebstätte) erwirtschaftet hat und deshalb anteilig dem Gewinn des Gesellschafters des anderen Vertragsstaates als Unternehmer nach dem Abkommen zuzurechnen sind, nicht unter Art 7 DBA-USA, sondern unter die für diese Einkünfte maßgebenden, spezielleren Abkommensartikel fielen. Der in Art. 10 Abs. 6[153], Art. 11 Abs. 3[154] und Art. 12 Abs. 3[155] DBA-USA enthaltene sog. Betriebstättenvorbehalt schränkt jedoch die Aussage des Art. 7 Abs. 6 DBA-USA ein, soweit es sich um Dividenden, Zinsen und Lizenzgebühren im Sinne des Abkommens handelt. Das Betriebstättenprinzip ist daher anzuwenden, wenn Dividenden, Zinsen oder Lizenzgebühren aus dem Betriebstättenstaat stammen und die zugrundeliegende Beteiligung, Art. 10 Abs. 6, die Forderung, für die die Zinsen gezahlt werden, Art. 11 Abs. 3, oder die Rechte bzw. Vermögenswerte, für deren Nutzung die Lizenzgebühren gezahlt werden, Art. 12 Abs. 3, "tatsächlich zur Betriebstätte gehören". D.h. die Beteiligung, die Forderung oder das Lizenzgut muß zum Vermögen der Betriebstätte (Personengesellschaft) gehö-

---

[150] Entspricht Art. 7 Abs. 7 OECD-MA.

[151] Siehe oben Teil 6 Kapitel 1 A. II.

[152] *Storck, A.*, Ausländische Betriebstätten im Ertrag- und Vermögensteuerrecht, S. 243; *Riemenschneider, S.*, Abkommensberechtigung, S. 131; *Arthur Anderson & Co. GmbH* (Hrsg.), Doppelbesteuerungsabkommen Deutschland-USA, Art. 7, Rn. 3.

[153] Entspricht Art. 10 Abs. 4 OECD-MA.

[154] Entspricht Art. 11 Abs. 4 OECD-MA.

[155] Entspricht Art. 12 Abs. 3 OECD-MA.

ren[156]. Die Zugehörigkeit eines solchen Wirtschaftsgutes zum Vermögen der Personengesellschaft wird sich aufgrund ihrer wirtschaftlichen Selbständigkeit anhand ihrer Bücher leicht feststellen lassen. Erhält nun eine Personengesellschaft (Betriebstätte) für ein in ihrem Vermögen stehendes Wirtschaftsgut Dividenden, Zinsen oder Lizenzgebühren, die aus ihrem Sitzstaat stammen, richtet sich die Quellenstaatsbesteuerung nicht nach den spezielleren Einkunftsvorschriften der Art. 10, 11 oder 12 DBA-USA, sondern nach dem Betriebstättenprinzip des Art. 7 DBA-USA. Dies hat zur Folge, daß das Besteuerungsrecht des Quellenstaates für diese Einkünfte weder beschränkt, Art. 10 Abs. 1 DBA-USA, noch aufgehoben wird, Art. 11 Abs. 1 und Art. 12 Abs. 1 DBA-USA, sondern uneingeschränkt besteht. Denn diese Einkünfte sind der Personengesellschaft (Betriebstätte) nach Art. 7 Abs. 1 und 2 DBA-USA zuzurechnen[157].

Hervorzuheben ist in einem solchen Fall, daß bei Dividenden (denn nur bei denen besteht ein Besteuerungsrecht des Quellenstaates nach DBA-USA) dann nicht wie sonst nach Art. 10 DBA-USA üblich der Bruttobetrag der Quellenstaatsbesteuerung unterliegt, sondern der Nettobetrag. Dieser Nettobetrag ist aber dann in seiner ganzen Höhe nach der Besteuerung des Quellenstaates unterworfen. Dies folgt aus Art. 24 Abs. 1 DBA-USA[158], der eine Gleichstellung der Betriebstätte mit inländischen Unternehmen vorsieht[159].

Erzielt eine Personengesellschaft Einkünfte aus unbeweglichem Vermögen nach Art. 6 DBA-USA[160], das in ihrem Sitzstaat belegen ist, so bleibt es nach Art. 7 Abs. 6 DBA-USA bei der Anwendung von Art. 6 DBA-USA, da in Art. 6 DBA-USA kein Betriebstättenvorbehalt enthalten ist. Grund hierfür ist der Vorrang des Belegenheitsprinzips vor dem Betriebstättenprinzip, der in Art. 6 Abs. 4 DBA-USA geregelt ist[161]. Letztlich ergibt sich jedoch kein anderes Ergebnis als

---

[156] BFH v. 27.02.1991, I R 15/89, BStBl. 1991 II, S. 444; *Vogel, K.*, Doppelbesteuerungsabkommen, vor Art. 10 bis 12, Rn. 25; Kommentar zu Art. 11 OECD-MA, Abschn. 24.

[157] Vgl. oben Teil 6 Kapitel 1 B. III. So auch *Riemenschneider, S.*, Abkommensberechtigung, S. 131 f.

[158] Entspricht Art. 24 Abs. 1 OECD-MA.

[159] Vgl. *Vogel, K.*, Doppelbesteuerungsabkommen, vor Art. 10 bis 12, Rn. 15.

[160] Entspricht Art. 6 OECD-MA.

[161] Der Vorrang des Belegenheitsprinzips vor dem Betriebstättenprinzip soll sicherstellen, daß dem Belegenheits-/Quellenstaat das Besteuerungsrecht an den Einkünften, die aus dem in seinem Staatsgebiet belegenen Grundvermögen erzielt werden, erhalten bleibt, wenn die Einkünfte nur mittelbar aus unbeweglichen Vermögen herrühren oder das Grundvermögen nicht zu einer Betriebstätte gehört und deshalb vom Belegenheitsstaat nicht nach Art. 7 DBA-USA besteuert werden darf. Dies ist z.B. dann der Fall, wenn die Tätigkeit des Unternehmens des anderen Vertrags nicht das Niveau einer Betriebstätte erreicht. Vgl. hierzu Abschn. 4 des Kommentars zu Art 6 OECD-MA sowie *Vogel, K.*, Doppelbesteuerungsabkommen, Art. 6, Rn. 46.

bei der Anwendung des Art. 7 DBA-USA, da Art. 6 Abs. 1 DBA-USA dem Belegenheitsstaat genauso das uneingeschränkte Besteuerungsrecht für die aus seinem Staatsgebiet erzielten Einkünfte aus unbeweglichem Vermögen einräumt. In Deutschland sind die Art 6 DBA-USA fallenden Einkünfte genau wie die Einkünfte nach Art 7 DBA-USA zur Vermeidung der Doppelbesteuerung unter Progressionsvorbehalt freizustellen, sofern sie anteilig einem in Deutschland ansässigen Gesellschafter zuzurechnen sind, Art. 23 Abs. 2 lit. a DBA-USA. In den USA erfolgt für Einkünfte nach Art. 6 und Art. 7 DBA-USA eine Anrechnung zur Vermeidung der Doppelbesteuerung nach Art. 23 Abs. 1 DBA-USA.

D. Einkünfte der Personengesellschaft aus anderen Staaten

Die bisherige Untersuchung befaßte sich nur mit der abkommensrechtlichen Behandlung von Einkünften einer Personengesellschaft des einen Vertragsstaates an der ein Gesellschafter des anderen Vertragsstaates beteiligt ist und die aus dem Sitzstaat der Personengesellschaft stammten (Betriebstättenstaat)[162]. Nunmehr ist die Behandlung von Einkünften zu untersuchen, die aus anderen Staaten stammen. Dies können einerseits Einkünfte aus dem Ansässigkeitsstaat des Gesellschafters sein oder andererseits solche, die weder aus dem Betriebstättenstaat noch aus dem Ansässigkeitsstaat des Gesellschafters, sondern einem Drittstaat stammen. Zunächst ist jedoch zu untersuchen, ob sich bei Einkünften, die nicht aus dem Sitzstaat der Personengesellschaft stammen, weiterhin das Betriebstättenprinzip zwischen Ansässigkeitsstaat des Gesellschafters und dem Sitzstaat der Gesellschaft anzuwenden ist.

I. Anwendbarkeit des Betriebstättenprinzips zwischen dem Ansässigkeitsstaat des Gesellschafters und dem Sitzstaat der Personengesellschaft

In Bezug auf die Anwendbarkeit des Betriebstättenprinzips im Verhältnis zwischen der Personengesellschaft mit Sitz in einen Vertragsstaat und ihrem im anderen Vertragsstaat ansässigen Gesellschafter ändert sich nur die Tatsache, daß die Einkünfte der Personengesellschaft nicht aus dem Sitzstaat der Gesellschaft stammen, sondern aus einem anderen Staat. Es ist daher fraglich, ob diese Tatsache etwas daran ändert, daß der Personengesellschaft (Betriebstätte) die außerhalb ihres Sitzstaates erzielten Einkünfte überhaupt zugerechnet werden können. Wäre eine solche Zurechnung nicht möglich, so würde die Anwendung des Betriebstättenprinzips deshalb scheitern, weil die Einkünfte aus anderen Staaten dann der Betriebstätte nicht zugerechnet werden könnten. Der Wortlaut des Art. 7 Abs. 1 DBA-USA läßt eine Besteuerung von gewerblichen Gewinnen im Betriebstättenstaat zu, insoweit sie der Betriebstätte zugerechnet werden können. Der Wortlaut des Art. 7 Abs. 1 DBA-USA beinhaltet keine Beschränkung der Gewinnzurechnung auf Einkünfte, die nur aus dem Betriebstättenstaat stammen.

---

[162] Vgl. oben Teil 6 Kapitel 1 B. I. und II.

Daher ist davon auszugehen, daß einer Betriebstätte auch Gewinne, die sie außerhalb ihres Belegenheitsstaates erzielt, zugerechnet werden können[163].

Auch die sog. "isolierende Betrachtungsweise" des Art. 7 Abs. 6 DBA-USA verhindert die Anwendung des Betriebstättenprinzips auf Gewinne, die die Personengesellschaft außerhalb ihres Belegenheitsstaates bezieht, nicht. Denn Art. 7 Abs. 6 DBA-USA ist nur dann anzuwenden, wenn zu den Gewinnen des Unternehmens solche Einkünfte gehören, "die in anderen Artikeln dieses Abkommens behandelt werden"[164]. Die Artikel des Abkommens, die die anderen, spezielleren Einkunftsarten regeln, greifen aber lediglich bei solchen Einkünften, die eine in einem Vertragsstaat ansässige Person aus dem anderen Vertragsstaat erzielt. Darauf weist insbesondere der Wortlaut der Art. 6, 10, 11, 12 DBA-USA hin. Für Einkünfte aus Drittstaaten ist die Regelung des Art. 7 Abs. 6 DBA-USA deshalb unerheblich, weil die Einkünfte nicht aus einem der beiden Vertragsstaaten stammen[165]. Auf Drittstaateneinkünfte ist daher Art. 7 DBA-USA anzuwenden. Aber auch in bezug auf Einkünfte der Personengesellschaft, die nicht aus ihrem Sitz-/Betriebstättenstaat, sondern aus dem anderen Vertragsstaat stammen, verhindert Art. 7 Abs. 6 DBA-USA die Anwendung des Betriebstättenprinzips nicht. Zwar stammen in diesem Fall die Einkünfte bezogen auf den Sitz-/Betriebstättenstaat aus dem anderen Vertragsstaat, doch werden diese Einkünfte nicht von einer im Sitz-/Betriebstättenstaat ansässigen Person bezogen. Denn bezogen werden die Einkünfte vom Gesellschafter, dem sie anteilig zuzurechnen sind. Der Ansässigkeitsstaat des Gesellschafters ist aber zugleich Quellenstaat, so daß diese Einkünfte nicht von einer im anderen Vertragsstaat ansässigen Person bezogen werden, sondern von einem Gesellschafter, der im gleichen Staat ansässig ist aus dem die Einkünfte stammen. D.h. für die Regelung des Art. 7 Abs. 6 DBA-USA bleibt auch in dem Fall, in dem die Einkünfte aus dem Ansässigkeitsstaat des Gesellschafters und nicht aus dem Sitz-

---

[163] *Riemenschneider, S.*, Abkommensberechtigung, S. 134. Mit der gleichen Begründung kommen *Korn, R./Debatin, H.*, Doppelbesteuerung, DBA-USA 1954/65 Art. III, Anm. 4 c)bb), zur Gewinnzurechnung bei Drittstaatseinkünften und Einkünften aus dem Staat des Unternehmensstammhauses. Zum gleichen Ergebnis gelangen ohne nähere Begründung *Vogel, K.*, Doppelbesteuerung, Art. 21, Rn. 32; *Manke K.*, Personengesellschaften und DBA, in Vogel, K. (Hrsg.), Grundfragen des internationalen Steuerrechts, S. 195 (203); *Selent, A.*, Ausländische Personengesellschaften im Ertrag- und Vermögensteuerrecht, S. 242 f.

Das DBA-USA 1954 regelte in Art. III Abs. 1, daß die Steuerberechtigung des Betriebstättenstaates ausdrücklich auf Gewinne "aus Quellen innerhalb dieses Staates" begrenzt war. Dieser Wortlaut wurde jedoch durch das Revisionsprotokoll von 1965 geändert, so daß das Betriebstättenprinzip auch auf die der Betriebstätte von außerhalb ihres Belegenheitsstaates zufließenden Gewinne anzuwenden war.

[164] Siehe hierzu oben Teil 6 Kapitel 1 C.

[165] *Riemenschneider, S.*, Abkommensberechtigung, S. 134.

/Betriebstättenstaat der Gesellschaft stammen, kein Anwendungsspielraum. Es bleibt also auch für diese Einkünfte bei der Anwendung des Betriebstättenprinzips nach Art. 7 DBA-USA[166].

Keine Anwendung findet das Betriebstättenprinzip jedoch, wenn eine Personengesellschaft aus einem Drittstaat oder dem Ansässigkeitsstaat des Gesellschafters Einkünfte aus unbeweglichem Vermögen im Sinne des Art. 6 Abs. 2 DBA-USA erhält. Der Grund für diese Ausnahme ist in der Wertung des Abkommens zu suchen. Das Quellenbesteuerungsrecht für Einkünfte aus unbeweglichem Vermögen soll nach Art. 6 Abs. 1 DBA-USA nur dem Belegenheitsstaat zustehen. Nach Art. 6 Abs. 4 DBA-USA, der den absoluten Vorrang des Belegenheitsprinzips vor dem Betriebstättenprinzip normiert, hat diese Wertung Vorrang vor der Regelung des Art. 7 Abs. 1 DBA-USA, die das Besteuerungsrecht für alle der Betriebstätte zuzurechnenden Einkünfte dem Betriebstättenstaat gewährt[167]. Gäbe es dieses Rangverhältnis nicht und wäre das Betriebstättenprinzip anwendbar, so hieße das, daß die der Betriebstätte (Personengesellschaft) in dem einen Vertragsstaat zuzurechnenden Einkünfte aus unbeweglichem Vermögen aus dem anderen Vertragsstaat, soweit sie anteilig zum Gewinn des Gesellschafters gehören, im Betriebstätten-/Sitzstaat besteuert werden dürften, obwohl das Vermögen im anderen Vertragsstaat belegen ist. Wie bereits erwähnt, gilt dieser Vorrang des Belegenheitsprinzips vor dem Betriebstättenprinzip auch in dem Fall, in dem die Personengesellschaft Einkünfte aus unbeweglichem Vermögen aus ihrem Sitzstaat bezieht[168].

Auch Art. 21 DBA-USA[169] steht diesem Ergebnis nicht entgegen. In Art. 21 Abs.1 DBA-USA ist zwar geregelt, daß dem Ansässigkeitsstaat das Besteuerungsrecht für die Einkünfte zusteht, die ihrer Art nach nicht von den Art. 6 bis 20 DBA-USA erfaßt werden, weil sie unter keine der dort spezifizierten Einkunftsarten fallen, oder wenn Einkünfte aus Drittstaaten erzielt werden[170]. Doch enthält Art. 21 Abs. 2 DBA-USA einen Betriebstättenvorbehalt. Danach ist das Betriebstättenprinzip des Art. 7 DBA-USA anzuwenden, wenn der in einem

---

[166] So auch *Vogel, K.*, Dopppelbesteuerungsabkommen, Art. 21, Rn. 32 u. 34; *Manke K.*, Personengesellschaften und DBA, in Vogel, K. (Hrsg.), Grundfragen des internationalen Steuerrechts, S. 195 (203); *Riemenschneider, S.*, Abkommensberechtigung, S. 135; *Korn, R./Debatin, H.*, Doppelbesteuerung, DBA-Schweiz, Art. 11 Anm. 3 c)bb).

[167] *Riemenschneider, S.*, Abkommensberechtigung, S. 135; *Jacobs, O.*, Internationale Unternehmensbesteuerung, S. 461; *Vogel, K.*, Doppelbesteuerung, Art. 21, Rn. 36; *Knobbe-Keuk, B.*, Bilanz- und Unternehmenssteuerrecht, S. 544; *Korn, R./Debatin, H.*, Doppelbesteuerung, DBA-Schweiz, Art. 6 Anm. 4 c).

[168] Vgl. oben Teil 6 Kapitel 1 C.

[169] Entspricht Art. 21 OECD-MA.

[170] *Arthur Andersen & Co. GmbH*, Doppelbesteuerungsabkommen Deutschland-USA, Art. 21, Rn. 6.

Vertragsstaat ansässige Empfänger der Einkünfte im anderen Vertragsstaat eine gewerbliche Tätigkeit durch eine dort belegene Betriebstätte ausübt und die Rechte oder Vermögenswerte, für die die Einkünfte gezahlt werden, tatsächlich zu dieser Betriebstätte gehören. Ausgenommen hiervon sind jedoch Einkünfte aus unbeweglichem Vermögen das tatsächlich zur Betriebstätte gehört und das im Ansässigkeitsstaat des Gesellschafters oder in Drittstaaten belegen ist. Für diese Einkünfte gilt, noch vorrangig vor dem Betriebstättenprinzip, das Belegenheitsprinzip[171]. D.h., erzielt eine Betriebstätte (Personengesellschaft) Einkünfte aus ihr tatsächlich gehörenden Rechten oder Vermögenswerten aus dem Ansässigkeitsstaat des Gesellschafters oder aus Drittstaaten, so bleibt es beim Besteuerungsrecht des Betriebstättenstaates, sofern es sich hierbei nicht um Einkünfte aus unbeweglichem Vermögen handelt, das außerhalb ihres Sitzstaates belegen ist, für die der Ansässigkeitsstaat des Gesellschafters das Besteuerungsrecht hat.

Eine Sonderregelung ist jedoch zu Art. 21 Abs. 2 DBA-USA in Abschnitt 19 des Protokolls vorgesehen, die die Anwendbarkeit des Betriebstättenprinzips in einem Fall zu Gunsten Deutschlands aufhebt, indem ein Gesellschafter in Deutschland ansässig ist und seine US-Betriebstätte (Personengesellschaft) Dividendenzahlungen eines deutschen Schuldners erhält. Sind danach Schuldner und Empfänger einer Dividende in Deutschland ansässig und die Dividende einer Betriebstätte des Empfängers in den USA zuzurechnen, hat Deutschland das Besteuerungsrecht für diese Dividendenzahlung nach Art. 10 Abs. 2 und 3 DBA-USA zu den dort vorgesehenen Steuersätzen, während die USA Nach Art. 23 Abs. 1 DBA-USA diese Steuer anzurechnen hat.

Zusammenfassend ist festzuhalten, daß das Betriebstättenprinzip im Verhältnis des Ansässigkeitsstaates zum Sitzstaat der Personengesellschaft für die von der Gesellschaft außerhalb ihres Sitzstaates erzielten Einkünfte gilt, soweit es sich nicht um Einkünfte aus unbeweglichem Vermögen oder Dividendenzahlungen eines deutschen Schuldners an eine US-Personengesellschaft mit einem in Deutschland ansässigen Gesellschafter handelt. Im weiteren sind nun die Besonderheiten zu untersuchen, die sich ergeben, wenn einerseits der Ansässigkeitsstaat des Gesellschafters zugleich Quellenstaat der Einkünfte ist und andererseits bei Einkünften aus Drittstaaten ein eventuell bestehendes Besteuerungsrecht des Drittstaates zu beachten ist.

---

[171] *Vogel, K.*, Doppelbesteuerungsabkommen, Art. 21, Rn. 31. Für US-Staatsbürger und in den USA ansässige Personen ist jedoch die Wirkung des Savings Clause des Abschnitt 1 des Protokolls zum DBA-USA zu beachten, die einen Verzicht auf die die Erfassung der Dritstaatseinkünfte ausschließt, da Art. 21 in dem Ausnahmekatalog des in Abschnitt 1 lit. b des Protokoll nicht angeführt ist; vgl. *Debatin, H./Endres, D.*, Das neue Doppelbesteuerungsabkommen USA/Bundesrepublik Deutschland, Art 21 Rn. 2.

II.   Einkünfte aus dem Ansässigkeitsstaat des Gesellschafters

1.   Einkünfte aus beweglichem Vermögen

<u>a)   Keine Betriebstätte im Ansässigkeitsstaat des Gesellschafters</u>

Wenn eine Personengesellschaft mit Sitz in dem einen Vertragsstaat aus dem anderen Vertragsstaat (Ansässigkeitsstaat des Gesellschafters und Quellenstaat) Einkünfte aus beweglichem Vermögen im Sinne des Abkommens bezieht, so gilt im Verhältnis zwischen diesen beiden Staaten, bezogen auf den Gewinnanteil an diesen Einkünften, der auf den im Quellen-/Ansässigkeitsstaat ansässigen Gesellschafter das Betriebstättenprinzip. Der Betriebstätten- und Sitzstaat hat an diesen anteilig auf den Gesellschafter entfallenden Einkünften das uneingeschränkte Besteuerungsrecht als Betriebstättenstaat, da diese Einkünfte von der Betriebstätte (Personengesellschaft) erwirtschaftet worden sind und ihr deshalb nach Art. 7 Abs. 2 DBA-USA zuzurechnen sind. Die Vermeidung der Doppelbesteuerung erfolgt im Ansässigkeitsstaat durch Anrechnung nach Art. 23 Abs. 1 DBA-USA im Falle der Ansässigkeit des Gesellschafters in den USA und durch Freistellung unter Progressionsvorbehalt nach Art. 23 Abs. 2 DBA-USA, wenn der Gesellschafter in Deutschland ansässig ist[172].

Bezogen auf die Einkunftsarten Zinsen, Art. 11 DBA-USA, und Lizenzgebühren, Art. 12 DBA-USA, kann auf diese Weise ein deutscher Gesellschafter, anstatt der Belastung dieser Einkünfte nach Art und Höhe gemäß deutschem Steuerrecht, die Belastung dieser Einkünfte nach Art und Höhe gemäß dem US-Steuerrecht erreichen. Die beiden Alternativen stellen sich für einen deutschen Gesellschafter folgendermaßen dar:

Er kann sich an einer deutschen Personengesellschaft beteiligen, die in Deutschland Einkünfte erzielt, die nach dem Abkommen Zinsen oder Lizenzgebühren darstellen würden. Damit ist er mit seinem Gewinnanteil an diesen Einkünften der Besteuerung durch den deutschen Fiskus in Höhe seines maßgeblichen deutschen Steuersatzes unterworfen.

Beteiligt sich der deutsche Gesellschafter aber an einer US-Personengesellschaft, die identische Einkünfte aus Deutschland erzielt, die nach dem Abkommen Zinsen oder Lizenzgebühren darstellen, so ist er mit seinem Gewinnanteil an diesen

---

[172] Bezogen auf das OECD-MA so auch *Riemenschneider, S.*, Abkommensberechtigung, S. 137; *Knobbe-Keuk, B.*, Bilanz- und Unternehmenssteuerrecht, S. 544; *Debatin, H.*, Subjektsfähigkeit ausländischer Wirtschaftsgebilde im deutschen Steuerrecht, BB 1988, S. 1155 (1156); *ders.*, OECD-Empfehlungen zur Vermeidung internationaler Doppelbesteuerung, RIW/ADW 1978, S. 374 (380 f.); *Jacobs, O.*, Internationale Unternehmensbesteuerung, S. 482; *Manke, K.*, Personengesellschaften und DBA, in Vogel, K. (Hrsg.), Grundfragen des Internationalen Steuerrechts, S. 195 (202-206); *Selent, A.*, Ausländische Personengesellschaften im Ertrag- und Vermögensteuerrecht, S. 243 f.; vgl. auch Abschn. 4 des Kommentars zu Art. 21 OECD-MA, der das Verhältnis des Betriebstättenstaat zum Ansässigkeitsstaat des Unternehmers darstellt.

Einkünften der Besteuerung durch den US-Fiskus in Höhe seines nach US-Steuerrecht maßgeblichen Steuersatzes unterworfen. Deutschland steht in diesem Fall als Quellenstaat kein Quellenbesteuerungsrecht zu. (Denn schon nach Art. 11 und 12 DBA-USA steht für Zinsen und Lizenzgebühren dem Quellenstaat kein Besteuerungsrecht zu, sondern nur dem Ansässigkeitsstaat.) Nach dem Betriebstättenprinzip sind diese aus Deutschland stammenden Einkünfte der Personengesellschaft (Betriebstätte) in den USA zuzurechnen, Art. 7 Abs. 2 DBA-USA. Für Einkünfte einer Betriebstätte hat aber nur der Betriebstättenstaat nach Art. 7 Abs. 1 DBA-USA das Besteuerungsrecht. Die anteiligen auf den deutschen Gesellschafter entfallenden Einkünfte dürfen folglich von den USA als Betriebstättenstaat nach dem für den Gesellschafter maßgeblichen Steuersatz besteuert werden, während Deutschland als Ansässigkeitsstaat des Gesellschafters diese anteiligen Einkünfte unter Progressionsvorbehalt freizustellen hat, Art. 23 Abs. 2 DBA-USA.

Bezogen auf Dividenden, Art. 10 DBA-USA ergeben sich aufgrund Abschnitt 19 des Protokolls zu Art. 21 DBA-USA in dieser Konstellation (Deutschland: Ansässigkeits- und Quellenstaat; USA: Sitz- und Betriebstättenstaat) jedoch andere Ergebnisse[173]. Das Betriebstättenprinzip ist durch diese Regelung einseitig zu Gunsten Deutschlands aufgehoben. Denn Deutschland hat im Falle eines deutschen Dividendenschuldners das Besteuerungsrecht als Quellenstaat nach Art. 10 Abs. 2 und 3 DBA-USA zu den darin vorgesehenen Quellensteuersätzen. Zur Vermeidung der Doppelbesteuerung haben die USA in einem solchen Fall nach Art. 23 Abs. 1 DBA-USA diese Steuer anzurechnen[174].

Aus alledem ergibt sich: Entfallen auf einen Gesellschafter einer US-Personengesellschaft Gewinnanteile, die (auch) zum Teil aus beweglichem Vermögen (Dividenden, Zinsen oder Lizenzgebühren) aus Deutschland bezogen werden, so ist es auch in bezug auf die Höhe der Besteuerung dieser (deutschen) Teile des Gewinnanteils unerheblich, ob der Gesellschafter in Deutschland oder in den USA ansässig ist.

Denn ist der Gesellschafter in den USA ansässig, so haben die USA für den Teil der Einkünfte, die aus den USA stammen das Besteuerungsrecht nach nationalem US-Steuerrecht. Für die Einkünfte aus deutschen Quellen ergibt sich folgendes: Bei Zinsen und Lizenzgebühren gibt es kein Besteuerungsrecht des Quellenstaats Deutschland nach Art. 11 und Art. 12 DBA-USA, vielmehr hat der Ansässigkeitsstaat, die USA, das ausschließliche Besteuerungsrecht. D.h. auch mit diesen Einkunftsteilen wird der Gesellschafter so besteuert als wären diese Einkünfte aus US-Quellen. Sind in dem Gewinnanteil des Gesellschafters auch Dividenden

---

[173] Vgl. auch oben Teil 6 Kapitel 1 C.

[174] Vgl. *Debatin H./Endres, D.*,   Das   neue   Doppelbesteuerungsabkommen USA/Bundesrepublik Deutschland, Art. 21 Rn. 4; *Arthur Andersen & Co. GmbH*, Doppelbesteuerungsabkommen Deutschland-USA, Art. 21, Rn. 18.

aus deutschen Quellen enthalten, so hat Deutschland hierauf ein Quellenbesteuerungsrecht nach Art. 10 Abs. 2 und 3 DBA-USA und die USA haben diese Steuer gemäß Art. 23 Abs. 1 DBA-USA anzurechnen.

Ist der Gesellschafter in Deutschland ansässig, so haben die USA für den Teil der Einkünfte, die aus den USA stammen nach dem Betriebstättenprinzip das Besteuerungsrecht. D.h., dieser Anteil der Einkünfte wird genauso steuerlich belastet, als wenn der Gesellschafter in den USA ansässig wäre. In bezug auf Zinsen und Lizenzgebühren gibt es kein Besteuerungsrecht des Quellenstaats Deutschland (Art. 11 und 12 DBA-USA). Der Sitzstaat der Personengesellschaft, die USA, hat als Betriebstättenstaat das ausschließliche Besteuerungsrecht. Dies hat zur Folge, daß diese Einkünfte wie Einkünfte aus US-Quellen besteuert werden. Für Dividenden aus deutschen Quellen hat nach Abschnitt 19 des Protokolls zu Art. 21 DBA-USA Deutschland das Quellenbesteuerungsrecht nach Art. 10 Abs. 2 und 3 DBA-USA, und die USA haben diese Steuer gemäß Art. 23 Abs. 1 DBA-USA anzurechnen.

Aus dem soeben Ausgeführten ist zu sehen, daß das DBA-USA ein Problem der Besteuerung von Personengesellschaften im internationalen Steuerrecht gelöst hat. Dieses Problem stellt sich folgendermaßen dar: Bezieht eine Personengesellschaft des einen Vertragsstaats aus dem anderen Vertragsstaat, in dem ihr Gesellschafter ansässig ist, Einkünfte aus beweglichem Vermögen (Dividenden, Zinsen oder Lizenzgebühren), so ist im Verhältnis dieser beiden Staaten hinsichtlich des auf diesen Gesellschafters des anderen Vertragsstaats entfallenden Gewinnanteils das Betriebstättenprinzip anzuwenden. Dies hat zur Folge, daß dem Sitzstaat der Personengesellschaft (Betriebstättenstaat) das uneingeschränkte Besteuerungsrecht an diesen Einkünften zusteht.

Diese Situation ist mit der zu vergleichen, die sich ergäbe, wenn der fragliche Gesellschafter im Sitzstaat der Personengesellschaft ansässig wäre. Wenn das darauf anzuwendende Abkommen, entsprechend der vorherrschenden Abkommenspraxis, ein Besteuerungsrecht des Quellenstaates auf diese Einkünfte aus beweglichem Vermögen enthielte, wäre der Quellenstaat in diesem Fall berechtigt, die aus seinem Staatsgebiet stammenden und auf den im Sitzstaat der Gesellschaft ansässigen Gesellschafter anteilig entfallenden Einkünfte zu besteuern.

Hieraus ist zu ersehen, daß der Quellenstaat sein Recht zur Quellenbesteuerung in dem Fall in dem der Gesellschafter im Quellenstaat ansässig ist, nur deshalb verliert, weil er nicht nur Quellenstaat, sondern zugleich auch Ansässigkeitsstaat des Gesellschafters ist. Dieses Ergebnis ergibt sich aus der zwingenden Anwendung des Betriebstättenprinzips. Es wird jedoch unter dem Aspekt der Wertung, die sich darin ausdrückt kritisiert[175]. Wegen der aus dem OECD-MA folgenden

---

[175] *Manke, K.*, Personengesellschaften und DBA, in Vogel, K. (Hrsg.), Grundfragen des Internationalen Steuerrechts, S. 195 (203); *Riemenschneider, S.*, Abkommensberechtigung, S. 137 f.; *Korn, R./Debatin, H.*, Doppelbesteuerung, Systematik IV, Rn. 81; *De-*

zwingenden Anwendung des Betriebstättenprinzips in diesen Fällen, kann eine Lösung dieses als unbefriedigend angesehenen Ergebnisses nur durch eine besondere Regelung erfolgen. Abschnitt 5 des Kommentars zu Art. 21 OECD-MA erlaubt deshalb den Vertragsstaaten von der nach OECD-MA zwingend vorgesehenen Anwendung des Betriebstättenprinzips abzuweichen. Die Vertragsstaaten können dem Quellenstaat das Recht zur Besteuerung der von der Personengesellschaft des anderen Vertragsstaats auf dem Gebiet des Quellenstaats erzielten Einkünfte aus beweglichem Vermögen, soweit sie auf einen im Quellenstaat ansässigen Gesellschafter entfallen, in dem Umfang zulassen, wie es das Abkommen generell für die jeweilige Einkunftsart vorsieht.

Diesem Vorschlag ist auch das DBA-USA gefolgt. Die Tatsache, daß im DBA-USA auf Zinsen und Lizenzgebühren nach Art. 11 und Art. 12 DBA-USA keine Quellensteuer erhoben wird und bei Dividenden im Falle Deutschlands als Quellenstaat und Ansässigkeitsstaat des Gesellschafters nach Abschnitt 19 des Protokolls zu Art. 21 DBA-USA das Quellenbesteuerungsrecht Deutschlands nach Art. 10 Abs. 2 und 3 DBA-USA aufrechterhalten wird, hat diese Problematik entschärft. Anzumerken ist, daß in bezug auf die USA als Quellenstaat der Dividendenzahlungen dieses Problem wohl deshalb als nicht so gravierend angesehen wurde, da die US-amerikanische Körperschaftsbesteuerung kein Anrechnungsverfahren kennt und die Vermeidung der Doppelbesteuerung in den USA nach Art. 23 Abs. 1 DBA-USA nach dem Anrechnungsverfahren erfolgt. Es ist daher zu vermuten, daß die USA aus diesen Gründen auf eine Gegenseitigkeit dieser Regelung verzichtet haben.

b)   Betriebstätte im Ansässigkeitsstaat des Gesellschafters

Die eben erörterte Problematik (Verlust des Quellenbesteuerungsrechts des Quellen- und Ansässigkeitsstaates des Gesellschafters) taucht nicht auf, wenn die Personengesellschaft des einen Vertragsstaates Einkünfte aus beweglichem Vermögen aus dem anderen Vertragsstaat in Form einer Betriebstätte im zuletzt genannten Staat bezieht. Hat sie im anderen Vertragsstaat z.B. eine Niederlassung, die eine Betriebstätte im Sinne des Abkommens darstellt, zu deren Betriebsvermögen die Rechte oder Vermögenswerte gehören, für die diese Einkünfte gezahlt werden, so sind diese Einkünfte nach dem Abkommen den einzelnen Gesellschaftern anteilig zuzurechnen und nicht der Personengesellschaft. D.h. der auf den im Quellenstaat ansässigen Gesellschafter entfallende Anteil wird dann nur im Quellenstaat und nicht im Sitzstaat der Personengesellschaft besteuert. Grund hierfür ist die Nichtanwendbarkeit des Betriebstättenvorbehalts in Art. 21 Abs. 2 DBA-USA[176] in dieser Situation. Denn eine Betriebstätte kann nach dem

---

batin, H., OECD-Empfehlungen zur Vermeidung internationaler Doppelbesteuerung, RIW/ADW 1978, S. 374 (381); *Weber, E.*, Das neue OECD-Muster für Doppelbesteuerungsabkommen, IWB, Fach 10, International, Gruppe 2, S. 369 (391).

[176] Entspricht Art. 21 Abs. 2 OECD-MA.

Abkommen immer nur einem "Unternehmen eines Vertragsstaates" im Sinne des Art. 3 Abs. 1 lit. f DBA-USA[177] zugerechnet werden. Die Personengesellschaft ist aber, wie bereits oben ausgeführt[178], in dieser Situation kein "Unternehmen eines Vertragsstaates" und damit nicht Zuordnungssubjekt. Vielmehr ist die Beteiligung des Gesellschafters an der Personengesellschaft das "Unternehmen eines Vertragsstaates" im Sinne des Abkommens und damit das Zuordnungssubjekt. Folglich wird die Betriebstätte der Personengesellschaft im anderen Vertragsstaat nicht der Personengesellschaft als solcher zugerechnet, sondern jedem einzelnen Gesellschafter als Unternehmen des jeweiligen Vertragsstaates. Damit sind die Einkünfte der Betriebstätte unmittelbar als anteilige Einkünfte des Gesellschafters anzusehen[179].

2. Einkünfte aus unbeweglichem Vermögen

In bezug auf Einkünfte aus unbeweglichem Vermögen wird der Grundsatz des Vorrangs des Belegenheitsprinzips vor dem Betriebstättenprinzip erneut deutlich[180]. Die Situation ist folgende: eine Personengesellschaft des einen Vertragsstaates erzielt Einkünfte aus im anderen Vertragsstaat belegenem unbeweglichen Vermögen im Sinne des Art. 6 Abs. 2 DBA-USA[181]. Für den Anteil dieser Einkünfte, die auf einen im Belegenheitsstaat ansässigen Gesellschafter entfallen, ist nicht das Betriebstättenprinzip maßgebend. Diese sind vielmehr gemäß Art. 21 Abs. 1 DBA-USA ausschließlich im Belegenheitsstaat und damit im Ansässigkeitsstaat des Gesellschafters zu besteuern[182]. Hervorzuheben ist, daß nach der Systematik des Abkommens das Besteuerungsrecht dem Ansässigkeitsstaat des Gesellschafters nicht aufgrund seiner Eigenschaft als Ansässigkeitsstaat zusteht. Ausschlaggebend hierfür ist, daß er der Belegenheitsstaat des unbeweglichen Vermögens (Quellenstaat) ist und ihm aufgrund der engen wirtschaftlichen Ver-

---

[177] Entspricht Art. 3 Abs. 1 lit. c OECD-MA.

[178] Siehe oben Teil 6 Kapitel 1 B. I.

[179] So auch *Riemenschneider, S.*, Abkommensberechtigung, S. 138 f.; *Vogel, K.*, Doppelbesteuerungsabkommen, Art. 7, Rn. 29 und 31; *Korn, R./Debatin, H.*, Doppelbesteuerung, DBA-Luxemburg, Art. 5, Anm. 3 d) bb); *Flick, H./Wassermeyer, F./Wingert, K.-D./Kempermann, M.*, Doppelbesteuerungsabkommen Deutschland-Schweiz, Art. 7 Rn. 184; *Jacobs, O.*, Internationale Unternehmensbesteuerung, S. 483; *Manke, K.*, Personengesellschaften und DBA, in Vogel, K. (Hrsg.), Grundfragen des Internationalen Steuerrechts, S. 195 (202-204). *Schulze zur Wiesche, D.*, Die steuerliche Behandlung der Personengesellschaften im Verhältnis zu den Niederlanden, DB 1981, S. 2143 (2144 f.).

[180] Vgl. hierzu bereits oben Teil 6 Kapitel 1 C.

[181] Entspricht Art. 6 Abs. 2 OECD-MA.

[182] So auch *Jacobs, O.*, Internationale Unternehmensbesteuerung, S. 482 f.; *Riemenschneider, S.*, Abkommensberechtigung, S. 139 f.; *Korn, R./Debatin, H.*, Doppelbesteuerung, DBA-Schweiz, Art. 6, Anm. 4 c).

bindung mit der Einkunftsquelle das ausschließliche Besteuerungsrecht zustehen soll[183].

III. Einkünfte aus Drittstaaten

Im weiteren ist zu erörtern wie Einkünfte nach dem DBA-USA zu behandeln sind, die eine Personengesellschaft weder aus ihrem Sitzstaat noch aus dem Ansässigkeitsstaat eines Gesellschafters bezieht. Gemeint sind hiermit Einkünfte, die nicht aus den Vertragsstaaten USA oder Deutschland stammen, sondern aus einem Drittstaat. In diesem Zusammenhang ist nicht nur die Verteilung der Besteuerungsbefugnis zwischen den beiden Vertragsstaaten USA und Deutschland als Sitzstaat der Gesellschaft oder Ansässigkeitsstaat eines Gesellschafters zu untersuchen. Es sind vielmehr auch die Verteilung der Besteuerungsbefugnis zwischen dem Drittstaat als Quellenstaat und den beiden Vertragsstaaten Deutschland und USA als Sitzstaat der Gesellschaft einerseits und Ansässigkeitsstaat eines Gesellschafters andererseits zu erörtern. Aus Gründen der Vereinfachung wird davon ausgegangen, daß der Drittstaat die Personengesellschaft für seine Besteuerungszwecke als steuerlich transparent betrachtet und er sowohl mit den USA, als auch mit Deutschland ein jeweils dem OECD-MA entsprechendes DBA abgeschlossen hat.

1.   Einkünfte aus beweglichem Vermögen

Für die Behandlung von Einkünften aus beweglichem Vermögen aus Drittstaaten einer Personengesellschaft kommt es ebenfalls auf das Vorhandensein einer Betriebstätte und die Reichweite des Betriebstättenprinzips an[184].

a)   Keine Betriebstätte im Drittstaat

Wenn eine Personengesellschaft mit Sitz in einem Vertragsstaat des DBA-USA aus einem Drittstaat Einkünfte aus beweglichem Vermögen im Sinne aller drei möglicherweise betroffenen Abkommen[185] (z.B. Dividenden, Zinsen, Lizenzgebühren) bezieht, ergibt sich für den im anderen Vertragsstaat des DBA-USA ansässigen Gesellschafter folgende abkommensrechtliche Situation:

Es ist davon auszugehen, daß das innerstaatliche Steuerrecht des Drittstaates (Quellenstaat) die Besteuerung der aus seinem Gebiet bezogenen Einkünfte vorsieht und Quellensteuern auf die Einkünfte aus beweglichem Vermögen erhebt. Die Personengesellschaft, die diese Einkünfte bezieht, kann sich aber nicht in bezug auf diese Quellensteuern des Drittstaates auf Abkommensschutz nach dem Abkommen zwischen dem Drittstaat und ihrem Sitzstaat berufen. Grund hierfür ist, daß die Personengesellschaft keine ansässige Person im Sinne dieses Ab-

---

[183]   Vgl. Anm. 1 Satz 1 und 2 des Kommentars zu Art. 6 OECD-MA.

[184]   Vgl. *Jacobs, O.*, Internationale Unternehmensbesteuerung, S. 480.

[185]   Gemeint sind folgende drei mögliche Abkommen: DBA-USA-Deutschland, DBA-Drittstaat-USA und DBA-Drittstaat-Deutschland; wobei angenommen wird, daß die beiden letzteren Abkommen dem OECD-MA entsprechen.

kommens darstellt, da es nach Art. 3 Abs. 1 lit. c OECD-MA auf die Ansässigkeit der Person ankommt, die das Unternehmen der Personengesellschaft betreibt. D.h. die Personengesellschaft kann ihren Gesellschaftern, soweit diese im anderen Vertragsstaat und nicht im Sitzstaat der Gesellschaft ansässig sind, für deren anteiligen Einkünfte aus dem Drittstaat keinen Abkommensschutz und somit keine Erleichterung gegen die Quellenbesteuerung des Drittstaats vermitteln. Abkommensberechtigt nach dem Abkommen zwischen dem Drittstaat und dem Sitzstaat der Gesellschaft sind nur diejenigen Gesellschafter, die im Sitzstaat der Gesellschaft ansässig sind. Sie erhalten ihren Abkommensschutz aus dem Abkommen zwischen Drittstaat und Sitzstaat, da sie im Sitzstaat ansässige Unternehmer sind.

Für die nicht im Sitzstaat der Gesellschaft, sondern im anderen Vertragsstaat ansässigen Unternehmer ergibt sich folgendes:

(1)   Gesellschafter ist in Deutschland ansässig - Gesellschaft hat ihren Sitz in den USA

Der Gesellschafter einer US-Personengesellschaft ist in Deutschland ansässig und die Personengesellschaft erzielt Einkünfte aus beweglichem Vermögen (z.B. Dividenden, Zinsen oder Lizenzgebühren) aus einem Drittstaat. Wenn, wie hier angenommen, ein Doppelbesteuerungsabkommen zwischen Deutschland und dem Drittstaat besteht, ist der Gesellschafter in bezug auf seine anteiligen Einkünfte aus dem Drittstaat nicht unbedingt der Quellenbesteuerung des Drittstaates ausgesetzt, da er sich auf den Abkommensschutz aus diesem Abkommen berufen kann. Dies ist trotz der Tatsache möglich, daß die aus dem Drittstaat stammenden Einkünfte in Deutschland nicht besteuert werden, da die Drittstaatseinkünfte zum Gewinn der US-amerikanischen Personengesellschaft gehören[186] und nach dem DBA-USA gemäß dem Betriebstättenprinzip von der deutschen Besteuerung befreit sind[187]. Grund hierfür ist das Prinzip der sog. Meistbegünstigung, wonach sich die Begünstigungswirkungen der Doppelbesteuerungsabkommen nicht gegenseitig ausschließen, sondern überlagern[188]. Ist nach dem Abkommen Deutschland-Drittstaat für diese Einkünfte ein gleich hoher oder niedrigerer Quellensteuersatz vorgesehen, als im Abkommen USA-Drittstaat, so

---

[186] In diesem Fall ergibt sich die Zugehörigkeit von Einkünften aus unbeweglichen Vermögen (z.B. Dividenden, Zinsen oder Lizenzgebühren) aus Drittstaaten zum Betriebstättengewinn nach dem verlängerten Betriebstättenvorbehalt des Art. 21 Abs. 2 OEDC-MA (entspricht Art. 21 Abs. 2 DBA-USA). Vgl. *Jacobs, O.*, Internationale Unternehmensbesteuerung, S. 480.

[187] Vgl. Art. 7 Abs. 1 i.V.m. Art. 23 Abs. 2 lit. a DBA-USA.

[188] *Riemenschneider, S.*, Abkommensberechtigung, S. 141, *Debatin, H.*, Entwicklungsaspekte des internationalen Steuerrechts, RIW/AWD 1980, S. 3 (4); *Korn, R./Debatin, H.*, Doppelbesteuerung, DBA-Schweiz, Art. 7, Anm. 10 e); *Selent, A.*, Ausländische Personengesellschaften im Ertrag- und Vermögensteuerrecht, S. 238 f.; *Hintzen, L.*, Personengesellschaften und Arbeitsgemeinschaften im internationalen Steuerrecht, RIW/AWD 1974, S. 141 (144).

erweist sich die fehlende Abkommensberechtigung der Gesellschaft nicht als nachteilig[189].

Für den Fall, daß der auf den deutschen Gesellschafter entfallende Anteil nicht völlig von der Quellenbesteuerung des Drittstaats befreit ist, ergibt sich aus der fehlenden Abkommensberechtigung der Gesellschaft dennoch für den Gesellschafter im Hinblick auf das Besteuerungsrecht der USA an seinem Gewinnanteil ein Nachteil. Denn die aus dem Drittstaat stammenden Einkünfte sind Teil des Gewinns, der der US-amerikanischen Personengesellschaft zuzurechnen ist. Dieser Gewinn wird von den USA nach dem Betriebstättenprinzip besteuert. Bezogen auf die anteiligen Einkünfte aus dem Drittstaat ergibt sich somit für den deutschen Gesellschafter eine Doppelbesteuerung, nämlich einmal durch die Quellenbesteuerung des Drittstaats und weiter durch die Betriebstättenbesteuerung durch die USA. Diese Situation wird von der herrschenden Abkommenspraxis nicht gelöst, da die vom Drittstaat erhobene Quellensteuer nicht berücksichtigt wird[190]. Anspruch auf Maßnahmen zur Vermeidung der Doppelbesteuerung[191] nach dem Abkommen USA-Drittstaat haben nur in den USA ansässige Gesellschafter dieser US-Personengesellschaft, nicht jedoch der in Deutschland ansässige Gesellschafter dieser Gesellschaft. Auch in Deutschland kann die anteilige Quellensteuer nicht angerechnet werden, weil der Gewinn der US-Personengesellschaft nach dem Betriebstättenprinzip von der Besteuerung in Deutschland freigestellt ist und daher keine anrechnungsfähige Steuer erhoben wird[192]. Damit ergibt sich in Höhe der Quellensteuerbelastung durch den Drittstaat für den deutschen Gesellschafter für die anteilig auf ihn entfallenden Drittstaatseinkünfte eine Doppelbesteuerung.

Ursache dieser Doppelbesteuerung ist die für Personengesellschaften maßgebliche, im Abkommen verankerte strikte Trennung zwischen Unternehmen und dem betreibenden Unternehmer. Diese führt dazu, daß die Abkommensberechtigung nicht dem Unternehmen zusteht, sondern dem betreibenden Unternehmer[193]. Im Schrifttum wird deshalb zum Teil gefordert, dem Unternehmen selber den Abkommensschutz zu gewähren[194]. Die Abkommensberechtigung dürfte

---

[189] Vgl. *Riemenschneider, S.*, Abkommensberechtigung, S. 141.

[190] Vgl. *Greif, M./Fischer, B.*, Nationalbericht Deutschland, CDFI Vol. LXXXa, S. 231 (251 f.); *Riemenschneider, S.*, Abkommensberechtigung, S. 141.

[191] Im Falle der USA als Sitzstaat handelt es sich nur um die Anrechnungsmethode, in anderen Staaten kann auch Freistellungsmethode in Betracht kommen.

[192] Vgl. *Riemenschneider, S.*, Abkommensberechtigung, S. 141 f.; *Greif, M./Fischer, B.*, Nationalbericht Deutschland, CDFI Vol. LXXXa, S. 231 (252); *Vogel, K.*, Doppelbesteuerungsabkommen, Art. 1, Rn. 30.

[193] Art.1; 3 Abs. 1 lit. f; 4 Abs. 1; Art. 7 DBA-USA.

[194] *Riemenschneider, S.*, Abkommensberechtigung, S. 142; *Korn, R./Debatin, H.*, Doppelbesteuerung, Systematik IV, Rn. 36 und 80, *Selent, A.*, Ausländische Personengesell-

dabei aber nicht auf Personengesellschaften beschränkt bleiben, sondern sollte für sämtliche Betriebstätten gelten, um eine einheitliche Abkommensanwendung für Unternehmen zu gewährleisten[195]. Das DBA-USA sieht jedoch keine generelle Abkommensberechtigung der Personengesellschaften oder der Betriebstätten vor. Eine Personengesellschaft ist nach Art. 4 Abs. 1 lit. b DBA-USA nur "partiell" abkommensberechtigt. Sie gilt nur insoweit in ihrem Sitz- oder Gründungsstaat ansässig, als Einkünfte auf in diesem Staat ansässige Gesellschafter entfallen[196]. Damit ist aber gerade der Teil der Gesellschafter vor einer Quellenbesteuerung des Drittstaates geschützt, der ohnehin durch das Abkommen USA-Drittstaat abkommensberechtigt ist und somit geschützt ist. Nicht geschützt sind jedoch die in Deutschland ansässigen Gesellschafter einer US-Personengesellschaft, die vor einer Doppelbesteuerung durch die Quellensteuererhebung des Drittstaates geschützt werden müßten.

Eine Abhilfe gegen diese Doppelbesteuerung ist in diesen Fällen dann nur durch Anrechnung nach innerstaatlichem Recht des Betriebstätten- und Sitzstaates der Personengesellschaft (hier die USA) oder nach Art. 24 Abs. 2 des DBA-USA, dem Verbot der Betriebstättendiskriminierung, möglich.

(a)   Anrechnung der Quellensteuer nach innerstaatlichem Recht der USA

Jeder Gesellschafter einer Personengesellschaft ist nach Sec. 702(a)(6) IRC und den dazu ergangenen Regs. § 1.702-1(a)(6) berechtigt, Steuern, die er für seine anteiligen Einkünfte in ausländischen Staaten und in US-Besitzungen (in diesem Sinne Drittstaaten) zu zahlen hatte, nach Maßgabe von Sec. 901 und 904 IRC auf seine US-Steuerschuld anzurechnen. Nach Sec. 901(b)(4) und (5) IRC sind nicht in den USA ansässige Gesellschafter einer US-Personengesellschaft gemäß Sec. 906(a) IRC nur zu einer Anrechnung der Drittstaatssteuern auf bestimmte Einkünfte berechtigt. Angerechnet werden dürfen nur diejenigen Drittstaatssteuern, die auf Einkünfte gezahlt werden, die "effektiv verbunden"[197] mit dem "Ausüben einer Geschäftstätigkeit in den USA"[198] sind[199]. Gemäß Sec. 875(1)

---

schaften im Ertrag- und Vermögensteuerrecht, S. 234; *Piltz, D.*, Die Personengesellschaften im internationalen Steuerrecht der Bundesrepublik Deutschland, S. 226 f.

[195] Siehe zu dieser Problematik ausführlich *OECD*, Triangular Cases, in Model Tax Convention: Four Related Studies, Chapter 2, No. 4 Issues of International Taxation. Die Ergebnisse diese Berichts sind in den Abschnitten 51 ff des Kommentars zu Art. 24 OECD-MA 1992 enthalten. Vgl. auch *Raad, K. van*, The 1992 OECD Model Treaty: Triangular Cases, ET 1993, S. 298 ff.; *Vogel, K.*, Doppelbesteuerungsabkommen, demnächst 3. Auflage, Art. 1, Rn. 30 ff.; *Riemenschneider, S.*, Abkommensberechtigung, S. 142.

[196] Vgl. oben Teil 5 Kapitel 2.

[197] *"effectively connected"*, definiert in Sec. 864(c) IRC.

[198] "trade or business within the United States", definiert in Sec. 864(b) IRC.

[199] Geregelt in Sec. 871(b) IRC für natürliche Personen *(individuals)* und Sec. 882 IRC für ausländische Körperschaften *(foreign corporations)*.

IRC wird dem ausländischen Gesellschafter einer Personengesellschaft deren Tätigkeit als seine eigene zugerechnet[200]. Für die Drittstaatssteuern, die auf andere Einkünfte erhoben werden, die nicht diese Kriterien erfüllen, ist hiernach keine Anrechnung möglich.

(b)   Anwendung des Art. 24 Abs. 2 DBA-USA - Verbot der Betriebstättendiskriminierung

Für die Drittstaatssteuern, die nicht nach dem innerstaatlichen Recht der USA angerechnet werden können, müßte nach Art. 24 Abs. 2 DBA-USA eine Anrechnung nach dem Verbot der Betriebstättendiskriminierung möglich sein. Danach darf eine Betriebstätte, die von einem Unternehmen des einen Vertragsstaates im anderen Vertragsstaat unterhalten wird, dort keiner belastenderen Steuerbehandlung unterworfen werden, als sie für die dort einheimischen Unternehmen gilt[201]. Art. 24 Abs. 2 DBA-USA und Art. 24 Abs. 3 OECD-MA sind identisch. Es dürfte daher auch die Kommentierung zu dieser Vorschrift des OECD-MA für die Interpretation der Regelung im DBA-USA herangezogen werden. Nach dem Kommentar zum OECD-MA bezweckt diese Vorschrift die Beseitigung jeder Diskriminierung bei der Besteuerung von Betriebstätten gegenüber ansässigen Unternehmen mit demselben Tätigkeitsbereich auf dem Gebiet der auf die gewerbliche Tätigkeit entfallenden Steuern[202]. Abschnitt 49 des Kommentars zu Art. 24 OECD-MA sagt ausdrücklich aus, daß einer Betriebstätte die Anrechnung für die auf die ausländischen Einkünfte entfallende Steuer zu gewähren ist, wenn eine derartige Anrechnung nach innerstaatlichem Recht auch ansässigen Unternehmen zusteht. D.h., das Verbot der Betriebstättendiskriminierung führt dazu, daß eine im Sitzstaat der Personengesellschaft (Betriebstätte) vorgesehene innerstaatliche Steueranrechnung auch im Verhältnis zu dem im anderen Vertragsstaat ansässigen Gesellschafter für dessen anteilig im Drittstaat erhobene Quellensteuer angewendet werden muß[203]. Demnach müßten die USA den deutschen Gesellschaftern einer US-Personengesellschaft die Anrechnung der Drittstaatssteuern gewähren, wenn sie bei in den USA ansässigen Gesellschaftern eine solche Anrechnung nach ihrem innerstaatlichen Recht zulassen. Ein Anspruch auf Anrechnung für einen in den USA ansässigen Gesellschafter wird sich in der Regel aus dem Abkommen zwischen den USA und dem Drittstaat ergeben. Auf diesen kommt es hier jedoch nicht an, da dies keine Anrechnung nach innerstaatlichem Recht der USA ist, sondern nach dem Abkom-

---

[200] Vgl. zu der Anrechnung der Drittstaatensteuern bei nichtansässigen Gesellschaftern einer US-Personengesellschaft *Tarris, V.*, Foreign Partnerships and Partners, S. A-32.

[201] *Debatin,   H./Endres,   D.*,   Das   neue   Doppelbesteuerungsabkommen USA/Bundesrepublik Deutschland, Art. 24 Rn. 5.

[202] Vgl. Abschn. 19 OECD-Kommentar zu Art. 24 OECD-MA.

[203] *Vogel, K.*, Doppelbesteuerungsabkommen, Art. 1, Rn. 30; *Knobbe-Keuk, B.*, Bilanz- und Unternehmenssteuerrecht, S. 544; *Riemenschneider, S.*, Abkommensberechtigung, S. 143.

mensrecht. Im Hinblick auf die Saving Clause, die jedes US-amerikanische Doppelbesteuerungsabkommen enthält und die die USA dazu berechtigen ihre Staatsangehörigen und in den USA ansässige Personen so zu besteuern, als sei das Abkommen nie in Kraft getreten, erscheint dieser Anspruch ohnehin als nachrangig. In Konkurrenz zu dem Anspruch auf Anrechnung aus dem Abkommen steht nämlich ein Anspruch auf Anrechnung aus innerstaatlichem US-Recht, auf den hier abzustellen ist.

Wie bereits erwähnt ist jeder Gesellschafter einer US-Personengesellschaft nach Sec. 702(a)(6) IRC und den dazu ergangenen Regs. § 1.702(a)(6) berechtigt Steuern, die er für seine anteiligen Einkünfte in ausländischen Staaten und in US-Besitzungen (Drittstaaten) zu zahlen hatte, nach Maßgabe von Sec. 901 und 904 IRC auf seine US-Steuerschuld anzurechnen. Jedoch ist der Umfang der anrechnungsfähigen Steuern bei US-Staatsangehörigen und in den USA ansässigen Personen gemäß Sec. 901(b)(1), (2) und (5) IRC nur den allgemeinen Einschränkungen nach Sec. 904 IRC unterworfen. Im Gegensatz zu den nichtansässigen Gesellschaftern gibt es keine Beschränkung gemäß Sec. 906(a) IRC, die nur eine Anrechnung der Drittstaatssteuern auf Einkünfte vorsieht, die "effektiv verbunden" mit dem "Ausüben einer Geschäftstätigkeit in den USA" sind. D.h., um dem Verbot der Betriebstättendiskriminierung in Art. 24 Abs. 2 DBA-USA gerecht zu werden, müßten die USA bei nichtansässigen Gesellschaftern einer US-Personengesellschaft auf die Beschränkung der Anrechnung auf Drittstaatssteuern auf effektiv mit dem Ausüben einer Geschäftstätigkeit in den USA verbundenen Einkünfte verzichten. Auch bei den nichtansässigen Gesellschaftern müßte eine Anrechnung nach Sec. 901(b)(1), (2) und (5) IRC erfolgen und nicht nach Sec. 901(b)(4), (5) IRC in Verbindung mit der Einschränkung nach Sec. 906 IRC.

(2)   Gesellschafter ist in den USA ansässig - Gesellschaft hat ihren Sitz in Deutschland

Im umgekehrten Fall, der Gesellschafter einer deutschen Personengesellschaft ist in den USA ansässig und die Personengesellschaft erzielt Einkünfte aus beweglichem Vermögen aus einem Drittstaat, regeln § 50 Abs. 6 EStG bzw. § 26 Abs. 6 KStG diese Problematik. Diese beiden Vorschriften regeln ausdrücklich, daß unbeschränkt Steuerpflichtige, wie z.B. ein in USA ansässiger Gesellschafter einer deutschen Personengesellschaft, die im Drittstaat erhobene Quellensteuer auf die deutsche Steuerlast anrechnen können[204]. Insoweit bedarf es keines Rückgriffs auf das Verbot der Betriebstättendiskriminierung des Art. 24 Abs. 2 DBA-USA[205].

---

[204] Vgl. *Greif, M./Fischer, B.*, Nationalbericht Deutschland, CDFI Vol. LXXXa, S. 231 (252); *Riemenschneider, S.*, Abkommensberechtigung, S. 143.

[205] Vgl. *Vogel, K.*, Doppelbesteuerungsabkommen, 3. Aufl. demnächst, Art. 1, Rn. 30b.

b)   Betriebstätte im Drittstaat

Auszugehen ist hier von einem Sachverhalt bei dem eine deutsche oder US-amerikanische Personengesellschaft mit Gesellschaftern im jeweils anderen Vertragsstaat des DBA-USA im Drittstaat eine Betriebstätte unterhält, die Einkünfte aus diesem Drittstaat bezieht. Bei dieser Konstellation wird, wie grundsätzlich bei einer Personengesellschaft, die Betriebstätte und ihre erzielten Einkünfte nicht der Personengesellschaft selber, sondern den einzelnen Gesellschaftern anteilig zugerechnet[206]. Diese Zurechnung erfolgt unabhängig davon, ob die Gesellschafter nun im Sitzstaat der Personengesellschaft oder im anderen Vertragsstaat ansässig sind. Da auch für die im Drittstaat belegene Betriebstätte das Betriebstättenprinzip gilt, hat der Drittstaat für diese Betriebstätteneinkünfte das Besteuerungsrecht nach dem Abkommen des jeweiligen Ansässigkeitsstaats mit dem Drittstaat. Dem jeweiligen Ansässigkeitsstaat verbleiben damit die jeweils abkommensrechtlich vereinbarten Maßnahmen zur Vermeidung der Doppelbesteuerung. Im Falle der USA ist dies das Anrechnungsverfahren und im Falle Deutschlands das Freistellungsverfahren. Auf den Sitzstaat der Personengesellschaft kommt es insoweit nicht an[207], da es sich abkommensrechtlich um keine Drittstaateneinkünfte handelt und es nur auf das Abkommen zwischen dem Ansässigkeitsstaat des Gesellschafters und dem Drittstaat ankommt[208].

---

[206] Vgl. ausführlich hierzu oben Teil 6 Kapitel 2 B.

[207] Falls das Abkommen zwischen den USA und dem Drittstaat die gleiche Regelung zur Abkommensberechtigung von in den USA ansässigen Gesellschaftern einer US-Personengesellschaft hat wie das DBA-USA (vgl. hierzu ausführlich oben Teil 5 Kapitel 2), dann verlagert sich die Abkommensberechtigung für diesen Gesellschafterkreis anteilig auf die Personengesellschaft selbst (sog. partielle Abkommensberechtigung). Dies ändert jedoch auch nichts daran, daß es sich in diesem Fall auch um keine Drittstaateneinkünfte handelt.

[208] Ebenso *Vogel, K.*, Doppelbesteuerungsabkommen, Art. 7, Rn. 31; *Jacobs, O.*, Internationale Unternehmensbesteuerung, S. 480 f.; *Korn, R./Debatin, H.*, Doppelbesteuerung, DBA-Luxemburg, Art. 5, Anm. 3 d) bb); *Riemenschneider, S.*, Abkommensberechtigung, S. 144. A.A. *Selent, A.*, Ausländische Personengesellschaften im Ertrag- und Vermögensteuerrecht, S. 252 f. Er vertritt die Auffassung, daß die in der Drittstaatsbetriebstätte erzielten Einkünfte wie sonstige Drittstaatseinkünfte aus beweglichem Vermögen der Personengesellschaft zuzurechnen sind. Dies begründet er damit, daß am Sitz der Personengesellschaft eine Hauptbetriebstätte bestünde, die eine Stammhausfunktion ausübe, die einen Sammelpunkt aller geschäftlichen Erfolge darstelle. Darüber hinaus beruhe diese Zurechnung auf dem abkommensrechtlichen Betriebstättenprinzip. Zurecht wendet sich *Riemenschneider, S.*, Abkommensberechtigung, S. 144 gegen diese Ansicht, indem er anführt, daß nach der Wertung der Doppelbesteuerungsabkommen, Betriebstätten nur einem Unternehmen eines Vertragsstaates zugerechnet werden können, nicht jedoch anderen Betriebstätten derselben Gesellschaft.

2. Einkünfte aus unbeweglichem Vermögen

Auszugehen ist von folgendem Sachverhalt: Eine Personengesellschaft hat ihren Sitz in einem der Vertragsstaaten (USA oder Deutschland). Der in Frage stehende Gesellschafter ist im jeweils anderen Vertragsstaat ansässig. Die Gesellschaft erzielt Einkünfte aus unbeweglichem Vermögen im Sinne des Art. 6 Abs. 2 OECD-MA, das in einem Drittstaat belegen ist. Nach Art. 21 Abs. 1 DBA-USA liegt im Verhältnis zwischen dem Sitzstaat der Gesellschaft und dem Ansässigkeitsstaat des Gesellschafters das Besteuerungsrecht für diese Einkünfte beim Ansässigkeitsstaat. Wie bereits oben ausgeführt, findet das Betriebstättenprinzip bei aus Drittstaaten stammenden Einkünften aus unbeweglichem Vermögen keine Anwendung, da insoweit das Belegenheitsprinzip bei Einkünften aus unbeweglichem Vermögen Vorrang vor dem Betriebstättenprinzip hat[209]. Dies ist jedoch noch nicht die vollständige Lösung, denn der Ansässigkeitsstaat des Gesellschafters hat in diesem Zusammenhang sein Abkommen mit dem Drittstaat zu berücksichtigen. Falls dieses Abkommen eine Regelung wie Art. 6 OECD-MA beinhaltet, d.h. das Belegenheitsprinzip für Einkünfte aus unbeweglichem Vermögen vorsieht, hat der Dritt- und Quellenstaat als Belegenheitsstaat das uneingeschränkte Besteuerungsrecht. Im Falle Deutschlands als Ansässigkeitsstaat des Gesellschafters, werden die Einkünfte nach der deutschen Abkommenspraxis freigestellt; in den USA wird das Anrechnungsverfahren angewandt. Im Ergebnis bedeutet dies, daß zwar dem Ansässigkeitsstaat des Gesellschafters im Verhältnis zum Sitzstaat der Gesellschaft das Besteuerungsrecht für die anteilig dem Gesellschafter zuzurechnenden Drittstaatseinkünfte aus unbeweglichem Vermögen zusteht, dieses Besteuerungsrecht verliert er jedoch. Grund für diesen Verlust ist die Anwendung des Abkommens zwischen dem Ansässigkeitsstaat des Gesellschafters und dem Drittstaat. Danach steht nur dem Belegenheitsstaat des unbeweglichen Vermögens das Besteuerungsrecht und nicht dem Ansässigkeitsstaat des Gesellschafters zu[210]. Der Vorrang des Belegenheitsprinzips bei Einkünften aus unbeweglichem Vermögen vor dem Betriebstättenprinzip zeigt sich auch im Verhältnis zwischen dem Sitzstaat der Gesellschaft (Betriebstättenstaat) und dem Belegenheitsstaat (Dritt- und Quellenstaat). Auch in diesem Verhältnis steht nur dem Belegenheitsstaat das Besteuerungsrecht zu.

---

[209] Siehe hierzu oben Teil 6 Kapitel 1 C. Ebenso *Jacobs, O.*, Internationale Unternehmensbesteuerung, S. 481. *Riemenschneider, S.*, Abkommensberechtigung, S. 144 f. A.A. *Selent, A.*, Ausländische Personengesellschaften im Ertrag- und Vermögensteuerrecht, S. 250 f. und S. 308. Er will den Betriebstättenvorbehalt für Drittstaateneinkünfte der Personengesellschaft aus unbeweglichem Vermögen analog anwenden. Zu Recht führt *Riemenschneider, S.*, Abkommensberechtigung, S. 144, Fn. 434, an, daß dies gegen den eindeutigen Wortlaut des Art. 21 Abs. 1 in Verbindung mit Abs. 2 OECD-MA wendet.

[210] *Jacobs, O.*, Internationale Unternehmensbesteuerung, S. 481; *Riemenschneider, S.*, Abkommensberechtigung, S. 145.

Kapitel 2: Abkommensrechtliche Behandlung der Sondervergütungen (Guaranteed Payments) bei übereinstimmender transparenter Besteuerung der Personengesellschaft in beiden Vertragsstaaten

Wie bereits erwähnt, erkennen die USA im Gegensatz zu Deutschland vertragliche Beziehungen zwischen einer Personengesellschaft und ihrem Gesellschafter steuerlich an[1]. Eine solche Vorgehensweise steht den USA als Betriebstättenstaat (Sitzstaat der Personengesellschaft) frei[2]. Dies hat zur Folge, daß Entgelte, die die Personengesellschaft für Leistungen ihres Gesellschafters zahlt, in den USA für die Gesellschaft als gewinnmindernder Aufwand anerkannt werden. Hieraus ergeben sich jedoch in der Abkommensanwendung in erster Linie aus deutscher Sicht Probleme. Nach Art. 7 DBA-USA steht den USA das Besteuerungsrecht für die anteilig auf einen deutschen Gesellschafter entfallenden Gewinnanteile aus der Beteiligung an einer US-amerikanischen Personengesellschaft zu. Hat dieser Gesellschafter der Gesellschaft Wirtschaftsgüter zum Gebrauch überlassen (Kapital, Rechte, etc.) oder leistet er über seine Gesellschafterpflichten hinausgehende Dienste für die Gesellschaft und erhält er dafür Entgelte von der Gesellschaft, so sind diese Entgelte aus US-amerikanischer Sicht bei der Gesellschaft abzugsfähiger Aufwand. Dieser Aufwand mindert den Gewinnanteil, den der Gesellschafter von der Gesellschaft bezieht. Abkommensrechtlich haben die USA das Besteuerungsrecht für den Gewinnanteil nach Art. 7 DBA-USA, während Deutschland nach Art. 23 Abs. 2 lit. a DBA-USA diese Einkünfte des Gesellschafters freistellt. Hinsichtlich der besonderen Entgelte, die der Gesellschafter für Leistungen an diese erhält, sind die USA, basierend auf der Situation nach nationalem Recht der Ansicht, daß diese Entgelte entsprechend ihrem Charakter unter die einzelnen Einkunftsarten des Abkommens zu subsumieren sind. Die einzelnen Einkunftsarten sind nach dieser Sicht der USA dann auch ausschlaggebend für die Verteilung der Besteuerungsrechte. D.h. beispielsweise im Falle eines Darlehens des Gesellschafters an die Gesellschaft, werden die gezahlten Zinsen nach Art. 11 DBA-USA als Zinsen im Sinne des Abkommens betrachtet. Dies hat zur Folge, daß aus der Sicht der USA allein Deutschland das Besteuerungsrecht daran nach Art. 23 Abs. 2 DBA-USA zusteht. Es erfolgt daher keine Besteuerung dieser Zinsen in den USA. Fraglich ist jedoch wie Deutschland diese "Zinsen" abkommensrechtlich zu behandeln hat. Sind aus deutscher Sicht diese "Zinsen" als Zinsen nach Art. 11 DBA-USA zu betrachten und entsprechend nach Art. 23 Abs. 2 DBA-USA zu besteuern oder ist davon auszugehen, daß diese Zahlungen, entsprechend der Wertung des innerstaatlichen Rechts, Teil des Unternehmensgewinns darstellen, für die allein die USA

---

[1]   Vgl. oben Teil 4 Kapitel 1 B. III. 2. und Teil 6 Kapitel 1 B. 4. c).

[2]   *Vogel, K.*, Doppelbesteuerungsabkommen, Einl. Rn. 108.

nach Art. 7 DBA-USA das Besteuerungsrecht haben und die nach Art. 23 Abs. 2 lit. a DBA-USA von Deutschland freizustellen sind. Diese Problematik wird im deutschen Schrifttum im allgemeinen als Qualifikationskonflikt bezeichnet[3]. Die steuerliche Behandlung grenzüberschreitender Sondervergütungen hat wohl nicht nur wegen des wissenschaftlichen Interesses daran, sondern auch wegen vermuteter steuerlicher Gestaltungsmöglichkeiten eine große Diskussion in der Literatur ausgelöst. Jedenfalls ist das Schrifttum hierzu sehr umfangreich[4].

Bei dieser Problematik ist zwischen zwei Fällen zu unterscheiden. Einerseits können beide Vertragsstaaten übereinstimmend von der steuerrechtlichen Unselbständigkeit der Personengesellschaft ausgehen und sie folglich transparent besteuern. Andererseits können zwischen beiden Staaten schon Unterschiede in der Frage auftreten, ob die Gesellschaft Steuerrechtssubjekt ist. In diesem Fall tritt die Frage der abkommensrechtlichen Behandlung der Entgelte, die die Gesellschaft für Leistungen des Gesellschafters an diesen zahlt hinzu.

Die USA behandeln- im Gegensatz zur deutschen Wertung - entsprechend ihrem innerstaatlichen Recht, Entgelte der Gesellschaft an Gesellschafter für deren Leistungen an die Gesellschaft wie Leistungen an fremde Dritte. Diese Entgelte

---

[3]   Zur Kritik an der Verwendung dieses Begriffs im internationalen Steuerrecht vgl. *Vogel, K.*, Doppelbesteuerungsabkommen, Einl. Rn. 90 ff., insbesondere Rn. 92.

[4]   Erwähnt sei hier nur folgendes: *Busl, P.*, Steuerpflicht von Zinszahlungen einer US-Limited Partnership an inländische Gesellschafter, RIW 1991, S. 847; *Diehl, W.*, Qualifikationskonflikte im Außensteuerrecht, FR 1978, S. 517; *Fischer-Zernin, J.*, Sondervergütungen und DBA, RIW 1991, S. 493; *Goerdeler, R./Jahn, H.*, Zur Problematik von Sondervergütungen unter dem deutsch-amerikanischen Doppelbesteuerungsabkommen aus deutscher Sicht, in Festschrift für Otto L. Walter, S. 25; *Greif, M.*, Auslandsaktivitäten inländischer Unternehmen, in Mössner, J. M. (Hrsg.), Steuerrecht international tätiger Unternehmen, Abschnitt E; *Kappe, K.*, Besteuerung von Gewinnanteilen aus US-Personengesellschaften und Zinsen aus Gesellschafterdarlehen nach dem DBA-USA, DStR 1987, S. 479; *Knobbe-Keuk, B.*, "Qualifikationskonflikte" im internationalen Steuerrecht der Personengesellschaft, RIW 1991, S. 306; *Köhler, F.*, Das Betriebsstättenprinzip im Recht der deutschen DBA bei Mitunternehmerschaftsgebilden, RIW 1991, S. 1024; *Krabbe, H.*, Qualifikationskonflikte bei ausländischen Personengesellschaften, RIW 1976, S. 135, *ders.*, Besteuerung von Sondervergütungen an beschränkt steuerpflichtige Gesellschafter inländischer Personengesellschaften, FR 1981, S. 393; *Küspert, K.*, Sondervergütungen inländischer Personengesellschaften nach dem DBA-USA, RIW 1988, S. 461; *Piltz, D.*, Qualifikationskonflikte im internationalen Steuerrecht unter besonderer Berücksichtigung von Personengesellschaften, in Fischer, L. (Hrsg.), Besteuerung internationaler Konzerne, S. 21; *Pöllath, R.*, Unternehmensbesteuerung nach dem DBA-USA, in Kramer, J.-D. (Hrsg.), Grundzüge des US-amerikanischen Steuerrechts, S. 241; *Schlütter, E.*, Die Sondervergütungen eines Mitunternehmers im Außensteuerrecht, JbFfSt 1979/80, S. 152; *ders.*, Personengesellschaft oder Körperschaft?, in Vogel, K. (Hrsg.), Grundfragen des internationalen Steuerrechts, DStJG 8 (1985), S. 215; *Schaumburg, H.*, Internationales Steuerrecht, S. 791.

werden daher als abzugsfähiger Aufwand bei der Gesellschaft gesehen und sind als Einkünfte des Gesellschafters von diesem zu versteuern. Im nationalen Steuerrecht der USA ergeben sich aus dieser Praxis keine Probleme, da das Steuerrecht der USA im Gegensatz zum deutschen keine Einkunftsarten kennt[5]. Demzufolge qualifizieren die USA solche Entgelte, wenn sie an einen deutschen Gesellschafter fließen, abkommensrechtlich entsprechend der zugrundeliegenden Leistung als Zinsen, Lizenzgebühren, oder Einkünfte aus selbständiger Arbeit. Es erhebt sich deshalb die Frage, ob und welche Auswirkung diese abkommensrechtliche Einkunftsqualifikation durch den Quellenstaat USA auf die steuerliche Behandlung dieser Entgelte in Deutschland als Ansässigkeitsstaat des Gesellschafters hat. Insbesondere ist zu fragen, ob Deutschland als Ansässigkeitsstaat des Gesellschafters an diese Einkunftsqualifikation des Quellenstaates USA gebunden ist.

A. Qualifikation der Sondervergütungen durch den Sitzstaat der Gesellschaft USA als Quellen- und Betriebstättenstaat

Die USA als Sitzstaat der Personengesellschaft sehen entsprechend ihrem nationalen Steuerrecht in der Zahlung von Entgelten durch die Gesellschaft an einen in Deutschland ansässigen Gesellschafter eine Zahlung wie an einen fremden Dritten. Diese Auffassung ändern sie auch nicht für die Abkommensanwendung und gehen bei diesen Vergütungen entsprechend der Natur der Leistung von Zinsen, Lizenzgebühren oder Einkünften aus selbständiger Arbeit etc. aus.

Im deutschen Schrifttum ist umstritten, ob diese Einkunftsqualifikation durch die USA als Quellenstaat nach Abkommensrecht zulässig ist. Für die Zulässigkeit einer solchen Qualifikation durch den Quellenstaat ist die herrschende Meinung[6], jedoch zumeist ohne nähere Begründung[7]. Gegen eine Qualifikation der Sondervergütungen nach den spezielleren Einkunftsarten eines Doppelbesteuerungsabkommens sind *Vogel*[8] und *Schlütter*[9]. Als Begründung wird davon ausgegangen,

---

[5]   Vgl. die Definition des Einkommens im US-Steuerrecht in Sec. 61(a) IRC.

[6]   *Manke, K.*, Personengesellschaften im internationalen Steuerrecht, JbFfSt 1978/79, S. 333 (341); *Knobbe-Keuk, B.*, Bilanz- und Unternehmenssteuerrecht, S. 547; *Jacobs, O.*, Internationale Unternehmensbesteuerung, S. 552; *Piltz, D.*, Die Personengesellschaften im internationalen Steuerrecht der Bundesrepublik Deutschland, S. 169 f.; *Selent, A.*, Ausländische Personengesellschaften im Ertrag- und Vermögensteuerrecht, S. 311; *Küspert, K.*, Sondervergütungen inländischer Personengesellschafter nach dem DBA-USA, RIW 1988, S. 461 (465); *Kappe, K.*, Besteuerung von Gewinnanteilen aus US-Personengesellschaften und Zinsen aus Gesellschafterdarlehen nach dem DBA-USA, DStR 1987, S. 479 (481); *Institut der Wirtschaftsprüfer*, Zinsen aus Darlehen an US-Personengesellschaften, DB 1987, S. 2074. Vgl. auch Erlaß des Finanzministeriums Nordrhein-Westfalen vom 01.12.1986, S 1301 -USA 60- VC1, DB 1987, S. 24.

[7]   Vgl. *Riemenschneider, S.*, Abkommensberechtigung, S. 147.

[8]   *Vogel, K.*, Doppelbesteuerungsabkommen, Einl. Rn. 108. Gleichwohl erkennt *Vogel* an, daß dem Betriebstätten- und Quellenstaat eine solche Vorgehensweise freisteht.

daß die Personengesellschaft nach dem nationalen Recht kein Steuersubjekt und somit auch kein Abkommenssubjekt sei[10]. Die Beteiligung an einer Personengesellschaft stellte deshalb abkommensrechtlich eine Betriebstätte dar, deren Gewinnabgrenzung sich nach Art. 7 Abs. 3 ff. OECD-MA und Abschnitt 17 ff. des Kommentars zu Art. 7 OECD-MA bemesse. Danach dürfen Zinsen, Lizenzgebühren oder ähnliche Zahlungen den Betriebstättengewinn nicht mindern. D.h. es gelte für die Gewinnabgrenzung auf der Ebene des Abkommens das Prinzip der Aufwands- und Ertragszuordnung, demzufolge z.B. Zinsen und Lizenzgebühren nicht als Zinsen oder Lizenzgebühren im Sinne der Art. 11 und 12 OECD-MA darstellen. Diese seien vielmehr dem Betriebstättengewinn zuzurechnen. Unabhängig von der Behandlung dieser Zahlungen nach dem nationalen Recht des Betriebstätten- und Quellenstaates sei das Prinzip der Aufwands- und Ertragszuordnung ein abkommensrechtliches Prinzip, das durch das innerstaatliche Recht nicht abgeändert werden könne.

Riemenschneider[11] kritisiert an dieser Auffassung, daß *Vogel* und *Schlütter* als entscheidende Begründung, daß Sondervergütungen abkommensrechtlich z.B. nicht als Zinsen oder Lizenzgebühren zu qualifizieren sind, auf die Gewinnabgrenzung zwischen den Unternehmensteilen und somit auf das Prinzip der Aufwands- und Ertragszuordnung abstellen. Dagegen stelle sich die Frage der Gewinnabgrenzung erst, nachdem zuvor festgestellt worden sei, daß die fraglichen Einkünfte unter die Einkunftskategorie "Unternehmensgewinne" des Art. 7 OECD-MA falle. Erst wenn als erster Schritt die Einkunftsqualifikation ergeben habe, daß gewerbliche Gewinne im Sinne Abkommens vorliegen, sei im zweiten Schritt im Rahmen der Gewinnabgrenzung das Prinzip der Aufwands- und Er-

---

[9] *Schlütter, E.*, Die Sondervergütungen eines Mitunternehmers im Außensteuerrecht, JbFfSt 1979/80, S. 152 (162). Auch *Schlütter* scheint wie *Vogel* von der Berechtigung des Betriebstätten- und Quellenstaates zu einer solchen Vorgehensweise auszugehen, wie in einem weiteren Beitrag zu dieser Problematik deutlich wird; siehe *Schlütter, E.*, Personengesellschaft oder Körperschaft?, in Vogel, K. (Hrsg.), Grundfragen des Internationalen Steuerrechts, DStJG 8, S. 215 (231). Er geht darin davon aus, daß der Quellenstaat zu einer Einkunftsqualifikation berechtigt ist und untersucht die Frage, ob der Ansässigkeitsstaat an diese Einkunftsqualifikation gebunden ist.

[10] Eine ausländische Personengesellschaft ist in diesem Zusammenhang auf der Abkommensebene keine "ansässige Person" und somit auch kein "Unternehmen des anderen Vertragsstaates" im Sinne des Art. 3 Abs. 1 lit. c OECD-MA, sondern vielmehr die Betriebstätte eines "deutschen Unternehmens", das durch die Beteiligung des in Deutschland ansässigen Gesellschafters verkörpert wird. Vgl. hierzu schon oben Teil 5 Kapitel 2.

[11] *Riemenschneider, S.*, Abkommensberechtigung, S. 148 ff. Mit gleicher, aber nicht so ausführlicher Begründung kritisiert dies auch *Ostendorf, C.*, Behandlung von Sondervergütungen der Mitunternehmer im internationalen Steuerrecht, S. 144.

tragszuordnung zu beachten[12]. *Riemenschneider* hält es vielmehr für maßgebend, ob eine eigenständige Auslegung der spezielleren Einkunftsartikel zu dem Ergebnis führt, daß gezahlte Sondervergütungen auf der Abkommensebene unter diese Einkunftskategorien fallen. Hiernach können die von der Personengesellschaft an ihren Gesellschafter gezahlten Sondervergütungen, was die besonderen Einkunftskategorien des Doppelbesteuerungsabkommens betreffe, Einkünfte aus selbständiger (Art. 14 OECD-MA) bzw. unselbständiger Arbeit (Art. 15 OECD-MA), Zinsen (Art. 11 OECD-MA), Lizenzgebühren (Art. 12 OECD-MA) oder Einkünfte aus unbeweglichem Vermögen (Art. 6 OECD-MA) darstellen. Diese Einkunftskategorien setzten generell oder zumindest in bezug auf die hier fraglichen Sondervergütungen voraus, daß die Einkünfte aufgrund eines Schuldverhältnisses gezahlt werden[13]. Voraussetzung hierfür sei, daß ein Schuldverhältnis zwischen der Personengesellschaft des einen Vertragsstaates und ihrem Gesellschafter im anderen Vertragsstaat anerkannt werden könne. Da es sich dabei um die abkommensrechtliche Einkunftsqualifikation handle, komme es insoweit allein auf die Aussage des Abkommens an. Nach dessen Wertungen müsse zwischen dem Gesellschafter und seiner Personengesellschaft, eingedenk der Tatsache, daß beide Vertragsstaaten die Gesellschaft nicht als Steuersubjekt ansehen, ein Schuldverhältnis anzuerkennen sein[14]. Deshalb komme es weder darauf an, ob das Zivilrecht des Quellenstaates ein solches Schuldverhältnis anerkenne, noch darauf, daß dessen Steuerrecht die Sondervergütungen wie Leistungen an sonstige Dritte und somit als gewinnmindernde Betriebsausgabe der Personengesellschaft behandle. Entscheidend sei vielmehr, daß dem Gesellschafter im einen Vertragsstaat als Gläubiger der Sondervergütung eine andere Person als Schuldner dieser Vergütung gegenüberstehe, so daß ein für ein Schuldverhältnis wesensnotwendiges Gläubiger-Schuldner-Verhältnis anzunehmen sei. Diese läge dann vor, wenn die Personengesellschaft als abkommensberechtigte Person angesehen werden könne. Dies sei jedoch nicht der Fall, da sie keine "ansässige Person" in ihrem Sitzstaat darstelle. Vielmehr sei sie abkommensrechtlich die Betriebsstätte eines "deutschen Unternehmens", das durch den im anderen Vertragsstaat ansässigen Gesellschafter bzw. durch dessen Gesell-

---

[12]   Ebenso *Piltz, D.*, Die Personengesellschaften im internationalen Steuerrecht der Bundesrepublik Deutschland, S. 172.

[13]   Bei Vergütungen für Dienstleistungen nach Art. 14 OECD-MA bzw. Gehältern und Löhnen nach Art. 15 OECD-MA ein Dienst- bzw. Arbeitsvertrag; bei Zinsen nach Art. 11 OECD-MA eine (Kapital-)Forderung; bei Lizenzgebühren nach Art. 12 OECD-MA ein "Recht auf Benutzung" eines Rechtes oder einer Sache nach Art. 12 Abs. 2 OECD-MA; bei Art. 6 OECD-MA nur eine "mittelbare Nutzung" ("jede andere Art der Nutzung", Art. 6 Abs. 3 OECD-MA) des unbeweglichen Vermögens, insbesondere Vermietung und Verpachtung sowie aufgrund eines Nießbrauchsrechts.

[14]   Ebenso *Korn, R./Debatin, H.*, Doppelbesteuerung, DBA-USA 1954/65, Art. XV Anm. 4 d) ee).

schaftsanteil verkörpert werde. Nach dem Abkommen sei die Gesellschaft einerseits und der Gesellschafter andererseits nicht als zwei voneinander getrennte Personen anzusehen, sondern als ein zusammengehörendes Unternehmen. Daher könnten sich Gesellschafter und Personengesellschaft abkommensrechtlich nicht als Gläubiger und Schuldner gegenüberstehen, so daß für die Annahme eines Schuldverhältnisses zwischen ihnen kein Raum sei. Die Sondervergütungen könnten somit nicht als Ertrag eines Schuldverhältnisses eingestuft werden, sondern stellten abkommensrechtlich eine unbeachtliche Gewinnverwendung des von Personengesellschaft im Außenverhältnis erzielten Gewinns dar[15].

Im Ergebnis stimmt *Riemenschneider* mit *Vogel* und *Schlütter* überein. Sie betrachten die Sondervergütungen als Unternehmensgewinne deren Besteuerungsrecht dem Quellen- und Betriebstättenstaat zusteht, Art. 7 OECD-MA.

Riemenschneiders Ausführungen vermögen zu überzeugen, sind jedoch geprägt von der deutschen Sichtweise einer Mitunternehmerschaft, die steuerlich keine Schuldverhältnisse zwischen Gesellschafter und Personengesellschaft anerkennt. Daß andere Staaten auch jeweils geprägt von ihrem nationalen Steuerrecht andere Auffassungen vom Umfang des bei dem einzelnen Gesellschafter zu versteuernden Anteils am "Gewinn" der Personengesellschaften haben können, ist bekannt[16]. Es ist daher nicht verwunderlich, daß jeder einzelne Staat, ausgehend von seinem durch das nationale Steuerrecht geprägte Vorverständnis, seine Auffassung vom Umfang des Gewinns einer Personengesellschaftsbeteiligung auch auf der Ebene des Abkommens anwenden und durchsetzen möchte. Dies kann, wie das Beispiel der USA zeigt seinen eigenen fiskalischen Interessen zuwider laufen. Wären die USA nämlich wie Deutschland der Ansicht, daß die Sondervergütungen Teil des Unternehmensgewinns seien, hätten sie für diese das uneingeschränkte Besteuerungsrecht als Betriebstättenstaat (Art. 7 DBA-USA).

Eine Diskussion über die Zulässigkeit einer solchen Einkunftsqualifikation durch den Quellenstaat erscheint auch müßig, da unbestritten dem Quellen- und Betriebstättenstaat als Anwendestaat das Recht der Qualifikation der Sondervergütungen nach den spezielleren Einkunftsarten des Abkommens unter gleichzeitigem Abzug derselben vom Unternehmensgewinn der Personengesellschaft zugebilligt wird. Die Frage ist daher vielmehr dahingehend, ob der Quellenstaat

---

[15] Auch *Korn, R./Debatin, H.*, Doppelbesteuerung, DBA-USA 1954/65, Art. XV Anm. 4 d) ee), führen aus, daß Sondervergütungen, die ein inländischer Gesellschafter von seiner ausländischen Personengesellschaft erhält, abkommensrechtlich keinen Ertrag aus einer Schuldverpflichtung, sondern Ertragsergebnis aus seiner Gesellschaftsbeteiligung darstellen.

[16] Abschnitt 4 des Kommentars zu Art. 1 OECD-MA. Vgl. auch *Knobbe-Keuk, B.*, "Qualifikationskonflikte" im internationalen Steuerrecht der Personengesellschaften, RIW 1991, S. 306 f. Sie spricht in diesem Zusammenhang aus der Betrachtungsweise der anderen Staaten von "querelles allemandes".

das Abkommen richtig anwendet. Dabei steht aber dem Quellenstaat als Anwendestaat das Recht zu, das Abkommen nach seinem Verständnis anzuwenden. Im übrigen hat der Ansässigkeitsstaat des Gesellschafters als anderer Vertragsstaat auch keine Sanktionsmöglichkeit gegen eine solche, nach seinem Verständnis "falsche" Abkommensanwendung. Die entscheidende Frage ist vielmehr, wie der Ansässigkeitsstaat dann diese Einkünfte zu behandeln hat.

B. Qualifikation der Sondervergütungen durch Deutschland als den Ansässigkeitsstaat des Gesellschafters

Auch der Ansässigkeitsstaat des Gesellschafters, in diesem Fall Deutschland, hat genauso wie der Quellenstaat USA als Sitzstaat der Gesellschaft, die gezahlten Sondervergütungen für die Abkommensanwendung unter eine der Einkunftsarten der Art. 6 bis 21 DBA-USA zu subsumieren. Grund hierfür ist die Vorschrift über die Vermeidung der Doppelbesteuerung, Art. 23 Abs. 2 DBA-USA. Zur Anwendung dieser Vorschrift durch Deutschland als den Ansässigkeitsstaat des Gesellschafters ist es erforderlich, daß Deutschland seinerseits eine Einkunftsqualifikation vornimmt. Ausgangspunkt ist gleichfalls der Abkommensinhalt wie er sich aus der Sicht des Ansässigkeitsstaates darstellt[17]. Wie bereits erwähnt, sieht Deutschland Sondervergütungen grundsätzlich als Teil des Unternehmensgewinns an. Es ist insbesondere fraglich, ob in dieser Situation eine Bindung des Ansässigkeitsstaates an die Qualifikation des Quellenstaates gegeben ist, sei es durch ausdrückliche Regelung im Abkommen oder aus dem Abkommenszusammenhang oder sonst wie. Ist dies der Fall, so ist der Ansässigkeitsstaat an diese gebunden und eine eigenständige Einkunftsqualifikation durch den Ansässigkeitsstaat wäre aus diesem Grunde dann nicht möglich[18].

C. Qualifikationskonflikt in bezug auf die Sondervergütungen

Festzuhalten ist, daß es sich bei der Behandlung der Sondervergütung nach dem DBA-USA um einen Qualifikationskonflikt[19] in bezug auf die abkommensrecht-

---

[17] *Riemenschneider, S.*, Abkommensberechtigung, S. 152; *Korn, R./Debatin, H.*, Doppelbesteuerung, DBA-USA 1954/65, Art. XV Anm. 4 d) ee).

[18] *Riemenschneider, S.*, Abkommensberechtigung, S. 153; *Debatin, H.*, Zur Behandlung von Beteiligungen an Personengesellschaften unter den Doppelbesteuerungsabkommen im Lichte der neueren Rechtsprechung des Bundesfinanzhofs, BB 1992, S. 1181 (1186); *Korn, R./Debatin, H.*, Doppelbesteuerung, DBA-USA 1954/65, Art. XV Anm. 4 d) ee).

[19] Qualifikationskonflikte werden zum Teil auch als Substitution, Einordnungskonflikt, Zurechnungskonflikt, Gewinnermittlungskonflikt, Rechtskonflikt bezeichnet; vgl. *Piltz, D.*, Qualifikationskonflikte im internationalen Steuerrecht unter besonderer Berücksichtigung von Personengesellschaften, in Fischer, L. (Hrsg.), Besteuerung internationaler Konzerne, S. 21 (23).

lichen Einkunftsarten handelt[20]. Qualifikationskonflikte entstehen, wenn in den Vertragsstaaten Einkünfte oder Vermögen unterschiedlichen Einkunftsarten (Abkommensbestimmungen) zugeordnet werden[21]. Die Ursache für das Entstehen von Qualifikationskonflikten liegt im Rechtsnormcharakter der Doppelbesteuerungsabkommen und ihrem Zusammenwirken mit dem nationalen Steuerrecht der Vertragsstaaten begründet. Doppelbesteuerungsabkommen begrenzen die Besteuerungssouveränität der Vertragsstaaten (Einschränkung des Welteinkommensprinzips) und teilen "Steuergüter" untereinander auf[22]. Innerstaatliches Recht einerseits und das Recht der Doppelbesteuerungsabkommen andererseits sind zwei in sich geschlossen Rechtskreise, die ihre eigenen Abgrenzungen und Begriffsbestimmungen haben[23]. Qualifikationskonflikte resultieren daraus, daß beide Vertragsstaaten das Doppelbesteuerungsabkommen aus ihrer Sicht anwenden, d.h., prüfen, ob ihr nach nationalem Recht bestehendes Besteuerungsrecht durch das Abkommen begrenzt wird und es dabei zu unterschiedlichen Ergebnissen kommt. Dabei können die Ursachen für einen Qualifikationskonflikt, der zu einer unterschiedlichen Behandlung und Sichtweise ein und desselben Sachverhalts in den beiden Vertragsstaaten führt, sowohl im nationalen Steuerrecht der beiden Staaten beruhen als auch in der Anwendung und Auslegung des zwischen ihnen geschlossenen Abkommens[24]. Hierbei können diese Ursachen auch häufig zusammenfallen, so daß es zu einer Überlagerung von unterschiedlichem natio-

---

[20] Vgl. *Vogel, K.*, Doppelbesteuerungsabkommen, Einl. Rn. 92. Im Unterschied zu den sog. subjektiven Qualifikationskonflikten oder Einordnungskonflikten bei denen Einkünfte unterschiedlichen Personen zugerechnet werden.

[21] Vgl. auch oben Teil 6 Kapitel 1 B. III. 4. c).

[22] *Vogel, K.*, Doppelbesteuerungsabkommen, Einl. Rn. 45, unter Verweis auf BFH BStBl. 1965 III, S. 352 (353); BFH BStBl. 1972 II, S. 785 (789); BFH BStBl. 1976 II, S. 662 und *Dorn, H.*, Das Recht der Internationalen Doppelbesteuerung, VJSchrStFR 1927, S. 189 (213), der in diesem Zusammenhang von "Regeln über die Verteilung des Steuergutes" spricht.

[23] Z.B. sind "Lizenzzahlungen keine Einkunftsart nach dem EStG oder KStG wohl aber nach dem Doppelbesteuerungsabkommen, vgl. Art. 12 DBA-USA/OECD-MA. So auch *Vogel, K.*, Doppelbesteuerungsabkommen, Einl. Rn. 96 unter Verweis auf BFH BStBl. 1966 III, S. 483 (484 f.); BFH BStBl. 1971 II, S. 379 (380); BFH 1973 II, S. 810 (811), sowie bereits RFH RStBl. 1934, S. 38 (40); RFH 1934, S. 417 (420). Ebenso *Pöllath, R.*, Die Auslegung von Doppelbesteuerungsabkommen, CDFI LXXVIIIa (1993), S. 327 (328).

[24] *Piltz, D.*, Qualifikationskonflikte im internationalen Steuerrecht unter besonderer Berücksichtigung von Personengesellschaften, in Fischer, L. (Hrsg.), Besteuerung internationaler Konzerne, S. 21 (23); *Pöllath, R.*, Anwendung und Auslegung des DBA-USA, in Kramer, J.-D. (Hrsg.), S. 205 (214).

nalen Recht und unterschiedlicher Abkommensanwendung und -auslegung in den beiden Staaten kommt[25].

Aufgrund von Qualifikationskonflikten bezüglich der Einkunftsart kann es zur Doppel- oder Nichtbesteuerung von Einkünften kommen. Zur Doppelbesteuerung kommt es, wenn beide Vertragsstaaten die Einkünfte jeweils einer Einkunftsart des Abkommens zuordnen für die sie selbst jeweils das Besteuerungsrecht nach dem Abkommen haben. Dies gilt unabhängig davon, ob das Verfahren zur Vermeidung der Doppelbesteuerung durch das Anrechnungs- und/oder das Freistellungsverfahren in den jeweiligen Staaten geschieht. Zur Nichtbesteuerung kommt es, wenn die beiden Vertragsstaaten die Einkünfte jeweils einer Einkunftsart des Abkommens zuordnen für die der jeweils andere Staat das Besteuerungsrecht nach dem Abkommen hat und zugleich der Wohnsitzstaat das Freistellungsverfahren für "seine" Einkunftsart anzuwenden hat[26].

Grundsätzlich ergibt sich aus der Tatsache, daß Einkünfte aufgrund von Qualifikationskonflikten einer Doppelbesteuerung oder einer doppelten Nichtbesteuerung unterliegen, für die Rechtsanwendung nichts, insbesondere nicht, daß dieses Ergebnis falsch sei oder durch Besteuerung im Sitzstaat korrigiert werden müßte[27]. Vielmehr ist das Gegenteil der Fall. Diese Ergebnisse stehen im Einklang mit der deutschen Abkommenspolitik und der kontinentaleuropäischen Abkommenstradition, die ausgehend vom Grundsatz der Kapitalimportneutralität als Verfahren zur Vermeidung der Doppelbesteuerung grundsätzlich die Freistellungsmethode verwenden[28].

Bezogen auf den Fall der doppelten Nichtbesteuerung gibt es zwei Fallgruppen hinsichtlich der Ursachen der Nichtbesteuerung im Quellenstaat zu unterscheiden: Die Steuerfreiheit im Quellenstaat kann einmal auf dessen nationalem Steuerrecht beruhen. Gleichwohl gewährt das Abkommen dem Quellenstaat das ausschließliche Besteuerungsrecht für diese Einkünfte, während der Wohnsitzstaat diese Einkünfte freizustellen hat. In dieser Fallgruppe ist die doppelte Nichtbesteuerung richtig und gewolltes Ergebnis des Abkommens[29]. Im anderen Fall

---

[25] Vgl. *Pöllath, R.*, Anwendung und Auslegung des DBA-USA, in Kramer, J.-D. (Hrsg.), S. 205 (214).

[26] Vgl. *Menck, Th.*, Der Qualifikationskonflikt im neuen deutsch-kanadischen Doppelbesteuerungsabkommen, Intertax 1982, S. 417; führt ein Qualifikationskonflikt zu einer Doppelbesteuerung, so spricht man von einem *positiven* Qualifikationskonflikt; im Falle einer doppelten Nichtbesteuerung von einem *negativen* Qualifikationskonflikt.

[27] *Pöllath, R.*, Anwendung und Auslegung des DBA-USA, in Kramer, J.-D. (Hrsg.), S. 205 (214); *Vogel, K.*, Doppelbesteuerungsabkommen, Einl. Rn. 4.

[28] *Vogel, K.*, Doppelbesteuerungsabkommen, Einl. Rn. 46; *Pöllath, R.*, Anwendung und Auslegung des DBA-USA, in Kramer, J.-D. (Hrsg.), S. 205 (214).

[29] Vgl. *Pöllath, R.*, Anwendung und Auslegung des DBA-USA, in Kramer, J.-D. (Hrsg.), S. 205 (214 f.). Ein Beispiel hierfür wäre eine Nichtbesteuerung von Be-

sieht der Quellenstaat sich nach seiner Auslegung des Abkommens an einer Besteuerung von Einkünften gehindert, die er nach nationalem Steuerrecht sonst,
d.h. ohne diese Auslegung des Abkommens, durchführen würde. Mit anderen
Worten: der Quellenstaat sieht sich selbst an der Anwendung des nationalen
Steuerrechts aufgrund des Abkommens gehindert. Zum Beispiel, weil aus der
Sicht des Quellenstaates nach dem Abkommen dem Wohnsitzstaat das Besteuerungsrecht für diese Einkünfte zusteht, der Wohnsitzstaat aber aus seiner Sicht
davon ausgeht, daß dem Quellenstaat ein ausschließliches Besteuerungsrecht hinsichtlich dieser Einkünfte zusteht und diese vom Quellenstaat freizustellen sind.
In dieser zweiten Fallgruppe ist die doppelte Nichtbesteuerung zwar durch das
Abkommen nicht vorgesehen und gewollt, dennoch ist sie nach dem Abkommen
das unvermeidliche Ergebnis[30].

D. Lösungsmöglichkeiten für den Qualifikationskonflikt

Ein Qualifikationskonflikt kann durch das Abkommen selbst gelöst sein, indem
es Begriffe ausdrücklich definiert oder auf die Qualifikation eines der beiden
Vertragsstaaten verweist. Soweit dies nicht erfolgt ist, werden in der Literatur in
Anlehnung an die im Internationalen Privatrecht entwickelten Theorien unter
teilweiser Übernahme der dort gebräuchlichen Begrifflichkeit drei von vier theoretisch möglichen Lösungsmöglichkeiten diskutiert[31]. Im folgenden werden nun
zunächst diese allgemeinen (theoretischen) Lösungsmöglichkeiten untersucht und
danach wird (soweit nicht bereits geschehen) auf die Regelungen des DBA-USA
eingegangen.

I. Allgemeine Lösungswege

Als allgemeine Lösungswege werden hier solche bezeichnet, die (zumindest
theoretisch) zu einer übereinstimmenden Qualifikation in beiden Vertragsstaaten
führen. Zunächst sei jedoch die herrschende Qualifikation nach dem Recht des
Anwendestaates (sog. lex fori-Qualifikation) dargestellt sowie ein kurzer Exkurs
über die Auslegung von Doppelbesteuerungsabkommen im Hinblick auf die
Auslegungsregel des Art. 3 Abs. 2 DBA-USA gegeben, um die hier vertretene
Ansicht zu erläutern.

1. Qualifikation nach dem Recht des Anwendestaates, sog. "lex fori"

Der einzelne Vertragsstaat qualifiziert die Abkommensbegriffe nach Maßgabe
seines eigenen innerstaatlichen Rechts. D.h. der Staat, der das Abkommen für

---

triebstättengewinnen durch den Quellenstaat, der, weil sich die Betriebstätte in einem
Fördergebiet befindet, für drei Jahre keine Steuern erhebt.

[30] Vgl. *Pöllath, R.*, Anwendung und Auslegung des DBA-USA, in Kramer, J.-D.
(Hrsg.), S. 205 (215). Ein Beispiel hierfür sind Lizenzgebühren nach dem DBA-USA
1954/65 (Art. VIII), die ein deutscher Gesellschafter von seiner US-Personengesellschaft
erhält. Auf sie würden die USA 30 Prozent Quellensteuer erheben, wenn sie sie nicht
nach Art. VIII als quellensteuerbefreit ansehen würden.

[31] *Vogel, K.*, Doppelbesteuerungsabkommen, Einl. Rn. 94.

seine Zwecke anwendet geht vom Begriffsverständnis seines eigenen Rechts aus, sog. "lex fori"[32]. Diese Vorgehensweise ist die herrschende Praxis[33] und ist nach dem Wortlaut des DBA-USA 1954/65 und des DBA-USA 1989 eher die Regel als die Ausnahme. Sie gilt immer dann, wenn es an einer Begriffsbestimmung im Abkommen selbst oder aus dem Zusammenhang des Abkommens heraus fehlt[34]. Kritisiert wird daran, daß durch die Auslegung nach dem Recht des Anwendestaates Auslegungskonflikte oder zumindest Auslegungsunterschiede entstehen können, die eben zu diesen Qualifikationskonflikten führen, während eine Auslegung des Abkommens aus sich selbst heraus zu einer "Auslegungsharmonie" führe[35]. Doch wird hierbei übersehen, daß eine Auslegung des Abkommens aus sich selbst heraus schon gescheitert ist und daher auf die Auslegung nach dem Recht des Anwendestaates zurückgegriffen werden muß.

2. Exkurs über die Auslegung von Doppelbesteuerungsabkommen - Art. 3 Abs. 2 DBA-USA

Für eine Qualifikation nach dem Recht des Anwendestaates spricht sich auch das DBA-USA und das OECD-MA aus. So ist eine Teilregelung des Qualifikationsproblems in Art. 3 Abs. 2 DBA-USA und in Art. 3 Abs. 2 OECD-MA[36] enthalten. Ist ein Abkommensbegriff nicht im Abkommen definiert und scheitert eine Auslegung aus dem Sinnzusammenhang des Abkommens, so soll der Anwendestaat den Abkommensbegriff so anwenden, wie er ihn nach seinen nationalen Steuergesetzen über Steuern, auf die das Abkommen Anwendung findet, verwendet. Der Sinn dieser Regelung liegt darin, daß in dem Fall, in dem keine übereinstimmende Auslegung aus dem Abkommen möglich ist, jeder Anwendestaat verpflichtet wird, dann das Abkommen nicht nach irgendwelchen (vernünftigen oder unvernünftigen) besonderen Erwägungen auszulegen, sondern

---

[32] *Vogel, K.*, Doppelbesteuerungsabkommen, Einl. Rn. 94.

[33] So schon RFH RStBl. 1938, S. 852 (853) unter Abkehr von seiner früheren Rechtsprechung. Der BFH ist dem RFH in seinen Entscheidungen BStBl. 1965 III, S. 258; BStBl. 1966 III, S. 392 (394); BStBl. 1972 II, S. 88 (89); BStBl. 1973 II, S. 757 (758) gefolgt.

[34] *Pöllath, R.*, Anwendung und Auslegung des DBA-USA, in Kramer, J.-D. (Hrsg.), S. 205 (210).

[35] Vgl. *Pöllath, R.*, Anwendung und Auslegung des DBA-USA, in Kramer, J.-D. (Hrsg.), S. 205 (210).

[36] Es handelt sich um eine Teilregelung, weil Art. 3 Abs. 2 DBA-USA nur auf die nationalen Steuergesetze verweist, die als Steuern vom Abkommen erfaßt werden. Art. 3 Abs. 2 OECD-MA wurde am 21.09.1995 dahingehend geändert, daß auch auf andere Gesetze (auch aus anderen Rechtsgebieten) des Anwendestaates verwiesen wird. Gleichwohl haben steuerrechtliche Begriffsbestimmungen Vorrang.

daß der Anwendestaat dann zwingend die Regeln und das Begriffsverständnis seines eigenen nationalen Steuerrechts anwenden muß[37].

Art 3 Abs. 2 DBA-USA weicht von Art. 3 Abs. 2 OECD-MA ab und basiert auf Art. 3 Abs. 2 US-MA. Es wird nämlich nach der Auslegung des Abkommens selbst und der Auslegung aus dem Abkommenszusammenhang auch eine gemeinsame Auslegung kraft Übereinkunft im Verständigungsverfahren (im Gleichrang mit der Auslegung im Abkommenszusammenhang) zugelassen. Diese Regelung ist nur scheinbar eine neue Stufe in der Hierarchie der Auslegungsregeln des DBA-USA. Sie bringt aber grundsätzlich nichts Neues, denn die Verwaltungen sind ohnehin gehalten, sich auf eine einheitliche Auslegung zur Anwendung des Abkommen zu verständigen. Positiv daran ist, daß eine auf diesem Wege einmal gefundene gemeinsame Auslegung dann auch beide Verwaltungen bindet, solange es zu keiner Änderung in einem erneuten Verständigungsverfahren kommt. Die Bedeutung dieser Regelung liegt darin, daß die Finanzverwaltungen dies noch vor dem Rückgriff auf das jeweilige eigene Recht des Anwendestaates tun sollen[38].

Die Problematik, die in einer gemeinsamen Auslegung kraft Übereinkunft im Verständigungsverfahren liegt, ist die Rechtsqualität des Ergebnisses. Eine solche Verständigungsvereinbarung darf nicht das materielle Recht des Abkommens ändern, da die Abänderung materiellen Abkommensrechts durch Auslegungsvereinbarungen seitens der Verwaltungen rechtswidrig ist[39]. Diese Regelung ist jedoch nicht als "Ermächtigung" der Finanzverwaltungen zu einer verbindlichen Auslegung gegen den Steuerpflichtigen oder ohne die Möglichkeit der richterlichen Kontrolle zu verstehen. Verfassungsrechtlich ist dies zumindest in Deutschland nicht möglich, da dies einen "Verwaltungsvorbehalt" des Gesetzes bedeuten würde, vgl. Art. 80 GG. Der Steuerpflichtige kann gegen eine solche Auslegung die Gerichte anrufen. Diese sind an eine solche Auslegung nicht gebunden, wohl aber an die anderen Auslegungsregeln in Art. 3 Abs. 2 DBA-USA (Definition im Abkommen, Sinnzusammenhang des Abkommens und Recht des Anwendestaates). Einer Verständigungsvereinbarung kann daher kein Rechtsquellencharakter zukommen, da dies eine Rechtsquelle neben dem Abkommen und damit neben dem Gesetz wäre. Weitere Schwierigkeiten sind darin zu sehen, wie ein Steuerpflichtiger Kenntnis von einer solchen Verständigungsvereinbarung erhalten soll, da sie allgemein nicht veröffentlicht werden

---

[37] *Pöllath, R.*, Anwendung und Auslegung des DBA-USA, in Kramer, J.-D. (Hrsg.), S. 205 (210).

[38] *Pöllath, R.*, Die Auslegung von Doppelbesteuerungsabkommen, CDFI LXXVIIIa (1993), S. 327 (337); *ders.*, Änderung von Doppelbesteuerungsabkommen ohne Änderung des Zustimmungsgesetzes, in Mössner, J. (Hrsg.), Doppelbesteuerungsabkommen und nationales Recht, S. 55 (57).

[39] BFH-Urteil vom 01.02.1989, I R 74/86, RIW 1989, S. 756.

muß. [40]. Hiernach ergibt sich nach Art. 3 Abs. 2 DBA-USA folgende Hierarchie der Auslegungsregeln:

1. Die Definition im Abkommen selbst;

2. danach die Auslegung des Abkommens aus dem Zusammenhang heraus (gleichrangig mit 3.);

3. schließlich die Auslegung kraft Übereinkunft im Verständigungsverfahren (gleichrangig mit 2.) und

4. letztlich der Grundsatz der Anwendung des Abkommens nach dem Begriffsverständnis jedes Anwendestaates in seinem eigenen nationalen Steuerrecht.

Der Grundsatz der letztlichen Auslegung und Anwendung nach dem Recht des Anwendestaates ist nicht willkürlich getroffen worden. Es sprechen folgende Argumente dafür, wie *Pöllath*[41] zutreffend ausführt:

a)   Aspekt der "Auslegungsharmonie"

Mit dem Begriff der "Auslegungsharmonie" für die Auslegung nach dem Recht des Anwendestaates zu werben, mag auf den ersten Blick verwirren, da das Ergebnis eine unterschiedliche Auslegung und Anwendung des Abkommens in den beiden Vertragsstaaten ist. Doch ist gerade unter dem Gesichtspunkt einer "Auslegungsharmonie" eine Ablehnung der Meinung zu folgern, der Wohnsitzstaat habe Abkommensbegriffe für die Zwecke der Wohnsitzstaat-Besteuerung (Vermeidung der Doppelbesteuerung durch Anrechnung oder Freistellung) nach dem Begriffsverständnis des Quellenstaates für Zwecke von dessen Quellenbesteuerung zu qualifizieren. Die mit positiver Bedeutung belegte Bezeichnung "Harmonie" bedeutet in diesem Fall nämlich nichts anderes, als daß sich der Wohnsitzstaat über die bindenden Auslegungsregeln des Abkommens hinwegsetzt, indem er sich trotz eines fehlenden gemeinsamen Begriffsverständnisses bei der Auslegung des Abkommens nicht an die Regeln des eigenen nationalen Rechts hält. D.h., wenn es an einem gemeinsamen Begriffsverständnis zwischen den beiden Vertragsstaaten fehlt, so ist immer eine "Disharmonie" gegeben, sei es zwischen den beiden Staaten oder zwischen Abkommensrecht und nationalem

---

[40]   Vgl. Hierzu die Kritik in bezug auf die Verfassungsmäßigkeit dieser Regelung bei *Pöllath, R.*, Anwendung und Auslegung des DBA-USA, in Kramer, J.-D. (Hrsg.), S. 205 (209); *ders.*, Die Auslegung völkerrechtlicher Verträge aus der Sicht der Steuerpraxis, in Mössner, J. (Hrsg.), Doppelbesteuerungsabkommen und nationales Recht, S. 29 (32 f.); *ders.*, Die Auslegung von Doppelbesteuerungsabkommen, CDFI LXXVIIIa (1993), S. 327 (337 f.); *ders.*, Änderung von Doppelbesteuerungsabkommen ohne Änderung des Zustimmungsgesetzes, in Mössner, J. (Hrsg.), Doppelbesteuerungsabkommen und nationales Recht, S. 55 (57). Ebenso *Vogel, K.*, Doppelbesteuerungsabkommen, Art. 3, Rn. 76.

[41]   *Pöllath, R.*, Anwendung und Auslegung des DBA-USA, in Kramer, J.-D. (Hrsg.), S. 205 (210 ff.).

Recht innerhalb ein und desselben Staates. Diese "Disharmonie" läßt sich nicht dadurch beseitigen, indem sich ein Staat im Konfliktfall von der Bindung an die Auslegung nach seinem eigenen nationalen Recht lossagt. Denn er billigt sich dadurch die Freiheit zu, "das Abkommen doppelt disharmonisch auszulegen, nämlich einmal im Einklang mit dem eigenen nationalen Recht (gegen das Begriffsverständnis des anderen Staates) und ein anderes Mal im Einklang mit dem Begriffsverständnis des anderen Staates (gegen das eigene nationale Recht)"[42].

Piltz[43] hat gegen dieses Phänomen den Begriff der "Janusköpfigkeit" des internationalen Steuerrechts bei Qualifikationskonflikte geprägt. Wird hiernach im Falle eines Qualifikationskonflikts eine bestimmte Auslegung vertreten, so soll diese Auslegung auch im "umgekehrten" Fall gelten. Wobei unter "umgekehrt" der Fall zu verstehen ist, daß die Vertragsstaaten sich mit vertauschten Rollen gegenüberstehen. D.h. es ist hier einmal der Fluß der Einkünfte vom Inland in das Ausland bzw. vom Ausland in das Inland und die Lage des Vermögens im Inland oder im Ausland und vice versa miteinander zu vergleichen. Mit anderen Worten die Auslegung und Anwendung eines Abkommensbegriffs auf einen Lebenssachverhalt darf, bezogen auf ein und denselben Vertragsstaat, nicht davon abhängen, ob er bei diesem Sachverhalt nun Quellen- oder Wohnsitzstaat ist.

b)   "Fairness" und "Selbstdisziplin"

Aus dem Gesichtspunkt der Abkommenspolitik hat der Grundsatz der Auslegung nach dem Anwendestaat sehr viel Positives. Dieser Grundsatz diszipliniert jeden Anwendestaat, indem er ihn verpflichtet, im Zusammenhang mit dem Abkommen die Regel anzuwenden, die dieser Staat auch sonst in seinem nationalen Recht anwendet. Dies ist in zweierlei Hinsicht von Vorteil, nämlich unter dem Aspekt der Fairness, einmal für den anderen Vertragsstaat und einmal für den Steuerpflichtigen. Für den anderen Vertragsstaat bedeutet dies, daß seine Besteuerungsrechte nicht durch mehr oder weniger willkürliche Auslegung des Abkommens durch seinen Vertragspartner-Staat ausgehöhlt werden[44]. Für den Steuerpflichtigen bedeutet dies, daß er verglichen mit anderen Steuerpflichtigen desselben Staates mittels der Auslegung des Abkommens nicht anders (besser

---

[42] *Pöllath, R.*, Anwendung und Auslegung des DBA-USA, in Kramer, J.-D. (Hrsg.), S. 205 (211).

[43] *Piltz, D.*, Qualifikationskonflikte im internationalen Steuerrecht unter besonderer Berücksichtigung von Personengesellschaften, in Fischer, L. (Hrsg.), Besteuerung internationaler Konzerne, S. 21 (23 f.).

[44] Vgl. hierzu auch *Raupach, A.*, Korreferat zm Referat Dr. Manke, JbFfSt 1978/79, S. 354 (356); *Vogel, K.*, Doppelbesteuerungsabkommen, Einl. Rn. 98; *ders.*, in Sinclair, I. et al., Interpretation of Tax Treaties, IBFD Bulletin 1986, S. 75 (78).

oder schlechter) behandelt wird. Insofern beinhaltet diese Auslegungsregel ein Stück Diskriminierungsverbot[45].

c)   Erkennbarkeit und Rechtssicherheit

Sodann spricht für die Auslegungsregel nach dem Recht des Anwendestaates der Aspekt der Erkennbarkeit. Denn wenn ein Begriff schon nicht nach dem Abkommen selbst und aus ihm heraus verstanden werden kann, dann ist das Recht des Anwendestaates die vernünftigste Möglichkeit, den Sinn des Begriffs zu erkennen. Die Alternative besteht darin, das Recht eines der beiden Vertragsstaaten als für beide Staaten zur Auslegung verbindlich anzusehen. Dies kommt auch nur in Sonderbereichen vor[46]. Doch wird im allgemeinen die Bezugnahme auf das Recht eines der beiden Staaten als verbindlich für beide Staaten eher abgelehnt[47]. Auch das OECD-MA spricht sich gegen eine solche Bezugnahme aus[48].

d)   Praktikabilität

Schließlich ist für die Auslegung nach dem Recht des Anwendestaates die Praktikabilität anzuführen. Vernünftigerweise kann von den Finanzverwaltungen, den Steuerpflichtigen und ihren Beratern nur verlangt werden, daß sie das Abkommen so verstehen, wie sie es verläßlich verstehen können, nämlich nach den Regeln des eigenen Rechts. Das Gegenteil würde bedeuten und erfordern, daß dieser Personenkreis und andere mit der Auslegung eines Abkommens befaßten Personen, die verschiedenen Abkommen nach den verschiedenen nationalen Rechten des jeweils anderen Vertragsstaates auslegen müßten. Bei ca. 70 verschiedenen (nur) deutschen Abkommen ist dies eine unlösbare Aufgabe, selbst wenn Gesetzestexte und Literatur dazu ohne Probleme zu beschaffen wäre, ist die Sprachbarriere wohl kaum zu überwinden[49].

---

[45] Vgl. *Pöllath, R.*, Anwendung und Auslegung des DBA-USA, in Kramer, J.-D. (Hrsg.), S. 205 (212).

[46] *Pöllath, R.*, Anwendung und Auslegung des DBA-USA, in Kramer, J.-D. (Hrsg.), S. 205 (212).

[47] Vgl. *Vogel, K.*, Doppelbesteuerungsabkommen, Einl. Rn. 100 f.; *Korn, R./Debatin, H.*, Doppelbesteuerung, Systematik III, Rn. 126.

[48] Vgl. Abschnitt 21 f. zu Art. 11 OECD-MA.

[49] *Pöllath, R.*, Anwendung und Auslegung des DBA-USA, in Kramer, J.-D. (Hrsg.), S. 205 (212 f.); *ders.*, Die Auslegung völkerrechtlicher Verträge aus der Sicht der Steuerpraxis, in Mössner, J. (Hrsg.), Doppelbesteuerungsabkommen und nationales Recht, S. 29 (30 ff.); *ders.*, Die Auslegung von Doppelbesteuerungsabkommen, CDFI LXXVIIIa (1993), S. 327 (330); In gleicher Weise spricht *Vogel, K.*, Doppelbesteuerungsabkommen, Art. 3, Rn. 77 diese Probleme aus der Sicht der Entscheidungsharmonie an.

3. Übereinstimmende Qualifikation nach dem Recht des Quellenstaates

Hierbei qualifizieren beide Vertragsstaaten übereinstimmend nach dem Recht des Staates, in dem die Einkünfte erzielt worden sind (Qualifikation nach dem Recht des Quellenstaates)[50]. Diese Lösungsmöglichkeit führt zu einer einheitlichen Anwendung des Abkommens unter der Voraussetzung, daß der Wohnsitzstaat an die Definition des Quellenstaates gebunden ist[51]. Begünstigt wird hier jeweils der Vertragsstaat, der dem zu qualifizierenden Begriff die weiter gefaßte Bedeutung beimißt[52]. Es wird vermutlich keinen Staat geben, der sein Steueraufkommen generell in dieser Weise von den steuerlichen Rechtsauffassungen eines anderen Staates abhängig macht, jedenfalls dann nicht, wenn die eigene Steuer dadurch gemindert wird. Denn dies bedeutet unweigerlich einen möglichen, unkalkulierbaren Souveränitätsverlust in bezug auf seine Besteuerungsrechte. Ein solcher Vorteil für den Vertragsstaat, der dem zu qualifizierenden Begriff die weitere Bedeutung beilegt, steht auch dem Ziel eines Abkommens entgegen, die Steuertatbestände gleichmäßig zwischen den beiden Vertragsstaaten zu verteilen. Aus diesem Grunde wird die übereinstimmende Qualifikation nach dem Recht des Quellenstaates als nicht geeignet zur allmeinen Lösung der Qualifikationsproblematik angesehen[53].

4. Übereinstimmende Qualifikation nach dem Recht des Wohnsitzstaates

Auch wenn beide Vertragsstaaten nach dem Recht des Wohnsitzstaates qualifizieren, kommt es zu einer einheitlichen Anwendung des Abkommens. Für die Qualifikation nach dem Recht des Wohnsitzstaates spricht die Systematik der Doppelbesteuerungsabkommen, insbesondere des OECD-MA, wonach die Besteuerung im Wohnsitzstaat die Regel, die im Quellenstaat die Ausnahme ist[54]. Probleme tauchen hierbei insbesondere in Fällen der Doppelansässigkeit auf, die auch nach Art. 4 Abs. 2 der Musterabkommen nicht in jedem Fall beseitigt werden kann[55]. Bisher wurde die Möglichkeit der übereinstimmenden Qualifikation nach dem Recht des Wohnsitzstaates, abgesehen von *Vogel*, nicht erwogen. Grund dafür dürfte auch sein, daß zusätzlich auch sämtliche Argumente, die ge-

---

[50] Befürworter der übereinstimmenden Qualifikation nach dem Recht des Quellenstaates sind *Avery Jones, J. et al.*, The Interpretation of Tax Treaties with Particular Reference to Article 3(2) of the OECD Model-I, British Tax Review 1984, S. 14 (48 ff.). Vgl. auch *Vogel, K.*, Doppelbesteuerungsabkommen, Einl. Rn. 94.

[51] *Vogel, K.*, Doppelbesteuerungsabkommen, Einl. Rn. 94.

[52] Vgl. *Raupach, A.*, Korreferat zum Referat Dr. Manke, JbFfSt. 1978/79, S. 354 (356); *Vogel, K.*, Doppelbesteuerungsabkommen, Einl. Rn. 98.

[53] Vgl. *Vogel, K.*, in Sinclair, I. et al., Interpretation of Tax Treaties, IBFD Bulletin 1986, S. 75 (78); *ders.*, Doppelbesteuerungsabkommen, Einl. Rn. 98.

[54] Vgl. *Vogel, K.*, Doppelbesteuerungsabkommen, Einl. Rn. 98, und dessen Hinweis auf Art. 21 OECD-MA.

[55] Vgl. *Vogel, K.*, Doppelbesteuerungsabkommen, Einl. Rn. 98.

gen die übereinstimmende Qualifikation nach dem Recht des Quellenstaates sprechen, analog auch gegen die Qualifikation nach dem Recht des Wohnsitzstaates sprechen.

5. Übereinstimmende Qualifikation aus dem Sinnzusammenhang des Abkommens - sog. autonome Qualifikation

Hierbei versuchen beide Staaten eine übereinstimmende Qualifikation aus dem Sinnzusammenhang des Abkommens oder dem Abkommen selbst zu gewinnen, sei es durch autonome Definition oder durch gemeinsame Auslegung. Für sie spricht, daß sie am ehesten dem Charakter des Abkommens als einer eigenständigen, beide Staaten übergreifende Regelung entspricht. Allein die autonome Qualifikation führt auch zu der erwünschten Entscheidungsharmonie[56]. Probleme können jedoch auftauchen, wenn eine autonome Definition Begriffe verwendet, die bereits im Steuerrecht der Vertragsstaaten besetzt sind und unterschiedliche Bedeutungsinhalte haben. Deutlich wird dies in der Entscheidung *Pierre Boulez v. Commissioner*[57]. Trotzdem der Begriff "Lizenzgebühren" in Art. VIII Abs. 3 DBA-USA 1954/65 autonom definiert wurde, ist diese Definition von den beteiligten deutschen und US-amerikanischen Behörden unterschiedlich ausgelegt worden, so daß es zu einer Doppelbesteuerung kam[58]. Im Wege der Auslegung ist eine autonome Qualifikation oft kaum zu gewinnen, da es vielfach an ausreichenden Anhaltspunkten fehlen wird. Darüber hinaus ist sie um so schwieriger, je mehr sich die Steuersysteme der beiden Staaten unterscheiden[59]. Daher rekur-

---

[56] Vgl. *Vogel, K.*, Doppelbesteuerungsabkommen, Einl. Rn. 100. Unter dem Gebot der "Entscheidungsharmonie" *("common interpretation")* ist zu verstehen, daß bei Auslegung eines Doppelbesteuerungsabkommens diejenige Auslegung anzustreben ist, die am ehesten Aussicht hat, in beiden Vertragsstaaten akzeptiert zu werden. Ziel eines Doppelbesteuerungsabkommens ist es, die Besteuerungsbefugnisse unter den Vertragsstaaten gleichmäßig zu verteilen. Dies kann nur erreicht werden, wenn das Abkommen von den Behörden und Gerichten der Vertragsstaaten übereinstimmend ausgelegt und angewandt wird. Vgl. hierzu *Vogel, K.*, Doppelbesteuerungsabkommen, Einl. Rn. 74 ff.; *Mössner, J.*, Zur Auslegung von Doppelbesteuerungsabkommen, in Festschrift für Ignaz Seidl-Hohenveldern, 1988, S. 403 (406).

[57] Pierre Boulez v. Commissioner, 83 T.C. 584 (1984).

[58] Eine ausführliche Beschreibung dieser Entscheidung bietet: *Harwood, Jud*, Incompetent Authorities, 63 Taxes 86 (1985). Vgl. auch *Vogel, K.*, Doppelbesteuerungsabkommen, Einl. Rn. 100.; *Pöllath, R.*, Anwendung und Auslegung des DBA-USA, in Kramer, J.-D. (Hrsg.), S. 205 (208).

[59] *Vogel, K.*, Doppelbesteuerungsabkommen, Einl. Rn. 100.

rieren auch die Anhänger der autonomen Qualifikation[60] als letzten "Auslegungsbehelf" auf das Recht des Anwendestaates[61].

Eine Lösung der Problematik der Sondervergütungen durch autonome Qualifikation, wie sie *Ostendorf*[62] propagiert, mag zwar in der Theorie sehr vielversprechend erscheinen, doch wird sie in der Praxis scheitern. Grund hierfür ist, daß jeder Vertragsstaat an die "autonome" Auslegung mit dem jeweiligen Vorverständnis seiner eigenen Rechtsordnung herangeht. Je größer die Abweichungen des Steuer- und sonstigen Rechts in den Vertragsstaaten sind, desto unterschiedlicher werden die Auslegungsergebnisse beider Staaten ausfallen. Die autonome Qualifikation dürfte aus diesem Grund keinen allgemeinen Lösungsweg darstellen, der sämtliche Qualifikationskonflikte löst. Sie genießt jedoch oberste Priorität in der Hierarchie der Auslegungsregeln nach Art. 3 Abs. 2 DBA-USA und ist daher immer vor der Anwendung des nationalen Rechts zu versuchen.

II. Lösungsmöglichkeiten im Abkommen selbst

Auszugehen ist dabei von dem Grundsatz, daß bei der Anwendung eines Doppelbesteuerungsabkommens durchaus ein steuerfreier Raum entstehen kann[63]. Grundsätzlich ist deshalb in den Abkommen im Falle von Qualifikationskonflikten in der Regel keine ausdrückliche Bindung an die Qualifikation im Quellenstaat vorgesehen. Auch wenn die internationale Abkommenspraxis von der Maßgeblichkeit der Behandlung im Quellenstaat ausginge, wäre diese nur dann zu beachten, wenn dies im Abkommen selbst ausdrücklich geregelt wäre[64].

---

[60] *Spitaler, A.*, Das Doppelbesteuerungsproblem bei den direkten Steuern, S. 563; *Korn, R./Debatin, H.*, Doppelbesteuerung, Systematik III, Rn. 126; *Debatin, H.*, Auslegungsmaximen im internationalen Steuerrecht, AWD 1969, S. 477 (480).

[61] *Vogel, K.*, Doppelbesteuerungsabkommen, Einl. Rn. 100.

[62] *Ostendorf, C.*, Behandlung von Sondervergütungen der Mitunternehmer im internationalen Steuerrecht.

[63] *Ebling, K.*, Anerkennung der steuerlichen Rechtsfähigkeit ausländischer Unternehmungen, IWB, Fach 10, Int., Gr. 2, S. 649 (656), unter Hinweis darauf, daß die Anwendung der Freistellungsmethode auf bestimmte ausländische Einkünfte aufgrund eines Abkommens unabhängig davon ist, ob der andere Vertragsstaat von dem ihm nach dem Abkommen zustehenden Besteuerungsrecht Gebrauch macht, sog. Verbot der virtuellen Doppelbesteuerung. Vgl hierzu auch BFH-Urteil v. 29.01.1986, I R 22/85, BStBl. 1986 II, S. 479.

[64] Vgl. BFH-Urteil v. 13.09.1972, I R 130/70, BStBl. 1973 II, S. 57; *Ebling, K.*, Anerkennung der steuerlichen Rechtsfähigkeit ausländischer Unternehmungen, IWB, Fach 10, Int., Gr. 2, S. 649 (657). In ähnlicher Weise lehnt *Diehl, W.*, Qualifikationskonflikte im Außensteuerrecht, FR 1978, S. 517 ff., eine Bindung des Ansässigkeitsstaates an die Einkunftsqualifikation des Quellenstaates ab.

Manke, Personengesellschaften im internationalen Steuerrecht, JbFfSt 1978/79, S. 333 (341) und *Debatin*, Außensteuerrechtliche und internationalrechtliche Behandlung von Rechtsträgern und daran bestehenden Beteiligungen, DB 1977, Beilage Nr. 13/77,,

Eine vom Quellenstaat abweichende Einkunftsqualifikation durch den Wohnsitzstaat des Gesellschafters ist deshalb immer dann zulässig, wenn das Abkommen
keine Bindung des Ansässigkeitsstaates an die Einkunftsqualifikation des Quellenstaates vorsieht[65]. Fraglich ist daher, ob das DBA-USA in bezug auf Sondervergütungen eine solche Bindung enthält. Zu untersuchen und auszulegen sind
im folgenden die einzelnen Abkommensartikel nach denen die USA Sonderver-

---

S. 1 (6); Inländische Beteiligungen an Mitunternehmerschaften im Ausland, BB, 1978, S.
669 (673); Qualifikationsprobleme im Doppelbesteuerungsrecht, FR 1979, S. 493 (494 f.
und 497); Entwicklungsaspekte des internationalen Steuerrechts, RIW/AWD 1980, S. 3
(5); System und Auslegung der Doppelbesteuerungsabkommen, DB 1985, Beilage 23/85,
S. 1 (5); treten dagegen für eine Übernahme der Qualifikation des Quellenstaates durch
den Ansässigkeitsstaat ein und begründen dies mit dem Regelungszusammenhang des Abkommens (Art. 23 A Abs. 1 und Abs. 2 OECD-MA im Zusammenhang mit den jeweiligen Einkunftsarten) und dem Sinn und Zweck eines Doppelbesteuerungsabkommens.
Demgegenüber hat *Piltz*, Die Personengesellschaft im internationalen Steuerrecht der
Bundesrepublik Deutschland, S. 136 ff und S. 171 ff., schon nachgewiesen, daß eine solche Auslegung, die eine Bindung aus dem Regelungszusammenhang des Abkommens
herleiten will auf keinen Fall zwingend sei. Auch fordert der Sinnzusammenhang, in dem
die einzelnen Vorschriften eines Abkommen zueinander stehen, keine Auslegung, wonach
der Ansässigkeitsstaat sich im Falle eines Qualifktionskonfliktes an die rechtliche Beurteilung im Quellenstaat gebunden ist. Vgl. hierzu auch oben Teil 6 Kapitel 2 D. I. 2. und
5. Denn selbst wenn bei der Auslegung eines Abkommens grundsätzlich von dem Grundsatz der sog. Entscheidungsharmonie auszugehen wäre (der BFH hat dies im Urteil v.
09.10.1985, I R 128/80, BFHE 145, 341 offengelassen), so dürfte die Anwendung dieses
Grundsatzes nicht zu einer Auslegung zu Lasten des Steuerpflichtigen führen, die von der
abweicht, wie sie sich nach allgemeinen Auslegungsgrundsätzen ergibt. Denn andernfalls
würden Art und Umfang der Besteuerung von den Entscheidungen der Steuerverwaltun-
gen bzw. der Finanzgerichte des anderen Vertragsstaates abhängig sein was nur aufgrund
einer gesetzlichen Regelung möglich wäre; vgl. *Ebling, K.*, Anerkennung der steuerlichen
Rechtsfähigkeit ausländischer Unternehmungen, IWB, Fach 10, Int., Gr. 2, S. 649 (657);
BFH- Urteil v. 09.10.1985, I R 128/80, BFHE 145, 341. Damit sind auch die Auffassungen der Literaturstimmen entkräftet, die ohne auf den Wortlaut der Abkommen einzuge-
hen, lediglich auf den Sinn und Zweck der Doppelbesteuerungsabkommen abstellen (*Selent, A.*, Ausländische Personengesellschaften im Ertrag- und Vermögensteuerrecht, S.
313 f.; *Storck, A./Selent, A.*, Die Besteuerung inländischer Beteiligungen an ausländischen Mitunternehmerschaften im Ertragsteuerrecht, RIW/AWD 1980, S. 332 (339);
Schröder, S., Abkommensberechtigung und Qualifikationskonflikte nach DBA bei Mitunternehmerschaft, StBp 1989, S. 25 (27); *Knobbe-Keuk, B.*, "Qualifikationskonflikte"
im internationalen Steuerrecht der Personengesellschaften, RIW 1991, S. 306 (311 f.);
dies., Bilanz- und Unternehmensteuerrecht, S. 548 ff.) oder überhaupt keine Begründung
für die Übernahme der Quellenstaatsqualifikation anführen; so *Grützner, D.*, Besteuerung
von Beteiligungen an ausländischen Mitunternehmerschaften, IWB, Fach 3, Deutschland,
Gr. 3, S. 731 (741); *Baranowski, K.-H.*, Zur Besteuerung der Einkünfte aus Beteiligungen an ausländischen Personengesellschaften, IWB, Fach 3, Deutschland, Gruppe 2, S.
549 (555).

[65] *Riemenschneider, S.*, Abkommensberechtigung, S. 153.

gütungen einordnen könnte und ihr Zusammenwirken mit dem Art 23 Abs. 2 DBA-USA, der die Vermeidung der Doppelbesteuerung für Deutschland regelt.

1. Zinsen für die Hingabe von Darlehen - Art. 11 DBA-USA

Die Definition des Ausdrucks "Zinsen" im Sinne des Abkommens findet sich in Art. 11 Abs. 2 DBA-USA. Hiernach sind "Zinsen":

> *"... Einkünfte aus Forderungen jeder Art, auch wenn die Forderungen durch Pfandrechte an Grundstücken gesichert sind, und insbesondere Einkünfte aus öffentlichen Anleihen und aus Obligationen einschließlich der damit verbundenen Aufgelder und der Gewinne aus Losanleihen sowie alle sonstigen Einkünfte, **die nach dem Steuerrecht des Vertragsstaates, aus dem sie stammen, als Einkünfte aus Darlehen behandelt werden.**"* [Hervorhebung hinzugefügt.]

Im Gegensatz zu Art. 11 Abs. 3 OECD-MA 1977, der eine abschließende Zinsdefinition enthält, entspricht Art. 11 Abs. 2 DBA-USA dem Art. 11 Abs. 3 OECD-MA 1963, der eine solche Verweisung auf das innerstaatliche Recht des Quellenstaates enthält. Die Abkommensdefinition der Zinsen enthält somit eine Verweisung auf das Recht des Quellenstaates. Damit wird die Zinsdefinition des innerstaatlichen Rechts des Quellenstaates zur Abkommensdefinition erhoben und ist für beide Vertragsstaaten verbindlich[66]. Denn die Bezugnahme auf das nationale Steuerrecht des Quellenstaates durch das Abkommen bedeutet, daß Einkünfte, die nach dem nationalen Steuerrecht der USA als Zinsen gewertet werden, auch auf der Ebene des Abkommens als Zinsen gelten. Durch die Maßgeblichkeit des nationalen Rechts des Quellenstaates für die Einkunftsdefinition, ist auch der Ansässigkeitsstaat bei der Abkommensanwendung an die Wertung des Rechts des Quellenstaates gebunden, weil eine Abkommensdefinition in einem Doppelbesteuerungsabkommen eine für beide Vertragsstaaten bindende Rechtsaussage darstellt[67]. Demzufolge ist auch der Ansässigkeitsstaat für seine

---

[66] Vgl. *Vogel, K.*, Doppelbesteuerungsabkommen, Art. 11 Rn. 58. So auch *Riemenschneider, S.*, Abkommensberechtigung, S. 160 ff.; *Ostendorf, C.*, Behandlung von Sondervergütungen der Mitunternehmer im internationalen Steuerrecht, S. 145 f.; *Debatin, H.*, Auslegungsmaximen zum internationalen Steuerrecht, AWD 1969, S. 477 (481); *ders.*, Außensteuerrechtliche und internationalrechtliche Behandlung von Rechtsträgern und daran bestehenden Beteiligungen, DB 1977, Beilage Nr. 13/77, S. 1 (6); *Korn, R./Debatin, H.*, Doppelbesteuerung, Systematik IV, Rn. 204; *Selent, A.*, Ausländische Personengesellschaften im Ertrag- und Vermögensteuerrecht, S. 312.

[67] So auch *Riemenschneider, S.*, Abkommensberechtigung, S. 160 f.; *Debatin, H.*, Auslegungsmaximen zum internationalen Steuerrecht, AWD 1969, S. 477 (481); *ders.*, Außensteuerrechtliche und internationalrechtliche Behandlung von Rechtsträgern und daran bestehenden Beteiligungen, DB 1977, Beilage Nr. 13/77, S. 1 (6); *Korn, R./Debatin, H.*, Doppelbesteuerung, Systematik IV, Rn. 204; *Selent, A.*, Ausländische Personengesellschaften im Ertrag- und Vermögensteuerrecht, S. 312.

Abkommensanwendung an diese Qualifikation gebunden und hat sie zu übernehmen. Da Zinszahlungen einer US-Personengesellschaft an ihren Gesellschafter für die Hingabe eines Darlehens nach dem innerstaatlichen Steuerrecht der USA als Zinsen gewertet werden[68], ist diese Qualifikation des Quellenstaates USA auch für Deutschland als Ansässigkeitsstaat des Gesellschafters maßgeblich[69].

Da nach Art. 11 Abs. 1 DBA-USA das Besteuerungsrecht ausschließlich beim Ansässigkeitsstaat liegt, hat Deutschland in dieser Konstellation das uneingeschränkte Besteuerungsrecht für die nach US-Steuerrecht als Zinsen gewerteten Entgelte für die Hingabe von Darlehen durch den in Deutschland ansässigen Gesellschafter einer US-Personengesellschaft[70].

2.   Vergütungen für die Überlassung von Wirtschaftsgütern

Das Abkommen unterscheidet zwischen Vergütungen für die Überlassung von beweglichen Wirtschaftsgütern und die Überlassung von unbeweglichen Wirtschaftsgütern.

a)   Überlassung beweglicher Wirtschaftsgüter

Wenn ein Gesellschafter seiner Personengesellschaft bewegliche Wirtschaftsgüter zur Nutzung überläßt, so ist zu prüfen, ob sich die dafür gezahlten Vergütungen Lizenzgebühren im Sinne des Art 12 DBA-USA[71] darstellen. Ist dies nicht der Fall, so handelt es sich gegebenenfalls um gewerbliche Gewinne nach Art. 7 DBA-USA[72].

Die Definition der "Lizenzgebühren" findet sich in Art. 12 Abs. 2 DBA-USA. Diese Definition ist abschließend und enthält im Gegensatz zum Zinsbegriff keinen Verweis auf das nationale Recht eines der Vertragsstaaten. Demzufolge gibt es nach dieser Vorschrift keine abkommensrechtliche Bindung des Ansässigkeitsstaates des Gesellschafters (Deutschland) an die Qualifikation des Quellenstaates (USA), da keine Definition eine abkommensrechtliche Bindungswirkung durch

---

[68]   Vgl. Sec. 707(c) IRC.

[69]   Ausdrücklich so für Sondervergütungen, für die nach dem Abkommen durch das nationale Recht des Quellenstaates definiert werden: *Krabbe, H.*, Qualifikationskonflikte bei ausländischen Personengesellschaften, RIW/AWD 1976, S. 135 (138); *Debatin, H.*, Außensteuerrechtliche und internationalrechtliche Behandlung von Rechtsträgern und daran bestehenden Beteiligungen, DB 1977, Beilage Nr. 13/77, S. 1 (6); *Korn, R./Debatin, H.*, Doppelbesteuerung, Systematik IV, Rn. 139; *Selent, A.*, Ausländische Personengesellschaften im Ertrag- und Vermögensteuerrecht, S. 312 f.

[70]   Vgl. auch *Riemenschneider, S.*, Abkommensberechtigung, S. 161.

[71]   Entspricht Art. 12 OECD-MA.

[72]   Vgl. insbesondere Art. 7 Abs. 7 DBA-USA. Zur Abgrenzung siehe *Vogel, K.*, Doppelbesteuerungsabkommen, Art. 12, Rn. 8.

den Verweis auf das nationale Steuerrecht des Quellenstaates bewirkt[73]. Im Unterschied zur Definition in Art. 12 Abs. 2 OECD-MA sind gemäß Art. 12 Abs. 2 i.V.m. Art. 7 Abs. 7 DBA-USA von den Lizenzgebühren ausdrücklich ausgenommen: Einkünfte aus der Vermietung beweglicher Sachen und der Vermietung oder Lizenzerteilung in bezug auf kinematographische Filme, Werke auf Film, Tonband oder einem anderen Reproduktionsträger für Rundfunk- und Fernsehsendung. Diese Einkünfte sind dem Art. 7 DBA-USA zugeordnet[74].

Nach Art. 12 Abs. 1 DBA-USA liegt das Besteuerungsrecht für Lizenzgebühren ausschließlich beim Ansässigkeitsstaat. Erhält nun der deutsche Gesellschafter einer US-Personengesellschaft aus der Sicht der USA "Lizenzgebühren" von seiner Personengesellschaft für Nutzung, so besteht grundsätzlich kein Zusammenhang zwischen dem Art. 12 DBA-USA als Einkunftsartikel und dem Artikel 23 Abs. 2 DBA-USA, der die Vermeidung der Doppelbesteuerung durch Deutschland regelt. Denn mangels Steuerberechtigung des Quellenstaates USA bedarf es im Ansässigkeitsstaat Deutschland keines Ausgleichs zur Vermeidung der Doppelbesteuerung[75]. Aus diesem Grund verweist Art. 23 Abs. 2 DBA-USA, wie auch Art. 23 A OECD-MA, nicht auf den Art. 12 DBA-USA zur Begrenzung der Quellenbesteuerung, der das Recht zur Quellenstaatsbesteuerung aufhebt, sondern nur auf die Artikel, aufgrund derer die Einkünfte im Quellenstaat besteuert werden können. D.h. es besteht wegen des fehlenden Besteuerungsrechts des Quellenstaates kein Zusammenhang zwischen Art. 23 Abs. 2 DBA-USA, der die Vermeidung der Doppelbesteuerung regelt, und Art. 12 DBA-USA, der die Quellenbesteuerung ausschließt[76]. Ein Rückgriff auf die Regelung des Art. 23 Abs. 2 letzter Satz DBA-USA[77] ist nicht möglich, da es sich

---

[73] A.A. *Ostendorf, C.*, Behandlung von Sondervergütungen der Mitunternehmer im internationalen Steuerrecht, S. 149 f. Sie geht bei Sondervergütungen von einem grundsätzlichen Vorrang der sonstigen Einkunftsartikel (sog. Spezialartikel, hier Art. 12 OECD-MA) vor dem Art. 7 OECD-MA über die Unternehmensgewinne aus. Diesen Vorrang begründet sie allgemein mit der Auslegung des Abkommens nach dessen Sinn und Zweck. Hiergegen siehe bereits oben Teil 6 Kapitel2 D. I. 5.

[74] Vgl. hierzu im einzelnen *Arthur Andersen* (Hrsg.), Doppelbesteuerungsabkommen Deutschland-USA, Art. 12, Rn. 6 und Art. 7 Rn. 16; *Debatin H./Endres, D.*, Das neue Doppelbesteuerungsabkommen USA/Bundesrepublik Deutschland, Art. 12 Rn. 6 ff und Art. 7 Rn. 4.

[75] Ebenso *Riemenschneider, S.*, Abkommensberechtigung, S. 171.

[76] Vgl. auch *Riemenschneider, S.*, Abkommensberechtigung, S. 171.

[77] Art. 23 Abs. 2 letzter Satz DBA-USA lautet:

"Im Sinne dieses Absatzes gelten Gewinne oder Einkünfte einer in der Bundesrepublik Deutschland ansässigen Person als aus Quellen in den Vereinigten Staaten stammend, wenn sie in Übereinstimmung mit diesem Abkommen in den Vereinigten Staaten besteuert werden."

Zu dieser Vorschrift siehe ausführlich unten Teil 6 Kapitel 2 D. II. 5.

um keine Einkünfte handelt, die in den USA besteuert werden können. Daraus folgt, daß keine Bindung Deutschlands an die Einkunftsqualifikation durch die USA besteht. Mangels einer solchen Bindung ist für die Besteuerung in Deutschland aber die Sichtweise des deutschen Steuerrechts entscheidend (Art. 3 Abs. 2 DBA-USA). Aus deutscher Sicht handelt es sich bei den Zahlungen um Sondervergütungen, die "gewerbliche Gewinne" im Sinne des Art. 7 DBA-USA darstellen und für die das Besteuerungsrecht bei den USA liegen.

b)   Überlassung unbeweglicher Wirtschaftsgüter - Art. 6 DBA-USA

Im Falle von Miet- oder Pachtzahlungen einer US-Personengesellschaft an einen deutschen Gesellschafter für die Überlassung unbeweglicher, in den USA belegenen Wirtschaftsgütern, ist eine Einkunftsqualifizierung nach Art. 6 DBA-USA zu untersuchen. Art. 6 DBA-USA umfaßt Einkünfte aus unbeweglichem Vermögen und genießt gemäß Art. 6 Abs. 4 DBA-USA ausdrücklich Vorrang vor den "gewerblichen Gewinnen" des Art. 7 DBA-USA (Belegenheitsprinzip)[78]. Was "unbewegliches Vermögen" im Sinne des Abkommens ist wird in Art. 6 Abs. 2 DBA-USA definiert:

> *"Der Ausdruck 'unbewegliches Vermögen' hat die Bedeutung, die ihm nach dem Recht des Vertragsstaates zukommt, in dem das Vermögen liegt. ... " [Hervorhebung hinzugefügt.]*

Auch hier findet sich, entsprechend der bereits erörterten Regelung des Art. 11 Abs. 2 DBA-USA über "Zinsen" ein Verweis auf die Maßgeblichkeit des nationalen Rechts des Belegenheitsstaates[79]. Danach ist der Begriff des unbeweglichen Vermögens[80] nach dem Recht des Belegenheitsstaates zu beurteilen[81]. Die vom Belegenheitsstaat erfolgte Qualifikation ist auch für den Ansässigkeitsstaat bindend[82]. Denn damit wird, wie im Fall des Art. 11 Abs. 2 DBA-USA das Recht

---

[78]   Zur Situation nach OECD-MA siehe *Ostendorf, C.*, Behandlung von Sondervergütungen der Mitunternehmer im internationalen Steuerrecht, S. 150 ff.; *Riemenschneider, S.*, Abkommensberechtigung, S. 161 f.

[79]   Vgl. oben Teil 6 Kapitel 2 D. II. 1.

[80]   Zur Bestimmung, was im einzelnen unbewegliches Vermögen nach dem Recht Deutschlands und dem Recht der USA darstellt, siehe *Debatin, H./Walter, O.*, Handbook on the 1989 Double Taxation Convention Between the Federal Republic of Germany and the United States of America, Art. 6.

[81]   Der Begriff Recht umfaßt nicht nur das Steuerrecht, sondern das gesamte Recht des Belegenheitsstaates. Ist der Begriff des unbeweglichen Vermögens im Steuerrecht nicht definiert, kann daher auch sonstiges Recht herangezogen werden, vgl. BFH-Urteil v. 15.05.1982, BStBl. 1982 II, S. 768. Die steuerrechtliche Begrifflichkeit hat jedoch Vorrang vor den Definitionen in sonstigen Rechtsgebieten, vgl. *Vogel, K.*, Doppelbesteuerungsabkommen, Art. 6 Rn. 22.

[82]   Vgl. *Vogel, K.*, Doppelbesteuerungsabkommen, Art. 6 Rn. 22.

des Quellenstaates, das nationale Recht des Belegenheitsstaates durch das Abkommen selbst zur Abkommensdefinition erhoben. Dies hat zur Folge, daß Einkünfte, die nach dem Recht des Belegenheitsstaates (Quellenstaat) als Einkünfte aus unbeweglichem Vermögen angesehen werden, auch vom Ansässigkeitsstaat bei dessen Abkommensanwendung als solche zu werten sind[83]. Aus diesem Grund hat Deutschland in diesem Fall gemäß Art. 6 Abs. 1 i.V.m. Art. 23 Abs. 2 DBA-USA die "Sondervergütungen" als Einkünfte aus unbeweglichem Vermögen zu werten. Sie sind daher von der deutschen Besteuerung unter Progressionsvorbehalt freizustellen, da sie "nach diesem Abkommen in den Vereinigten Staaten besteuert werden können"[84], denn Art. 6 Abs. 1 DBA-USA gibt dem Belegenheitsstaat das Besteuerungsrecht.

3.   Tätigkeitsvergütungen

Bei Tätigkeitsvergütungen unterscheidet das Abkommen, ob der Gesellschafter seine Tätigkeit für die Gesellschaft in selbständiger oder unselbständiger Form ausübt.

a)   Selbständige Arbeit - Art. 14 DBA-USA

Art. 14 Abs. 1 DBA-USA regelt die Zuordnung des Besteuerungsrechts für Einkünfte aus selbständiger Arbeit. Hiernach steht grundsätzlich dem Ansässigkeitsstaat (Deutschland) das Besteuerungsrecht zu, es sei denn, die der Einkunftserzielung zugrunde liegende Tätigkeit wird im anderen Vertragsstaat (hier im Sitzstaat der Personengesellschaft, den USA) ausgeübt und die Einkünfte sind einer für die Ausübung der selbständigen Tätigkeit dort unterhaltenen festen Einrichtung zuzurechnen, die dem selbständig tätigen Gesellschafter dort gewöhnlich zur Verfügung steht[85]. Was selbständige Arbeit ist, ist in Art. 14 Abs. 2 DBA-USA geregelt. Hierin findet sich ein nicht erschöpfender Katalog an beispielhaften Aufzählungen von Tätigkeit, die als "selbständige Arbeit" gelten[86]. D.h., es ist im Abkommen nicht definiert, was selbständige Arbeit[87] im Sinne

---

[83]   Vgl. auch *Riemenschneider, S.*, Abkommensberechtigung, S. 162; *Korn, R./Debatin, H.*, Doppelbesteuerung, DBA-Kanada, Art 6 Anm. 2 b) und DBA-Schweiz, Art. 6 Anm. 2 a); *Piltz, D.*, Die Personengesellschaften im internationalen Steuerrecht der Bundesrepublik Deutschland, S. 138 f.

[84]   Art. 23 Abs. 2 lit. a, Satz 1 DBA-USA.

[85]   Vgl. *Arthur Andersen* (Hrsg.), Doppelbesteuerungsabkommen Deutschland-USA, Art. 14, Rn. 1; *Debatin H./Endres, D.*, Das neue Doppelbesteuerungsabkommen USA/Bundesrepublik Deutschland, Art. 14 Rn. 1.

[86]   Vgl. *Debatin H./Endres, D.*, Das neue Doppelbesteuerungsabkommen USA/Bundesrepublik Deutschland, Art. 14 Rn. 3; *Arthur Andersen* (Hrsg.), Doppelbesteuerungsabkommen Deutschland-USA, Art. 14, Rn. 1 und 8.

[87]   Vgl. *Arthur Andersen* (Hrsg.), Doppelbesteuerungsabkommen Deutschland-USA, Art. 14, Rn. 3 f. und 6 ff.; *Debatin H./Endres, D.*, Das neue Doppelbesteuerungsabkommen USA/Bundesrepublik Deutschland, Art. 14 Rn. 3 ff.

des Abkommens ist. Auch wird das (Steuer-)Recht des Quellenstaates nicht als maßgebend erklärt, wie das in Art. 11 Abs. 2 und Art. 6 Abs. 2 DBA-USA der Fall ist. Somit scheidet eine Bindung des Ansässigkeitsstaates an die Qualifikation des Quellenstaates, wie dies bei Zinsen und Einkünften aus unbeweglichem Vermögen dargestellt wurde aus[88]. Nach Art. 3 Abs. 2 DBA-USA ist daher das jeweilige nationale Steuerrecht maßgebend für die Feststellung, ob es sich um selbständige Arbeit handelt oder nicht[89].

b)   Unselbständige Arbeit - Art. 15 DBA-USA

Erhält ein Gesellschafter Vergütungen von seiner Personengesellschaft im Rahmen eines Dienstverhältnisses, so ist zu prüfen, ob diese zu den Einkünften aus unselbständiger Tätigkeit gemäß Art. 15 DBA-USA zählen[90]. Der Begriff der unselbständigen Arbeit ist ebenso wie der der selbständigen Arbeit im Abkommen nicht definiert[91]. Beispielhaft werden in Art. 15 Abs. 1 DBA-USA Gehälter Löhne und ähnliche Vergütungen angeführt. Auch hier wird das (Steuer-)Recht des Quellenstaates nicht als maßgebend erklärt, so daß eine Bindung des Ansässigkeitsstaates an die Qualifikation des Quellenstaates aus diesem Grund ebenso ausscheidet, wie bei Einkünften aus selbständiger Arbeit nach Art. 14. Maßgebend für die Begriffsbestimmung ist folglich das jeweilige nationale Steuerrecht nach Art. 3 Abs. 2 DBA-USA[92].

Für die Besteuerungszuordnung der Einkünfte aus unselbständiger Arbeit gilt das sog. Arbeitsortprinzip. Hiernach dürfen Einkünfte aus unselbständiger Arbeit einer in einem Vertragsstaat ansässigen Person nur dann im anderen Vertragsstaat besteuert werden, wenn die Tätigkeit dort ausgeübt wird[93].

---

[88] Vgl. oben Teil 6 Kapitel 2 D. II. 1 und 2 b).

[89] Was "selbständige Arbeit" nach deutschem und US-amerikanischen Verständnis im einzelnen ist siehe *Arthur Andersen* (Hrsg.), Doppelbesteuerungsabkommen Deutschland-USA, Art. 14, Rn. 3 f. und 6 ff. Vgl. auch *Debatin H./Endres, D.*, Das neue Doppelbesteuerungsabkommen USA/Bundesrepublik Deutschland, Art. 14 Rn. 3 ff.

[90] Vgl. *Vogel, K.*, Doppelbesteuerungsabkommen, Art. 15 Rn. 16; *Ostendorf, C.*, Behandlung von Sondervergütungen der Mitunternehmer im internationalen Steuerrecht, S. 154.

[91] Vgl. *Arthur Andersen* (Hrsg.), Doppelbesteuerungsabkommen Deutschland-USA, Art. 15, Rn. 13 ff.

[92] Vgl. *Arthur Andersen* (Hrsg.), Doppelbesteuerungsabkommen Deutschland-USA, Art. 15, Rn. 19. Siehe dort unter Rn. 13 ff. auch, was "unselbständige Arbeit" nach deutschem und US-amerikanischen Verständnis im einzelnen darstellt.

[93] Vgl. *Debatin H./Endres, D.*, Das neue Doppelbesteuerungsabkommen USA/Bundesrepublik Deutschland, Art. 15 Rn. 1; *Arthur Andersen* (Hrsg.), Doppelbesteuerungsabkommen Deutschland-USA, Art. 15, Rn. 5.

c) Art. 23 Abs. 2 lit. a DBA-USA - Vermeidung der Doppelbesteuerung bei Einkünften nach Art. 14 und Art. 15 DBA-USA

Im Falle Deutschlands als Ansässigkeitsstaat des Gesellschafters einer US-Perso-nengesellschaft, der Einkünfte nach Art. 14 oder Art. 15 DBA-USA von dieser erhält, richtet sich die Vermeidung der Doppelbesteuerung nach Art. 23 Abs. 2 lit. a DBA-USA. D.h. die Einkünfte sind von deutscher Seite freizustellen. Denn aus der Sicht der USA als Sitzstaat der Personengesellschaft sind in einem sol-chen Falle diese Einkunftsartikel einschlägig, wenn es sich um die abkommens-rechtliche Einordnung von Vergütungen handelt, die die US-Personengesell-schaft ihrem in Deutschland ansässigen Gesellschafter zahlt. Eine mögliche Bin-dung Deutschlands bei der Abkommensanwendung an die Wertungen der USA könnte sich daher allenfalls aus Art. 23 Abs. 2 lit. a DBA-USA ergeben, der die Einkunftsarten regelt, die freizustellen sind, nicht jedoch aus Art. 23 Abs. 2 lit. b DBA-USA der die Einkunftsarten anführt, für die die Anrechnungsmethode anzuwenden ist[94]. Steht nun dem Quellenstaat USA im konkreten Fall ein Be-steuerungsrecht nach Art. 14 oder Art. 15 DBA-USA zu, ist fraglich, ob aus der Bezugnahme des Art. 23 Abs. 2 lit. a DBA-USA auf das Besteuerungsrecht des Quellenstaates auf Abkommensebene eine Bindung Deutschlands an die abkom-mensrechtliche Qualifikation dieser "Sondervergütung" durch den Quellenstaat hergeleitet werden kann.

Im Gegensatz zu Art. 23 Abs. 2 lit. b DBA-USA, der die Anwendung der An-rechnungsmethode in bezug auf bestimmte, einzeln ausdrücklich angeführte Ein-kunftsarten des Abkommens regelt, aufgrund dessen eine Bindungswirkung her-geleitet werden könnte[95], fehlt eine Bezugnahme auf bestimmte Einkunftsarten in Art. 23 Abs. 2 lit. a DBA-USA. In dieser Regelung findet sich nur eine allge-meine Bezugnahme auf "Einkünfte aus Quellen in den Vereinigten Staaten ...,
die nach diesem Abkommen in den Vereinigten Staaten besteuert werden kön-nen". D.h. Art. 23 Abs. 2 lit. a DBA-USA verweist nur allgemein auf die Steu-erberechtigung des Quellenstaates. Folglich ergeben sich aus dem Wortlaut die-ser Vorschrift keine Anhaltspunkte dafür, daß die USA als Quellenstaat die jeweiligen Einkünfte als solche aus selbständiger oder unselbständiger Arbeit im Sinne des Abkommens qualifiziert haben und den USA deshalb als Quellenstaat

---

[94] Vgl. hierzu für die Situation nach OECD-MA *Riemenschneider, S.*, Abkommensbe-rechtigung, S. 163 ff. und insbesondere S. 169 ff.

[95] Vgl. zur Situation nach OECD-MA *Schlütter, E.*, Die Sondervergütung eines Mitun-ternehmers im Außensteuerrecht, JbFfSt 1979/80, S. 152 (166 und 168), der eine Bin-dungswirkung allgemein aus dem Wortlaut des entsprechenden Art. 23 A Abs. 2 OECD-MA folgert, und *Riemenschneider, S.*, Abkommensberechtigung, S. 163 ff., der eine Bindungswirkung aus dem Wortlaut in Verbindung mit einer Auslegung nach dem Sinn und Zweck des Abkommens herleitet.

aus diesen Einkunftsartikeln ein Besteuerungsrecht zusteht[96]. Darüber hinaus läßt sich auch allein aus dem Sinn und Zweck des Abkommens, ohne Bezug zum Wortlaut des Abkommens keine Bindungswirkung durch Auslegung herleiten, da der Wortlaut des Abkommenstextes nicht nur Ausgangspunkt, sondern auch Grenze der Auslegung bildet. D.h. ein Auslegungsergebnis, das aus dem Sinn und Zweck eines Abkommens hergeleitet wurde, ist nur dann zulässig, wenn der mögliche Wortsinn der auszulegenden Vorschrift einen Anhaltspunkt für einen derartigen Wortsinn enthält[97].

Daher ergibt sich in bezug auf die von einer US-Personengesellschaft an einen in Deutschland ansässigen Gesellschafter gezahlten Vergütungen für im Dienste der Gesellschaft erbrachte Tätigkeiten keine übereinstimmende abkommensrechtliche Qualifikation. Die USA als Sitzstaat der Gesellschaft werten diese als Einkünfte aus selbständiger oder unselbständiger Arbeit nach Art. 14 oder Art. 15 DBA-USA, während Deutschland in eben diesen Einkünften Sondervergütungen sieht, die als gewerbliche Gewinne nach Art. 7 DBA-USA zu werten sind.

4.   Zwischenergebnis

Zusammenfassend ergibt sich in bezug auf die Qualifikation von "Sondervergütungen", die von einer in den USA ansässigen Personengesellschaft an einen in Deutschland ansässigen Gesellschafter gezahlt werden bis jetzt folgendes Bild:

1.   Zinsen für die Hingabe von Darlehen - Art. 11 DBA-USA:

Durch die Zinsdefinition nach dem nationalen Recht des Quellenstaates im Abkommen, ist Deutschland an die Qualifikation als Zinsen nach US-Recht gebunden. Da Deutschland als Ansässigkeitsstaat des Gesellschafters das Besteuerungsrecht nach dem Abkommen hat, kommt es zu einer Besteuerung in Deutschland. Insoweit kommt es im Falle von Zinszahlungen an den deutschen Gesellschafter einer US-Personengesellschaft zu keinem Qualifikationskonflikt, der zu einer Doppel- oder doppelten Nichtbesteuerung führt.

2.   Überlassung von beweglichen Wirtschaftsgütern - Lizenzgebühren Art. 12 DBA-USA:

Während die USA bei Lizenzen von Lizenzgebühren nach Art. 12 DBA-USA ausgehen, handelt es sich nach deutscher Sicht um Sondervergütungen, die gewerbliche Gewinne nach Art. 7 DBA-USA darstellen. Daher gehen die

---

[96]   Ebenso *Riemenschneider, S.*, Abkommensberechtigung, S. 170, in bezug auf Art. 23 A Abs. 1 OECD-MA.

[97]   BFH-Urteil v. 05.02.1965, VI 338/63, BStBl. 1965 III, S. 258; v. 09.11.1966, I 29/65, BStBl. 1967 III, S. 88; *Bernhardt, R.*, Die Auslegung völkerrechtlicher Verträge, S. 96; *Weber-Fas, R.*, Staatsverträge im Internationalen Steuerrecht, S. 86; *Riemenschneider, S.*, Abkommensberechtigung, S. 170; *Piltz, D.*, Die Personengesellschaften im internationalen Steuerrecht der Bundesrepublik Deutschland, S. 143; *Gloria, Ch.*, Verständigungsverfahren, S. 74.

USA als Quellenstaat von einem Besteuerungsrecht des Ansässigkeitsstaates Deutschland aus, während Deutschland von einem Besteuerungsrecht der USA ausgeht. D.h. es liegt ein Qualifikationskonflikt vor, der zu einer doppelten Nichtbesteuerung führt.

3. Überlassung sonstiger beweglicher Wirtschaftsgüter - Art. 7 DBA-USA:

Bei der Überlassung sonstiger beweglicher Wirtschaftsgüter handelt es sich um gewerbliche Gewinne nach Art. 7 DBA-USA. Für diese werden in der Regel die USA das Besteuerungsrecht beanspruchen, da sie davon ausgehen, daß diese Einkünfte effektiv mit der US-Geschäftstätigkeit der Betriebstätte/Personengesellschaft sind *("effectively connected"-Prinzip)*. Dies stimmt mit der deutschen Wertung insoweit überein.

4. Überlassung unbeweglicher Wirtschaftsgüter - Art. 6 DBA-USA:

Wegen der Definition des unbeweglichen Vermögens nach dem nationalen Recht des Belegenheitsstaates im Abkommen, ist Deutschland an die Qualifikation der USA nach ihrem eigenen nationalen Recht gebunden. Da die USA nach dem Abkommen das Besteuerungsrecht haben, hat Deutschland diese Zahlungen freizustellen. Es kommt daher zu keinem Qualifikationskonflikt, der zu einer Doppel- oder doppelten Nichtbesteuerung führen würde.

5. Tätigkeitsvergütungen - Selbständige Arbeit Art. 14 DBA-USA:

Soweit die USA nach Art. 14 DBA-USA nicht ein Besteuerungsrecht aufgrund der Ausübung in den USA beanspruchen, steht aus Sicht der USA grundsätzlich Deutschland das Besteuerungsrecht zu. Für diesen Fall sind aber aus deutscher Sicht gewerbliche Gewinne nach Art. 7 DBA-USA in Form von Sondervergütungen gegeben, für die die USA das Besteuerungsrecht haben. Es liegt daher in diesen Fällen ein Qualifikationskonflikt vor, der zu einer doppelten Nichtbesteuerung führt.

6. Tätigkeitsvergütungen - Unselbständige Arbeit Art. 15 DBA-USA:

Hierfür gilt sinngemäß das gleiche wie für Tätigkeitsvergütungen aus selbständiger Arbeit nach Art. 14 DBA-USA. Soweit die USA aufgrund des Ausübungsorts nicht eine eigene Steuerberechtigung annehmen, steht aus Sicht der USA grundsätzlich Deutschland das Besteuerungsrecht zu. Hingegen werden in Deutschland die Zahlungen als gewerbliche Gewinne nach Art. 7 DBA-USA (Sondervergütungen) angesehen, für die nach dem Abkommen die USA das Besteuerungsrecht besitzen. In solchen Fällen führt dieser Qualifikationskonflikt ebenfalls zu einer doppelten Nichtbesteuerung.

5. Quellenregel des Art. 23 Abs. 2 letzter Satz DBA-USA

Fraglich ist, ob in den Fällen in denen es in bezug auf die "Sondervergütungen" zu keiner übereinstimmenden abkommensrechtlichen Qualifikation durch die USA als Quellenstaat und Sitzstaat der Personengesellschaft und Deutschland als Ansässigkeitsstaat des Gesellschafters kommt, der zu einer doppelten Nichtbesteuerung dieser Vergütungen führt (z.B. bei Lizenzgebühren nach Art. 12

DBA-USA), sich ein Besteuerungsrecht Deutschlands aus Art. 23 Abs. 2 letzter Satz DBA-USA ergibt. Zu dieser doppelten Nichtbesteuerung kommt es u.a. dadurch, daß Deutschland die Vermeidung der Doppelbesteuerung durch die Freistellungsmethode nach Art. 23 Abs. 2 lit. a DBA-USA vornimmt, wenn nicht eine Einkunftsart vorliegt für die nach Art. 23 Abs. 2 lit. b DBA-USA das Anrechnungsverfahren anzuwenden ist[98]. Bei den hier in Rede stehenden Sondervergütungen (Art. 12, 14, 15 DBA-USA) ist jedoch nicht das Anrechnungsverfahren durch das Abkommen angeordnet, sondern das Freistellungsverfahren. D.h. die Voraussetzungen, daß Deutschland die "Sondervergütungen" freistellt, sind erfüllt, nämlich daß:

- die Einkünfte aus US-Quellen sind,

- für die das Abkommen den USA das Besteuerungsrecht nicht ausdrücklich nimmt.

Da aus deutscher Sicht den USA das Besteuerungsrecht an den "Sondervergütungen" kaum abgesprochen werden kann, da das nationale deutsche Steuerrecht diese als Bestandteil des gewerblichen Gewinns des deutschen Gesellschafters einer US-Personengesellschaft wertet, wäre aus deutscher Sicht die Freistellung dadurch zu vermeiden, wenn es sich um keine Einkünfte aus US-Quellen handeln würde. Fraglich ist, ob Art. 23 Abs. 2 letzter Satz DBA-USA eine solche Änderung der Quellenbestimmung darstellt[99].

Art. 23 Abs. 2 letzter Satz DBA-USA enthält folgende Quellenregelung in bezug auf die Vermeidung der Doppelbesteuerung durch Deutschland:

> *"Im Sinne dieses Absatzes gelten Gewinne oder Einkünfte einer in der Bundesrepublik Deutschland ansässigen Person als aus Quellen in den Vereinigten Staaten stammend, wenn sie in Übereinstimmung mit diesem Abkommen in den USA besteuert werden."*

---

[98] Qualifikationskonflikte können zu Doppelbesteuerung oder zu doppelter Nichtbesteuerung führen. Zur *Doppelbesteuerung* kommte es, wenn beide Vertragsstaaten Einkünfte jeweils einer Einkunftsart des Abkommens zuordnen, für die sie selbst jeweils das Besteuerungsrecht nach dem Abkommen haben. Dies gilt unabhängig davon, ob das Verfahren zu Vermeidung der Doppelbesteuerung durch das Anrechnungs oder das Freistellungsverfahren im Wohnsitzstaat geschieht. Zur *doppelten Nichtbesteuerung* kommt es, wenn die beiden Vertragsstaaten Einkünfte jeweils einer Einkunftsart des Abkommens zuordnen, für die der jeweils andere Vertragsstaat das Besteuerungsrecht nach dem Abkommen besitzt und zugleich der Wohnsitzstaat das Freistellungsverfahren zur Vermeidung der Doppelbesteuerung für "seine" Einkunftsart nach dem Abkommen anzuwenden hat.

[99] Vgl. *Pöllath, R.*, Unternehmensbesteuerung nach dem DBA-USA, in Kramer, J.-D. (Hrsg.), Grundzüge des US-amerikanischen Steuerrechts, S. 241 (255).

Nach Stellung und Wortlaut bezieht sich diese Regelung sowohl auf Einkünfte für die nach Art. 23 Abs. 2 lit. a DBA-USA das Freistellungsverfahren, als auch auf Einkünfte für die Art. 23 Abs. 2 lit. b DBA-USA das Anrechnungsverfahren (§§ 34c und 34d EStG) anzuwenden ist[100]. Bei dieser gegenüber dem DBA-USA 1954/65 neuen Vorschrift, ist fraglich wie sie auszulegen ist. Gesichert ist, daß bei tatsächlicher Ausübung der Besteuerungsbefugnis durch die USA nicht mehr nach nationalem deutschem Steuerrecht (§ 34d EStG) zu prüfen ist, ob es sich um ausländische, d.h. Einkünfte aus US-Quellen, handelt. Dies ist dann als gegeben vorauszusetzen. Streit herrscht jedoch darüber, ob diese Vorschrift auch die negative Aussage enthält, daß im Falle der Nichtausübung der Besteuerungsbefugnis durch die USA stets für die Zwecke der deutschen Besteuerung inländische Einkünfte anzunehmen sind, so daß somit die Freistellung oder Anrechnung in Deutschland nicht möglich wäre[101]. Mit anderen Worten: besagt die Quellenregelung des Art. 23 Abs. 2 letzter Satz, daß Einkünfte aus US-Quellen immer und ausschließlich dann vorliegen, wenn die USA sie tatsächlich abkommensgerecht besteuern (enge Auslegung), oder sind Einkünfte aus US-Quellen immer schon dann, jedoch nicht ausschließlich und nur dann, gegeben, wenn die USA sie abkommensgerecht besteuern (weite Auslegung)[102]? Diese Frage meint, ob es sich hier um Vermeidung der "virtuellen" im Gegensatz zur "tatsächlichen"[103] Doppelbesteuerung handelt[104].

---

[100] Vgl. *Debatin, H./Walter, O.*, Handbook on the 1989 Double Taxation Convention Between the Federal Republic of Germany and the United States of America, Art. 23, S. 44; *Jacob, F.*, Handkommentar DBA-USA, Art. 23 Rn. 7; *ders.*, Das deutsch-amerikanische Doppelbesteuerungsabkommen von 1989, DStZ 1992, S. 669 (673).

Art. 23 Abs. 2 letzter Satz regelt aber nur für Art. 23, unter welchen Voraussetzungen Einkünfte als aus dem anderen Vertragsstaat stammend angesehen werden. Keine Auswirkung hat diese Regelung auf die Vorschriften über die Zuordnung des Besteuerungsrechts (Art. 6 bis 22 DBA-USA). Wenn hiernach dem Quellenstaat USA das ausschließliche Besteuerungsrecht zusteht, so stellt sich die Frage, wie die Doppelbesteuerung zu vermeiden ist, nicht. Vgl. *Arthur Andersen* (Hrsg.), Doppelbesteuerungsabkommen Deutschland-USA, Art. 23, Rn. 49.

[101] *Jacob, F.*, Handkommentar DBA-USA, Art. 23 Rn. 7.

[102] *Debatin, H./Walter, O.*, Handbook on the 1989 Double Taxation Convention Between the Federal Republic of Germany and the United States of America, Art. 23, S. 44 f.; *Jacob, F.*, Handkommentar DBA-USA, Art. 23 Rn. 7; *ders.*, Das deutsch-amerikanische Doppelbesteuerungsabkommen von 1989, DStZ 1992, S. 669 (673); jeweils unter dem Hinweis, daß die deutsche Finanzverwaltung von der "engen" Auslegung ausgeht. Ohne eine Begründung, wohl unter Berufung auf den einfachen Wortlaut, geht auch *Brenner, D.*, Personengesellschaften im internationalen Steuerrecht, in Haarmann, W. (Hrsg.), Unternehmensstrukturen und Rechtsformen im Internationalen Steuerrecht, S. 63 (70) von der "engen" Auslegung des Art. 23 Abs. 2 letzter Satz DBA-USA aus.

[103] Statt "tatsächlicher" Doppelbesteuerung findet sich zuweilen auch der Ausdruck "aktuelle" Doppelbesteuerung. Dies ist eine ungenaue Übersetzung des Ausdrucks "actual

Die "enge" Auslegung würde bedeuten, daß Art. 23 Abs. 2 letzter Satz DBA-USA die alleinige und abschließende Quellenregelung zu Zwecken deutscher Besteuerung wäre. D.h. jeglicher Rückgriff auf nationales deutsches Steuerrecht (§ 34d EStG) zur Feststellung der Herkunft der Einkünfte verboten wäre. Letztlich würde dies bedeuten, daß in dem Falle, in dem die USA als Quellenstaat von einer ihnen zugeteilten Besteuerungsbefugnis aus irgendwelchen Gründen keinen Gebrauch machen würde[105], diese Einkünfte auf deutscher Seite als inländische Einkünfte gelten würden, obwohl sie klar aus den USA stammen. Ein wohl ziemlich ungewöhnliches Ergebnis[106].

Eine Begründung der "engen" Auslegung mit dem Hinweis, daß nach der Präambel des DBA-USA und einer Anzahl weiterer Regelungen im Abkommen das Entstehen von Besteuerungslücken verhindert werden sollte[107], geht in Bezug auf

---

double taxation" aus dem Englischen. Des weiteren findet sich auch der Ausdruck "effektive" Doppelbesteuerung an Stelle von "tatsächlicher" Doppelbesteuerung; siehe z.B. *Brenner, D.*, Personengesellschaften im internationalen Steuerrecht, in Haarmann, W. (Hrsg.), Unternehmensstrukturen und Rechtsformen im Internationalen Steuerrecht, S. 63 (70).

[104] Vermeidung der "virtuellen" Doppelbesteuerung bedeutet die unbedingte Verpflichtung, daß der Wohnsitzstaat ohne Rücksicht darauf die Freistellung gewähren muß, ob das Besteuerungsrecht vom Quellenstaat auch tatsächlich ausgeübt wird; vgl. Abschnitt 34 des Kommentars zum OECD-MA. Hingegen bedeutet Vermeidung der "tatsächlichen" Doppelbesteuerung, daß eine Freistellung nur dann erfolgt, wenn der Quellenstaat wirklich von seinem Besteuerungsrecht auf die Einkunftsart Gebrauch gemacht hat; vgl. Abschnitt 35 des Kommentars zum OECD-MA.

[105] Grundsätzlich sind zwei Fallgruppen der Nichtausübung der Besteuerungsbefugnis im Quellenstaat (hier den USA) zu unterscheiden. In der ersten Fallgruppe beruht die Steuerfreiheit im Quellenstaat auf dessen nationalem Steuerrecht. Gleichwohl gewährt das Abkommen dem Quellenstaat das ausschließliche Besteuerungsrecht für diese Einkünfte, während der Wohnsitzstaat diese Einkünfte freizustellen hat. In dieser Fallgruppe ist die doppelte Nichtbesteuerung richtig und gewolltes Ergebnis des Abkommens. In der zweiten Fallgruppe sieht der Quellenstaat sich nach seiner Auslegung des Abkommens an einer Besteuerung der Einkünfte gehindert, die er nach nationalem Steuerrecht sonst, d.h. ohne diese Auslegung des Abkommens durchführen würde. Der Quellenstaat sieht sich also selbst an der Anwendung des nationalen Steuerrechts aufgrund des Abkommens gehindert. Siehe hierzu im einzelnen oben Teil 6 Kapitel 2 C.

[106] Die "enge" Auslegung würde einen erstaunlichen Wandel der internationalen Steuerprinzipien bedeuten. Denn damit würden Einkünfte in die Bemessungsgrundlage der deutschen Besteuerung fallen (oder aus dem Anrechnungsverfahren herausfallen), die eindeutig Aktivitäten zuzuschreiben sind, die in den USA stattfinden, allein auf der Basis, daß die US-Steuergesetze nicht genau mit den deutschen übereinstimmen und deshalb von den USA nicht besteuert werden.

[107] Vgl. *Debatin, H./Walter, O.*, Handbook on the 1989 Double Taxation Convention Between the Federal Republic of Germany and the United States of America, Art. 23, S.

die Quellenproblematik in Art. 23 Abs. 2 letzter Satz DBA-USA fehl. Denn die "enge" Auslegung führt erst recht zu Besteuerungslücken. Insbesondere bei der Behandlung von Verlusten von Betriebstätten ergeben sich bei der "engen" Auslegung Probleme[108]. Hauptsächlich deshalb, weil diese Verluste in den USA nicht "besteuert werden". Demnach würden sie als "inländische" Verluste gelten und könnten in voller Höhe zum Ausgleich inländischer Einkünfte herangezogen werden. Die Anwendung des § 2a EStG und seines Mechanismus, der auf Antrag einen Abzug der Verluste in Verbindung mit der Nachversteuerung späterer Gewinne vorsieht, wäre nicht möglich. Spätere Gewinne aus derselben Betriebstätte, müßten in voller Höhe freigestellt werden, ohne Möglichkeit der Nachversteuerung[109]. Dies zeigt in deutlicher Weise das Entstehen einer Besteuerungslücke durch die "enge" Auslegung der Quellenregel des Art. 23 Abs. 2 letzter Satz DBA-USA.

Die zentrale Frage der Auslegung des Art. 23 Abs. 2 letzter Satz DBA-USA ist die Frage, wie der Ausdruck "besteuert werden" auszulegen ist. Bedenken gegen eine "enge" Auslegung erheben sich auch insbesondere durch die von der Verwaltung in der Deutschen Denkschrift[110] geäußerte Auffassung, daß bei der *Besteuerung* in den USA "gleichgültig [sei], ob hierbei eine Steuerschuld anfällt oder nicht". Hiernach ist das tatsächliche Entstehen einer Steuerschuld nicht

---

46 f.; *Jacob, F.*, Das deutsch-amerikanische Doppelbesteuerungsabkommen von 1989, DStZ 1992, S. 669 (671 f.)

[108] *Jacob, F.*, Handkommentar DBA-USA, Art. 23 Rn. 7; *ders.*, Das deutsch-amerikanische Doppelbesteuerungsabkommen von 1989, DStZ 1992, S. 669 (673). Ebenso *Debatin, H./Walter, O.*, Handbook on the 1989 Double Taxation Convention Between the Federal Republic of Germany and the United States of America, Art. 23, S. 46 ff.

[109] Zu dieser und weiteren Problematiken im Gefolge der "engen" Auslegung siehe die ausführlichen Fallbeispiele bei *Jacob, F.*, Das deutsch-amerikanische Doppelbesteuerungsabkommen von 1989, DStZ 1992, S. 669 (672 ff.) und *Debatin, H./Walter, O.*, Handbook on the 1989 Double Taxation Convention Between the Federal Republic of Germany and the United States of America, Art. 23, S. 45 ff.

[110] Dort heißt es:

"Ergänzend zu diesen Regelungen [gemeint ist Art. 23 Abs. 2 DBA-USA] bestimmt Absatz 2 letzter Satz, wann Einkünfte aus Quellen in den Vereinigten Staaten stammen. Dies ist immer dann der Fall, wenn die Einkünfte in den Vereinigten Staaten in Übereinstimmung mit den Bestimmungen des Abkommens versteuert werden (gleichgültig, ob hierbei eine Steuer anfällt oder nicht)." [Hervorhebung hinzugefügt.]

Siehe Bundesrats-Drucksache 9/90, S. 35 ff. (Teil II, zu Art. 23); abgedruckt auch in *Debatin, H./Walter, O.*, Handbook on the 1989 Double Taxation Convention Between the Federal Republic of Germany and the United States of America, Vol. II, Parliamentary Documents No. 1, S. 21.

Voraussetzung. Unklar bleibt aber wo die Grenzen zwischen "Besteuern mit" und "Besteuern ohne" Steuerschuld sowie einer "Nichtbesteuerung" liegen[111].

Eine besondere Problematik ergibt sich hierbei im Hinblick auf das US-Besteuerungsverfahren. Denn dem US-Steuerbescheid, d.h. genauer der US-Selbstveranlagung aufgrund der US-Steuererklärung des Steuerpflichtigen, ist nicht anzusehen, wie die US-Steuerbehörden das Abkommen angewandt haben. Somit ist es schwierig für den Steuerpflichtigen und die deutschen Finanzbehörden, festzustellen, wie und ob die USA nun Einkunftsbestandteile eines Steuerpflichtigen besteuert haben[112].

Die Auffassung des BFH ist nicht eindeutig. In zwei Urteilen[113] vertritt er die Ansicht, daß grundsätzlich zur Frage was ausländische Einkünfte darstellen, "vorrangig" auf das einschlägige Abkommen abzustellen sei. Die Regelung des § 34d EStG sei insoweit nicht erheblich. Aus dem Abkommenszusammenhang entscheidet sich danach, welche Einkünfte aus Quellen des anderen Vertragsstaates stammen. Ausschlaggebend ist hierfür, ob das Abkommen nach Aufbau und Systematik dem anderen Vertragsstaat ein Besteuerungsrecht als Quellenstaat gewährt. Jedoch hat schon *Jacob*[114] festgestellt, daß sich dieser Grundsatz nicht unbedingt auf diese spezielle Quellenregelung im DBA-USA übertragen läßt, da die Abkommen über die der BFH entschieden hat[115], keine dem DBA-USA ähnliche Quellenregelung enthalten. Hingegen hat der BFH in seinem Urteil[116] über die Quellenbestimmung nach dem DBA-USA 1954/65 entschieden, daß die Frage, aus welchem Vertragsstaat Einkünfte "stammen", nach dem innerstaatlichen Recht des Anwendestaates zu entscheiden sei.

Auch hier ist vom dem Grundverständnis eines Doppelbesteuerungsabkommens auszugehen, das einen eigenständigen Regelungskreis gegenüber dem nationalen Recht darstellt und gemäß § 2 AO als lex specialis Vorrang genießt. Damit hat zunächst die Auslegung des Abkommens aus dem Abkommenszusammenhang zu erfolgen. D.h., wie der BFH es formuliert, bei der Ermittlung der Quelle der Einkünfte ist "vorrangig" auf das jeweilige Abkommen abzustellen. Trifft hierzu das Abkommen keine Aussage oder führt die Auslegung aus dem Abkommenszusammenhang zu keinen vernünftigen Ergebnissen, wie die "enge" Auslegung

---

[111] Vgl. auch *Jacob, F.*, Das deutsch-amerikanische Doppelbesteuerungsabkommen von 1989, DStZ 1992, S. 669 (673 f.).

[112] Vgl. *Pöllath, R.*, Anwendung und Auslegung des DBA-USA, in Kramer, J.-D. (Hrsg.), Grundzüge des US-amerikanischen Steuerrechts, S. 205 (216).

[113] BFH-Urteil vom 04.06.1991, X R 35/88, IWB Fach 3a, Gruppe 1, S. 235 ff; BFH-Urteil vom 31.07.1991, I R 60/90, FR 1992, S. 55 ff.

[114] *Jacob, F.*, Das deutsch-amerikanische Doppelbesteuerungsabkommen von 1989, DStZ 1992, S. 669 (673).

[115] DBA-Schweiz und DBA-Griechenland.

[116] BFH-Urteil vom 02.05.1969, I R 176/66, BStBl. 1969 II, S. 579.

in vielen Punkten zeigt[117], so ist auf die nationale Regelung zurückzugreifen. D.h., daß die Grundsätze des § 34d EStG zur Quellenbestimmung heranzuziehen sind. Diese werten aber grundsätzlich genauso wie die "weite" Auslegung in üblicher Weise Einkünfte, für die USA die Besteuerungsbefugnis haben als ausländische Einkünfte, gleichgültig, ob die USA nun ihre Besteuerungsbefugnis ausüben, d.h. ob es zu einer US-Steuerschuld kommt oder nicht.

Zu Recht ist daher von der "weiten" Auslegung auszugehen[118], die von einem Verhältnis von Spezialität und Subsidiarität zwischen Abkommensrecht und nationalem Steuerrecht ausgeht. D.h. immer dann, wenn die USA ihre abkommensrechtliche Besteuerungsbefugnis in bezug auf bestimmte Einkünfte wahrnehmen, sind diese Einkünfte für die Abkommensanwendung in Deutschland als aus den USA stammend zu bewerten. Unerheblich ist in diesem Fall, daß sich ein solches Ergebnis auch aus nationalem deutschen Steuerrecht ergibt, da auch § 34d EStG regelt, wann aus deutscher Sicht ausländische Einkünfte vorliegen. Ist die Quelle der Einkünfte nach dem DBA-USA hingegen nicht festzustellen, da die USA diese Einkünfte nach Art. 23 Abs. 2 letzter Satz DBA-USA nicht "besteuern", ist auf die Regelung des § 34d EStG zurückzugreifen.

Angewandt auf die Fälle der "Sondervergütungen" bei denen es zu keiner übereinstimmenden abkommensrechtlichen Qualifikation durch die USA als Quellenstaat und Sitzstaat der Personengesellschaft und Deutschland als Ansässigkeitsstaat des Gesellschafters kommt, ergibt sich auch durch die Regelung des Art. 23 Abs. 2 letzter DBA-USA keine Beseitigung der doppelten Nichtbesteuerung. Bei diesen "Sondervergütungen", die aus der Sicht der USA Einkünfte nach den Art. 12, 14 oder 15 DBA-USA darstellen, führt Art. 23 Abs. 2 letzter Satz DBA-USA nicht dazu, daß diese zu Zwecken der deutschen Besteuerung als inländische Einkünfte anzusehen sind. Vielmehr sind diese Einkünfte nach § 34d Nr. 2 EStG als ausländische Einkünfte zu werten, für die die USA nach Art. 7 DBA-USA das Besteuerungsrecht haben. Folglich sind diese Einkünfte nach Art. 23 Abs. 2 lit. a DBA-USA in Deutschland freizustellen.

---

[117] Zu Beispielen und Fallkonstellationen für die unbefriedigenden Ergebnisse der "engen" Auslegung siehe im einzelnen *Jacob, F.*, Das deutsch-amerikanische Doppelbesteuerungsabkommen von 1989, DStZ 1992, S. 669 (672 ff.) und *Debatin, H./Walter, O.*, Handbook on the 1989 Double Taxation Convention Between the Federal Republic of Germany and the United States of America, Art. 23, S. 45 ff.

[118] So auch *Jacob, F.*, Das deutsch-amerikanische Doppelbesteuerungsabkommen von 1989, DStZ 1992, S. 669 (673 f.); *Debatin, H./Walter, O.*, Handbook on the 1989 Double Taxation Convention Between the Federal Republic of Germany and the United States of America, Art. 23, S. 44 ff. A.A. wohl unter Berufung auf den einfachen Wortlaut, aber ohne die hier erörterte Problematik zu sehen: *Arthur Andersen* (Hrsg.), Doppelbesteuerungsabkommen Deutschland-USA, Art. 23, Rn. 46 f.; ebenso wohl auch *Brenner, D.*, Personengesellschaften im internationalen Steuerrecht, in Haarmann, W. (Hrsg.), Unternehmensstrukturen und Rechtsformen im Internationalen Steuerrecht, S. 63 (70).

6.   Anwendung der sog. "Switch-Over Clause[119]" - Abschnitt 21 des Protokolls i.V.m. Art. 23 Abs. 2 lit. b, gg) DBA-USA

Im folgenden ist zu untersuchen, ob sich an der Situation der doppelten Nichtbesteuerung der fraglichen "Sondervergütungen", die aus der Sicht der USA Einkünfte nach Art. 12, 14 oder 15 DBA-USA darstellen, etwas durch die Anwendung des Abschnitts 21 des Protokolls i.V.m. Art. 23 Abs. 2 lit. b, gg) DBA-USA ändert. Die als sog. "switch-over clause" bezeichnete Regelung des Abschnitts 21 zum DBA-USA bestimmt, daß die Bundesrepublik Deutschland als Wohnsitzstaat unter bestimmten Voraussetzungen als Methode zur Vermeidung der Doppelbesteuerung, anstatt der nach Art. 23 Abs. 2 DBA-USA angeordneten Freistellungsmethode die Anrechnungsmethode anwenden darf[120]. Die Bundesrepublik Deutschland als Vertragsstaat verfolgt mit dieser Regelung den Zweck, Steuervorteile, die sich aus der Anwendung der Freistellungsmethode ergeben und von ihr als unangemessen angesehen werden zu verhindern, ohne daß hierzu eine Abkommensänderung erforderlich ist. Auf Grund dieser Klausel[121] wird die Bundesrepublik Deutschland einseitig ermächtigt, nach Beachtung bestimmter Formalien, anstelle der Freistellungsmethode, die im Gegensatz zur Anrech-

---

[119] Inhalt dieser Bestimmung ist ein "Rechtsfolgen-Tausch", d.h. die sich eigentlich nach dem Doppelbesteuerungsabkommen ergebende Rechtsfolge für den Ansässigkeitsstaat Deutschland - Vermeidung der Doppelbesteuerung durch Freistellung - wird vertauscht mit der Vermeidung der Doppelbesteuerung durch Anrechnung. Vgl. die Verwendung dieses Begriffs bei *Pöllath, R.*, Die Auslegung völkerrechtlicher Verträge aus der Sicht der Steuerpraxis, in Mössner, J. (Hrsg.), Doppelbesteuerungsabkommen und nationales Recht, S. 29 (33 f.).

[120] *Arthur Andersen* (Hrsg.), Doppelbesteuerungsabkommen Deutschland-USA, Art. 23, Rn. 39; *Debatin H./Endres, D.*, Das neue Doppelbesteuerungsabkommen USA/Bundesrepublik Deutschland, Art. 23, Rn. 25; *Jacob, F.*, Handkommentar DBA-USA, Art. 23 Rn. 6 am Ende; *ders.*, Das deutsch-amerikanische Doppelbesteuerungsabkommen von 1989, DStZ 1992, S. 669 (672); *Debatin, H./Walter, O.*, Handbook on the 1989 Double Taxation Convention Between the Federal Republic of Germany and the United States of America, Art. 23, S. 57. Zumindest mißverständlich *Brenner, D.*, Personengesellschaften im internationalen Steuerrecht, in Haarmann, W. (Hrsg.), Unternehmensstrukturen und Rechtsformen im Internationalen Steuerrecht, S. 63 (70), der sich dort wohl auf die Quellenregelung des Art. 23 Abs. 2 letzter Satz DBA-USA bezieht und nicht auf die Regelung des Abschnitt 21 des Protokoll zum DBA-USA.

[121] Siehe allgemein zu Sinn und Zweck einer solchen sog. "switch-over clause": *Menck, Th.*, Der Qualifikationskonflikt im neuen deutsch-kanadischen Doppelbesteuerungsabkommen, Intertax 1982, S. 417 ff. Das deutsch-kanadische Doppelbesteuerungsabkommen von 1981 war das erste deutsche Abkommen, das eine "switch-over clause", in Abschnitt 13 des Protokolls, enthält. Vgl. hierzu auch *Becker, H./Günkel, M./Riehl, G./Tremblay, R.*, Einführung zum Doppelbesteuerungsabkommen Kanada-Deutschland, Erläuterungen zu Art. 23, S. 128. Ähnliche Regelungen finden sich auch im DBA-Italien 1989, Abschnitt 18 des Protokolls; im DBA-Schweden 1992, Art.43; und im DBA-Mexiko 1993, Abschnitt 12 des Protokolls.

nungsmethode z.b. zu einer doppelten Nichtbesteuerung führen kann, die An-rechnungsmethode anzuwenden, die in jedem Fall eine steuerliche Belastung si-chert[122]. Der Wortlaut der umfangreichen und komplizierten Klausel ist wie folgt:

> *"Die Bundesrepublik Deutschland vermeidet die Doppelbesteue-rung durch Steueranrechnung nach Artikel 23 Absatz 2 Buchstabe b, und nicht durch Steuerbefreiung nach Artikel 23 Absatz 2 Buchstabe a,*
>
> *a) wenn in den Vertragsstaaten Einkünfte oder Vermögen unterschiedlichen Abkommensbestimmungen zugeordnet oder verschie-denen Personen zugerechnet werden (außer nach Artikel 9 (Verbundene Unternehmen)) und dieser Konflikt sich nicht durch ein Verfahren nach Artikel 25 regeln läßt und*
>
> *aa) wenn auf Grund dieser unterschiedlichen Zuordnung oder Zurechnung die betreffenden Einkünfte oder Vermögenswerte dop-pelt besteuert würden oder*
>
> *bb) wenn auf Grund dieser unterschiedlichen Zuordnung oder Zurechnung die betreffenden Einkünfte oder Vermögenswerte in den Vereinigten Staaten unbesteuert blieben oder zu niedrig besteuert würden und in der Bundesrepublik Deutschland (abgesehen von der Anwendung dieses Absatzes) von der Steuer befreit blieben, oder*
>
> *b) wenn die Bundesrepublik Deutschland nach gehöriger Konsultation und vorbehaltlich der Beschränkungen ihres innerstaatli-chen Rechts den Vereinigten Staaten auf diplomatischem Wege andere Einkünfte notifiziert hat, auf die sie diesen Absatz anzuwenden beab-sichtigt, um die steuerliche Freistellung von Einkünften in beiden Ver-tragsstaaten oder sonstige Gestaltungen zum Mißbrauch des Abkommens zu verhindern.*
>
> *Im Fall einer Notifikation nach Buchstabe b können die Vereinigten Staaten vorbehaltlich einer Notifikation auf diplomatischem Weg diese Einkünfte auf Grund dieses Abkommens entsprechend der Qualifikation*

---

[122] Siehe Bundesrats-Drucksache 9/90, S. 35 ff. (Teil II, zu Art. 23); abgedruckt auch in *Debatin, H./Walter, O.*, Handbook on the 1989 Double Taxation Convention Between the Federal Republic of Germany and the United States of America, Vol. II, Parliamentary Documents No. 1, S. 21. Ebenso *Debatin H./Endres, D.*, Das neue Doppelbesteuerungs-abkommen USA/Bundesrepublik Deutschland, Art. 23, Rn. 25; *Arthur Andersen* (Hrsg.), Doppelbesteuerungsabkommen Deutschland-USA, Art. 23, Rn. 45; vgl. auch *Jacob, F.*, Handkommentar DBA-USA, Art. 23 Rn. 7.

der Einkünfte durch die Bundesrepublik Deutschland qualifizieren. Eine Notifikation nach diesem Absatz wird erst ab dem ersten Tag des Kalenderjahrs wirksam, das auf das Jahr folgt, in dem die Notifikation übermittelt wurde und alle rechtlichen Voraussetzungen nach dem innerstaatlichen Recht des notifizierenden Staates für das Wirksamwerden der Notifikation erfüllt sind. "

Die Regelung ist in zwei Fallgruppen gegliedert, von denen die erste zwei Unter-Fallgruppen mit wiederum zwei Alternativen aufweist:

a)   Fallgruppe 1 - Abschnitt 21 lit. a des Protokolls

(1)   Allgemeines

Der Wechsel von der Freistellungs- zur Anrechnungsmethode ist hiernach möglich, wenn Einkünfte oder Vermögen unterschiedlichen Abkommensbestimmungen zugeordnet (Einkunftsqualifikation, Art. 6 bis 22 DBA-USA) oder verschiedenen Personen zugerechnet werden (Subjektqualifikation) und es deshalb zu einer Doppelbesteuerung oder zu doppelter Nichtbesteuerung kommt[123]. Ein solcher Wechsel ist jedoch erst dann möglich, wenn sich die zuständigen Behörden zuvor in einem Verständigungsverfahren nach Art. 25 DBA-USA keine Einigung über eine übereinstimmende Zuordnung zu einer Einkunftsart oder über die Zuordnung zu einer Person erzielt haben[124].

Abschnitt 21 des Protokolls (lit. a und b) ist eine Rechtsfolgeverweisung auf Art. 23 Abs. 2 lit. b DBA-USA. D.h., die Einschränkungen nach Art. 23 Abs. 2 lit. b DBA-USA gelten in diesem Fall nicht. Folglich ist die Basis für die Anrechnung nach Abschnitt 21 des Protokolls nicht der Betrag der in den USA gezahlten Steuer, der nach der auf Grundlage der deutschen Qualifikation nach dem Abkommen zulässig wäre, vielmehr ist der tatsächlich entrichtete Steuerbetrag anzurechnen[125].

Inhaltlich wird die Formulierung der Voraussetzung des Abschnitts 21 lit. a des Protokolls kritisiert. Denn die Voraussetzung: "wenn in den Vertragsstaaten Einkünfte oder Vermögen unterschiedlichen Abkommensbestimmungen zugeordnet ... werden", kann genau genommen nicht eintreten, da keine Abkommensvorschrift gleichzeitig von beiden Vertragsstaaten anzuwenden ist. Vielmehr ist gemeint, daß die USA als Quellenstaat eine andere Abkommensvor-

---

[123] Ausgenommen von dieser Vorschrift ist eine Gewinnzurechnung zwischen verbundenen Unternehmen nach Art. 9 DBA-USA.

[124] Vgl. *Arthur Andersen* (Hrsg.), Doppelbesteuerungsabkommen Deutschland-USA, Art. 23, Rn. 39.

[125] Vgl. *Arthur Andersen* (Hrsg.), Doppelbesteuerungsabkommen Deutschland-USA, Art. 23, Rn. 40.

schrift bejahen als Deutschland in seiner Sicht als Wohnsitzstaat für zutreffend hält[126].

Die Besonderheit der Regelung des Abschnitts 21 des Protokolls liegt in folgendem: Grundsätzlich besteht eine Rechtsnorm aus einem Tatbestand, der zu einer bestimmten Rechtsfolge führt. Abschnitt 21 besitzt jedoch einen zweifachen Tatbestand: "einmal den 'normalen' Tatbestand der zugrundeliegenden Abkommensvorschrift und deren (wegen Ziff. 21 nur vorläufige) Rechtsfolge. Rechtsfolge der Ziff. 21 ist dann die 'endgültige' Rechtsfolge, die sich gerade aus der Umkehrung der für unbefriedigend gehaltenen vorläufigen Rechtsfolge der zugrundeliegenden Vorschrift ergibt. Diese Umkehrung ist auch kein Zufall, sondern der eigentliche Sinn und Zweck der Ziff. 21: Die endgültige Rechtsfolge - Befreiung oder Anrechnung - wird in Ziff. 21 gerade deshalb angeordnet, weil die vorläufige Rechtsfolge (ohne Ziff. 21) das Gegenteil und damit unbefriedigend gewesen wäre."[127] Zu Recht wird von *Pöllath*[128] daran kritisiert, daß trotz des umfangreichen Abkommens mit rund dreißig Artikel und ebenso vielen Regelungen im Protokoll zum Abkommen die vertragsschließenden Staaten auf eine solche Regelung zurückgreifen. Denn letztlich bedeutet diese Regelung eine Infragestellung und Entwertung des gesamten Abkommens. Die Aussage dieser Regelung bedeutet nichts anderes als folgendes: Führen die Regelungen des eigentlichen Abkommens zu einem unbefriedigenden Ergebnis, so sind die Rechtsfolgen einfach umzukehren. So wird eine Anrechnung gewährt, die sonst nicht vorgesehen ist, oder die Freistellung wird durch die Anrechnung ersetzt, wenn dies als für den Steuerpflichtigen als zu günstig erachtet wird[129].

(2)   Verfassungsmäßigkeit des Abschnitts 21 lit. a des Protokolls

In der Literatur[130] wird zum Teil an der Verfassungsmäßigkeit der Regelung des Abschnitts 21 lit. a und b des Protokolls im Hinblick auf ihre Bestimmtheit,

---

[126] Vgl. *Debatin   H./Endres,   D.,*   Das   neue   Doppelbesteuerungsabkommen USA/Bundesrepublik Deutschland, Art. 23 Rn. 25.

[127] *Pöllath, R.,* Die Auslegung völkerrechtlicher Verträge aus der Sicht der Steuerpraxis, in Mössner, J. (Hrsg.), Doppelbesteuerungsabkommen und nationales Recht, S. 29 (33).

[128] *Pöllath, R.,* Die Auslegung völkerrechtlicher Verträge aus der Sicht der Steuerpraxis, in Mössner, J. (Hrsg.), Doppelbesteuerungsabkommen und nationales Recht, S. 29 (33 f.).

[129] Vgl. *Pöllath, R.,* Die Auslegung völkerrechtlicher Verträge aus der Sicht der Steuerpraxis, in Mössner, J. (Hrsg.), Doppelbesteuerungsabkommen und nationales Recht, S. 29 (33 f.).

[130] *Debatin   H./Endres,   D.,*   Das   neue   Doppelbesteuerungsabkommen USA/Bundesrepublik Deutschland, Art. 23 Rn. 25; *Vogel, K.,* Doppelbesteuerungsabkommen, Einl. 102, nur im Hinblick auf die Fassung des Abschnitt 21 lit. b des Protokolls; *Rudden, J./Sieker, K.,* Besteuerung deutscher Unternehmen in den USA, C & L Deutsche Revision AG (Hrsg.), S. 23, Fn. 4.

Rechtsklarheit und Rechtssicherheit gezweifelt, allerdings jeweils ohne Begründung. Es gilt daher im folgenden dies zu untersuchen. Für die hier fragliche Fallgruppe des Abschnitts 21 lit. a des Protokolls ist zunächst nur diese Bestimmung zu untersuchen[131]. Fraglich ist, ob diese Regelung den Grundsatz der Gesetzesbestimmtheit der Besteuerung erfüllt. Auch der Grundsatz der Rechtssicherheit, der sich aus dem Rechtsstaatsprinzip ableitet, fordert Gesetzesbestimmtheit[132]. Dabei gilt das Bestimmtheitserfordernis sowohl für den Tatbestand als auch für die Rechtsfolge[133]. Wie jedoch die Rechtsprechung des Bundesverfassungsgerichts[134] zeigt, fallen hier der Anspruch den das Verfassungsrecht und die Wirklichkeit der Gesetzgebung im Hinblick auf den Bestimmtheitsgrundsatz im Recht weit auseinander[135]. Für das Steuerrecht hat das Bundesverfassungsgericht formelartig entschieden: "Der Grundsatz der Tatbestandsmäßigkeit als Ausdruck des Rechtsstaatprinzips im Bereich des Abgabenwesens fordert, daß steuerbegründende Tatbestände so bestimmt sein müssen, daß der Steuerpflichtige die auf ihn entfallende Steuerlast vorausberechnen kann"[136]. Oder auch: "Die Grundsätze des Rechtsstaats fordern, daß die Norm, die eine Steuerpflicht begründet, nach Inhalt, Gegenstand, Zweck und Ausmaß hinreichend bestimmt und begrenzt ist, so daß die Steuerlast meßbar und in gewissem Umfang für den Staatsbürger voraussehbar und berechenbar wird"[137]. Diese Formeln scheinen einen hohen Maßstab an die Tatbestandsmäßigkeit und die Bestimmtheit von Steuergesetzen anzulegen[138]. Hingegen wurden in anderen Entscheidungen diese Aussagen eingeschränkt[139] und noch in keinem Fall wurde eine Vorschrift des

---

[131] Für die Fälle des Abschnitt 21 lit. b des Protokolls siehe unten Teil 6 Kapitel 2 D. II. 6. b).

[132] Vgl. *Tipke, K./Lang, J.*, Steuerrecht, § 4 Rn. 167; *Wacke, G.*, Verfassungsrecht und Steuerrecht, StbJb. 1966/67, S. 75 (104); *Stern, K.*, Staatsrecht I, § 20 IV 4 b ß, S. 805 f.; siehe auch *Waldhoff, Ch.*, Verfassungsrechtliche Vorgaben für die Steuergesetzgebung im Vergleich Deutschland - Schweiz, 2. Teil B. I. 1. b) aa), S. 119.

[133] *Papier, H.-J.*, Der Bestimmtheitsgrundsatz, DStJG 12 (1989), S. 61 (63); *Tipke, K./Lang, J.*, Steuerrecht, § 4 Rn. 167.

[134] BVerfGE 1, S. 14 (45); 21, S. 73 (79); 25, S. 216 (227); 35, S. 348 (359); 38, S. 69 (82); 45, S. 400 (420); 49, S. 168 (181); 56, S. 1 (12); 59, S. 104 (114); 60, S. 135 (155); 62, S. 162 (183).

[135] Vgl. *Tipke, K./Lang, J.*, Steuerrecht, § 4 Rn. 167; *Papier, H.-J.*, Der Bestimmtheitsgrundsatz, DStJG 12 (1989), S. 61.

[136] BVerfGE 19, S. 253 (267); 34, S. 348 (365); 49, S. 343 (362).

[137] BVerfGE 13, S. 153 (160); vgl. auch BVerfG-Urteil, HFR 1986, Nr. 375 und Nr. 554.

[138] So auch *Papier, H.-J.*, Der Bestimmtheitsgrundsatz, DStJG 12 (1989), S. 61 f.; *Tipke, K./Lang, J.*, Steuerrecht, § 4 Rn. 168.

[139] BVerfGE 3, S. 225 (243 f.); 11, S. 126 (130); 21, S. 209 (215); 31, S. 255 (264).

Steuerrechts wegen zu großer Unbestimmtheit für verfassungswidrig erklärt, obwohl diese Vorschriften sehr unbestimmt waren[140].

Der Grund für diese amorphe und unbefriedigende Rechtslage ist wohl darin zu suchen, daß das Verfassungsrecht seiner Natur nach nur im Abstrakten und im Formelhaften bleiben kann, das einfache (Steuer-)Gesetz jedoch immer einen konkreten Lebenssachverhalt regelt und auf ihn angewandt werden muß. Die Schwierigkeit, die sich hieraus gerade für die Anwendung des verfassungsrechtlichen Bestimmtheitsgrundsatzes auf das einfache Steuergesetz (wozu auch die Normen eines Doppelbesteuerungsabkommens zählen, vgl. § 2 AO) ergibt, ist immer eine Frage wo man die Grenze des Maßstabes sieht. D.h. was will man noch als bestimmt und was schon als unbestimmt ansehen. Demzufolge sind Aussagen über die Erfüllung des Bestimmtheitsgrundsatzes bei einer Norm nur schwerlich zu treffen. Die beiden Enden des Spektrums des Maßstabes werden zutreffend von *Tipke/Lang*[141] beschrieben: Einerseits ist ein mehr oder minder hohes Abstraktionsniveau im Steuerrecht als unvermeidbar ansehen. D.h., daß auch auf Generalklauseln und unbestimmte Rechtsbegriffe nicht gänzlich verzichtet werden kann. Andererseits sind Gesetzesvorschriften dann als verfassungswidrig anzusehen, wenn sie schlechterdings nicht anwendbar, nicht befolgbar, nicht justitiabel sind.

Übertragen auf die Regelung des Abschnitts 21 lit. a bb) des Protokolls gilt folgendes: In der Bandbreite dieses Spektrums liegend und dem verfassungsrechtlichen Bestimmtheitsgrundsatz nicht offensichtlich widersprechend ist die erste Alternative anzusehen, wonach auf Grund "unterschiedlicher Zuordnung und Zurechnung die betreffenden Einkünfte oder Vermögenswerte in den Vereinigten Staaten unbesteuert blieben" und die Bundesrepublik Deutschland - ohne Anwendung dieser Vorschrift - diese Einkünfte freizustellen hätte. Unvereinbar mit der Bandbreite dieses Spektrums und dem Bestimmtheitsgrundsatz widersprechend ist jedoch die zweite Alternative, die die Möglichkeit des Wechsels von der Freistellungs- zur Anrechnungsmethode vorsieht für den Fall, daß die Einkünfte in den USA "zu niedrig besteuert würden". Der zweiten Alternative

---

[140] *Tipke, K./Lang, J.*, Steuerrecht, § 4 Rn. 168; *Papier, H.-J.*, Der Bestimmtheitsgrundsatz, DStJG 12 (1989), S. 61 (62) unter Hinweis auf BVerfGE 13, S. 153 (161), ("wenn die Darlehensgewährung eine durch die Sachlage gebotene Kapitalzuführung ersetzt"); 21, S.1 (3), ("außergewöhnliche Belastung"); 26, S. 1 (10), ("Zinsen für Schulden, die ... der nicht nur vorübergehenden Verstärkung des Betriebskapitals dienen"); 48, S. 210 (222 f.), ("wenn es aus volkswirtschaftlichen Gründen zweckmäßig ist"); BVerfG-Urteil, HFR 1986, Nr. 375, ("wenn der Veräußerer an der Gesellschaft zu mehr als einem Viertel unmittelbar oder mittelbar beteiligt war").

[141] *Tipke, K./Lang, J.*, Steuerrecht, § 4 Rn. 169.

dieser Regelung fehlt eindeutig der Vergleichsmaßstab. Denn sie enthält keine Antwort auf die Frage, woran diese "zu niedrig" zu messen sei[142].

Bezogen auf die hier fraglichen "Sondervergütungen", die aus der Sicht der USA Einkünfte nach Art. 12, 14 oder 15 DBA-USA darstellten, kommt nur die erste Alternative des Abschnitts 21 lit. a bb) des Protokolls, d.h. die doppelte Nichtbesteuerung in Betracht. Diese tritt in der Form der Zuordnung dieser Einkünfte zu unterschiedlichen Abkommensbestimmungen in den beiden Vertragsstaaten auf. Da der verfassungsrechtliche Bestimmtheitsgrundsatz bei der ersten Alternative in der Form der doppelten Nichtbesteuerung erfüllt ist, ist hiernach grundsätzlich für diese Fälle der "Sondervergütungen" ein Wechsel vom Freistellungs- auf das Anrechnungsverfahren durch die Bundesrepublik Deutschland nach Abschnitt 21 lit. a bb) des Protokolls i.V.m. Art. 23 Abs. 2 lit. b gg) DBA-USA möglich. Voraussetzung hierfür ist jedoch, daß ein Verständigungsverfahren nach Art. 25 DBA-USA erfolglos durchgeführt worden ist. In dieser Voraussetzung dürfte wohl aus pragmatischen und Praktikabilitätsgründen ein Haupthindernis in der Anwendung dieser Regelung zu suchen sein[143], da sich ein Verständigungsverfahren erfahrungsgemäß sehr lange hinziehen kann.

b)   Fallgruppe 2 - Abschnitt 21 lit. b des Protokolls

(1)   Allgemeines

Der Wechsel vom Freistellungs- zum Anrechnungsverfahren ist gemäß Abschnitt 21 lit. b des Protokolls auch möglich, "um die steuerliche Freistellung von Einkünften in beiden Vertragsstaaten oder sonstige Gestaltungen zum Mißbrauch des Abkommens zu verhindern". Nach Aussage der deutschen Denkschrift zum Abkommen[144] sind auch hier Fälle gemeint, in denen die national ausgerichtete Anwendung des Abkommens sonst zu unterschiedlicher Abkommensanwendung führe, die auch in einem Verständigungsverfahren nach Art. 25 DBA-USA nicht beseitigt werden können, aber nicht bereits von Abschnitt 21 lit. a erfaßt sind. Die Regelung in Abschnitt 21 lit. b des Protokolls sei getroffen worden, um zu berücksichtigen, daß die Freistellungsmethode in einzelnen Fällen zu ungerecht-

---

[142] So auch *Debatin H./Endres, D.*, Das neue Doppelbesteuerungsabkommen USA/Bundesrepublik Deutschland, Art. 23 Rn. 25.

[143] Anwendungsschwierigkeiten befürchtet auch *Pöllath, R.*, Anwendung und Auslegung des DBA-USA, in Kramer, J.-D. (Hrsg.), Grundzüge des US-amerikanischen Steuerrechts, S. 205 (217). Zur Problematik des Verständigungsverfahrens aus US-Sicht siehe *Covington, J.*, Dispute Resolution Under Tax Treaties: Current and Proposed Methods, 24 Texas International Law Journal 367 (1989).

[144] Bundesrats-Drucksache 9/90, S. 35 ff. (Teil II, zu Art. 23); abgedruckt auch in *Debatin, H./Walter, O.*, Handbook on the 1989 Double Taxation Convention Between the Federal Republic of Germany and the United States of America, Vol. II, Parliamentary Documents No. 1, S. 21. Vgl. auch *Arthur Andersen* (Hrsg.), Doppelbesteuerungsabkommen Deutschland-USA, Art. 23, Rn. 42.

fertigten Doppelentlastungen führen könne, z.B. weil die nationalen Steuerrechte sich unterschiedlich entwickelten oder dies durch geeignete steuerlich motivierte Gestaltungen herbeigeführt werde. Dies könne sonst nur durch einen generellen Übergang zur Anrechnungsmethode beseitigt werden, der aber nicht angezeigt sei[145].

Die beiden Regelungen lit. a und lit. b des Abschnitts 21 des Protokolls stehen damit im Verhältnis der Ausschließlichkeit. D.h., entweder ist ein Fall des lit. a gegeben, der dann nur nach dieser Vorschrift zu regeln ist, oder es ist ein Fall des lit. b gegeben, der dann gleichfalls nur nach lit. b zu regeln ist. Diese Auffassung der Denkschrift findet auch im Wortlaut des Abschnitts 21 lit. b des Protokolls ihren Ausdruck, der in Abgrenzung zu lit. a nur "andere Einkünfte" anspricht. Es werden also nur Fälle erfaßt, die nicht schon unter lit. a zu subsumieren sind. Wie bereits gezeigt[146], handelt es sich bei den fraglichen "Sondervergütungen", die aus der Sicht der USA Einkünfte nach Art. 12, 14 oder 15 DBA-USA darstellen, um einen Fall, der von lit. a abgedeckt ist. Trotzdem bietet es sich an die Vorschrift des Abschnitts 21 lit. b des Protokolls aus Gründen des Sinnzusammenhangs im folgenden zu untersuchen und zu bewerten, da die Voraussetzungen und die Problematik beider Vorschriften ähnlich und die Rechtsfolgen die gleichen sind.

Auch am Wortlaut des Abschnitts 21 lit. b des Protokolls wurde Kritik[147] geübt. Schon die Formulierung der ersten beiden Anwendungsvoraussetzungen läßt zwei Fragen offen. Hiernach kann "die Bundesrepublik Deutschland nach gehöriger Konsultation" - mit wem, bleibt allerdings offen - "und vorbehaltlich der Beschränkungen ihres innerstaatlichen Rechts" - welche hiermit gemeint sind, bleibt ebenfalls offen - "den Vereinigten Staaten auf diplomatischem Wege andere Einkünfte" notifizieren, auf die sie statt des vom Abkommen angeordneten Freistellungs-, das Anrechnungsverfahren anwenden möchte.

(2) Abschnitt 21 lit. b des Protokolls als Gleitklausel für eine ständige Abkommensrevision durch die Bundesrepublik Deutschland?

Ebenso ist die Formulierung des Zwecks der Norm nur zum Teil klar. Diese Regelung wurde eingefügt, "um die steuerliche Freistellung von Einkünften in beiden Vertragsstaaten oder sonstige Gestaltungen zum Mißbrauch des Abkommens zu verhindern". Hinreichend bestimmt ist noch die erste Alternative, die

---

[145] Die Vertreter einzelner Landesfinanzverwaltungen haben sich bei den Abkommensverhandlungen für einen generellen Übergang von der Freistellungs- auf die Anrechnungsmethode eingesetzt, sich aber nicht durchsetzen können; vgl. *Jacob, F.*, Das deutsch-amerikanische Doppelbesteuerungsabkommen von 1989, DStZ 1992, S. 669 (671).

[146] Siehe oben Teil 6 Kapitel 2 D. II. 6. a).

[147] Siehe *Debatin H./Endres, D.*, Das neue Doppelbesteuerungsabkommen USA/Bundesrepublik Deutschland, Art. 23 Rn. 27.

darauf abzielt die doppelte Nichtbesteuerung von Einkünften zu vermeiden[148]. Hingegen ist die zweite Alternative, die als Zweckbestimmung "sonstige Gestaltungen zum Mißbrauch des Abkommens zu verhindern" zum Inhalt hat, inhaltlich völlig unspezifisch und formelhaft und entzieht sich jeder Bestimmbarkeit[149]. Sie bedeutet nämlich mit anderen Worten nichts anderes, als daß immer, wenn die beiden Regierungen eine Abkommensregelung oder besser gesagt das Ergebnis einer solchen für unpassend halten und es deshalb ändern wollen, dies durch diese Regelung tun können[150]. Die Bedeutung des Abschnitts 21 lit. b des Protokolls ist folglich als abkommensrechtliche Gleitklausel zu verstehen. Sie stellt gewissermaßen das Einfallstor für eine ständige Abkommensrevision dar, für die die Bundesrepublik Deutschland das einseitige Initiativrecht besitzt. Ein bisher unerhörter Fall im Recht der Doppelbesteuerungsabkommen, da die Vorläufer-Regelung in Abschnitt 13 des Protokolls zum DBA-Kanada 1981 nur eine dem Abschnitt 21 lit. a des Protokolls vergleichbare Bestimmung enthält. Selbstverständlich konnten sich bisher schon zwei Vertragsstaaten zu jeder Zeit über eine Abkommensrevision Verhandlungen aufnehmen und sich auf eine Revision des Abkommens einigen, wenn der eine oder andere Vertragsstaat der Ansicht war, daß die Verteilung der Steuergüter nicht mehr angemessen erschien oder es auf Grund von Änderungen in seinem nationalen Steuerrecht eine Anpassung des Abkommens notwendig war. Dies ist nichts Neues. Das Revisionsprotokoll von 1965 zum ursprünglichen DBA-USA von 1954 ist ein Beispiel hierfür. Erstaunlich an dieser Regelung ist jedoch zweierlei: Erstens das alleinige Initiativrecht für die Bundesrepublik Deutschland. Und zweitens der dadurch in dieser Regelung enthaltene Zwang auf den anderen Vertragsstaat USA, sich einer von der Bundesrepublik Deutschland für richtig erachteten abkommensrechtlichen Einkunftsqualifikation zu beugen und diese anzunehmen, widrigenfalls die Bundesrepublik berechtigt ist, die Art und Weise der Vermeidung der Doppelbesteuerung zu ändern. Dies bedeutet nämlich nichts anderes, als daß die Bundesrepublik Deutschland sich in dieser Weise einseitig von den im Abkommen verbindlich getroffenen Vereinbarungen über ihre Pflichten zur Vermeidung der Doppelbesteuerung lossagen kann.

---

[148] So auch *Debatin H./Endres, D.*, Das neue Doppelbesteuerungsabkommen USA/Bundesrepublik Deutschland, Art. 23 Rn. 27.

[149] *Pöllath, R.*, Änderung von Doppelbesteuerungsabkommmen ohne Änderung des Zustimmungsgesetzes, in Mössner, J. (Hrsg.), Doppelbesteuerungsabkommen und nationales Recht, S. 53 (58); *Debatin H./Endres, D.*, Das neue Doppelbesteuerungsabkommen USA/Bundesrepublik Deutschland, Art. 23 Rn. 27.

[150] In diesem Sinne auch *Pöllath, R.*, Änderung von Doppelbesteuerungsabkommmen ohne Änderung des Zustimmungsgesetzes, in Mössner, J. (Hrsg.), Doppelbesteuerungsabkommen und nationales Recht, S. 53 (58).

(3)   Verfassungsrechtliche Voraussetzungen

Voraussetzung für den Wechsel vom Freistellungs- zum Anrechnungsverfahren durch die Bundesrepublik Deutschland nach Abschnitt 21 lit. b des Protokolls ist, daß eine Umsetzung einer solchen Änderung in das nationale deutsche Steuerrecht erfolgt[151]. Dies ist nicht unmittelbar aus der Regelung selbst ersichtlich, obwohl die dort als Anwendungsvoraussetzungen angesprochenen "rechtlichen Voraussetzungen nach dem innerstaatlichen Recht des notifizierenden Staates [Bundesrepublik Deutschland]" sowie die "Beschränkungen ihres innerstaatlichen Rechts", so ausgelegt werden können. Jedenfalls geht auch die deutsche Denkschrift[152] zum Abkommen davon aus, daß die Anwendung des Abschnitts 21 lit. b des Protokolls "einer besonderen Umsetzung in das deutsche Steuerrecht" bedarf, "[d]a eine solche Maßnahme in die völkerrechtlichen Verpflichtungen der Bundesrepublik Deutschland und in den durch das Abkommen gewährten Rechtsschutz für den Steuerbürger eingreift".

In verfassungsrechtlicher Hinsicht ist eine solche Umsetzung wegen des Grundsatzes der Gesetzmäßigkeit der Besteuerung[153] und des Bestimmtheitsgrundsatzes[154] erforderlich. Die Gesetzmäßigkeit der Besteuerung verlangt u.a., daß die Auferlegung von Steuerlasten dem Gesetz vorbehalten ist. D.h., sie ist nur zulässig, sofern und soweit sie durch ein Gesetz angeordnet ist (sog. Vorbehalt des Gesetzes)[155]. Der Bestimmtheitsgrundsatz fordert, wie vorstehend bereits erörtert[156], "daß die Norm, die eine Steuerpflicht begründet, nach Inhalt, Gegenstand, Zweck und Ausmaß hinreichend bestimmt ist, so daß die Steuerlast meßbar und in gewissem Umfang für den Staatsbürger voraussehbar und berechenbar

---

[151] Vgl. *Arthur Andersen* (Hrsg.), Doppelbesteuerungsabkommen Deutschland-USA, Art. 23, Rn. 43.

[152] Bundesrats-Drucksache 9/90, S. 35 ff. (Teil II, zu Art. 23); abgedruckt auch in *Debatin, H./Walter, O.*, Handbook on the 1989 Double Taxation Convention Between the Federal Republic of Germany and the United States of America, Vol. II, Parliamentary Documents No. 1, S. 21.

[153] Bei der Gesetzmäßigkeit der Besteuerung ist nach der Lehre von der Gesetzmäßigkeit der Verwaltung der Vorrang des Steuergesetzes einerseits und der Vorbehalt des Steuergesetzen zu unterscheiden; vgl. *Tipke, K.*, Steuerrechtsordnung I, S. 151; *Tipke, K./Lang, J.*, Steuerrecht, § 4 Rn. 150; *Waldhoff, Ch.*, Verfassungsrechtliche Vorgaben für die Steuergesetzgebung im Vergleich Deutschland - Schweiz, 2. Teil B. I. 1. b) aa), S. 119.

[154] Siehe hierzu oben Teil 6 Kapitel 2 D. II. 6 a) bb).

[155] Vgl. *Tipke, K./Lang, J.*, Steuerrecht, § 4 Rn. 150

[156] Siehe oben Teil 6 Kapitel 2 D. II. 6 a) bb).

wird"[157]. Gleichwohl stellt das Bundesverfassungsgericht an die Bestimmtheit einer steuerrechtlichen Norm keine besonders hohen Anforderungen.

Diesen beiden Voraussetzungen wird die Regelung des Abschnitts 21 lit. b des Protokolls, für sich allein genommen, nicht gerecht. Denn im Gegensatz zu Abschnitt 21 lit. a des Protokolls, der Doppelbesteuerung oder doppelte Nichtbesteuerung von Einkünften oder Vermögen auf Grund der Zuordnung zu verschiedenen Personen oder Abkommensbestimmungen aufgrund der "Unterschiede in den nationalen Rechten beider Staaten" betrifft, regelt Abschnitt 21 lit. b des Protokolls all jene "Fälle, in denen die national ausgerichtete Anwendung des Abkommens auf andere Weise zu unterschiedlicher Abkommensanwendung führt"[158]. Wobei die Anwendung dieser Vorschrift zusätzlich die Absicht der Bundesrepublik Deutschland voraussetzt, "die steuerliche Freistellung von Einkünften in beiden Vertragsstaaten oder sonstige Gestaltungen zum Mißbrauch des Abkommens zu verhindern[159]".

Abschnitt 21 lit. b des Protokolls begründet bei seiner Anwendung eine Steuerpflicht, da in diesem Falle ein nach dem Abkommen konkret bestehender Abkommensschutz zu Lasten von Steuerpflichtigen aufgehoben und abbedungen wird. Dies würde ohne eine ergänzende gesetzliche Regelung einen Verstoß gegen den Grundsatz der Gesetzmäßigkeit der Besteuerung (Vorbehalt des Gesetzes) bedeuten. Darüber hinaus ist die Zahl der Fälle, in denen eine Steuerpflicht in dieser Weise begründet werden kann nahezu unbegrenzt, da sie Abschnitt 21 lit. b im Hinblick auf Inhalt, Gegenstand, Zweck und Ausmaß nur negativ, nämlich in Abgrenzung gegen Abschnitt 21 lit. a, bestimmt. Ohne eine genauere ergänzende Bestimmung durch ein Gesetz würde die alleinige Anwendung des Abschnitts 21 lit. b auch einen Verstoß gegen den verfassungsrechtlichen Bestimmtheitsgrundsatz bedeuten.

Folglich ist jede Anwendung des Abschnitts 21 lit. b durch eine gesetzliche Regelung zu begleiten, die den Grundsatz der Gesetzmäßigkeit der Besteuerung sowie den Bestimmtheitsgrundsatz wahrt, damit die verfassungsrechtlichen Anforderungen an eine solche Anwendung erfüllt sind[160]. Dafür "ist ein Gesetz oder eine gesetzesvertretende Norm notwendig"[161].

---

[157] BVerfGE 13, S. 153 (160); vgl. auch BVerfG-Urteil, HFR 1986, Nr. 375 und Nr. 554. In ähnlicher Weise auch BVerfGE 19, S. 253 (267); 34, S. 348 (365); 49, S. 343 (362).

[158] Deutsche Denkschrift zum Abkommen, Bundesrats-Drucksache 9/90, S. 35 ff. (Teil II, zu Art. 23); abgedruckt auch in *Debatin, H./Walter, O.*, Handbook on the 1989 Double Taxation Convention Between the Federal Republic of Germany and the United States of America, Vol. II, Parliamentary Documents No. 1, S. 21.

[159] Abschnitt 21 lit. b des Protokolls.

[160] Auf jeden Fall ist eine begleitende gesetzliche Regelung für die Anwendung des Abschnitt 21 lit. b des Protokolls erforderlich. Andernfalls würde die Anwendung nichts an-

Da das Wirksamwerden einer solchen Abkommensänderung nach Abschnitt 21 lit. b des Protokolls erst am ersten Tag des Kalenderjahres erfolgt, das dem Jahr folgt, in dem die Notifikation übermittelt wurde und die erforderliche gesetzliche Regelung dieser Abkommensänderung erfolgt ist, soll vermutlich zusätzlich sichergestellt werden, daß sich ein betroffener Steuerpflichtiger auf die Folgen der Änderung einstellen kann[162].

c)   Kritik an den Regelungen des Abschnitts 21 des Protokolls

Die Kritik an Abschnitt 21 des Protokolls ist vielfältig und reicht - wie zum Teil schon erörtert - von Rechtssicherheits-, Praktikabilitäts- bis hin zu abkommenspolitischen Erwägungen. Teils wird die Erforderlichkeit einer solchen Regelung herausgestellt, da "die Vertragsstaaten nicht in der Lage sind, alle möglichen Fälle der Doppelbesteuerung zu vermeiden"[163] (gemeint ist hier sicher wohl auch die doppelte Nichtbesteuerung), teils wird gesagt, diese Regelung sei "gewissermaßen eine Bankrotterklärung der Auslegung von Abkommenstexten und regelt

---

deres als die Aussage *Pöllaths* bedeuten: "Es kann doch nicht wahr sein, daß es möglich sein sollte, die Finanzverwaltungen schreiben einander einen Brief und aus diesem Briefwechsel ergäbe sich eine Steuerpflicht, die ohne diesen Briefwechsel nicht bestanden hätte."; vgl. *Pöllath, R.*, Änderung von Doppelbesteuerungsabkommmen ohne Änderung des Zustimmungsgesetzes, in Mössner, J. (Hrsg.), Doppelbesteuerungsabkommen und nationales Recht, S. 53.

Abschnitt 21 lit. b des Protokolls wurde bereits einmal angewandt, um deutlich zu machen, daß die Ausschüttungen von *Regulated Investment Companies* sowie alle Ausschüttungen, die bei der Gewinnermittlung der ausschüttenden Gesellschaft abzugsfähig sind, vom Schachtelprivileg ausgeschlossen sind. Ein eigenes Gesetz hierfür war jedoch nicht notwendig, da die erforderliche Notifizierung bereits durch eine Note vom 03.11.1989 (abgedruckt in *Debatin, H./Walter, O.*, Handbook on the 1989 Double Taxation Convention Between the Federal Republic of Germany and the United States of America, Vol. II, Treaty, Protokol and Notes No. 5, S. 94 f.) erfolgte, die ausdrücklich vom deutschen Zustimmungsgesetz (Art. 1 und Art. 3, Nr. 2) erfaßt wurde, das erst am 11.01.1991 erging; vgl. BGBl. 1991 II, S. 354, ebenfalls abgedruckt in *Debatin, H./Walter, O.*, Handbook on the 1989 Double Taxation Convention Between the Federal Republic of Germany and the United States of America, Vol. II, Parliamentary Documents No. 5, S. 226.

[161] Deutsche Denkschrift zum Abkommen, Bundesrats-Drucksache 9/90, S. 35 ff. (Teil II, zu Art. 23); abgedruckt auch in *Debatin, H./Walter, O.*, Handbook on the 1989 Double Taxation Convention Between the Federal Republic of Germany and the United States of America, Vol. II, Parliamentary Documents No. 1, S. 21.

[162] Vgl. auch *Pöllath, R.*, Änderung von Doppelbesteuerungsabkommmen ohne Änderung des Zustimmungsgesetzes, in Mössner, J. (Hrsg.), Doppelbesteuerungsabkommen und nationales Recht, S. 53 (58).

[163] *Wassermeyer, F.*, Diskussionsbeitrag, in Mössner, J. (Hrsg.), Doppelbesteuerungsabkommen und nationales Recht, S. 64 f.

das Auslegungsergebnis im Abkommen selbst"[164]. Fest steht, daß die Auffassung *Mencks*[165], der in bezug auf die ähnliche, jedoch noch nicht so umfangreiche Regelung im DBA-Kanada von 1981, von einem "rechtlichen Kunstgriff" spricht, der die im deutschen Besteuerungsraum anfallenden Probleme im Zusammenhang mit Qualifikationskonflikten auftretenden Probleme im wesentlichen löst, nur eingeschränkt gelten kann. Denn *Brenner*[166] hat nachgewiesen, daß diese Klausel im DBA-Kanada nicht unproblematisch ist und bei weitem nicht alle Probleme löst, die durch Qualifikationskonflikte verursacht werden.

Plakativ hat *Pöllath*[167] ein weiteres Problem des Abschnitts 21 des Protokolls dargestellt: "[Es] ergeben sich aus dieser subsidiären deutschen Besteuerung gewissermaßen quantitative Probleme in der Abgrenzung gegenüber dem Verbot der virtuellen Doppelbesteuerung. Das wird am Beispiel deutlich: Angenommen, nach deutscher Auffassung wären gewisse gewerbliche Einkünfte in den USA zu versteuern und nach dem Abkommen in Deutschland befreit[168]. Die US-Steuerbelastung betrüge dann z.B. 28 %. Weil die USA das Abkommen aber (nach ihren eigenen Regeln) anders verstehen, entfällt die US-Quellenbesteuerung und - unter den Voraussetzungen des Schlußprotokolls zum neuen DBA - entsteht damit wieder das deutsche Besteuerungsrecht im Sitzstaat. An die Stelle der US-Steuerlast von 28 % tritt damit die deutsche Steuerlast von rund dem Doppelten. Es ist schwer verständlich, warum gewissermaßen der Wegfall der 'halben' US-Steuerlast die Erhebung einer sonst entfallenden 'doppelten' deutschen Steuer rechtfertigen soll."

Ein Haupthindernis bei der Anwendung dürfte jedoch bei der mangelnden Praktikabilität und mangelnden Rechtssicherheit der Regelung zu suchen sein. In den Fällen des lit. a ist zwingende Voraussetzung, daß zunächst ein Verständigungsverfahren (Art. 25 DBA-USA) erfolglos durchgeführt wurde. In bezug auf die Fälle des lit. b ist zwar nach dem Wortlaut kein Verständigungsverfahren zwingend erforderlich, doch spricht die deutsche Denkschrift zum Abkommen[169]

---

[164] *Pöllath, R.*, Die Auslegung völkerrechtlicher Verträge aus der Sicht der Steuerpraxis, in Mössner, J. (Hrsg.), Doppelbesteuerungsabkommen und nationales Recht, S. 29 (32).

[165] *Menck, Th.*, Der Qualifikationskonflikt im neuen deutsch-kanadischen Doppelbesteuerungsabkommen, Intertax 1982, S. 417.

[166] *Brenner, D.*, Personengesellschaften im internationalen Steuerrecht, in Haarmann, W. (Hrsg.), Unternehmensstrukturen und Rechtsformen im Internationalen Steuerrecht, S. 63 (77 ff.)

[167] *Pöllath, R.*, Anwendung und Auslegung des DBA-USA, in Kramer, J.-D. (Hrsg.), Grundzüge des US-amerikanischen Steuerrechts, S. 205 (216).

[168] Wie zum Beispiel diese "Sondervergütungen" [Anmerkung des Verfassers].

[169] Deutsche Denkschrift zum Abkommen, Bundesrats-Drucksache 9/90, S. 35 ff. (Teil II, zu Art. 23); abgedruckt auch in *Debatin, H./Walter, O.*, Handbook on the 1989 Dou-

auch im Hinblick auf diese Fälle vom Einsatz eines Verständigungsverfahren. Problematisch an diesen Verständigungsverfahren ist, daß sie erfahrungsgemäß sehr lange dauern können. Was die Anwendung des Abschnitts 21 umständlich und langwierig machen kann.

Für den Steuerpflichtigen stellt die Regelung des Abschnitts 21 ein "Damoklesschwert" dar, da sie ein hohes Maß an Rechtsunsicherheit bedeutet. Er kann sich nicht darauf verlassen, daß seine Einkünfte nach dem "Abkommen" besteuert werden, wenn die Rechtsfolgen des Abkommens auf diese Weise umgekehrt werden können. Im Rahmen der Fälle des lit. a gilt überhaupt kein Schutz ab wann die Regelung auf seinen Fall angewandt werden darf. Er kann nur hoffen, zumindest von dem zuvor erforderlichen Verständigungsverfahren zu erfahren, um sich auf eine eventuelle Änderung einstellen zu können. Für die Fälle des lit. b ist wenigstens durch das Erfordernis einer begleitenden gesetzlichen Regelung und einer Vorschrift über die mögliche erstmalige Anwendung, eine gewisse Rechtssicherheit gegeben.

Hinzu kommt, daß diese Schwierigkeiten und Hindernisse bei der Anwendung dieser Regelung ein weiteres Maß an fehlender Rechtssicherheit darstellen, da er wegen der zu erwartenden langen Dauer eines Verständigungsverfahrens seine (endgültige) Steuerbelastung nicht kalkulieren kann[170]. Eine Tatsache, die sich sicher negativ auf die unternehmerische Entscheidungs- und Investitionsfreudigkeit auswirkt. Es ist daher die Vermutung anzustellen, daß die deutschen Vertragsverhandler beim Abschnitt 21 des Protokolls es vielleicht weniger auf die spätere tatsächliche Anwendung dieser Vorschrift abgesehen haben, als daß man eher auf die prohibitive Wirkung gegen allzu aggressive Steuerplanung abgezielt hat. Daß diese Vermutung nicht grundsätzlich von der Hand zu weisen ist, wird durch eine Aussage in der deutschen Denkschrift[171] zum Abkommen deutlich, die im Hinblick auf die neue Regelung des lit. b davon spricht, daß Überlegungen zur Anwendung dieser Norm zurückgestellt wurden, bis Erfahrungen mit dieser Bestimmung vorliegen[172]. Aber auch in bezug auf lit. a ist eine solche

---

ble Taxation Convention Between the Federal Republic of Germany and the United States of America, Vol. II, Parliamentary Documents No. 1, S. 21.

[170] Die mit Abschnitt 21 des Protokolls verbundene Rechtsunsicherheit für den Steuerpflichtigen und dessen Berater wird auch kritisiert von *Pöllath, R.*, Die Auslegung völkerrechtlicher Verträge aus der Sicht der Steuerpraxis, in: Mössner, J. (Hrsg.), Doppelbesteuerungsabkommen und nationales Recht, S. 29 (32).

[171] Bundesrats-Drucksache 9/90, S. 35 ff. (Teil II, zu Art. 23); abgedruckt auch in *Debatin, H./Walter, O.*, Handbook on the 1989 Double Taxation Convention Between the Federal Republic of Germany and the United States of America, Vol. II, Parliamentary Documents No. 1, S. 21.

[172] Gleichwohl wurde diese Regelung schon vor Inkrafttreten des Abkommens in Bezug auf Auschüttungen, die von einer US-Gesellschaft bei der Gewinnermittlung abgezogen werden können, angewandt.

Vermutung durchaus berechtigt. Diese Regelung, aber auch ähnliche Regelungen in anderen Abkommen, wurden bis heute nicht angewandt. Erstmalig ist eine solche Regelung im DBA-Kanada 1981 eingefügt worden[173]. Es mag ja durchaus zu wünschen und zu hoffen sein, daß eine solche Regelung bisher noch nicht in Anspruch genommen werden mußte, weil die Anwendung betreffenden Abkommen noch keine Fälle der Doppelbesteuerung oder doppelten Nichtbesteuerung hervorgebracht haben. Andererseits stellt sich dann die Frage, ob eine solche Regelung dann überhaupt notwendig ist.

Aus diesen Gründen darf es als gesichert gelten, daß Abschnitt 21 des Protokolls zum DBA-USA nicht der Königsweg zur Lösung eines Qualifikationskonflikts und zur Beseitigung der doppelten Nichtbesteuerung bei "Sondervergütungen" ist, die aus der Sicht der USA Einkünfte nach Art. 12, 14 oder 15 DBA-USA gewertet werden. Dabei existierte dieses Problem schon seit geraumer Zeit unter dem alten DBA-USA 1954/65. Auch hierfür bot das Abkommen selbst keine Lösung. Es erstaunt daher um so mehr, daß im neuen Abkommen von 1989 dieses Problem nicht ausdrücklich gelöst wurde, sondern daß man sich auf so problematische "Globallösungen" wie den Abschnitt 21 des Protokolls verlassen hat.

Im folgenden wird nun die Lösung des Bundesfinanzhofs zur Frage der "Sondervergütungen" zum alten DBA-USA 1954/65 untersucht, die auch für das neue Abkommen von 1989 Geltung beanspruchen dürfte und zudem Aussagen enthält, von denen anzunehmen ist, daß sie allgemein für die Anwendung von Doppelbesteuerungsabkommen auf Sondervergütungen gelten[174].

---

[173] Dort Abschnitt 13 des Protokolls.

[174] So auch *Piltz, D.*, Qualifikationskonflikte im internationalen Steuerrecht unter besonderer Berücksichtigung von Personengesellschaften, in Fischer, L. (Hrsg.), Besteuerung internationaler Konzerne, S. 21 (42).

E. Abkommensrechtliche Behandlung der "Sondervergütungen" nach dem Urteil des BFH vom 27.02.1991[175] zum DBA-USA 1954/65, sog. Zinsurteil

In diesem Urteil zum DBA-USA 1954/65[176] hat sich der Bundesfinanzhof im Ergebnis der Ansicht der deutschen Finanzverwaltung angeschlossen, wonach Zinsen, die ein deutscher Gesellschafter von seiner US-Personengesellschaft für die Hingabe eines Gesellschafterdarlehens erhält, in Deutschland abkommensrechtlich ebenfalls als Zinsen zu behandeln sind. D.h. die Qualifikation durch die USA als Zinszahlungen wird für die deutsche Abkommensanwendung als bindend übernommen. Dies hat zur Folge, daß diese Zinszahlungen der Besteuerung in Deutschland unterfallen und nicht entsprechend der sonst üblichen deutschen Sichtweise als Sondervergütungen Teil des Betriebstättengewinns darstellen, für die die USA das Besteuerungsrecht hätten. Zur Begründung hat die Finanzverwaltung zunächst lediglich darauf verwiesen, daß die Zinszahlungen andernfalls unbesteuert blieben, was mit dem Sinn und Zweck eines Doppelbesteuerungsabkommens nicht zur vereinbaren sei[177]. Während in späteren Erlassen hingegen maßgeblich auf den Abkommenszusammenhang abgestellt wurde[178].

---

[175] BFH-Urteil vom 27.02.1991, I R 15/89, BStBl. 1991 II, S. 444, sog. Zinsurteil. Vorinstanz FG Münster Urteil vom 24.11.1988, EFG 1989, S. 159. Gegenstand dieses Urteils ist die abkommensrechtliche Behandlung von Zinszahlungen nach dem DBA-USA 1954/65, die ein deutscher Gesellschafter einer US-Limited Partnership von dieser für die Hingabe eines Gesellschafterdarlehens erhält.

Das BFH-Urteil vom 31.05.1995, I R 74/93, IWB Fach 3a, Gruppe 1, S. 461, mit zustimmender Anmerkung von *Baranowski*; abgedruckt auch in IStR 1995, S. 438 mit Anmerkungen von *DB* und *FW*. Gegenstand dieses Urteils ist die abkommensrechtliche Behandlung von Zinszahlungen (sowie aus diesen entstehenden Währungsgewinnen) nach dem DBA-USA 1954/65, die ein in Deutschland ansässiger, atypisch stiller Gesellschafter einer US-Corporation (Kapitalgesellschaft) erhält. Es wiederholt und bekräftig die im Urteil vom 27.02.1991 ausgeführte Rechtsansichten des BFH .

[176] Nach dem DBA-USA 1989 ist Deutschland in bezug auf Zinszahlungen einer US-Personengesellschaft an ihren deutschen Gesellschafter auf Abkommensebene an die abkommensrechtliche Qualifikation der USA als Zinsen im Sinne des Abkommens (Art. 11 DBA-USA) gebunden, da Art. 11 Abs. 2 DBA-USA 1989 bei der Begriffsbestimmung der "Zinsen" auf das innerstaatliche Recht des Quellenstaates (USA) verweist. Siehe hierzu bereits oben Teil 6 Kapitel 2 D. II. 1.

[177] Erlaß des Finanzministeriums Nordrhein-Westfalen vom 01.12.1986, -S 1301 - USA 60-VC1, DB 1987, S. 24; Erlaß des Bundesministeriums der Finanzen vom 01.03.1988 - IV C 5 - S 1301 USA - 286/87, RIW 1988, S. 497.

[178] Erlaß des Bundesministeriums der Finanzen vom 01.03.1988 - IV C 5 - S 1301 USA - 286/87, RIW 1988, S. 497, sowie der inhaltsgleiche Erlaß des Finanzministeriums Schleswig-Holstein vom 15.03.1988, - IV 351a - S 1301- 1260, abgedruckt in *Korn, R./Debatin, H.*, Doppelbesteuerung, DBA-USA, Abschnitt VI E, Nr. 15, S. 265 f.

Die von den USA, entsprechend ihrem nationalen Steuerrecht auch abkommensrechtlich als "Zinsen" eingeordneten Zinszahlungen einer US-Personengesellschaft an ihren deutschen Gesellschafter (aus deutscher Sicht Sondervergütungen gemäß § 15 Abs. 1 Nr. 2 EStG) sind gemäß Art. VII Abs. 1 DBA-USA 1954/65[179] von der US-Besteuerung befreit. Entsprechend der herkömmlichen deutschen Sichtweise handelt es sich um einen Teil des Betriebstättengewinns nach Art. III DBA-USA, der gemäß Art. XV Abs. 1 lit. b Nr. 1 aa DBA-USA, der die Vermeidung der Doppelbesteuerung in Deutschland regelt, von deutscher Besteuerung freizustellen ist, da die USA hierfür das Besteuerungsrecht nach dem Abkommen besitzen[180].

Im deutschen Schrifttum herrscht Einigkeit darüber, daß eine abkommensrechtliche Bindung der Bundesrepublik an die Einkunftsqualifikation der USA aus dem Wortlaut des Abkommens nicht hergeleitet werden kann. Die herrschende Meinung im Schrifttum lehnt aus diesem Grund eine abkommensrechtliche Bindung Deutschlands an die Qualifikation durch die USA ab[181]. Eine Mindermeinung will zur Vermeidung einer doppelten Nichtbesteuerung aus dem "Sinn und Zweck des Abkommens" eine deutsche Bindung an die US-Qualifikation herleiten[182].

---

[179] Soweit keine gegenteiligen Angaben erfolgen, handelt es sich im Rahmen dieser Darstellung um das DBA-USA 1954/65. Die Artikel darin sind im Unterschied zum DBA-USA 1989 mit römischen Ziffern bezeichnet.

[180] Der entscheidende Teil des Art. XV Abs. 1 lit. b Nr. 1 aa DBA-USA lautet: "Von der Bemessungsgrundlage der Steuer der Bundesrepublik Deutschland werden die Einkünfte aus Quellen innerhalb der Vereinigten Staaten ... ausgenommen, die nach diesem Abkommen in den Vereinigten Staaten nicht steuerbefreit sind ...".

[181] So *Schlütter, E.*, Die Sondervergütung eines Mitunternehmers im Außensteuerrecht, JbFfSt 1979/80, S. 152 (168); *ders.*, Personengesellschaft oder Körperschaft?, in Vogel, K. (Hrsg.), Grundfragen des Internationalen Steuerrechts, DStJG 8, S. 215 (233); *Küspert, K.*, Sondervergütungen inländischer Personengesellschafter nach dem DBA-USA, RIW 1988, S. 461 (462 f.); *Kappe, K.*, Besteuerung von Gewinnanteilen aus US-Personengesellschaften und Zinsen aus Gesellschafterdarlehen nach dem DBA-USA, DStR 1987, S. 479 (481 f.); *Greif, M.*, Auslandsaktivitäten inländischer Unternehmen, in Mössner, J. M. (Hrsg.), Steuerrecht international tätiger Unternehmen, Rn. E 46; *Debatin, H.*, Zur Behandlung von Beteiligungen an Personengesellschaften unter den Doppelbesteuerungsabkommen im Lichte der neueren Rechtsprechung des Bundesfinanzhofs, BB 1992, S. 1181 (1186); *ders.*, Inländische Beteiligungen an Mitunternehmerschaften im Ausland, BB 1978, 669 (673 f.); *Korn, R./Debatin, H.*, Doppelbesteuerung, DBA-USA, Art. XV, Anm. 4 d) ee), S. 694; *Riemenschneider, S.*, Abkommensberechtigung, S. 176 ff.

[182] So *Selent, A.*, Ausländische Personengesellschaften im Ertrag- und Vermögensteuerrecht, S. 311 f.; *Knobbe-Keuk, B.*, "Qualifikationskonflikte" im internationalen Steuerrecht der Personengesellschaften, RIW 1991, S. 306 (311 f.); *dies.*, Bilanz- und Unternehmensteuerrecht, S. 548 ff.

Der BFH begründet sein Ergebnis jedoch nicht mit einer möglichen abkommensrechtlichen Bindung der Bundesrepublik an die Einkunftsqualifikation der USA.
Seiner Ansicht nach ist diese Frage in diesem Zusammenhang unerheblich, da
nach der von ihm vorgenommenen Abkommensauslegung unabhängig von einer
solchen Bindung Zinsen im Sinne des Art. VII Abs. 1 DBA-USA vorliegen.

Nach Ansicht des BFH[183] handelt es sich bei den fraglichen Sondervergütungen
nicht um einen Teil des Unternehmensgewinns, wie es der deutschen Sichtweise
entspricht, sondern auf Grund vorrangiger Abkommensbestimmungen um Zinsen
im Sinne des Art. VII Abs. 1 DBA-USA. Der BFH sieht in den Zinszahlungen
einer US-Personengesellschaft an ihren deutschen Gesellschafter Einkünfte im
Rahmen eines Gläubiger-Schuldner-Verhältnisses, denn diese Zahlungen seien
unter die Auffangbestimmung "oder andere Schuldverhältnisse" in Art. VII Abs.
1 DBA-USA zu subsumieren. Eine solche Schuldverpflichtung sei auch nach
deutschem Zivilrecht möglich. Der Annahme eines Schuldverhältnisses zwischen
dem deutschen Gesellschafter und seiner US-Personengesellschaft stehe auch
nicht die Definition eines "deutschen Unternehmens" in Art. II Abs. 1 lit. f
DBA-USA entgegen. Denn auch wenn die Beteiligung eines deutschen Gesellschafters an einer US-Personengesellschaft ein "deutsches Unternehmen" im
Sinne dieser Norm darstelle, "schließt das nicht aus, daß zwischen einer Personengesellschaft amerikanischen Rechts und einem ihrer Gesellschafter eine
'Schuldverpflichtung' besteht". Der Qualifikation als "Zinsen" stehe auch nicht
entgegen, daß die Zahlungen nach nationalem deutschen Steuerrecht Bestandteil
des gewerblichen Gewinns der Personengesellschaftsbeteiligung nach § 15 Abs.
1 Nr. 2 EStG darstellen. Zwar seien gemäß Art. II Abs. 2 DBA-USA[184] die im
Abkommen nicht definierten Begriffe nach nationalem Recht auszulegen. Dies
gelte jedoch nur, soweit sich aus dem "Zusammenhang" des Abkommens "nicht
etwas anderes ergibt". Der abkommensrechtliche Begriff des "gewerblichen Gewinns" umfasse jedoch nach der in Art. III Abs. 5 DBA-USA ausdrücklich enthaltenen Begriffsabgrenzung nicht die Zinseinkünfte des Art. VII Abs. 2 und 3
DBA-USA. Diese im Abkommen selbst enthaltene Begriffsabgrenzung löse Zinsen grundsätzlich aus gewerblichen Gewinnen für die Anwendung des Abkommens heraus. Diese Abgrenzung sei für die Auslegung des Zinsbegriffs im Abkommen auch dann vorrangig, wenn dieser Begriff im Abkommen nicht
ausdrücklich definiert sei.

Der BFH übersieht bei seiner Beurteilung jedoch, daß es sich hierbei um die abkommensrechtliche Einkunftsqualifikation handelt, d.h., es kommt - wie bereits
ausgeführt[185] - ausschließlich darauf an, ob nach den Wertungen des Abkom-

---

[183] BFH-Urteil vom 27.02.1991, I R 15/89, BStBl. 1991 II, S. 444, sog. Zinsurteil.

[184] Entspricht Art. 3 Abs. 2 OECD-MA.

[185] Siehe oben Teil 6 Kapitel 2 D. II. 1. bis 3.

mens ein Schuldverhältnis vorliegen kann[186]. Hingegen ist die zivil- oder steuerrechtliche Lage nach dem nationalen Recht des jeweiligen Vertragsstaates unerheblich. Abkommensrechtlich ist aber kein Schuldverhältnis zwischen dem Gesellschafter einer Personengesellschaft und seiner Gesellschaft möglich. Dies
verkennt der BFH, wenn er auf die Situation nach dem deutschen Zivilrecht ab-
stellt und eine danach mögliche Schuldverpflichtung zwischen Personengesellschafter und Gesellschaft im Rahmen des Zinsartikels Art. VII Abs. 1 DBA-
USA annimmt. Ausschlaggebend ist jedoch allein das DBA-USA selbst. Hiernach kommt einer US-Personengesellschaft keine Steuersubjekteigenschaft zu,
denn sie ist keine abkommensberechtigte Person nach dem DBA-USA. Zwar
fehlt dem DBA-USA 1954/65 eine dem Art. 1 DBA-USA 1989 entsprechende
Definition der abkommensberechtigten Person. Doch fehlt nach beiden Abkommen einer Personengesellschaft die Eigenschaft einer abkommensberechtigten
Person. Beim DBA-USA 1989 ergibt sich dies aus Art. 1, 3 Abs. 1 lit. d und f
i.V.m. Art. 4 Abs. 1 lit. b[187]. Beim DBA-USA 1954/65 ergibt sich dies aus der
Regelung des Art. II Abs. 1 lit. e und f. Hiernach wird ein "amerikanisches"
oder ein "deutsches" Unternehmen nur durch einen "Gesellschafter einer Personengesellschaft" und somit nicht durch die Personengesellschaft selbst verkörpert. D.h., die Personengesellschaft genießt selber keine Abkommensberechtigung, sondern nur der an ihr beteiligte Gesellschafter als die das Unternehmen
betreibende abkommensberechtigte Person[188]. Damit ist die US-Personengesellschaft nach dem DBA-USA 1954/65, genauso wie nach dem DBA-USA 1989
oder dem OECD-MA, keine gegenüber dem inländischen Gesellschafter eigenständige Person. Wie bereits erörtert[189], können sich deshalb auf der Abkommensebene Personengesellschafter und Personengesellschaft nicht als Gläubiger
und Schuldner gegenüberstehen. Die Annahme eines Schuldverhältnisses, wie es

---

[186] Dahinstehen können daher die im Urteil vom 27.02.1991 getroffenen weiteren Ausführungen des BFH dazu, ob die zugrundeliegende Darlehensforderung nicht "tatsächlich
zu einer Betriebstätte" gehört, was im Ergebnis abgelehnt wird. Denn bei einer tatsächlichen Zugehörigkeit der Darlehensforderung zur Betriebstätte, würde sich aufgrund des in
Art. VII Abs. 1 DBA-USA 1954/65 normierten Betriebstättenvorbehalts ergeben, daß die
Zinszahlungen Teil des Betriebstättengewinns des Gesellschafters darstellen würden, mit
der Folge, daß für diese gewerblichen Gewinne ausschließlich die USA das Besteuerungsrecht haben. Siehe ausführlich zur "tatsächlichen Zugehörigkeit zur Betriebstätte" in diesem Zusammenhang bei *Schaumburg, H.*, Internationales Steuerrecht, S. 791 ff.

[187] Vgl. hierzu bereits oben Teil 5 Kapitel 2.

[188] Ebenso *Riemenschneider, S.*, Abkommensberechtigung, S. 175 f.; *Korn, R./Debatin,
H.*, Doppelbesteuerung, DBA-USA, Art. I , Anm. 2 c), S. 515, und 4 c) cc), S. 567.
Nach Art. II Abs. 1 lit. f DBA-USA bildet der in Deutschland ansässige Gesellschafter
einer US-amerikanischen Personengesellschaft ein "deutsche Unternehmen" im Sinne des
Abkommens.

[189] Siehe oben Teil 6 Kapitel B. III. 4. c).

der BFH tut, ist somit verfehlt[190]. Damit können die von einer US-Personengesellschaft an ihren deutschen Gesellschafter gezahlten Sondervergütungen keine
Zinsen im Sinne des Art. VII Abs. 1 DBA-USA darstellen.

I. Konsequenzen aus dem Urteil des BFH

Die Konsequenzen, die sich aus diesem BFH-Urteil für die abkommensrechtliche
Behandlung von Personengesellschaftsbeteiligungen ergeben sind vielfältig. Im
folgenden ein kurzer Abriß der zum Teil in der Literatur[191] schon erörterten und
von der Rechtsprechung des BFH nur teilweise umgesetzten Folgen[192]:

Die Konsequenz mit der wohl größten Tragweite wird sich für den umgekehrten
Fall, nämlich der Beteiligung eines ausländischen Gesellschafters an einer deutschen Personengesellschaft ergeben[193]. Gewährt ein ausländischer Gesellschafter
seiner deutschen Personengesellschaft ein Darlehen, so wird die Finanzverwaltung nicht umhin können, die Zinszahlungen darauf nicht als Sondervergütungen
nach § 15 Abs. 1 Nr. 2 EStG zu werten, der als Teil des Betriebstättengewinns
der abkommensrechtlich ausschließlich deutschen Besteuerung unterliegt, sondern als Zinsen zu behandeln. Dies hat zur Folge, daß der deutsche Fiskus, je
nach Abkommen, nur ein eingeschränktes Quellenbesteuerungsrecht besitzt oder
das Besteuerungsrecht ausschließlich beim Ansässigkeitsstaat des ausländischen
Gesellschafters liegt. Die Ursache für eine solche Behandlung von Zinszahlungen (und auch sonstigen bisher als Sondervergütungen betrachteten Zahlungen)

---

[190] In gleicher Weise *Riemenschneider, S.*, Abkommensberechtigung, S. 175 f.; *Köhler,
F.*, Das Betriebsstättenprinzip im Recht der deutschen Doppelbesteuerung bei Mitunter-
nehmerschaftsgebilden , RIW 1991, S. 1024 (1033); *Debatin, H.*, Zur Behandlung von
Beteiligungen an Personengesellschaften unter den Doppelbesteuerungsabkommen im
Lichte der neueren Rechtsprechung des Bundesfinanzhofs, BB 1992, S. 1181 (1187 f.);
ders., Inländische Beteiligungen an Mitunternehmerschaften im Ausland, BB 1978, 669
(673 f.); *Korn, R./Debatin, H.*, Doppelbesteuerung, DBA-USA, Art. XV, Anm. 4 d) ee),
S. 693b f.

[191] Vgl. hierzu insbesondere die ausführliche Darstellung von *Piltz, D.*, Qualifikationskonflikte im internationalen Steuerrecht unter besonderer Berücksichtigung von Personengesellschaften, in Fischer, L. (Hrsg.), Besteuerung internationaler Konzerne, S. 21 (42
ff.);

[192] BFH-Urteil vom 19.05.1993, I R 60/92, BStBl. 1993 II, S. 714, sowie BFH-Urteil
vom 31.05.1995, I R 74/93, IWB Fach 3a, Gruppe 1, S. 461, mit zustimmender Anmerkung von *Baranowski*; abgedruckt auch in IStR 1995, S. 438 mit Anmerkungen von *DB*
und *FW*.

[193] Vgl. *Fischer-Zernin, J.*, Sondervergütungen und DBA, RIW 1991, S. 493 (495);
Piltz, D., Qualifikationskonflikte im internationalen Steuerrecht unter besonderer Berücksichtigung von Personengesellschaften, in Fischer, L. (Hrsg.), Besteuerung internationaler Konzerne, S. 21 (44); Dieser geht unter Bezugnahme auf das BFH-Urteil vom
26.02.1992, BStBl. 1992 II, S. 493, davon aus, daß der BFH diese Konsequenz ziehen
wird.

an einen ausländischen Gesellschafter einer deutschen Personengesellschaft liegt in der in Art. 3 Abs. 2 OECD-MA normierten Auslegungshierarchie von Doppelbesteuerungsabkommen. Die Auslegung aus dem Abkommenszusammenhang wie der BFH es im Zinsurteil getan und bestätigt hat, hat Vorrang vor der Auslegung nach dem nationalen Steuerrecht des Anwenderstaates (§ 15 Abs. 1 Nr. 2 EStG).

Nicht gefolgt werden kann m.E. der Ansicht *Piltz'*[194], wonach dieses Urteil für den internationalen Anwendungsbereich auch ein Ende des Grundsatzes der Gleichbehandlung von Mitunternehmer und Einzelunternehmer[195] bedeutet. Er argumentiert folgendermaßen: Betreibt ein deutscher Einzelunternehmer mit inländischem Stammhaus und ausländischer Betriebstätte sein Gewerbe, so gibt es keine Möglichkeit der Existenz schuldrechtlicher Rechtsbeziehungen zwischen der ausländischen Betriebstätte und dem Einzelunternehmer oder gar ihrer steuerlichen Anerkennung. D.h., sämtliche Einkünfte, die der Einzelunternehmer erzielt, sind gewerbliche Gewinne. Diese Situation war in ihrem steuerlichen Ergebnis auch beim Gesellschafter einer ausländischen gewerblichen Personengesellschaft bisher nicht anders. Schuldrechtlich mögliche Rechtsbeziehungen zwischen einem Personengesellschafter und seiner ausländischen Personengesellschaft wurden steuerlich nicht anerkannt, d.h. Einkünfte daraus galten als Sondervergütungen und stellten damit gewerbliche Gewinne dar. Das Zinsurteil des BFH hat dies geändert. Einkünfte aus schuldrechtlichen Rechtsbeziehungen eines deutschen Gesellschafters, die er von seiner ausländischen Personengesellschaft bezieht, stellen nicht mehr automatisch Sondervergütungen und damit gewerbliche Gewinne dar, vielmehr können diese Einkünfte je nach ihrem Charakter abkommensrechtlich Zins- oder Lizenzzahlungen, Einkünfte aus selbständiger oder nichtselbständiger Arbeit darstellen, mit jeweils ganz unterschiedlichen Folgen für deren Besteuerung. Dies hat zur Folge, daß Personengesellschafter und Einzelunternehmer im internationalen Bereich nicht mehr gleich behandelt werden. Für einen Einzelunternehmer, der im Ausland eine Betriebstätte unterhält, kann es unter Umständen steuerlich günstiger sein, sein Unternehmen durch die Aufnahme eines Partners in eine Personengesellschaft umzuwandeln. Er kann auf diese Weise steuerlich anzuerkennende schuldrechtliche Rechtsbeziehung zu sei-

---

[194] Vgl. *Piltz, D.*, Qualifikationskonflikte im internationalen Steuerrecht unter besonderer Berücksichtigung von Personengesellschaften, in Fischer, L. (Hrsg.), Besteuerung internationaler Konzerne, S. 21 (43). Dieser spricht in diesem Zusammenhang von einem möglichen *"aufspalten"* der Einkünfte in gewerbliche Gewinne einerseits (eigentlicher Gewinnanteil an der ausländischen Personengesellschaft) und Zinseinkünfte etc. andererseits (Einkünfte aus schuldrechtlichen Beziehungen des Gesellschafters zu seiner ausländischen Personengesellschaft, die bisher als Sondervergütungen gewerbliche Gewinne darstellten).

[195] Vgl. zu diesem Grundsatz BFH-Beschluß vom 25.02.1991, GrS 7/89, BStBl. 1991 II, S. 691 (698).

ner ausländischen Betriebstätte knüpfen und den Charakter der von dort bezogenen Einkünfte ändern.

In seinen Urteilen vom 19.05.1993[196] und vom 31.05.1995[197] hat der BFH - m.E. zurecht - diese Konsequenz nicht gezogen. Denn es ist vielmehr davon auszugehen, daß sich nur die deutsche Besteuerungskompetenz nach dem Zinsartikel des Abkommens richtet, die steuerliche Einkunftszuordnung im Ansässigkeitsstaat des Gesellschafters (Deutschland) wird dadurch aber nicht berührt. Sind die Zinsen nach dem deutschen Steuerrecht Bestandteil der gewerblichen Einkünfte (§ 15 Abs. 1 Nr.2 EStG), so bleibt es für die deutsche Besteuerung dabei. Grund hierfür ist, daß dann, wenn eine abkommensrechtliche Besteuerungskompetenz für einen Staat gegeben ist, das nationale Recht selbständig und unabhängige von der abkommensrechtlichen Einordnung in die Einkunftsarten entscheidet, ob und wie eine nationale Steuerpflicht gegeben ist.

Aus dem Urteil des BFH ergeben sich jedoch sowohl für die von der ausländischen Personengesellschaft an den inländischen Gesellschafter gezahlten Zinsen als auch für die zugrundeliegende Forderung Folgen. Nicht nur die ins Inland fließenden Zinsen werden der deutschen Besteuerung zugewiesen, auch die gegen die ausländische Personengesellschaft bestehende Forderung gehört zu dem der deutschen Besteuerung unterliegenden Betriebsvermögen und nicht zum freigestellten ausländischen Betriebstättenvermögen[198]. Für den Fall, daß es sich um ein Fremdwährungsdarlehen handelt, folgt daraus, daß Wertveränderungen aufgrund von Wechselkursschwankungen sich sowohl bei der eigentlichen Kapitalforderung als auch bei den Zinsforderungen auf die deutsche Besteuerung auswirken müssen.

In bezug auf Wertveränderungen der Kapitalforderung hat der BFH diese Konsequenz jedenfalls nicht ziehen wollen. In seinem Urteil vom 19.05.1993[199] hatte er über die steuerliche Berücksichtigung von Wechselkursverlusten aus einer Darlehensforderung einer deutschen KG gegen eine französische OHG (société en nom collectif), an der die deutsche KG beteiligt war, zu entscheiden. Unter Hinweis auf seine bisherige Rechtsprechung[200] zur gewinnmindernden Wertbe-

---

[196] BFH-Urteil vom 19.05.1993, I R 60/92, BStBl. 1993 II, S. 714.

[197] BFH-Urteil vom 31.05.1995, I R 74/93, IWB Fach 3a, Gruppe 1, S. 461, mit zustimmender Anmerkung von *Baranowski*; abgedruckt auch in IStR 1995, S. 438 mit Anmerkungen von *DB* und *FW*.

[198] Siehe BFH-Urteil vom 27.02.1991, I R 15/89, BStBl. 1991 II, S. 444 (446 f.), Abschnitt II. B. 4. des Urteils. Ebenso *Piltz, D.*, Qualifikationskonflikte im internationalen Steuerrecht unter besonderer Berücksichtigung von Personengesellschaften, in Fischer, L. (Hrsg.), Besteuerung internationaler Konzerne, S. 21 (43 f.).

[199] BFH-Urteil vom 19.05.1993, I R 60/92, BStBl. 1993 II, S. 714.

[200] BFH-Urteile vom 22.01.1981, IV R 160/76, BStBl. 1981 II, S. 427; vom 12.07.1990, IV R 37/89, BStBl. 1991 II, S. 64.

richtigung von Gesellschafterdarlehen an eine Personengesellschaft lehnte der BFH ein solche ab. Nicht eingegangen ist der BFH in diesem Urteil auf sein Zinsurteil vom 27.02.1991.

Im Hinblick auf Wertveränderungen der Zinsforderungen hat der BFH diese Konsequenz offenbar gezogen. In seinem Urteil vom 31.05.1995[201] - sie erging zum DBA-USA 1954/65 - hatte der BFH unter anderem über Kursgewinne aus Zinszahlungen aufgrund Gesellschafterdarlehens einer deutschen KG, die an einer US-corporation atypisch still beteiligt war, zu entscheiden. Diese Kursgewinne entstanden durch Kursdifferenzen zwischen der Einbuchung der Zinsforderungen und dem Umrechnungskurs bei endgültiger Zahlung der Zinsen. Der BFH hält fest, die KG habe damit "zusätzliche Sondervergütungen aus der Mitunternehmerschaft i.S.d. § 15 Abs. 1 Nr. 2 EStG erzielt", die "wie nachträgliche Sonderzahlungen oder Prämien im Jahr der Zinszahlung zuzurechnen" sind und der deutschen Besteuerung unterliegen.

Vorsichtig ausgedrückt, ist diese Rechtsprechung des BFH zum steuerlichen Charakter solcher Gesellschaftereinkünfte und zu den Wertveränderungen bei Gesellschafterdarlehen an ausländische Personengesellschaften zumindest als inkonsequent zu bezeichnen.

II. Keine abkommensrechtliche Bindung Deutschlands an die Qualifikation der Sondervergütungen als Zinsen durch die USA nach dem DBA-USA 1954/65

Fraglich ist aber, ob sich dennoch eine abkommensrechtliche Bindung Deutschlands als Ansässigkeitsstaat an die Qualifikation der Sondervergütungen als Zinsen durch USA aus dem Art. XV Abs. 1 lit. b Nr. 1 aa DBA-USA über die Vermeidung der Doppelbesteuerung ergibt. Diese Vorschrift lautet:

> *"Von der Bemessungsgrundlage der Steuer der Bundesrepublik Deutschland werden die Einkünfte aus Quellen innerhalb der Vereinigten Staaten ... ausgenommen, die nach diesem Abkommen in den Vereinigten Staaten nicht steuerbefreit sind ..."*

Hiernach sind solche Einkünfte von der deutschen Besteuerung ausgenommen, die nach dem Abkommen in den Vereinigten Staaten nicht steuerbefreit sind. Damit nimmt diese Vorschrift auf ein Besteuerungsrecht des Quellenstaates Bezug. Doch richtet sich die Frage, ob dem Quellenstaat USA für diese Einkünfte ein Besteuerungsrecht zusteht, im Rahmen der Anwendung des Artikels über die Vermeidung der Doppelbesteuerung nach dem Abkommensinhalt, wie er sich aus der Sicht des diesen Artikel anwendenden Ansässigkeitsstaates Deutschland

---

[201] BFH-Urteil vom 31.05.1995, I R 74/93, zur Steuerpflicht von Wechselkursgewinnen siehe Abschnitt II. C. 4. des Urteils, IWB Fach 3a, Gruppe 1, S. 461, mit zustimmender Anmerkung von *Baranowski*; abgedruckt auch in IStR 1995, S. 438 mit Anmerkungen von *DB* und *FW*.

darstellt[202]. Mit anderen Worten: Es kommt hier allein auf die deutsche Sichtweise an, ob die Abkommensvoraussetzung für die Steuerbefreiung in Deutschland erfüllt ist. D.h. allein auf die Frage, ob - aus deutscher Sicht - die Einkünfte nach dem Abkommen in den USA nicht steuerbefreit sind. Wie bereits wiederholt ausgeführt, ist bei der Abkommensanwendung in Deutschland entgegen der Ansicht des BFH im Zinsurteil, der für die Zuordnung des Besteuerungsrechts vom Zinsartikel (Art. VII) und damit von der US-Sicht ausgeht, für die Zuordnung des Besteuerungsrechts von der deutschen Betrachtungsweise auszugehen. Hiernach handelt es sich um Sondervergütungen, die Teil des Betriebstättengewinns der Personengesellschaftsbeteiligung darstellen, die als gewerbliche Gewinne nach Art. III Abs. 1 DBA-USA zu behandeln sind.

Auch nicht gefolgt werden kann daher der Ansicht der Finanzverwaltung[203], die ohne weitere Erläuterung allein wegen der Qualifikation der Einkünfte als Zinsen durch die USA und der damit verbunden Freistellung von der US-Besteuerung, aus Art. XV Abs. 1 lit. b Nr. 1 aa DBA-USA mit Hinweis auf den Abkommenszusammenhang eine deutsche Steuerberechtigung herleitet. Damit, so stellt sie fest, fehle es an der Voraussetzung für die Herausnahme der Zinsen aus der deutschen Besteuerungsgrundlage. Ausschlaggebend ist jedoch, daß sich Art. XV Abs. 1 lit. b Nr. 1 aa DBA-USA nur auf solche Einkünfte bezieht, "die nach diesem Abkommen in den USA nicht steuerbefreit sind". Den USA steht aber für die von ihnen als Zinsen im Sinne des Abkommens qualifizierten Sondervergütungen kein Besteuerungsrecht zu, da diese nach Art. VII Abs. 1 DBA-USA in den USA steuerbefreit sind. Somit besteht aber schon wegen des fehlenden Besteuerungsrechts in den USA nach der Abkommensaussage kein Zusammenhang zwischen dem Artikel über die Vermeidung der Doppelbesteuerung und dem Artikel, der die Quellenbesteuerung beschränkt[204]. Entgegen der Auffassung der Finanzverwaltung ergibt sich damit aus dem Abkommenszusammenhang keine abkommensrechtliche Bindung Deutschlands an die Einkunftsqualifikation durch die USA.

F. Lösungsvorschlag - ausdrückliche Regelung der Sondervergütungen im Abkommen

Es erstaunt doch, daß das DBA-USA 1989 - obwohl eines der umfangreichsten und detailliertesten ist, das die Bundesrepublik Deutschland abgeschlossen hat - keine ausdrückliche Regelung in bezug auf die abkommensrechtliche Behandlung

---

[202] Siehe dazu oben Teil 6 Kapitel 2 D. II. In gleicher Weise *Riemenschneider, S.*, Abkommensberechtigung, S. 177.

[203] Erlaß des Bundesministeriums der Finanzen vom 01.03.1988 - IV C 5 - S 1301 USA - 286/87, RIW 1988, S. 497, sowie der inhaltsgleiche Erlaß des Finanzministeriums Schleswig-Holstein vom 15.03.1988, - IV 351a - S 1301- 1260, abgedruckt in *Korn, R./Debatin, H.*, Doppelbesteuerung, DBA-USA, Abschnitt VI E, Nr. 15, S. 265 f.

[204] Ebenso *Riemenschneider, S.*, Abkommensberechtigung, S. 177 f.

der "Sondervergütungen" enthält. Dies mag zum Teil an dem Schattendasein liegen, das Personengesellschaften im Recht der Doppelbesteuerungsabkommen führen[205], und daran, daß andere Themenbereiche und Problematiken bei den Vertragsverhandlungen vordringlicher erschienen[206]. Doch es handelt sich hierbei um ein altbekanntes Problem, das seit Jahrzehnten besteht.

Wie diese Darstellung zeigt ist die Behandlung der "Sondervergütungen" nach dem DBA-USA 1989 alles andere als zufriedenstellend. Für eine künftige Abkommensrevision gilt es m.E. daher, praktikable Lösungsvorschläge zu erarbeiten. Im Gegensatz zur dargestellten gegenwärtigen Abkommenssituation, die die Behandlung der Sondervergütungen mit Hilfe von "Globallösungen" wie den Vorschriften des Art. 23 Abs. 2 letzter Satz DBA-USA und Abschnitt 21 des Protokolls i.V.m. Art. 23 Abs. 2 lit. b gg DBA-USA versucht, sollte hierfür aus Gründen der Rechtsklarheit und -sicherheit einer ausdrücklichen Abkommensregelung der Vorzug gegeben werden.

Die Hoffnung, daß eine Initiative für eine ausdrückliche abkommensrechtliche Regelung der Sondervergütungen von der Bundesrepublik Deutschland ausgehen wird, ist aus folgendem Grund denkbar gering: Aus fiskalischer Sicht und Praxis und gebilligt von der Rechtsprechung hat die Bundesrepublik in Bezug auf die Besteuerung der Sondervergütungen das Optimum erreicht, das ein Doppelbesteuerungsabkommen einem Vertragsstaat bieten kann. Sie besteuert - mit Ausnahme der Einkünfte aus unbeweglichem Vermögen, die aus den USA stammen und Sondervergütungen darstellen - sämtliche Sondervergütungen, gleichgültig, ob sie aus den USA oder aus Deutschland stammen. Die Besteuerungssituation für die Bundesrepublik stellt sich wie folgt dar: Für US-Beteiligungen an deutschen Personengesellschaften (deutsche Betriebstätten) geht Deutschland selbstverständlich davon aus, daß Sondervergütungen Teil des Betriebstättengewinns darstellen und beansprucht hierfür das Besteuerungsrecht. Im umgekehrten Fall (deutsche Beteiligung an einer US-Personengesellschaft = US-Betriebstätte) nehmen die USA entsprechend ihrem innerstaatlichen Steuerrecht des dadurch geprägten Abkommensverständnisses - abgesehen von Einkünften aus unbeweglichem Vermögen - ihr Besteuerungsrecht an den Sondervergütungen nicht wahr. Hingegen beansprucht Deutschland ebenfalls für diese Einkünfte das Besteuerungsrecht, obwohl sie nach ihrem eigenen Rechtsverständnis dazu nicht berechtigt wäre. Im Hinblick auf das Postulat der gerechten Aufteilung des Steuerauf-

---

[205] Siehe hierzu bereits oben in der Einleitung sowie in Teil 1 Kapitel 2 A.

[206] Vgl. *Knobbe-Keuk, B.*, "Qualifikationskonflikte" im internationalen Steuerrecht der Personengesellschaften, RIW 1991, S. 306.

kommens unter den Staaten (inter-nation equity)[207] im internationalen Steuerrecht eine nicht gerade unbedenkliche Situation.

Da eine ausdrückliche Lösung, je nach ihrem Inhalt, einen Eingriff in die Besteuerungssouveränität des einen oder anderen Vertragsstaates bedeutet und daher Verhandlungssache sein dürfte, gilt es Lösungsvorschläge zu finden, die unterschiedlich starke Eingriffe darstellen.

Möglich ist einmal, Sondervergütungen ausdrücklich in die gewerblichen Gewinne einzubeziehen oder herauszunehmen. Im Grunde bedeutet dies nichts anderes als die Rechtslage für die Behandlung der Sondervergütungen nach dem nationalen Steuerrecht des einen oder anderen Vertragsstaates für das Abkommen verbindlich zu erklären. Geeignet für diese Maßnahme wäre die Anfügung eines Textes folgenden Inhalts im Anschluß an Art. 7 Abs. 6 Satz 1 DBA-USA:

Im Falle einer Einbeziehung der Sondervergütungen in die gewerblichen Gewinne:

"Dieser Artikel gilt auch für Einkünfte aus Beteiligungen an einer Personengesellschaft. Er erstreckt sich auch auf Vergütungen, die ein Gesellschafter einer Personengesellschaft von der Gesellschaft für seine Tätigkeit im Dienst der Gesellschaft, für die Gewährung von Darlehen oder für die Überlassung von Wirtschaftsgütern bezieht; unabhängig davon, ob diese Vergütungen nach dem Steuerrecht des Vertragsstaates, in dem die Betriebstätte gelegen ist, den Einkünften des Gesellschafters aus dieser Betriebstätte zugerechnet werden."

Im Falle einer Herausnahme der Sondervergütungen aus den gewerblichen Gewinnen:

"Dieser Artikel gilt auch für die Einkünfte aus Beteiligungen an einer Personengesellschaft. Er erstreckt sich jedoch nicht auf Vergütungen, die ein Gesellschafter einer Personengesellschaft von der Gesellschaft für die Tätigkeit im Dienst der Gesellschaft, für die Gewährung von Darlehen oder für die Überlassung von Wirtschaftsgütern bezieht; unabhängig davon, ob diese Vergütungen nach dem Steuerrecht des Vertragsstaates, in dem die Betriebstätte gelegen ist, den Einkünften des Gesellschafters aus dieser Betriebstätte zugerechnet werden."

Diese beiden Regelungen stellen aus der Sicht des einen oder anderen Vertragsstaates jeweils die rechtliche Maximalforderung[208] dar. Fiskalisch würden sie

---

[207] Siehe zu diesem Begriff *Musgrave, Richard A./Musgrave, Peggy B.*, Inter-Nation Equity, in Essays in Honor of Carl S. Shoup, S. 63 ff.; vgl. auch *Vogel, K.*, Doppelbesteuerungsabkommen, Einl. Rn. 12.

[208] Der hier verwendete Begriff Maximalforderung ist hier nur rechtlich zu verstehen, nämlich im Hinblick auf die Durchsetzung der eigenen nationalen Rechtslage gegenüber dem anderen Vertragsstaat. Betrachtet nach fiskalischen Gesichtspunkten dürfte - wie be-

eine Verschlechterung der Besteuerungssituation Deutschlands und eine entsprechende Verbesserung der Besteuerungssituation der USA bedeuten. Unter dem Gesichtspunkt der gerechten Aufteilung des Steueraufkommens unter den Staaten *(inter-nation equity)* würden beide Lösungen eine Verbesserung der gegenwärtigen Situation bedeuten.

Abkommenspolitisch dürfte die Bundesrepublik Deutschland jedoch an der abkommensrechtlichen Festschreibung ihrer gegenwärtigen Besteuerungssituation interessiert sein, da sie fiskalisch gesehen ein Optimum für sie bedeutet. Dies könnte folgendermaßen aussehen. An Art. 7 Abs. 6 Satz 1 DBA-USA wird folgender Text angefügt:

> "Dieser Artikel gilt auch für Einkünfte aus Beteiligungen an einer Personengesellschaft. Er erstreckt sich auch auf Vergütungen, die ein Gesellschafter einer Personengesellschaft von der Gesellschaft für seine Tätigkeit im Dienst der Gesellschaft, für die Gewährung von Darlehen oder für die Überlassung von Wirtschaftsgütern bezieht, wenn diese Vergütungen nach dem Steuerrecht des Vertragsstaates, in dem die Betriebstätte gelegen ist, den Einkünften des Gesellschafters zugerechnet werden. Diese Einkünfte können, soweit sie nicht in diesem Staat der Steuer unterliegen, im anderen Staat besteuert werden.

Textliche Grundlage für diese Formulierung bilden Art. 7 Abs. 7 DBA-Schweiz 1971 für die Sätze 1 und 2 und Art. 4 Abs. 4 Satz 2 DBA-Spanien 1966 bzw. der inhaltsgleiche Art. 4 Abs. 4 Satz 2 DBA-Portugal 1980. Durch die Verknüpfung der beiden genannten Formulierung wird m.E. ein hohes Maß an Rechtsklarheit und -sicherheit geschaffen. Umständliche und - wie das Zinsurteil des BFH zeigt - dogmatisch zweifelhafte Auslegungen können durch eine solche ausdrückliche abkommensrechtliche Regelung vermieden werden.

---

reits eben erwähnt - die gegenwärtigen Besteuerungssituation und -praxis (insbesondere wohl auch gestützt auf das Zinsurteil des BFH) ein Optimum für die Bundesrepublik Deutschland darstellen.

Teil 7: Abkommensrechtliche Behandlung der Einkünfte bei intransparenter Besteuerung der Gesellschaft im Sitzstaat USA und transparenter Besteuerung in Deutschland

Untersucht wird im folgenden nur die Situation einer deutschen Beteiligung an einer US-Gesellschaft, da im Falle einer US-Beteiligung an einer deutschen Gesellschaft die USA das Anrechnungsverfahren und die Savings Clause anwenden. Die hier getroffenen Feststellungen gelten, soweit sie die Ebene des Abkommens betreffen, aber gleichermaßen für den Fall einer US-Beteiligung an einer deutschen Gesellschaft.

Es wurde bereits oben festgestellt, daß es in bezug auf die Steuerrechtssubjektivität ein und derselben Personengesellschaft in den beiden Vertragsstaaten Deutschland und den USA zu unterschiedlichen Auffassungen kommen kann[1]. Mit anderen Worten: in einem Vertragsstaat wird die Gesellschaft als Personengesellschaft angesehen und folglich "transparent" besteuert, im anderen hingegen als Kapitalgesellschaft und daher "intransparent" besteuert.

Im folgenden wird zunächst die abkommensrechtliche Behandlung des eigentlichen Gewinnanteils eines in Deutschland ansässigen Gesellschafter am Gewinn seiner US-Gesellschaft sowie sodann der an ihn von der US-Gesellschaft gezahlten Sondervergütungen in dem Fall erörtert, daß die USA und Deutschland hinsichtlich der Beurteilung der Steuersubjektivität der Gesellschaft aufgrund ihres jeweiligen innerstaatlichen Rechts nicht zum gleichen Ergebnis kommen (sog. subjektiver Qualifikations- oder Einordnungskonflikt). Hierbei ist einmal von der Situation auszugehen, daß das US-Steuerrecht die Gesellschaft als eigenständiges Steuersubjekt behandelt *(association taxable as a corporation)*, während diese aus der Sicht des deutschen Steuerrechts eine Personengesellschaft darstellt[2] und zum anderen genau die umgekehrte Situation gegeben ist. D.h. die USA sehen in der Gesellschaft eine Personengesellschaft *(partnership)* und Deutschland geht von einer Kapitalgesellschaft aus. Ausgehend davon, daß jeweils entweder die USA oder Deutschland in der Gesellschaft aufgrund ihres nationalen Steuerrechts ein Steuersubjekt sehen, ist bei dieser Untersuchung der abkommensrechtlichen Behandlung des eigentlichen Gewinnanteils des Gesellschafters eine Unterscheidung nach dem nicht ausgeschütteten (thesaurierten) und dem ausgeschütteten Gewinn zu treffen.

Als Beispiel für einen solchen Fall möge eine US-*limited partnership* dienen, die in den USA wegen ihrer überwiegenden körperschaftlichen Merkmale als *asso-*

---

[1] Siehe oben Teil 3.

[2] Vgl. hierzu oben Teil 3 Kapitel 1 und 3.

ciation taxable as a corporation[3] und damit als Steuersubjekt behandelt wird, hingegen geht Deutschland aufgrund des Rechtstypenvergleichs davon aus, daß es sich um eine Personengesellschaft handelt[4].

Kapitel 1: Abkommensrechtliche Behandlung des Gewinnanteils bei intransparenter Besteuerung der Gesellschaft im Sitzstaat USA und transparenter Besteuerung in Deutschland

A. Thesaurierter Gewinn

Eine US-Gesellschaft, die vom nationalen Steuerrecht der USA als *association taxable as a corporation* und damit als Steuersubjekt betrachtet wird, unterliegt in den USA mit ihrem Welteinkommen der unbeschränkten Steuerpflicht. D.h., die von ihr weltweit erzielten Einkünfte unterliegen der US-Körperschaftsteuer[5]. Aufgrund des "klassischen" Körperschaftsteuerregimes in USA, das kein Anrechnungsverfahren kennt, wird dort grundsätzlich nicht zwischen thesauriertem und ausgeschütteten Gewinn unterschieden, da es auch im Falle der Ausschüttung bei der Doppelbelastung der Ausschüttung bleibt (Körperschaft- und Einkommensteuer). Weil diese US-Gesellschaft aus deutscher Sicht dagegen kein Steuersubjekt darstellt, unterliegt der auf den deutschen Gesellschafter entfallende Anteil am thesaurierten Gewinn, der bei dieser US-Gesellschaft angefallen ist, in Deutschland grundsätzlich ebenfalls der unbeschränkten Steuerpflicht und zwar beim Gesellschafter selbst (Welteinkommensprinzip). Im folgenden ist zu untersuchen, ob und wie das bestehende DBA-USA die eben dargestellte Besteuerungssituation modifiziert.

Ausgangspunkt und entscheidender Faktor bei dieser Fragestellung ist die Frage danach, ob einer US-Gesellschaft, die in ihrem Sitzstaat USA als Steuersubjekt behandelt wird, während sie in Deutschland, dem Ansässigkeitsstaat ihres Gesellschafters, eine Personengesellschaft darstellt, nach dem Abkommen abkommensberechtigt ist. Diese Frage ist im Hinblick auf Art. 4 Abs. 1 i.V.m. Art. 3 Abs. 1 lit. d und e DBA-USA zu bejahen. Denn sie ist ein Steuersubjekt nach dem Recht ihres Sitz- und Gründungsstaates USA und damit "Gesellschaft" im Sinne des Abkommens, d.h. "ansässige Person" und ist damit abkommensberechtigt[6]. Aus dieser Abkommensaussage folgt für die US-Gesellschaft, daß sie

---

[3] Vgl. oben Teil 3 Kapitel 1 C.

[4] Vgl. oben Teil 3 Kapitel 3.

[5] Vgl. Sec. 11 IRC.

[6] Ebenso *Goutier, K.*, Zur steuerlichen Behandlung von Betriebsstätten und Personengesellschaften nach dem neuen DBA mit den Vereinigten Staaten, S. 35, zur Rechtslage nach dem DBA-USA.

als eine in ihrem Sitz- und Gründungsstaat "ansässige Person" auf Abkommensebene von ihrem in Deutschland ansässigen Gesellschafter streng zu trennen ist.
Mit anderen Worten: Es stehen sich in Gesellschaft und Gesellschafter zwei unterschiedliche Personen gegenüber. Abkommensrechtlich ist die Situation so zu
bewerten, als ob der in Deutschland ansässige Gesellschafter an einer US-
Kapitalgesellschaft beteiligt ist[7]. Daraus folgt, daß die von der US-Gesellschaft
erzielt und nicht ausgeschütteten Gewinne aufgrund des Abkommens nicht anteilig als Gewinne des inländischen Gesellschafters gewertet werden dürfen. Diese
dürfen vielmehr nicht anders behandelt werden als dies bei Einkunftsbezügen
jeder anderen in den USA ansässigen Person der Fall ist[8]. Diese abkommensrechtliche Behandlung der Gesellschaft als Steuersubjekt in ihrem Ansässigkeitsstaat USA hat Auswirkungen auf Deutschland. Denn Deutschland kann im Hinblick auf die von der US-Gesellschaft erzielten Gewinne nach dem Abkommen
nur als Quellenstaat (hinsichtlich der von der Gesellschaft erzielten Einkünfte)
angesehen werden, da Ansässigkeitsstaat nur die USA sind[9].

Demzufolge hat Deutschland für Einkünfte dieser US-Gesellschaft, solange sie
nicht an einen inländischen Gesellschafter ausgeschüttet werden, nur insoweit ein
Besteuerungsrecht, als diese Gesellschaft Einkünfte aus Deutschland bezieht und
darüber hinaus der im Einzelfall einschlägige Einkunftsartikel des DBA-USA
dem Quellenstaat Deutschland ein Besteuerungsrecht hinsichtlich dieser Ein-

---

Nicht einschlägig ist in diesem Fall die Regelung des Art. 4 Abs. 1 lit. b DBA-USA,
der nur die "partielle" Abkommensberechtigung von Personengesellschaften regelt. Diese
sind nämlich nur insoweit abkommensberechtigt als deren Gesellschafter auch selber im
Sitz- und Gründungsstaat der Gesellschaft ansässig sind. Jedoch handelt es sich hier genau
um die Fälle, bei denen die Gesellschafter im anderen Vertragsstaat ansässig sind. Diese
Frage regelt Art. 4 Abs. 1 lit. b DBA-USA nicht. Vgl. hierzu auch oben Teil 5 Kapitel 2.

Ebenso zur Rechtslage nach dem OECD-MA *Schröder, S.*, Abkommensberechtigung
und Qualifikationskonflikte nach DBA bei Mitunternehmerschaft, Teil I, StBp 1989, S. 7
f.; *Riemenschneider, S.*, Abkommensberechtigung, S. 81 ff und S. 180 f.

[7]   In gleicher Weise zur Rechtslage nach dem OECD-MA *Riemenschneider, S.*, Abkommensberechtigung, S. 81 ff und S. 180 f.; *Korn, R./Debatin, H.*, Doppelbesteuerung,
Systematik IV Rn. 138.

[8]   Vgl. *Debatin, H.*, Inländische Beteiligungen an Mitunternehmerschaften im Ausland,
BB 1978, S. 669 (671); *Riemenschneider, S.*, Abkommensberechtigung, S. 181.

[9]   Einen Fall der Doppelansässigkeit einer nicht natürlichen Person kann es nach dem
DBA-USA gemäß Art. 4 Abs. 3 DBA-USA nicht geben. Denn kann nicht festgestellt
werden in welchem der beiden Vertragsstaaten die Gesellschaft ansässig ist, so ist sie
nicht abkommensberechtigt. Zur Problematik der Doppelansässigkeit von Gesellschaften
im internationalen Steuerrecht siehe die ausführliche Darstellung von *Großmann, K.*,
Doppelt ansässige Kapitalgesellschaften im internationalen Steuerrecht.

künfte zuweist[10]. Diese Auffassung vertritt die ganz h.M. in der Literatur[11] sowie die Finanzverwaltung[12]. Im folgenden gilt es nun, die einzelnen Einkunftsartikel des DBA-USA zu untersuchen, die für die von einer solchen US-Gesellschaft erzielten Einkünfte jeweils maßgeblich sind. Zunächst wird auf jene Einkünfte eingegangen, die die US-Gesellschaft aus ihrem Sitz- und Gründungsstaat USA sowie aus anderen ausländischen Staaten (Drittstaaten) bezieht, danach werden die aus Deutschland erzielten Einkünfte untersucht.

---

[10] In gleicher Weise zum DBA-USA *Goutier, K.*, Zur steuerlichen Behandlung von Betriebsstätten und Personengesellschaften nach dem neuen DBA mit den Vereinigten Staaten, S. 35.

[11] So ausdrücklich zur Rechtslage nach DBA-USA *Goutier, K.*, Zur steuerlichen Behandlung von Betriebsstätten und Personengesellschaften nach dem neuen DBA mit den Vereinigten Staaten, S. 33. Zur Rechtslage nach dem OECD-MA: *Vogel, K.*, Doppelbesteuerungsabkommen, Einl. Rn. 107; *Schaumburg, H.*, Internationales Steuerrecht, S. 610 ff.; *Riemenschneider, S.*, Abkommensberechtigung, S. 181; *Korn, R./Debatin, H.*, Systematik III Rn. 29a und IV Rn. 138; *Debatin, H.*, Außensteuerrechtliche und internationalrechtliche Behandlung von Rechtsträgern und daran bestehenden Beteiligungen, DB 1977, Beilage Nr. 13/77, S. 1 (5); *ders.*, Inländische Beteiligungen an Mitunternehmerschaften im Ausland, BB 1978, S. 669 und S. 671; *ders.*, Inländische Beteiligungen an ausländischen Mitunternehmerschaften, BB 1978, S. 1608 f.; *ders.*, Entwicklungsaspekte des internationalen Steuerrechts, RIW/AWD 1980, S. 3 (5); *ders.*, Subjektiver Schutz unter Doppelbesteuerungsabkommen, BB 1989, Beilage Nr. 2, S. 1 (8 f.); *Manke, K.*, Personengesellschaften im internationalen Steuerrecht, JbFfSt 1978/79, S. 333 (345); *Selent, A.*, Ausländische Personengesellschaften im Ertrag- und Vermögensteuerrecht, S. 319 ff.; *Jacobs, O.*, Internationale Unternehmensbesteuerung, S. 450 f. und S. 485 f.; *Storck, A./Selent, A.*, Die Besteuerung inländischer Beteiligungen an ausländischen Mitunternehmerschaften im Ertragsteuerrecht, RIW/AWD 1980, S. 332 (339); mit dem Hinweis auf die Aussage des Art. 7 Abs. 1 OECD-MA, wonach Gewinne eines Unternehmens eines Vertragsstaates nur in diesem Staat besteuert werden dürfen: *Greif, M.*, Auslandsaktivitäten inländischer Unternehmen, in Mössner, J. et al., Steuerrecht international tätiger Unternehmen, Rn. E 36; *Schlütter, E.*, Die Sondervergütungen eines Mitunternehmers im Außensteuerrecht, JbFfSt 1979/80, S. 152 (164 f.); *Knobbe-Keuk, B.*, Bilanz- und Unternehmenssteuerrecht, S. 551; *Piltz, D.*, Personengesellschaften im internationalen Steuerrecht der Bundesrepublik Deutschland, S. 175 ff.; *Grützner, D.*, Besteuerung von Beteiligungen an ausländischen Mitunternehmerschaften, IWB Fach 3, Deutschland, Gruppe 3, S. 731 (740); *Pott, H.-M.*, Die Kollision unterschiedlicher Formen der Gesellschaftbesteuerung im internationalen Steuerrecht, S. 225; *Kluge, V.*, Das deutsche Internationale Steuerrecht, S. 292 f.. Speziell zum DBA mit der Tschechischen und der Slowakischen Republik: *Schmidt, Ch.*, Zur DBA-Anwendung und inländischen Steuerpflicht bei im Sitzstaat rechtsfähigen ausländischen Personengesellschaften, IStR 1996, S. 14 (17 ff.).

[12] Ausdrücklich jedenfalls im Hinblick auf das DAB-Spanien: Erlaß des Finanzministeriums Hessen vom 23.11.1983, -S 1301 A - 93 - II A 13 -, abgedruckt in *Korn, R./Debatin, H.*, Doppelbesteuerung, DBA-Spanien, Verwaltungsverlautbarungen, II C 2.

I. Aus dem Sitz- und Gründungsstaat USA stammende Einkünfte

1. Anwendung des Art. 7 DBA-USA

Die von der US-Gesellschaft (aus deutscher Sicht Personengesellschaft) in ihrem Sitz- und Gründungsstaat USA sowie in Drittstaaten erzielten, nicht ausgeschütteten gewerblichen Einkünfte unterfallen als Gewinn eines Unternehmens dem Art. 7 DBA-USA[13]. Nach der Besteuerungsabgrenzung des Art. 7 Abs. 1 DBA-USA ist der Vertragsstaat Ansässigkeitsstaat, dem das Unternehmen zugerechnet wird[14]. Nach Art. 3 Abs. 1 lit. f DBA-USA ist nach dem Abkommen ein "Unternehmen eines Vertragsstaats" gegeben, wenn es "von einer in einem Vertragsstaat ansässigen Person betrieben wird". Abzustellen ist dabei auf die Ansässigkeit des das Unternehmen verkörpernden Unternehmensträgers[15], wenn dieser selbst eine "in einem Vertragsstaat ansässige Person" darstellt. Denn damit steht zugleich auch fest, daß dieser das Unternehmen im Sinne des Abkommens "betreibt"[16]. Mit anderen Worten: Für diesen Fall kommt es für die Zuordnung des Unternehmens zum einen oder anderen Vertragsstaat ausschließlich darauf an, in welchem der beiden Vertragsstaaten der das Unternehmen betreibende Unternehmensträger ansässig ist.

Übertragen auf den vorliegenden Fall einer US-Gesellschaft, die aus der Sicht der USA eine Kapitalgesellschaft darstellt, während Deutschland als Ansässigkeitsstaat des Gesellschafters eine Personengesellschaft in ihr sieht, heißt das folgendes: Die US-Gesellschaft ist nach der für die Abkommensanwendung ausschlaggebenden steuerlichen Behandlung in ihrem Sitz- und Gründungsstaat USA als Rechtssubjekt auf Abkommensebene (Abkommenssubjekt) und damit als eine "in ihrem Sitzstaat ansässige Person" anzusehen[17]. Demzufolge betreibt nach Abkommensrecht die Gesellschaft selbst und nicht ihre einzelnen Gesellschafter das Unternehmen[18]. Damit steht fest, daß die US-Gesellschaft nach dem Abkommen ein Unternehmen ihres Sitzstaates USA ist und damit die von ihr nicht

---

[13] Zum Anwendungsbereich des Art. 7 DBA-USA siehe bereits oben Teil 6 Kapitel 1 A. und B.

[14] "Unternehmen eines Vertragsstaats". Siehe hierzu die Ausführungen oben Teil 6 Kapitel 1 B. I.

[15] Zum Begriff des Unternehmensträgers siehe *Schmidt, K.*, Handelsrecht, S. 88 ff.

[16] Vgl. *Riemenschneider, S.*, Abkommensberechtigung, S. 182 f.

[17] In der Situation in der die beiden Vertragsstaaten USA und Deutschland jeweils davon ausgehen, daß eine Gesellschaft als Personengesellschaft zu behandeln ist, fehlt es daran. Demzufolge wird in dem Fall das Unternehmen den einzelnen Gesellschaftern zugeordnet. Vgl. hierzu im einzelnen oben Teil 5 Kapitel 2.

[18] So auch *Schlütter, E.*, Die Sondervergütungen eines Mitunternehmers im Außensteuerrecht, JbFfSt 1979/80, S. 152 (165); *Riemenschneider, S.*, Abkommensberechtigung, S. 183, zur Lage nach OECD-MA.

in Deutschland erzielten Einkünfte nach Art. 7 Abs. 1 DBA-USA nur in den USA als ihrem Sitzstaat besteuert werden dürfen[19].

Eine Mindermeinung in der Literatur[20] lehnt diese zu Art. 7 DBA-USA vertretene Auffassung im Hinblick auf Art. 7 OECD-MA ab und stellt sich damit gegen die Ansicht der herrschenden Meinung[21]. Die Auffassung der Mindermeinung geht davon aus, daß eine solche ausländische (Personen-)Gesellschaft bei der Abkommensanwendung durch Deutschland kein Unternehmen ihres Sitzstaates im Sinne des Art. 3 Abs. 1 lit. c OECD-MA darstelle, sondern daß Deutschland vielmehr von einem "inländischen Unternehmen" des inländischen Gesellschafters auszugehen habe, das im anderen Vertragsstaat eine durch die (Personen-)Gesellschaft verkörperte Betriebstätte unterhalte. Demzufolge dürfe der von dieser Gesellschaft erzielte Gewinn nach Art. 7 OECD-MA als Betriebstättengewinn im Sitzstaat der Gesellschaft besteuert werden und Deutschland habe diesen nach Art. 23 A OECD-MA von der deutschen Besteuerung freizustellen. Für diese Auffassung wird größtenteils keine Begründung gegeben. Al-

---

[19] Vgl. *Riemenschneider, S.*, Abkommensberechtigung, S. 183.

[20] *Haas, G.*, Mitunternehmerschaften international, BB 1978, S. 53 (55); *ders.*, Qualifikationskonflikte ausländischer Mitunternehmerschaften , BB 1978, S. 1253 f.; *ders.*, Nochmals: Inländische Beteiligungen an ausländischen Mitunternehmerschaften, BB 1979, S. 84; *Diehl, W.*, Qualifikationskonflikte im Außensteuerrecht, FR 1978, S. 517 (521 f.); *Baranowski, K.-H.*, Zur Besteuerung der Einkünfte aus Beteiligungen an ausländischen Personengesellschaften, IWB, Fach 3, Deutschland, Gruppe 2, S. 549 (554); *Ebling, K.*, Anerkennung der steuerlichen Rechtsfähigkeit ausländischer Unternehmungen, IWB, Fach 10, Int., Gr. 2, S. 649 (657); *ders.*, Anerkennung der steuerlichen Rechtsfähigkeit ausländischer Unternehmungen, Länderbericht Deutschland, CDFI LXXIIa (1988), S. 227; widersprüchlich: *Peusquens, H.*, Beteiligungen an Mitunternehmerschaften im Ausland, BB 1980, S. 255 (256), der zwar auf der Abkommensebene die Einordnung des ausländischen Rechtsträgers durch den Sitzstaat für entscheidend hält und daraus die Anwendung von Art. 7 OECD-MA herleitet, aber im folgenden - entgegen der für die Abkommensanwendung hier maßgeblichen Sicht des ausländischen Steuerrechts - dann nicht den ausländischen Sitzstaat als Ansässigkeitsstaat ansieht, sondern Deutschland, wenn er die Freistellung des Gewinns der ausländischen Gesellschaft von der deutschen Besteuerung aus Art. 23 OECD-MA folgert. Ebenfalls widersprüchlich *Schröder, S.*, Abkommensberechtigung und Qualifikationskonflikte nach DBA bei Mitunternehmerschaft, Teil I und II, StBp 1989, S. 7 f. und S. 25 (27 ff.), der zwar davon ausgeht, daß eine solche Gesellschaft abkommensberechtigt ist, wenn sie in ihrem Sitzstaat ein Steuerrechtssubjekt darstellt, aber dann der Ansicht ist, sie stelle im Rahmen der Abkommensanwendung in Deutschland kein "Unternehmen des Sitzstaates" i.S.d. Art. 3 Abs. 1 lit. c OECD-MA dar, sondern ein deutsches Unternehmen mit einer ausländischen Betriebstätte.

[21] Siehe obige Fn. 11 und 12 des Teils 7.

lein *Haas*[22] und *Diehl*[23] begründen ihre Ansicht damit, daß es im Abkommen keine Grundlage für eine abkommensrechtliche Bindung Deutschlands an die Einordnung der ausländischen Gesellschaft durch ihren ausländischen Sitzstaat als Unternehmen dieses Sitzstaates gebe, daher sei Deutschland im Rahmen seiner Abkommensanwendung berechtigt nach Art. 3 Abs. 3 OECD-MA, diese Gesellschaft unter Heranziehung der Rechtswertung des deutschen Steuerrechts als Mitunternehmerschaft einzuordnen und zu behandeln. *Haas* weist ferner darauf hin, daß die - seiner Ansicht zutreffende - Anwendung des Progressionsvorbehalts auf deutscher Seite nur dann zu begründen sei, wenn die Gewinne der ausländischen (Personen-)Gesellschaft als Betriebstätteneinkünfte nach Art. 23 A Abs. 1 OECD-MA von Deutschland freigestellt werden und auch aus diesem Grunde nicht als eigene Gewinne eines Unternehmens des ausländischen Sitzstaates angesehen werden dürften.

Damit führt auch die Ansicht der Mindermeinung zwar gleichfalls wie die herrschende Meinung zur Freistellung der Gewinne der ausländischen Gesellschaft von deutscher Besteuerung. Sie vermag jedoch aus dogmatischen Gründen nicht zu überzeugen, da sie den Abkommenszusammenhang verkennt. Denn für die Existenz eines "Unternehmens eines Vertragsstaates" nach Art. 3 Abs. lit. f DBA-USA[24] kommt es entscheidend darauf an, daß der das Unternehmen betreibende Unternehmer eine "in einem Vertragsstaat ansässige Person" darstellt. Im vorliegenden Fall, in dem eine US-Gesellschaft nach dem Recht ihres Sitzstaates als Steuersubjekt und damit Abkommenssubjekt behandelt wird, liegt nach dem Abkommen in der Person der Gesellschaft selbst eine "in einem Vertragsstaat ansässige Person" vor, die damit zugleich als ein Unternehmen dieses Vertragsstaates anzusehen ist. Diesen Zusammenhang zwischen dem abkommensrechtlichen Begriff der "ansässigen Person" und dem "Unternehmen eines Vertragsstaates" übersieht die Mindermeinung, wenn sie anführt, daß das Abkommen keine Grundlage dafür biete, daß auch Deutschland bei der Abkommensanwendung von einem Unternehmen des Sitzstaates in der Form der dort ansässigen (Personen-)Gesellschaft auszugehen habe[25]. Der weitergehende Hinweis von *Haas*, daß andernfalls die Anwendung des Progressionsvorbehalts nicht möglich sei, wenn man davon ausgehe, daß ein Unternehmen des Sitzstaates der Gesellschaft vorliege, ist aus methodischen Gründen nicht haltbar. Denn bei der Anwendung des Progressionsvorbehalts im Hinblick auf abkommensrechtlich freigestellte Einkünfte handelt es sich lediglich um eine besondere Folge der Frei-

---

[22] *Haas, G.*, Qualifikationskonflikte ausländischer Mitunternehmerschaften , BB 1978, S. 1253 (1254); *ders.*, Nochmals: Inländische Beteiligungen an ausländischen Mitunternehmerschaften, BB 1979, S. 84.

[23] *Diehl, W.*, Qualifikationskonflikte im Außensteuerrecht, FR 1978, S. 517 (522).

[24] Entspricht Art. 3 Abs. 1 lit. c OECD-MA.

[25] In gleicher Weise *Riemenschneider, S.*, Abkommensberechtigung, S. 184 f.

stellung der Einkünfte von der nationalen Besteuerung. D.h. methodisch vorrangig ist zu klären, ob überhaupt ein Fall der Einkunftsfreistellung nach dem Abkommen durch Deutschland vorliegt (was hier nicht der Fall ist, wie soeben nachgewiesen wurde). Somit darf der Gesichtspunkt des Progressionsvorbehalts keinen Ausschlag für den Rechtsgrund der Freistellung durch das Abkommen geben[26].

2.   Anwendbarkeit der sog. "Switch-Over Clause" - Abschnitt 21 des Protokolls i.V.m. Art. 23 Abs. 2 lit. b) gg) DBA-USA

Eine Anwendung der sog. "Switch-Over Clause" des Abschnitts 21 des Protokolls zum DBA-USA kommt in diesem Zusammenhang nicht in Betracht[27]. Zwar werden die Einkünfte der Gesellschaft nach Abschnitt 21 lit. a) bb) des Protokolls verschiedenen Personen zugerechnet, nämlich in den USA der Gesellschaft selbst und in Deutschland anteilig den Gesellschaftern. Diese Einkünfte unterliegen jedoch in den USA der Körperschaftsteuer[28], so daß die Alternative der Nichtbesteuerung nicht gegeben ist. Wie bereits nachgewiesen[29], ist die Alternative der "zu niedrigen Besteuerung" wegen ihrer Unbestimmtheit nicht verfassungsgemäß und kann deshalb nicht angewandt werden.

Bereits aus einem anderen Grund kann die Vorschrift des Abschnitts 21 des Protokolls auf diesen Fall nicht angewandt werden, denn die Anwendung durch Deutschland setzt voraus, daß Deutschland abkommensrechtlich als Ansässigkeitsstaat anzusehen ist. Dies ist jedoch nicht der Fall, da Ansässigkeitsstaat der Gesellschaft nach dem Abkommen die USA sind und Deutschland nur als Quellenstaat in Betracht kommt.

3.   Anwendbarkeit des Progressionsvorbehalts - Art. 23 Abs. 2 lit. a DBA-USA i.V.m. § 32b Abs. 1 Nr. 3 EStG

Fraglich ist, ob die nicht ausgeschütteten, nicht aus Deutschland stammenden, anteilig auf einen deutschen Gesellschafter entfallenden Gewinne einer US-Gesellschaft, die dort als Kapitalgesellschaft besteuert wird, während das nationale deutsche Steuerrecht eine Personengesellschaft in ihr sieht, im Rahmen des Progressionsvorbehalts nach § 32b Abs. 1 Nr. 3 EStG i.V.m. Art. 23 Abs. 2 lit. a DBA-USA bei der Besteuerung des übrigen Einkommens des Gesellschafters berücksichtigt werden dürfen. Mit anderen Worten: Ist Deutschland berechtigt, den Steuersatz für die übrigen Einkünfte des unbeschränkt steuerpflichtigen Gesellschafters (Gesamteinkünfte abzüglich der durch das Abkommen befreiten Einkünfte) zugrundezulegen, der sich ergäbe, wenn die steuerbefreiten Einkünfte

---

[26]   So auch *Riemenschneider, S.*, Abkommensberechtigung, S. 185.

[27]   Zu den Einzelheiten dieser Vorschrift siehe ausführlich oben Teil 6 Kapitel 2 D. II. 6.

[28]   Vgl. Sec. 11 IRC.

[29]   Siehe oben Teil 6 Kapitel 2 D. II. 6 a).

in die Steuerbemessungsgrundlage einbezogen blieben (Anwendung des Progressionsvorbehalts).

Nach Art. 23 Abs. 2 lit. a DBA-USA ist - genauso wie bei allen übrigen deutschen Doppelbesteuerungsabkommen[30] - der Progressionsvorbehalt für Einkünfte vorgesehen, die im Ansässigkeitsstaat Deutschland von der Steuer freigestellt werden. Unproblematisch wäre die Anwendung des Progressionsvorbehalts im vorliegenden Fall gegeben, wenn man entgegen der herrschenden Meinung und der hier vertretenen Ansicht, der oben dargestellten Auffassung der Mindermeinung folgt. Denn danach stellt die US-Gesellschaft eine Personengesellschaft dar, die als Betriebstätte eines "deutschen Unternehmens" verkörpert durch den Gesellschaftsanteil eines in Deutschland ansässigen Gesellschafters zu werten ist[31]. Als Folge dieser Auffassung ist Deutschland abkommensrechtlich der Ansässigkeitsstaat, so daß die von der US-Gesellschaft erzielten Einkünfte, soweit sie anteilig auf einen deutschen Gesellschafter entfallen, als Betriebstätteneinkünfte nach Art. 23 Abs. 2 lit. a DBA-USA[32] freizustellen sind. Folglich wäre der dort vorgesehene, mit der Freistellung verbundene Progressionsvorbehalt anwendbar[33].

Nach der hier und von der herrschenden Meinung vertretenen Auffassung, ist der nur vom Ansässigkeitsstaat anzuwendende Artikel zur Vermeidung der Doppelbesteuerung auf deutscher Seite in diesem Fall überhaupt nicht anwendbar, da Deutschland im Hinblick auf die von der US-Gesellschaft erzielten Gewinne abkommensrechtlich nur als Quellenstaat in Frage kommt[34]. Denn es handelt sich bei den hier erörterten Einkünften um solche Einkünfte der US-Gesellschaft, die nicht aus Deutschland stammen und unter Art. 7 DBA-USA fallen. Für diese ergibt sich eine Freistellung von der deutschen Besteuerung bereits aus Art. 7 Abs. 1 DBA-USA[35], d.h. aus einer Abkommensvorschrift zur Begrenzung der Quellenstaatsbesteuerung. Die Anwendung des Progressionsvorbehalts ist jedoch für eine Steuerfreistellung im Quellenstaat im Rahmen eines Abkommens nicht vorgesehen[36]. Fraglich bleibt aber, ob der Progressionsvorbehalt in Deutschland in diesem Zusammenhang, lediglich auf nationales Recht gestützt, angewendet werden darf, oder ob dem das Abkommensrecht entgegensteht. Die herrschende

---

[30] Vgl. *Vogel, K.*, Doppelbesteuerungsabkommen, 3. Aufl., Art. 23 Rn. 218 f.

[31] Vgl. oben Teil 6 Kapitel 1 B. II.

[32] Entspricht Art. 23 A Abs. 1 OECD-MA.

[33] Vgl. hierzu auch *Riemenschneider, S.*, Abkommensberechtigung, S. 186.

[34] Siehe oben Teil 7 Kapitel 1 A. I. 1.

[35] Vgl. oben Teil 7 Kapitel 1 A. I. 1.

[36] So auch *Riemenschneider, S.*, Abkommensberechtigung, S. 186.

Meinung in der Literatur[37] sowie die Finanzverwaltung[38] wollen den Progressionsvorbehalt anwenden und damit den von der deutschen Besteuerung nach dem Abkommen freigestellten Gewinnanteil des deutschen Gesellschafters bei der Bemessung des Steuersatzes berücksichtigen. Eine Begründung für diese Auffassung wird zumeist nicht gegeben. Im übrigen wird zur Begründung auf den Wortlaut des § 32b Abs. 1 Nr. 3 EStG verwiesen. Dagegen lehnt eine immer stärker werdende Ansicht in der Literatur[39] die Anwendung des Progressionsvorbehalts in diesem Fall mit der Begründung ab, daß mangels einer Anwendung des Artikels über die Vermeidung der Doppelbesteuerung durch Deutschland auch nicht der auf der Freistellung nach diesem Artikel basierende Progressionsvorbehalt als alleinige Regelung der Art und Weise dieser Freistellung angewandt werden könne.

Fraglos ist der Wortlaut des § 32b Abs. 1 Nr. 3 EStG erfüllt. Hiernach ist Voraussetzung für die Anwendung des Progressionsvorbehalts, daß ein unbeschränkt Steuerpflichtiger ausländische Einkünfte hat, die nach einem Doppelbesteuerungsabkommen steuerfrei sind. Das ist hier der Fall, denn der in Deutschland unbeschränkt steuerpflichtige Gesellschafter der US-Gesellschaft hätte, wenn kein Abkommen bestünde, seinen anteiligen Gewinnanteil aus dieser ausländischen Personengesellschaft nach § 15 Abs. 1 Nr. 2 EStG als Einkünfte aus Ge-

---

[37] *Krabbe, H.*, Qualifikationskonflikte bei ausländischen Personengesellschaften, RIW/AWD 1976, S. 135 (138); *Schlütter, E.*, Die Sondervergütungen eines Mitunternehmers im Außensteuerrecht, JbFfSt 1979/80, S. 152 (166); *Selent, A.*, Ausländische Personengesellschaften im Ertrag- und Vermögensteuerrecht, S. 320; *Storck, A./Selent, A.*, Die Besteuerung inländischer Beteiligungen an ausländischen Mitunternehmerschaften im Ertragsteuerrecht, RIW/AWD 1980, S. 332 (339); *Piltz, D.*, Personengesellschaften im internationalen Steuerrecht der Bundesrepublik Deutschland, S. 179 f.; *Korn, R./Debatin, H.*, Systematik III Rn. 29a; DBA-Portugal, Art. 24 4 j) und DBA-Spanien, Art. 23 Anm 4. D. a) bb); *Debatin, H.*, Außensteuerrechtliche und internationalrechtliche Behandlung von Rechtsträgern und daran bestehenden Beteiligungen, DB 1977, Beilage Nr. 13/77, S. 1 (5); *ders.*, Inländische Beteiligungen an Mitunternehmerschaften im Ausland, BB 1978, S. 669 (672); *ders.*, Inländische Beteiligungen an ausländischen Mitunternehmerschaften, BB 1978, S. 1608 (1609); *ders.*, Subjektiver Schutz unter Doppelbesteuerungsabkommen, BB 1989, Beilage Nr. 2, S. 1 (9).

[38] Ausdrücklich jedenfalls im Hinblick auf das DBA-Spanien: Erlaß des Finanzministeriums Hessen vom 23.11.1983, -S 1301 A - 93 - II A 13 -, abgedruckt in *Korn, R./Debatin, H.*, Doppelbesteuerung, DBA-Spanien, Verwaltungsverlautbarungen, II C 2.

[39] So auch zur Rechtslage nach dem DBA-USA *Goutier, K.*, Zur steuerlichen Behandlung von Betriebsstätten und Personengesellschaften nach dem neuen DBA mit den Vereinigten Staaten, S. 36. Zum OECD-MA: *Vogel, K.*, Doppelbesteuerungsabkommen, Einl. Rn. 107; *Greif, M.*, Auslandsaktivitäten inländischer Unternehmen, in Mössner, J. et al., Steuerrecht international tätiger Unternehmen, Rn. E 36; *Knobbe-Keuk, B.*, Bilanz- und Unternehmenssteuerrecht, S. 553; *Riemenschneider, S.*, Abkommensberechtigung, S. 187 ff.

werbebetrieb zu versteuern (Welteinkommensprinzip). Das deutsche Steuerrecht sieht nämlich in diesem Gewinnanteil ausländische, aus dem Sitzstaat der Personengesellschaft stammende Einkünfte[40]. Aufgrund dessen, daß die US-Gesellschaft abkommensrechtlich als Unternehmen ihres Sitzstaates anzusehen ist, darf der Gewinnanteil des deutschen Gesellschafters, soweit er nicht aus in Deutschland erzielten Einkünften besteht, nach Art. 7 Abs. 1 DBA-USA nicht in Deutschland besteuert werden.

Doch die Frage, ob § 32b Abs. 1 Nr. 3 EStG in diesem Zusammenhang erfüllt ist oder nicht, ist nicht die entscheidende Frage. Die Kernfrage ist vielmehr, ob Deutschland in diesem Fall den Progressionsvorbehalt überhaupt anwenden darf. D.h. darf der auf innerstaatlichem Steuerrecht beruhende Progressionsvorbehalt in einem Abkommenszusammenhang überhaupt angewandt werden, in dem das Abkommen für die von der deutschen Besteuerung freigestellten Einkünfte gar keinen Progressionsvorbehalt vorsieht? Um diese Frage zu beantworten, ist der Zusammenhang zwischen abkommensrechtlicher Steuerfreistellung und Progressionsvorbehalt zu untersuchen.

Eine in einem Doppelbesteuerungsabkommen geregelte Steuerfreistellung hat für die Besteuerung in Deutschland grundsätzlich zunächst als Folge, daß diese Einkünfte "der inländischen Einkommensbesteuerung entzogen sind; sie gelten als nicht vorhanden"[41]. Aufgrund dessen dürfen die somit freigestellten Einkünfte auch nicht im Rahmen der Ermittlung des von der Höhe der Einkünfte abhängigen, progressiven Einkommensteuertarifs nach § 32a EStG auf die übrigen, nicht von der inländischen Besteuerung freigestellten Einkünfte herangezogen werden[42]. D.h., aus der Steuerfreistellung ergibt sich, daß einerseits Deutschland die

---

[40] Bezüglich des Umfangs dieser Einkünfte ist zu beachten, daß nicht nur solche aus dem Sitzstaat der Personengesellschaft (den USA), sondern auch aus Drittstaaten erzielte Einkünfte der ausländischen Personengesellschaft erfaßt werden, da dem inländischen Gesellschafter die Anteile am Gesamterfolg der Gesellschaft nach innerstaatlichem Recht grundsätzlich nur mittelbar, nämlich vermittelt aufgrund der mitunternehmerschaftlichen Beteiligung, zugewiesen werden. D.h. sämtliche auf den Gesellschafter anteilig entfallende Einkünft der Personengesellschaft werden nur als aus dem Sitzstaat der Gesellschaft stammend angesehen, unabhängig davon, ob sie aus einem Drittstaat stammen. So auch *Jacobs, O.*, Internationale Unternehmensbesteuerung, S. 464 f., und *Riemenschneider, S.*, Abkommensberechtigung, S. 187, Fn. 544.

[41] BVerfG-Urteil vom 10.03.1971, 2 BvL 3/68, BStBl. 1973 II, S. 431.

[42] So die völlig herrschende Meinung, z.B. BVerfG-Urteil vom 10.03.1971, 2 BvL 3/68, BStBl. 1973 II, S. 431; BFH-Urteil vom 09.11.1966, I 29/65, BStBl. 1967 III, S. 88; BFH-Urteil vom 25.05.1970, I R 109/68, BStBl. 1970 II, S. 660; BFH-Urteil vom 09.06.1993, I R 81/92, BStBl. 1993 II, S. 790; *Heinicke, W.*, in Schmidt, L., Einkommensteuergesetz, § 32b Rn. 1; *Korn, R./Debatin, H.*, Doppelbesteuerung, Systematik III, Rn. 81; *Merkert, H.*, in Hartmann/Böttcher/Nissen/Bordewin, Einkommensteuergesetz, § 32b Rn. 27 f.; *Fitsch, J.*, in Lademann/Söffing, Einkommensteuergesetz, § 32b Rn. 3

freigestellten Einkünfte nicht besteuern darf und andererseits, daß die übrigen, nicht freigestellten Einkünfte in Deutschland einem niedrigeren Steuersatz unterliegen. Die sich somit ergebende Minderung der Steuerprogression ist eine unmittelbare Auswirkung der abkommensrechtlichen Beschränkung des deutschen Steuerrechts. Diese Auswirkung des Abkommensrechts darf aufgrund des Vorrangs des Abkommensrechts gegenüber dem innerstaatlichen deutschen Steuerrecht (§ 2 AO) nicht durch das innerstaatliche Steuerrecht wieder beseitigt werden, indem entgegen der Aussage des Abkommens der Progressionsvorbehalt des § 32b Abs. 1 Nr. 3 EStG angewandt wird[43]. Für die Anwendung des Progressionsvorbehalts ist vielmehr eine ausdrückliche Regelung im Abkommen selbst erforderlich, die die dort angeordnete Steuerbefreiung in der Weise abändert, daß sie dem jeweiligen Vertragsstaat das Recht einräumt, die freigestellten Einkünfte bei der Ermittlung des Steuersatzes für die übrigen, nichtfreigestellten Einkünfte zu berücksichtigen[44].

Wie bereits erwähnt, enthalten sämtliche zur Zeit geltenden deutschen Doppelbesteuerungsabkommen im Zusammenhang mit der Freistellung ausländischer Einkünfte im Artikel über die Vermeidung der Doppelbesteuerung einen Progressionsvorbehalt[45]. Da dieser Artikel aber nur von Deutschland in seiner Rolle als Ansässigkeitsstaat angewandt werden darf[46], haben die vorstehenden Ausführungen keine Bedeutung in dem Fall, in dem Deutschland nach dem Abkommen als Ansässigkeitsstaat anzusehen ist. Bedeutung kommt diesen vielmehr immer dann zu, wenn Deutschland abkommensrechtlich als Quellenstaat gilt, obwohl die fraglichen Einkünfte nach den Wertungen des deutschen innerstaatlichen Steuer-

---

i.V.m. Rn. 12 f.; *Probst,* in Herrmann/Heuer/Raupach, EStG § 32b Rn. 7 und 25 ff.; *Krabbe, H.,* in Blümich, EStG § 32b Rn. 30 und 32 f.

[43] Ebenso *Riemenschneider, S.,* Abkommensberechtigung, S. 188.

[44] So die völlig herrschende Meinung: BVerfG-Urteil vom 10.03.1971, 2 BvL 3/68, BStBl. 1973 II, S. 431; BFH-Urteil vom 20.10.1982, I R 104/79, BStBl. 1983 II, S. 402; BFH-Urteil vom 12.01.1983, I R 90/79, BStBl. 1983 II, S. 382; Finanzverwaltung in Abschnitt 185 Abs. 1 Satz 3 der Einkommensteuer-Richtlinien 1987 mit Bezug auf das DBA-Italien 1925, das keinen Progressionsvorbehalt vorsah. *Heinicke, W.,* in Schmidt, L., Einkommensteuergesetz, § 32b Rn. 3 f.; *Merkert, H.,* in Hartmann/Böttcher/Nissen/Bordewin, Einkommensteuergesetz, § 32b Rn. 27 ff.; *Fitsch, J.,* in Lademann/Söffing, Einkommensteuergesetz, § 32b Rn. 3 i.V.m. Rn. 12 f.; *Probst,* in Herrmann/Heuer/Raupach, EStG § 32b Rn. 27; *Krabbe, H.,* in Blümich, EStG § 32b Rn. 33.

[45] Vgl. *Vogel, K.,* Doppelbesteuerungsabkommen, 3. Aufl., Art. 23 Rn. 218 f.

[46] Der Artikel über die Vermeidung der Doppelbesteuerung (im Rahmen der Freistellungsmethode Art. 23 A OECD-MA oder hier Art. 23 Abs. 2 lit. a DBA-USA) regelt immer nur die Art und Weise der Vermeidung der Doppelbesteuerung in dem Vertragsstaat, der nach dem Abkommenszusammenhang als Ansässigkeitsstaat gilt und darf von diesem nur in diesem Zusammenhang angewandt werden.

rechts hier der unbeschränkten Steuerpflicht unterliegen[47]. Ein in Literatur[48] und Rechtsprechung[49] behandeltes Beispiel hierfür ist der Fall der doppelten Ansässigkeit. D.h. eine in Deutschland unbeschränkt steuerpflichtige natürliche Person unterliegt auch im anderen Vertragsstaat, aus dem sie ihre Einkünfte bezieht der unbeschränkten Steuerpflicht. Deutschland ist dann abkommensrechtlich nur als Quellenstaat anzusehen, wenn diese Person aufgrund von Merkmalen einer Regelung, die Art. 4 Abs. 2 OECD-MA entspricht, im ausländischen Vertragsstaat als ansässig gilt. Als Folge daraus ergibt sich, daß die von der im ausländischen Vertragsstaat ansässigen Person dort erzielten Einkünfte nur in diesem Staat besteuert werden dürfen. D.h. die aus deutscher Sicht der unbeschränkten Steuerpflicht unterliegenden ausländischen Einkünfte sind aufgrund der Aussage des Abkommens von der deutschen Besteuerung freizustellen. Deutschland darf auch nicht den Progressionsvorbehalt nach § 32b Abs. 1 Nr. 3 EStG anwenden, obwohl die Tatbestandsvoraussetzungen erfüllt sind, da das Abkommen für den Quellenstaat die Anwendung des Progressionsvorbehalts für die freizustellenden Einkünfte nicht vorsieht.

Die gleiche Situation wie bei der "doppelten Ansässigkeit" ist bei der hier fraglichen abkommensrechtlichen Behandlung des Anteils eines inländischen Gesellschafters am Gewinn einer US-Gesellschaft gegeben, die nach dem Steuerrecht ihres Sitzstaates USA als Steuersubjekt behandelt wird: Der Gewinnanteil unterliegt nach deutscher Betrachtungsweise in Deutschland der unbeschränkten Steuerpflicht, während Deutschland abkommensrechtlich für die gewerblichen Gewinne der Gesellschaft nur als Quellenstaat anzusehen ist[50]. Das DBA-USA sieht aber für den Quellenstaat keinen Progressionsvorbehalt vor. Der nach Art. 7 Abs. 1 DBA-USA von Deutschland freizustellenden Anteil an den nicht aus Deutschland stammenden Gewinnen der US-Gesellschaft darf daher auch nicht im Rahmen der Bestimmung des Steuersatzes für die übrigen, nicht von deut-

---

[47] In gleicher Weise *Riemenschneider, S.*, Abkommensberechtigung. S. 188 f.

[48] *Heinicke, W.*, in Schmidt, L., Einkommensteuergesetz, § 32b Rn. 6; *Merkert, H.*, in Hartmann/Böttcher/Nissen/Bordewin, Einkommensteuergesetz, § 32b Rn. 9; *Fitsch, J.*, in Lademann/Söffing, Einkommensteuergesetz, § 32b Rn. 5b i.V.m. Rn. 14; *Probst*, in Herrmann/Heuer/Raupach, EStG § 32b Rn. 27 und insbes. 44; *Krabbe, H.*, in Blümich, EStG § 32b Rn. 18 und 33; *Vogel, K.*, Doppelbesteuerung, Art. 23 Rn. 222 i.V.m. 209; *Schaumburg, H.*, Internationales Steuerrecht, S.751; *Riemenschneider, S.*, Abkommensberechtigung, S. 189.

[49] BFH-Urteil vom 23.10.1985, I R 274/82, BStBl. 1986 II, S. 133, zum DBA-Spanien. Hiernach ist die Anwendung des Progressionsvorbehalts durch Deutschland regelmäßig nur bei Personen zulässig, die in Deutschland im Sinne eine Doppelbesteuerungsabkommens "ansässig" sind. FG München, X 118/83 E, 144/82 E, rechtskräftig, EFG 1987, S. 81.

[50] So auch *Riemenschneider, S.*, Abkommensberechtigung, S. 190, zur Situation nach dem OECD-MA.

scher Besteuerung freigestellter Einkünfte des deutschen Gesellschafters berücksichtigt werden. Die herrschende Meinung in der Literatur und die Finanzverwaltung[51] verkennen den Vorrang des Abkommensrechts, indem sie sich zur Anwendung des Progressionsvorbehalts unter Berufung auf das nationale Steuerrecht berechtigt fühlen[52]. Diese Ansicht übersieht dabei, daß als eine ungeschriebene Tatbestandsvoraussetzung für die Anwendung des Progressionsvorbehalts des § 32b Abs. 1 Nr. 3 EStG die "Ansässigkeit" des deutschen Steuerpflichtigen nach Abkommensrecht vorliegen muß.

II.   Aus Deutschland stammende Einkünfte

1.   Gewerbliche Gewinne - Art. 7 DBA-USA

Erzielt eine US-Gesellschaft, die in den USA als Kapitalgesellschaft besteuert wird, während sie in Deutschland als Personengesellschaft angesehen wird, gewerbliche Gewinne aus Deutschland, so fallen diese Gewinne nach dem Abkommen regelmäßig ebenfalls als gewerbliche Gewinne unter Art. 7 DBA-USA. Ausschlaggebend für ein deutsches Besteuerungsrecht an diesen Gewinnen ist, ob sie einer in Deutschland belegenen Betriebstätte der Gesellschaft zugerechnet werden können oder nicht[53]. Ist dies der Fall, so darf Deutschland sie als Betriebstättengewinne nach Art. 7 Abs. 1 Satz 2 DBA-USA uneingeschränkt besteuern. Andernfalls haben allein die USA als Ansässigkeitsstaat das Besteuerungsrecht dafür nach Art. 7 Abs. 1 Satz 1 DBA-USA[54].

2.   Nicht unter Art. 7 DBA-USA fallende Einkünfte

Erzielt die US-Gesellschaft aus Deutschland Einkünfte, die nicht als gewerbliche Gewinne unter Art. 7 DBA-USA fallen, sondern von "spezielleren" Einkunftsartikeln des Abkommens erfaßt sind (z.B. Art. 6, 10, 11 oder 12 DBA-USA), so bestimmt sich eine Abgrenzung gemäß Art. 7 Abs. 6 DBA-USA nach den anderen Einkunftsartikeln. Gegebenenfalls ist ein Betriebstättenvorbehalt bei diesen Einkunftsartikeln zu beachten[55]. Der Grund hierfür ist, daß es sich nach dem Abkommen dabei um Einkünfte handelt, die aus dem Vertragsstaat Deutschland stammen und von einer im anderen Vertragsstaat USA ansässigen Person (aus

---

[51]   Siehe oben Teil 7 Fn. 11 und 12.

[52]   In gleicher Weise zur Lage nach dem OECD-MA *Riemenschneider, S.*, Abkommensberechtigung, S. 190.

[53]   Vgl. hierzu im einzelnen oben Teil 6 Kapitel 1 B. III. und Teil 7 Kapitel 1 A. I. 1.

[54]   Vgl. auch *Manke, K.*, Personengesellschaften im internationalen Steuerrecht, JbFfSt 1978/79, S. 333 (345); *Riemenschneider, S.*, Abkommensberechtigung, S. 192; *Vogel, K.*, Doppelbesteuerungsabkommen, Einl. Rn. 105 ff., zur Lage nach OECD-MA.

[55]   Siehe hierzu im einzelnen oben Teil 6 Kapitel 1 C.

deutscher Sicht: US-Personengesellschaft) erzielt werden[56]. Das Besteuerungs-recht Deutschlands hieran bestimmt sich im Einzelfall nach der in den einzelnen Artikeln vorgesehenen Besteuerungsverteilung zwischen dem Quellenstaat Deutschland und dem Ansässigkeitsstaat USA.

In dem Maße in dem Deutschland nach diesen "spezielleren" Einkunftsartikeln zu einem Quellenbesteuerungsrecht der Einkünfte der US-Gesellschaft befugt ist, ist jedoch zu beachten, daß die US-Gesellschaft nach deutschem Steuerrecht als eine ausländische Personengesellschaft anzusehen ist und kein Steuersubjekt dar-stellt. Demzufolge stellen diese Einkünfte gewerbliche Gewinne einer Mitunter-nehmerschaft nach § 15 Abs. 1 Nr. 2 EStG dar, die den einzelnen (deutschen) Gesellschaftern anteilig zuzurechnen sind. D.h., die abkommensrechtliche Ein-kunftsqualifikation wird durch die Einkunftsqualifikation nach innerstaatlichem deutschen Steuerrecht verdrängt. Dies hat in erster Linie Folgen für die nicht in Deutschland ansässigen und damit nur beschränkt steuerpflichtigen Gesellschaf-ter, denn diese unterliegen mit ihren aus Deutschland stammenden Einkunftsan-teilen nur dann einer Steuerpflicht in Deutschland, wenn zusätzlich die Voraus-setzungen des § 49 Abs. 1 Nr. 2 EStG erfüllt sind. Für die in Deutschland an-sässigen und damit unbeschränkt steuerpflichtigen Gesellschafter der US-Gesellschaft bedeutet dies, daß sie ihre anteiligen aus Deutschland stammenden Einkünfte aus der Gesellschaft als gewerbliche Einkünfte nach § 15 Abs. 1 Nr. 2 EStG zu versteuern haben[57].

3. Anwendbarkeit des Progressionsvorbehalts - Art. 23 Abs. 2 lit. a DBA-USA i.V.m. § 32b Abs. 1 Nr. 3 EStG

Für den Fall, daß den USA nach dem Abkommen das Besteuerungsrecht an den aus Deutschland stammenden und anteilig auf einen inländischen Gesellschafter entfallenden Einkünften zusteht und Deutschland diese Einkünfte von seiner Be-steuerung freizustellen hat, stellt sich die Frage, ob Deutschland diese im Rah-men des Progressionsvorbehalts beim Gesellschafter berücksichtigen darf. Diese Frage ist erneut zu verneinen. Denn genauso wie bei der Freistellung der nicht aus Deutschland stammenden Einkünfte der Gesellschaft, sieht das Abkommen für die von der Quellenstaatsbesteuerung befreiten Einkünfte keinen Progressi-onsvorbehalt vor. Wie bereits ausgeführt[58], berechtigt allein das innerstaatliche Recht beim Fehlen eines Progressionsvorbehalts im Abkommen nicht zu einer Berücksichtigung der freigestellten Einkünfte bei der Bestimmung des Steuersat-

---

[56] Vgl. *Manke, K.*, Personengesellschaften im internationalen Steuerrecht, JbFfSt 1978/79, S. 333 (345); *Riemenschneider, S.*, Abkommensberechtigung, S. 192; *Vogel, K.*, Doppelbesteuerungsabkommen, Einl Rn. 105 ff.

[57] Vgl. *Manke, K.*, Personengesellschaften im internationalen Steuerrecht, JbFfSt 1978/79, S. 333 (345); *Riemenschneider, S.*, Abkommensberechtigung, S. 192; *Vogel, K.*, Doppelbesteuerungsabkommen, Einl. Rn. 105 ff.

[58] Siehe oben Teil 7 Kapitel 1 A. I. 3.

zes für die übrigen, nicht von deutscher Besteuerung freigestellter Einkünfte des deutschen Gesellschafters[59]. Es fehlt auch hierfür an der Erfüllung der ungeschriebenen Tatbestandsvoraussetzung des § 32b Abs. 1 Nr. 3 EStG, nämlich an der abkommensrechtlichen Ansässigkeit des deutschen Steuerpflichtigen.

B. Ausgeschütteter Gewinn

Im folgenden wird die abkommensrechtliche Behandlung des ausgeschütteten Gewinns einer US-Gesellschaft aufgezeigt, die in ihrem Sitzstaat USA als Kapitalgesellschaft besteuert wird, während Deutschland als Ansässigkeitsstaat eines ihrer Gesellschafter sie als Personengesellschaft ansieht. Es ist dabei eine Unterscheidung zu treffen zwischen der abkommensrechtlichen Behandlung durch die USA als Sitzstaat der Gesellschaft und derjenigen in Deutschland.

I. *Einkunftsqualifikation durch die USA als Sitzstaat der Gesellschaft*

Da die US-Gesellschaft nach dem Steuerrecht ihres Sitzstaates USA ein Steuerrechtssubjekt darstellt, sind die Gewinnausschüttungen der Gesellschaft nach der Wertung der USA Dividenden nach Art. 10 DBA-USA. Diese Qualifikation als Dividenden ist auch auf der Ebene des Abkommens maßgeblich, da die Definition der Dividenden in Art. 10 Abs. 4 Satz 1 DBA-USA sich nach dem innerstaatlichen Steuerrecht des Ansässigkeitsstaates der Gesellschaft bemißt:

> *"Der in diesem Artikel verwendete Ausdruck 'Dividenden' bedeutet ... sowie aus sonstigen Rechten stammende andere Einkünfte, die nach dem Recht des Vertragsstaates, in dem die ausschüttende Gesellschaft ansässig ist, den Einkünften aus Aktien steuerlich gleichgestellt sind."[60]*

Unbestritten stellen somit die Gewinnausschüttungen nach dem innerstaatlichen Recht der USA und nach dem Abkommen Dividenden nach Art. 10 DBA-USA dar.

---

[59] Ebenso *Riemenschneider, S.*, Abkommensberechtigung, S. 193. Ergänzend sei hier angeführt, daß auch in bezug auf die in Deutschland erzielten Einkünfte, soweit sie anteilig auf den inländischen Gesellschafter entfallen, die beschriebenen Voraussetzungen des § 32b Abs. 1 Nr. 3 EStG erfüllt sind. Es handelt sich bei diesen Einkünften auch um "ausländische" Einkünfte im Sinne des § 32b Abs. 1 Nr. 3 EStG, obwohl sie in Deutschland erzielt wurden. Grund hierfür ist, daß der Anteil am Gewinn dem inländischen Gesellschafter nach deutschem Steuerrecht nur mittelbar, nämlich vermittelt durch seine Beteiligung an der US-Gesellschaft zugewiesen wird. D.h. die Einkünfte sind als Einkünfte aus dem Sitzstaat der Gesellschaft, den USA stammend anzusehen. Die Quellenregel des Art. 23 Abs. 2 letzter Satz DBA-USA, vermag, wie oben bereits Teil 6 Kapitel 2 D. II. 5. ausgeführt, diese Situation nicht zu ändern.

[60] Eine entsprechende Regelung findet sich in Art. 10 Abs. 3 OECD-MA.

II. Einkunftsqualifikation durch Deutschland als Ansässigkeitsstaat des Gesellschafters

Es ist nun zu untersuchen, ob Deutschland als Ansässigkeitsstaat des Gesellschafters abkommensrechtlich an die Qualifikation der Gewinnausschüttungen als Dividenden durch die USA als Sitzstaat der Gesellschaft gebunden ist.

Ausschlaggebend ist hierbei, daß die abkommensrechtliche Dividendendefinition in Art. 10 Abs. 4 Satz 1 DBA-USA zur Begriffsbestimmung auf das innerstaatliche Recht des Vertragsstaates verweist, in dem die ausschüttende Gesellschaft ansässig ist (Quellenstaat). Auf diese Weise wird die innerstaatliche Rechtswertung des Quellenstaates zur maßgeblichen Abkommenswertung. Wie bereits weiter oben ausgeführt[61], bedeutet dies, daß eine solche Abkommensdefinition aus dem innerstaatlichen Recht des Quellenstaates in bezug auf die Einkunftsqualifikation auch den Ansässigkeitsstaat bei seiner Abkommensanwendung an diese Qualifikation bindet. D.h. bei der Anwendung des Artikels zur Vermeidung der Doppelbesteuerung, Art. 23 Abs. 2 DBA-USA, hat Deutschland davon auszugehen, daß es sich bei den Gewinnausschüttungen der Gesellschaft um Dividenden im Sinne des Art. 10 DBA-USA handelt.

Ein weiterer Grund spricht für die abkommensrechtliche Bindung Deutschlands an die Einkunftsqualifikation der Gewinnausschüttungen als Dividenden durch die USA. Wie bereits erörtert, stellt die ausschüttende Gesellschaft abkommensrechtlich für beide Vertragsstaaten verbindlich eine in den USA "ansässige Person" dar, da das Abkommen die steuerliche Einordnung im Sitzstaat der Gesellschaft für maßgeblich erachtet[62]. Damit ist die US-Gesellschaft nach dem Abkommensrecht von ihrem in Deutschland ansässigen Gesellschafter zu trennen. Hieraus ergibt sich, daß eine Beteiligung an ihr wie eine Beteiligung an einer US-Kapitalgesellschaft zu bewerten ist. Gewinne, die diese Gesellschaft erzielt, stellen damit eigene Gewinne der Gesellschaft dar und nicht anteilig vom Gesellschafter erzielte Gewinne. Folglich können Gewinnausschüttungen dieser Gesellschaft abkommensrechtlich nur Dividenden im Sinne des Art. 10 DBA-USA darstellen und keine Entnahmen eines Gesellschafters[63].

Die eben ausgeführte Auffassung, nach der Deutschland ebenso wie die USA bei der Qualifikation der ausgeschütteten Gewinne der Gesellschaft von Dividenden nach Art. 10 DBA-USA auszugehen hat, ist völlig herrschende Meinung in der

---

[61] Siehe oben Teil 6 Kapitel 2 D. II. 1. bis 3.

[62] Siehe hierzu oben Teil 7 Kapitel 1 A. I. 1.

[63] Vgl. *Riemenschneider, S.*, Abkommensberechtigung, S. 195 f.; *Debatin, H.*, Subjektiver Schutz unter Doppelbesteuerungsabkommen, BB 1989, Beilage Nr. 2, S. 1 (4); *ders.*, Anmerkung zum BFH-Urteil vom 17.10.1990, RIW 1991, S. 355 (356); *Jacobs, O.*, Internationale Unternehmensbesteuerung, S. 451.

Literatur[64]. Auch die Rechtsprechung[65] und die Finanzverwaltung[66] teilen diese Ansicht. Eine abweichende Auffassung wird nur von dem Teil der Literatur vertreten, der die von der ausländischen Gesellschaft erzielten Einkünfte im Rahmen der Abkommensanwendung in Deutschland als Einkünfte einer ausländischen Betriebstätte des durch den Gesellschaftsanteil des inländischen Gesellschafters verkörperten deutschen Unternehmens werten[67].

---

[64] So ausdrücklich zum DBA-USA *Goutier, K.*, Zur steuerlichen Behandlung von Betriebsstätten und Personengesellschaften nach dem neuen DBA mit den Vereinigten Staaten, S. 35; *Vogel, K.*, Doppelbesteuerungsabkommen, Einl. Rn. 107; *Schaumburg, H.*, Internationales Steuerrecht, S. 790; *Riemenschneider, S.*, Abkommensberechtigung, S. 195 f.; *Korn, R./Debatin, H.*, Systematik III Rn. 29a und IV Rn. 138; *Debatin, H.*, Außensteuerrechtliche und internationalrechtliche Behandlung von Rechtsträgern und daran bestehenden Beteiligungen, DB 1977, Beilage Nr. 13/77, S. 1 (5); *ders.*, Inländische Beteiligungen an Mitunternehmerschaften im Ausland, BB 1978, S. 669 und S. 671; *ders.*, Inländische Beteiligungen an ausländischen Mitunternehmerschaften, BB 1978, S. 1609; *ders.*, Qualifikationsprobleme im Doppelbesteuerungsrecht, FR 1979, S. 493 (495 f.) *ders.*, Entwicklungsaspekte des internationalen Steuerrechts, RIW/AWD 1980, S. 3 (5); *ders.*, Subjektiver Schutz unter Doppelbesteuerungsabkommen, BB 1989, Beilage Nr. 2, S. 1 (8 f.); *Manke, K.*, Personengesellschaften im internationalen Steuerrecht, JbFfSt 1978/79, S. 333 (345 f.); *Selent, A.*, Ausländische Personengesellschaften im Ertrag- und Vermögensteuerrecht, S. 321 f.; *Jacobs, O.*, Internationale Unternehmensbesteuerung, S. 486; *Storck, A./Selent, A.*, Die Besteuerung inländischer Beteiligungen an ausländischen Mitunternehmerschaften im Ertragsteuerrecht, RIW/AWD 1980, S. 332 (339); *Greif, M.*, Auslandsaktivitäten inländischer Unternehmen, in Mössner, J. et al., Steuerrecht international tätiger Unternehmen, Rn. E 15; *Schlütter, E.*, Die Sondervergütungen eines Mitunternehmers im Außensteuerrecht, JbFfSt 1979/80, S. 152 (166 f.); *Knobbe-Keuk, B.*, Bilanz- und Unternehmenssteuerrecht, S. 551 f.; *Piltz, D.*, Personengesellschaften im internationalen Steuerrecht der Bundesrepublik Deutschland, S. 180; *Schröder, S.*, Abkommensberechtigung und Qualifikationskonflikte nach DBA bei Mitunternehmerschaft, Teil II, StBp 1989, S. 25 (27 ff.); *Grützner, D.*, Besteuerung von Beteiligungen an ausländischen Mitunternehmerschaften, IWB Fach 3, Deutschland, Gruppe 3, S. 731 (739); *Pott, H.-M.*, Die Kollision unterschiedlicher Formen der Gesellschaftbesteuerung im internationalen Steuerrecht, S. 225; *Kluge, V.*, Das deutsche Internationale Steuerrecht, S. 293; *Ebling, K.*, Anerkennung der steuerlichen Rechtsfähigkeit ausländischer Unternehmungen, IWB, Fach 10, Int., Gr. 2, S. 649 (655); *ders.*, Anerkennung der steuerlichen Rechtsfähigkeit ausländischer Unternehmungen, Länderbericht Deutschland, CDFI LXXIIIa (1988), S. 241; *Peusquens, H.*, Beteiligungen an Mitunternehmerschaften im Ausland, BB 1980, S. 255 (256); speziell zum DBA mit der Tschechischen und der Slowakischen Republik: *Schmidt, Ch.*, Zur DBA-Anwendung und inländischen Steuerpflicht bei im Sitzstaat rechtsfähigen ausländischen Personengesellschaften, IStR 1996, S. 14 (17 f.).

[65] BFH-Urteil vom 16.11.1989, BStBl. II, S. 204.

[66] OFD Frankfurt (Main), Verfügung vom 26.05.1993, RIW 1993, S. 605.

[67] *Haas, G.*, Qualifikationskonflikte ausländischer Mitunternehmerschaften , BB 1978, S. 1253 (1254); *ders.*, Nochmals: Inländische Beteiligungen an ausländischen Mitunternehmerschaften, BB 1979, S. 84; *Diehl, W.*, Qualifikationskonflikte im Außensteuer-

III. Besteuerungsrecht der USA an den Gewinnausschüttungen

Aufgrund der Qualifikation der Gewinnausschüttungen als Dividenden im Sinne des Abkommens dürfen die USA als Sitzstaat der Gesellschaft und damit Quellenstaat auf die Dividenden eine der Höhe nach begrenzte Quellensteuer erheben. Hierbei ist nach der Art des Empfängers zu unterscheiden. Im Falle einer deutschen Kapitalgesellschaft, die unmittelbar mindestens 10 % der stimmberechtigten Anteile der US-Gesellschaft hält, dürfen dies bis zu 5 % der Bruttodividende sein, Art. 10 Abs. 2 lit. a DBA-USA (sog. internationales Schachtelprivileg[68])[69]. In allen übrigen Fällen darf die USA eine Quellensteuer von höchstens 15 % erheben, Art. 10 Abs. 2 lit. b DBA-USA[70].

IV. Besteuerungsrecht Deutschlands an den Gewinnausschüttungen

Nach der Wertung des Abkommens darf Deutschland als Ansässigkeitsstaat des Gesellschafters die Gewinnausschüttungen als Dividenden nach Art. 10 Abs. 1 DBA-USA zwar grundsätzlich uneingeschränkt besteuern. Dabei sind aber zunächst die Bestimmungen und Einschränkungen des Art. 23 Abs. 2 DBA-USA über die Vermeidung der Doppelbesteuerung zu beachten. Auch hierbei ist zu unterscheiden, ob das abkommensrechtliche Schachtelprivileg besteht oder nicht.

---

recht, FR 1978, S. 517 (522); Nicht konsequent sind *Ebling, K.* (Anerkennung der steuerlichen Rechtsfähigkeit ausländischer Unternehmungen, IWB, Fach 10, Int., Gr. 2, S. 649 (657); Anerkennung der steuerlichen Rechtsfähigkeit ausländischer Unternehmungen, Länderbericht Deutschland, CDFI LXXIIIa (1988), S. 227) und *Peusquens, H.* (Beteiligungen an Mitunternehmerschaften im Ausland, BB 1980, S. 255 (256)), die zwar von einem deutschen Unternehmen mit ausländischer Betriebstätte ausgehen, aber im Zusammenhang mit der Besteuerung der ausgeschütteten Gewinne die Auffassung der herrschenden Meinung vertreten, und die Gewinnausschüttungen im Rahmen der Abkommensanwendung in Deutschland als Dividenden qualifizieren.

[68] Vgl. hierzu *Debatin H./Endres, D.*, Das neue Doppelbesteuerungsabkommen USA/Bundesrepublik Deutschland, Art. 23 Rn. 17; oder allgemein *Korn, R./Debatin, H.*, Systematik III Rn. 74. Für die Fälle in denen in einem deutschen Doppelbesteuerungsabkommen eine Beteiligung von mindestens 25 % an einer ausländischen Gesellschaft vorgeschrieben ist, während das innerstaatliche Recht in § 26 Abs. 7 KStG seit 1984 eine Beteiligung von 10 % genügen läßt siehe *Riemenschneider, S.*, Abkommensberechtigung, S. 197 ff.

[69] Vgl. *Debatin H./Endres, D.*, Das neue Doppelbesteuerungsabkommen USA/Bundesrepublik Deutschland, Art. 10 Rn. 17; *Arthur Andersen* (Hrsg.), Doppelbesteuerungsabkommen Deutschland-USA, Art. 10 Rn. 11, 15 f. und 22 ff. sowie Art. 23 Rn. 27 ff.

[70] Vgl. *Debatin H./Endres, D.*, Das neue Doppelbesteuerungsabkommen USA/Bundesrepublik Deutschland, Art. 10 Rn. 18; *Arthur Andersen* (Hrsg.), Doppelbesteuerungsabkommen Deutschland-USA, Art. 10 Rn. 11 und 14 sowie Art. 23, Rn. 35.

Liegt ein Schachtelprivileg vor, so sind die Dividenden gemäß Art. 23 Abs. 2 lit. a DBA-USA von deutscher Besteuerung freizustellen[71].

Soweit Gewinnausschüttungen nicht unter das Schachtelprivileg fallen, ist Deutschland grundsätzlich nach dem Abkommen berechtigt, diese uneingeschränkt unter Anrechnung der in den USA entrichteten Quellensteuer zu besteuern, Art. 23 Abs. 2 lit. b aa) DBA-USA. Zu beachten ist hier jedoch die Rechtslage nach innerstaatlichem deutschen Steuerrecht. Dieses wertet diese Gewinnausschüttungen als Entnahmen aus einer Personengesellschaft. Für diese sieht aber das EStG keine Besteuerung vor. Auch kann ihre Qualifikation durch das Abkommen das deutsche Steuerrecht in dieser Beziehung nicht ändern und somit eine Steuerpflicht dieser Entnahmen als "Dividenden" auslösen[72].

---

[71] Vgl. *Debatin   H./Endres,   D.*,   Das   neue   Doppelbesteuerungsabkommen USA/Bundesrepublik Deutschland, Art. 10 Rn. 17 und Art. 23 Rn. 17; *Arthur Andersen* (Hrsg.), Doppelbesteuerungsabkommen Deutschland-USA, 23 Rn. 27 ff.

[72] Herrschende Ansicht im Schrifttum und der Finanzverwaltung, vgl. Erlaß des Finanzministeriums Hessen vom 23.11.1983, -S 1301 A - 93 - II A 13 -, abgedruckt in *Korn, R./Debatin, H.*, Doppelbesteuerung, DBA-Spanien, Verwaltungsverlautbarungen, II C 2; sowie *Vogel, K.*, Doppelbesteuerungsabkommen, Einl. Rn. 107; *Piltz, D.*, Die Personengesellschaften im internationalen Steuerrecht der Bundesrepublik Deutschland, S. 174; *Jacobs, O.*, Internationale Unternehmensbesteuerung, S. 486; *Greif, M.*, Auslandsaktivitäten inländischer Unternehmen, in Mössner, J. et al., Steuerrecht international tätiger Unternehmen, Rn. E 15; *Riemenschneider, S.*, Abkommensberechtigung, S. 200 f.; *Grützner, D.*, Besteuerung von Beteiligungen an ausländischen Mitunternehmerschaften, IWB Fach 3, Deutschland, Gruppe 3, S. 731 (742); *Schlütter, E.*, Die Sondervergütungen eines Mitunternehmers im Außensteuerrecht, JbFfSt 1979/80, S. 152 (167); *Selent, A.*, Ausländische Personengesellschaften im Ertrag- und Vermögensteuerrecht, S. 322 f.; *Korn, R./Debatin, H.*,Doppelbesteuerung, Systematik IV Rn. 29c; *Debatin, H.*, Inländische Beteiligungen an Mitunternehmerschaften im Ausland, BB 1978, S. 669 (671); *ders.*, Inländische Beteiligungen an ausländischen Mitunternehmerschaften, BB 1978, S. 1608 (1610); *ders.*, Qualifikationsprobleme im Doppelbesteuerungsrecht, FR 1979, S. 493 (496); *Ebling, K.*, Anerkennung der steuerlichen Rechtsfähigkeit ausländischer Unternehmungen, IWB, Fach 10, Int., Gr. 2, S. 649 (655); *ders.*, Anerkennung der steuerlichen Rechtsfähigkeit ausländischer Unternehmungen, Länderbericht Deutschland, CDFI LXXIIIa (1988), S. 243. A.A. *Manke, K.*, Personengesellschaften im internationalen Steuerrecht, JbFfSt 1978/79, S. 333 (345); *Peusquens, H.*, Beteiligungen an Mitunternehmerschaften im Ausland, BB 1980, S. 255 (256); *Pott, H.-M.*, Die Kollision unterschiedlicher Formen der Gesellschaftbesteuerung im internationalen Steuerrecht, S. 199 ff. und insbesondere S. 220 ff.; *Knobbe-Keuk, B.*, "Qualifikationskonflikte" im internationalen Steuerrecht der Personengesellschaften, RIW 1991, S. 306 (314 ff.); *dies.*, Bilanz- und Unternehmensteuerrecht, S. 553. Für eine ausführliche Erörterung der abweichenden Ansichten siehe *Riemenschneider, S.*, Abkommensberechtigung, S. 202 ff.

Dieses Ergebnis ist kein Widerspruch zu der oben in Teil 6 Kapitel 2 D. II. 1. ausgeführten Situation bei Zinszahlungen einer US-Gesellschaft an ihren deutschen Gesellschafter, bei der auch abkommensrechtlich auf die Einkunftsdefinition nach dem Recht des

Schlütter[73] und *Riemenschneider*[74] wollen hierbei eine Unterscheidung treffen, je nachdem, ob eine Gewinnausschüttung vor oder nach Ablauf des Jahres der Gewinnerzielung erfolgt. Erfolgt die Gewinnausschüttung nach Ablauf des Jahres der Gewinnerzielung, so sind diese, wie vorstehend ausgeführt, in Deutschland als Entnahmen anzusehen und daher nicht steuerpflichtig. Erfolgt aber die Gewinnausschüttung schon während des Jahres der Gewinnerzielung (sog. Vorabdividenden[75]) so seien diese in Deutschland steuerpflichtig (unter Anrechnung der entrichteten Quellensteuer darauf). Begründet wird diese Ansicht damit, daß für solche Ausschüttungen des laufenden Gewinns eine Steuerpflicht in Deutschland nach § 15 Abs. 1 Nr. 2 EStG als anteiliger Gewinn des inländischen Gesellschafters bestünde. Diese Ansicht ist jedoch abzulehnen, da das deutsche Steuerrecht solche Ausschüttungen als Entnahmen wertet, unabhängig davon, ob sie aus dem laufenden Gewinn oder aus früheren Gewinnen erfolgen.

V. Anwendbarkeit der sog. "Switch-Over Clause" - Abschnitt 21 des Protokolls i.V.m. Art. 23 Abs. 2 lit. b) gg) DBA-USA

Eine Anwendung der sog. "Switch-Over Clause" des Abschnitts 21 des Protokolls zum DBA-USA kommt in diesem Zusammenhang nicht in Betracht[76]. Zwar werden die Einkünfte der Gesellschaft nach Abschnitt 21 lit. a) bb) des Protokolls verschiedenen Abkommensbestimmungen zugeordnet, nämlich sehen die USA in den ausgeschütteten Gewinnen der Gesellschaft Dividenden nach Art. 10 DBA-USA und Deutschland steuerfreie Entnahmen. Diese Einkünfte unterliegen jedoch in den USA nach dem Abkommen einer Quellensteuer, so daß die Alternative der Nichtbesteuerung nicht gegeben ist. Wie bereits nachgewiesen[77], ist die Alternative der "zu niedrigen Besteuerung" wegen ihrer Unbestimmtheit nicht verfassungsgemäß und kann deshalb nicht angewandt werden.

Quellenstaates verwiesen wird. Diese Zinszahlungen stellen abkommensrechtlich Zinszahlungen dar. Nach deutschem Steuerrecht sind sie als gewerbliche Einkünfte (Sondervergütungen) nach § 15 Abs. 1 Nr. 2 EStG steuerpflichtig. Im Unterschied zum vorliegende Fall sieht jedoch das deutsche Steuerrecht eine Steuerpflicht für Zinseinkünfte vor. Dies ist hier nicht der Fall, denn das deutsche Steuerrecht kennt keine Steuerpflicht für Entnahmen aus einer Personengesellschaft.

[73] *Schlütter, E.*, Die Sondervergütungen eines Mitunternehmers im Außensteuerrecht, JbFfSt 1979/80, S. 152 (167 f.).

[74] *Riemenschneider, S.*, Abkommensberechtigung, S. 201 ff. und insbesondere S. 209 ff.

[75] Gemeint sind Gewinnvorauszahlungen auf den erwarteten, aber noch nicht endgültig festgestellten Gewinn eines Wirtschaftsjahres. Zum Begriff der Vorabdividende siehe *Emmerich, V.* in Scholz, F., Kommentar zum GmbH-Gesetz, § 29 Rn. 135.

[76] Zu den Einzelheiten dieser Vorschrift siehe ausführlich oben Teil 6 Kapitel 2 D. II. 6.

[77] Siehe oben Teil 6 Kapitel 2 D. II. 6. a).

VI. Anwendbarkeit des Progressionsvorbehalts - Art. 23 Abs. 2 lit. a DBA-USA

Für die Fälle in denen nach dem DBA-USA das Schachtelprivileg auf Gewinnausschüttungen einer US-Gesellschaft an ihren deutschen Gesellschafter zur Anwendung kommt und diese als Dividenden nach Art. 23 Abs. 2 lit. a DBA-USA freigestellt werden, ist zu fragen, ob hierauf der im Rahmen der Steuerfreistellung vorgesehene Progressionsvorbehalt in Deutschland anzuwenden ist. Zu beachten ist hierbei, daß diese Gewinnausschüttungen nach deutschem Steuerrecht als Entnahmen angesehen werden, die keinen steuerpflichtigen Tatbestand nach deutschem Steuerrecht darstellen[78]. Demzufolge tritt - aus deutscher Sicht - keine tatsächliche Befreiung von der deutschen Besteuerung durch eine im Abkommen geregelte Steuerfreistellung ein. Dadurch reduziert sich auch nicht der Steuersatz für die übrigen, der unbeschränkten Steuerpflicht unterliegenden Einkünfte des deutschen Gesellschafters. Es fehlt daher an der entscheidenden Tatbestandsvoraussetzung der Minderung der Steuerprogression für die sonstigen Einkünfte des unbeschränkt steuerpflichtigen Gesellschafters. Folglich ist der Progressionsvorbehalt in diesen Fällen nicht anzuwenden.

---

[78] Vgl. hierzu oben Teil 7 Kapitel 1 B. 2.

Kapitel 2: Abkommensrechtliche Behandlung der Sondervergütungen bei intransparenter Besteuerung der Gesellschaft im Sitzstaat USA und transparenter Besteuerung in Deutschland

A. Qualifikation durch die USA als Sitzstaat der Gesellschaft

Dadurch, daß die USA in der Gesellschaft nach ihrem nationalen Steuerrecht wie eine Kapitalgesellschaft *(corporation)* und damit wie ein Steuerrechtssubjekt behandeln, sehen sie auch in den Vergütungen, die ein deutscher Gesellschafter von der Gesellschaft für von diesem überlassende Wirtschaftsgüter, gewährte Darlehen oder geleistete Dienste als Leistungen an einen außenstehenden Dritten an. Auf diese Weise werden solche "Sondervergütungen" als abzugsfähige Betriebsausgaben der Gesellschaft anerkannt[1]. Bei der Abkommensanwendung ordnen die USA diese Zahlungen entsprechend ihrem Charakter als Zinsen, Art. 10 DBA-USA, Einkünfte aus unbeweglichem Vermögen, Art. 6 DBA-USA, oder selbständiger oder unselbständiger Arbeit, Art. 14, 15 DBA-USA, ein. Die Voraussetzung für die Qualifikation dieser "Sondervergütungen" nach diesen Einkunftsartikeln, nämlich das Bestehen eines auf der Ebene des Abkommens anzuerkennenden Schuldverhältnisses, liegen vor[2]. Denn die US-Gesellschaft ist abkommensrechtlich als eine von ihren Gesellschaftern zu trennende (Steuer-)Rechtsperson anzuerkennen. Deshalb sind abkommensrechtlich schuldrechtliche Rechtsbeziehungen zwischen der Gesellschaft einerseits und einem ihrer Gesellschafter andererseits möglich. Dies entspricht der ganz herrschenden Meinung[3].

B. Qualifikation durch Deutschland als Ansässigkeitsstaat des Gesellschafters

Als Ansässigkeitsstaat des Gesellschafters hat Deutschland diese "Sondervergütungen" seinerseits unter die Einkunftskategorien der Art. 6 bis 21 des DBA-USA zu subsumieren. Entscheidend für diese Qualifikation ist, daß die US-

---

[1] Unerheblich ist hierbei, daß das nationale Steuerrecht der USA auch bei Personengesellschaften *(partnerships)* schuldrechtliche Beziehungen zwischen der Personengesellschaft und ihrem Gesellschafter anerkennt, vgl. Sec. 707(a), (c) IRC und bereits oben Teil 4 Kapitel 1 B. II. 2. sowie Teil 6 Kapitel 1 B. III. 4. c) und Kapitel 2.

[2] Vgl. bereits oben Teil 6 Kapitel 1 B. III. 4 c).

[3] Vgl. nur *Riemenschneider, S.*, Abkommensberechtigung, S. 215; *Vogel, K.*, Doppelbesteuerungsabkommen, Einl. Rn. 106; *Grützner, D.*, Besteuerung von Beteiligungen an ausländischen Mitunternehmerschaften, IWB Fach 3, Deutschland, Gruppe 3, S. 731 (740); *Schlütter, E.*, Die Sondervergütungen eines Mitunternehmers im Außensteuerrecht, JbFfSt 1979/80, S. 152 (168); *Piltz, D.*, Die Personengesellschaften im internationalen Steuerrecht der Bundesrepublik Deutschland, S. 182; *Korn, R./Debatin, H.*, Doppelbesteuerung, Systematik III, Rn. 29d; *Greif, M.*, Auslandsaktivitäten inländischer Unternehmen, in Mössner, J. et al., Steuerrecht international tätiger Unternehmen, Rn. E 43.

Gesellschaft abkommensrechtlich verbindlich für beide Vertragsstaaten ein Abkommenssubjekt darstellt und somit eine Trennung zwischen Gesellschaft einerseits und Gesellschafter andererseits gegeben ist. Deshalb stellen "Gewinnausschüttungen" dieser Gesellschaft abkommensrechtlich verbindlich - auch für
Deutschland - Dividenden dar[4]. Nicht anders ist es hier: Die abkommensrechtliche Subjektivität und Eigenständigkeit der Gesellschaft führt dazu, daß Deutschland bei der Abkommensanwendung davon auszugehen hat, daß die dem deutschen Gesellschafter von der US-Gesellschaft gezahlten Zinsen, Dienstleistungs-
oder Nutzungsentgelte von einer in den USA ansässigen Person an eine in
Deutschland ansässige Person geleistet werden[5]. Demzufolge hat Deutschland
bei der Anwendung des Artikels über die Vermeidung der Doppelbesteuerung
diese "Sondervergütungen" je nach ihrem Charakter z.B. als Zinsen, Lizenzgebühren oder Einkünfte aus unbeweglichem Vermögen im Sinne des Abkommens
zu qualifizieren. In der Regel wird daher die abkommensrechtliche Qualifikation
in den beiden Vertragsstaaten identisch sein[6]. Auch die herrschende Meinung in
der Finanzverwaltung[7] und der Literatur[8] gelangt zu diesem Ergebnis. Doch die

---

[4]   Vgl. oben Teil 7 Kapitel 1 B. I. Gleichwohl besteht keine deutsche Steuerpflicht, da
das innerstaatliche Recht diese als (steuerfreie) Entnahmen sieht.

[5]   *Debatin, H.*, Anmerkung zum BFH-Urteil vom 17.10.1990, RIW 1991, S. 355 (356),
unter Aufgabe seiner zuvor vertretenen Auffassung, nach der Deutschland die "Sondervergütungen" bei der Abkommensanwendung in diesem Fall, nur bei einer für bei Vertragsstaaten verbindlichen Qualifikation (sog. Qualifikationsverkettung) unter die besonderen   Einkunftskategorien   zu   subsumieren   hat.   *Korn,   R./Debatin,   H.*,
Doppelbesteuerung, DBA-Spanien, Art. 23 Anm. 4 D c); *Vogel, K.*, Doppelbesteuerungsabkommen, Einl. Rn. 106; *Manke, K.*, Personengesellschaften im internationalen
Steuerrecht, JbFfSt 1978/79, S. 333 (345); *Riemenschneider, S.*, Abkommensberechtigung, S. 216.

[6]   Falls es sonst dabei keine unterschiedliche Auslegung des Abkommens in den beiden
Vertragsstaaten gibt.

[7]   Erlaß des Bundesministeriums der Finanzen vom 19.03.1976, VI C 6-S1301-Spanien-
20/75, Nr. 2; abgedruckt in *Korn, R./Debatin, H.*, Doppelbesteuerung, DBA-Spanien,
Verwaltungsverlautbarungen, II C 1.

[8]   *Vogel, K.*, Doppelbesteuerungsabkommen, Einl. Rn. 106; *Riemenschneider, S.*, Abkommensberechtigung, S. 215 ff.; *Selent, A.*, Ausländische Personengesellschaften im
Ertrag- und Vermögensteuerrecht, S. 323; *Storck, A./Selent, A.*, Die Besteuerung inländischer Beteiligungen an ausländischen Mitunternehmerschaften im Ertragsteuerrecht,
RIW/AWD 1980, S. 332 (340); *Piltz, D.*, Die Personengesellschaften im internationalen
Steuerrecht der Bundesrepublik Deutschland, S. 182; *Baranowski, K.-H.*, Zur Besteuerung der Einkünfte aus Beteiligungen an ausländischen Personengesellschaften, IWB,
Fach 3, Deutschland, Gruppe 2, S. 549 (554); *Knobbe-Keuk, B.*, "Qualifikationskonflikte" im internationalen Steuerrecht der Personengesellschaften, RIW 1991, S. 306 (316);
dies., Bilanz- und Unternehmensteuerrecht, S. 555; *Grützner, D.*, Besteuerung von Beteiligungen an ausländischen Mitunternehmerschaften, IWB Fach 3, Deutschland, Gruppe

Finanzverwaltung begründet ihre Ansicht nicht, während die Literatur in aller Regel nur auf die allgemeine Maßgeblichkeit der abkommensrechtlichen Einkunftsqualifikation durch den ausländischen Sitzstaat der Gesellschaft für die Abkommensanwendung in Deutschland verweist[9].

Zu beachten ist hierbei jedoch, daß die abkommensrechtliche Qualifikation der "Sondervergütungen" in Deutschland aufgrund der Trennung zwischen Abkommensrecht einerseits und nationalem Recht andererseits, nicht die Qualifikation dieser Einkünfte nach deutschen Steuerrecht als gewerbliche Einkünfte nach § 15 Abs. 1 Nr. 2 EStG berührt. Die Einkünfte stellen deshalb in Deutschland gewerbliche Einkünfte dar[10].

3, S. 731 (740); *Krabbe, H.*, Qualifikationskonflikte bei ausländischen Personengesellschaften, RIW/AWD 1976, S. 135 (138); *Schröder, S.*, Abkommensberechtigung und Qualifikationskonflikte nach DBA bei Mitunternehmerschaft, Teil II, StBp 1989, S. 25 (28).

9   Ausnahmen sind *Vogel, K.*, Doppelbesteuerungsabkommen, Einl. Rn. 106, und *Riemenschneider, S.*, Abkommensberechtigung, S. 215 ff., die zur Begründung der übereinstimmen abkommensrechtlichen Einkunftsqualifikation, wie sie auch hier vertreten wird, auf die Abkommenberechtigung der Gesellschaft verweisen.

10   Dies ist völlig herrschende Meinung: Vgl. *Riemenschneider, S.*, Abkommensberechtigung, S. 218; *Piltz, D.*, Die Personengesellschaften im internationalen Steuerrecht der Bundesrepublik Deutschland, S. 182; *Baranowski, K.-H.*, Zur Besteuerung der Einkünfte aus Beteiligungen an ausländischen Personengesellschaften, IWB, Fach 3, Deutschland, Gruppe 2, S. 549 (556); *Grützner, D.*, Besteuerung von Beteiligungen an ausländischen Mitunternehmerschaften, IWB Fach 3, Deutschland, Gruppe 3, S. 731 (741); *Korn, R./Debatin, H.*, Doppelbesteuerung, Systematik III, Rn. 29e. A.A. vertritt lediglich *Knobbe-Keuk, B.*, "Qualifikationskonflikte" im internationalen Steuerrecht der Personengesellschaften, RIW 1991, S. 306 (316); *dies.*, Bilanz- und Unternehmensteuerrecht, S. 556, die davon ausgeht, daß Deutschland bei der Anwendung seines nationalen Steuerrechts die ausländische Gesellschaft gemäß der Abkommensaussage als Steuersubjekt zu behandeln hat und daher die "Sondervergütungen" als Einkünfte aus Kapitalvermögen, Vermietung und Verpachtung oder selbständiger oder unselbständiger Arbeit besteuern will. Diese Ansicht verkennt aber das Verhältnis zwischen Abkommensrecht einerseits und nationalem Recht andererseits als zwei von einander getrennte Rechtskreise.

Teil 8: Abkommensrechtliche Behandlung der Einkünfte bei transparenter Besteuerung der Gesellschaft im Sitzstaat USA und intransparenter Besteuerung in Deutschland

Die Einordnung einer Gesellschaft als Personengesellschaft im Sitzstaat USA und als Kapitalgesellschaft in Deutschland als Ansässigkeitsstaat eines Gesellschafters ist gegenwärtig nur für die Rechtsform der *limited liability company* möglich. Denn zur Zeit ist auf deutscher Seite die Einordnung und damit die steuerliche Behandlung dieser Gesellschaftsform noch ungeklärt[1]. Sollte das in Revenue Notice 95-14[2] und den Proposed Regulations § 301.7701-1, -2 und -3[3] vorgeschlagene "Check-the-Box"-Verfahren der Einordnung in Kraft treten, so ist jedoch mit der Zunahme dieser Einordnungskonflikte (subjektiven Qualifikationskonflikten) zu rechnen[4]. Eine solche Situation war bis 1991 bei einer Beteiligung an einer griechischen *Etaeria Periorismenis Evthynis* (E.P.E., entspricht in etwa der deutschen GmbH)[5]. Die E.P.E. wurde, trotzdem sie nach griechischem Handelsrecht eine juristische Person ist, nach dem griechischen Steuerrecht nicht als Steuersubjekt gewertet. Vielmehr wurden ihre Gewinne bei der Besteuerung anteilig bei ihren Gesellschaftern erfaßt, während sie in Deutschland als Kapitalgesellschaft angesehen wurde. Im übrigen tritt ein solcher subjektiver Qualifikationskonflikt im Verhältnis zu jenen Staaten auf, bei denen juristische Personen grundsätzlich als Steuersubjekte behandelt werden, aber eine Optionsmöglichkeit für eine transparente Besteuerung als Personengesellschaft besteht[6].

Kapitel 1: Abkommensrechtliche Behandlung des Gewinnanteils bei transparenter Besteuerung der Gesellschaft im Sitzstaat USA und intransparenter Besteuerung in Deutschland

Gemäß der deutschen Sichtweise der US-Gesellschaft als Kapitalgesellschaft wird hier zwischen "nicht ausgeschüttetem" und "ausgeschüttetem" Gewinn un-

---

[1] Vgl. oben Teil 3 Kapitel 3 B.

[2] Rev. Notice 95-14, 1995-1 C.B. 297.

[3] Prop. Regs. § 301.7701-1, -2 und -3, (PS-043-95) vom 09.05.1996.

[4] Siehe hierzu allgemein bereits oben Teil 3 Kapitel 1 G.

[5] Aufgrund des griechischen Gesetzes Nr. 2065/92 vom 30.06.1992 wird nunmehr seit dem 01.01.1992 eine E.P.E. in Griechenland als Kapitalgesellschaft besteuert. Zum Recht der griechischen Kapitalgesellschaften siehe *Muchtaris, W.*, Vergleichender Überblick über das Recht der Kapitalgesellschaften in Griechenland, IStR 1993, S. 378.

[6] Eine solche Möglichkeit besteht z.B. in Belgien und in Frankreich.

terschieden. Diese Unterscheidung dient lediglich dem Zweck die deutsche Sichtweise klar zu stellen, sie darf nicht zu der Ansicht verleiten - und die folgenden Ausführungen stellen dies auch klar -, daß die USA als Quellenstaat oder das Abkommen hiernach unterscheiden.

A.   "Thesaurierter" Gewinn

I.   *Behandlung nach dem Abkommen*

Wird eine US-*limited liability company* in den USA als *partnership* (Personengesellschaft) gesehen, deren Gewinne anteilig beim einzelnen Gesellschafter zu besteuern sind, während Deutschland in ihr eine Kapitalgesellschaft sieht, so ergibt sich folgendes Bild: Die US-Gesellschaft wird dem US-Steuerrecht entsprechend dort transparent besteuert, d.h. der anteilig auf einen deutschen Gesellschafter entfallende Gewinn ("nicht ausgeschüttete" Gewinn nach deutscher Sicht) unterliegt dort der beschränkten Steuerpflicht[7]. Bei den Gewinnen handelt es sich nach dem Abkommen grundsätzlich um gewerbliche Gewinne eines Unternehmens nach Art. 7 DBA-USA[8]. Die entscheidende Frage ist jedoch, von wem dieses Unternehmen abkommensrechtlich betrieben wird. D.h. wird das Unternehmen von der Gesellschaft selber oder anteilig von den einzelnen Gesellschaftern betrieben? Denn für die Zuteilung der Besteuerungsrechte nach Art. 7 Abs. 1 DBA-USA ist es entscheidend, ob ein Unternehmen des Sitzstaates USA vorliegt, das selbst Abkommenssubjektivität besitzt oder, ob in bezug auf die Beteiligung eines deutschen Gesellschafters anteilig ein deutsches Unternehmen vorliegt.

Ein Unternehmen kann nach Art. 3 Abs. 1 lit. f DBA-USA[9] nur von einer in einem Vertragsstaat "ansässigen Person" betrieben werden. Eine Gesellschaft, die - wie hier der Fall - nach dem Steuerrecht des Sitzstaates als Personengesellschaft behandelt wird, während sie im anderen Vertragsstaat, dem Ansässigkeitsstaat eines ihrer Gesellschafter als Kapitalgesellschaft und damit Steuersubjekt angesehen wird, ist abkommensrechtlich keine in ihrem Sitzstaat ansässige Person[10]. Es handelt sich bei der Gesellschaft auch nicht um eine "Gesellschaft" im Sinne des Abkommens nach Art. 3 Abs. 1 lit. e DBA-USA[11], da hierfür die steuerrechtliche Sichtweise des Sitzstaates der Gesellschaft ausschlaggebend ist[12]. Demzufolge wird das Unternehmen abkommensrechtlich aufgrund der fehlenden Ansässigkeit der Gesellschaft in ihrem Sitzstaat nicht von der Gesell-

---

[7]   Vgl. *Jacobs, O.*, Internationale Unternehmensbesteuerung, S. 456 f.

[8]   Vgl. *Manke, K.*, Personengesellschaften im internationalen Steuerrecht, JbFfSt 1978/79, S. 333 (349 f.)

[9]   Entspricht Art. 3 Abs. 1 lit. c OECD-MA.

[10]   Vgl. oben Teil 7 Kapitel 1 A. I. 1.

[11]   Entspricht Art. 3 Abs. 1 lit. b OECD-MA.

[12]   Vgl. hierzu auch Abschnitt 3 des Kommentars zu Art. 3 OECD-MA.

schaft selbst betrieben, so daß es sich somit nicht um ein Unternehmen des Sitzstaates handelt. Vielmehr ist das Unternehmen der Gesellschaft anteilig den einzelnen Gesellschaftern zuzurechnen, d.h. jeder deutsche Gesellschafter verkörpert abkommensrechtlich in bezug auf seine Gesellschaftsbeteiligung ein Unternehmen seines Ansässigkeitsstaates[13]. Folglich handelt es sich in bezug auf einen in Deutschland ansässigen Gesellschafter bei den Einkünften, die von der US-Gesellschaft erzielt werden, soweit sie ihm zuzurechnen sind, um Einkünfte eines deutschen Unternehmens. Diese Einkünfte sind der durch die ausländische Gesellschaft verkörperten Betriebstätte zuzurechnen. Demzufolge haben die USA nach Art. 7 Abs. 1 DBA-USA das uneingeschränkte Besteuerungsrecht für diese Einkünfte und Deutschland hat diese nach Art. 23 Abs. 2 lit. a DBA-USA von der deutschen Besteuerung freizustellen. Diese Auffassung entspricht auch der herrschenden Meinung in der Literatur[14] und der Ansicht der Finanzverwaltung[15].

---

[13]   Für US-amerikanische Gesellschafter gilt die Regelung des Art. 4 Abs. 1 lit. b DBA-USA. Vgl. hierzu oben Teil 5 Kapitel 2.

[14]   *Riemenschneider, S.*, Abkommensberechtigung, S. 219 ff.; *Greif, M.*, Auslandsaktivitäten inländischer Unternehmen, in Mössner, J. et al., Steuerrecht international tätiger Unternehmen, Rn. E 38; *Manke, K.*, Personengesellschaften im internationalen Steuerrecht, JbFfSt 1978/79, S. 333 (349); *Knobbe-Keuk, B.*, "Qualifikationskonflikte" im internationalen Steuerrecht der Personengesellschaften, RIW 1991, S. 306 (316); *dies.*, Bilanz- und Unternehmensteuerrecht, S. 557; *Krabbe, H.*, Steuerliche Behandlung der griechischen GmbH, RIW/AWD, S. 192 (194); *Vogel, K.*, Doppelbesteuerungsabkommen, Einl. Rn. 105; *Kluge, V.*, Das deutsche Internationale Steuerrecht, S. 293 f.; *Korn, R./Debatin, H.*, Doppelbesteuerung, Systematik III, Rn. 30 f.; *Debatin, H.*, Außensteuerrechtliche und internationalrechtliche Behandlung von Rechtsträgern und daran bestehenden Beteiligungen, DB 1977, Beilage Nr. 13/77, S. 1 (7 f.); *ders.*, Subjektiver Schutz unter Doppelbesteuerungsabkommen, BB 1989, Beilage Nr. 2, S. 1 (9).

A.A. *Diehl, W.*, Qualifikationskonflikte im Außensteuerrecht, FR 1978, S. 517 (524 f.). Dieser geht davon aus, daß Doppelbesteuerungsabkommen keine für beide Vertragsstaaten verbindliche Auslegung des Begriffs "Gesellschaft" enthalten. Daher sei für die abkommensrechtliche Einordnung eines ausländischen Rechtsgebildes nach Art. 3 Abs. 2 OECD-MA jeweils das nationale Steuerrecht der Vertragsstaaten maßgeblich. Demzufolge gebe es keine einheitliche abkommensrechtliche Sichtweise in bezug auf solche Gesellschaften. Bereits *Riemenschneider, S.*, Abkommensberechtigung, S. 221, Fn. 638 und S. 78 ff., hat diese Auffassung kritisiert, die auf der irrigen Auffassung beruht, es würde keine einheitliche abkommensrechtliche Einordnung einer solchen Gesellschaft geben.

[15]   Jedenfalls im Verhältnis zu Griechenland in bezug auf die dort bis 1991 maßgebliche Rechtslage für die deutsche Beteiligung an einer griechischen *Etaeria Periorismenis Evthynis* (E.P.E., entpricht in etwa der deutschen GmbH). Vgl. Erlaß des Bundesministeriums der Finanzen vom 16.02.1976, IV C 6 - S 1301 - Griechenland 1/76, abgedruckt in *Korn, R./Debatin, H.*, Doppelbesteuerung, DBA-Griechenland, Verwaltungsverlautbarungen, IV.1.a. Nachdem diese Gesellschaft aufgrund des griechischen Gesetzes Nr. 2065/92 vom 30.06.1992 nunmehr in Griechenland ein Steuersubjekt darstellt, ist dieser

Zu beachten ist, daß das Betriebstättenprinzip in diesem Zusammenhang für sämtliche anteilig auf einen deutschen Gesellschafter entfallende Einkünfte einer solchen US-Gesellschaft gilt, d.h. für Einkünfte aus dem Sitzstaat USA, aus dem Ansässigkeitsstaat des Gesellschafter, Deutschland, sowie für aus Drittstaaten stammenden Einkünften[16]. Eine Einschränkung erfährt das Betriebstättenprinzip nur durch das abkommensrechtlich vorrangige Belegenheitsprinzip für Einkünfte der Gesellschaft aus unbeweglichem Vermögen im Sinne des Art. 6 DBA-USA. Das Besteuerungsrecht liegt bei diesen Einkünften dann bei dem Staat, in dem das Grundvermögen belegen ist[17].

II. Besteuerung in Deutschland

Aufgrund der strikten Trennung zwischen Abkommensrecht einerseits und nationalem Steuerrecht der Vertragsstaaten andererseits, kommt der Tatsache, daß die von der US-Gesellschaft erzielten Einkünfte anteilig den (deutschen) Gesellschaftern zugerechnet werden, keine Bedeutung für die Besteuerung dieser Einkünfte nach deutschem Steuerrecht zu. Denn nach der Betrachtungsweise des deutschen Steuerrechts besteht für die von der US-Gesellschaft erzielten, "nicht ausgeschütteten" Gewinne, wenn sie nicht aus Deutschland stammen, keine deutsche Steuerpflicht. Denn die US-Gesellschaft wird als selbständiges Steuersubjekt gesehen, das - soweit es keine Einkünfte aus Deutschland erzielt - keiner deutschen Besteuerung unterliegt. Erzielt die US-Gesellschaft jedoch Einkünfte aus Deutschland, so besteht für diese nach den Voraussetzungen des § 49 EStG beschränkte Steuerpflicht. Zu beachten ist jedoch, daß, soweit es sich um anteilig auf einen deutschen Gesellschafter entfallende Einkünfte der Gesellschaft aus Deutschland handelt, eine Steuerberechtigung nach § 49 EStG nur dann gegeben ist, wenn es sich um Einkünfte aus unbeweglichem Vermögen nach Art. 6 DBA-USA handelt, das in Deutschland belegen ist[18].

Erlaß durch den Erlaß des Bundesministeriums der Finanzen vom 16.12.1993, IV C 5 - S 1301 Gri - 18/93, BStBl. 1994 I, S. 3, ebenfalls abgedruckt in *Korn, R./Debatin, H.*, Doppelbesteuerung, DBA-Griechenland, Verwaltungsverlautbarungen, IV.1.b, aufgehoben worden.

16 So auch *Riemenschneider, S.*, Abkommensberechtigung, S. 221. Nicht ganz klar in diesem Zusammenhang *Vogel, K.*, Doppelbesteuerungsabkommen, Einl. Rn. 105.

17 Zum Vorrang des Belegenheitsprinzips vor dem Betriebstättenprinzip und zur Verteilung der Besteuerungsrechte bei Einkünften aus unbeweglichem Vermögen siehe bereits oben Teil 6 Kapitel 1 C.

18 Vgl. oben Teil 6 Kapitel 1 C. Ebenso *Riemenschneider, S.*, Abkommensberechtigung, S. 222.

III. Anwendbarkeit der sog. "Switch-Over Clause" - Abschnitt 21 des Protokolls i.V.m. Art. 23 Abs. 2 lit. b) gg) DBA-USA

Eine Anwendung der sog. "Switch-Over Clause" des Abschnitts 21 des Protokolls zum DBA-USA kommt in diesem Zusammenhang nicht in Betracht[19]. Zwar werden die Einkünfte der Gesellschaft nach Abschnitt 21 lit. a) bb) des Protokolls verschiedenen Personen zugerechnet, nämlich in den USA anteilig den Gesellschaftern und in Deutschland der Gesellschaft selbst. Diese Einkünfte unterliegen jedoch in den USA nach dem Betriebstättenprinzip anteilig bei den Gesellschaftern der Einkommensteuer, so daß die Alternative der Nichtbesteuerung nicht gegeben ist. Wie bereits nachgewiesen[20], ist die Alternative der "zu niedrigen Besteuerung" wegen ihrer Unbestimmtheit nicht verfassungsgemäß und kann deshalb nicht angewandt werden.

IV. Anwendbarkeit des Progressionsvorbehalts - Art. 23 Abs. 2 lit. a DBA-USA

Grundsätzlich ist nach Art. 23 Abs. 2 lit. a DBA-USA der Progressionsvorbehalt bei der Besteuerung eines deutschen Gesellschafters anzuwenden, sofern diesem von einer US-Gesellschaft erzielte Einkünfte anteilig zugerechnet werden und diese anteiligen Einkünfte nach dem Abkommen als Einkünfte einer US-Betriebstätte von deutscher Besteuerung freizustellen sind[21]. Jedoch ist auch hier die unterschiedliche Sichtweise in den beiden Vertragsstaaten zu beachten. Nach deutschem Steuerrecht besteht keine Steuerpflicht für die Gewinne einer US-Gesellschaft, die deutscherseits als Kapitalgesellschaft gewertet wird, da sie als Steuersubjekt des anderen Vertragsstaates (USA) angesehen wird. Solange diese Gewinne der Gesellschaft nicht an einen deutschen Gesellschafter "ausgeschüttet" werden, ergibt sich auch durch die US-Sichtweise - anteiligen Zurechnung an den Gesellschafter - keine deutsche Steuerpflicht. Aufgrund dieser fehlenden Steuerpflicht in Deutschland kommt es daher auch nicht zu einer tatsächlichen Befreiung von der deutschen Besteuerung durch eine abkommensrechtliche Steuerfreistellung nach Art. 23 Abs. 2 lit. a DBA-USA[22]. Da es aber dadurch an einer abkommensrechtlichen Steuerfreistellung aufgrund der Anwendung des Art. 23 Abs. 2 lit. a DBA-USA fehlt, kann es somit beim deutschen Gesellschafter auch nicht zu einer Minderung des Steuersatzes bei der deutschen Besteuerung seiner sonstigen, der unbeschränkten Steuerpflicht unterliegenden Einkünfte

---

[19] Zu den Einzelheiten dieser Vorschrift siehe ausführlich oben Teil 6 Kapitel 2 D. II. 6.

[20] Siehe oben Teil 6 Kapitel 2 D. II. 6 a).

[21] Siehe hierzu bereits oben Teil 7 Kapitel 1 A. I. 3.

[22] Ebenso *Riemenschneider, S.*, Abkommensberechtigung, S. 222, zur Rechtslage nach dem OECD-MA.

kommen. Demzufolge darf der Progressionsvorbehalt in diesem Zusammenhang nicht angewendet werden[23].

B. "Ausgeschütteter" Gewinn

I. Behandlung nach dem Abkommen

Ausgangspunkt bei der abkommensrechtlichen Behandlung des "ausgeschütteten Gewinns" ist die Sichtweise der Gesellschaft nach dem Abkommen. Hiernach wird die Gesellschaft nicht als eigenständiges Abkommenssubjekt behandelt, vielmehr stellen die von ihr erzielten Einkünfte abkommensrechtlich anteilig Einkünfte ihrer Gesellschafter dar. Demzufolge sind die Gewinne der Gesellschafter bereits im Zeitpunkt ihres Entstehens als solche ihrer Gesellschafter zu betrachten. Zur Situation einer Gewinnausschüttung kann es folglich auf der Ebene des Abkommens überhaupt nicht kommen. Auch Art. 10 Abs.1 DBA-USA, der das Besteuerungsrecht von Gewinnausschüttungen regelt, geht davon aus, daß nur eine "in einem Vertragsstaat ansässige Gesellschaft" Gewinnausschüttungen vornehmen kann. Eine solche US-Gesellschaft stellt aber wegen ihrer Behandlung als Personengesellschaft *(partnership)* in ihrem Sitzstaat USA kein Abkommenssubjekt dar und ist damit keine "in einem Vertragsstaat ansässige Gesellschaft"[24]. Folglich kann sie keine Dividenden im Abkommenssinne

---

[23] Diese Ansicht wird von der Finanzverwaltung und der herrschenden Meinung in der Literatur vertreten:

Erlaß des Bundesministeriums der Finanzen vom 16.02.1976, IV C 6 - S 1301 - Griechenland 1/76, abgedruckt in *Korn, R./Debatin, H.*, Doppelbesteuerung, DBA-Griechenland, Verwaltungsverlautbarungen, IV.1.a. Nach Änderung des nationalen Steuerrechts in Griechenland wurde dieser Erlaß durch den Erlaß des Bundesministeriums der Finanzen vom 16.12.1993, IV C 5 - S 1301 Gri - 18/93, BStBl. 1994 I, S. 3, ebenfalls abgedruckt in *Korn, R./Debatin, H.*, Doppelbesteuerung, DBA-Griechenland, Verwaltungsverlautbarungen, IV.1.b, aufgehoben.

Riemenschneider, S., Abkommensberechtigung, S. 222 f.; *Greif, M.*, Auslandsaktivitäten inländischer Unternehmen, in Mössner, J. et al., Steuerrecht international tätiger Unternehmen, Rn. E 38; *Manke, K.*, Personengesellschaften im internationalen Steuerrecht, JbFfSt 1978/79, S. 333 (349); *Krabbe, H.*, Steuerliche Behandlung der griechischen GmbH, RIW/AWD, S. 192 (194); *Korn, R./Debatin, H.*, Doppelbesteuerung, Systematik III, Rn. 30 a; *Debatin, H.*, Außensteuerrechtliche und internationalrechtliche Behandlung von Rechtsträgern und daran bestehenden Beteiligungen, DB 1977, Beilage Nr. 13/77, S. 1 (8); *ders.*, Subjektiver Schutz unter Doppelbesteuerungsabkommen, BB 1989, Beilage Nr. 2, S. 1 (9); *Schlütter, E.*, Die Sondervergütungen eines Mitunternehmers im Außensteuerrecht, JbFfSt 1979/80, S. 152 (170); *Piltz, D.*, Die Personengesellschaften im internationalen Steuerrecht der Bundesrepublik Deutschland, S. 184. A.A. *Knobbe-Keuk, B.*, "Qualifikationskonflikte" im internationalen Steuerrecht der Personengesellschaften, RIW 1991, S. 306 (316); *dies.*, Bilanz- und Unternehmensteuerrecht, S. 557.

[24] Siehe oben Teil 8 Kapitel 1 A. I.

ausschütten[25]. Diese Auffassung ist herrschende Meinung in der Literatur[26] und der Finanzverwaltung[27].

---

[25]   Ebenso *Riemenschneider, S.*, Abkommensberechtigung, S. 223.

[26]   *Riemenschneider, S.*, Abkommensberechtigung, S. 223 ff.; *Manke, K.*, Personengesellschaften im internationalen Steuerrecht, JbFfSt 1978/79, S. 333 (349); *Krabbe, H.*, Steuerliche Behandlung der griechischen GmbH, RIW/AWD, S. 192 (194); *Debatin, H.*, Außensteuerrechtliche und internationalrechtliche Behandlung von Rechtsträgern und daran bestehenden Beteiligungen, DB 1977, Beilage Nr. 13/77, S. 1 (8); *ders.*, Qualifikationsprobleme im Doppelbesteuerungsrecht, FR 1979, S. 493 (498); *ders.*, Subjektiver Schutz unter Doppelbesteuerungsabkommen, BB 1989, Beilage Nr. 2, S. 1 (9); *Korn, R./Debatin, H.*, Doppelbesteuerung, Systematik III, Rn. 30 a; *Piltz, D.*, Die Personengesellschaften im internationalen Steuerrecht der Bundesrepublik Deutschland, S. 184; *Knobbe-Keuk, B.*, "Qualifikationskonflikte" im internationalen Steuerrecht der Personengesellschaften, RIW 1991, S. 306 (316); *dies.*, Bilanz- und Unternehmensteuerrecht, S. 557; *Kluge, V.*, Das deutsche Internationale Steuerrecht, S. 293.

Abweichende Auffassungen vertreten *Schlütter* und *Diehl. Schlütter, E.*, Die Sondervergütungen eines Mitunternehmers im Außensteuerrecht, JbFfSt 1979/80, S. 152 (170), vertritt die Ansicht, daß abkommensrechtlich in diesem Fall Gewinnausschüttungen einer ausländischen Gesellschaft anzuerkennen seien und diese als Dividenden gemäß Art. 10 OECD-MA zu behandeln seien. Er begründet dies damit, daß ein Wirtschaftsgebilde schon dann als Gesellschaft gemäß Art. 3 Abs. 1 lit. b OECD-MA anzuerkennen sei, wen diesem nach zivilrechtlicher Sicht seinen Sitzstaates der Status eines Rechtssubjekts zukommt. Folglich seien "Gewinnausschüttungen" eines solchen Wirtschaftsgebildes als Dividenden zu behandeln. Es wurde bereits erörtert (siehe oben Teil 7 Kapitel 1 B. IV.), daß die alleinige zivilrechtliche Rechtssubjektivität eines Rechtsgebildes nicht genügt, um die Definition einer "Gesellschaft" nach einem Doppelbesteuerungabkommen zu erfüllen. Vielmehr ist unabhängig von der zivilrechtlichen Sichtweise erforderlich, daß das Rechtsgebilde den Status eines Steuerrechtssubjekts im Sitzstaat besitzt und damit Abkommenssubjektivität besitzt.

Diehl, W., Qualifikationskonflikte im Außensteuerrecht, FR 1978, S. 517 (525), geht davon aus, daß Doppelbesteuerungsabkommen keine für beide Vertragsstaaten verbindliche Auslegung des Begriffs "Gesellschaft" enthalten. Daher sei für die abkommensrechtliche Einordnung eines ausländischen Rechtsgebildes nach Art. 3 Abs. 2 OECD-MA jeweils das nationale Steuerrecht der Vertragsstaaten maßgeblich. Damit dürfe in einem solchen Fall ein ausländisches Rechtsgebilde in Deutschland abkommensrechtlich als in seinem Sitzstaat ansässige Gesellschaft behandeln. Demzufolge dürfe man in Deutschland von Gewinnausschüttungen in Form von Dividenden nach Art. 10 OECD-MA ausgehen. Bereits *Riemenschneider, S.*, Abkommensberechtigung, S. 221, Fn. 638 und S. 78 ff., hat diese Auffassung kritisiert, die auf der irrigen Auffassung beruht, es würde keine einheitliche abkommensrechtliche Einordnung einer solchen Gesellschaft geben.

[27]   Erlaß des Bundesministeriums der Finanzen vom 16.02.1976, IV C 6 - S 1301 - Griechenland 1/76, abgedruckt in *Korn, R./Debatin, H.*, Doppelbesteuerung, DBA-Griechenland, Verwaltungsverlautbarungen, IV.1.a. Nach Änderung des nationalen Steuerrechts in Griechenland wurde dieser Erlaß durch den Erlaß des Bundesministeriums der Finanzen vom 16.12.1993, IV C 5 - S 1301 Gri - 18/93, BStBl. 1994 I, S. 3, ebenfalls abgedruckt

Wie bereits eingangs erwähnt, gibt es bei einer US-Gesellschaft, die dort als Personengesellschaft *(partnership)* besteuert wird und in Deutschland als Kapitalgesellschaft betrachtet wird, nach dem Abkommen keine Unterscheidung zwischen "ausgeschütteten" und "nicht ausgeschütteten" Gewinnen. Ausschlaggebend ist die steuerliche Behandlung der Gesellschaft in ihrem Sitzstaat. Nach dem Abkommen hat Deutschland daher die Gewinne einer solchen US-Gesellschaft unabhängig von einer evtl. nach deutschem Steuerrecht anzunehmenden "Gewinnausschüttung" von deutscher Besteuerung nach Art. 23 Abs. 2 lit. a DBA-USA freizustellen, falls es sich nicht um Einkünfte aus in Deutschland belegenen unbeweglichem Vermögen im Sinne des Art. 6 DBA-USA handelt.

II. Besteuerung in Deutschland

Das deutsche Steuerrecht geht hingegen von einer Beachtlichkeit einer "Gewinnausschüttung" bei der Besteuerung des deutschen Gesellschafters aus. Es sieht in ihr Einkünfte des Gesellschafters aus Kapitalvermögen gemäß § 20 Abs. 1 Nr. 1 EStG, da die US-Gesellschaft als eigenständiges Steuerrechtssubjekt gesehen wird. Allerdings verhindert die vorrangige Wertung des Abkommens (§ 2 AO) aufgrund der vorstehend dargelegten Freistellung der Einkünfte eine Besteuerung des Gesellschafters aufgrund von "Gewinnausschüttungen" in Deutschland.

III. Anwendbarkeit der sog. "Switch-Over Clause" - Abschnitt 21 des Protokolls i.V.m. Art. 23 Abs. 2 lit. b) gg) DBA-USA

Eine Anwendung der sog. "Switch-Over Clause" des Abschnitts 21 des Protokolls zum DBA-USA kommt in diesem Zusammenhang nicht in Betracht[28]. Zwar werden die Einkünfte der Gesellschaft nach Abschnitt 21 lit. a) bb) des Protokolls verschiedenen Abkommensbestimmungen zugeordnet, nämlich sehen die USA in den "ausgeschütteten Gewinnen" der Gesellschaft steuerfreie Entnahmen und Deutschland Dividenden nach Art. 10 DBA-USA. Diese Einkünfte unterliegen jedoch in den USA nach dem Betriebstättenprinzip anteilig bei den Gesellschaftern der Einkommensteuer, so daß die Alternative der Nichtbesteuerung nicht gegeben ist. Wie bereits nachgewiesen[29], ist die Alternative der "zu niedrigen Besteuerung" wegen ihrer Unbestimmtheit nicht verfassungsgemäß und kann deshalb nicht angewandt werden.

IV. Anwendbarkeit des Progressionsvorbehalts - Art. 23 Abs. 2 lit. a DBA-USA

Anders als bei den "nicht ausgeschütteten" Gewinnen[30], beruht die deutsche Steuerfreistellung bei "ausgeschütteten" Gewinnen nicht auf der mangelnden

---

in *Korn, R./Debatin, H.*, Doppelbesteuerung, DBA-Griechenland, Verwaltungsverlautbarungen, IV.1.b, aufgehoben.

28 Zu den Einzelheiten dieser Vorschrift siehe ausführlich oben Teil 6 Kapitel 2 D. II. 6.

29 Siehe oben Teil 6 Kapitel 2 D. II. 6 a).

30 Siehe hierzu oben Teil 8 Kapitel 1 A. IV.

deutschen Steuerpflicht, denn das deutsche Steuerrecht sieht in ihnen Einkünfte des Gesellschafters aus Kapitalvermögen nach § 20 Abs. 1 Nr. 1 EStG. Vielmehr tritt eine Befreiung von deutscher Steuer durch die Anwendung des Abkommens ein. Demzufolge kann der in Art. 23 Abs. 2 lit. a DBA-USA vorgesehene Progressionsvorbehalt auf deutscher Seite bei "ausgeschütteten" Gewinnen angewandt werden. Die entscheidende Frage in diesem Fall ist jedoch, wann kann von einer "Gewinnausschüttung" der US-Gesellschaft ausgegangen werden, wenn das US-Steuerrecht wegen der fehlenden Steuersubjektivität der Gesellschaft weder eine "Gewinnausschüttung", noch einen "Gewinnverteilungsbeschluß" noch eine "Ausschüttung" nach deutschem Verständnis kennt. Die sog. *"allocations"* im US-Steuerrecht der Personengesellschaften können hierfür nicht herangezogen werden, denn sie bedeuten lediglich eine Ergebniszuordnung unter den Gesellschaftern, vergleichbar mit der Ergebniszuschreibung zu den Kapitalkonten im deutschen Steuerrecht der Personengesellschaften[31]. Vielmehr ist auf die sog. *"distributions"* abzustellen, die den Entnahmen im deutschen Steuerrecht entsprechen[32].

Der Zeitpunkt der "Gewinnausschüttung" ist aus diesem Grunde aus der Sicht des deutschen Steuerrechts nach § 11 Abs. 1 EStG, d.h. nach dem Zuflußprinzip zu beurteilen. Ein Abstellen auf die wirtschaftliche Verfügungsmacht des Gesellschafter geht in diesem Zusammenhang jedoch fehl, da ein Gesellschafter jederzeit zu Gewinnentnahmen berechtigt ist[33]. Gewinne der Gesellschaft würden dann dem Gesellschafter sofort in Zeitpunkt ihres Entstehens bei der Gesellschaft zugeflossen sein, denn die potentielle Entnahmemöglichkeit würde hierfür ausreichen. D.h. eine Trennung zwischen Gesellschafter und Gesellschaft, wie es die Sichtweise des deutschen Steuerrechts in diesem Fall fordert, würde es dann

---

[31] Vgl. hierzu oben Teil 4 Kapitel 1 B. II.

[32] Vgl. hierzu oben Teil 4 Kapitel 1 D.

[33] So aber *Debatin, H.*, Außensteuerrechtliche und internationalrechtliche Behandlung von Rechtsträgern und daran bestehenden Beteiligungen, DB 1977, Beilage Nr. 13/77, S. 1 (7), und *Manke, K.*, Personengesellschaften im internationalen Steuerrecht, JbFfSt 1978/79, S. 333 (348), die auf die Verfügungsmacht des Gesellschafters abstellen.

nicht geben[1]. Eine "Gewinnausschüttung" ist vielmehr dann anzunehmen, wenn der Gewinn die Sphäre der Gesellschaft tatsächlich verlassen hat, d.h. wenn es zu einer tatsächlichen Entnahme gekommen ist[2]. Zu diesem Zeitpunkt dürfte dann der Progressionsvorbehalt angewandt werden.

Kapitel 2: Abkommensrechtliche Behandlung der Sondervergütungen bei transparenter Besteuerung der Gesellschaft im Sitzstaat USA und intransparenter Besteuerung in Deutschland

Wie bereits erwähnt, handelt es sich bei einer deutschen Beteiligung einer solchen US-Gesellschaft nach der Sichtweise des Abkommens um keine vom deutschen Gesellschafter zu trennende, in ihrem Sitzstaat ansässige Person, sondern um eine Betriebstätte eines deutschen Unternehmens[3]. In einem solchen Fall dürften, schuldrechtliche Rechtsbeziehungen zwischen der Gesellschaft und dem Gesellschafter abkommensrechtlich nicht anerkannt werden. Dies hat zur Folge, daß Vergütungen, die im Rahmen solcher Rechtsbeziehungen von der Gesellschaft an den Gesellschafter fließen, nicht unter die besonderen Einkunftsartikel fallen dürften, sondern als Teil des gewerblichen Gewinns des Gesellschafters nach Art. 7 DBA-USA behandelt werden müßten[4].

Wie ebenfalls bereits ausgeführt, folgen die USA dieser Sichtweise nicht, sondern lassen solche Vergütungen entsprechend ihrem nationalen Steuerrecht zum Abzug beim Gesellschafter zu und qualifizieren sie als Zinsen, Lizenzgebühren oder Einkünfte aus unbeweglichem Vermögen nach dem Abkommen[5]. Zu einem solchen Vorgehen sind die USA, wie ebenfalls bereits dargelegt[6], berechtigt. Zur selben Qualifikation kommt auch das deutsche Steuerrecht, jedoch auf anderem Wege: Das deutsche Steuerrecht wertet die Gesellschaft als Kapitalgesellschaft und damit als eine vom deutschen Gesellschafter zu trennendes, eigenständiges Steuersubjekt, so daß auch hier schuldrechtliche Rechtsbeziehungen zwischen

---

[1] Eine Unterscheidung zwischen "ausgeschütteten" und "nicht ausgeschütteten" Gewinnen, wie sie das deutsche Steuerrecht in diesem Fall vornimmt, wäre bei dieser Sichtweise des Zuflusses nicht mehr möglich, da Gewinne im Zeitpunkt ihres Entstehens bereits "ausgeschüttet" worden wären, ohne daß es jemals so etwas wie "nicht ausgeschüttete" Gewinne geben könnte.

[2] So auch *Piltz, D.*, Die Personengesellschaften im internationalen Steuerrecht der Bundesrepublik Deutschland, S. 115 f., und wohl auch *Riemenschneider, S.*, Abkommensberechtigung, S. 226 f.

[3] Siehe oben Teil 8 Kapitel 1 A. I.

[4] Siehe hierzu eingehend oben Teil 6 Kapitel 2.

[5] Siehe hierzu oben Teil 6 Kapitel 2 A.

[6] Siehe oben Teil 6 Kapitel 2 A.

Gesellschafter und Gesellschaft anerkannt werden können. Einer solchen einheitlichen Qualifikation steht jedoch, nach der hier vertretenen Ansicht, die vorrangig (§ 2 AO), von deutscher Seite zu beachtende Sicht dieser Vergütungen als gewerbliche Gewinne nach Art. 7 DBA-USA entgegen. D.h. die abkommensrechtliche Situation ist genau die gleiche wie in dem Fall, in dem die USA und Deutschland bei der Gesellschaft von einer Personengesellschaft *(partnership)* ausgehen. Eine eingehende Untersuchung dieser Situation erfolgte bereits oben, deshalb sei in diesem Zusammenhang auf die bereits getroffenen Ausführungen verwiesen[7]. Zu einer einheitlichen Qualifikation kommt es nur in dem Fall, in dem das Abkommen eine solche vorschreibt.

---

[7]   Siehe oben Teil 6 Kapitel 2.

Ergebnis

Zusammenfassend gesehen ergibt sich im Falle eines Einordnungskonflikts (subjektiver Qualifikationskonflikt) zwischen den USA als Sitzstaat der Gesellschaft und Deutschland als Ansässigkeitsstaat eines Gesellschafters eine völlig uneinheitliche Besteuerungssituation in Deutschland und den USA, die sich wie folgt darstellt:

1. USA: Kapitalgesellschaft   Deutschland: Personengesellschaft

Für thesaurierte Gewinne der Gesellschaft, die aus den USA stammen, haben die USA nach Art. 7 DBA-USA das alleinige Besteuerungsrecht. Sie werden wie die Gewinne einer US-Kapitalgesellschaft nach den geltenden US-Körperschaftsteuersätzen besteuert. Für die deutsche Besteuerung des Gesellschafters ist der Progressionsvorbehalt nicht anzuwenden.

Für thesaurierte gewerbliche Gewinne der Gesellschaft, die aus Deutschland stammen und einer deutschen Betriebstätte der Gesellschaft zugerechnet werden können, hat Deutschland nach Art. 7 DBA-USA das alleinige Besteuerungsrecht. Für nicht unter Art. 7 DBA-USA fallende Einkünfte der Gesellschaft aus Deutschland, bestimmt sich das Besteuerungsrecht nach den "spezielleren" Einkunftsartikeln (z.B. Art. 6, 10, 11, 12 DBA-USA). Für die deutsche Besteuerung des Gesellschafters ist gleichfalls der Progressionsvorbehalt nicht anzuwenden.

Für ausgeschüttete Gewinne haben die USA nach Art. 10 DBA-USA ein beschränktes Quellenbesteuerungsrecht. Grundsätzlich hat Deutschland hierfür nach dem Abkommen ein unbeschränktes Besteuerungsrecht. Im Falle einer Schachtelbeteiligung sind die Ausschüttungen jedoch von deutscher Besteuerung freizustellen. Der Progressionsvorbehalt ist hierauf nicht anzuwenden. Für alle übrigen Beteiligungen gilt zwar grundsätzlich das Anrechnungsverfahren. Jedoch sind diese Ausschüttungen aufgrund der Wertung dieser Ausschüttungen als Entnahmen nach deutschem Steuerrecht in Deutschland steuerfrei.

Sondervergütungen werden entsprechend ihrem Charakter in beiden Vertragsstaaten nach den "speziellen" Einkunftsartikeln einheitlich qualifiziert. Hiernach richtet sich auch das Besteuerungsrecht der Vertragsstaaten.

2. USA: Personengesellschaft   Deutschland: Kapitalgesellschaft

Für "thesaurierte" Gewinne besteht nach Art. 7 DBA-USA ein Besteuerungsrecht der USA. Ein Besteuerungsrecht Deutschlands besteht nur, soweit die Gesellschaft Einkünfte aus Deutschland bezieht und die Voraussetzungen des § 49 EStG gegeben sind. Der Progressionsvorbehalt ist in diesem Fall nicht anzuwenden.

"Ausgeschüttete" Gewinne gibt es in diesem Fall weder nach dem Abkommen noch aus US-Sicht. Eine deutsche Besteuerung dieser "Ausschüttungen" wird durch die vorrangige Abkommenswertung verhindert, § 2 AO. Der Progressionsvorbehalt ist in diesem Fall aber anzuwenden, wobei der Zeitpunkt ausschlaggebend ist, an dem es zu einer tatsächlichen Entnahme aus der Gesellschaft kommt.

Bei Sondervergütungen kommt es zur gleichen Situation wie für den Fall in dem beide Vertragsstaaten bei der Gesellschaft von einer Personengesellschaft ausgehen[1].

Es muß wohl kaum gesagt werden, daß eine solche Besteuerungssituation in vielerlei Hinsicht nicht zu befriedigen vermag.

---

[1]   Siehe hierzu bereits oben Teil 8 Kapitel 2.

Lösungsansatz für die Einordnungskonflikte

Eine Lösung dieser Situation, die sich nicht nur auf das hier zu untersuchende Abkommen beschränkt ist, sondern eine generelle Lösung für Einordnungskonflikte (subjektive Qualifikationskonflikte) im internationalen Steuerrecht bietet und um so besser funktioniert, je weiter sie verbreitet ist, ist folgende:

Die allermeisten Steuerrechtssysteme der unterschiedlichen Staaten kennen zwei Grundformen der Besteuerung wirtschaftlich tätiger Personenvereinigungen. Diese sind die transparente Besteuerung als Personengesellschaft (der Unternehmenserfolg wird steuerlich direkt beim Gesellschafter anteilig erfaßt) und die intransparente Besteuerung als Kapitalgesellschaft (der Unternehmenserfolg wird steuerlich bei der Personenvereinigung erfaßt, der einzelne Gesellschafter ist hiervon solange steuerlich nicht betroffen, solange es nicht zu einer Gewinnauskehrung durch die Gesellschaft kommt). Deshalb stellen auch die Doppelbesteuerungsabkommen auf diese beiden Grundformen der Besteuerung von Personenvereinigungen ab. Wird eine Personenvereinigung von beiden Vertragsstaaten einheitlich entweder nach der einen oder der anderen Grundform besteuert, so treten die oben dargestellten Verzerrungen und Verwerfungen in der Besteuerung ein und desselben Lebenssachverhalts nicht auf.

Das beste Mittel, um solche Einordnungskonflikte zu vermeiden, ist m.E. zunächst den Personenvereinigungen auf der Ebene des nationalen Steuerrechts de lege ferenda eine Wahlmöglichkeit zu geben, ob sie transparent oder intransparent besteuert werden möchten. Diese gewählte Besteuerungsform müßte sodann auf der Ebene des Abkommens für beide Vertragsstaaten als verpflichtend erklärt werden. Dies könnte durch folgende Änderung des Art. 3 Abs. 1 lit. e DBA-USA[2] bzw. Art. 3 Abs. 1 lit. b OECD-MA[3] geschehen:

> "bedeutet der Ausdruck 'Gesellschaft' juristische Personen, Rechtsträger oder Personenvereinigungen, die selbst Subjekt der Besteuerung sind; der Ausdruck 'Personengesellschaft' juristische Personen, Rechtsträger oder Personenvereinigung mit mindestens zwei Anteilseignern, die nicht selbst Subjekt der Besteuerung sind, sondern deren Ergebnisse steuerlich bei den Anteilseignern erfaßt werden; dabei ist die im Sitzstaat der Gesellschaft gewählte Form der Besteuerung für die beiden Vertragsstaaten verbindlich;"

Der Ansatz, durch die Einräumung eines Wahlrechts Einordnungskonflikte zu lösen ist nicht völlig neu, doch diese Überlegungen beschränkten sich nur auf

---

[2] Art. 3 Abs. 1 lit. e DBA-USA lautet: "bedeutet der Ausdruck 'Gesellschaft' juristische Personen oder Rechtsträger, die für die Besteuerung wie juristische Personen behandelt werden;".

[3] Art. 2 Abs. 1 lit. b OECD-MA lautet: "bedeutet der Ausdruck 'Gesellschaft' juristische Personen oder Rechtsträger, die für die Besteuerung wie juristische Personen behandelt werden;".

das nationale Recht und wollten nur ausländischen Rechtsgebilden ein Wahlrecht einräumen[4]. Dieser Ansatz bezieht sich auf inländische wie auch auf ausländische Personenvereinigungen und versucht vor allem auch auf der Ebene der Abkommen eine Lösung zu bieten. Für eine solche Lösung sprechen viele Argumente:

Die gegenwärtigen Einordnungsverfahren in den USA und in Deutschland sind an die Grenzen ihrer Möglichkeiten gestoßen. Das auf dem Vorliegen oder Nichtvorliegen bestimmter körperschaftlicher Merkmale beruhende System der *classification* in den USA vermag keine vernünftige und klare Grenzlinie für eine Einordnung als Personen- oder als Kapitalgesellschaft mehr zu finden. D.h. zwei verschiedene Personenvereinigungen mit fast genau den gleichen rechtlichen Merkmalen und identischen wirtschaftlichen Funktionen werden als Personengesellschaft einerseits oder als Kapitalgesellschaft andererseits eingeordnet. Ein faktisches Wahlrecht der beteiligten Steuerpflichtigen besteht also in einem weiten Bereich. Sollten zudem die neuen Proposed Regulations[5] in Kraft treten, erweitert sich der Gestaltungsspielraum um einiges mehr.

Aber auch das deutsche, streng rechtsformorientierte Einordnungsverfahren versagt im internationalen Bereich im Hinblick auf eine Vermeidung von Einordnungskonflikten. Dies zeigt sich schon in der Herausforderung durch das bestehende System der US-*classification* und neuen Rechtsformen wie der *limited liability company*. In Anbetracht der neuen Proposed Regulations muß es fast gänzlich versagen, wenn es Einordnungskonflikte vermeiden möchte.

Auch im rein nationalen Bereich würde ein System des Wahlrechts der Besteuerungsform keine gravierenden Nachteile bringen. Denn kennt das Steuerrecht eines Staates beide Formen der Besteuerung von Personenvereinigungen und bietet sie sozusagen seinen Steuerbürgern an, sollte man davon ausgehen, daß diese beiden Formen gleichberechtigt, gleichwertig und gleichrangig nebeneinanderstehen. D.h. der Staat hegt weder für die eine oder die andere Besteuerungsform aus ideologischen[6] oder fiskalischen[7] Gründen eine besondere Präferenz. Gegen ein solches System des Wahlrechts der Besteuerungsform können schwerlich Wettbewerbsgründe angeführt werden, denn es steht jedem Unternehmen offen, die Rechtsform und die Besteuerungsform zu wählen, die es für

---

[4]   Vgl. *Schlütter, E.*, Personengesellschaft oder Körperschaft?, in Vogel, K. (Hrsg.), Grundfragen des Internationalen Steuerrechts, DStJG 8 (1985), S. 215, (224 ff.); *Hock, B.*, Personengesellschaften und Internationales Steuerrecht - Option zur Körperschaftsteuer als Lösung anstehender Probleme?, RIW 1995, S. 135, (138 ff.).

[5]   Prop. Regs. § 301.7701-1, -2 und 3, (PS-043-95) vom 09.05.1996.

[6]   Z.B. sei hier auf die steuerliche Bevorzugung von Personengesellschaften gegenüber Kapitalgesellschaft während der Zeit des Nationalsozialismus verwiesen.

[7]   Die volle Anrechnung der Körperschaftsteuer, jedenfalls bei unbeschränkt Steuerpflichtigen, ist weit verbreitet.

am besten geeignet erachtet. Diese wäre auch im internationalen Wettbewerb in dem Maße der Fall, in dem andere Staaten dieses System übernehmen würden.

Einer möglichen Kritik, daß sich auf diese Weise das Steuerrecht weiter vom Zivilrecht entfernt, ist zu entgegnen, daß dies auch bisher schon der Fall ist. Rechtsbeziehungen zwischen einem Gesellschafter und seiner Gesellschaft werden zivilrechtlich anerkannt, nicht jedoch steuerrechtlich.

Zugegebenermaßen ist dieser Lösungsansatz pragmatisch[8], doch hat die Dogmatik bisher keine überzeugenden Lösungen hervorgebracht. Im Sinne einer echten Harmonisierung der Steuerrechtsordnungen verschiedener Staaten führt dieser Ansatz weiter als Lösungsvorschläge, die aus dem Sinn und Zweck des Abkommens und allgemeiner Harmonieüberlegungen eine Lösung versuchen[9].

---

[8] Er steht eindeutig im Widerspruch zum rechtsformorientirten BFH-Beschluß vom 25.06.1984, GrS 4/82, BStBl. II 1984, S. 751. Doch dieser Beschluß basiert auf dem geltenden nationalen Steuerrecht, das eben nach dem hier vertretenen Ansatz geändert werden müßte.

[9] Vgl. z.B. *Knobbe-Keuk, B.*, "Qualifikationskonflikte" im internationalen Steuerrecht der Personengesellschaften, RIW 1991, S. 306 ff.; zur Behandlung der Sondervergütungen: *Ostendorf, C.*, Behandlung von Sondervergütungen der Mitunternehmer im internationalen Steuerrecht, insbes. S. 141 ff.

Zusammenfassung

Das deutsch-US-amerikanische Doppelbesteuerungsabkommen von 1989 löst die Einordnungskonflikte (subjektive Qualifikationskonflikte) in bezug auf Personengesellschaften und die Qualifikationskonflikte in bezug auf Sondervergütungen nur unzureichend. Dies erstaunt um so mehr, als diese Probleme seit Jahrzehnten bereits bekannt sind. Die Ursache hierfür ist wohl darin zu sehen, daß das Abkommen eine Lösung dieser Probleme in "Globallösungen" in Regelungen wie dem Art. 23 Abs. 2 letzter Satz DBA-USA und in Abschnitt 21 des Protokolls suchte, ohne eine detaillierte Lösung zu suchen.

Die Verbreitung der neuen Rechtsform der *limited liability company* und das mögliche baldige Inkrafttreten der Proposed Regulations § 301.7701-1, -2 und -3[1] werden diese Probleme weiter verschärfen.

Bezogen auf die Frage der Behandlung der Sondervergütungen reicht eine rein abkommensrechtliche Regelung zur Lösung der bestehenden Probleme aus. Der hier vertretene Lösungsvorschlag geht davon aus, daß Sondervergütungen entweder ausdrücklich in die gewerblichen Gewinne eines Unternehmens einbezogen werden oder ausdrücklich herausgenommen werden.

Im Hinblick auf die Einordnungskonflikte ist eine Lösung der Probleme weder allein auf der Ebene des nationalen Rechts noch auf der Ebene des Abkommensrechts alleine zu suchen. Vielmehr müssen beide Ebenen aufeinander abgestimmt sein. Der hier vertretene Lösungsansatz geht davon aus, daß auf nationaler Ebene die Wahlmöglichkeit zwischen den zwei Grundformen der Besteuerung von Personenvereinigungen geschaffen wird, nämlich der transparenten Besteuerung als Personengesellschaft und der intransparenten Besteuerung als Kapitalgesellschaft. Auf der Ebene des Abkommens ist dann Sorge zu tragen dafür, daß diese getroffene Wahl zwischen den beiden Besteuerungsformen auch in den anderen Vertragsstaaten bindend für ihre Zwecke der Besteuerung ist.

---

[1] Prop. Regs. § 301.7701-1, -2 und 3, (PS-043-95) vom 09.05.1996.

Abkürzungsverzeichnis

A.	Atlantic Reporter
a.A.	andere Ansicht
a.a.O	am angegebenen Ort
A.D.	New York Supreme Court Appellate Division Reports
a.E.	am Ende
A.2d	Atlantic Reporter Second
ABA	American Bar Association
abgedr.	abgedruckt
Abs.	Absatz
Abschn.	Abschnitt
acq.	acquitted
AG	Aktiengesellschaft
aff'd	affirmed
aff'g	affirming
AIG	Auslandsinvestitionsgesetz
AktG	Aktiengesetz
Ala.	Alabama
Anm.	Anmerkung
ann.	annotated, annual
AO	Abgabenordnung
App.	Appellate
Ark.	Arkansas
Art.	Artikel
AStG	Außensteuergesetz
AMT	Alternative Minimum Tax
Aufl.	Auflage

AWD............................... Außenwirtschaftsdienst des Betriebsberaters (ab 1975 RIW/AWD, Zeitschrift)

B.T.A. .... Board of Tax Appeals

BayObLG........................... Bayerisches Oberstes Landesgericht

BB .... Der Betriebsberater (Zeitschrift)

Bd. .... Band

BdF................................ Bundesministerium der Finanzen

Beil. .... Beilage

betr. .... betrifft, betreffend

BewG .... Bewertungsgesetz

BFH .... Bundesfinanzhof

BFHE .... Sammlung der Entscheidungen des Bundesfinanzhofs, hrsg. von den Mitgliedern des Bundesfinanzhofs

BGB .... Bürgerliches Gesetzbuch

BGBl. .... Bundesgesetzblatt

BGH............................... Bundesgerichtshof

BGHZ.............................. Entscheidungen des Bundesgerichts in Zivilsachen, amtliche Sammlung

BMF............................... Bundesminister(ium) der Finanzen

BNA............................... Bureau of National Affairs

BStBl. .... Bundessteuerblatt

Buchst............................. Buchstabe

Bus. .... Business

BVerfGE .... Entscheidungen des Bundesverfassungsgerichts, amtliche Sammlung

C................................... Central

C.B. .... Cumulative Bulletin

C.D................................ Circuit Decisions

Cal................................. California

CDFI .... Cahiers de Droit Fiscal International (Nummer des Bandes in römischen Zahlen)

cert. den. .... certiorari denied

cf. .... confer (vgl. mit)

Ch. .... Chapter

Cir. .... Federal Circuit Court of Appeals

Civ. Civil

cl. .... clause

Cl. Ct. .... Federal Court of Claims

Co. .... Company, Compagnie

Col. .... Colorado

Conn. .... Connecticut

Const. .... Constitution

D. .... District

D.C. .... District of Columbia

d.h. .... das heißt

dass. .... dasselbe

DB .... Der Betrieb (Zeitschrift)

DBA .... Doppelbesteuerungsabkommen

Del. .... Delaware

Dep't .... Department

ders. .... derselbe

dies. .... dieselbe(n)

Diss. .... Dissertation

Dist. .... District

DStJG .... Deutsche Steuerjuristische Gesellschaft (Band)

DStR .... Deutsches Steuerrecht (Zeitschrift)

DZWir .... Deutsche Zeitschrift für Wirtschaftsrecht (Zeitschrift)

E. .... Eastern

ed. .... edition

EFG .... Entscheidungen der Finanzgerichte (Zeitschrift)

EGBGB .... Einführungsgesetz zum Bürgerlichen Gesetzbuch

Einl. .... Einleitung

Erl. .... Erlaß

EStDB.............................. Einkommensteuer-Durchführungsver
ordnung

EStG .... Einkommensteuergesetz

EStR................................ Einkommensteuerrichtlinien

ET .... European Taxation

et al................................. et alii

et seq. .... et sequens

evtl. .... eventuell

EWS................................ Europäisches Wirtschafts- & Steuerrecht
(Zeitschrift)

f...................................... folgende

F.R. .... Federal Register

F.Supp. .... Federal Supplement

F.2d .... Federal Reporter Second

Fed. .... Federal

ff..................................... fortfolgende

FG .... Finanzgericht

Fla. .... Florida

Fn.................................... Fußnote

FR .... Finanzrundschau (Zeitschrift)

G..................................... Gesetz

Ga. .... Georgia

GbR .... Gesellschaft bürgerlichen Rechts

GCM .... General Counsel Memorandum

Gen. .... General

GewStG............................ Gewerbesteuergesetz

GG................................. Grundgesetz

GmbH.............................. Gesellschaft mit beschränkter Haftung

GmbHG............................ Gesetz betreffend die Gesellschaften mit beschränkter Haftung

GmbHR............................ GmbH-Rundschau

Gr.................................. Gruppe

HFR............................... Höchstrichterliche Finanzrechtsprechung (Zeitschrift)

h.M................................ herrschende Meinung

HGB............................... Handelsgesetzbuch

Hrsg............................... Herausgeber

hrsg............................... herausgegeben

i.d.F.............................. in der Fassung

i.d.R.............................. in der Regel

I.R.B............................. Internal Revenue Bulletin

i.S. .... im Sinne

i.S.v. .... im Sinne von

i.V.m............................. in Verbindung mit

IBFD .... International Bureau of Fiscal Documentation

IDW............................... Institut der Wirtschaftsprüfer e.V.

IFA................................ International Fiscal Association

Ill. .... Illinois

Inc. .... Incorporated

Ind. .... Indiana

insbes. .... insbesondere

Int'l.............................. International

IPR .... Internationales Privatrecht

IPRax .... Praxis des Internationalen Privat- und Verfahrensrechts (Zeitschrift)

IRC............................... Internal Revenue Code

IStR .... Internationales Steuerrecht (Zeitschrift)

IWB .... Internationale Wirtschaftsbriefe (Zeitschrift)

J. .... Journal

JbFfSt .... Jahrbuch der Fachanwälte für Steuerrecht

Jg. .... Jahrgang

JW .... Juristische Wochenschrift

JZ .... Juristenzeitung (Zeitschrift)

Kan. .... Kansas

KG .... Kommanditgesellschaft

KGaA .... Kommanditgesellschaft auf Aktien

Komm. .... Kommentar

KStG .... Körperschaftsteuergesetz

L. .... Law

La. .... Louisiana

lit. .... litera

LLC .... Limited Liability Company

Ltd. .... Limited

m.a.W. .... mit anderen Worten

m.E. .... meines Erachtens

m.W. .... meines Wissens

m.w.N. .... mit weiteren Nachweisen

MA .... Musterabkommen

MBCA .... Model Business Corporation

Mich. .... Michigan

Minn. .... Minnesota

Mo. .... Missouri

Mont. .... Montana

N. .... Northern

N.J. .... New Jersey

N.M. .... New Mexico

NE.................................. North Eastern Reporter

Nev.................................. Nevada

NW.................................. North Western Reporter

N.Y:................................. New York

N.Y.S............................... New York Supplement Reporter

Neb................................. Nebraska

NF.................................. Neue Folge

NJW................................. Neue Juristische Wochenschrift (Zeitschrift)

No. .... Numero

Nr................................... Nummer

NYLLCL............................ New York Limited Liability Company Law

NYPL............................... New York Partnership Law

OECD............................... Organisation for Economic Co-operation and Development

OFD................................ Oberfinanzdirektion

OHG .... offene Handelsgesellschaft

OLG................................. Oberlandesgericht

P. .... Pacific Reporter

P.2d .... Pacific Reporter Second

Pa.................................... Pennsylvania

para................................. paragraph

Pitt.................................. Pittsburgh

Priv.Let.Rul. .... Private Letter Ruling

Prop. .... Proposed

Prot................................. Protokoll

Pub.L .... Public Law

RabelsZ............................. (Rabels) Zeitschrift für ausländisches und internationales Privatrecht

Rdnr................................ Randnummer

Reg. .... Register

Regs.	Regulation(s)
Res.	Reserve
Rev.	Revenue, Review, Revised
rev'd	reversed
Rev. Proc.	Revenue Procedure
Rev. Rul.	Revenue Ruling
RFH	Reichsfinanzhof
RFHE	Entscheidungen des Reichsfinanzhofs, amtliche Sammlung
RGH	Reichsgerichtshof
RGHZ	Entscheidungen des Reichsgerichtshofs in Zivilsachen, amtliche Sammlung
RIW	Recht der Internationalen Wirtschaft (ab 1957 AWD, Zeitschrift)
RIW/AWD	Recht der Internationalen Wirtschaft/ Außenwirtschaftsdienst des Betriebsberaters (bis 1974, Zeitschrift)
RMBCA	Revised Model Business Corporation Act
Rn.	Randnummer
Rptr.	Reporter
Rspr.	Rechtsprechung
RStBl.	Reichssteuerblatt
RULPA	Revised Uniform Limited Partnership Act
RUPA	Revised Uniform Partnership Act
Rz.	Randziffer
Seite	Seite
S.	Southern
s.	siehe
Sec.	Section(s)
Sess.	Session
sog.	sogenannte

Sp.	Spalte
Stat.	Statute(s)
StbJB	Steuerberater-Jahrbuch
StBp	Die steuerliche Betriebsprüfung (Zeitschrift)
StEK	Steuer-Erlaß Kartei
StuW	Steuer und Wirtschaft (Zeitschrift)
Suppl.	Supplement
Sur. Ct.	Surrogate's Court
SW.2d	Southwest Reporter Second
Syst.	Systematik
T.C.	Reports of the Tax Court of the United States
T.C.M.	Tax Court Memorandum
TD	Treasury Decision
Tex.	Texas
tit.	Title
u.a.	unter anderem
U.L.A.	Uniform Laws Annotated
U.S.	Cases adjudged in the Supreme Court of the Untied States; United States
u.U.	unter Umständen
UK	United Kingdom
ULLCA	Uniform Limited Liability Company Act
ULPA	Uniform Limited Partnership Act
Univ.	University
UPA	Uniform Partnership Act
Urt.	Urteil
US	United States
USA	United States of America
USTC	United States Tax Court Cases
v.	versus, vom

v.H.	von Hundert
Va.	Virginia
vgl.	vergleiche
Vol.	Volume
vs.	versus
W.	Western
Wash.	Washington
Wyo.	Wyoming
z.B.	zum Beispiel
ZGR	Zeitschrift für Unternehmens- und Gesellschaftsrecht (Zeitschrift)
Ziff.	Ziffer
zit.	zitiert, zitierend
zust.	Zustimmend
ZVglRWiss	Zeitschrift für vergleichende Rechtswissenschaft (Zeitschrift)

Literaturverzeichnis

Ale, John C.,

> An Introduction to Limited Liability Companies,38 The Practical Lawyer 35 (1992)

Alpi, James V.,

> How Partnerships Can Be Used to Best Advantage in Structuring Joint Ventures, 10 Journal of Partnership Taxation 51 (1993)

Ament, Joseph D./Grasso, Albert L./Schwartz, Stephen/Russ, Donald J,

> Partnerships -Taxable Income and Distributive Shares, 282-2nd Tax Management Portfolio, 1988 Supp. 1992

American Law Institute American Bar Association (Hrsg.),

> Partnerships: UPA, ULPA, Taxation, Drafting, Securities, and Bankruptcy, Course of Study Materials, Vol I and II, August 23-25, 1993, Santa Fe, New Mexico

Andersen, Richard E.,

> ALI Study Recommends Changes in U.S. Tax Treaty Policy. 2 The Journal of International Taxation 253 (1991)

ders.,

> "Permanent Establishments" for Partners Under Treaties Found from (Somewhat) Analogous Code Provisions. 3 The Journal of International Taxation 62 (1992)

ders.,

> Withholding, Reporting for Treaty Dual Residents Specified in New Regs. 3 The Journal of International Taxation 126 (1992)

ders.,

> Foreign Tax Credit Cases Addresses True and False Treaty-Statute Conflicts. 3 The Journal of International Taxation 253 (1992)

Andrews, William D.,

> Inside Basis Adjustments and Hot Assets Exchanges in Partnership Distributions. 47 Tax Law Review 3 (1991)

Anthoine, Robert/Spetzler, Wolf,

> United States of America. in: Forry, John I. (Hrsg.),Differences in Tax Treatment of Foreign Investors: Domestic Subsidiaries and Domestic Branches, S. 232 – 256, Deventer, Netherlands, 1984

Arthur Andersen & Co., S.C., (Hrsg.),

> Die Besteuerung von Ausländern in den USA, Berlin/Herne 1984

Arthur Andersen & Co. GmbH, (Hrsg.),

Doppelbesteuerungsabkommen Deutschland USA. Köln 1990

Auderieth, Steven,

Check-the-Box Regs Cover Foreign, Domestic Companies Plus Single-Member Entities. U.S.Taxation of International Operations, June 6, 1996, S. 1

August, Jerald David,

S Corporation as a Joint Venture Partner: Recent Private Letter Rulings Fail to Reveal Scope of Revenue Ruling 77-220. 5 Journal of Partnership Taxation 369 (1989)

ders.,

Editor's Comment: The Limited Liability Company - The "Super Pass-Through Entity"?. 4 Journal of S Corporation Taxation 199 (1993)

August, Jerald David/Shaw, Richard A.,

The Limited Liability Company - A New Tax Refuge?. 7 Journal of Taxation of Investments 179 (1990)

Ault, Hugh J./Bradford, David F.,

Taxing International Income: An Analysis of the U.S. System and Its Economic Premises, in Razin, Assaf und Slemrod, Joel, (Hrsg.). Taxation in the Global Economy, Chicago 1990

Austrian, Sarah G./Schneider, Willys H.,

Tax Aspects of Forreign Investment in U.S. Real Estate, 45 The Tax Lawyer 385 (1992)

Avery Jones, John F./Berg, Charles J./Depret, Henri-Robert/Ellis, Maarten J./Fontaneau, Pierre/Lenz, Raoul/Miyatake, Toshio/Roberts, Sidney I./Sandels, Claes/Strobl, Jakob/Ward, David A.,

The Interpretation of Tax Treaties with Particular Reference to Article 3(2) of the OECD Model-I, -II, British Tax Review 1984, S. 14 ff., S. 90 ff.

Bähr, Gottfried,

Gewinnermittlung ausländischer Zweigbetriebe. München 1971

Baer, Noah S.,

Selling a Partnership Interest After an Election Out of Subchapter K. 9 Journal of Partnership Taxation 229 (1992)

Bagley, William D./Whynott, Philip P.,

The Limited Liablity Company, Vol. 1 and 2. Santa Ana, California, 1994

Balkin, Jeffrey Gilbert,

U.S. Income Tax Withholding - Foreign Persons. 341 Tax Management Portfolio, 1986, Stand 30.05.1994

Bamberger, Michael A./Basile, Joseph J., (Hrsg.),

State Limited Partnership Laws, Vol. 5, New Jersey - Oklahoma. Loseblatt, Stand: 1994-2, Englewood Cliffs, New Jersey

Banoff, Sheldon I.,

Maximizing Interest Deductions on Leveraged Redemptions of Shareholders and Partners. 68 The Journal of Taxation 216 (1988)

ders.,

New IRS Ruling Encourages Professional to Form Limited Liability Companies. 79 The Journal of Taxation 68 (1993)

Bar, Christian von,

Internationales Privatrecht Band 2. München 1991

Baranowski, Karl-Heinz,

Besteuerung von Auslandsbeziehungen. Herne/Berlin 1978

ders.,

Zur Besteuerung der Einkünfte aus Beteiligungen an ausländischen Personengesellschaften. IWB, 1990, Fach 3, Deutschland, Gruppe 2, S. 549

ders.,

Zur Ermittlung und Umrechnung ausländischer Einkünfte. DB 1992, S. 240

ders.,

Besteuerung von Zinsen aus Gesellschafterdarlehen an US-amerikanische Kapitalgesellschaft. IWB, Fach 3a, Gruppe 1, S. 461

Bardoff, Laurence J.,

U.S. Partners Going Overseas can Plan Ahead for Tax Breaks. 3 The Journal of International Taxation 20 (1992)

Baumbach, Adolf/Duden, Konrad/Hopt, Klaus J.,

Handelsgesetzbuch, Kurz-Kommentar. 28. Auflage, München 1989

Becker, Enno,

Die Selbständigkeit der Begriffsbildung im Steuerrecht und ihr Einfluß auf die Auslegung der internationalen Doppelbesteuerungsverträge vom Standpunkt der deutschen Entwicklung aus betrachtet. StuW 1939, Sp. 745

Becker, Helmut,

Die Besteuerung von Betriebsstätten. DB 1989, S. 10

Becker, Helmut/Fink, Eli/Jacob, Friedhelm,

Unternehmerische Tätigkeit in den Vereinigten Staaten von Amerika. Herne/Berlin 1987

Becker, Helmut/Günkel, Manfred/Riehl, Gordon W./Tremblay, Richard G.,

Einführung zu Doppelbesteuerungsabkommen Kanada - Deutschland. Köln 1984

Behrens, Peter,

Der Anerkennungsbegriff des Internationalen Gesellschaftsrechts. ZGR 7 (1978), S. 499

Beitzke, Günther,

Juristische Personen im Internationalprivatrecht und Fremdenrecht. München/Berlin 1938

ders.,

Einige Bemerkungen zur Rechtsstellung ausländischer Gesellschaften in deutschen Staatsverträgen. in Festschrift für Martin Luther. München 1976, S. 1

Bell, William W.,

Tax Planning Opportunities Through the Use of Partnerships in International Transactions. 2 Journal of Partnership Taxation 195 (1985)

ders.,

Tax Court Requires Compliance With Section 754 Formalities by Foreign Partnership. 3 Journal of Partnership Taxation 168 (1986)

ders.,

The Partnership as Chapter 3 Withholding Agent. 3 Journal of Partnership Taxation 352 (1987)

ders.,

The Partnership as an International Holding Company. 4 Journal of Partnership Taxation 351 (1988)

Bell, William W./Shoemaker, David B.,

Beyond the C: Foreign Subsidiaries and the S Corporation. 7 Journal of Partnership Taxation 76 (1990)

dies.,

Foreign Direct Investment in U.S. Real Estate: The Screws Thighten. 8 Journal of Partnership Taxation 258 (1991)

dies.,

Revenue Ruling 91-32: Right Result for the Wrong Reasons. 9 Journal of Partnership Taxation 80 (1992)

Bellstedt, Christoph,

Die Besteuerung international verflochtener Gesellschaften. 3. Auflage, Köln 1973

Belman, Bruce J.,

The Accounting Method Trap. 23 The Tax Adviser 503 (1992)

Bennett, James M.,

Die US-Limited Partnership. RIW, 1992, S. 276 ff.

Berger, Curtis J.,

W(h)ither Partnership Taxation?. 47 Tax Law Review 105 (1991)

Bernhardt, Rudolf,

Die Auslegung völkerrechtlicher Verträge. Köln/Berlin 1963

Bittker, Boris I./Eustice, James S.,

Federal Income Taxation of Corporations and Shareholders. 5th. Edition, 1987 und Supp. 1992, Boston/New York

Black's Law Dictionary,

6th Edition 1990, St.Paul Minnesota

Blessing, Peter H.,

Source of Income Rules. 905 Tax Management Portfolio, 1992

Blessing, Peter H./Markwardt, Paul W.,

Branch Profits Tax. 902-2nd Tax Management Portfolio, 1994

Blümich, Walter,

Einkommensteuergesetz, Körperschaftsteuergesetz, Gewerbesteuergesetz, Kommentar. München, Loseblatt, Stand: Juni 1995, (zitiert: *Bearbeiter*, in Blümich)

Blum, Cynthia,

How the United States Should Tax Foreign Shareholders. 7 Virginia Tax Review 583 (1988)

Blumenwitz, Dieter,

Einführung in das anglo-amerikanische Recht. 4. Aufl. München 1990

Bobrow, Richard S./Montgomery, Steve/Cohen, David R.,

To Be or Not to Be: Partnership Classification Revisited. 6 Journal of Partnership Taxation 68 (1989)

Boles, Ernest,

Gesellschaften im US-Einkommensteuerrecht. München 1993

Bosko, Marybeth,

The Best of Both Worlds: The Limited Liability Company. 54 Ohio State Law Journal 175 (1993)

Bossons, John,

Tax Reform and International Competitiveness. in Canadian Tax Foundation, (Hrsg.), Proceedings of the 39th Tax Conference, 1987 Conference Report. Toronto 1988

Bozajian, Gina L.,

A Case of Mistaken Identification: When Income Is Earned and the Classification of Earnings as Individual or Partnership Income in Schneer v. Commissioner. 46 The Tax Lawyer 583 (1993)

Boyd, James H./O'Dell, Michael A.,

Resolving the Tax Issues When a Partnership Interest Is Transferred to a Corporation. 10 Journal of Partnership Taxation 322 (1994)

Brannan, William B.,

Lingering Partnership Classification Issues (Just When You Thought It Was Safe To Go Back Into the Water). 1 Florida Tax Review 197 (1993)

Braukmann, Curtis J.,

Limited Liability Companies. 39 Kansas Law Review 967 (1991)

Brenman, Lawrence H.,

An Exit Strategy for Partners: Abandonment of Partnership Interests. 8 Journal of Partnership Taxation 351 (1992)

ders.,

Limited Liability Companies Offer New Opportunities to Business Owners. 10 Journal of Partnership Taxation 301 (1994)

Brenner, Dieter,

Personengesellschaften im Internationalen Steuerrecht. in Haarmann, Wilhelm (Hrsg.), Unternehmensstrukturen und Rechtsformen im Internationalen Steuerrecht, S. 63 ff.

Forum der Internationalen Besteuerung, Band 7

Köln 1996

Bromberg, Alan R.,

Partnership Dissolution - Causes, Consequences and Cures. 43 Texas Law Review 351 (1965)

Brown, Karen B.,

Neutral International Tax Rules Allocating Costs: Successful Formula for U.S. Research and Development. 1 Florida Tax Review 333 (1993)

Brown, Karen B./Rabinovitz, Joel,

International Income Tax Problems of Partnerships. Nationalbericht USA, Cahier de droit fiscal international, LXXXa (1995), S. 565

Bruse, Matthias,

> Steuerliche Aspekte der Anlage in US-Immobilien. DB 1989, S. 294

Bühler, Ottmar,

> Prinzipien des Internationalen Steuerrechts
>
> Amsterdam 1964

Bungert, Hartwin,

> Gründung und Verfassung der US-amerikanischen Limited Liability Company: Neues personen- und kapitalgesellschaftliches Hybrid. IStR 1993, S. 128

ders.,

> Die GmbH im US-amerikanischen Recht - Close Corporation. Köln 1993

ders.,

> Die Stellung der Limited Liability Company im US-amerikanischen Recht. IStR 1993, S. 174

ders.,

> Das Recht ausländischer Kapitalgesellschaften auf Gleichbehandlung im deutschen und US-amerikanischen Recht. München 1993

ders.,

> Deutsch-amerikanisches internationales Gesellschaftsrecht - Staatsvertragliche Festschreibung der Überlagerungstheorie?. ZVglRWiss 93 (1994), S. 117

ders.,

> Die (Registered) Limited Liability Partnership - Neueste Variante des Konzepts der Personengesellschaft in den USA. RIW 1994, S. 360

Burmester, Gabriele,

> Probleme der Gewinn- und Verlustrealisierung - insbesondere bei grenzüberschreitenden Transaktionen zwischen inländischem Stammhaus und ausländischer Betriebsstätte. Baden-Baden 1986

dies.,

> Ausgewählte international-steuerrechtliche Probleme der stillen Gesellschaft. in Haarmann, Wilhelm (Hrsg.), Unternehmensstrukturen und Rechtsformen im Internationalen Steuerrecht, S. 122 ff.
>
> Forum der Internationalen Besteuerung, Band 7
>
> Köln 1996

Busl, Peter,

> Steuerpflicht von Zinszahlungen einer US-Limited Partnership an inländische Gesellschafter. RIW 1991, S. 847

Buyer, Christoph,

Die "Repatriierung" ausländischer beschränkt steuerpflichtiger Kapitalgesellschaften durch Sitzverlegung ins Inland. DB 1990, S. 1682

Cain, Rita/Garrison, Larry R.,

The Limited Liability Company: When is it the Right Choice?. 11 Journal of State Taxation 52 (1993)

Carman, William T./Brown, Gregory B.,

Partnership Accounting for Direct Forreign Investment: Translation Is Not the Only Problem. 7 Journal of Partnership Taxation 357 (1991)

Carman, William T./Solomon, Martin B.,

Accounting Issues: Section 754 - Anomalies Galore. 10 Journal of Partnership Taxation 69 (1993)

Carson, Marlis,

ABA Subcommittee Hosts Debate on Limited Liability Companies. 52 Tax Notes 1238 (1992)

Caspary, Claus,

Federal Republic of Germany. in Forry, John I., (Hrsg.), Differences in Tax Treatment of Foreign Investors: Domestic Subsidiaries and Domestic Branches, S. 99 - 107. Deventer, Netherlands, 1984

Castleberry, W. Lesse,

Campbell - A Simpler Solution. 47 Tax Law Review 277 (1991)

Charyk, William R.,

New Classification Rules for Publicly Traded Partnerships. 15 Journal of Real Estate Taxation 358 (1988)

ders.,

The Partnership Corner: New Ruling Guidelines for Partnership Classification. 16 The Journal of Real Estate Taxation 362 (1989)

Cima, Ronald P.,

Investment Conduits: The Drive for Uniformity of Taxation. 2 The Journal of Multistate Taxation 250 (1993)

Clariday, Mary J.,

The Limited Liability Company: An S Corporation Alternative or Replacement?. 4 Journal of S Corporation Taxation 202 (1993)

Cohen, Richard G./Millman, Stephen L.,

New Rules for Taxable Years of Partnerships and S Corporations Provide Greater Flexibility. 5 Journal of Partnership Taxation 126 (1988)

dies.,

Withholding With Respect to Foreign Partners Under Section 1446. 6 Journal of Partnership Taxation 58 (1989)

Connaughton, Sharon E.,

The Dawn of the Limited Liability Company in Virginia: An Analysis of the Statute. 14 George Mason University Law Review 177 (1991)

Covington, Jeanne N.,

Dispute Resolution Under Tax Treaties: Current and Proposed Methods. 24 Texas International Law Journal 367 (1989)

Cowan, Martin B.,

Receipt of an Interest in Partnership Profits in Consideration for Services: The Diamond Case. 27 Tax Law Review 161 (1972)

Cox, Robert E.,

The United States - People's Republic of China Double Taxation Treaty. 5 International Tax & Business Lawyer 111 (1987)

Crnkovich, Robert J./Elliot, Richard M./Brumbaugh, Mark B.,

Joint Ventures With Foreign and Exempt Partners. 51 New York University Institute on Federal Taxation 12 (1993)

Crnkovich, Robert J./Swirsky, Keith G.,

Multiple Recognition Rules Complicate Partner-Partnership Transactions. 79 The Journal of Taxation 50 (1993)

Culp, William R. jr./Carpenter, John Joseph,

IRS Pronouncements Clarify Status of a Partnership vs. an Association. 6 Journal of Partnership Taxation 111 (1989)

Cunningham, Laura E.,

Taxing Partnership Interests Exchanged for Sevices. 47 Tax Law Review 247 (1991)

Cunningham, Noël B.,

Needed Reform: Tending the Sick Rose. 47 Tax Law Review 77 (1991)

Dale, Harvey P.,

Effectively Connected Income. 42 Tax Law Review 689 (1987)

Damm, Holger,

Neue Entscheidung des U.S.-Tax Court zum Zinsabzug einer U.S.-Tochergesellschaft gegenüber nahestehenden Personen. IStR 1995, S. 24

Daniels, Ton H. M.,

Issues in International Partnership Taxation. Deventer/Boston 1991

Daniels, Ton H. M.,

International partnerships: Comparative law remarks on the taxation of income and the classification of foreign entities. Intertax 1991, 354

Dale, Harvey P.,

Effectively Connected Income. 42 Tax Law Review 689 (1987)

Davenport, Charles/Briggs, Douglas W. jr./Bergin, Christopher,

LLC Boosters Blitz Passthroughs Sessions. 55 Tax Notes 1019 (1992)

Davis, Bruce N./Lainoff, Stephen R.,

U.S. Taxation of Foreign Joint Ventures. 46 Tax Law Review 165 (1991)

DB,

Urteilsanmerkung 1 zum BFH-Urteil vom 31.05.1995, I R 74/93. IStR 1995, S. 438

Debatin, Helmut,

Internationales Steuerrecht in Konzeption und Fortentwicklung. JbFfSt 1972/73, S. 49

ders.,

Außensteuerrechtliche und internationalrechtliche Behandlung von Rechtsträgern und daran bestehenden Beteiligungen. DB 1977, Beilage Nr. 13/77, S. 1

ders.,

OECD-Empfehlungen zur Vermeidung internationaler Doppelbesteuerung. RIW/ADW 1978, S. 374

ders.,

Inländische Beteiligungen an Mitunternehmerschaften im Ausland. BB 1978, S. 669

ders.,

Inländische Beteiligungen an ausländischen Mitunternehmerschaften. BB 1978, S. 1608

ders.,

Die Bilanzbündeltheorie im Spiegel des internationalen Steuerrechts. DB 1978, S. 2437

ders.,

Qualifikationsprobleme im Doppelbesteuerungsrecht. FR 1979, S. 493

ders.,

Entwicklungsaspekte des internationalen Steuerrechts. RIW/ADW 1980, S. 3

ders.,

System und Auslegung der Doppelbesteuerungsabkommen. DB 1985, Beilage Nr. 23/85, S. 1

ders.,

Subjektsfähigkeit ausländischer Wirtschaftsgebilde im deutschen Steuerrecht. BB 1988, S. 1155

ders.,

Subjektiver Schutz unter Doppelbesteuerungsabkommen. BB 1989, Beilage 2, S. 1

ders.,

Das Betriebsstättenprinzip der deutschen Doppelbesteuerungsabkommen. DB 1989, S. 1692 ff. und S. 1739 ff.

ders.,

Das neue Doppelbesteuerungsabkommen mit den USA. DB 1990, S. 598 ff. und S. 654 ff.

ders.,

Die sogenannte Steuerentstrickung und ihre Folgen. BB 1990, S. 826

ders.,

Anmerkung zum BFH-Urteil vom 17.10.1990, I R 16/89, BStBl. II 1991, 211. RIW 1991, S. 355

ders.,

Zur Behandlung von Beteiligungen an Personengesellschaften unter den Doppelbesteuerungsabkommen im Lichte der neueren Rechtsprechung des Bundesfinanzhofs. BB 1992, S. 1181

ders.,

Doppelbesteuerungsabkommen und innerstaatliches Recht. DStR 1992, Beihefter zu Heft 23

Debatin, Helmut./Endres, Dieter,

Das neue Doppelbesteuerungsabkommen USA/Bundesrepublik Deutschland, München 1990

Debatin, Helmut/Walter, Otto L.,

Handbook on the 1989 Double Taxation Convention Between the Federal Republic of Germany and the United States of America. Amsterdam, 2 Bände, Loseblatt Stand März 1995

Diehl, Wolfram,

Qualifikationskonflikte im Außensteuerrecht. FR 1978, S. 517

Dietl, Andreas J./Lorence, Roger D.,

International Operations: Structures for S Corporations in the European Community. 5 Journal of S Corporation Taxation 241 (1994)

Doernberg, Richard L.,

International Taxation. 2. Auflage, St. Paul 1993

Dorn, Herbert,

Das Recht der internationalen Doppelbesteuerung. VJSchrStFR 1927, S. 189

Drysdale, Douglas D., (Hrsg.),

Michie's Federal Tax Handbook 1968. 32nd Edition, Charlottsville, Virginia

Ebenroth, Carsten Thomas,

Verdeckte Vermögenszuwendungen im transnationalen Unternehmen. Bielefeld 1979

Ebenroth, Carsten Thomas/Auer, Thomas,

Grenzüberschreitende Verlagerung von unternehmerischen Leitungsfunktionen im Zivil- und Steuerrecht. RIW 1992, Beilage 1, S. 1

Ebenroth, Carsten Thomas/Bippus, Birgit,

Die Anerkennungsproblematik im Internationalen Gesellschaftsrecht - Am Beispiel des Freundschafts-, Handels- und Schiffahrtsvertrages zwischen der Bundesrepublik Deutschland und den Vereinigten Staaten von Amerika vom 29.10.1954. NJW 1988, S. 2137

Ebenroth, Carsten T./Dillon, Thomas J. jr.,

Gaining the Competitive Edge: Access to the European Market Through Bilateral Commercial Treaties and Taxation Strategies. 28 Texas International Law Journal 269 (1993)

Ebenroth, Carsten Thomas/Eyles, Uwe,

Die Beteiligung ausländischer Gesellschaften an einer inländischen Kommanditgesellschaft. DB 1988, Beilage 2, S. 1ff.

Ebling, Klaus,

Die Rechtsfähigkeit ausländischer juristischer Personen aus der Sicht des deutschen Internationalen Privatrechts. AWD 1970, S. 450

ders.,

Anerkennung der steuerlichen Rechtsfähigkeit ausländischer Unternehmungen. Nationalbericht Deutschland, Cahier de droit fiscal international LXXIIIa (1988), S. 227

ders.,

> Anerkennung der steuerlichen Rechtsfähigkeit ausländischer Unternehmungen. IWB, 1988, Fach 10, International, Gruppe 2, S. 649

Eder, Phanor J.,

> Limited Liability Firms Abroad. 13 University of Pittsburgh Law Review 193 (1952)

Edrey, Yoseph/Jeffrey, Adrienne,

> Taxation of International Activity: Over Relief from Double Taxation Under the U.S. Tax System. 9 International Tax & Business Lawyer 111 (1991)

Egerton, Charles H.,

> Rev. Proc. 93-27 Provides Limited Relief on Receipt of Profits Interest for Services. 79 The Journal of Taxation 132 (1993)

Eilers, Stephan/Watkins Brügmann, Maureen,

> Article 28 of the German-US Double Taxation Treaty of 1989: An Appropriate Solution to the Treaty Shopping Problem?, Tax Planning International Review, Sept. 1993, Vol. 20, No. 9, S. 15

Elsing, Siegfried H.,

> US-amerikanisches Handels- und Wirtschaftsrecht. Heidelberg 1985

ders.,

> Grundzüge des Rechts- und Regierungssystems, des Gesellschafts- sowie Trustrechts der Vereinigten Staaten von Amerika, in Kramer, Jörg-Dietrich (Hrsg.), Grundzüge des US-amerikanischen Steuerrechts. Stuttgart 1990, S. 3-34

Endres, Dieter/Maas, Roland,

> Tax Highlights and Planning Under New U.S./Germany Tax Treaty
>
> Tax Planning International Review, Jan. 1990, Vol. 17, No. 1, S. 8

Erman, Walter, (Hrsg.),

> Handkommentar zum Bürgerlichen Gesetzbuch, 2. Band. 7. Auflage, Münster 1981 (zitiert: Erman/*Bearbeiter*, BGB)

Estes, Paul II/Farber, Paul/Feder, Arthur A.

> Personengesellschaften und Arbeitsgemeinschaften im internationalen Steuerrecht, Länderbericht USA, CDFI Bd. LVIIIb (1973), S. II/141

Farmer, Brian S./Mezzulo, Louis A.,

> The Virginia Limited Liability Company Act. 25 University of Richmond Law Review 789 (1991)

Feldman, Herbert F./Cramer, David C.,

Partnership Terminations can Provide Substantial Tax Savings Opportunities. 18 Taxation for Lawyers 234 (1990)

Ferid, Murad,

Zur Behandlung von Anteilen an Personengesellschaften beim zwischenstaatlichen Erbgang. in Festschrift für Alfred Hueck, S. 343,München/Berlin 1959

Feuerbaum, Ernst,

Nachträgliche Einkünfte aus inländischen Gewerbebetrieben und nachträglichen Finanzierungs-"Einkünfte" aus ausländischen Betriebstätten. RIW 1982, S. 97

ders.,

Nachträgliche Einkünfte ausländischer Betriebstätten des Industrieanlagenbaus. DB 1982, S. 2318

Fink, Eli H.,

US Tax Scene - US Taxation of German Partners in Law Firm with a US Branch. Intertax 1993, S. 571

Fink, Jörn Ulrich,

Gewinnzurechnungsmethoden im Verhältnis zwischen inländischem Stammhaus und ausländischer Betriebstätte. RIW 1988, S. 43

Fischer-Zernin, Justus

Sondervergütungen und DBA. RIW 1991, S. 493

Fisher, Richard A.,

Classification Under Section 7701 - The Past, Present and Prospects for the Future. 30 The Tax Lawyer 627 (1977)

Fleischmann, Hans Gunnar,

Die neuere Rechtsprechung des Bundesfinazhofs zur Anwendung des § 15a EStG. Supplement Finanz-Berater, 1993, S. 12

Flick,   Hans/Wassermeyer,   Franz/Wingert,   Karl-Dieter/Kempermann, Michael,

Doppelbesteuerungsabkommen   Deutschland-Schweiz,   Kommentar. Köln, Loseblatt, Stand: November 1995

Fonfara, Joseph P./McCool, Corey R,

The Wyoming Limited Liability Company: a Viable Alternative to the S Corporation and the Limited Partnership?. 23 Land and Water Law Review 523 (1988)

Forry, John I., (Hrsg.),

General Report. in Forry, John I., (Hrsg.), Differences in Tax Treatment of Foreign Investors: Domestic Subsidiaries and Domestic Branches, S. 1 - 15. Deventer, Netherlands, 1984

Fox, Lawrence H.,

The Maximum Scope of the Association Concept. 25 Tax Law Review 311 (1970)

Freeman, Louis S./Stephens, Thomas M.,

Using a Partnership When a Corporation Won't Do: The Strategic Use and Effects of Partnerships to Conduct Joint Ventures and Other Major Corporate Business Activities. 68 Taxes 962 (1990)

Freud, Nicholas S./Foster, Lisa P./Lucido, Peter D.,

Selected Tax Aspects of Foreign Investment in Domestic Joint Ventures. 6 International Tax & Business Lawyer 328 (1988)

Friedman, Allen R.,

Choice of Form in the Sale and Purchase of Foreign Businesses After Tax Reform. 43 The Tax Lawyer 317 (1990)

ders.,

U.S. Tax Considerations in Choosing an Entity to Hold Foreign Business Operations. 45 The Tax Lawyer 15 (1991)

Friedman, Simon,

Partnership Securities. 1 Florida Tax Review 521 (1993)

Frost, Steven G.,

Doubts Still Remain as to When an Entity Will Be Taxed as a Partnership. 79 The Journal of Taxation 376 (1993)

Fuller, Jim,

IRS Rulings - German GmbH Treated as a Partnership. Tax Notes International 1990, S. 162

FW,

Urteilsanmerkung 2 zum BFH-Urteil vom 31.05.1995, I R 74/93. IStR 1995, S. 438

Gann, Pamela B.,

The Concept of an Independent Treaty Foreign Tax Credit. 38 Tax Law Review 1 (1982)

Garcia, Rod,

Single-Member LLCs: Basic Entities Raise Complex Problems. 68 Tax Notes No. 2, July 10, 1995, S. 142

ders.,

Let Foreign Entities Check the Box Too, Witnesses Tell IRS. 68 Tax Notes No. 4, July 10, 1995, S. 375

Gazur, Wayne M./Goff, Neil M.,

Assessing the Limited Liability Company. 41 Case Western Law Review 387 (1991)

Geis, Jerry,

Minnesota - State Officials Working on Limited Liability Company Legislation. 1 State Tax Notes 231 (1991)

Gergen, Mark P.,

Pooling or Exchange: The Taxation of Joint Ventures Between Labor and Capital. 44 Tax Law Review 515 (1989)

ders.,

Reforming Subchapter K: Special Allocations. 46 Tax Law Review 1 (1990)

ders.,

Reforming Subchapter K: Contributions and Distributions. 47 Tax Law Review 173 (1991)

Geßler, Ernst/Hefermehl, Wolfgang/Eckardt, Ulrich/Kropff, Bruno,

Aktiengesetz, Kommentar, Band 1 (§§ 1-75). München 1973 (zitiert: *Bearbeiter* in Geßler/Hefermehl/Eckardt/Kropff)

Geu, Thomas Earl,

Understanding the Limited Liability Company: A Basic Comparative Primer (Part One). 37 South Dakota Law Review 44 (1992)

Gibbs, Larry W.,

Ten Rules for Strategic Planning Using Limited Partnerships. 132 Trusts & Estates No. 5, 45 (1993)

Gideon, Kenneth W.,

Tax Policy - Dinner Speech. 9 The American Journal of Tax Policy 71 (1991)

Gloria, Christian,

Das steuerliche Verständigungsverfahren und das Recht auf diplomatischen Schutz - Zugleich ein Beitrag zur Lehre von der Auslegung der Doppelbesteuerungsabkommen. Bochum 1988 (zitiert: Verständigungsverfahren)

Glover, Hampton W./Lemons, Bruce N./Blau, Richard D.,

Sales of Partnership Interests: An Entity or Aggregate Approach?. 2 Journal of S Corporation Taxation 209 (1991)

Godin, Reinhard von/Wilhelmi, Hans,

Aktiengesetz, Band I. 4. Auflage, Berlin/New York 1971

Goerdeler, Reinhard/Jahn, Hermann,

Zur Problematik von Sondervergütungen unter dem deutsch-amerikanischen Doppelbesteuerungsabkommen aus deutscher Sicht. in Festschrift für Otto L. Walter, Osnabrück 1988

Goldberg, Sandford H.,

The Nature of a Partnership. in Herbert H. Alpert/Kees van Raad (Hrsg.), Essays on International Taxation, To Sidney I. Roberts, S. 155

Deventer/Boston 1993

ders.,

Taxation of Professionals. 42 Canadian Tax Journal 559 (1994)

Goldberg, Sandford H./Langer, Marshall J.

Anerkennung der steuerlichen Rechtsfähigkeit ausländischer Unternehmungen. Länderbericht USA, CDFI Bd. LXXIIIa (1988), S. 387

Goutier, Klaus,

Zur steuerlichen Behandlung von Betriebsstätten und Personengesellschaften unter dem neuen DBA mit den Vereinigten Staaten. (Institut für Ausländisches und Internationales Finanz- und Steuerwesen, Hefte zur Internationalen Besteuerung, Heft 65)

Hamburg 1990

Grasmann, Günther,

System des internationalen Gesellschaftsrechts. Berlin/Herne 1970

Gravelle, Jane G.,

International Tax Competition: Does it Make a Difference for Tax Policy?. 39 National Tax Journal 375 (1986)

Greif, Martin,

Steuergestaltung bei eine international tätigen Personengesellschaft. in Haarmann, Wilhelm (Hrsg.), Unternehmensstrukturen und Rechtsformen im Internationalen Steuerrecht, S. 89 ff.

Forum der Internationalen Besteuerung, Band 7

Köln 1996

Greif, Martin/Fischer Brigitte,

Internationale Einkommensteuerprobleme bei Personengesellschafte. Nationalbericht Deutschland, Cahier de droit fiscale international, LXXXa (1995), S. 231

Grimes, Scott E./Wiggam, Marilyn K./Risser, Lane E.,

Disguised Sale Rule Eased by Final Regulations. 21 Taxation for Lawyers 196 (1993)

Groh, Manfred,

Die nichtgewerblich tätige Personengesellschaft. JbFStR 1979/80, S. 209

Großfeld, Bernhard,

Die Anerkennung der Rechtsfähigkeit juristischer Personen. RabelsZ 31 (1967), S. 1

ders.,

Die Entwicklung der Anerkennungstheorien im Internationalen Gesellschaftsrecht. in Festschrift für Harry Westermann, Karlsruhe 1974, S. 199

ders.,

Zur Geschichte der Anerkennungsproblematik bei Aktiengesellschaften. RabelsZ 38 (1974), S. 344

ders.,

Basisgesellschaften im Internationalen Steuerrecht. Tübingen 1974

Großfeld, Bernhard/Erlinghagen, Susanne,

Internationales Unternehmensrecht und deutsche unternehmerische Mitbestimmung. JZ 1993, S. 217

Großkommentar Handelsgesetzbuch,

Zweiter Band, 1. Halbband, §§ 105-144. 3. Auflage, Berlin/New York, 1973, (zitiert: *Bearbeiter* in Großkommentar HGB)

Großmann, Klaus,

Doppelt ansässige Kapitalgesellschaften im internationalen Steuerrecht. München 1995

Grützner, Dieter,

Besteuerung von Beteiligungen an ausländischen Mitunternehmerschaften. IWB, 1984, Fach 3, Deutschland, Gruppe 3, S. 731

ders.,

Anwendung des § 15a EStG bei Bezug von Einkünften aus ausländischen Betriebsstätten. IWB 1993, Deutschland, Fach 3, Gruppe 3, S. 1059

Gumpel, Henry J.,

Die Grundprobleme der Personengesellschaft aus der Sicht des Steuerrechts der Vereinigten Staaten. in Kruse, Heinrich Wilhelm, (Hrsg.),

Die Grundprobleme der Personengesellschaft im Steuerrecht, DStJG Bd. 2 (1979)

Haarmann, Wilhelm,

The new double tax treaty between the Federal Republic of Germany and the United States of America. Intertax 1989, 269

Haas, Gerhard,

Mitunternehmerschaften international. BB 1978, S. 53

ders.,

Qualifikationskonflikte ausländischer Mitunternehmerschaften. BB 1978, S. 1253

ders.,

Nochmals: Inländische Beteiligungen an ausländischen Mitunternehmerschaften. BB 1979, S. 84

ders.,

Betriebsstätte im Ausland - mitunternehmerisch begründet. BB 1985, S. 541 ff.

Hachenburg, Max/Ulmer, Peter,

Gesetz betreffend die Gesellschaften mit beschränkter Haftung, Groß-kommentar, Band 1 (Allgemeine Einleitung; §§ 1 - 34). 8. Auflage, Berlin/New York 1992 (zitiert: Hachenburg/Bearbeiter, GmbHG)

Haden, Ed R.,

The Final Regulations Under IRS Sections 704(b) and 752: Envisioning Economic Risk of Loss Through a Glass Darkly. 49 Washington and Lee Law Review 487 (1992)

Halfar, Bernd,

Ein Weg aus der Entstrickungsmisere. FR 1985, S. 281

Halm, Dirk,

Die Limited Liability Company: Eine Gesellschaftsform etabliert sich in den USA. GmbHR 1995, S. 576

Hamill, Susan Pace,

The Limited Liability Company: A Possible Choice for Doing Business?. 41 Florida Law Review 721 (1989)

dies.,

Treatment of Single-Member LLCs under Debate. Tax Notes Today, February 2, 1993

dies.,

The Limited Liability Company: A Midpoint Evaluation. 52 New York University Institute on Federal Taxation 1 (1994)

dies.,

A Case for Eliminating the Partnership Classification Regulations. 68 Tax Notes No. 3, July 17, 1995, S. 335

Hannes, Berthold,

Der Qualifikationskonflikt bei der Beteiligung an einer limited partnership in den USA. RIW 1989, S. 131

Harder, Nils,

Hybride Gesellschaften. DZWir 1993, S. 204

Hartman, David G.,

Tax Policy and Foreign Direct Investment in the United States. 37 National Tax Journal 475 (1984)

Hartmann/Böttcher/Nissen/Bordewin,

Kommentar zum Einkommensteuergesetz. Wiesbaden, Loseblatt, Stand: Februar 1996, (zitiert: *Bearbeiter*, in Hartmann/Böttcher/Nissen/Bordewin)

Harwood, Jud,

Incompetent Authorities. 63 Taxes 86 (1985)

Hasbargen, Ulrike/Johnsen, Karla M.,

Financing of German subsidiaries - German and US tax treatment of silent partnerships and profit participating loans. Intertax 1990, S. 377

Hasson, David, H./Sisk, Joanne M.,

Foreign Investment in U.S. Partnerships Can Produce Varying Tax Consequences. 9 Journal of Taxation of Investments 119 (1992)

Haun, Jürgen,

Zweifelsfragen im Zusammenhang mit Gewinnausschüttungen nach dem DBA-USA. IStR 1995, S. 167

Hausmann, Rainer,

Doppelter Sitz von Kapitalgesellschaften nach deutschem Gesellschaftsrecht und internationalem Privatrecht. in Hausmann, Rainer (Hrsg.), Steuergestaltung durch doppelt ansässige Gesellschaften?. München 1988, S. 13

Hellwig, Peter,

Noch immer Ärger mit den stillen Reserven. DStR 1979, S. 335

Henkel, Udo W.,

Subjektsfähigkeit grenzüberschreitender Kapitalgesellschaften. RIW 1991, S. 565

Henn, Harry G./Alexander, John R.,

Laws of Corporations and Other Business Enterprises. St. Paul, Minnesota, 3. Auflage 1983

Herrmann, Carl/Heuer, Gerhard/Raupach, Arndt,

Einkommensteuer- und Körperschaftsteuergesetz. 20. Auflage, Köln, Loseblatt, Stand: Dezember 1995, (zitiert: *Bearbeiter* in Herrmann/Heuer/Raupach)

Herzfeld, Edgar,

Probleme des internationalen Steuerrechts unter besonderer Berücksichtigung des Territorialitäsproblems und des Qualifikationsproblems. Vierteljahresschrift für Steuer- und Finanzrecht 6 (1932), S. 422

Hey, Friedrich E. F.,

Gesellschafts- und steuerrechtliche Aspekte der Limited Liability Company. RIW 1992, S. 916

ders.,

Guaranteed Partnership Payments. Tax Planning International Review, Sept. 1992, Vol. 18, No. 9, S. 35

Hey, Friedrich E. F./Kimbrough, Thomas C.,

US-Quellensteuerpflicht für Gewinnanteile an Personengesellschaften. RIW 1990, S. 42

Hillert, August,

Urteilsanmerkung zum BFH-Urteil vom 17.07.1968 - I 121/64, BStBl. 1968 II, S. 695. BB 1968, S. 1276

Hintzen, Lothar,

Die Anerkennung ausländischer Personengesellschaften als Kapitalgesellschaften nach deutschen Steuerrecht. DStR 1971, S. 327

ders.,

Zur Qualifikation ausländischer körperschaftsteuerpflichtiger Personengesellschaften. StuW 1974, S. 319

ders.,

Personengesellschaften und Arbeitsgemeinschaften im internationalen Steuerrecht. RIW/AWD 1974, S. 141

Hock, Bernhard,

Personengesellschaft und internationales Steuerrecht - Option zur Körperschaftsteuer als Lösung anstehender Probleme?. RIW 1995, S. 135

Hölscher, Christoph,

Die Professional Corporation - die "amerikanische Form der Partnerschaft". RIW 1995, S. 551

Hoerner, J. Andrew,

Integration Through the Back Door: Expanded Passthroughs Gain Support. 54 Tax Notes 930 (1992)

Hortenstine, Barksdale/Ford, Thomas W.,

Receipt of a Partnership Interest for Services: A Controversy That Will Not Die. 65 Taxes 880 (1987)

Horwood, Richard M./Hechtman, Jeffrey A.,

The Limited Liability Company: The New Kid in Town. 20 Journal of Corporate Taxation 334 (1993)

Howard Robert D./Delaney John,

Partner Transactions Under the Final Section 707 Regs. and New Law. 78 The Journal of Taxation 46 (1993)

Hueck, Götz,

Gesellschaftsrecht. 19. Auflage, München 1991

Husy, Thomas,

Der Betriebstättenbegriff im internationalen Steuerrecht. in Höhn, Ernst (Hrsg.), Handbuch des internationalen Steuerrechts der Schweiz. Bern/Stuttgart 1984

Hutton, William T.,

The Withdrawing Partner: Sale Versus Liquidation. 48 New York University Institute on Federal Taxation 27 (1990)

Hyde, Terrill Ann,

Partnerships - Statutory Outline and Definition. 161-3rd Tax Management Portfolio, 1988 und Supp. 1993

Institut der Wirtschaftsprüfer,

Zinsen aus Darlehen an US-Personengesellschaften - Stellungnahme des IDW zum Erlaß des Fin. Min. NRW vom 1.12.1986 (DB 1987, S. 24). DB 1987, S. 2074

dass.,

Determination of Profits of Permanent Establishments. Intertax 1988, S. 427

dass.,

Stellungnahme zur Ermittlung des Betriebstättengewinns. DB 1988, S. 309

Isenbergh, Joseph,

International Taxation - U.S. Taxation of Foreign Taxpayers and Foreign Income. Vol. I, Boston/Toronto/London 1990

Vol. II, Boston/Toronto/London 1990

Jacob, Friedhelm,

Handkommentar DBA-USA

Herne/Berlin 1992

Jacobs, Otto H.,

Internationale Unternehmensbesteuerung. München 1991, 2. Auflage

ders.,

Internationale Unternehmensbesteuerung. München 1995, 3. Auflage

Janka, Wolfgang,

Steuerhemmnisse beim Erwerb von deutschem Grund und Boden durch US-Investoren. RIW 1992, S. 213

Janka, Wolfgang/Flick, Hans F.W.,

Neue Entwicklungen zur Besteuerung der US-limited partnership aus der Sicht des deutschen Investors. RIW 1990, S.566

Johnson, R. Bruce/Bennett, Steven W.,

Limited Liability Companies Introduced in Many States. 1 Journal of Multistate Taxation 105 (1992)

Johnson, Richard,

The Limited Liability Company Act. 11 Florida State University Law Review 387 (1983)

Jordan, Martha W./Kloepfer, Peter K.,

The Limited Liability Company: Beyond Classification. 69 Taxes 203 (1991)

Kahle, Holger,

Die Veräußerung der Beteiligung an einer US-Partnership durch einen beschränkt steuerpflichtigen Gesellschafter. RIW 1996, S. 319

Kaligin, Thomas,

Das Internationale Gesellschaftsrecht der Bundesrepublik Deutschland. DB 1985, S. 1449

ders.,

Wann kippt eine passive Repräsentanz in eine aktive Betriebsstätte um?. RIW 1995, S. 398

Kalinka, Susan,

The Limited Liability Company and Subchapter S: Classification Issues Revisited. 60 Cincinnati Law Review 1083 (1992)

Kappe, Klaus,

Besteuerung von Gewinnanteilen aus US-Personengesellschaften und Zinsen aus Gesellschafterdarlehen nach dem DBA-USA. DStR 1987, S. 479

Karls, John S./Siegel, C. Mitchell,

Hybridizing Foreign Entities can Cause Disaster. 4 The Journal of International Taxation 340 (1993)

Karp, Joel J.,

Use of Foreign Trusts for Foreigners Investing in U.S. Real Property. Tax Planning International Review, July 1990, Vol. 17, No. 7, S. 16

Keatinge, Robert R./Ribstein, Larry E./Hamill, Susan Pace/Gravelle, Michael L./ Connaughton, Sharon,

The Limited Liability Company: A Study of the Emerging Entity. 47 The Business Lawyer 375 (1992)

Keen, Victor F.,

The Disguised Sale Regulations Under Section 707. 51 New York University Institute on Federal Taxation 10 (1993)

Kegel, Gerhard,

Internationales Privatrecht. München 1995, 7. Auflage

Khokhar, Javed A./ Balkin, Jeffrey Gilbert,

Nonresident Individuals - U.S. Income Taxation. 340 Tax Management Portfolio, 1993

Killius, Jürgen,

Die Behandlung der Personenunternehmen im Recht der Doppelbesteuerungsabkommen. München 1966

Kim, Jonathan,

The U.S.-West German Income Tax Treaty: Can Article 28's Limitation on Benefits Serve as a Model for the Treasury's Anti-Treaty Shopping Policy?. 43 The Tax Lawyer 983 (1990)

King, Shepard,

Limited Liability Companies Taxed as Partnerships Even Though Providing Corporate Liability Protection. 20 The Tax Adviser 322 (1989)

Kingson, Charles I.,

The Forreign Tax Credit and Its Critics. 9 The American Journal of Tax Policy1 (1991)

Klein, Paul E.

Canadian Partner Taxable on U.S. Partnership Income: Partnership's "Permanent Establishment" in the United States Attributable to Partner. 17 The Journal of Real Estate Taxation 359 (1990)

Kleineidam, Hans-Jochen,

Rechnungslegung. Freiburg 1992

Kluge, Volker,

Zur unmittelbaren Anwendung von DBA-Vorschriften bei der Gewinnermittlung. StuW 1975, S. 294

ders.,

Die Anerkennung ausländischer Gesellschaften im deutschen Steuerrecht. DStR 1976, S. 365

Kluge, Volker,

Das deutsche Internationale Steuerrecht. 3. Auflage München 1992

Knight, Ray A./Knight, Lee G.,

Do the Foreign Tax Credit and the New Source of Income Rules Create the Potential for Double Taxation?. 7 International Tax & Business Lawyer 251 (1989)

Knobbe-Keuk, Brigitte,

Der Wechsel von der beschränkten zur unbeschränkten Körperschaftsteuerpflicht und vice versa. StuW 1990, S. 372

dies.,

"Qualifikationskonflikte" im internationalen Steuerrecht der Personengesellschaften. RIW 1991, S. 306

dies.,

Bilanz- und Unternehmenssteuerrecht. 9. Auflage, Köln 1993

Koch, Karl,

Personengesellschaften und Arbeitsgemeinschaften im internationalen Steuerrecht. Nationalbericht Deutschland, CDFI Bd. LVIIIb (1973), S. II/9

Kochinke, Clemens,

Neue Erklärungspflicht ausländischer Steuerzahler in den USA bei Berufung auf DBA-Vergünstigungen. RIW 1989, S. 923

Köhler, Franz,

Das Betriebsstättenprinzip im Recht der deutschen Doppelbesteuerungsabkommen bei Mitunternehmerschaftsgebilden - Zugleich eine kritische Anmerkung zum BFH-Urteil vom 27.2.1991 - I R 15/89 -. RIW 1991, S. 1024

Kölner Kommentar,

Kommentar zum Aktiengesetz, Hrsg.: Wolfgang Zöllner, Band 1 (§§ 1-147). 2. Auflage, Köln/Berlin/Bonn/München 1988

(zitiert: Kölner Kommentar-*Bearbeiter*)

Kole, Karen V.,

The Status of United States International Taxation: Another Fine Mess We've Gotten Ourselves Into. 9 Northwestern Journal of International Law & Business 49 (1988)

Korn, R./Debatin, H.,

Doppelbesteuerung - Sammlung der zwischen der Bundesrepublik Deutschland und dem Ausland bestehenden Abkommen über die Vermeidung der Doppelbesteuerung. 4 Bände, Loseblatt, Stand 1995, München

Korner, Matthias,

Das Kollisionsrecht der Kapitalgesellschaften in den Vereinigten Staaten von Amerika unter besonderer Berücksichtigung der pseudo foreign corporations. München 1989

Krabbe, Helmut,

Qualifikationskonflikte bei ausländischen Personengesellschaften. RIW/AWD 1976, S. 135

ders.,

Steuerliche Behandlung der griechischen GmbH. RIW/AWD 1976, S. 192

ders.,

Besteuerung von Sondervergütungen an beschränkt steuerpflichtige Gesellschafter inländischer Personengesellschaften. FR 1981 S. 393

ders.,

Abgrenzung der Besteuerungsrechte bei international tätigen Sozietäten. FR 1995, S. 692

Koutrodimos, Demetrios P./Buehrle, Edward V./Moore, Charles K.,

LLCs Can Protect Members and Provide Flexible Operations. 52 Taxation for Accountants 30 (1994)

Krumwiede, Tim,

Encumbered Property Complicates Partnership Formation. 52 Taxation for Accountants 99 (1994)

Krupsky, Kenneth J.,

Considerations in Structuring U.S. Real Estate Partnerships for Foreign Investors. 47 New York University Institute on Federal Taxation 32 (1989)

Küspert, Klaus,

Sondervergütungen inländischer Personengesellschafter nach dem DBA-USA. RIW 1988, S. 461

Kuiper, W. G.,

Ausgewählte Fragen zur Besteuerung internationaler Joint Verntures. (Institut für Ausländisches und Internationales Finanz- und Steuerwesen, Hefte zur Internationalen Besteuerung, Heft 54) Hamburg 1989

Kumpf, Wolfgang,

Ergebnis- und Vermögensabrenzung bei Betriebstätten. StbJb 1988/89, S. 399

ders.,

Besteuerung inländischer Betriebstätten von Steuerausländern. Köln 1982. Kunold, Robert jr.. Mark IV Pictures, Inc. v. Commissioner: Place a Value on Property Before Exchanging It for a Partnership Interest. 46 The Tax Lawyer 607 (1993)

Kurtz, Jerome,

The Limited Liability Company and the Future of Business Taxation: A Comment on Professor Berger's Plan. 47 Tax Law Review 815 (1992)

Lademann/Söffing,

Kommentar zum Einkommensteuergesetz. Stuttgart/München/Hannover/Berlin/Weimar, Loseblatt, Stand: Oktober 1995, (zitiert: *Bearbeiter*, in Lademann/Söffing)

Lainoff, Steven R./McArthur, Todd Y./Zinn, Eric J.

Partnerships, Trusts, Foundations, and Similar Entities - Treaty Resolution of Conflicting National Positions Part I: The United States. Tax Planning International Review, Dec. 1991, Vol. 18, No. 12, S. 5

Lang, Dudley M.,

Comparison of S Corporations, C Corporations and Partnerships. 48 New York University Institute on Federal Taxation 9 (1990)

Larson, John W./Comiter, Richard B../Cane, Marilyn B.,

Revised Uniform Partnership Act Reflects a Number of Significant Changes. 10 Journal of Partnership Taxation 232 (1993)

Lederman, Alan S.,

Miami Device: The Florida Limited Liability Company. 67 Taxes 339 (1989)

ders.,

Classification Issues: Limited Partnerships and Limited Liability Companies After Rev. Proc. 89-12. 50 New York University Institute on Federal Taxation 8 (1992)

Lee, John W.,

> Entity Classification and Integration: Publicly Traded Partnerships, Personal Service Corporations, and the Legislative Process. 8 Virginia Tax Review 57 (1988)

LeGall, Jean-Pierre,

> Internationale Einkommensteuerprobleme bei Personengesellschaften. Cahier de droit fiscal international, Vol. LXXXa (Cannes 1995), Generalbericht, S. 709

Lehner, Moris,

> Die steuerliche Ansässigkeit von Kapitalgesellschaften - Insbesondere zur doppelten Ansässigkeit. RIW 1988, S. 201

Lethaus, Hans J.,

> Steuerliche Probleme der internationalen Personengesellschaft. (Institut für Ausländisches und Internationales Finanz- und Steuerwesen, Hefte zur Internationalen Besteuerung, Heft 68) Hamburg 1990

Levine, Stuart/Paul, Marshall B.,

> Limited Liability Company Statutes: The New Wave. 4 Journal of S Corporation Taxation 226 (1993)

Liveson, Avi O.,

> Partnerships vs. S Corporations: A Comparative Analysis in Light of Legislative Developments. 5 Journal of Partnership Taxation 142 (1988)

ders.,

> Loss on Abandonment of Partnership May Be Ordinary. 52 Taxation for Accountants 132 (1994)

Lewald, Hans,

> Règles Génerales des Conflits des Lois. Basel 1941,, Nachdruck aus Recueil des Cours de l'Academie de Droit International de la Haye 1939 III

Lockhart, James D.,

> IRS Concedes Tax Treatment of a Partnership Profits Interest Received for Services. 10 Journal of Partnership Taxation 283 (1994)

Loengard, Richard O. jr.,

> Tax Treaties, Partnerships and Partners: Exploration of a Relationship. 29 The Tax Lawyer 31 (1975)

Lorence, Roger D.,

> S Corporations as Investors in Passive Foreign Investment Companies - Proposed Regulations Promise Many New Headaches. 4 Journal of S Corporation Taxation 345 (1993)

Lovely, James W.,

Agency Costs, Liquidity, and the Limited Liability Company as an Alternative to the Close Corporation. 21 Stetson Law Review 377 (1992)

Lubaroff, Martin I./Schorr, Brian L.,

Forming and Using Limited Liability Companies. Practising Law Institute, New York 1993

Ludtke, David A./Robertson, Bryan P.,

Advantages of Pass-Through Entities Still There. 26 The Practical Accountant No. 11, 27 (1993)

Lutter, Marcus,

Kapital, Sicherung der Kapitalaufbringung und Kapitalerhaltung in den Aktien- und GmbH-Rechten der EWG. Karlsruhe 1964

Maiers, John D.,

Foreign-Owned United States Real Estate: Post-FIRPTA Tax Planning. 37 The Tax Lawyer 577 (1984)

Manke, Klaus,

Personengesellschaften im internationalen Steuerrecht. JbFfSt 1978/79, S. 333

ders.,

Personengesellschaften und DBA, in Vogel, Klaus (Hrsg.), Grundfragen des Internationalen Steuerrechts. DStJG 8, Köln 1985, S. 195-213

Martha, Rutsel Silvestre J.,

The Jurisdiction to Tax in International Law. Deventer/Boston 1989

Mathiak, Walter,

Rechtsprechung zum Bilanzsteuerrecht. DStR 1990, S. 255

Maydew, Gary L.,

New Rules for Partnership Allocations. 52 Taxation for Accountants 260 (1994)

McDaniel, Paul R./Ault, Hugh J.,

Introduction to United States International Taxation. 3rd Ed., Deventer/Boston 1989

McDermott, Richard T./Reemers, Jürgen R.H./Turcon, Rémi J.,

Grundlagen des US-amerikanischen Gesellschaftsrechts - Folgerungen für die Rechtsformwahl. in Turcon, Rémi J./Zimmer, Daniel (Hrsg.), Grundlagen des US-amerikanischen Gesellschafts-, Wirtschafts-, Steuer- und Fremdenrechts, S. 1

München 1994

McMahon, Martin J. jr.,

The Availability and Effect of Election Out of Partnership Status Under Section 761(a). 9 Virginia Tax Review 1 (1989)

McIntyre, Michael J.,

The International Income Tax Rules of the United States, Volume I, II. Loseblatt, Stand: 1991, Salem, New Hampshire

McKee, William S./Nelson, William F./Withmire Robert L.,

Federal Taxation of Partnerships and Partners, 4 Volumes. Loseblatt Leaf, Stand: 1995, Boston/New York

McNair, Frances/Milam, Edward E.,

The limited liability company: An idea whose time has come. Management Accounting, Heft 6, 1994, Vol. IXXVI, S. 30-33

Menck, Thomas,

Der Qualifikationskonflikt im neuen deutsch-kanadischen Doppelbesteuerungsabkommen. Intertax 1982, S. 417

Mentz, Roger J.,

Foreign Entity Characterization: To Be or Not To Be. 39 New York University Institute on Federal Taxation 32 (1981)

Merkt, Hanno,

US-Amerikanisches Gesellschaftsrecht. Heidelberg 1991

Mesenberg, H.,

Zur Frage des Abbaues von Wettbewerbsverfälschungen und -verzerrungen in den EWG-Staaten. BB 1961, S. 141

Messer, Ulrich,

Steuerliche Gestaltungsmöglichkeiten für deutsche oder schweizerische Investoren beim Erwerb von US-Immobilien. RIW 1990, S. 654

Meyer, James S.,

Tax Classification of Partnerships Controlled by Affiliated or Related Taxpayers. 10 Journal of Partnership Taxation 204 (1993)

Mezzullo, Louis A.,

Limited Liability Companies: A New Business Form?. 50 Taxation for Accountants 18 (1993)

ders.,

Limited Liability Companies: A New Business Form?. 21 Taxation for Lawyers 296 (1993)

Milani, Ken,

New Income Tax Implications for Foreign Partnerships and Foreign Partners. 17 Journal of Real Estate Taxation 317 (1990)

Milani, Ken/Wrappe, Steven C.,

Dispositions of U.S. Real Property Interests by Foreign Partners - Tax Provisions, Pitfalls, and Planning Possibilities. 20 The Journal of Real Estate Taxation 149 (1993)

Miller, Arthur/Fry, Stephen/Burton, Alexander,

Introduction to Uniform Commercial Code Annual Survey: The Centennial of the National Conference of Commisioners on Uniform State Laws. 46 Business Lawyer 1149 (1991)

Millman, Stephen L.,

A Critical Analysis of the New Section 752 Regulations. 43 The Tax Lawyer 1 (1989)

Milner, Stephen P./Goddard, William,

Partnership Debt Reduction Need Not Result in Income. 22 Taxation for Lawyers 35 (1993)

Mössner, Jörg Manfred,

Zur Auslegung von Doppelbesteuerungsabkommen. in Festschrift für Ignaz Seidl-Hohenveldern, S. 403 ff., Köln 1988

Mössner, Jörg Manfred/Baumhoff, Hubertus/Fischer-Zernin, Justus A./Greif, Martin/Henkel, Udo W./Menck, Thomas/Piltz, Detlev Jürgen/Schröder, Siegfried/Tillmanns, Wolfhard,

Steuerrecht international tätiger Unternehmen. Köln 1992

Montgomery, Steve/Hanley, Ed,

Washington Tax Watch: Partnership Classification: Recent Developments. 9 Journal of Partnership Taxation 271 (1992)

Moore, Karen Nelson,

The Foreign Tax Credit for Foreign Taxes Paid in Lieu of Income Taxes: An Evaluation of the Rationale and a Reform Proposal. 7 The American Journal of Tax Policy 207 (1988)

Morrison, Philip D.,

Talking Past Each Other on Tax Treaty Policy and Subpart F. 69 Taxes 1001 (1991)

Moye, John E.,

The Law of Business Organizations. Minneapolis/St. Paul, 4. Auflage 1994

Muchtaris, Wlassis,

Vergleichender Überblick über das Recht der Kapitalgesellschaften in Griechenland. IStR 1993, S. 378

Müller, Rolf,

Die atypisch ausgestaltete stille Gesellschaft im Abkommensrecht. IStR 1996, S. 266

Münchener Kommentar,

Münchener Kommentar zum Bürgerlichen Gesetzbuch, Band 7: EGBGB, IPR. 2. Auflage, München 1990 (zitiert: Münchener Kommentar-*Bearbeiter*)

Musgrave, Peggy B.,

United States Taxation of Foreign Investment Income. Cambridge, Massachusetts, 1969

Musgrave, Richard A.

Fiscal Systems. New Haven/London 1969

Musgrave, Richard A./Musgrave, Peggy B.,

Inter-Nation Equity. in Essays in Honor of Carl S. Shoup, S. 63

New York 1972

Musgrave, Richard A./Musgrave, Peggy B./Kullmer, Lore,

Die öffentlichen Finanzen in Theorie und Praxis, Band 3. 3. Auflage, Tübingen 1987

Mutti, John/Grubert, Harry,

U.S. Taxes and Trade Performance. 41 National Tax Journal 317 (1988)

Neubauer, Heinz,

Korreferat zu Referat Ritter: Grenzüberschreitende Gewinnabgrenzung bei Betriebstätten. JbFfSt 1976/77, S. 312

Neuhaus, Paul Heinrich,

Grundbegriffe des Internationalen Privatrechts. 2. Auflage, Tübingen 1976

Neumark, Fritz/Andel, Norbert/Haller, Heinz,

Handbuch derFinanzwissenschaft, Band 4. 3. Auflage, Tübingen 1983

New York State Bar Association Tax Section, Committee on Foreign Activities of United States Taxpayers,

Report on Foreign Entity Characterization for Federal Income Tax Purposes. 35 Tax Law Review 169 (1980)

Nitikman, Joel,

The Meaning of "Permanent Establishment" in the 1981 U.S. Model Income Tax Treaty: Part 1. 15 The International Tax Journal 159 (1989)

ders.,

> The Meaning of "Permanent Establishment" in the 1981 U.S. Model Income Tax Treaty: Part 2. 15 The International Tax Journal 257 (1989)

Note,

> Tax Classification of Limited Partnerships. 90 Harvard Law Review 745 (1977)

Note,

> Receipt of Profits Interest. 18 World Tax Report 133 (1993)

Note,

> LLC Update: State-By-State Tax Treatment of LLCs Reviewed. 71 Taxes 699 (1993)

Note,

> Limited Liability Companies. 31 The Corporation Journal 406 (1993)

OECD,

> Triangular Cases. in Model Tax Convention: Four Related Studies. Report, No. 4, Issues of International Taxation, 1992

Olsen, Leonard R. jr./Kuchinos, David M.,

> The New "Passive Foreign Investment Company" Rules. 19 The Tax Adviser 865 (1988)

Orsi, Sylvester J.,

> The Limited Liability Company: An Organizational Alternative for Small Business. 70 Nebraska Law Review 150 (1992)

Osgood, Russel K.,

> The Convergence of the Taxation Systems of Developed Nations. 25 Cornell International Law Journal 339 (1992)

Palandt, Otto,

> Bürgerliches Gesetzbuch, Kommentar. 54. Auflage, München 1995 (zitiert: Palandt-*Bearbeiter*)

Papier, Hans-Jürgen,

> Der Bestimmtheitsgrundsatz. in Friauf, Karl Heinrich (Hrsg.), Steuerrecht und Verfassungsrecht. DStJG 12 (1989), Köln

Parker, Richard L.,

> Corporate Benefits Without Corporate Taxation: Limited Liability Company and Limited Partnership Solutions to the Choice of Entity Dilemma. 29 San Diego Law Review 399 (1992)

Parnes, Alan P.,

> United States Tax Considerations in Organizing a Foreign Joint Venture. 20 The Journal of Corporate Taxation 3 (1993)

Peusquens, Herbert,

Beteiligung an Mitunternehmerschaft im Ausland. BB 1980, S. 255 ff.

ders.,

Die Veräußerung von Mitunternehmeranteilen im Ausland. RIW 1982, S. 267 ff.

Piltz, Detlev Jürgen,

Personengesellschaften im internationalen Steuerrecht der Bundesrepublik Deutschland. Heidelberg 1981

ders.,

Steuerumgehung bei ausländischen Betriebsstätten und Personengesellschaften. RIW 1982, S. 414 ff.

ders.,

Qualifikationskonflikte im internationalen Steuerrecht unter besonderer Berücksichtigung von Personengesellschaften. in Fischer, Lutz (Hrsg.), Besteuerung internationaler Konzerne. Forum der Internationalen Besteuerung, Band 3, Köln 1993

Pöllath, Reinhard,

Anwendung und Auslegung des DBA-USA. in Kramer, Jörg-Dietrich (Hrsg.), Grundzüge des US-amerikanischen Steuerrechts. Stuttgart 1990, S. 205-217

ders.,

Unternehmensbesteuerung nach dem DBA-USA. in Kramer, Jörg-Dietrich (Hrsg.), Grundzüge des US-amerikanischen Steuerrechts. Stuttgart 1990, S. 241-276

ders.,

Out-Bound Financing for German Operations. 1 The Journal of International Taxation 304 (1991)

ders.,

Investing in Germany Under the New U.S.-German Tax Treaty. 2 The Journal of International Taxation 175 (1991)

ders.,

Planning Around New German PFCI Rules. 2 The Journal of International Taxation 363 (1992)

ders.,

Tax Benefits Encourage Foreign Investment in Germany. 3 The Journal of International Taxation 237 (1992)

ders.,

> Partnerships, Trusts, Foundations, and Similar Entities - Treaty Resolution of Conflicting National Positions Part V: Germany. Tax Planning International Review, July 1992, Vol. 19, No. 7, S. 6

ders.,

> Die Auslegung von Doppelbesteuerungsabkommen, Nationalbericht Deutschland. CDFI LXXVIIIa (1993), S. 327

ders.,

> Die Auslegung völkerrechtlicher Verträge aus der Sicht der Steuerpraxis. in Mössner, Jörg M., et al. (Hrsg.), Doppelbesteuerungsabkommen und nationales Recht. München 1995, S. 29

ders.,

> Änderung von Doppelbesteuerungsabkommen ohne Änderung des Zustimmungsgesetzes. in Mössner, Jörg M., et al.(Hrsg.), Doppelbesteuerungsabkommen und nationales Recht. München 1995, S. 55

Poser und Groß-Naedlitz, Arwed von,

> Der Qualifikationskonflikt bei Doppelbesteuerungsabkommen. Dissertation, München 1972

Postlewaite, Philip F./Cameron, David L.,

> Twisting Slowly in the Wind: Guaranteed Payments After the Tax Reform Act of 1984. 40 The Tax Lawyer 649 (1987)

Pott, Hans-Michael,

> Die Kollision unterschiedlicher Formen der Gesellschaftsbesteuerung im internationalen Steuerrecht. Köln 1982

Raad, Kees van,

> Anerkennung der steuerlichen Rechtsfähigkeit ausländischer Unternehmen. Generalbericht, Cahier de droit fiscal international LXXIIIa (1988), S. 113

ders.,

> The 1992 OECD Model Treaty: Triangular Cases. ET 1993, S. 298

Rabel, Ernst,

> The Conflict of Laws - A Comparative Study. Vol. II, 2nd ed. Ann Arbor 1960

Rädler, Albert J.,

> Vergleich der Besteuerung der Auslandsniederlassungen deutscher Personenunternehmen und deutscher Kapitalgesellschaften. in Festschrift für Barth, K. (Hrsg. Oettle, K.), Stuttgart 1971, S. 143

ders.,

Überlegungen zur Harmonisierung der Unternehmensbesteuerung in der Europäischen Gemeinschaft. in Lang, Joachim (Hrsg.), Unternehmensbesteuerung in EU-Staaten. DStJG 16, Köln 1994, S. 277

Rädler, Albert J./Raupach, Arndt,

Deutsche Steuern bei Auslandsbeziehungen. München 1966

Raish, David L./Stone Susan N.,

Issues Paper on the Tax Treaty Making Process. 46 The Tax Lawyer 477 (1993)

Raupach, Arndt,

Der Durchgriff im Steuerrecht. München 1968

Reid, Wayne D.,

The Limited Partnership: An Ideal Vehicle for Start-Up Ventures. 70 Taxes 745 (1992)

Reinhold, Richard L.,

Spin-Offs and other Dispositions of Unwanted Assets in the Context of Acquisitions. 47 New York University Institute on Federal Taxation 50 (1989)

Rhoades, Rufus von Thülen/Langer, Marshall J.,

Income Taxation of Foreign Related Transactions, Vol. 1. Loseblatt, Release No. 43, Stand: February 1991, New York

Ribstein, Larry E./Keatinge, Robert R.,

Limited Liability Companies. Colorado Springs, Loseblatt Mai 1994

Rienstra, J. G.,

Entity Classification Guidelines for German GmbHs. IBFD Bulletin 1993, S. 638

Riemenschneider, Sven,

Abkommensberechtigung von Personengesellschaften und abkommensrechtliche Behandlung der Einkünfte aus Beteiligungen der Einkünfte aus Beteiligungen inländischer Gesellschafter an ausländischen Personengesellschaften.   Frankfurt   am   Main/Berlin/Bern/New York/Paris/Wien 1995

Ries, Peter,

Entwicklungen im US-amerikanischen Gesellschaftsrecht: Die Limited Liability Company. RIW 1992, S. 728 ff.

Risinger, Marlin,

Form and Substance in the Characterization of Forreign Entities. 51 New York University Institute on Federal Taxation 26 (1993)

Ritter, Wolfgang,

Grenzüberschreitende Gewinnabgrenzung bei Betriebstätten - Ein systematischer Versuch. JbFfSt 1976/77, S. 288

Rivier, Jean-Marc,

Die steuerliche Ansässigkeit von Kapitalgesellschaften. Cahiers de droit fiscal international, Vol. LXXIIa (Brüssel 1987), Generalbericht (deutscher Text), S. 77 ff.

Roche, Edward J. jr./Keatinge, Robert R./Spudis, Barbara C.,

Limited Liability Companies Offer Pass-Through Benefits Without S Corp. Restrictions. 74 The Journal of Taxation 248 (1991)

Rodriguez, Joseph A.,

Wyoming Limited Liability Companies: Limited Liability and Taxation Concerns in Other Jurisdictions. 27 Land & Water Law Review 539 (1992)

Rose, Gerd,

Grundzüge des Internationalen Steuerrechts. 2. Auflage, Wiesbaden 1991

Rose, Klaus,

Theorie der Außenwirtschaft. München, 9. Aufl. 1986

Rosenbloom, H. David,

Toward A New Tax Treaty Policy For a New Decade. 9 The American Journal of Tax Policy 77 (1991)

Rowedder, Heinz/Fuhrmann, Hans/Rittner, Fritz,

Gesetz betreffend die Gesellschaften mit beschränkter Haftung (GmbHG), Kommentar. 2. Auflage, München 1990 (zitiert: Rowedder-*Bearbeiter*)

Rubin, Blake D./Olchyk, Samuel,

Recent Developments Affection Real Estate: The 1993 Tax Act. 52 New York University Institute on Federal Taxation 16 (1994)

Rudden, John T./Sieker, Klaus,

in C & L Deutsche Revision AG (Hrsg.), Besteuerung deutscher Unternehmen in den USA. Herne/Berlin, 1994

Ruddy, William M.,

Combination Can Provide Flexibility of Partnership with S Corporation Advantages. 18 Taxation for Lawyers 186 (1989)

Runge, Berndt,

Die steuerliche Ansässigkeit von Gesellschaften. Institut für Ausländisches und Internationales Finanz- und Steuerwesen, Universität Hamburg, Heft 31, 1987

Runge, Berndt/Schäfer, Stefanie,

Die Bedeutung der Ansässigkeit von Kapitalgesellschaften für das Steuerrecht. IWB, Fach 10, International, Gruppe 2, S. 615 ff.

Salditt, Franz,

Verlagerung von Wirtschaftsgütern in die auslandsbelegene Betriebstätte eines einheitlichen Unternehmens: Grundsätzliches zur steuerlichen Realisation stiller Reserven. Köln 1969

Samson-Himmelstjerna, Alexander von,

Die U.S. Corporation und ihre Besteuerung. München 1981

ders.,

Überblick über die Gesellschaftsformen der Vereinigten Staaten von Amerika. RIW 1983, S. 152 ff.

Sarafopoulos, John,

Foreign Corporations - U.S. Income Taxation. 156-5th Tax Management Portfolio, 1987 und Supp. 1990

Sargent, Mark A.,

Are Limited Liability Company Interests Securities?. 19 Pepperdine Law Review 1069 (1992)

Sato, M./Bird, R. M.,

International Aspects of the Taxation of Corporations and Shareholder. in: IMF Staff Paper, Vol. XXII, 1975

Saur, Hans,

Anrechnung ausländischer Steuern nach dem US-Steuerreformgesetz 1986. RIW 1989, S. 294

Scallen, Stephen B,

Federal Income Taxation of Professional Associations and Corporations. 49 Minnesota Law Review 603 (1965)

Schaumburg, Harald,

Internationales Steuerrecht - Außensteuerrecht Doppelbesteuerungsrecht. Köln 1993

Schenk, Deborah H.,

Colloquium on Partnership Taxation: Foreword. 47 Tax Law Review 1 (1991)

Schlosser, Günter,

Die gesellschaftlichen Niederlassungen innerhalb der Europäischen Wirtschaftsgemeinschaft als Problem des internen und des internationalen Privatrechts. Mainz 1965

Schlütter, Egon,

Die Sondervergütungen eines Mitunternehmers im Außensteuerrecht. JbFfSt 1979/80, S. 152

ders.,

Personengesellschaft oder Körperschaft? - Aktuelle Qualifikationsfragen -. in Vogel, Klaus (Hrsg.), Grundfragen des Internationalen Steuerrechts. DStJG 8, Köln 1985, S.215-234

Schmalz, John G./Brumbaugh, Mark B.,

Section 704(c) - Final and Temporary Regulations Relating to Property Contributed to a Partnership and Related Issues Under Sections 704 and 752. 52 New York University Institute on Federal Taxation 13 (1994)

dies.,

Final Regulations on Contributed Property Under Section 704(c) Make Major Changes. 11 Journal of Partnership Taxation 91 (1994)

Schmidt, Christian,

Zur DBA-Anwendung und inländischen Steuerpflicht bei im Sitzstaat rechtsfähigen ausländischen Personengesellschaften. IStR 1996, S. 14

ders.,

Die atypisch stille Gesellschaft im deutschen Internationalen Steuerrecht - Wie begründet ist die herrschende Meinung?. IStR 1996, S. 213

Schmidt, Karsten,

Gesellschaftsrecht. 2. Auflage, Köln 1991

ders.,

Handelsrecht. 4. Auflage, Köln 1994

Schmidt, Ludwig (Hrsg.),

Einkommensteuergesetz. 14. Auflage, München 1995 (zitiert: *Bearbeiter*, in Schmidt, L.)

Schmidt-Hermesdorf, Joachim,

Ausländische Gesellschaften als Komplementäre deutscher Personenhandelsgesellschaften?, RIW 1990, S. 707

Schmolka, Leo L.,

Taxing Partnership Interests Exchange for Services: Let Diamond/Campbell Quietly Die. 47 Tax Law Review 287 (1991)

Scholz, Franz,

Kommentar zum GmbH-Gesetz. 7. Auflage, Köln 1988 (zitiert: Scholz/*Bearbeiter*)

Schöne, Wolf-Dieter,

Entstrickung - immer noch eine Misere?. FR 1985, S. 582

Scholz, Franz,

Kommentar zum GmbH-Gesetz. Band I, 7. Auflage, Köln 1986 (zitiert: *Bearbeiter*, in Scholz, F.)

Schröder, Siegfried,

Abkommensberechtigung und Qualifikationskonflikte nach DBA bei Mitunternehmerschaft. StBg 1989, S. 7 ff und S. 25 ff.

Schulze zur Wiesche, Dieter,

Die steuerliche Behandlung der Personengesellschaft im Verhältnis zu den Niederlanden. DB 1981, S. 2143

Scoles, Eugene F./Hay, Peter,

Conflict of Laws. St. Paul, Minn. 1992, 2. Auflage

Selent, Alexander,

Ausländische Personengesellschaften im Ertrag- und Vermögensteuerrecht. Gelsenkirchen 1982

Sexton, John J./Osteen, Donald F.,

Classification as a Partnership or as an Association Taxable as a Corporation. 24 Tulane Tax Institute 95 (1975)

Shannon, Harry A., III,

Die Doppelbesteuerungsabkommen der USA. München 1987

ders.,

The General Definition of Residence under United States Income Tax Treaties. Intertax 1988, S. 204 ff.

ders.,

United States income tax treaties: Reference to domestic law for the meaning of undefinded terms. Intertax 1989, S. 453

Shay, Stephen E./van Hilten, J. Philip,

Partnerships, Trusts, Foundations, and Similar Entities - Treaty Resolution of Conflicting National Positions: Introduction. Tax Planning International Review, Dec. 1991, Vol. 18, No. 12, S. 3

Sheppard, Lee A.,

Official Explains LLC Revenue Procedure. 66 Tax Notes No. 7, February 13, 1995, S. 932

Smith, Adam,

An Inquiry into the Nature and Causes of the Wealth of Nations, Bände I - III. 5. Auflage, Strahan, Cadell, London 1789

Skaar, Arvid A.,

Permanent Establishment - Erosion fo a Tax Treaty Principle. Deventer/Boston 1991

Slemrod, Joel,

Competitive Advantage and the Optimal Tax Treatment of the Foreign-Source Income of Multinationals: The Case of the United Stated and Japan. 9 The American Journal of Tax Policy 113 (1991)

Slone, Bryan E.,

Federal Income Tax Consequences of Partnership Mergers. 70 Nebraska Law Review 75 (1991)

Small, David G.,

Die US-Gewinnermittlung - ein bilanzsteuerrechtliche Übersicht (Teil I und Teil II). IStR 1995, S. 156 und S. 204

ders.,

USA: Das neue Wahlrecht zur Klassifizierung von Kapital- und Personengesellschaften. IStR 1996, S. 280

Smiley, Stafford,

Dispositions of U.S. Partnership Interests by Nonresident Aliens. 8 Journal of Partnership Taxation 133 (1991)

ders.,

International Developments: New Revenue Rulings Analyze Partnership Status of German GmbH Along With Virginia and Colorado Limited Liability Companies. 10 Journal of Partnership Taxation 255 (1993)

Snoe, Joseph A.,

Entity Classification Under the Internal Revenue Code: A Proposal to Replace the Resemblance Model. 15 The Journal of Corporation Law 647 (1990)

Soergel, Hans Theodor,

Bürgerliches Gesetzbuch, Kommentar, Band 8 (EGBGB). 11. Auflage, Stuttgart/Berlin/Köln/Mainz 1983 (zitiert: Soergel/*Bearbeiter*)

Spitaler, Arnim,

Das Doppelbesteuerungsproblem bei direkten Steuern. Reichenberg 1936

Spudis, Barbara C.,

> Limited Liability Companies: A New Choice in Entity Selection. 4 Journal of S Corporation Taxation 284 (1993)

dies.,

> Limited Liability Companies: Tax Classification as a Partnership. 4 Journal of S Corporation Taxation 362 (1993)

dies.,

> Limited Liability Companies: New Revenue Rulings Clarify Classification Issues. 5 Journal of S Corporation Taxation 73 (1993)

dies.,

> Limited Liability Companies: State Legislative Report. 5 Journal of S Corporation Taxation 183 (1993)

dies.,

> Limited Liability Companies: Conversion of an Existing Business Into Limited-Liability-Company Form. 5 Journal of S Corporation Taxation 276 (1993)

dies.,

> Limited Liability Companies: Public Ruling Roundup. 5 Journal of S Corporation Taxation 385 (1993)

Spudis, Barbara C./Wilczynski, Michael J.,

> Entity Classification When a Purported Partnership Is Ultimately Owned by One Corporation. 69 Taxes 659 (1991)

Stara, Nancy J.,

> Has the Uniform Partnership Act Been Superseeded by Subchapter K?. 41 Drake Law Review 461 (1992)

Staudinger, Julius von,

> Kommentar zum Bürgerlichen Gesetzbuch mit Einführungsgesetz und Nebengesetzen, Einführungsgesetz zum Bürgerlichen Gesetzbuch, Einleitung zu Art. 7 ff; Art 7, 8; § 12 VerschG; Internationales Gesellschaftsrecht, Art. 12. 12. Auflage, Berlin 1984 (zitiert: Staudinger/*Bearbeiter*)

Steinberg, Marc I./Conway, Karen L.,

> The Limited Liabilty Company as a Security. 19 Pepperdine Law Review 1105 (1992)

Steines, John P. jr.,

> Partnership Allocations of Built-In Gain or Loss. 45 Tax Law Review 615 (1990)

ders.,

Unneeded Reform. 47 Tax Law Review 239 (1991)

Stern, Klaus,

Staatsrecht I - Grundbegriffe und Grundlagen des Staatsrechts, Strukturprinzipien der Verfassung, Band 1. 2. Auflage, München 1984

Stevens, Michael G.,

The Light at the End of the Tunnel for Partnerships. 26 The Practical Accountant No. 8, 19 (1993)

Stolz, Manfred/Rotberg, Hans-Jörg,

Gesetzentwurf zur US-Quellensteuer: Handlungsbedarf für ausländische Investoren vor dem 31.12.1989. RIW, 1989, S. 983

Storck, Alfred,

Ausländische Betriebstätten im Ertrag- und Vermögensteuerrecht. Frankfurt/Deventer 1980

Storck, Alfred/Selent, Alexander,

Die Besteuerung inländischer Beteiligungen an ausländischen Mitunternehmerschaften im Ertragsteuerrecht. RIW/ADW 1980, S. 332

Streck, Michael,

Verlustabzug nach dem Auslandsinvestitionsgesetz bei Beteiligungen an ausländischen Personengesellschaften. AWD 1971, S. 521

Streinz, Rudolf,

Die völkerrechtliche Situation der DDR vor und nach der Wiedervereinigung. EWS 1990, S. 171

Streng, William P.,

Choice of Entity. 700 Tax Management Portfolio, 1993

Strobl, Elisabeth/Schäfer, Karl,

Die Berücksichtigung von Auslandsverlusten bei atypisch stiller Gesellschaft. IStR 1993, S. 206

Tarris, Virginia M.,

Foreign Partnerships and Partners

910 Tax Management Portfolio, 1993

Tierney, James E.,

Reassessing Sales and Liquidations of Partnership Interests after the Omnibus Budget Reconciliation Act of 1993. 1 Florida Tax Review 681 (1993)

Tiessen, Stefan,

Die Rechtsformen des amerikanischen Geschäftsbetriebes. in Eggert, Jan A./Gornall, John L. (Hrsg.), Handbuch USA-Geschäft, S. 349. Wiesbaden, 1989

Tillinghast, David R.,

A Matter of Definition: "Foreign" and "Domestic" Taxpayers. 2 International Tax & Business Lawyer 239 (1984)

Tipke, Klaus,

Über Grenzen der Auslegung und Analogie, behandelt am Beispiel der Entstrickung. StuW 1972, S. 264

ders.,

Die Steuerrechtsordnung,

Band I, Köln 1993

Tipke, Klaus/Lang, Joachim,

Steuerrecht. 14. Aufl., Köln 1994

Tobin, James J./Seto, William R.,

Hybrid Entities. IBFD Bulletin 1994, S. 315

Tousey, Clay B. jr./Wallis, Donald W.,

Deducting Partnership Losses in the Year of the Death of a Partner. 7 Journal of Partnership Taxation 186 (1990)

Treumann, Walter/Peltzer, Martin/Kuehn, Angelika M.,

US-Amerikanisches Wirtschaftsrecht. 2. Auflage, Köln 1990

Tribe, Laurence H.,

American Costitutional Law. Mineola, New York, 1988, 2. Aufl.

Turcon, Rémi J./Zimmer, Daniel,

Grundlagen des US-amerikanischen Gesellschafts-, Wirtschafts-, Steuer- und Fremdenrechts. München 1994

Ulmer, Michael, J.,

Die Anerkennung US-amerikanischer Gesellschaften in Deutschland. IPRax 1996, S. 100

Utz, Stephen G.,

Partnership Taxation in Transition: Of Form, Substance, and Economic Risk. 43 The Tax Lawyer 693 (1990)

Veltins, Michael Alexander,

Das Recht der U.S. partnership und limited partnership einschließlich ihrer Besteuerung. Herne/Berlin 1984

Vogel, Klaus,

Doppelbesteuerungsabkommen und ihre Auslegung. StuW 1982, S. 111 ff. und S. 286 ff.

ders., (Hrsg.),

Steuern auf ausländische Einkünfte. München 1985

ders.,

Die Besteuerung von Auslandseinkünften. in Vogel, Klaus (Hrsg.), Grundfragen des Internationalen Steuerrechts. DStJG 8, Köln 1985, S. 3-31

ders.,

in Sinclair, Ian, et. al., Interpretation of Tax Treaties. IBFD Bulletin, 1986, S. 75 (78)

ders.,

Doppelbesteuerungsabkommen der Bundesrepublik Deutschland auf dem Gebiet der Steuern vom Einkommen und Vermögen, Kommentar. 2. Auflage, München 1990 (zitiert: Doppelbesteuerungsabkommen)

ders.,

Doppelbesteuerungsabkommen der Bundesrepublik Deutschland auf dem Gebiet der Steuern vom Einkommen und Vermögen, Kommentar. 3. Auflage, München 1996, (zitiert nach Manuskript: Doppelbesteuerungsabkommen, 3. Aufl.)

Vogel, Klaus/Shannon, Harry A./Doernberg, Richard L./van Raad, Kees,

United States Income Tax Treaties. Deventer/Boston, Loseblatt, Stand 1993

Wacke, Gerhard,

Verfassungsrecht und Steuerrecht. StbJb. 1966/67, S. 75

Waldhoff, Christian,

Verfassungsrechtliche Vorgaben für die Steuergesetzgebung im Vergleich Deutschland - Schweiz. Dissertation, München 1995, - zitiert nach dem Manuskript -

Wallace, W. Kirk,

"Check-The-Box" Regulations Released in Proposed Form. 71 Tax Notes No. 10, June 3, 1996, S. 1401

Walter, Otto L.,

Randbemerkungen zur transnationalen Besteuerung von Personengesellschaften aus amerikanischer Sicht. in Kruse, Heinrich Wilhelm, (Hrsg.),Die Grundprobleme der Personengesellschaft im Steuerrecht, DStJG Bd. 2 (1979)

ders.,

Neue Regeln zur Klassifizierung der deutschen GmbH im Steuerrecht der USA. RIW 1993, S. 493

Wassermeyer, Franz,

Merkwürdigkeiten bei der Auslegung von DBA durch die Finanzverwaltung. IStR 1995, S. 49

ders.,

Diskussionsbeitrag. in Mössner, Jörg M., et al. (Hrsg.), Doppelbesteuerungsabkommen und nationales Recht. München 1995

Weber, Alfred,

Zur Gewinnabgrenzung bei ausländischen Bau- und Montagebetriebstätten. DStZ 1976, S. 201

Weber, Ernst M.,

Das neue OECD-Muster für Doppelbesteuerungsabkommen. IWB, Fach 10, International, Gruppe 2, S. 369

ders.,

Überblick über die deutsche Rechtsprechung zum Doppelbesteuerungsabkommen zwischen den Vereinigten Staaten und der Bundesrepublik Deutschland. in Festschrift für Otto L. Walter, Osnabrück 1988

Weber-Fas, Rudolf,

Staatsverträge im Internationalen Steuerrecht. Tübingen, 1982

Wessel, Susan/Ziegenhain, Hans-Jörg,

Sitz- und Gründungstheorie im internationalen Gesellschaftsrecht. GmbHR 1988, S. 423

White, Stephen J./Pratt James W.,

How to Exploit the Interaction Between Subchapter K and the Alternative Minimum Tax. 9 Journal of Partnership Taxation 147 (1992)

Widmann, Siegfried,

Zurechnungsänderungen und Umqualifikationen durch das nationale Recht in ihrem Verhältnis zum DBA-Recht. in Vogel, Klaus (Hrsg.), Grundfragen des Internationalen Steuerrechts. DStJG 8, Köln 1985

Wiedemann, Herbert,

Gesellschaftsrecht, Band I (Grundlagen). München 1980

Wilensky, Alan J.,

Future Directions of U.S. International Tax Policy. 70 Taxes 998 (1992)

Williams, Robert L.,

Permanent Establishments in the United States. 29 The Tax Lawyer 277 (1976)

Willis, Arthur B./Pennell, John S./Postlewaite, Philip F.,

Partnership Taxation

4th Edition, Lose Leaf, Stand: September 1991, 4 Volumes, Inc. Colorado Springs

Willock, William C. jr.,

Partnership Face Complex Rules For Withholding on Foreign Partners. 71 The Journal of Taxation 236 (1989)

Winship, Scott,

The National Conference of Commissioners on Uniform State Laws and the International Unification of Private Law. 13 University of Pennsylvania Journal of International Business Law 227 (1992)

Wirtz, Francis J./Harris, Kenneth L.,

The Emerging Use of the Limited Liability Company. 70 Taxes 377 (1992)

dies.,

Corporate Governance, Limited Liability Companies and the IRS's View of Centralized Mangement. 71 Taxes 225 (1993)

dies.,

Tax Classification of the One-Member Limited Liability Company. 59 Tax Notes 1829 (1993)

Wisialowski, Thomas S.,

How to Minimize Withholding for Forreign Partners. 1 Journal of International Taxation 268 (1991)

Wisialowski, Thomas S./Irendale, Nancy L.,

Guidance Needed Regarding Code Section 1446 Withholding Tax on Distributions to Foreign Partners. 42 The Tax Lawyer 121 (1988)

Witner, Larry/Rosenberg, Donald L.,

Limited Liability Company in Real Estate Ventures. 22 Real Estate Law Journal 55 (1993)

Wood, Richard J.,

Cold Body - Hot Assets: Entity and Aggregate Partnership Theories in Conflict; Treatment of IRC § 751(c) Unrealized Receivables Upon the Death of a Partner. 31 Duquesne Law Review 1 (1992)

Wood, Robert W.,

Limited Liability Companies, Formation, Operation, and Conversion. New York 1993

Wright, Stephen L./Holland, Eva M.,

Neue Wege im Gesellschaftsrecht der USA: Die Limited Liability Company (LLC) am Beispiel des Bundesstaates Georgia. NJW 1996, S. 95

Wurster, Hans-Jürgen,

Die Anerkennung ausländischer Körperschaften im deutschen Ertragsteuerrecht. FR 1980, S. 588

Young, Kan H.,

The Effects of Taxes and Rates of Return on Forreign Direct Investment in the United States. 41 National Tax Journal 109 (1988)

Youngwood, Alfred D./Weiss, Deborah B.,

Partners and Partnerships - Aggregate vs. Entity outside of Subchapter K. 48 The Tax Lawyer 39 (1994)

Yuhas, Michael A./Fellows, James A.,

Gain on Partnership Interest is Now More Likely to Be Ordinary. 22 Taxation for Lawyers 267 (1994)

Ziegenhain, Hans-Jörg,

Vereinfachtes Verfahren zu steuerlichen Klassifizierung von Personengesellschaften und Kapitalgesellschaften in den USA. RIW 1995, S. 671